KB110638

미래예측

사주·명리학

미래예측 四柱·命理學

사주·명리학

김계림 편저

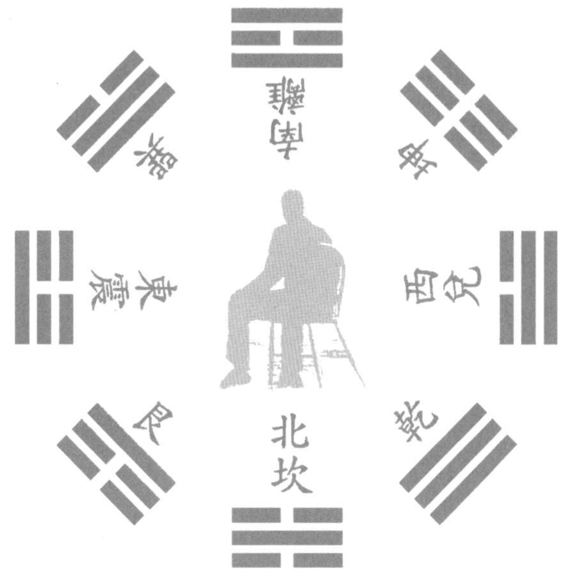

저자 서문

자연은 우주의 운행법칙에 한 치의 어긋남 없이 변화하고 있다. 일 년에는 사계절과 열두 달이 있고, 하루도 낮과 밤으로 12시의 변화가 이루어져 음양·오행이 변화한다. 우주의 순환 법칙이 음양오행으로 변하여 역사가 되고 있는 것이다.

이 같은 음양오행의 변화가 우리 인간에게 길흉화복을 가져다주는데, 이것이 운명이며, 자연의 섭리와 진리인 것이다.

자연의 섭리 속에서 생명을 가진 만물은 냉하면 얼어 죽고 건조乾燥하면 말라죽게 된다.

한난조습寒暖燥濕의 조화 가운데 하늘과 땅이 서로 공조하면서 만물을 생장시키는 것이다.

인간의 영고성쇠榮枯盛衰는 저마다 다르고 하는 일과 삶의 양상도 각자가 다르며 성격 또한 각기 다르게 태어난다.

이렇듯 한 우주 안에서 인간의 길흉화복이 개개인마다 다른 것은 행성들의 자기장의 에너지가 인간에게 투영되어 변화를 가지게 되기 때문이다. 이것이 곧 사주이며, 인간에 투영된 사주와 행성들이 공전하며 바뀌는 위치와 관계하여 일어나는 현상을 운이라고 한다.

이것은 해와 달, 그리고 수성·금성·토성·화성·목성 등 행성들의 기氣가 인간에게 투영되어 고정된 오행과 행성이 공전하면서 발생하는 오행기운이 생生과 극剋, 상생相生과 상극相剋, 상제相制와 상화相化를 발생시키면서 변화되는 것을 성현들이 발견한 것이며 현대 오행철학의 근거가 된 것이다.

별들의 기운을 木·火·土·金·水라는 글자로 가차假借하여 오행의 부호로 변화시켜 쓰는 것이 오늘날의 오행철학이다.

우주에 이유 없이 존재하는 별은 없다. 그 수많은 별들 가운데 인간에게 영향을 미치는 별들이 있는데, 그 별들의 자기장이 인간의 길흉화복의 원인이 된다.

달이 지구 주위를 공전하지 않는다고 한번 가정해 보자 그러면 밀물과 썰물이 없어질 것이고, 바닷물은 썩어 생물이 살 수 없는 환경으로 변하여 모두 멸종되고 말 것이다.

만물의 영장인 인간에게 길흉화복이라는 운명의 변화가 따르는데, 운명의 갈림길에서 길한 것은 취하고 흉한 것은 피하고 싶은 것이 인지상정일 것이다. 살길을 찾아 개척하고 개운開運하는 것을 우리는 지혜 있는 사람이라 말한다.

우주에 태어난 인간과 생명이 자연과 더불어 살아가는 진리의 덕목을 이기학理氣學으로 설명한 학문이 음양오행 철학이다.

인간은 누구나 태어날 때 연年·월月·일日·시時로 사주가 형성이 되는데, 이 사주를 음양오행에 의거하여 해석하는 방법을 추명법이라고 한다.

에너지가 상호작용하면서 진동을 하면 무한한 빛이 발생하는데 이 현상을 불교에서는 무량광無量光이라고 하며, 에너지의 진동이 계속되면 생명이 유지되는 것을 무량수無量壽라 하는데 빛과 생명이 된다. 한없는 빛과 한없는 생명을 무량광無量光 무량수無量壽라고 한다. 즉, 음양이 빛과 생명인 것이다.

인간도 우주에너지로 구성된 사대四大, 오온五蘊, 기의 덩어리로 이루어져 있으며 대상을 인식할 수 있는 감각기관이 있다.

인식의 대상에는 색色·성聲·향香·미味·촉觸·법法의 육경六境이 있으며, 이것을 받아들이는 감각기관感覺器官으로 안眼·이耳·비鼻·설舌·신身·의意의 육근六根이 있고, 다시 이것을 인식認識하는 기관인 안식眼識·이식耳識·비식鼻識·설식舌識·신식身識·의식意識을 육식六識이라고 한다.

사주와 운에 기氣의 순환과 상호작용으로 예지와 영능의 능력을 발휘하며 사는 것이 인간이다. 사주팔자에는 일정한 사이클이 있는데 부모와 본인과 자식에게 전이되는 고리가 있다. 이것은 전생의 업연의 결과가 사주에 나타난 것으로 본다.

세상에는 똑같은 사주가 많은데 그 삶을 영위함에 있어 차이가 상당하다. 부모의 업연에 의해서 자녀에게 영향을 주고, 부모의 능력에 따라 차등이 있게 마련이다. 이 학문을 연구하는 역술가는 음양오행의 변화와 환경의 차이에서 오는 변화를 세밀하게 살피고 끊임없이 노력하는 자세가 필요하다.

서문을 마치면서 하고 싶은 말은, 현대의 역학 저서들은 모두가 옛 고전을 번역한 역서와 편저한 책들인데 작금에 저작권 시비로 법정에까지 가는 것을 보면 안타까운 마음이다.

필자 또한 우주의 이기理氣를 깨달아서 본서를 쓴 것은 아니며, 선배들의 자료를 모아서 알기 쉽게 응용되도록 정리하였음을 밝힌다. 졸저를 선보임에 부끄럽기 짝이 없으나 역학계의 발전에 조금이나마 기여하고자 하는 바람으로 이 책을 내놓으니 많은 질정을 바란다.

고려역학교육원에서

주자柱字 동암東庵 김계림金桂林

제2장 제신살

제3장 격국과 용신

제1장

사주학의 기본

四柱學 基本

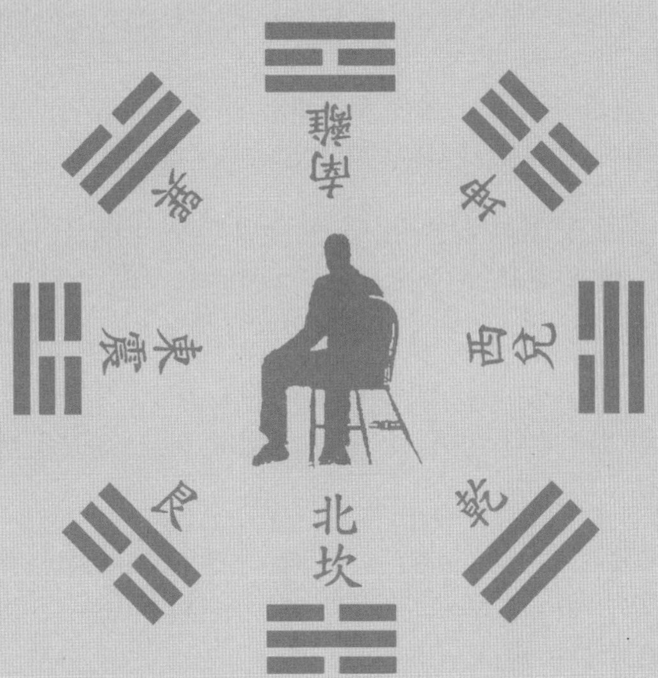

제1절

우주관 | 宇宙觀

1 주역에서 바라본 우주 | 周易에서 바라본 宇宙

주역周易에서 바라본 우주宇宙란 시간時間과 공간空間을 가리키는 말이다.

우宇란 시간적인 개념으로 삼세三世인 과거·현재·미래를 뜻하며, 주宙란 공간적인 개념으로 동서남북으로 나눈 것을 사방四方, 그 동서남북 방위方位와 방위 사이에 존재하는 네 방위를 간방間方, 이 사방위四方位와 사간방四間方을 합한 것을 팔방八方, 이 팔방에 상하上下를 더하여 시방十方이라 한다. 이 시간과 공간이 합해진 세계를 우주라고 하는 것이다.

이러한 우주가 생성되는 과정을 주역의 형이상학적形而上學的인 관점에서는 다음과 같이 말하고 있다.

우주의 시원始原을 무無 또는 무극無極이라고 하는데, 여기엔 질량도 없고 기氣도 광명光明도 없는 암흑이요, 진공眞空이요 허무虛無이다. 그런데 하나의 묘妙한 조화력이 있어 이것을 영靈이라 하고, 불교에서는 진공묘유眞空妙有라 한다.

현상세계에서 관점은 영靈이요, 영은 우주가 생성되는 근본이 된다. 다시 말해서 진공에는 물질이나 빛, 형체, 기氣 또한 없으나 영적인 조화력으로 우주생성의 근본이 되는 것이다.

무극無極에서는 일기一氣의 조화력을 지닌 기氣가 모이는 모습을 은하계銀河系 모습과 흡사한 삼태극三太極으로 표현한다. 성운星雲에 해당하는 소용돌이의 삼태극三太極에서 안정된 상태가 태극의 음양이다.

음양이 오행의 기를 함께 포함하여 내재되어 있다고 한다. 하지만 이때도 기만 존재할 뿐 역시 허공의 상태나 다를 바 없다.

음양의 상태에서 더욱 발전하여 한寒·난暖·조燥·습濕·풍風 등이 오행의 기초로 발전하였는데, 기는 있으나 형체와 질량質量이 없으니 실은 있어도 없는 것과 같이 느껴지는 상태이다.

다음 도표는 기가 발달하는 과정을 도식화한 것이다.

【무극에서 태극으로의 음양발생 상상도】

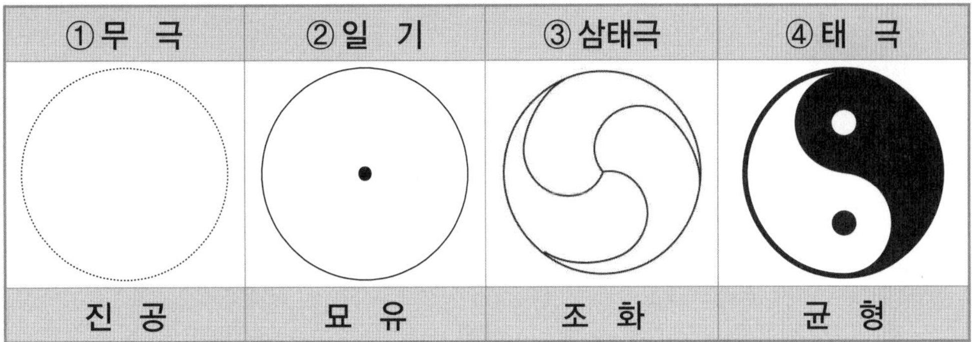

①무 극	②일 기	③삼태극	④태 극
진 공	묘 유	조 화	균 형

②의 일기가 한층 더 진화되었을 때 집기集氣의 과정을 거쳐 우주의 대폭발이 일어남으로써 하나의 태양계가 발생하고 ③의 삼태극과 같이 기가 모여 조화를 이루고, ④의 태극과 같이 안정되는 시기가 음과 양, 양의兩儀로 나누어진 상태다. 태극의 음과 양이 각각 오행의 기를 모두 포함하고 있다.

정리해 보면, 우주가 생성되기 전 무無에서 하나의 기氣가 생기고, 그 한 기의 조화력으로 기가 모여 회전하면서 열이 발생하여 태양이 탄생하고, 그 태양 주위에 행성이 인간에게 영향을 주는 수성·금성·지구·화성·목성·토성과 그 외의 다른 행성과 항성이 탄생 된 것이다. 달은 지구의 위성으로서 지구 탄생 때 생겨난 것이다. 태양太陽을 양陽, 달을 음陰이라고 하여 큰 의미의 음양으로 구분한다.

2 과학자가 바라본 우주 | 科學者가 바라본 宇宙

태양계太陽系에 목성木星·화성火星·토성土星·금성金星·수성水星이 천간天干 오행五行으로 작용하고, 지지오행地支五行은 지구의 사계절인 춘春·하夏·추秋·동冬

과 사계四季인 진辰·술戌·축丑·미未 등의 월月이 작용하는 것이다.

성운설星雲說에 의하면 우리가 살고 있는 태양계는 은하계銀河系가 멸하면서 생겨난 성간星間 물질들 속에서 생성되었다고 한다. 약 50억 년에 한 번씩 초신성超新星이 폭발할 때 발생하는 충격파가 구름 사이를 통과하면서 에너지 밀도가 높은 것끼리 뭉쳐서 큰 덩어리가 형성되어 원시형태의 태양 성운이 된다.

이 태양성운은 압축이 시작되면서 부피가 줄고 회전을 하게 되는데, 구름은 처음에는 아주 천천히 돌지만 안으로 모여들면서 점점 그 속도가 빨라진다. 빨리 돌수록 원심력이 점점 커지기 때문에 가로 방향으로는 수축하기가 어렵다.

그리하여 점점 수축하면서 원심력이 세로 방향으로는 작용하지 않고 가로 방향으로 원심력이 크게 작용하므로 가스구름은 점점 납작해져 원반 모양을 이루게 되며, 원반의 중심 부분에는 여러 가지 물질이 많이 모여들어 그 중력 때문에 점점 수축하고 뭉쳐져서 열과 빛을 내는 별이 된다. 태양계의 가스구름 중심에 뭉쳐진 것이 바로 원시태양이다. 스스로 빛을 내지 못하면 별이 아니다.

질량이 무거운 물질들이 모이게 되면 중력은 원시태양으로 열을 발생하고 빛이 방출되면서 주위의 가스를 멀리까지 날려 보낸다. 이 바깥쪽의 남은 가스와 물질이 지구와 같은 행성이 생성된 것이다.

원시태양은 중력 때문에 수축을 계속하면서 중심의 온도가 아주 높아져서 핵융합 반응이 일어나지만, 행성은 태양과 달라서 중심 온도가 낮기 때문에 핵융합 반응이 일어나지 않는다.

바깥으로 밀려난 가스구름이 뭉쳐 작은 행성이 만들어지고, 이 행성들이 서로 충돌하면서 깨어지기도 하지만 더 많이 뭉쳐지게 되어서 여러 개의 행성을 만들게 된다.

태양이 태양계의 전체 질량의 99.866%를 차지하고 있다. 나머지 0.134%를 행성과 그 위성들의 질량이다. 수적으로 가장 많은 소행성과 혜성의 총 질량은 태양계 전체의 십만 분의 일에 불과하다. 행성 중에 목성의 질량은 다른 행성을 다 합친 것보다 두 배나 많다.

태양계의 천체의 공전궤도公轉軌道는 북극北極에서 볼 때 시계時計 반대방향으로 공전한다. 공전궤도는 거의 동일한 평면상에 있고, 태양을 중심으로 원에 가까운 타원 궤도를 돌고 있다.

태양으로부터 지구보다 안쪽에 있는 수성과 금성을 내행성이라고 하며, 지구보다 바깥쪽에 있는 화성 · 목성 · 토성 · 천왕성 · 해왕성까지를 외행성이라고 한다. 금성·수성을 제외한 모든 행성은 위성을 거느리고 있다.

행성은 지구형태 행성과 목성형태 행성으로 구분한다. 지구형태 행성들은 암석으로 이루어져 있으며 수성, 금성, 지구, 화성이 여기에 포함된다.

목성형태의 행성은 목성, 토성, 천왕성, 해왕성으로 지구에 비해 매우 크며 목성과 같이 수소나 헬륨으로 이뤄져 있다. 또한 목성형 행성은 모두 고리가 있으며 위성의 수가 많다.

태양계는 은하계 중심에서 2만 8천 광년 떨어져 있으며 나선원판 한 중심에 있다. 태양계는 은하계를 초속 220㎞로 공전한다.

태양을 중심으로 공전을 하고 있는 행성들의 공전궤도는 거의 같은 평면에 있고, 수성·금성·화성과 같은 행성이나 달의 표면이 울퉁불퉁한 것은 작은 운석들이 충돌하여 생긴 자국이다.

현재 우리가 쓰고 있는 오행은 태양계의 행성에서 전해져 오는 자기장磁氣場을 오행으로 가차假借하여 사용하는 것이다.

인간에게 가장 많은 영향을 주는 행성들이 어떻게 구성되는지 살펴보면, 행성 배열은 태양을 중심으로 수성水星·금성金星·지구地球·화성火星·목성木星·토성土星에서 오행의 기氣가 발생되는데, 토성과 지구는 같은 오행이 발생하는 행성이다.

그 외에 인간에게 영향을 주지 못하는 천왕성·해왕성으로 구성되어 있으며 각 행성에서 주위를 도는 위성이 있고, 나머지 소행성과 혜성이 있다.

제2절

동양역학의 기원 | 東洋易學의 起源

1 동양역학의 기원과 발전 | 東洋易學의 起源과 發展

동양역학은 6,000년 전부터 여러 성현들께서 천체를 보고 그 이치를 알아 구전되어 오다가 문자가 생기면서 기록으로써 전해 내려오며 연구를 거듭하여 오늘의 음양오행 학술로 발전한 것이다. 삼황오제三皇五帝 때부터 전해져 내려오던 것이 주周나라 문왕文王 때에 이르러 '주역'이라는 학문으로 발전된 것이다.

역易은 만물만상의 변화의 법칙을 일컫는 말로, 흔히 주역의 약칭으로 쓰고 있지만 실상은 주역이 있기 전에도 역은 있었다.

역易은 자연이 변화하는 법칙 그 자체로, 우주가 생성된 그 순간부터 역의 법칙이 있었다. 주역은 다만 주나라 문왕에 의해 그 원리를 문자로 나타낸 것이므로 '주역'이라는 명칭을 쓰는 것일 뿐이다.

세계사를 살펴보면 모든 나라가 시초는 신화로 시작된다. 우리 민족에게 단군신화가 있듯이 중국의 역사도 신화에서 시작된다. 지금으로부터 약 6,000여 년 전이라 하기도 하고 혹은 그 이상이라고 하나 확실한 연대는 미상이다.

그 당시 태호太昊 복희씨伏羲氏라는 성현이 있었고 그때 황하로 추측되는 강물에서 용마龍馬가 출현했는데, 〈그림 1〉과 같은 그림이 등에 그려져 있는 것을 보고 태호 복희씨가 그림 원리를 터득하여 천지자연의 근본 이치를 깨닫게 되었다.

아울러 팔괘八卦를 그려 팔방八方에 배치한 것이 〈그림 2〉와 같은 선천팔괘先天八卦이며, 주역팔괘周易八卦의 시초이다.

그 뒤 삼황三皇(태호 복희씨·염제 신농씨·황제 헌원씨) 중의 한 분인 염제 신농씨가 이를 이어받아 농사짓는 법과 백초百草를 맛보아 의약서적을 처음 창안해 내었다고 한다. 이때 활용했던 역이 연산역連山易이란 이름으로 전해 온다.

염제 신농씨 이후에 황제黃帝 헌원씨(B.C. 2,600)는 육십갑자六十甲子를 창안해 사용했다고 하니 이때는 이미 문자가 쓰이고 있었음을 알 수 있다. 그리고 황제 헌원씨도 우리에게 생소하지 않다.

육십갑자를 창안하였을 뿐만 아니라 그가 썼다는 황제내경(영추경·황제중경이라고도 함)은 의서와 음양 술서로 지금까지 전해지고 있다. 이때 사용한 역易을 귀장역歸藏易이라 한다.

황제로부터 약 400년 후인 B.C. 2,200년 하夏나라 우禹임금 때 낙洛이라는 강물 속에서 신구神龜가 나왔는데 등에 〈그림 3〉과 같은 그림이 그려져 있었다고 전해지며, 이것을 가리켜 신구낙서神龜洛書, 혹은 낙서洛書라 한다. 하우씨는 이 낙서의 뜻을 터득하여 구성팔문九星八門을 정립해 당시 범람하였던 홍수의 피해를 막아 내는 등 치적治績이 많았다고 한다. 그리고 기자箕子(B.C. 1,100)는 이를 본받아

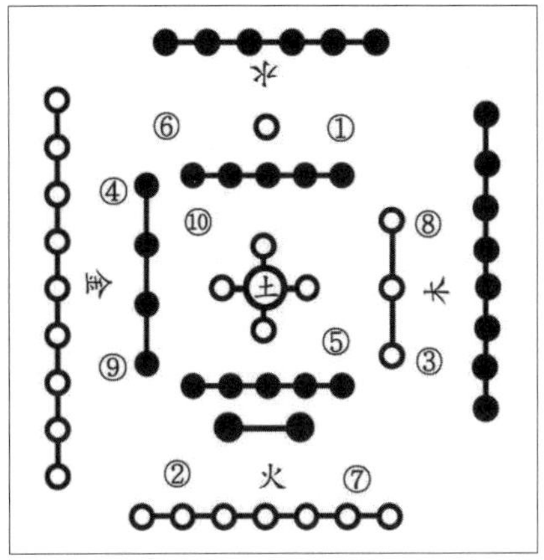

〈그림 1〉 하도河圖

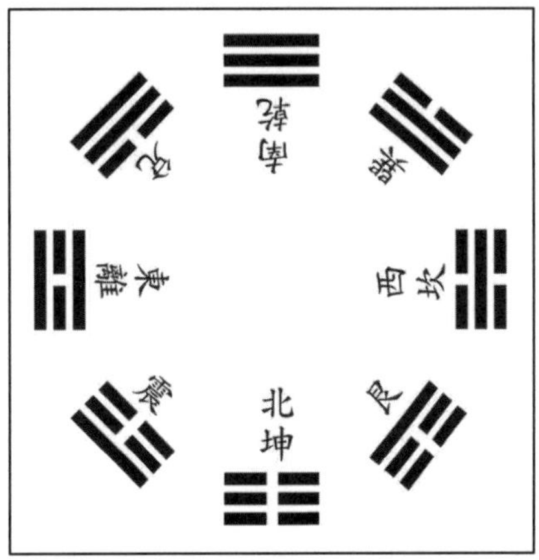

〈그림 2〉 복희팔괘伏羲八卦

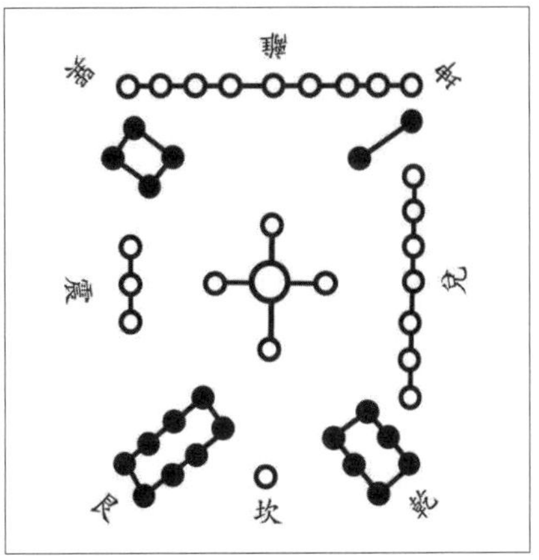

〈그림 3〉 낙서洛書

홍범구주洪範九疇라는 법제를 만들어 임금이 나라를 다스리는 법을 비롯하여 일반 백성들에게 흉을 피하고 복을 불러들이는 방법을 가르쳤다고 한다.

하나라 이후 은殷나라가 일어났다 스러지고, 주周나라가 세워졌다. 이때 문왕이 그린 팔괘를 문왕의 후천팔괘後天八卦라 한다. 뿐만 아니라 문왕은 육십사괘六十四卦를 창안하고 육십사괘에 괘사卦辭를 달았다.

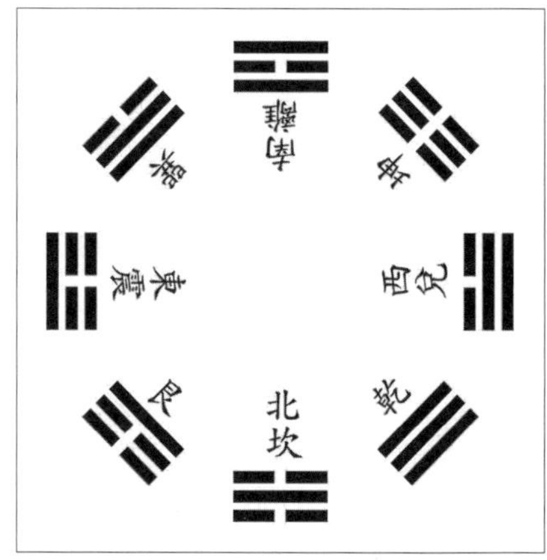

〈그림 4〉 문왕팔괘文王八卦

공자孔子(B.C. 550)께서 주역의 계사전과 십익十翼을 지어 우주자연의 원리와 인사를 밝혔다. 주자朱子는 주역에 효사爻辭와 주註를 달아 이해하기 쉽도록 함으로써 오늘날까지 이어 오고 전수되어 왔는데 이것이 바로 완성된 주역이다. 주자朱子는 남송南宋 때 인물로 이름은 희熹이다.

2 역학계 인물과 저서 | 易學界 人物과 著書

주역이나 육임으로 운명을 볼 수 있으나 목적에 따라 점을 치는 수단으로 사용되는 것이 대부분이다. 점은 주역과 육임 등으로 보고, 종합적인 운명 판단은 사주로 보는데, 사주 보는 법은 이허중 선생이 최초로 연주年柱를 중심으로 보는 방법을 창안하여 사용해 왔으며, 그 이후 계속 연구되고 발전해 오고 있다.

오늘날 사주학이 체계화된 것은 이허중 선생이 연주를 중심으로 보는 사주학을, 그 후 서자평 선생이 일간 중심으로 보는 사주법을 창안하게 되었는데 신법 사주 이론을 창안한 배경은 육임학에서 출발하였다.

서자평 선생이 저술한 『옥조신응진경주玉照神應眞經註』 내용을 보면 육임학의 용어가 등장하는데, 육임은 일진의 천간天干을 중심으로 판단하는 학문으로 그 영향을 받아 일간 위주의 사주학 이론을 펴는 데 영향을 주었다고 볼 수 있는 대목이다.

일간을 기준으로 월령月令에 강약법을 발견해 『연해자평』을 저술하였는데, 이 저서가 현대의 사주학 근간根幹이 되었다. 『연해자평淵海子平』을 펴내기 이전의 저서로는 『낙녹자삼명소식부주珞綠子三命消息賦註』 『옥조신응진경주玉照神應眞經註』 『명통부明通賦』가 있다.

『옥조신응진경주』에 천간과 지지에서 음양오행이 생生·극剋·합合·화化하는 이론과 오행별 질병을 아는 방법이 이때 등장한다.

『낙녹자삼명소식부주』의 격국格局은 사주 전체의 세를 보아 격국을 정하고, 용신은 일간의 강약을 따져 중화를 이룰 수 있는 오행으로 정해야 한다고 보고, 일간 강약은 득시得時(月令에 根을 말함)로 보는 것이 중요하다고 보며, 지장간地藏干의 이론과 월율분야月律分野의 사령司令을 중요하게 강조하면서 억부용신抑扶用神의 이론을 주장했다.

『옥조신응진경주』에는 천간天干과 지지地支의 음양오행을 정하고 오행끼리 생生·극剋·합合·화化를 하는 기준으로 사주의 품격과 길흉을 판단하며, 용신 강약을 길흉판단의 기준으로 쓰며, 십이운성十二運星으로 양생음사陽生陰死, 음생양사陰生陽死를 적용한다.

『명통부』에 다룬 내용 가운데서 월령을 중요하게 보는 것은 격국을 정하는 중요한 작용을 하는 곳이기 때문이며, 격국의 고저高低에 따라 부귀와 빈천을 알 수 있는 기본이 되는 곳이기 때문이다. 이 이론이 격국의 기본 틀로 구성되어 성격成格과 파격破格의 기준이 이때 완성이 되었고, 이후에 저술되는 서적에 많은 영향을 주었다고 볼 수 있다.

일간과 십신의 강약을 가리고, 용신과 흉신의 강약에 따라서 길흉을 정한 다음 대운·세운을 대입하여 용신이 왕旺·상相·휴休·수囚·사死가 달라짐을 밝혔다. 그때 이미 억부용신을 채택하여 용신의 오행이 왕·상·휴·수·사 강약에 따라서 길흉이 달라짐을 정했다.

『연해자평』은 사주의 격국과 용신판단법의 기준이라 해도 과언이 아니며 또한 십신의 설명이 체계적으로 되어 있어 사주에서 심리를 파악하는 기법으로 활용되기도 한다.

격국에서 종격從格을 처음으로 적용하고 격용신格用神이 생사를 좌우한다는 이론을 세웠다. 공망空亡과 합合·형刑·충沖·파破·해害 같은 신살神殺 및 십이운성十二運星이 격국용신에 영향을 준다.

용신법에서 일간 강약의 기준으로 억부용신 이론과 십신의 고유한 길흉을 보는 법과 사주구조에 따라서 다르게 용신을 정한다.

현대 사주학에는 음양오행의 생生·극剋·제制·화化와 격국의 고저를 판단하고 용신에 강약과 대운과 세운에서 길흉을 판단하는데, 구체적 사건은 합合·형刑·충冲·파破·해害에 의해서 운명이 바뀌는 것을 판단하는 법이다.

신봉 장남 선생의 『명리정종命理正宗』은 『연해자평淵海子平』과 일치하는 부분이 많으나 용신법에 십신十神의 동정動靜과 개두蓋頭와 병약론病藥論 등 새로운 논법을 주장했다.

동정은 운과 사주와 관계에서 운의 천간은 사주의 지지를 극할 수 없고 운의 지지가 사주의 천간을 극할 수 없다는 논리이다.

개두론蓋頭論에서는 천간은 움직이는 것이고, 지지는 움직이지 않는 것이며, 천간天干은 드러난 것이고, 지지地支는 보이지 않는 것이니 모든 길흉은 천간이 지지보다 중요하다고 본다.

병약이론病藥理論으로 사주에 병病이 있으면 치료하는 약藥이 있어야 하는데 이와 같이 병신病神과 약신藥神이 사주원국에 둘 다 있으면 귀하다고 하는 이론이다.

훌륭하게 성공한 사람은 고난을 극복하고 성공하는 경우가 많다. 사주에 병신病神만 왕성하게 있고 약신藥神이 없으면 빈천하게 된다는 이론이다.

심효첨 선생의 『자평진전子平眞詮』은 격에서 사길신四吉神과 사흉신四凶神으로 분류하고 격국과 용신을 정하는 이론이다. 격용신格用神은 신강함을 바탕으로 한다.

사길신격四吉神格에는 정관격正官格, 재격財格, 정인격正印格, 식신격食神格으로 구성되는데 순용順用하는 원리가 핵심이며,

사흉신격四凶神格은 편관격偏官格, 식상격食傷格, 양인격陽刃格, 편인격偏印格으로 구성되는데 역용逆用하는 원리가 핵심이다.

이와 같은 용신법을 격용신格用神이라 하는데, 격格으로써 용신을 정하는 방

법을 가장 체계적으로 정리한 책이다.

격의 구성은 ①월지 월율분야 본기로 정하는 것을 원칙으로 하고, ②월지 월율분야가 투출된 것으로 격格을 정하고, ③지지地支 삼합三合이나 방합方合을 국局으로 정하는 법칙法則으로 쓰고 있다.

격국순용格局順用이란 사길신격四吉神格으로 성격成格되어서 격格이 약弱하면 생조生助하고, 왕旺하면 설기泄氣하는 오행을 용신으로 쓰는 것이다.

격국역용格局逆用이란 사흉신격四凶神格으로 성격成格되면 극剋하거나 설기泄氣하거나 합거合去하는 오행으로 용신하는 것을 말한다.

『자평진전』에서 용신은 격국格局에 종속된다. 순용할 것은 순용하고 역용할 것은 역용하는 것이다. 격의 성격과 파격을 엄격히 따져 다루어야 하는 법칙이 적용되어야 한다.

유백온 선생의 『적천수滴天髓』는 잡격雜格을 배격하고 억부용신抑扶用神만을 중시한다. 육친六親은 육효六爻의 이론을 수용하고, 오로지 오행의 생生·극剋·제制·화化만 적용할 뿐, 합合·형刑·충冲·파破·해害와 신살神殺을 배척한다.

삼합三合으로 인한 세력의 변화와 투간透干과 근根을 인정치 않으므로 실전에서 안 맞는 경우가 많으므로 다른 학설인 연해자평, 명리정종, 궁통보감窮通寶鑑, 자평진전과 접목을 하여 종합적인 사주감명을 하여야 묘리가 있게 되므로 적천수를 공부하는 학인들은 명심하기 바란다.

저자미상의 『궁통보감窮通寶鑑』은 원제가 『난강망』인데 청나라 말기에 서춘대라는 학자가 간행하여 그 가치를 평가받게 되었다.

궁통보감의 특징은 통변의 핵심이 되는 십간十干의 성정性情과 이기理氣의 진퇴를 밝힌 점이다.

또한 십간十干을 12개 월령에 배당시켜 강약의 차이와 계절에 따른 조후적용법이 상세하게 설명되어 있다. 또한 용신·희신·기신·한신을 밝혀 사주학의 이치와 핵심을 쉽게 터득할 수 있도록 설명하였으며, 간지를 종합한 격국으로 부귀빈천을 밝혔다.

사주학의 기본이론 | 四柱學의 基本理論

1 기본이론 | 基本理論

사주학 공부는 제일 먼저 음양오행과 천간天干 10자와 지지地支 12자를 순서대로 확실하게 암기하고 간지 22개에 나타나는 음양과 오행인 목행木行·화행火行·토행土行·금행金行·수행水行을 깊이 공부하면 길흉화복이 보이게 된다. 사주팔자와 행성行星의 기력氣力인 오행五行에 의해서 발생되는 길흉화복에는 우주의 변화 이치가 담겨져 있다.

그런데 이 모든 변화는 기본에서 나오는 것이니 기본이론을 충분히 숙지를 한다면 반드시 유능한 미래예측 사주·명리학 역학사가 되리라 본다. 운명을 판단하는 기준도 따지고 보면 간단하다. 태어난 연월일시年月日時는 넷으로 구분되고, 그 연월일시가 간지로 구성되면 여덟 자밖에 안 된다.

어찌 생각하면 그 복잡한 인간의 운명이 여덟 자에 의해서 작용되는데, 각기 다른 사주가 무려 518,400가지로 분화가 된다. 그러므로 같은 사주가 여러 개 있어도 부모의 능력과 태어난 환경, 그리고 학력의 차이, 배우자의 사주와 교류되면서 상생·상극관계, 시대적인 배경 차이가 학문의 묘리가 되므로 사주 추리는 그만큼 어려울 수밖에 없다.

그러나 미리 겁낼 필요는 없으며, 이 책에서 기술한 내용을 순서대로 읽어나간다면 누구든지 이해하기 쉽게 서술되어 학습하는 데 도움이 될 것이다. 다양한 학문의 이치가 모두 그러하듯이 가짓수는 복잡하게 많아도 원리는 간단한 것이 된다. 한 가지 이해로 백 가지 이치를 미루어 깨달을 수

있기 때문이다.

가령 나무에 비유하면 종류는 헤아릴 수 없이 많아도 춘하추동의 순환법칙에 따라 싹이 나고 자라면서 꽃피고 열매 맺어 가을에 낙엽이 지는 과정에 나무로서의 생태는 동일한 것과 같다.

2 음양과 오행 | 陰陽과 五行

가. 음양론陰陽論

우주에 존재하는 모든 만물은 음양으로 이루어져 있다. 음양을 벗어나서 존재할 수 있는 것은 아무것도 없으며 우주 자체가 생성될 수 없다. 우주 생성론에 따르면 태초 무극無極에서 일기一氣가 생성되고, 일기一氣가 성운星雲을 통과하면서 입자가 모이는데 이때가 집기集氣의 시기이다.

기가 모일 때 회전하면서 나선형 소용돌이가 형성되는데, 기가 모여 압축이 되는 과정을 삼태극의 시기라 한다. 삼태극 시기에 기가 뭉치면서 태양이 탄생되고, 양의兩儀인 음양으로 변화하여 안정되면서 태극의 조화로 우주가 생성되고 음양의 조화가 태양계의 행성으로 분화되면서 우리가 살고 있는 은하계가 생성이 되었다고 한다.

나. 음양陰陽의 부류部類

지구에서 쉽게 관측되는 별이 태양과 달인데 태양을 양陽, 달을 음陰으로 사용하게 되었으니 음양은 신비한 이론이 아닌 우주 관측에서 나왔다는 것을 알 수 있는 학문이다.

명암 明暗 : 밝은 곳은 양이고 어두운 곳은 음이다.

주야 晝夜 : 낮은 양이고 밤은 음이다.

천지 天地 : 하늘은 양이고 땅은 음이다.

상하 上下 : 위는 양이고 아래는 음이다.

대소 大小 : 큰 것은 양이고 작은 것은 음이다.

길흉 吉凶 : 길吉은 양이고, 흉凶은 음이다.
복화 福禍 : 복福은 양이고, 화禍는 음이다.
건곤 乾坤 : 건乾은 양이고, 곤坤은 음이다.
부모 父母 : 아버지는 양이 되고, 어머니는 음이 된다.
남녀 男女 : 남자는 양이고, 여자는 음이다.
웅자 雄雌 : 수컷(雄)은 양이고, 암컷(雌)은 음이다.
강약 強弱 : 강強한 것은 양이고, 약弱한 것은 음이다.
강유 剛柔 : 강剛은 양이요, 유柔는 음이다.
철요 凸凹 : 수컷은 철凸하니 양이고, 암컷은 요凹하니 음이다.
청탁 淸濁 : 맑은 것은 양이고, 흐린 것은 음이다.
표리 表裏 : 겉은 양이고, 속은 음이다.
외내 外內 : 밖은 양이고, 안은 음이다.
생사 生死 : 살아 있는 것은 양이고, 죽은 것은 음이다.
명유 明幽 : 이승은 양이고, 저승은 음이다.
인귀 人鬼 : 사람은 양에 비유하고, 귀신은 음에 비유한다.
간지 干支 : 간干은 양이고, 지支는 음이다.
기우 奇偶 : 홀수는 양이 되고, 짝수는 음이 된다.

이 우주에 존재하는 것은 모두가 음양에 적용되지 않는 것은 아무것도 없다. 음양의 특성으로 양은 높고, 밝고, 드러나고, 철凸하고, 강하고, 억세고, 빠르고, 급하고, 거칠고, 단순한 특성이 있다. 반면에 음은 낮고, 어둡고, 숨겨져 있고, 요凹하고, 약하고, 부드럽고, 느리고, 복잡한 특성이 있다.

남자는 양이라 대부분 양의 특성을 지니게 되고, 여자는 음이라 대부분 음의 특성을 지녔다. 조물주는 남자에게 골격에서 성격까지 강인한 것을 주어 유약한 여자가 할 수 없는 일들을 맡도록 하였고, 여자에게는 부드럽고 차분하고 섬세한 것을 주어 남자가 할 수 없는 일을 맡도록 하였다.

서로서로의 단점을 상대가 보충해 주고 장점을 이용하여 살아가도록 한 것이 음양의 덕이기도 하다.

이해를 돕기 위하여 미리 논하는 것인데, 생일이 甲·丙·戊·庚·壬에 해당하면 양일이고, 乙·丁·己·辛·癸에 해당하면 음일이다. 남자가 음일이면 음성적(여성적)인 경향이 있고, 여자가 양일이면 여자이면서도 양성적(남성적)인 경향이 농후하다.

부부의 배합에 남녀가 모두 남성적이면 충돌이 잦고, 남녀가 모두 여성적이면 발전이 느리다. 남녀 중 어느 한쪽이 양일이면 다른 한쪽은 음일일 때 성격적인 면과 생활의 수단에 있어 조화를 이루어 이상적인 부부생활을 영위할 수 있다. 한마디 덧붙일 말은, 음양의 특성이 그렇다고 하여 남자 사주가 양으로만 구성되고, 여자 사주가 음으로만 구성되어도 좋지 않다.

가령 남자는 억세도 부드러운 면이 있어야 하며, 급한 일에도 차분하게 생각할 줄 알아야 하고, 여성은 유약해도 때로는 강인해야 하고, 느리고 복잡해도 경우에 따라 과감한 결단력이 있어야 한다. 다시 말해서 본질이 양이면 안에는 음을 간직해야 하고, 본질이 음이면 안에는 양을 간직해야 한다.

만일 양이 지나치게 성하면 양이 먼저 양보하여 음이 생장할 수 있도록 하고, 음이 지나치게 왕성하면 음이 먼저 양보하여 양이 생장하도록 하면 일시적인 균형은 잃었다고 할지라도 결과는 음양의 기가 적절히 조화를 이루게 된다.

봄·여름·가을·겨울 사시四時에 음양의 균형을 잃으면 가뭄이 들거나 심한 장마가 들고, 사람이 음양의 조화를 못 이루면 온갖 재앙과 질병이 따른다.

동지冬至에 음이 극極에 달했다가 차츰 음기陰氣가 물러가고, 하지夏至에 양이 극極에 달했다가 차츰 양이 물러나는 것이며, 동지에 양기가 생겨나 점차적으로 양이 강해지고, 하지에 음기가 생겨나 점차적으로 음이 강해지는 것이다.

7쪽 〈그림 2〉 복희팔괘伏羲八卦는 우리나라 태극기에 그려진 태극太極 원리와 같은데 어떤 이가 주장하기를 〈그림 2〉는 잘못된 그림이고, 8쪽 〈그림 4〉 문왕팔괘文王八卦가 바르게 된 그림이라고 주장하는 학자도 있다.

그 이유는 동지부터 양이 나아가고 하지부터 음이 나아가는 것이므로 형상으로 〈그림 4〉 문왕팔괘가 바로 나타낸 것이라고 주장한다. 그러나 이 주장은 음양 조화의 이치를 모르고 하는 말이다.

얼핏 그림만 보고 생각하면 그럴듯하지만 묘리妙理는 그게 아니다. 앞에서 논한 대로 태극☯의 문양처럼 양기가 극성하면 먼저 양이 양보하고 음기가 극성하면 음이 먼저 양보하여 상대인 음과 양이 생장하도록 하는 것이 조화의 덕이다.

〈그림 4〉는 음양이 상대를 밀치고 나가는 상이라 투쟁과 충돌의 의미가 있으나 〈그림 2〉는 극성했던 음양이 양보하며 자리를 비워 줌으로써 쇠약했던 음과 양이 양보하여 비워 놓은 그 자리를 채우는 형상이라 화합의 상이다.

예를 들어 어떤 이가 최고의 자리에 군림하여 어느 정도 그 자리에 머물렀다가 스스로 후배에게 양보하면 피차가 평화를 유지하게 되니 이것은 인간처세에 당연한 도리다. 그러나 그 자리를 오래도록 양보하지 않거나, 스스로 물러나지 않는다면 반드시 충돌이 일어나고 만다. 이 같은 도道가 바로 자연의 순리요, 그 하나를 나타낸 예가 7쪽 〈그림 2〉의 형상이니 얄팍한 지식이 있다고 해서 분명한 이치를 곡해해서는 안 될 것이다.

다. 오행론五行論

오행五行으로 목행木行·화행火行·토행土行·금행金行·수행水行이 있다. 옛날에 성현들께서 천체를 관측할 때 태양을 중심으로 공전하는 수성·금성·지구·화성·목성·토성이 오행으로 작용하는 것을 관측하게 되었던 것이다. 천왕성·해왕성은 거리가 너무나 멀어서 인간에게 미치는 영향이 미흡하기 때문에 오행에 적용이 안 된다.

성현들께서 토성을 천간天干의 토행土行으로 정하고, 지구를 지지地支의 토행土行으로 정했던 것은 지구가 인간에게 영향을 가장 많이 주는 별로 가장 중심 역할을 한다고 보고 지구를 중앙 토土로 취용했던 것으로 보인다.

또한 배열상의 행성을 보면 태양을 중심으로 수성水星·금성金星·지구地球·화성火星·목성木星·토성土星을 오행의 근본으로 보아 왔던 것이다. 가장 먼 거리에서부터 시작하여 목성은 화성을 생하고, 화성은 지구를 생하고, 지구는 금성을 생하고, 금성은 수성을 생하고, 다시 수성은 목성을 생한다. 나중에 토성은 중성자로서 중앙 토로 작용하는 것이다.

각 행성 공전주기는 태양을 중심으로 보면 수성은 88일, 금성은 225일, 지구는 365일, 화성은 1년 322일, 목성은 11년 86일이 걸린다.

고전의 사상四象에 의하면 태양은 火이고, 소음은 木이요, 소양은 金이고, 태음은 水로 작용한다. 火와 木은 양에 속하고, 金과 水는 음에 속하고, 중성자中性子가 분열分列이 늦어 나중에 나타나 土로 변하니 오행이 자연적으로 발생하여 土는 앞 계절과 뒤 계절 사이를 조절하는 작용을 한다.

태역太易이 생하여 水가 되고,
태초太初가 생하여 火가 되고,
태시太始가 생하여 木이 되고,
태소太素가 생하여 金이 되고,
태극太極이 생하여 土가 되었다고 한다.

① 천간오행天干五行을 해석하려면 오성五星들의 기력氣力과 십간의 성정과, 물상의 변화를 살펴서 연구해야 한다.
② 지지오행地支五行을 해석하려면 사계절四季節 절기심천節氣深淺에 따라서 변하는 오행五行의 변화를 살펴 읽을 줄 알아야 한다.

이와 같은 천간오행天干五行과 지지오행地支五行을 알기 위해 천문과학을 연구해야 하는데 우리나라 역학계의 실정이 그렇지 못한 게 현실이다.

미국의 경우를 살펴보면 나사우주센터에서는 각 행성으로부터 오는 기력을 측정하여 연구하는데 역학인과 과학자들이 합동으로 연구하여 기의 강약의 차이로 운명을 판단하는 프로그램을 개발하여 쓰고 있다고 한다.

미국에서 만들어서 쓰는 컴퓨터 사주 프로그램은 용신만 정해지면 대운의 길운과 흉운의 강약에 따라서 몇 %씩 컬러로 그래프가 그려져서 나와 운세의 흐름을 확실하게 알 수 있도록 되어 있다고 들었다.

대운을 예로 들면 동양에서는 컴퓨터 사주프로그램이 개발이 되어 있어도 대운분석을 할 때 흉신凶神에는 기신忌神·구신仇神·병신病神과, 길신吉神에는 용신用神·희신喜神·약신藥神 등을 가려 쓸 줄 알아야만 분석할 수 있다.

우리 역술계도 과학계의 협조를 받아서 연구에 게으름 없는 박차를 가해야 하며, 후진 양성에도 성의를 다해야 할 것이다.

역학에서 오행五行을 이해하려면 기氣와 질質에 대해서 논해야 하는데 목행木行·화행火行·토행土行·금행金行·수행水行의 氣는 눈에는 보이지 않기 때문에 설명하기 어렵고 이해하기도 어려워 일상생활에서 접할 수 있는 유형적인 자연의 현상과 물상으로 예를 들어 강의하는 실정이다.

오행은 천간과 지지에서 발생한다. 천간은 하늘에서 오성五星이 오기五氣가 되어 십간이 이루어지고, 지지는 땅에서 사시四時(계절)와 환절기가 있어서 십이지지十二地支를 이루며, 이들이 질적質的 작용을 하며 오행의 강약으로 작용된다.

인간의 의식 속에는 오성五性, 오지五志가 있다고 보며, 사람의 몸에는 오장五臟이 있고, 색상에는 오색五色, 소리에는 오음五音, 맛에는 오미五味 등이 있는데 다음에 나오는 오행 도표를 참조하기 바란다.

【오행 일람표 1】

구분 \ 오행	목 木	화 火	토 土	금 金	수 水
오성 五星	신성辰星	형성熒星	세성歲星	태백太白	진성鎭星
오기 五氣	바람風	열熱	습濕	조燥	한寒
오방 五方	동 방	남 방	중 앙	서 방	북 방
오시 五時	봄	여 름	사계四季	가 을	겨 울
오상 五常	인仁	예禮	신信	의義	지智
오지 五志	기쁨喜	성냄怒	생각思	두려움恐	근심憂
오장 五臟	간肝	심장心臟	비장脾臟	폐肺	신장腎臟
오음 五音	각음角音	치음徵音	궁음宮音	상음商音	우음羽音
오미 五味	신맛酸	쓴맛苦	단맛甘	매운맛辛	짠맛鹹
오체 五體	긴 것	뾰족한 것	모난 것	둥근 것	굽은 것
오성 五性	곡직曲直	염상炎上	가색稼穡	종혁從革	윤하潤下

【오행 일람표 2】

구분 \ 오행	木	火	土	金	水
정오행 正五行	甲 乙 寅 卯	丙 丁 巳 午	戊 己 辰戌 丑未	庚 辛 申 酉	壬 癸 亥 子
삼 합 三合	亥卯未	寅午戌		巳酉丑	申子辰
육 합 六合	寅 亥	卯 戌	(子丑·午未)	辰 酉	巳 申
수오행 數五行	3 · 8	7 · 2	5 · 10	9 · 4	1 · 6
절 후 節候	寅 卯	巳 午	辰未戌丑月	申 酉	亥 子
색오행 色五行	청青	적赤	황黃	백白	흑黑
얼 굴 面部	왼편 관골 (여자는 반대)	이마	코	오른편 관골 (여자는 반대)	턱
육 부 六腑	담膽	소장小腸 삼초三焦	위胃	대장大腸	방광膀胱

행성行星의 공전公轉이 주는 운명적 변화

운명은 행성으로부터 전해오는 기운에 의해 작용을 받는데, 부귀富貴와 빈천貧賤 그리고 요절夭折하고 장수長壽함이 모두 행성行星의 공전公轉과 지구의 자전自轉으로 인한 것이다.

행성의 기운이 운으로 되어 생·극·제·화와 합·형·충·파·해를 하면서 인간에게 운명으로 변하는 것이다. 이 도리는 신神이나 범천梵天이나 또는 성현이나 귀신이라 할지라도 그 이치를 변이시킬 수는 없는 것이다.

이 학문은 행성이 공전 운행하면서 인간의 운명에 전해지는 기운의 법칙을 목木·화火·토土·금金·수水 오행의 기호로 가차하여 운명에 대입시켜 논한 것이다.

라. 오행五行의 생生과 극剋

양陽은 활동적으로 움직이고, 음陰은 정적으로 움직임이 없는 것이며, 양陽은 생生도 잘하고 설기泄氣도 잘하며, 음陰은 생生을 못 하고 설기泄氣도 못하는데 극剋은 잘한다.

우주 대자연의 생生과 극剋, 그리고 상생相生과 상극相剋하면서 균형을 이루는 에너지 불변의 법칙에 따라서 존재하는 오행의 작용을 알아보자.

사주는 간지干支 오행五行이 생극제화生剋制化하는 것과 삼합三合과 육합六合에 매인 것을 풀어 가는 것이 정법이다.

木·火·土·金·水 오행은 그 관계가 생하고, 극하고, 비화로 동류가 되고, 합하면 화化하여 변화되는 것뿐이다.

각각 오행마다 작용하는 내용을 알아야 앞으로 공부할 때에 이해가 빨라 통변할 때 응용이 빠를 것이다.

우선 기억해 둘 것은, 모든 사물에 소속된 오행을 한꺼번에 모두 익히려고 하지 말고 오직 천간과 지지 절후와 방위의 오행부터 알고 있으면 본 학문을 응용하기에 충분하다는 것이다.

다음에 나오는 도표를 숙지해 두면 공부하는 데 매우 유익할 뿐만 아니라, 앞으로 설명하는 전문적인 응용법을 활용할 때 이해가 매우 빠를 것이니 반드시 머릿속에 암기하기를 바란다.

1 生의 상관관계相關關係

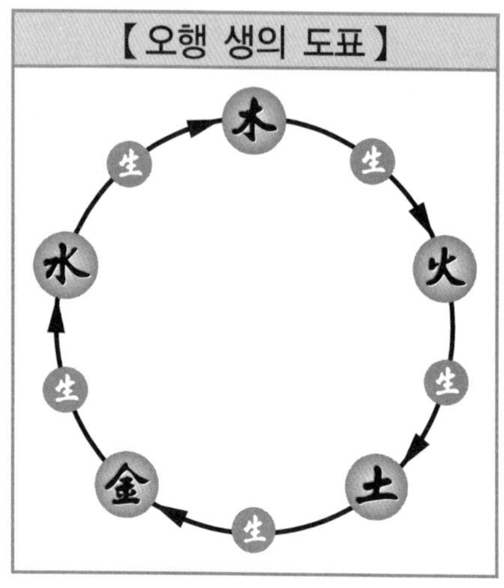

오행五行의 生은 목생화木生火, 화생토火生土, 토생금土生金, 금생수金生水, 수생목水生木이다.

즉, 목木은 화火를 生하고, 화火는 토土를 생하며, 토土는 금金을 생하고, 금金은 수水를 생하며, 수水는 목木을 생한다.

生은 생조生助하여 힘이 배가되는데 가까이서 生해야 작용력이 강强하고 격리隔離되어 멀리 있으면 생조生助하는 힘이 떨어진다. 천간은 천간끼리 生하고, 지지는 지지끼리 生을 잘한다.

2 剋의 상관관계相關關係

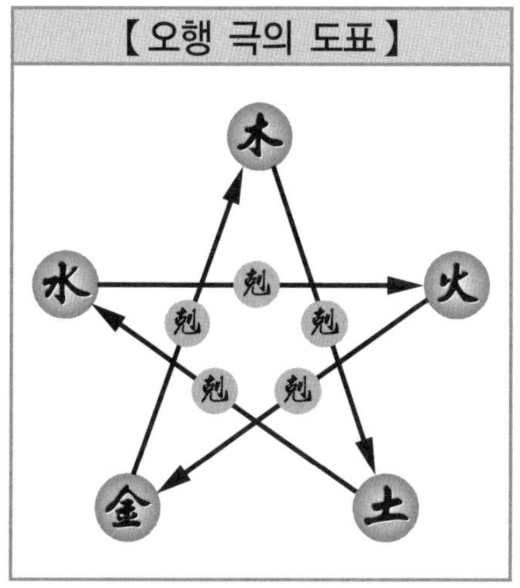

오행의 극은 목극토木剋土, 토극수土剋水, 수극화水剋火, 화극금火剋金, 금극목金剋木 한다. 목木은 토土를 극剋하고, 토土는 수水를 극剋하고, 수水는 화火를 극剋하고, 화火는 금金을 극剋하고, 금金은 목木을 극剋한다. 모든 오행은 극하면 충돌하여 힘이 약해지게 되므로 자기 역할을 못하게 되며, 가까이에 극剋이 있으면 극상剋傷당함이 강하며, 멀리서 극하면 작용력이 약하다.

오행五行의 생生과 극剋을 사주四柱에서 자유롭게 활용하려면 이 도표를 철저히 암기해 두어야 한다.

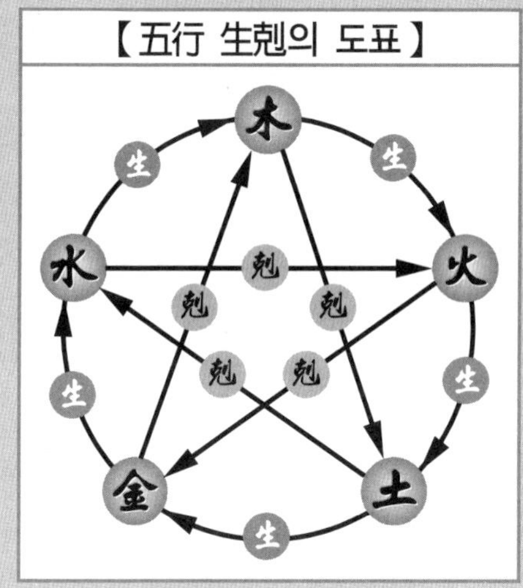

이 도표는 생과 극을 하나로 모아서 이해하기 쉽도록 만들었다. 이 도표를 머릿속에 암기해 두면 앞으로 설명하는 전문적인 응용법을 배울 때에 이해가 빠를 것이다.

이 표를 보지 않고도 머릿속에서 자유롭게 생극관계가 그려져야 한다.

단계적으로 계속하여 배우게 될 모든 학문에 많이 쓰이게 되고 사주를 풀이하는 데 매우 중요하게 쓰이므로 숙지가 될 때까지 암기하기 바란다.

마. 오행五行의 상생相生과 상극相剋

1 오행상생五行相生

오행의 상생相生이란 서로가 도와준다는 뜻이다. 갑목甲木과 임수壬水를 예로 들면 갑목甲木이 생을 받고, 임수壬水가 생해 주는 것이다. 그런데 임수壬水가 무토戊土에게 공격받을 때 갑목甲木이 무토戊土를 목극토木剋土하여 막아 주게 되므로 임수壬水와 갑목甲木이 서로 돕는 관계가 되어 상생相生이라고 말한다. 다른 오행도 이와 같은 원리이다(**오행 상생상극의 도표 참조**).

木火相生	火土相生	土金相生	金水相生	水木相生
목화상생	화토상생	토금상생	금수상생	수목상생

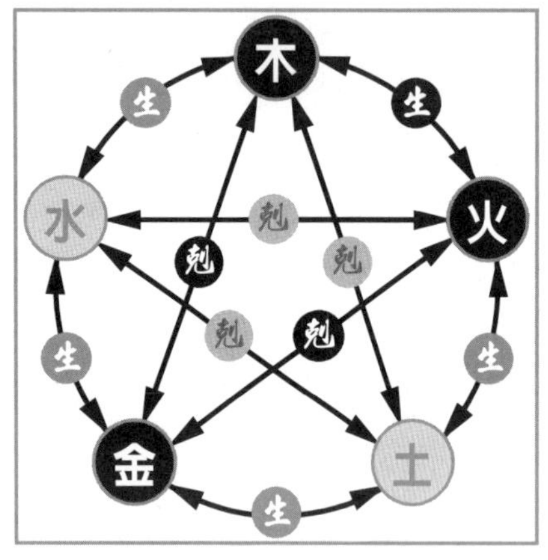

목화상생木火相生이란 어떠한 사주 구조일 때 상생相生이 되는가 하면, 옆의 그림과 같이 木·火·金이 함께 사주원국에 있다면 木이 火를 生하는 구조로, 金이 사주에 있어 木을 금극목金剋木하면 木이 위태로워지는데, 이때 사주 원국에 木으로부터 생조生助받은 火가 金을 火剋金으로 막아 주게 되면 金이 木을 剋하지 못하도록 도와주므로 木火는 서로 상생관계라 한다.

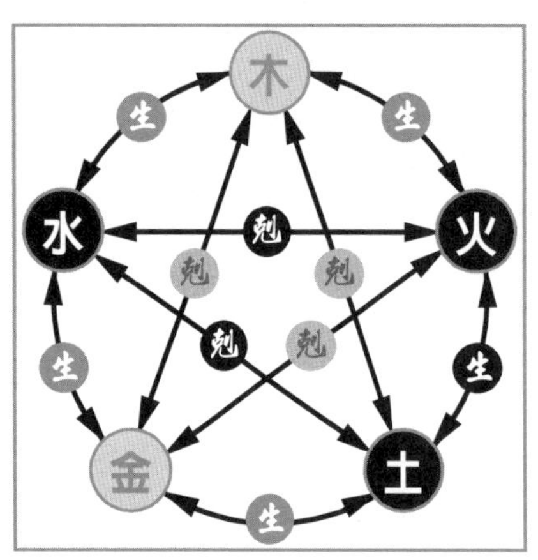

화토상생火土相生이란 어떠한 사주 구조일 때 상생相生이 되는가 하면 옆의 그림과 같이 火·土·水가 함께 사주원국에 있다면 火가 土를 生하는 구조로, 水가 사주에 있어 火를 수극화水剋火하면 火가 위태로워지는데, 이때 사주 원국에 火로부터 생조生助받은 土가 水를 土剋水로 막아 주게 되면 水가 火를 剋하지 못하도록 도

와주므로 火土를 서로 상생관계라 한다.

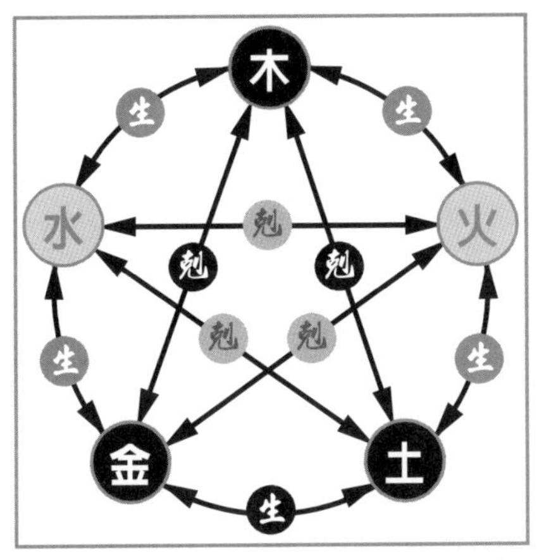

토금상생土金相生이란 어떠한 사주 구조일 때 상생相生이 되는가 하면 옆의 그림과 같이 土·金·木이 함께 사주원국에 있다면 土가 金을 生하는 구조로, 木이 사주에 있어 土를 목극토木剋土하면 土가 위태로워지는데, 이때 사주 원국에서 土로부터 생조生助받은 金이 木을 金剋木하여 막아 주게 되면 木이 土를 剋하지 못하도록 도와주므로 土金을 서로 상생相生관계라 한다.

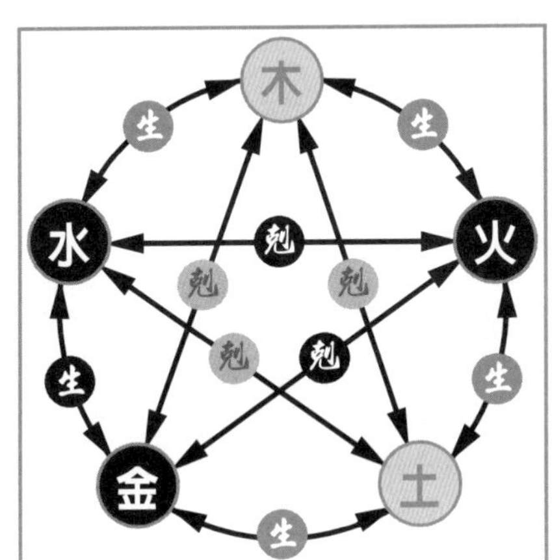

금수상생金水相生이란 어떠한 사주 구조일 때 상생相生이 되는가 하면 옆의 그림과 같이 金·水·火가 함께 사주원국에 있다면 金이 水를 生하는 구조로, 火가 사주에 있어 金을 화극금火剋金하면 金이 위태로워지는데, 이때 사주 원국에서 金으로부터 생조生助받은 水가 火를 水剋火하여 막아 주게 되면 火가 金을 剋하지 못하도록 도와주므로 金水를 서로 상생相生관계라 한다.

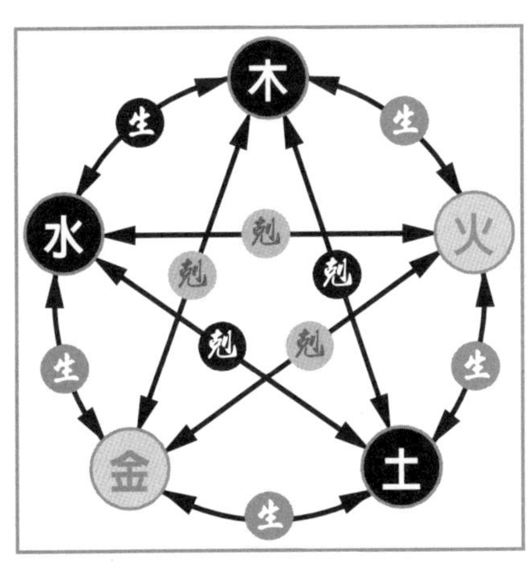

수목상생水木相生이란 어떠한 사주 구조일 때 상생相生이 되는가 하면, 옆의 그림과 같이 水·木·土가 함께 사주원국에 있다면 水가 木을 生하는 구조로, 土가 사주에 있어 水를 토극수土剋水하면, 水가 위태로워지는데 이때 사주 원국에서 水로부터 생조生助받은 木이 土를 木剋土하여 막아 주게 되면 土가 水를 剋하지 못하도록

도와주므로 水木을 서로 상생相生관계라 한다.

다시 설명하면 에너지를 보급하는 자가 生해 주는 자요, 에너지를 보급 받는 자가 生을 받는 자다.

예로 들면, 木이 주인공일 때 水가 水生木으로 木을 생하는데 木이 역으로 水를 상생相生한다고 하는 것은 木을 生해 주는 水를 剋하는 土가 있을 때 木이 土를 剋하므로 木이 간접적으로 水를 도와 서로 상생이 된다.

2 오행상극五行相剋

오행상극이란 서로 쌍방끼리 극하는 것을 말한다. 목토상극木土相剋을 예로 들면 木·土·金이 있는 사주구조에서 木이 土를 극하면, 土가 金을 生하여 金이 金剋木하게 되므로 상극相剋이라고 한다.

다른 예로 들면, 木이 土를 극하는 사주구조에서 木이 약하여 水에 生을 받고 있는데, 土가 水를 극해서 木을 生하지 못하도록 막으면 고사枯死를 하게 되므로 土가 간접적으로 木을 극하는 것으로 되어 상극관계相剋關係라 하는 것이다.

木土相剋	土水相剋	水火相剋	火金相剋	金木相剋
목토상극	토수상극	수화상극	화금상극	금목상극

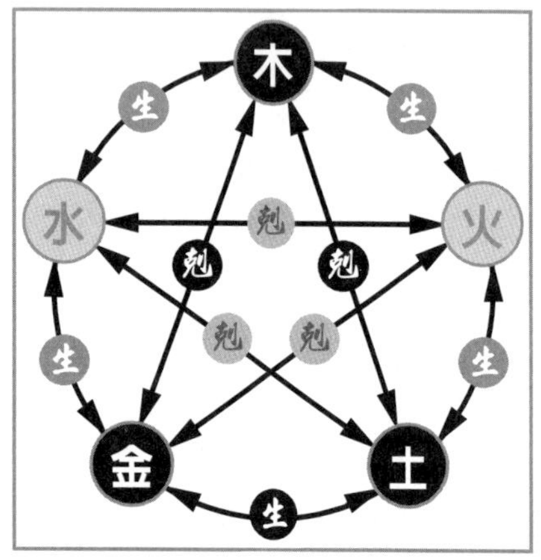

목토상극木土相剋이란 木이 土를 극하는 구조인데, 반대로 土가 木을 극한다고 할 때는 金이 있어 土를 도울 때이다.

옆의 그림과 같이 土·金·木이 사주원국에 있다면 木이 土를 극하는 구조에 목으로부터 극받는 土가 金을 생조하여 金이 木을 극하게 도와 木과 土는 상극이다.

木이 土를 극하는 구조에 木이 약하면 水로 木을 살리는데, 土가 水를 극해서 水生木을 못하면 木이 고사되니 서로 피해를 주어 상극相剋관계라 한다.

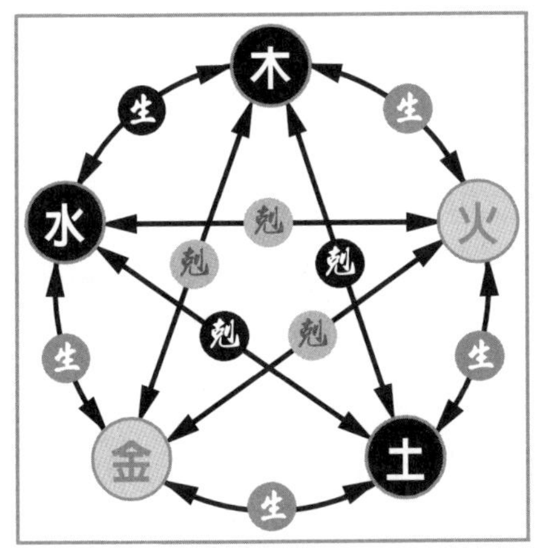

토수상극土水相剋이란 土가 水를 극하는 구조인데, 반대로 水가 土를 극한다고 할 때는 木이 있어 水를 도울 때이다.

옆의 그림과 같이 水·木·土가 사주원국에 있다면, 土가 水를 극하는 구조에 토에서 극받는 水가 木을 생조하여 木이 土를 극하게 도와 상극이 된다.

土가 水를 극하는 구조에서 土가 약하여 火로 土를 살리는데 火를 水가 극하여 火生土를 못하게 되어 서로 피해를 주어 상극관계라 한다.

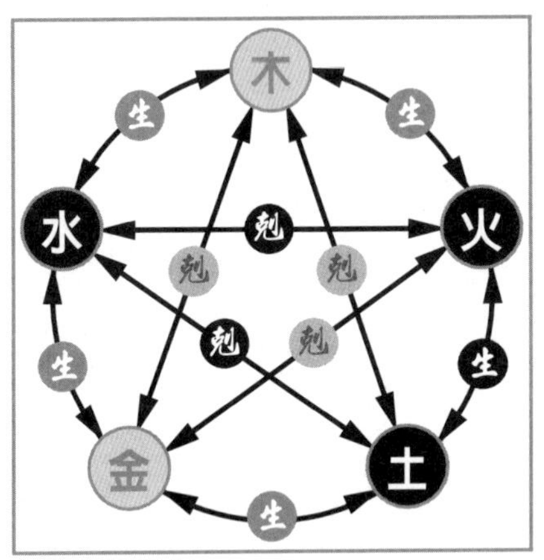

수화상극水火相剋이란 水가 火를 극하는 구조인데, 반대로 火가 水를 극한다고 할 때는 土가 있어 火를 도울 때이다.

옆의 그림과 같이 火·土·水가 사주원국에 있다면, 水가 火를 극하는 구조에 水에서 극받는 火가 土를 생조하여 土가 水를 극하게 도와 상극이라 한다.

水가 火를 극하는 구조에서 水가 약하여 金이 水를 살리는데 火가 金을 극하여 金生水를 못하게 되어 서로 피해를 주므로 상극관계라 한다.

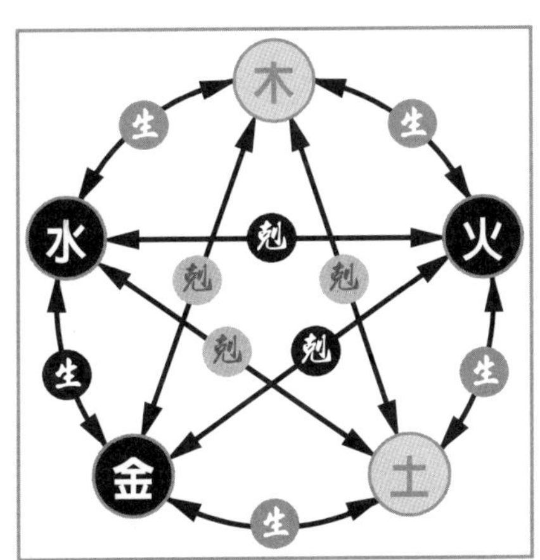

화금상극火金相剋이란 火가 金을 극하는 구조인데, 반대로 金이 火를 극한다고 할 때는 水가 있어 金을 도울 때이다.

옆의 그림과 같이 金·水·火가 사주원국에 있다면, 火가 金을 극하는 구조에 火에 극받는 金이 水를 生하여 水가 火를 극하게 도와 상극이라 한다.

火가 金을 극하는 구조에서 火가 약하여 木으로 火를 살리는데 金이 木을 극해 木生火를 못하게 되어 서로 피해를 주므로 상극관계라 한다.

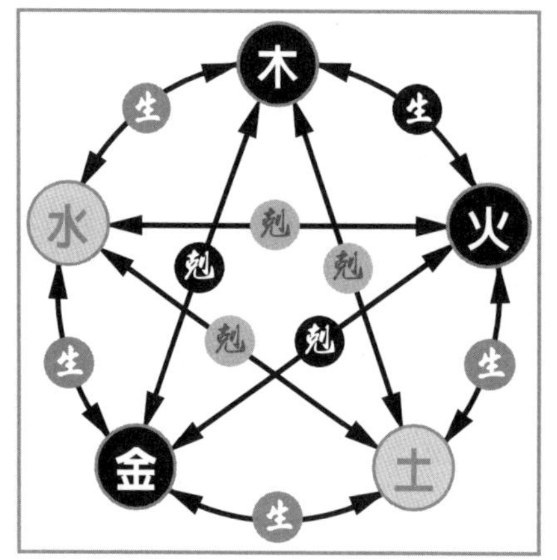

금목상극金木相剋이란 金이 木을 극하는 구조인데, 반대로 木이 金을 극한다고 할 때는 火가 있어 木을 도울 때이다.

옆의 그림과 같이 木·火·金이 사주원국에 있다면, 金이 木을 극하는 구조에 金에 극 받는 木이 火를 生하여 火가 金을 극하게 도와 상극이라 한다.

金이 木을 극하는 구조에서 金이 약하여 土로 金을 살리는데 木이 土를 극해 土生金을 못하게 되어 서로 피해를 주므로 상극관계라 한다.

오행의 상생과 상극을 사주에서 자유롭게 활용하려면 암기를 철저히 해야 한다.

【五行 相生·相剋의 도표】

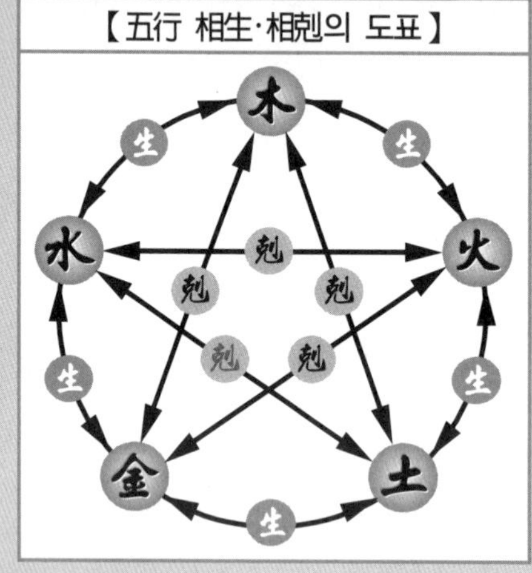

상생과 상극을 하나로 모아서 이해하기 쉽도록 만들었다.

이 표를 보지 않고 머릿속에서 자유롭게 상생·상극 관계가 그려져야 한다.

이 표를 머릿속에 암기해 두면 앞으로 설명하는 전문적 응용법을 배울 때 이해가 빠르다.

단계적으로 계속해 배우는 모든 학문에 많이 쓰이고 사주를 풀어 가는 데 매우 중요하므로 숙지가 될 때까지 암기하기 바란다.

3 비화比化

비화比化란 木이 木을 만나고, 火가 火를 만나고, 土가 土를 만나고, 金이 金을 만나고, 水가 水를 만난 것을 말한다. 같은 성질의 것과 같은 물질은 합쳐지는 성질이 있으므로 비화라고 한다.

비화는 가령 세력과 힘을 합치는 데는 비화가 좋고, 재물을 쟁취하는 데는 비화를 만나면 나누어 가져야 하기 때문에 해롭다.

木 - 木	火 - 火	土 - 土	金 - 金	水 - 水
목 - 목	화 - 화	토 - 토	금 - 금	수 - 수

같은 동류同類의 오행五行을 비화比化라 하는데, 원칙적으로 음양이 같아야 비화이며 다음과 같다. 갑인甲寅·을묘乙卯가 木으로 비화가 되며, 병사丙巳·정오丁午가 火로 비화가 되며, 무진술戊辰戌·기축미己丑未가 土로 비화가 되며, 경신庚申·신유辛酉가 金으로 비화가 되며, 임해壬亥·계자癸子가 水가 되어 비화라고 한다.

바. 오행五行의 속성屬性

오행별 기氣와 질質에는 물리적 작용의 특성이 있는데 氣적인 작용과 質적인 작용은 음양오행에 따라서 다르다. 계절과 수리·색상·성정·오미·신체부위와 모든 자연현상을 통변에 적용시킨다.

【 오행의 기상 도표 】

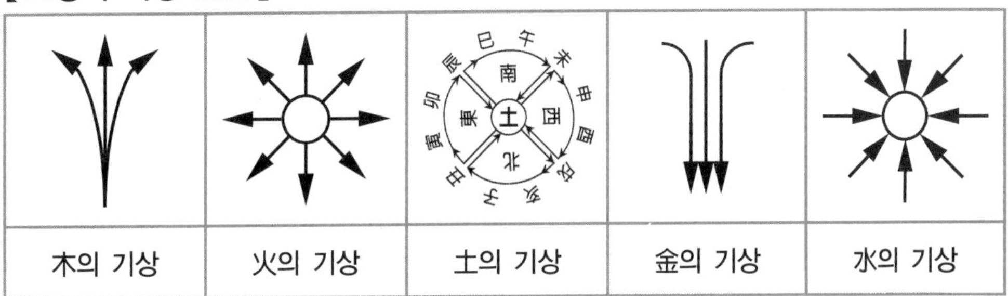

1 木의 기질

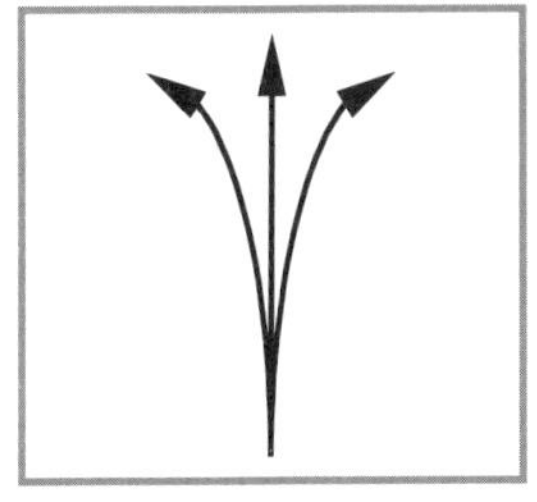

木은 땅속에서 솟아올라 바르게 자라나 봄에 성장하고, 기운이 火처럼 분산의 氣가 가해지면 옆으로 퍼져 가는 질적인 속성을 가지고 있다.

겨울철에 응고되었던 씨앗의 껍질이 木기운에 의해 쪼개지면 싹이 땅을 뚫고 나오는데 이 시기가 봄이다. 겨울에 습기가 얼어 응고되면 땅을 팽창시켰다가 봄이 되어 태양에 녹으면 땅속이 유연해지므로 초목이 용수철처럼 뚫고 나오는 것이 쉬워진다.

씨앗이 발아되어 곧게 자라 오를 때를 직直이라 하며, 자라서 가지가 옆으로 뻗어 나갈 때를 곡曲이라 하는데 총칭하여 곡직曲直이라고 한다. 여름의 태양빛으로 광합성光合成 작용이 되어 영양물을 공급하니 무성하게 되고, 이때가 되면 껍질이 생기는데 초목草木은 더 이상 자라지는 않는다.

계절로는 봄, 하루에는 새벽, 방위는 동방이며, 수리로는 3·8에 해당한다. 생명이 활기를 얻는 시기로 인생에서 유년시기에 해당하며, 색은 청록색, 생명이 활동하는 시기이므로 기쁨과 희망의 뜻이 있다.

성정은 어질 인仁에 해당하며, 맛으로는 신맛酸에 해당하고, 신체 부위로는 눈·간·담·모발·신경·뇌·팔·다리에 해당하며, 얼굴 부위에서 남자는 왼쪽 관골이 해당되고 여자는 오른쪽 관골이 해당된다.

물상으로 나무와 뿌리, 화초, 삼림, 목재, 가구, 목공예, 목조건물, 섬유, 서적, 문방구, 의류, 육아, 교육 등이 木에 해당한다.

2 火의 기질

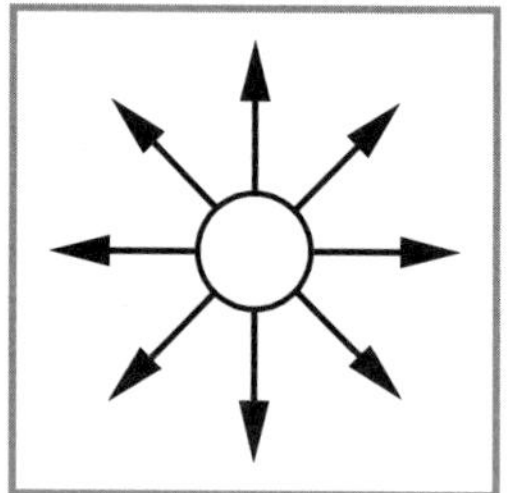

火는 상승도 하고 발산도 하는 기질을 가지고 있는데 火가 왕성하면 열이 되고, 火가 약해서 열이 없으면 빛이 된다. 생명은 火에 의해서 성장하며 꽃을 피우고 활동이 최고에 다다른다.

火의 기질은 극에 달하게 되면 폭발爆發과 발산을 하는 성격으로 강하게 나타난다. 발산하는 기질이 한계에 다다르면 질서와 정리정돈이 필요하여 정체되는데 火의 정점에 다다르면 土로 넘어가니 중도를 찾는다.

계절로는 여름, 하루에는 낮, 방위로는 남방이 되며, 수리는 2·7에 해당한다. 인생에서는 청년시절에 해당하며, 색은 적색, 생명의 기운이 넘칠 때이므로 정열과 열의가 있고 즐거움과 명랑함이 따른다.

성정은 빨리 뜨거워지는 만큼 식는 것도 빨라 뒤끝은 없으나 조급하고 성급함이 있다. 청년이 되면 질서를 지켜야 하니 예禮에 해당하며, 맛으로는 쓴맛苦이며, 신체는 심장·소장·혈관·시력, 얼굴에서는 이마에 해당한다.

물상으로는 뿌리가 튼튼하면 태양, 용광로, 폭발물, 화공약품, 유류, 난방, 항공으로 작용한다. 뿌리가 없거나 약하면 촛불, 전기, 조명, 전등, 등대, 달, 별, 예술, 영화, 디자인, 광고에 해당한다.

3 土의 기질

土의 역할은 오행의 급변상태를 조절하는 기능으로 작용하여 통일과 조화를 이루고, 열기처럼 팽창하여 확산되지도 않으며 水처럼 수축하여 응고凝固되지도 않는다. 土의 작용은 세 가지로 살펴볼 수가 있다.

土는 火의 발산과 확장을 조절하며, 金을 생하고 水의 범람을 방지하며, 한기寒氣를 막아 주는 역할을 한다. 木·火·金·水의 사계절 사이에 환절기로 조절하는 역할이 크다.

계절은 환절기로 모든 열매가 맛이 들어가는 때이기도 하지만 변화가 심한 시기이고 전 계절의 기운을 완전히 가두고 막힘의 뜻도 있고 묘지 역할을 하여 파란이 따라 인생의 질곡을 겪는 시기이기도 하다. 방위로는 중앙과 간방에 속하며, 수리는 5·10에 해당하고, 인생에서는 장년기에 해당한다.

성정은 믿음에 속하며, 생명에 자양분을 공급하는 대지로서 풍성하고 넉넉한 마음을 상징하고, 신용을 중요하게 생각해 신중히 처신한다.

맛으로는 단맛이며, 신체 부위는 비위·복부·허리·근육에 해당하고, 얼굴에서는 중앙 코에 해당한다.

물상으로는 산과 제방, 성곽이나 전답, 곡물이나 농수산물, 도자기, 골동품, 토산품, 부동산, 토목건축 부지에도 해당한다.

4 金의 기질

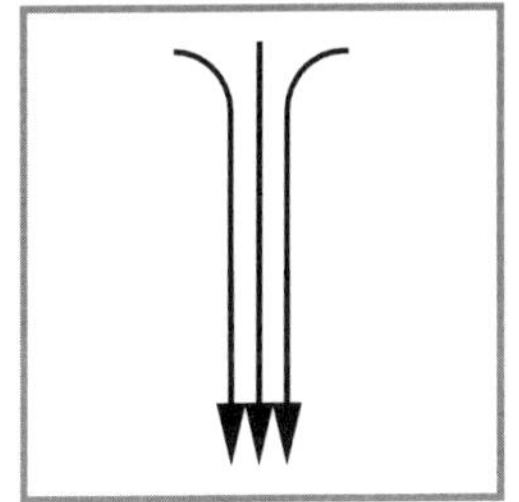

金은 태양의 빛을 받아 양분을 저장하고 스스로 수축하여 단단하게 성숙하는 기질을 발휘한다.

火가 열기를 발산하면서 분열하여 질서가 없는 것이라면 金은 질서를 갖추고 안정하는 것이다.

金이 단단한 것은 성장을 정지하고 내적으로 숙성하기 위해 수축하기 때문이다. 金을 숙살이라고 하는 것은 여름에 무성하게 다 자란 생명을 부실한 것은 버리고 튼실한 것은 숙성시켜서 겨울을 이겨 내게 하기 위해 잘라내기 때문이다.

계절로는 봄에 자라기 시작한 생명이 성숙하여 풍요롭게 결실을 맺는 가을에 속하며, 곡식과 과일을 수확하는 시기이다. 방위는 서방, 수리는 4·9에 속한다. 인생에서는 말년에 비유하며, 색으로는 백색이다.

성정은 엄숙하고 냉정하여 의리에 해당하며, 만물의 질서를 바로잡는 것에 해당하므로 용맹하고 과감하다. 맛으로는 매운맛, 신체 부위는 폐·기관지·뼈·피부·치아·대장, 얼굴 부위로 남자는 오른쪽 관골, 여자는 왼쪽 관골에 해당한다.

물상으로는 곡식, 과일, 한기, 서리, 철鐵, 보석, 광석, 무기, 금융기관, 금융감독기관에 해당한다.

5 水의 기질

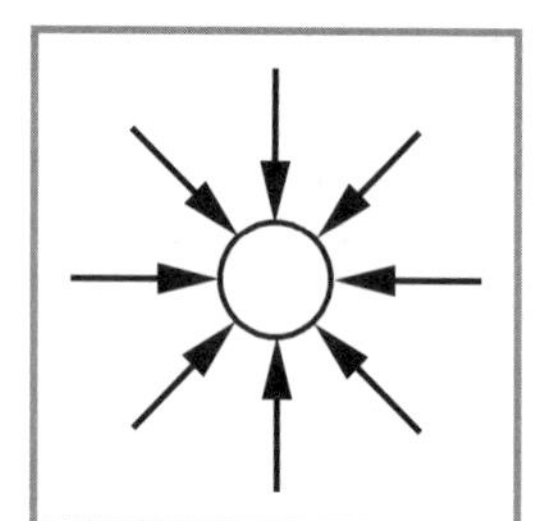

水는 수확을 하여 저장하는 시기가 되며, 수축하여 응고되는 것을 상징한다. 또한, 다음 주기를 위한 휴식기간에 해당한다.

생명을 잉태하는 과정에서 자신을 희생하고, 생명을 싹틔우기 위한 준비기간에 해당하니 곧 생명에 해당한다. 봄이 되면 생명의 씨앗이 응축 과정을 거쳐 쪼개지면서 싹을 틔워 솟아오르게 된다.

계절로는 겨울에 해당하고, 하루에는 어두운 밤에 해당하며, 인생에 비유하면 노년에 해당하고, 방위는 북방, 수리로는 1·6에 속한다.

색은 검정색에 해당하며, 생명이 활동을 멈추었다가 새로운 삶을 기다리는 때이며, 물은 항상 낮은 곳으로 흐르므로 포용력과 적응능력과 인내심이 있어 원만하며 변화에 능하다.

필요한 말 이외에는 입을 열지 않는 묵직한 언행으로 비밀스럽다는 말을 자주 듣는다. 음침하고 우울한 일면이 있으며 음란한 면도 있다. 생사의 경계선에 있는 것과 같아 양쪽을 이해하는 사람이다.

성정은 지혜에 해당하며, 맛은 짠맛에 해당하고, 신체 부위로는 생식기·신장·방광·호르몬 분비물에 해당하며, 얼굴에서는 턱에 해당한다.

물상으로는 강물, 바다, 호수, 샘물, 항구, 수산, 빗물, 안개, 구름, 호텔, 요식업소, 장의, 주류, 수돗물, 선박, 무역, 정보·지식산업, 연구, 유통 등에 해당된다.

사. 오행五行의 상호작용相互作用

1 木의 상호작용

木이 木을 만나면 숲을 이루게 되는데, 좁은 땅에 나무가 많아 영양분이 부족하고 서로 경쟁을 하게 된다. 생존하려면 대중 앞에 나서서 활동해야 하니 단체나 조직에서 봉사활동을 하는 것이 살길이다. 서로 헌신하는 정신이 강하나 노력하는 만큼 대가가 적다. 항상 경쟁자가 많아 두각을 나타내기가 어렵다.

木이 火를 만나면 목화통명木火通明이라 하여 나무가 여름을 만난 격인데, 무성해지고 열매를 맺기 시작한 때이다. 목화통명이 되면 두뇌가 총명하며 학자로서 교육계나 연구직에 종사하여 대성大成할 수 있는 자다.

木이 土를 만나면 뿌리를 내리고 정착하여 비바람에도 흔들리지 않는 거목으로 자랄 수 있는 토대가 된다. 사목死木이 되면 집 짓고 다리 놓는 재료가 되므로 쓰임새가 있는 사람이 된다. 근면 성실하여 부귀를 얻어 잘사는 사람이다.

木이 金을 만나면 나무가 가을을 만난 격이 되어 성장을 멈추고 정기를 모아 열매가 익고 단단해진다. 다 자란 동량지목棟樑之木으로 재목이 되어 많은 사람에게 이익을 주는 사람이 된다. 물상으로는 곡식과 과일이 되며, 십신으로는 官이 되어 직업이 있으니 잘살게 된다.

木이 水를 만나면 겨울을 만난 격이 되므로 피해를 보게 되니 웃어른이나 스승의 덕이 없고, 부모를 책임져야 할 장자의 역할을 해야 하니 고생이 많이 따른다. 木이 水를 만났는데, 봄과 여름에 만났다면 물이 필요한 격이다. 선비가 학문을 만난 기상이니 교육계나 문화사업에 종사하면 좋다.

2 火의 상호작용

火가 木을 만나면 火氣가 生을 받아서 하늘로 상승하는 기세인데, 木은 바람으로도 보므로 바람을 만난 산불이 되어 타는 모습이다. 또한 태양이 생명을 키우니 남을 위해 일하는 군인, 경찰, 종교, 교육계 직업이 좋다.

火가 火를 만나면 염상炎上이 되는데 火가 왕해 성격이 매우 급한 성품이 된다. 火가 조절이 잘되면 밝을 명明자가 되며 선견지명이 있는 사람이다. 火가 조절이 되면 정보계통에서 종사해도 좋으며, 火는 주작朱雀으로 작용하니 아나운서, 언론인, 변호사 직업으로 먹고사는 것이 좋다. 불빛이 밝으면 어두운 곳이 다 보이니 심리학자도 좋으며 상담이나 종교나 역술가 직업도 길하다.

火가 土를 만나면 태양이 땅을 따뜻하게 하여 만물을 키우니 봉사정신이 강하고 종교 신앙심이 투철해 종교철학에 관심이 높다. 교육이나 토건사업, 농업, 육영사업을 하면 길하다. 火가 약하면 만인을 도와주고 싶어도 힘이 없어 정서가 불안하고 사회생활이 어려우니 입산수도하는 직업이 적합할 때도 있다.

火가 金을 만나면 화근火根이 있어서 火가 왕성하면 단단한 金을 단련하여 예리한 생활도구를 만들어 사용하니 유능한 인물로 성장하여 성정이 개척정신과 추진력이 강한 사업가로 진출하는 사람이다. 제철, 금속, 금은 세공, 화학, 제조업에 종사하면 적합하다.

火가 水를 만나면 여름에 단비를 만난 격이니 수화기제水火既濟로 조화를 잘 이루어 부귀를 얻게 되는데, 水가 지나치게 강하면 화수미제火水未濟로 火가 水를 감당하기 힘들어 일을 두려워하며 심신이 약하고 사회에 적응능력이 떨어지는 사람이니 직장생활 외에는 할 것이 없다. 火가 약해서 빛으로 작용할 때는 水를 어두움으로 보고 어두움을 비추어 주는 불빛으로 작용하므로 교육가와 종교계 지도자나 역술업계에 직업이 적합하다.

3 土의 상호작용

土가 木을 만나면 드넓은 들판에 나무를 심고 가꾸어 전원주택에서 사는 격이 된다. 신의와 질서를 존중하며 책임감이 투철하다. 戊土 산에 甲木 나무 한 그루만 있으면 산신령과 같이 전생에 수행했던 사람이라고 보며, 영농, 식물원, 공무원, 교육자, 전문직, 직장생활이 적합하다.

土가 火를 만나면 어머니 품속에서 곱게 자라 인성이 갖추어진 사람으로 고고학, 교육, 전통문화, 미술, 공예 방면에 적합하다. 또는 무형문화재인 인간문화재가 되거나 구도 수행자, 부동산중개업, 건설업에 적합하다.

土가 土를 만나면 처신함에 있어서 신중하고 공동이익에 힘쓰는 일면이 있어 정당이나 단체에서 활동하는 직업이 적합하다.

중첩되면 첩첩산중으로 고생이 따르게 되고, 또한 자만과 과욕이 지나치게 강하여 화禍를 자초하며 살아가는 데 장애가 따른다. 이런 경우 농업이나 수행자가 되는 것이 적합하다.

土가 金을 만나면 가을 들녘에 결실이 있어 비교적 부유한 삶을 사는데 이상향보다는 현실을 중요시한다. 또한 이론적인 경제보다는 실물경제에 밝은 편이다. 교육사업이나 사회사업가로 활동하거나 경제활동으로 금융업계에서 두각을 나타내거나 금속계통 사업이 적합하다.

土가 水를 만나면 촉촉한 옥토로 변하니 농사짓는 것과 같은 격이다. 성실하고 부지런하여 재복이 많은 편이다. 물은 흙에 흡수되면 나오지 않으니 자린고비로 근면한 사람이다. 수자원 개발공사나 수협금융직업이 적합하다.

4 金의 상호작용

金이 木을 만나면 지배욕과 소유욕이 강해서 지배하고는 살아도 남에게 지배당하는 것은 싫어한다. 직선적인 성격으로 정복하려는 심리가 강하고 개척정신이 강한 기질이 있다. 목재, 건축, 의류, 섬유, 벌목, 지류紙類, 미용, 이발 등의 업종에 적합하다.

金이 火를 만나면 광석이 용광로에 제련되므로 광택이 나고 좋은 그릇이 되니 미인이 많다. 충성, 준법, 명예, 예의범절, 효도, 공익을 우선하며 전문직 직업으로 가면 국가기관이나 에너지, 동력자원부 등이 좋고 윗사람의 발탁으로 출세하는 경우가 있게 되므로 그 계통 직업이 적합하다.

金이 土를 만나면 火의 공격이 있을 때 土가 통관하니 보호를 받는 것과 같아서 선조를 봉양하는 효심이 있다. 未土를 만나면 열매가 맛이 들어서 좋다. 임대업종이나 부동산이나 귀금속, 철물을 다루는 직업 등이 적합한 직종이다.

金이 金을 만나면 종혁從革으로 작용하니 의로운 일에 자기주장이 강하여 부딪치면 소리가 요란하다. 고집이 강하며 반항적이고, 적대의식이 강하며 분개를 잘한다. 무관武官에 속하는 직업이나 스포츠 직업이 적합하다.

金이 水를 만나면 금수쌍청격金水雙淸格으로 물이 맑아진다. 청수淸水에 金을 씻어 주면 용모가 매우 아름다우며 지혜가 출중하고 덕을 많이 쌓는다. 금수쌍청격은 되지만 호색하기 쉽다. 교육이나 예술에 적합하나 격格이 탁하면 요식업에 적합하다.

5 水의 상호작용

水가 木을 만나면 봄을 만난 격이니 흐르는 물로 봄바람이 불어 길하나, 겨울에는 수목응결水木凝結이 되어 얼었으니 혈액순환이 안 되고 신경통과 중풍으로 고생하는 경우가 있다. 봄과 여름에 태어나면 교육계, 사회복지, 식품제조업에 적합하다.

水가 火를 만나면 여름철 물이 되어 가는 곳마다 인기 있다. 水는 생명을 살리는 자양분이 되어 생명을 살리는 의술이나 종교나 역술업에 적합하다.

여름에 태어나서 火가 많으면 水가 증발하니 질병이 많고 가난하게 되고, 봄에 태어나면 재물이 많은 편이다.

水가 土를 만나면 물의 흐름을 막아서 장애가 생기나, 물이 많으면 댐을 막아 저수지로 사용하면 유용하다. 이 같은 사람은 상명하복에 평등하고 공익정신이 강하니 그런 직업이 적합하다. 성격은 내성적인 사람이 많다.

水가 金을 만나면 금수쌍청격으로 서로 깨끗해진다. 용모도 아름다우며 두뇌가 맑아 지혜로우니 많은 사람들에게 진리를 전하는 종교가, 연구직, 교육계, 교수, 교사, 과학자나 정보요원의 직업이 적합하다.

水가 水를 만나면 합쳐져서 바다를 이루어 하나가 되고 파도가 생기면서 산소를 공급하는 것이 되므로 생명을 키우니 생명의 근원이 되고, 도도히 흐르는 강처럼 기세가 당당하니 협동정신이 강하여 정당이나 사회단체에서 활동을 하면 적합하다. 水가 많으면 항상 주위에 경쟁자가 많아 노력하지 않으면 외톨이 신세를 면키 어려우니 봉사활동이 살길이다. 또한 水가 많아서 한기가 심하면 남에게 피해를 주게 되므로 왕따가 되기 쉽다. 그러므로 남에게 봉사하고 살아야 면한다.

다음은 오행 통변을 도표로 정리하였으니 숙지하여 사주볼 때 응용하기 바란다.

【오행별 배속 조견표 1】

구분 \ 오행	목木	화火	토土	금金	수水
五行表象 오행표상	森林 삼림	電波 전파	岩石 암석	非金屬 비금속	結氷 결빙
	긴 것	뾰족한 것	둥근 것	모난 것	평평한 것
	┃	▲	●	■	━
	左	上	中央	右	下
發音五行 발음오행	가 카 ㄱ ㅋ	나 다 라 타 ㄴ ㄷ ㄹ ㅌ	아 하 ㅇ ㅎ	사 자 차 ㅅ ㅈ ㅊ	마 바 파 ㅁ ㅂ ㅍ
五體 오체	肩 어깨 견	胸 가슴 흉	足 발 족	頭 머리 두	腹 배 복
五事 오사	敎育 교육	事業 사업	營農 영농 宗敎 종교	軍警 군경 革命 혁명	法官 법관
疾病 질병	간 쓸개 신경	심장 소장 혈압	비장 위장 당뇨	폐 대장 호흡	신장 방광 자궁
五象 오상	浮 뜰 부	炫 빛날 현	際 사이 제	橫 가로 횡	凝 엉길 응
	蒼氣 창기	赤氣 적기	黃氣 황기	白氣 백기	玄氣 현기
	雷 우레 뢰	電 번개 전	霧 안개 무	霜 서리 상	雲 구름 운
	震 벼락 진	星 별 성	氣 기운 기	精 깨끗할 정	露 이슬 로
	暖 따뜻할 난	暑 더울 서	伏中 복중	凉 서늘할 량	冷 찰 냉
용신과 격국 · 오행의 각종 직업의 분류	文敎 문교	文公 문공	農水 농수	國防 국방	法務 법무
	遞信 체신	動資 동자	建設 건설	交通 교통	外務 외무
	保社 보사	科技 과기	內務 내무	運輸 운수	食品 식품
	木材 목재	商工 상공	統一 통일	車輛 차량	酒類 주류
	紙類 지류	化工 화공	土建 토건	機械 기계	水産 수산
	纖維 섬유	電子 전자	不動産 부동산	製鐵 제철	海産 해산
	家具 가구	家電 가전	土産品 토산품	鑛山 광산	海洋 해양
	果樹 과수	火藥 화약	農産 농산	工業 공업	養殖 양식
	育林 육림	油類 유류	骨董品 골동품	工具 공구	水道 수도
	樂器 악기	航空 항공	仲媒 중매	整備 정비	氷菓 빙과
	竹細工 죽세공	化學 화학	宗敎 종교	洋品 양품	水泳場 수영장
	木刻 목각	煖房 난방	陶藝 도예	金銀細工 금은세공	遊興 유흥
	藝能 예능	文化 문화	民俗 민속	鐵物 철물	貿易 무역

【오행별 배속 조견표 2】

구분 \ 오행	木	火	土	金	水
五候 오후	風 바람 풍	熱 더울 열	濕 축축할 습	燥 마를 조	寒 찰 한
五液 오액	淚 눈물 루	汗 땀 한	泌 오줌 비	涕 눈물 체	唾 침 타
五彼 오피	色 빛, 색	臭 냄새 취	味 맛 미	聲 소리 성	液 진액 액
五聲 오성	呼 부를 호	言 말씀 언	歌 노래 가	哭 울음 곡	呻吟 신음
五果 오과	李 자두 리	杏 살구 행	棗 대추 조	桃 복숭아 도	栗 밤 율
五臭 오취	臊 누릴 조	焦 그을릴 초	香 향기 향	腥 비릴 성	腐 썩을 부
五變 오변	生 날 생	長 생장 장	化 될 화	收 거둘 수	藏 저장할 장
五穀 오곡	麥 보리 맥	黍 기장 서	粟 조 속	稻 벼 도	豆 콩 두
五行 表象 오행 표상	棟樑 동량	爐冶 노야	山岸 산안	金鐵 금철	海浦 해포
	枝葉 지엽	燈燭 등촉	田畓 전답	金銀 금은	川泉 천천
	木幹 목간	花芬 화분	過渡 과도	結實 결실	收藏 수장
	根苗 근묘	電氣 전기	堤防 제방	銅線 동선	湖水 호수
	雜草 잡초	光線 광선	砂堆 사퇴	斧斤 부근	皆水 개수
五菜 오채	艾 쑥 애	蕨 고사리 궐	葵 아욱 규	蔥 파 총	菁 부추 정
五鬼 오귀	木鬼 목귀	火鬼 화귀	土鬼 토귀	金鬼 금귀	水鬼 수귀
五勝 오승	動 움직일 동	睡 잘 수	滯 막힐 체	乾 마를 건	沒 잠길 몰
五畜 오축	羊 염소 양	馬 말 마	牛 소 우	犬 개 견	豚 돼지 돈
人體 部位 인체 부위	神經 신경	精神 정신	肌肉 기육	骨格 골격	腎氣 신기
	咽喉 인후	視力 시력	腹部 복부	皮膚 피부	泌尿 비뇨
	手足 수족	顔面 안면	五腰 오요	齒牙 치아	水分 수분
	毛髮 모발	體溫 체온	肋脅 늑협	氣管支 기관지	唾液 타액
	頭部 두부	血壓 혈압	腕臂 완비	造血 조혈	癌疾 암질
	目 눈 목	舌 혀 설	口 입 구	鼻 코 비	耳 귀 이
五雨 오우	雲雨 운우	暴雨 폭우	豪雨 호우	震雨 진우	霖雨 임우
五雲 오운	靑雲 청운	赤雲 적운	黃雲 황운	白雲 백운	黑雲 흑운
五精 오정	魂 넋 혼	神 정신 신	意 뜻 의	魄 넋 백	精 정성 정

【오행별 배속 조견표 3】

구분 \ 오행	木	火	土	金	水
四大門 사대문	興仁門 흥인문	崇禮門 숭례문	普信閣 보신각	敦義門 돈의문	弘智門 홍지문
五志 오지	喜 기쁠 희	怒 성낼 노	思 생각할 사	恐 두려울 공	憂 근심할 우
오장 육부	간장 담	심장 소장	비장 위장	폐장 대장	신장 방광
五音 오음	角音 각음	徵音 치음	宮音 궁음	商音 상음	羽音 우음
五味 오미	酸 신맛	苦 쓴맛	甘 단맛	辛 매운맛	鹹 짠맛
五性 오성	曲直 곡직	炎上 염상	稼穡 가색	從革 종혁	潤下 윤하
	喜 기쁠 희	樂 즐거울 락	思 생각할 사	怒 성낼 노	哀 슬플 애
	仁情 인정	禮儀 예의	信用 신용	義理 의리	智慧 지혜
	剛直 강직	躁急 조급	厚重 후중	冷情 냉정	緩慢 원만
	慶事 경사	明朗 명랑	停滯 정체	急速 급속	包容 포용
	正直 정직	達辯 달변	虛構 허구	肅殺 숙살	秘密 비밀
	有德 유덕	率直 솔직	久事 구사	變革 변혁	忍耐 인내
	硬化 경화	離散 이산	集結 집결	堅實 견실	疑結 의결
五覺 오각	觸覺 촉각	視覺 시각	味覺 미각	嗅覺 후각	聽覺 청각

아. 오행五行의 왕상휴수사旺相休囚死

오행 강약에 있어서 계절별로 모두 같지가 않다. 12운성별 오행의 강약을 계절에 약식으로 표현한 방법이 왕상휴수사旺相休囚死 법이다. 표와 본문을 참고하기 바라며 본문이 이해가 되도록 연구와 노력을 하기 바란다.

【 왕상휴수사旺相休囚死 조견표 】

오행 \ 강약	왕旺 强	상相 强	휴休 弱	수囚 弱	사死 弱
목 (木)	춘월春月	동월冬月	하월夏月	사계四季	추월秋月
화 (火)	하월夏月	춘월春月	사계四季	추월秋月	동월冬月
토 (土)	사계四季	하월夏月	추월秋月	동월冬月	춘월春月
금 (金)	추월秋月	사계四季	동월冬月	춘월春月	하월夏月
수 (水)	동월冬月	추월秋月	춘월春月	하월夏月	사계四季

1 木의 경우

木은 봄철인 寅卯月에 왕旺하고, 겨울철인 亥子月에는 상相하여 왕상旺相한 계절에는 강하다. 여름철인 巳午月에는 휴休하고, 사계四季인 辰戌丑未月에 수囚하고, 가을철인 申酉月에는 사死한다. 휴수사休囚死되는 계절에는 쇠약하다.

辰月에 乙木과 癸水司令일 때는 왕한 것으로 보라.

2 火의 경우

火는 여름철인 巳午月에는 왕하고, 봄철인 寅卯月에는 상하여 왕상旺相한 계절에는 강하다. 사계인 辰戌丑未月에는 휴하고, 가을철인 申酉月에는 수하고, 겨울철인 亥子月에는 사死한다. 휴수사되는 계절에 약한 것이다.

未月에 丁火와 乙木司令일 때는 왕한 것으로 보라.

3 土의 경우

土는 사계인 辰戌丑未月에 왕旺하고, 여름철인 巳午月에는 상相하여 왕상旺相한 계절에는 강하다. 가을철인 申酉月에는 휴休하고, 겨울철인 亥子月에는 수囚하고, 봄철인 寅卯月에는 사死한다. 휴수사되는 계절에는 약하다.

4 金의 경우

金은 가을철인 申酉月에는 왕하고, 사계인 辰戌丑未月에 상하여 왕상한 계절에는 강하다. 겨울철인 亥子月에는 휴하고, 봄철인 寅卯月에는 수하고, 여름철인 巳午月에 사한다. 휴수사되는 계절에는 약하다.

戌月에는 丁火司令일 때를 빼고는 왕한 것으로 보라.

5 水의 경우

水는 겨울철인 亥子月에는 왕하고, 가을철인 申酉月에는 상하여 왕상한 계절에는 강하다. 봄철인 寅卯月에는 휴하고, 여름철인 巳午月에는 수하고, 四季인 辰戌丑未月에는 사한다. 휴수사되는 계절에는 약하다.

丑月에 己土司令일 때를 빼고는 왕한 것으로 보라.

천간과 지지 | 天干과 地支

행성의 기력을 천간 오행으로 정하고, 춘하추동 사계절의 조후를 지지의 오행으로 부호화하여 선현들이 정해 놓은 것을 오늘날 우리가 쓰고 있다.

하늘은 천天자를 붙여 천간天干이라하고, 땅은 지地자를 붙여 지지地支라 한다. 천간은 열 개로 십간十干이며, 지지는 열두 개로 십이지지十二地支이다.

천간 10개와 지지 12개를 순서대로 암기하고 천간 지지 22개를 오행 배속과 함께 암기해야 한다. 천간은 위로 지지는 아래로 순서를 맞추어 짝을 이루어 가는데, 양은 양끼리 음은 음끼리 한 번씩 짝을 지어서 진행하면 육십 개 짝을 이룬다. 천간과 지지를 상하로 짝을 지어 맞춰 가면 음간은 음지와 짝을 이루고, 양간은 양지와 짝을 지어 가다 보면 육십 개의 각각 다른 짝을 만나는데 이것을 학술용어로 육십갑자六十甲子라고 한다.

1 천간 | 天干 - 갑 을 병 정 무 기 경 신 임 계

갑甲, 을乙, 병丙, 정丁, 무戊, 기己, 경庚, 신辛, 임壬, 계癸 10개의 천간은 다음과 같은 기질을 지니고 있는데 반드시 특징은 물론 순서에 맞춰 한자漢字로 암기해야 한다.

순 서	1	2	3	4	5	6	7	8	9	10
天 干	甲	乙	丙	丁	戊	己	庚	辛	壬	癸
五 行	木	木	火	火	土	土	金	金	水	水
陰 陽	양	음	양	음	양	음	양	음	양	음

가. 갑목甲木

甲木은 하늘을 향해 올라가려는 기세가 있는데 땅속에서 나와 자라나려면 丙火가 필요하다. 봄에는 金을 반기지 않고, 가을에는 土를 반기지 않는다.

火가 旺하면 辰土를 만나야 길하고, 水가 범람하면 寅木을 만나야 길하다. 辰土가 있어 땅이 윤택하고 하늘에 丙火가 있어 화창하면 길고 긴 세월 동안 잘살게 된다.

나. 을목乙木

乙木은 비록 유약하지만 능히 丑土와 未土를 찌를 수가 있어 뚫고 나오는 힘이 있다. 丙火나 丁火가 있으면 申金이나 酉金을 만나도 쓸 수 있다.

지지地支가 亥子月에 생하여 水가 왕성하면 木이 뜨게 되므로 이때 午火를 만나도 근심을 면하기 어렵다. 甲木이 있어 乙木이 등라계갑藤蘿繫甲하게 되면 봄철에 태어나도 좋고, 가을철에 태어나도 두려워하지 않는다.

다. 병화丙火

丙火는 맹렬해 서리와 눈을 녹이고 庚金의 한기를 녹인다. 그러나 丙火가 약하고 辛金을 만나면 합거合去되니 겁을 내며, 丙火가 根이 있으면 합을 해도 합거合去가 안 되므로 두려워하지 않는다.

토土가 많으면 대중에게 자비를 베풀며, 水가 많아 파도가 생기면 절개를 드러낸다. 寅午戌火局을 만나면 인중갑목寅中甲木도 함께 멸하게 된다.

라. 정화丁火

丁火는 부드러운데 내성은 밝게 비추는 것이 되므로 乙木을 안고 효도를 하며, 壬水와 합하여 충성을 하고, 비록 왕성할 경우에도 맹렬하지 않고, 쇠약할 경우에도 궁하지 않으니 만약 甲木이 있다면 가을도 좋고, 겨울도 좋다.

마. 무토戊土

戊土는 굳고 두터우니 그 자체가 중정中正의 기품이 있다. 봄과 여름에는 氣가 동하여 흙이 열리니 만물이 자라게 되고 가을과 겨울에는 기가 고요하여 만물을 거두어 저장하게 된다. 그러므로 戊土가 만물의 명을 다스린다고 한 것이다.
水가 있어서 윤택하면 만물이 생장하고, 火가 많아 건조하면 만물이 병들게 된다. 寅申冲이 있게 되면 두려워하고 고요함을 좋아한다.

바. 기토己土

己土는 낮은 곳이고 습해 생명을 잉태할 수 있으며 중정의 기상을 내포하고 있다. 목木이 왕旺함을 두려워하지 않으며, 水가 왕성한 것도 두려워하지 않는다.
쇠약한 火가 己土를 만나면 빛을 잃고, 많은 金이 己土를 만나면 빛난다. 만약 만물이 왕성해지려면 火의 생生과 土의 방조傍助를 얻어야 한다.

사. 경금庚金

庚金은 가을의 살기를 띠고 있으며 십간 중에서 가장 강건하다. 水를 만나면 金의 강건한 기운을 설기泄氣시켜서 청淸하게 하니 깔끔해진다.
火를 만나면 강건한 기질을 단련하여 예리해지며, 土의 윤택함을 만나면 생조生助를 받고 土가 건조하면 生金이 안 된다. 庚金은 乙木의 형인 甲木을 능히 이기지만 동생인 乙木에게는 합거合去되니 꼼짝 못 하고 진다.

아. 신금辛金

辛金은 온윤溫潤함을 만나면 청윤淸潤하여 가을에 태어나도 청하다. 土가 많으면 水를 막아서 씻어 주는 것을 막으며 매금埋金시킬까 봐 두려워한다. 壬水가 旺하면 흙이 윤택하고 辛金을 씻어 주어 빛이 난다. 辛金이 丙火를 보면 합거合去된다. 水가 많으면 土를 좋아하고 추우면 丁火를 반긴다.

자. 임수壬水

壬水는 큰물로서 능히 金氣를 설기泄氣하며 강한 가운데 성질은 두루 흘러서 막힘이 없으니 강한 가운데 덕을 지니고 있는 것이다. 지지에 根하고 癸水가 투출되어 범람하면 무엇으로도 막지 못한다. 이때는 木으로 설기시키는 것이 길하다.

壬水가 봄철에 丁火를 만나면 合이 되어 유정하며 木으로 변하는데 여름·가을·겨울에 丁火를 만나면 木으로 변하지 않는다. 여름에 출생하고 丙丁火가 투출이 되면 火에 종從하게 되는데 수화상제水火相濟의 공을 이룬다.

차. 계수癸水

癸水는 지극히 음陰하나 하늘 끝까지 도달할 수 있다. 火土를 두려워하지 않는다는 것은 癸水가 지극히 약하므로 火土를 만나면 종화從化된다는 뜻이다. 庚辛金을 논하지 않는다고 하는 것은 냉한 癸水가 金氣를 泄하지 못하고 金이 많으면 탁수濁水가 되기 때문이다.

戊土와 戊癸合을 하면 火를 만났다고 하는 것은 戊土는 건조하고 두터운 흙인데 巳月을 만나면 戊土가 巳火에 록祿을 하기 때문이며 火가 투출이 되어 화기격化氣格이 된다는 것이다. 가을이나 겨울철에 태어나면 金水가 왕성하게 되어 사주에서 丙火를 만난다고 하여도 화기격化氣格으로 종화從化하지 않으므로 상세히 살펴야 한다.

자세한 설명은 화기격에서 논한다.

2 지지 | 地支 – 자 축 인 묘 진 사 오 미 신 유 술 해

지지는 자子, 축丑, 인寅, 묘卯, 진辰, 사巳, 오午, 미未, 신申, 유酉, 술戌, 해亥의 12가지가 있으므로 이를 일러서 십이지지十二地支라고 한다.

각각의 지지는 다음에서 설명하는 나름대로의 기질을 지니고 있으니, 반드시 각 지지의 특징은 물론 순서에 맞춰 한자漢字로 암기하기 바란다.

순서		1	2	3	4	5	6	7	8	9	10	11	12
地支		子	丑	寅	卯	辰	巳	午	未	申	酉	戌	亥
五行		水	土	木	木	土	火	火	土	金	金	土	水
음양	체	양	음	양	음	양	음	양	음	양	음	양	음
	용	음	음	양	음	양	양	음	음	양	음	양	양
동물		쥐	소	범	토끼	용	뱀	말	양	원숭이	닭	개	돼지
월별		11월	12월	1월	2월	3월	4월	5월	6월	7월	8월	9월	10월

위 표에서 보는 바와 같이 체體로는 子·寅·辰·午·申·戌은 모두 양에 속하고, 丑·卯·巳·未·酉·亥는 모두 음에 속한다. 단, 사주에서 자수子水와 해수亥水, 사화巳火와 오화午火는 십신十神을 통변通辯할 때 용법用法으로 바꾸어서 통변하게 된다.

자수子水의 체體는 양陽인데 용用은 음陰이고, 해수亥水의 체는 음인데 용은 양이며, 오화午火의 체는 양인데 용은 음이고, 사화巳火의 체는 음인데 용은 양이다. 그 이유는 암장간暗藏干 정기正氣를 취용하는 법칙 때문이다.

子부터 순서에 따라 한 칸씩 건너 모두 陽이고, 丑에서 한 칸씩 건너 陰으로 알면 된다. ① ③ ⑤ ⑦ ⑨ ⑪의 홀수 순서에 해당하는 地支는 모두 양이고, ② ④ ⑥ ⑧ ⑩ ⑫의 짝수 순서에 해당하는 地支는 모두 음이니 이와 같은 요령으로 암기하기 바란다.

가. 자수子水

子水는 십이지지의 첫 번째로 양수이다. 달은 11월이며, 시간은 밤 11시~새벽 1시 전이며, 동물로는 쥐가 된다. 子水는 본래 양이므로 양수가 되지만, 십신으로 암장간의 정기를 취용하는 법이라 음수이다. 子水에 암장된 정기正氣인 계수癸水를 취용하니 음수로 작용하게 된다. 子月에 출생하게 되면 얼음으로 빙수가 된다.

子水와 구성되는 천간은 갑甲·병丙·무戊·경庚·임壬이라, 즉 갑자甲子·병자丙子·무자戊子·경자庚子·임자壬子로 구성된다. 방위로는 정북이요, 괘卦는 감괘坎卦에 속한다.

나. 축토丑土

축토丑土는 십이지지의 두 번째로 음토陰土이다. 달은 12월이요, 시간은 오전 1시~3시이며, 동물로는 소이다.

丑은 음토陰土로 암장간暗藏干 정기기토正氣己土를 취용取用하고, 축월丑月에 생하면 동토凍土라 한다.

丑土와 구성되는 천간은 을乙·정丁·기己·신辛·계癸로 음간이 되므로 을축乙丑·정축丁丑·기축己丑·신축辛丑·계축癸丑으로 구성된다. 丑土는 해亥·자子·축丑으로 방합方合하여 북방北方, 또는 인목寅木과 더불어 동북방東北方 간방艮方에 속하고, 괘卦로는 간괘艮卦에 해당된다.

다. 인목寅木

인목寅木은 십이지지의 세 번째로 양목陽木이며, 달은 1월이요, 시간은 오전 3시~5시이며, 동물로는 범이다. 寅木은 암장간에 정기갑목正氣甲木을 취용하므로 양목陽木으로 작용한다.

寅月에 생하면 어린나무에 비유한다. 寅木과 구성이 되는 천간은 갑甲·병丙·무戊·경庚·임壬 양간이니 갑인甲寅·병인丙寅·무인戊寅·경인庚寅·임인壬寅으로 구성된다.

인목寅木은 묘卯·진辰과 더불어 동방東方에 속하거나, 또는 축丑과 더불어 동북방東北方인 간방艮方에 속하며, 괘卦로는 간괘艮卦에 해당된다.

라. 묘목卯木

묘목卯木은 십이지지의 네 번째로 음목陰木이요, 달은 2월이며, 시간은 오전 5시~7시이며, 동물로는 토끼이다. 卯木은 암장간에 정기을목正氣乙木을 취용取用하여 음목陰木으로 작용하게 된다.

卯木과 구성이 되는 천간天干은 을乙·정丁·기己·신辛·계癸 음간陰干이니, 정묘丁卯·기묘己卯·신묘辛卯·계묘癸卯·을묘乙卯가 된다. 卯木은 정동방에 위치하고, 괘卦는 진괘震卦에 속한다.

마. 진토辰土

진토辰土는 십이지지의 다섯 번째로 양토陽土이며, 달은 3월이고, 시간은 오전 7시~9시이며, 동물은 용이다.

辰土와 구성이 되는 천간으로 갑甲·병丙·무戊·경庚·임壬 양간이니, 무진戊辰·경진庚辰·임진壬辰·갑진甲辰·병진丙辰이 된다.

辰土는 인묘寅卯와 방합方合하여 동방東方에 속하거나, 巳와 더불어 손방巽方에 속하며, 괘卦는 손괘巽卦에 속한다.

바. 사화巳火

사화巳火는 십이지지의 여섯 번째로 음화陰火이다. 월은 4월이고, 시간은 오전 9시~11시이며, 동물은 뱀이다.

巳火는 음화陰火이지만 십신十神을 정함에 있어 巳에 암장된 정기병화正氣丙火를 취용한다.

巳와 구성되는 천간은 을乙·정丁·기己·신辛·계癸로 음간이니, 기사己巳·신사辛巳·정사丁巳·계사癸巳·을사乙巳이다.

巳는 오미午未와 방합方合이 되며 남방南方에 속하거나 진토辰土와 더불어 손방巽方에 거하며 괘卦는 손괘巽卦에 속한다.

사. 오화午火

오화午火는 십이지지의 일곱 번째로 양화陽火이다. 달은 5월이요, 시간은 오전 11시~오후 1시이며, 동물로는 말이다.

午火는 본래 양으로 양화陽火가 되지만, 십신十神으로 암장간 정기를 취용하는 법이라 午火에 암장된 정기정화正氣丁火를 취하여 陰火로 작용하게 된다.

午火로 구성되는 천간天干은 갑甲·병丙·무戊·경庚·임壬 양간이니 경오庚午·임오壬午·갑오甲午·병오丙午·무오戊午의 다섯 가지이다. 午火는 정남방에 위치하고, 이방離方에 거하며, 괘卦는 이괘離卦에 속한다.

아. 미토未土

미토未土는 십이지지의 여덟 번째로 음토陰土이며, 달은 6월이요, 시간은 오후 1시~3시이며, 동물은 양이다.

수분水分 없는 염토炎土 또는 조토燥土라 한다. 미토未土와 구성되는 천간은 을乙·정丁·기己·신辛·계癸 음간이니, 신미辛未·계미癸未·을미乙未·정미丁未·기미己未이다.

未土는 巳·午와 방합方合으로 남방南方에 속하고, 신申과 곤방坤方에 거하며, 괘卦는 곤괘坤卦에 속한다.

자. 신금申金

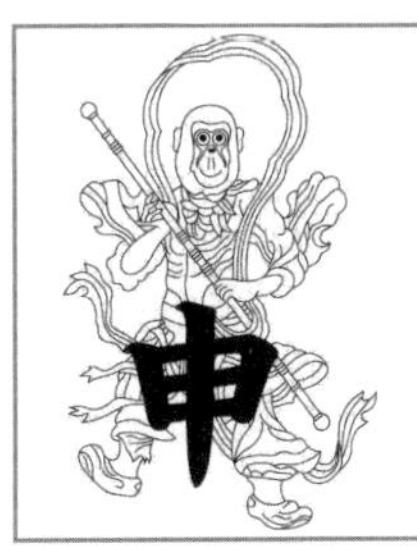

신금申金은 십이지지의 아홉 번째로 양금陽金이다. 달은 7월이요, 시간은 오후 3시~5시이며, 동물로는 원숭이가 된다.

申金과 구성되는 천간天干은 갑甲·병丙·무戊·경庚·임壬 양간이니 임신壬申·갑신甲申·병신丙申·무신戊申·경신庚申으로 이루어진다. 申金은 酉戌과 방합方合을 하여 서방西方에 속하고, 未土와 곤방坤方에 거하며, 괘卦는 곤괘坤卦에 속한다.

차. 유금酉金

유금酉金은 십이지지의 열 번째로 음금陰金이다. 달은 8월이요, 시간은 오후 5시~7시이고, 동물로는 닭이다.

酉金과 구성되는 천간天干은 을乙·정丁·기己·신辛·계癸로 음간이니, 계유癸酉·을유乙酉·정유丁酉·기유己酉·신유辛酉로 이루어진다.

酉金은 신술申戌과 방합方合으로 서방西方에 속하고, 태궁兌宮에 거하며, 괘卦는 태괘兌卦에 속한다.

카. 술토戌土

술토戌土는 십이지지의 열한 번째로 양토陽土이다. 달로는 9월이요, 시간으로는 오후 7시~9시이고, 동물로는 개이다. 戌土에 구성되는 천간天干은 갑甲·병丙·무戊·경庚·임壬 양간이니, 갑술甲戌·병술丙戌·무술戊戌·경술庚戌·임술壬戌로 이루어진다.

戌土는 申酉와 방합方合으로 서방西方에 속하고, 건궁乾宮에 거하며, 괘卦는 건괘乾卦에 속한다.

타. 해수亥水

해수亥水는 십이지지의 열두 번째로 음수陰水이다. 달로는 10월이요, 시간으로는 오후 9시~11시이고, 동물로는 돼지이다.

亥水와 구성되는 천간天干은 을乙·정丁·기己·신辛·계癸 음간이므로 을해乙亥·정해丁亥·기해己亥·신해辛亥·계해癸亥로 이루어진다.

亥水는 子丑과 방합方合으로 북방北方에 속하고, 건궁乾宮에 거하며, 괘卦는 건괘乾卦에 속한다.

3 간지의 생과 극 | 干支의 生과 剋

음양陰陽의 동정動靜을 살펴보면 다음과 같다.

양은 동적이라 生도 잘하고 설기를 잘하므로 오행의 흐름을 원활하게 한다. 그러나 음은 정적이라 生도 잘 못하고 설기도 잘 못하는데 극은 잘한다.
양 오행이 극할 때는 한쪽으로 강하게 치우친 오행의 균형을 잡기 위해 剋을 하고, 억제가 안 된 왕한 오행이 약한 오행을 剋하는 것이다.
음 오행이 剋을 할 때는 생존권이 달린 문제로 剋을 하는 것으로 보면 되고, 음 오행이 生하려면 다른 오행의 조력을 받아야 生할 수가 있다.

예로 습목濕木인 을묘목乙卯木이 생화生火를 하려면 金이 있어야 생화가 된다. 즉, 가을이 되어야 건초乾草가 되기 때문에 불을 지필 수가 있다.

신유금辛酉金이 생수生水를 하려면 삼합三合으로 금국金局이 되거나 火가 있어야 생수가 가능하다.

무술미戊戌未는 마른 흙인데 생금生金을 하려면 水가 있어야 생금이 가능하다. 습토濕土로 변해야 생금이 가능하다는 것이다.

생生이란 생조生助하여 힘이 배가倍加가 되는데 가까이서 生해야 작용력이 강하고 멀리 있으면 生의 힘이 약하다.

극剋이란 극상剋傷하여 힘이 없어지게 되므로 역할을 못하게 되며, 가까이 있으면 작용력이 강하며, 멀리서 剋하면 작용력이 약하다.

또한 천간天干은 천간끼리 생生과 극剋을 잘하고, 지지地支는 지지끼리 생生과 극剋을 잘한다는 점을 명심하여 공부하기 바란다.

간지干支의 생生
甲乙寅卯木(갑을인묘목)은 丙丁巳午火(병정사오화)를 생하고,
丙丁巳午火(병정사오화)는 戊己辰戌丑未土(무기진술축미토)를 생하며,
戊己辰戌丑未土(무기진술축미토)는 庚辛申酉金(경신신유금)을 생하고,
庚辛申酉金(경신신유금)은 壬癸亥子水(임계해자수)를 생하며,
壬癸亥子水(임계해자수)는 甲乙寅卯木(갑을인묘목)을 생한다.

간지干支의 극剋
甲乙寅卯木(갑을인묘목)은 戊己辰戌丑未土(무기진술축미토)를 극하고,
戊己辰戌丑未土(무기진술축미토)는 壬癸亥子水(임계해자수)를 극하고,
壬癸亥子水(임계해자수)는 丙丁巳午火(병정사오화)를 극하고,
丙丁巳午火(병정사오화)는 庚辛申酉金(경신신유금)을 극하고,
庚辛申酉金(경신신유금)은 甲乙寅卯木(갑을인묘목)을 극한다.

4 육십갑자 법칙 | 六十甲子 法則

육십갑자六十甲子법에서 첫 출발점인 갑자년甲子年의 기준점이 되는 시원은 언제부터인가 궁금할 것이다. 태양太陽을 중심으로 인간에게 영향을 주는 행성들은 각각 공전주기가 다른데, 옛 선인들이 천문을 관측한 결과 양둔陽遁 180년과 음둔陰遁 180년 주기로 태양을 중심으로 수성, 금성, 지구, 화성, 목성이 일직선으로 이뤄지는 것을 관찰하고 그해를 갑자년甲子年으로 시원을 정했다.

근세에 들어 1684년에 행성들이 일직선으로 정렬되었는데 이때를 양둔陽遁 시대라고 하며, 이해를 기준하여 60년 주기로 1684년부터 양둔陽遁 상원갑자上元甲子, 1744년부터 중원갑자中元甲子 1804년부터 하원갑자下元甲子가 된다.

그 이후 180년 동안을 음둔陰遁시대라고 하는데, 1864년부터 음둔陰遁 상원갑자, 1924년부터 중원갑자, 1984년부터 하원갑자가 된다. 이 음둔시대 180년이 지나면 다시 180년 주기의 양둔시대가 시작되어 2044년부터 양둔陽遁 상원갑자上元甲子부터 이어서 60년 주기로 중원갑자中元甲子 하원갑자下元甲子가 이어진다.

육십갑자六十甲子가 이루어지는 법식은 십간十干과 십이지十二支가 상하로 짝을 지어 구성된다. 천간은 甲부터 시작하여 위에 놓이고 지지는 子부터 시작하여 그 아래에 놓아 十干 순서와 十二支의 순서대로 계속 연결해 나가면 오양간五陽干은 육양지六陽支와, 오음간五陰干은 육음지六陰支와 각각 한 번씩 차례로 짝을 지어 가면서 육십갑자가 이루어진다. 다시 甲子부터 시작되는 것을 회갑回甲이라고 한다.

공망空亡과 함께 기록하니 암기하기 바란다.

【 육십갑자 도표 】

旬 순	→육 십 갑 자→										空亡 공망
一旬 일순	甲子 갑자	乙丑 을축	丙寅 병인	丁卯 정묘	戊辰 무진	己巳 기사	庚午 경오	辛未 신미	壬申 임신	癸酉 계유	戌亥 술해
二旬 이순	甲戌 갑술	乙亥 을해	丙子 병자	丁丑 정축	戊寅 무인	己卯 기묘	庚辰 경진	辛巳 신사	壬午 임오	癸未 계미	申酉 신유
三旬 삼순	甲申 갑신	乙酉 을유	丙戌 병술	丁亥 정해	戊子 무자	己丑 기축	庚寅 경인	辛卯 신묘	壬辰 임진	癸巳 계사	午未 오미
四旬 사순	甲午 갑오	乙未 을미	丙申 병신	丁酉 정유	戊戌 무술	己亥 기해	庚子 경자	辛丑 신축	壬寅 임인	癸卯 계묘	辰巳 진사
五旬 오순	甲辰 갑진	乙巳 을사	丙午 병오	丁未 정미	戊申 무신	己酉 기유	庚戌 경술	辛亥 신해	壬子 임자	癸丑 계축	寅卯 인묘
六旬 육순	甲寅 갑인	乙卯 을묘	丙辰 병진	丁巳 정사	戊午 무오	己未 기미	庚申 경신	辛酉 신유	壬戌 임술	癸亥 계해	子丑 자축

육십갑자六十甲子는 순서대로 암기해야 하며, 숙달이 되면 역순으로 암기해 두는 것이 여러 모로 편하고 좋다.

5 간지의 속성 | 干支의 屬性

천간과 지지에 오행이 있는데, 하늘에서는 오성五星의 오기五氣가 십간으로 이뤄지고, 땅에서는 사시四時(계절)가 있어 십이지지가 이루어지면서 오행이 발생된다.

갑을甲乙 인묘寅卯는 목木이다.

木의 성질은 어질고, 자연현상으로는 땅을 뚫고 생장 상승하여 솟아오르는 기운이다. 또한 온기溫氣며 바람이요, 청룡신靑龍神이다.

병정丙丁 사오巳午는 화火이다.

火의 성질은 예의바르고, 자연현상으로는 뜨거운 기운으로 팽창과 상승·발산하는 열기熱氣이며, 주작신朱雀神이다.

무기戊己 진술축미辰戌丑未는 토土이다.

土의 성질은 믿음과 신용이요, 자연현상으로는 중심적인 조절과 통일이며, 계절 사이에 완충역할을 하는데, 염화炎火의 발산기운을 조절하면서 흡수를 하고 金을 숙성시키는 작용을 한다. 木·火·金·水의 사이에서 급속한 변화를 서로 조절하는 완충작용을 하며 계절의 변화에서 환절기 작용을 한다. 양토陽土는 구진신句陳神이라고 하며, 음토陰土는 등사신騰蛇神이라고 한다.

경신庚辛 신유申酉는 금金이다.

金의 성질은 의리義理와 혁신革新이며, 자연현상으로는 하강下降하여 누르는 기운이다. 혁명적인 기운으로 단단하며 서늘한 기운이 되고, 백호신白虎神이라고 한다.

임계壬癸 해자亥子는 수水이다.

水의 성질은 지혜와 총명이며, 침투성이 강하며, 자연현상으로는 아래로 흐르려는 윤하潤下와 응결하여 응고되는 통일의 기운으로 작용한다. 응축凝縮하려는 추운 기운이고, 현무신玄武神이다.

【 간지 속성 조견표 】

구분＼오행	木	火	土	金	水
오행 五行	甲 乙 寅 卯	丙 丁 巳 午	戊 己 辰戌 丑未	庚 辛 申 酉	壬 癸 亥 子
삼합 三合	亥卯未	寅午戌	辰戌丑未	巳酉丑	申子辰
육합 六合	寅亥	卯戌	子丑 午未	辰酉	巳申
수리 數理	三·八	七·二	五·十	九·四	一·六
방위 方位	東	南	中央	西	北
절후 節候	봄 1·2	여름 4·5	사계 3, 6, 9, 12	가을 7·8	겨울 10·11
색상 色相	청(靑)	적(赤)	황(黃)	백(白)	흑(黑)
얼굴 面部	좌편 관골 여자 반대	이마	코	우편 관골 여자 반대	턱
육수 六獸	청룡(靑龍)	주작(朱雀)	句陳 螣蛇	백호(白虎)	현무(玄武)

사주를 볼 때 개운법으로 응용할 수 있는 것만을 간추려 보았다.

【 천간, 지지 통변 조견표 】

간지＼통변	간지干支의 통변과 물상物像 해설	
甲 寅 갑 인	大林木 대림목	큰 나무, 고목, 사목, 목재, 원목, 소나무, 나무뿌리
乙 卯 을 묘	花草木 화초목	화초, 덩굴나무, 나뭇가지, 분재, 소목, 잔가지, 담쟁이
丙 巳 병 사	太陽火 태양화	태양, 밝은 불, 큰불, 광양, 허풍, 화학, 석유, 마그마
丁 午 정 오	燈燭火 등촉화	등대, 횃불, 등촉, 산소 불, 조명, 달, 별, 용광로
戊辰戌 무진술	城垣土 성원토	큰 산, 제방, 건물, 성벽, 산야, 운동장, 부동산

간지＼통변	간지干支의 통변과 물상物像 해설	
己丑未 기축미	田園土 전원토	토기, 초원, 화분흙, 도자기, 전원, 텃밭, 전답, 둘레길
庚 申 경 신	劍戟金 검극금	차량, 연장, 칼, 총, 중화기, 중장비, 범종, 광석, 우박
辛 酉 신 유	珠玉金 주옥금	금은보석, 바늘, 침, 면도칼, 수저, 제련된 금속, 서리
壬 亥 임 해	江湖水 강호수	큰물, 강물, 호수, 바닷물, 해수, 우물, 양수, 오대양
癸 子 계 자	雨露水 우로수	작은 물, 이슬, 서리, 눈물, 샘물, 진액, 타액, 원천 수

다음 표들은 사주통변 및 용신用神 희신喜神 약신藥神별 직업에 관련된 물상物像이니 참고하여 잘 활용하기 바란다.

【 지지로 보는 인체 부위별 질병 조견표 】

지 지	발 병	인 체 부 위
子 자	泌尿器 비뇨기	신장, 방광, 요도, 자궁, 요통, 음부, 정자, 생식기
丑 축	胃 臟 위 장	비장, 복부, 수족, 횡격막, 맹장, 췌장, 입, 자궁근종
寅 인	心 臟 심 장	머리, 담낭, 눈, 근육, 동맥, 무릎, 팔, 다리, 혈압
卯 묘	肝 臟 간 장	간장, 갑상선, 말초신경, 손가락, 발가락, 정강이
辰 진	忘却症 망각증	위장, 근육, 허리, 가슴, 맹장, 겨드랑이, 자궁근종
巳 사	齒 痛 치 통	소장, 치아, 복부, 인후, 편도선, 삼초, 심포, 혓바닥
午 오	精神病 정신병	심장, 눈, 혀, 신경통, 정신, 심포, 시력, 열, 치질
未 미	虛勞病 허로병	위장, 입술, 잇몸, 척추, 복부, 수족, 자궁근종
申 신	大臟炎 대장염	대장, 폐, 근골, 경락, 피부, 골수염, 정맥, 신경통
酉 유	肺結核 폐결핵	폐장, 음성, 혈관, 피부, 월경, 뼈골, 신경, 타박상
戌 술	恐怖症 공포증	위장, 갈비, 대퇴부, 가슴, 항문, 위 신경, 자궁근종
亥 해	膀胱炎 방광염	고환, 생식기, 월경, 혈맥, 자궁, 머리, 신장, 방광

【 지지 물상론 조견표 】

지 지	물 상 론
子 자	종자, 음료, 어류, 간장, 액체, 생선, 잉크, 땀, 소금, 필묵
丑 축	무기, 증권, 금고, 차고, 인쇄기, 비품, 농토, 축대, 예토穢土
寅 인	발전기, 목재, 가로수, 건물, 의복, 서적, 신문, 비행기, 목장
卯 묘	섬유질, 운동구, 화초, 묘목, 책상, 종이, 의복, 목저, 회초리
辰 진	외래품, 비밀장소, 위조, 약재, 도자기, 병풍, 부채, 금괴밀수
巳 사	정류장, 전화, 편지, 차량, 휘발유, 미용재료, 사진, 비행기
午 오	화장품, 유원지, 간판, 안경, 사진, 유흥장소, 전등, 침, 뜸
未 미	밀가루, 빵, 국수, 조미료, 식품, 시멘트, 혼수품, 모자, 의상
申 신	철도청, 탱크, 은행, 극장, 차량, 지폐, 무기, 수도관, 농기구
酉 유	시계, 화장품, 악기, 보석, 은행, 금은, 마취약, 된장, 발효식
戌 술	화로불, 창고, 공장, 도자기, 전자계산기, 컴퓨터가전, 골동품
亥 해	바다, 음료수, 소금, 필묵, 세탁기, 선박, 커튼, 생선, 목욕탕

【지지 물상 및 직업 조견표】

지 지	물 상	직 업
子 자	泉水 천수	철학자, 저술가, 지혜, 임산부, 어부, 매춘부, 맹인, 도적, 어린이
丑 축	凍土 동토	군인, 은행원, 세무관리, 경리사원, 소년, 중개인, 기사, 호텔업자
寅 인	木根 목근	항공인, 학자, 발명가, 언론인, 문화인, 교육가, 판사, 권력가
卯 묘	草根 초근	지휘자, 건축업자, 골프인, 목공인, 노동자, 유아, 마부, 신경환자
辰 진	濕土 습토	법관, 광고업자, 중개인, 재목상, 배달부, 목공, 범법자, 밀수업자
巳 사	地熱 지열	항공인, 전자기술자, 열관리사, 미용사, 보일러공, 용접공, 비밀요원
午 오	火山 화산	언론인, 문화인, 교육자, 방송인, 서예인, 발명가, 도시인, 화가, 마부
未 미	燥土 조토	요리사, 재봉사, 비서, 참모, 토목기사, 도공인, 운전사, 서비스업자
申 신	鑛石 광석	철도인, 운전기사, 군인, 경찰, 행인, 통신사, 기능인, 권력가, 의사
酉 유	金石 금석	은행원, 마취사, 침술사, 군인, 가수, 접대부, 호스티스, 식모, 요리사
戌 술	死土 사토	변호사, 방송, 승려, 교도관, 예술인, 공예인, 자본가, 컴퓨터, 역술인
亥 해	海水 해수	산부인과 의사, 선장, 어부, 임산부, 수산상인, 법관, 술장사, 횟집, 역술인, 선박

선천수·후천수·납음오행 | 先天數·後天數·納音五行

1 선천수 법칙 | 先天數 法則

갑자甲子부터 시작하는 선천수先天數 법칙에서 천간은 여섯 번째 되는 字와 合이 되는데 合되는 字와 짝을 이루고, 지지는 일곱 번째 字와 충冲이 되는데 冲되는 字와 짝을 이루어 先天數가 되는 법칙으로 이뤄지고 있다.

즉, 천간은 첫 번째인 甲木이 己土와 合이 되고, 지지는 첫 번째인 子水와 冲이 되는 午火가 짝을 이룬다.

甲子 갑자	甲은 己와 合이 되고 子는 午와 冲이 되는데 수리數理는 9수가 된다.
乙丑 을축	乙은 庚과 合이 되고 丑은 未와 冲이 되는데 수리數理는 8수가 된다.
丙寅 병인	丙은 辛과 合이 되고 寅은 申과 冲이 되는데 수리數理는 7수가 된다.
丁卯 정묘	丁은 壬과 合이 되고 卯는 酉와 冲이 되는데 수리數理는 6수가 된다.
戊辰 무진	戊는 癸와 合이 되고 辰은 戌과 冲이 되는데 수리數理는 5수가 된다.
己巳 기사	己는 甲과 合이 되고 巳는 亥와 冲이 되는데 수리數理는 4수가 된다.

己巳는 이미 甲에서 甲己合으로 쓰였기 때문에 甲己는 빼고 巳亥冲만 쓴다.

수리數理도 9수가 쓰였기 때문에 오행의 숫자가 되는 5수를 제하여 4수를 쓰게 된다.

천간 지지	선천수
갑기자오(甲己子午)	9
을경축미(乙庚丑未)	8
병신인신(丙辛寅申)	7
정임묘유(丁壬卯酉)	6
무계진술(戊癸辰戌)	5
사해(巳亥)	4

2 후천수 법칙 | 後天數 法則

태 역 太 易	기氣가 형성되지 않은 암흑暗黑의 시기로 오행으로는 수水로 보며 첫 번째이니 1수이다.
태 초 太 初	기氣는 있으나 형체가 생성되지 않은 시기로 오행으로는 화火로 보며 두 번째이니 2수이다.
태 시 太 始	기氣는 형성되었고 질량은 생성되기 전으로 오행으로는 목木으로 보며 세 번째이니 3수이다.
태 소 太 素	기氣의 질량은 있고 형체는 이루기 전으로 오행으로는 금金으로 보며 네 번째이므로 4수이다.
태 극 太 極	기氣의 질량과 형체가 완성이 되는 때이므로 오행으로는 토土로 보며 다섯 번째이므로 5수이다.

이때 오행이 모두 갖추어지므로 생수生數에 오행의 수를 합치면 성수成數가 이루어진다. 생수生數는 1·2·3·4·5이고 여기에 오행의 수를 합치면 성수成數가 되는데 6·7·8·9·10이다.

그러므로 1·6은 水이고, 2·7은 火이고, 3·8은 木이고, 4·9는 金이고, 5·10은 土이다. 생수生數와 성수成數는 다음과 같다.

생수 + 오행수	성 수	후천수 완성
1 + 5 =	6	1, 6은 수(水)
2 + 5 =	7	2, 7은 화(火)
3 + 5 =	8	3, 8은 목(木)
4 + 5 =	9	4, 9는 금(金)
5 + 5 =	10	5, 10은 토(土)

3 납음오행 법칙 | 納音五行 法則

생수와 성수를 모두 合하면 55수가 되는데 이 수를 천지의 완성수라고 한다. 천지 완성수 55에서 오행의 5수를 빼면 50수가 남는데 이 50수에서 태극수 1수를 빼고 나면 49수가 남는다.

이 남는 수를 대연수大衍數라고 한다. 대연수에서 선천수를 빼고 남은 수에 오행수로 나누어 남은 수리의 오행이 生한 오행이 납음오행이 된다.

甲子, 乙丑의 천간 지지의 선천수 甲9, 子9, 乙8, 丑8인데 합치면 34수가 되고 대연수에서 선천수 34수를 빼면 15수가 남는데 오행수 5로 나누어서 남는 수가 0이 된다. 이런 때는 5로 쓴다. 5수는 土라 土가 生한 오행이 金이어서 甲子 乙丑은 해중금海中金이 된다.

丙寅, 丁卯의 천간 지지의 선천수가 丙7, 寅7, 丁6, 卯6인데 합치면 26수가 되므로 대연수에서 선천수 26수를 빼면 23수가 남는데 오행수인 5로 나누면 3수가 남는다. 3수는 木이라 木이 生한 오행이 火여서 丙寅, 丁卯는 노중화爐中火가 된다.

戊辰, 己巳의 천간 지지의 선천수가 戊5, 辰5, 己9, 巳4인데 합치면 23수이고 대연수에서 선천수 23수를 빼면 26수가 남는데 오행수인 5로 나누면 1수가 남는다. 1수는 水로 水가 生한 오행이 木이어서 戊辰, 己巳는 대림목大林木이 된다.

庚午, 辛未의 천간 지지의 선천수가 庚8, 午9, 辛7, 未8이므로 다 합치면 32수이고 대연수에서 선천수 32수를 빼면 17수가 남는데 오행수인 5수로 나누면 2수가 남는다. 2수는 火로 火가 生한 오행이 土여서 庚午, 辛未는 노방토路傍土가 된다.

壬申, 癸酉의 천간 지지의 선천수가 壬6, 申7, 癸5, 酉6인데 합치면 24수이고 대연수에서 선천수 24수를 빼면 25수가 남는데 5수로 나누면 0수가 된다. 0수는 5수로 쓰며 5수는 土로서 土가 生한 오행이 金이어서 壬申, 癸酉는 검봉금劍鋒金이 된다.

甲戌, 乙亥의 천간 지지의 선천수가 甲9, 戌5, 乙8, 亥4인데 합치면 26수이고 대연수에서 선천수 26수를 빼면 23수가 남는데 오행수인 5수로 나누면 3수가 남는다. 3수는 木으로 木이 生한 오행이 火여서 甲戌, 乙亥는 산두화山頭火가 된다. 이와 같은 방식으로 납음오행이 만들어지는데, 다음 표를 참고하기 바란다.

【 육십화갑자 납음오행 조견표 】

간 지	甲子 乙丑	甲戌 乙亥	甲申 乙酉	甲午 乙未	甲辰 乙巳	甲寅 乙卯
납 음 오 행	해중금 海中金	산두화 山頭火	천중수 泉中水	사중금 砂中金	부등화 覆燈火	대계수 大溪水
간 지	丙寅 丁卯	丙子 丁丑	丙戌 丁亥	丙申 丁酉	丙午 丁未	丙辰 丁巳
납 음 오 행	노중화 爐中火	간하수 澗下水	옥상토 屋上土	산하화 山下火	천하수 天河水	사중토 沙中土
간 지	戊辰 己巳	戊寅 己卯	戊子 己丑	戊戌 己亥	戊申 己酉	戊午 己未
납 음 오 행	대림목 大林木	성두토 城頭土	벽력화 霹靂火	평지목 平地木	대역토 大驛土	천상화 天上火
간 지	庚午 辛未	庚辰 辛巳	庚寅 辛卯	庚子 辛丑	庚戌 辛亥	庚申 辛酉
납 음 오 행	노방토 路傍土	백랍금 白蠟金	송백목 松柏木	벽상토 壁上土	차천금 叉釧金	석류목 石榴木
간 지	壬申 癸酉	壬午 癸未	壬辰 癸巳	壬寅 癸卯	壬子 癸丑	壬戌 癸亥
납 음 오 행	검봉금 劍鋒金	양류목 楊柳木	장류수 長流水	금박금 金箔金	상자목 桑柘木	대해수 大海水
空 亡	戌 亥	申 酉	午 未	辰 巳	寅 卯	子 丑
空	水	無	金	水	無	金

육십화갑자 납음오행은 역학의 제반 학술에서 중요하게 적용되는바 암기하여 사용하기 바란다. 그러나 본 사주학에서는 적용하지 않는다.

사주의 구성 | 四柱의 構成

1 서론 | 序論

사주四柱를 간명하려면 작성하는 방법을 알아야 하는데, 각 개인이 태어난 생년生年·생월生月·생일生日·생시生時에 의해 사주가 구성이 된다.

여기에 운의 변화를 보려면 대운大運과 대운수大運數를 알아야 하며, 또한 작성하는 법식을 배워야 한다.

사주를 작성하고 난 다음에 십신十神[1]과 육친六親[2]의 분류법을 터득한 뒤에 단식 해석법으로 들어가야 한다.

첫째	단식판단인 생生·극剋·제制·화化와, 합合·충冲 등에 의한 운명상의 작용을 판단하는 방법을 배워야 한다.
둘째	응용법으로 들어가 신살神殺의 유무와 그 작용, 육친의 성격과 그 작용 등을 판단하는 방법을 배워야 한다.
셋째	전문적인 학문인 격국格局으로 부귀富貴와 빈천貧賤의 고하高下를 알 수 있는 법을 공부해야 한다.
넷째	용신用神으로 들어가서는 성패成敗와 집안의 환경과 행·불행, 그리고 수요壽夭를 잘 분석하는 방법을 공부해야 한다.

1) 십신(十神) : 비견, 비겁, 식신, 식상, 정재, 편재, 정관, 편관, 정인, 편인의 10가지를 십신이라 하는데, 이 십신에 배속된 직업, 직위, 적성, 능력, 성격, 재물, 학력 등 사회 활동능력을 볼 때 쓰는 역학용어이다.

2) 육친(六親) : 十神에 따른 가족관계를 볼 때 육친이란 용어가 쓰이는데, 조상, 부, 모, 형, 제, 처, 자, 남편, 손자 등 직계 가족을 나타내는 역학용어이다.

2 사주의 작성 | 四柱의 作成

생년·생월·생일·생시 4개의 기둥을 사주四柱라고 이름하며, 한 기둥에 2자씩이니 합하여 8자가 되므로 사주팔자四柱八字라고 한다.

첫째	생년生年 두 자의 간지干支를 태세太歲 또는 연주年柱라 하고,
둘째	생월生月 두 자의 간지干支를 월건月建 또는 월주月柱라 하고,
셋째	생일生日 두 자의 간지干支를 일진日辰 또는 일주日柱라 하고,
넷째	생시生時 두 자의 간지干支를 시진時辰 또는 시주時柱라 한다.

예제 1964년 음력 1월 27일 새벽 2시 출생의 예

시주	일주	월주	연주
癸 丑	戊 午	丁 卯	甲 辰

예를 들어서 1964년 음력 1월 27일 새벽 2시에 태어났다면 옆에 사주처럼 작성을 하는데 사주 네 개의 기둥 세우는 법식이 그리 간단하지는 않으나, 따라하다 보면 어렵지는 않다. 그러나 만세력에서 출생한 연도年度를 찾아서 출생한 月과 日의 간지干支만을 기록하면 되는 것이 아니다.

매년마다 입춘立春의 입절일入節日을 기준해서 연주年柱가 정해지게 된다. 매월은 입절일을 기준해서 월주月柱가 정해지므로 주의하여 결정해야 된다. 또한 일주日柱를 정하고, 태어난 시주時柱를 정해야 한다.

가. 사주四柱 작성하는 법

사주四柱를 작성하기 전에 반드시 먼저 주의하여 숙지해야 할 문제가 있다. 출생한 연年·월月·일日·시時를 만세력에서 찾아 그대로 기록하면 별 문제가 안 되지만 연주年柱는 입춘일을 기준으로 바뀐다.

월주月柱는 그달의 날짜와는 관계없이 입절일入節日이 중요하다. 즉, 입춘立春·경칩驚蟄·청명清明·입하立夏·망종芒種·소서小暑·입추立秋·백로白露·한로寒露·입동立冬·대설大雪·소한小寒을 기준으로 바뀐다는 점이다.

또 일주日柱도 간지가 바뀌는 기준시간이 있고, 시주時柱도 일주日柱에 의해 변화가 있으니 이를 모르고서 정확한 사주를 작성할 수 없다. 아래에 이를 차례로 설명한다.

나. 연주年柱 작성하는 법

연주年柱를 작성하는 법은 태어난 해의 음력 12월 15일 이후부터 1월 15일 안에 태어난 사람은 입춘일立春日과 입춘이 드는 시각時刻까지도 잘 살펴야 한다. 입춘 일시부터 새해 연주年柱로 쓰기 때문이다.

또한 양력으로 2월 4일~5일에 입춘이 들어오는데 이후에 생일이 들어 있으면 당년 연주年柱로 정하게 되는 것인데 만약에 갑자년甲子年의 입춘이 지나서 태어난 사람은 연주年柱가 갑자甲子가 되는 것이며, 병인년丙寅年에 출생한 사람이라면 연주年柱가 병인이 되는 것이다.

태세太歲, 즉 연주年柱가 바뀌려면 입춘일立春日에 입절入節 시간時間까지 지나야 한다. 월주月柱도 다음과 같이 정해진다.

입춘立春부터 경칩驚蟄 일시日時 전까지가 1월인데 인월寅月이라 하고,

경칩驚蟄부터 청명淸明 일시日時 전까지가 2월인데 묘월卯月이라 하고,

청명淸明부터 입하立夏 일시日時 전까지가 3월인데 진월辰月이라 하고,

입하立夏부터 망종芒種 일시日時 전까지가 4월인데 사월巳月이라 하고,

망종芒種부터 소서小暑 일시日時 전까지가 5월인데 오월午月이라 하고,

소서小暑부터 입추立秋 일시日時 전까지가 6월인데 미월未月이라 하고,

입추立秋부터 백로白露 일시日時 전까지가 7월인데 신월申月이라 하고,

백로白露부터 한로寒露 일시日時 전까지가 8월인데 유월酉月이라 하고,

한로寒露부터 입동立冬 일시日時 전까지가 9월인데 술월戌月이라 하고,

입동立冬부터 대설大雪 일시日時 전까지가 10월인데 해월亥月이라 하고,

대설大雪부터 소한小寒 일시日時 전까지가 11월인데 자월子月이라 하고,

소한小寒부터 입춘立春 일시日時 전까지가 12월인데 축월丑月이라 한다.

다시 한 번 설명하면, 연주年柱가 바뀌는 기준은 출생한 월·일이 만약 음력 12월 15일 이후부터~1월 15일 전이면 입춘立春이 12월 중에 들어 있는가 아니면 새해 1월에 들었는가를 만세력을 참조해 찾아야 한다.

생일(음력)이 비록 새해가 바뀌기 전인 12월 출생이라도 입춘이 지나서 출생하였다면, 가령 생일은 12월 25일이고 입춘이 12월 24일일 경우에 새해 태세로 연주年柱를 세워야 한다. 또한 생일의 날짜가 새해가 이미 지난 1월 1일 이후 출생이라도 입춘이 아직 지나지 않았다면, 가령 생일은 1월 7일이고 입춘은 1월 10일인 경우 새해의 태세를 쓰지 않고 전년의 태세로 연주年柱를 정하게 된다.

또한 생일과 입춘이 동일하면 출생한 시각과 입춘이 드는 시각을 대조해 전후를 결정한다. 절기가 드는 시간과 출생한 시간까지 동일할 경우에는 새로 오는 기운이 강하기 때문에 강한 쪽을 택하는 것이 좋다.

다. 월주月柱 작성하는 법

월주月柱 정하는 법은 만세력에 있는 각 월건月建에 의하여 세우는데 특히 주의해 보아야 하는 문제는 입절일入節日을 기준으로 해야 한다는 점이다.

예를 들면, 음력으로 1979년 12월 20일에 출생하였다면 입춘이 지나서 태어났기 때문에 기미년己未年 정축월丁丑月이 아니고, 경신년庚申年 무인월戊寅月로 쓰게 되는 것이다.

월주가 바뀌는 기준은 생일이 어느 月에 들었거나 그 달에 소속된 입절일入節日을 기준으로 삼아야 한다는 것이다.

예를 들면, 8월의 월건月建은 유월酉月인데 출생한 날이 8월 5일이고 백로는 8월 7일인 경우, 8월의 절기인 백로가 지나지 않았으므로 전월인 7월의 월건月建인 신월申月을 쓰고, 7월이라도 8월의 절기인 백로가 지났을 때 예를 들면 생일은 7월 25일이고 백로가 7월 22일이면 8월인 유월酉月로 월주月柱를 써야 한다.

어느 해가 와도 월지는 항상 변하지 않는다. 1월은 인월寅月, 2월은 묘월卯月, 3월은 진월辰月, 4월은 사월巳月, 5월은 오월午月, 6월은 미월未月, 7월은 신월申

月, 8월은 유월酉月, 9월은 술월戌月, 10월은 해월亥月, 11월은 자월子月, 12월은 축월丑月이다.

> 1월은 입춘부터 경칩 전까지를 말하며, 인월寅月이라 한다.
> 2월은 경칩부터 청명 전까지를 말하며, 묘월卯月이라 한다.
> 3월은 청명부터 입하 전까지를 말하며, 진월辰月이라 한다.
> 4월은 입하부터 망종 전까지를 말하며, 사월巳月이라 한다.
> 5월은 망종부터 소서 전까지를 말하며, 오월午月이라 한다.
> 6월은 소서부터 입추 전까지를 말하며, 미월未月이라 한다.
> 7월은 입추부터 백로 전까지를 말하며, 신월申月이라 한다.
> 8월은 백로부터 한로 전까지를 말하며, 유월酉月이라 한다.
> 9월은 한로부터 입동 전까지를 말하며, 술월戌月이라 한다.
> 10월은 입동부터 대설 전까지를 말하며, 해월亥月이라 한다.
> 11월은 대설부터 소한 전까지를 말하며, 자월子月이라 한다.
> 12월은 소한부터 입춘 전까지를 말하며, 축월丑月이라 한다.

【 태세太歲에 따른 월주月柱 조견표 】

월별 \ 연주 천간		甲己年	乙庚年	丙辛年	丁壬年	戊癸年
寅 月	입춘 후 경칩 전	丙寅月	戊寅月	庚寅月	壬寅月	甲寅月
卯 月	경칩 후 청명 전	丁卯月	己卯月	辛卯月	癸卯月	乙卯月
辰 月	청명 후 입하 전	戊辰月	庚辰月	壬辰月	甲辰月	丙辰月
巳 月	입하 후 망종 전	己巳月	辛巳月	癸巳月	乙巳月	丁巳月
午 月	망종 후 소서 전	庚午月	壬午月	甲午月	丙午月	戊午月
未 月	소서 후 입추 전	辛未月	癸未月	乙未月	丁未月	己未月
申 月	입추 후 백로 전	壬申月	甲申月	丙申月	戊申月	庚申月
酉 月	백로 후 한로 전	癸酉月	乙酉月	丁酉月	己酉月	辛酉月
戌 月	한로 후 입동 전	甲戌月	丙戌月	戊戌月	庚戌月	壬戌月
亥 月	입동 후 대설 전	乙亥月	丁亥月	己亥月	辛亥月	癸亥月
子 月	대설 후 소한 전	丙子月	戊子月	庚子月	壬子月	甲子月
丑 月	소한 후 입춘 전	丁丑月	己丑月	辛丑月	癸丑月	乙丑月

앞 도표만 참고하면 월주는 간단히 정할 수 있다. 만세력에서 출생 연도와 생월을 찾고 다음에 생일을 찾는데 입절일과 다음 입절일 사이에서 월주를 정하면 된다.

태세가 甲·己年(甲子·甲寅·甲辰·甲午·甲申·甲戌·己卯·己巳·己未·己酉·己亥·己丑年)에 입추가 지나고 백로 전의 생일이라면 壬申月이 되고, 태세가 乙·庚年(乙丑·乙卯·乙巳·乙未·乙酉·乙亥·庚子·庚寅·庚辰·庚午·庚申·庚戌年)에 백로 후 한로 전에 생일이면 월주는 乙酉月로 정한다.

다음은 월간月干을 작성하는 법을 알아야 하는데, 월간月干을 정하는 데도 일정한 법식이 있다.

甲己合은 천간합이라고 하며 甲己合하여 土로 化한다. 化한 土를 生하는 양간陽干이 1月의 천간天干이다.

다음 표는 연주年柱 천간天干으로 월주月柱의 간지干支를 정하는 법식이다.

甲己合土에 土를 生하는 丙寅이요, 甲己之年 丙寅頭로 1月은 丙寅月이다.
乙庚合金에 金을 生하는 戊寅이요, 乙庚之年 戊寅頭로 1月은 戊寅月이다.
丙辛合水에 水를 生하는 庚寅이요, 丙辛之年 庚寅頭로 1月은 庚寅月이다.
丁壬合木에 木을 生하는 壬寅이요, 丁壬之年 壬寅頭로 1月은 壬寅月이다.
戊癸合火에 火를 生하는 甲寅이요, 戊癸之年 甲寅頭로 1月은 甲寅月이다.

이상 1월부터 육십갑자六十甲子 순서대로 12월까지 차례로 짚어 나간다.

라. 일주日柱 작성하는 법

일주日柱를 작성하는 법은 만세력에서 생일生日의 간지干支를 기록하면 된다. 그 사람이 출생한 일진이 그 사람의 일주日柱가 되는 것이다. 주의할 점은 일진의 변경선이다.

예를 들면, 음력 1956년 08월 12일 밤 12시에 출생했다면 연주는 丙申에, 월주는 丁酉이고, 일주는 12일이 丙戌日이나 출생시간이 일진 변경선인 밤 11시가지나 子時가 되므로 다음날 새벽 0시에 태어난 것으로 본다. 즉, 1956년 8월 13일 0시로 丙申生, 丁酉月, 丁亥日, 庚子時가 된다.

라. 시주時柱 작성하는 법

시주時柱의 간지干支도 일진에 따라서 시주의 간지를 작성하면 된다. 지지地支는 항상 일정한데 時의 천간天干은 일간에 의해서 결정된다. 여기서 쓰는 시간은 일상생활에 쓰는 시간과는 다르다.

일상생활에서는 24시간으로 나누어 쓰고 일진 변경선이 밤 24시가 되지만, 사주는 우리나라 시간으로 23시부터 일진이 변경되는 시간이 되고 다음날 일진의 첫 시이다.

24시간을 한 시주에 2시간씩 배당하여 나누어서 쓰게 된다. 법식을 간단하게 알 수 있는 방법은 밤 11시 0분부터 다음날 자시子時가 시작되니 2시간씩 나누어 십이지지 순서로 정하면 된다. 즉, 밤 11시에서 2시간 후는 새벽 1시까지가 子時가 되고, 1시부터는 丑時가 시작되고, 3시부터는 寅時, 5시부터는 卯時가 되니 이같이 셈해 나가면 된다.

시간 변경선을 국제협약으로 1961년 8월 10일부터 동경을 기준으로 일본과 대한민국이 같은 시간을 쓰기로 했기 때문에 우리나라 시간 변경선인 경기도 가평과 30분 차이가 나고, 서울과는 32분 차이가 난다. 사주를 뽑으려면 시차를 우리의 시간으로 계산해서 적용을 해야 하는 어려움이 있게 된다.

서울서 서기 1990년 양력 10월 4일 오후 3시에 태어났다면 실제 우리나라의 시간(서울 기준)은 시차 32분을 빼고 나면 오후 2시 28분이 실제 우리나라 서울의 시간이 되는 것이다.

십이시지十二時支를 알았으면 다음은 일간(日辰의 天干)을 기준하여 時의 干支가 무엇인지 찾아 기록해야 한다. 時의 천간을 아는 법식은 아래와 같다.

甲己日은 甲子時부터 (乙丑 丙寅 丁卯 戊辰 己巳 庚午 時 … 순서로)
乙庚日은 丙子時부터 (丁丑 戊寅 己卯 庚辰 辛巳 壬午 時 … 순서로)
丙辛日은 戊子時부터 (乙丑 庚寅 辛卯 壬辰 癸巳 甲午 時 … 순서로)
丁壬日은 庚子時부터 (辛丑 壬寅 癸卯 甲辰 乙巳 丙午 時 … 순서로)
戊癸日은 壬子時부터 (癸丑 甲寅 乙卯 丙辰 丁巳 戊午 時 … 순서로)

甲己日이란 甲子·甲寅·甲辰·甲午·甲申·甲戌日과, 己卯·己巳·己未·己酉·己亥·己丑日로 干에 甲·己가 있는 12개의 日辰을 말한다.
기타 乙庚日, 丙辛日, 丁壬日, 戊癸日 등도 같은 방법으로 보면 된다.
다음 조견표를 참고하라.

【 시주간지時柱干支 조견표 】

時	1961. 8. 10 이전 출생자	1961. 8. 10 이후 출생자	生日				
			甲己日	乙庚日	丙辛日	丁壬日	戊癸日
子時	오후 11시~ 오전 01시	오후 11 : 30~ 오전 01 : 30	甲子	丙子	戊子	庚子	壬子
丑時	오전 01시~ 오전 03시	오전 01 : 30~ 오전 03 : 30	乙丑	丁丑	己丑	辛丑	癸丑
寅時	오전 03시~ 오전 05시	오전 03 : 30~ 오전 05 : 30	丙寅	戊寅	庚寅	壬寅	甲寅
卯時	오전 05시~ 오전 07시	오전 05 : 30~ 오전 07 : 30	丁卯	己卯	辛卯	癸卯	乙卯
辰時	오전 07시~ 오전 09시	오전 07 : 30~ 오전 09 : 30	戊辰	庚辰	壬辰	甲辰	丙辰
巳時	오전 09시~ 오전 11시	오전 09 : 30~ 오전 11 : 30	己巳	辛巳	癸巳	乙巳	丁巳
午時	오전 11시~ 오후 01시	오전 11 : 30~ 오후 01 : 30	庚午	壬午	甲午	丙午	戊午
未時	오후 01시~ 오후 03시	오후 01 : 30~ 오후 03 : 30	辛未	癸未	乙未	丁未	己未
申時	오후 03시~ 오후 05시	오후 03 : 30~ 오후 05 : 30	壬申	甲申	丙申	戊申	庚申
酉時	오후 05시~ 오후 07시	오후 05 : 30~ 오후 07 : 30	癸酉	乙酉	丁酉	己酉	辛酉
戌時	오후 07시~ 오후 09시	오후 07 : 30~ 오후 09 : 30	甲戌	丙戌	戊戌	庚戌	壬戌
亥時	오후 09시~ 오후 11시	오후 09 : 30~ 오후 11 : 30	乙亥	丁亥	己亥	辛亥	癸亥

가령 생일이 甲日이나 己日(甲子·甲寅·甲辰·甲午·甲申·甲戌이나 己卯·己巳·己未·己酉·己亥·己丑日)로 된 사람은 子時(전날 23:00~새벽 01:00)는 甲子時가 되는데, 나머지 시간은 다음과 같이 육십갑자 순서대로 각 時柱를 찾아 쓰면 된다.

乙丑時, 丙寅時, 丁卯時, 戊辰時, 己巳時, 庚午時, 辛未時, 壬申時, 癸酉時, 甲戌時, 乙亥時로 기록하고, 이하 같은 방법으로 적용하면 된다.

국제협약에 의해서 1961년 8월 10일 이후에 태어난 사람은 30분을 앞당겨서 일본 아까이시 기점으로 시간을 변경하였으므로 자시子時는 경기도 가평을 기준으로 전날 23시 30분~새벽 01시 30분까지를 자시子時로 계산하여 뽑으면 된다.

일진과 시주의 변경시기에 대해서 알아보자. 어제가 甲子日이면 오늘은 乙丑日이요 내일은 丙寅日이다. 하루에 일주一柱씩 육십갑자 순서대로 넘어가면 60일이 지나서 61일이 되면 다시 甲子日로 돌아온다.

甲子日에서 乙丑日, 乙丑日에서 丙寅日로 변경되는 시간이 언제부터냐가 문제다. 일상생활에서 사용하는 시간은 새벽 0시면 어제에서 오늘, 오늘에서 내일로 바뀌지만 사주에서는 그렇지가 않다.

이유는 현재 우리가 사용하는 시간은 일상생활에 필요에 의해서 약속한 시간이지 사주에서 쓰는 시간과는 다르다. 앞에서 설명하였지만 사주의 일진 변경은 기를 적용하기 때문에 밤 11시부터 일진의 첫 시간이다.

바. 표준시와 국가별 시차

한국표준 시간 원점(공인법률 제1451호)을 경기도 수원시 원천동 산63번지 동경 127° 3′ 5″, 북위 37° 16′ 31″에 두고 있다. 우리나라는 1908년도 4월 1일부터 표준시 자오선을 정하여 표준시를 사용하기 시작했다. 현재는 동경 135°를 표준자오선으로 채택하여 한국 표준시를 사용하고 있다.

대한제국 때 우리나라는 표준자오선을 동경 127° 30′을 사용했으나 일본이 식민지 통치의 편의를 위해 동경 135°로 바꾸었다. 한때 127° 30′으로 원상회복됐으나 지난 1961년 국제협약에 의해 시간변경선을 135°로 변경해 현재까지 사용하고 있다.

현재 우리나라에서 사용하는 시는 우리나라의 기점의 표준시가 아니고 일본 기점의 표준시를 사용하고 있다. 경도 15°마다 한 시간씩 표준시가 다르게 되어 있다.

중국의 산동 반도는 동경 120°가 북경의 표준시간이고 일본은 아까이시를 지나는 동경 135° 11″가 일본의 표준시인데 시차가 1시간의 차이가 있다. 즉, 일본의 일출이 중국보다 1시간이 빠르다.

한국과 일본의 시차는 서울은 동경 126° 58′ 46″이고 일본은 동경 135° 11′이다. 한국의 서울과 동경의 시차는 8° 11′ 59″이니 × 4분 = 32분 47초이다. 우리나라 경기도 가평을 기준으로 할 때는 동경 127° 30′으로 중국과 일본의 중간으로 일본보다는 30분이 늦고, 중국보다는 30분이 빠르다.

그래서 우리나라 정부에서는 독자적으로 1954년 3월 21일(양력) 자정을 기해 30분을 늦추어 쓰다가 국제협약에 의해 시차를 한 시간씩 두기로 결정하여 1961년 8월 10일(양력)에 다시 30분을 앞당겨 오늘날 표준시간으로 사용하고 있다.

이유는 국제적으로 30분 간격으로 시차를 두지 않으므로 일본 표준시로 쓰고 있는 것이다. 그러므로 우리가 현재 쓰고 있는 자정은 경기도 가평을 기준으로 실제 우리 시간은 전날 밤 11시 30분이 되는 셈이다.

지역별로 시차가 있으므로【표준시와 지역별 시차 조견표】를 참고하기 바란다.

지구가 1°를 도는 시간은 4분이 걸린다.

사. 표준시와 지역별 시차

현재 우리나라의 지역별 일진의 변경선과 올바른 12시는 반드시 아래 원칙을 준수하여 정해야 한다.

사주를 작성할 때 1961년 8월 10일 이후부터는 일진 변경은 밤 11시 30분에 일진이 바뀌며 子時가 된다.

【 표준시와 지역별 시차 조견표 】

주요 도시	경도 (E)	가평 기준 127° 30′	동일권 지역
가평	127° 30′	⊕ 00분	가평, 양평, 이천, 여주, 장호원, 금왕, 진천, 음성, 청주, 대전, 옥천, 금산, 진안, 장수, 함양, 남원, 구례, 순천, 고흥
서울	127°	⊖ 02분	서울, 철원, 연천, 동두천, 양주시, 의정부, 과천, 성남, 용인, 안양, 군포, 의왕, 수원, 오산, 평택, 아산, 천안, 예산, 공주, 부여, 논산, 익산, 계룡, 김제, 전주, 정읍, 담양, 광주, 순창, 화순, 보성, 장흥
부산	129°	⊕ 06분	부산, 강릉, 주문진, 동해, 묵호, 삼척, 태백, 안동, 청송, 영천, 경산, 밀양, 양산, 김해, 성진
울진	129° 30′	⊕ 09분	울진, 평해, 영양, 원덕, 영덕, 포항, 구룡포, 경주, 울산
울릉도	131°	⊕ 13분	울릉군
독도	131° 52′	⊕ 17분	독도
대구	128° 37′	⊕ 04분	대구, 고성, 거진, 속초, 양양, 평창, 영월, 제천, 단양, 영주, 문경, 군위, 구미, 선산, 고령, 창녕, 합천, 함안, 마산, 진해, 통영, 거제, 고성, 창원
춘천	127° 44′	⊕ 01분	춘천, 보은, 문막, 음성, 괴산, 영동, 무주, 함양, 삼천포, 광양, 여수
인천	126° 37′	⊖ 03분	인천, 문산, 법원, 파주, 고양, 부천, 광명, 시흥, 안산, 화성, 예산, 홍성, 청양, 서천, 부여, 군산, 부안, 고창, 장성, 나주, 영암, 강진, 장흥
제주 목포	126° 32′	⊖ 03분	제주, 목포, 강화, 영정도, 서산, 당진, 홍성, 보령, 서천, 변산, 영광, 함평, 해남, 완도, 흑산도
진도	126° 23′	⊖ 04분	태안, 신안, 진도
백령도	124° 45′	⊖ 08분	백령도, 대청도, 소청도

⊖⊕ 표시는 실제의 시간을 산출할 때 사용한다. 동경 135°를 기준으로 예를 들면, 서울에서 낮 1시 30분에 출생한 아이의 실제 출생시간은(1시 30분 ⊖ 32분 47초) 12시 47분 13초가 된다는 것이니 약 32분 차이로 보면 된다. 시간 변경시간에 태어나면 이 표를 참고하라.

아. 서머 타임(일광절약시간제)

서머 타임Summer Time이란 여름철에 표준시보다 1시간 시계를 앞당겨 놓는 제도를 말하는데 일광절약시간Daylight Saving Time이라고도 한다.

우리나라에서도 동경 127° 30′을 기준으로 한 표준시를 채택했던 1954~1961년 8월 9일까지 실시되었으며, 제24회 올림픽경기대회(서울올림픽)를 계기로 1987~1988년 동안 실시되었다가 1989년 다시 폐지되었다.

【 서머타임(일광절약시간제) 일람표 】

기간	내용
1949년 4월 3일~ 9월 11일까지 1950년 4월 1일~ 9월 10일까지 1951년 5월 5일~ 9월 8일까지	0시를 1시로 1시간 앞당김.
1954년 3월 21일~10월 24일까지	우리나라 표준시 (00 : 30~00 : 00)
1955년 5월 5일~ 9월 8일까지 1956년 5월 20일~ 9월 29일까지 1957년 5월 5일~ 9월 21일까지 1958년 5월 4일~ 9월 20일까지 1959년 5월 3일~ 9월 19일까지 1960년 5월 1일~ 9월 18일까지	0시를 1시로 1시간 앞당김.
1961년 8월 10일~23시 30분부터 1986년까지 계속 시행(가평 기준)	0시를 0시 30분으로 30분을 앞당김.
1987년 5월 10일~10월 11일까지 1988년 5월 8일~10월 9일까지	0시를 01시로 1시간을 앞당김. 사주 적용시 주의해야 하는 사항임.

【 근거 자료 : 행정자치부 : 공무원 복무제도 해설집 참조 】

※ 위 서머타임 중 1987~1988년까지 시행이 되었던 2년간은 1시간 30분을 빼야 바른 시간이 되므로, 일진이 바뀌려면 새벽 0시 30분(우리나라 표준시 밤 11시)이라야 하고, 사주에서는 각각 1시간 30분씩 빼고 계산해야 하니 특별히 주의해 써야 한다.

※ 1989년도부터는 서울 기준(동경 126° 59″ 서울, 일본 동경 135°11″ 아까이시)으로 32분을 빼면 우리나라 정시가 된다.

【 서머타임(일광절약시간제) 실시년도 조견표 】

년도	간지	실시기간		실시방법	근거	
		양력	음력		공포일	관련법령
1908	己酉	1908. 4. 1	1908. 3. 3	동경 127° 30′	4. 1	대한제국 칙령
1912	壬子	1912.12. 1~ 1948. 4.30	1912.10.23~ 1948. 3.22	동경 135° 11′		
1948	戊子	5.31~9.12	4.23~8.10	개시 00~01시 종료 01~00시	5.20	조선 미 주둔군사
1949	己丑	4. 3~9.11	3. 5~7.19	개시 00~01시 종료 01~00시	4. 2 9.10	대통령령 제74, 182, 391호
1950	庚寅	4. 1~9.10	2.14~7.28	개시 00~01시 종료 01~00시	9. 6	대통령령 제383호
1951	辛卯	5. 5~9. 8	4. 1~8. 8	개시 00~01시 종료 01~00시	5. 2	대통령령 제489호
1952	壬辰					대통령령 제250호 폐지
1953	癸巳					
1954	甲午	3.21~10.24	2. 7~9.28	우리나라 표준시 00:30~00:00시	3.17	대통령령 제876호
1955	乙未	5. 5~9. 8	3.14~7.22	개시 00~01시 종료 01~00시	4.28	국무원 공고 제58, 59호
1956	丙申	5.20~9.29	4.11~8.25	개시 00~01시 종료 01~00시	4.30	국무원 공고 제62호
1957	丁酉	5. 5~9.21	4. 6~8.28	개시 00~01시 종료 01~00시		
1958	戊戌	5. 4~9.20	3.16~8. 8	개시 00~01시 종료 01~00시		
1959	己亥	5. 3~9.19	3.26~8.17	개시 00~01시 종료 01~00시	4.20	국무원 공고 제74호
1960	庚子	5. 1~9.18	4. 6~	개시 00~01시 종료 01~00시		
1961	辛丑	8.10~	6.29~ 이후 계속	동경 표준시 23시 30분부터	5. 1 8. 7	국무원 공고 제250호 법676호
1987	丁卯	5.10~10.11	4.13~8.19	개시 02~03시 종료 03~02시	86.12.31 87. 4. 7	법률 제3919호 대통령령 제12, 1, 36호
1988	戊辰	5. 8~10.9	3.23~8.29	개시 02~03시 종료 03~02시		
		10.10~계속	8.30~	서울 동경 표준시 00:00~00:32		

자. 만세력萬歲曆의 오류

서기 2005년도 이전에 제작한 만세력에 국립천문대의 계산 오류로 잘못 기재되어 있으니 고쳐서 활용해야 한다.

서기 2006년도(병술년) 양력 1월 30일이 음력으로 1월 1일로 기재되어 있는데, 양력 1월 29일(음력 1월 1일)부터 2월 27일(음력 1월 30일)까지 30일간 하루씩 앞당겨 수정해서 써야 한다. 2006연도 양력 1월과 2월에 속해 있는 음력 乙酉年 12월 30일을 1월 1일로 하루씩 당겨서 쓰므로 12월이 29일까지 있게 되고, 1월은 29일에서 30일이 되는 것이다.

2006년까지 발행된 만세력이 천문대의 착오로 잘못 인쇄가 되어 판매가 되었으니 아래 도표와 같이 수정하여 쓰기 바란다.

【 2006년도 양력 1월 (음력 12월) 】

양력	1	2	3	4	5	6	7	8	9	10	11	12	13	14	15	16	17	18	19	20	21	22	23	24	25	26	27	28	29	30	31
음월	12																												1		
음력	2	3	4	5	6	7	8	9	10	11	12	13	14	15	16	17	18	19	20	21	22	23	24	25	26	27	28	29	1	2	3
일진	庚寅	辛卯	壬辰	癸巳	甲午	乙未	丙申	丁酉	戊戌	己亥	庚子	辛丑	壬寅	癸卯	甲辰	乙巳	丙午	丁未	戊申	己酉	庚戌	辛亥	壬子	癸丑	甲寅	乙卯	丙辰	丁巳	戊午	己未	庚申
절기					小寒20시46분															大寒14시15분											
사령	癸水司令														辛金司令			己土司令													

【 2006년도 양력 2월 (음력 1월) 】

양력	1	2	3	4	5	6	7	8	9	10	11	12	13	14	15	16	17	18	19	20	21	22	23	24	25	26	27	28
음월	1																											2
음력	4	5	6	7	8	9	10	11	12	13	14	15	16	17	18	19	20	21	22	23	24	25	26	27	28	29	30	1
일진	辛酉	壬戌	癸亥	甲子	乙丑	丙寅	丁卯	戊辰	己巳	庚午	辛未	壬申	癸酉	甲戌	乙亥	丙子	丁丑	戊寅	己卯	庚辰	辛巳	壬午	癸未	甲申	乙酉	丙戌	丁亥	戊子
절기				立春08시27분															雨水04시25분									
사령	己土司令			戊土司令							丙火司令							甲木司令										

차. 사주四柱 작성하는 예제

1 생년과 생월이 바뀌지 않는 경우

예제 1946년 음력 1월 6일 오전 04시 40분 출생

시주	일주	월주	연주
壬寅	壬子	庚寅	丙戌

1946년은 병술년으로 병술丙戌이 연주가 된다.
음력으로 1월 6일생인데 입춘이 1월 3일에 들었으니 새해가 되어 연주는 병술丙戌로 정하게 된다.
따라서 입춘부터 正月이라, 병신지년丙辛之年의 寅月에는 庚寅부터 시작이 되니 월주는 庚寅月로 정해진다.
1월 1일이 丁未日이라 육십갑자 순서대로 짚어 나가면 丁未·戊申·己酉·庚戌·辛亥·壬子로 6일은 壬子日이라 壬子가 일주가 된다.
오전 4시 40분은 寅時라 일간이 壬日이므로 정임지일丁壬之日은 경자시庚子時부터 시작하는 법칙에 의해 육십갑자 순서로 가면 庚子·辛丑·壬寅으로 가니 壬寅時가 되므로 壬寅을 시주로 정하게 된다.

예제 1946년 음력 12월 29일 16시 30분 출생

시주	일주	월주	연주
壬申	己亥	辛丑	丙戌

1946년 12월 15일 이후 출생자는 입춘이 들어왔는지 잘 살펴보아야 한다.
입춘이 12월 중에는 없고 다음 달인 1월 15일에 들어와 연주年柱가 바뀌지 않으니 1946年은 병술년丙戌年이라 병술丙戌이 연주가 된다.
월주月柱도 당년의 12월인데 1월이 법식대로 병신지년丙辛之年 경인월庚寅月부터 시작해 육십갑자 순서대로 辛卯·壬辰·癸巳·甲午·乙未·丙申·丁酉·戊戌·己亥·庚子·辛丑으로 12월은 丑月이므로 辛丑月이다.
12월 1일이 신미辛未일이 되니 29일의 생일까지 육십갑자 순서대로 나가면 기해己亥이므로 기해己亥가 일주가 된다.
己亥日 申시는 갑기지일甲己之日에 갑자시甲子時부터 시작하는 법식에 의해 신시申時까지 짚어 나가면 임신壬申이므로 임신壬申을 시주로 정하게 된다.

2 생년·생월이 바뀌는 경우

예제 1960년 12월 21일 11시 50분 출생

시주	일주	월주	연주
壬午	庚午	庚寅	辛丑

본 해의 12월생이면서 다음 연도 연주와 다음 1월의 월주를 쓰는 경우이다.

1960년은 경자년庚子年이다. 음력 12월 15일 이후에 출생하였으므로 입춘이 드는 날을 찾아보니 19일이 입춘이다.

12월생이라도 입춘이 지났으면 다음해 연주年柱와 다음해 1월의 월주月柱를 쓰는 법칙에 의하여 연주는 신축辛丑이 되고 월주는 병신지년丙辛之年에는 경인월庚寅月부터 시작하니 庚寅이 월주가 된다.

일주日柱는 생일 일진을 기록하므로 12월 1일은 경술일庚戌日이니 육십갑자 순서대로 21일까지 짚어 가면 경오庚午 일주가 된다.

경오일庚午日에 11시 50분은 午時니, 을경지일乙庚之日에는 병자시丙子時부터 시작하는 법식에 의해 짚어 가면 임오시壬午時가 된다.

예제 1960년 01월 09일 02시 30분 출생

시주	일주	월주	연주
癸丑	癸亥	丁丑	己亥

신년의 1월에 출생하고도 전년도 연주와 전년 12월 월주를 쓰게 되는 경우다.

1960년은 경자년庚子年인데 생일이 1월 15일 이전에 출생하였으면 입춘일을 찾아보아야 한다. 입춘이 9일이고 생일과 입춘이 같은 날에 들었다.

이 같은 경우에는 출생한 시간과 입춘이 드는 시간을 대조하여 입춘 전인가 후인가를 따져서 연주와 월주를 결정한다.

출생한 시간은 오전 02시 30분이고 입춘은 오전 03시 24분이니 입춘 전에 해당하므로 신년 연주가 아니고 전년 연주가 되어 己亥로 정하며, 월주도 12월의 丁丑을 월주로 정한다.

생일은 그날을 적용하므로 1960년 1월 1일은 乙卯日이므로 9일까지 짚어 가면은 일주는 癸亥로 정하며, 生時가 오전 02시 30분이니 丑時에 해당하는데 戊癸日에는 임자시壬子時부터 시작하는 법식에 따라 癸丑을 시주로 정한다.

3 생일과 절기가 같은 날에 든 경우

예제 1970년 09월 10일 낮 07시 45분 출생

시주	일주	월주	연주
甲 辰	壬 戌	丙 戌	庚 戌

이 사주는 1970년에 태어나 1월과 12월생이 아니므로 바로 연주는 庚戌이 된다. 9월은 戌月인데 9월의 입절일에 태어나 한로와 같은 날이다.

생일과 입절일이 동일이면 출생 시와 입절 시각을 대조하여 본다. 출생은 오전 07시 45분이고 한로寒露는 생시보다 빠른 오전 02시 02분으로 한로 이후 출생하니 9월생이 되어 丙戌을 월주로 정한다.

일주는 생일을 적용하므로 1970년 9월 1일이 癸丑일이므로 10일까지 짚어 나가면 일주는 壬戌이 되며, 오전 07시 45분에 태어났으니 辰時가 되는데 정임일丁壬日에는 庚子가 첫 시주가 되므로 육십갑자 순서대로 짚어 나가면 辰時는 甲辰이 시주가 된다.

예제 1963년 9월 23일 오후 1시 35분 서울 출생

시주	일주	월주	연주
癸 未	乙 卯	癸 亥	癸 卯

이 사주는 1963년에 태어나 1월과 12월생이 아니므로 바로 연주는 癸卯가 된다.

9월 23일 오후 1시 35분에 출생했는데 입동 입절일과 출생일이 같은 일진이므로 초보자는 9월로 써야 할지 아니면 10월로 써야 할지 고민할 수도 있다.

이 사주는 서울에서 출생하여 가평의 표준시간보다 2분 늦게 적용되는 시차가 있기는 해도 입동立冬이 드는 시각은 오후 12시 33분이고, 출생한 시간은 오후 1시 35분이므로 1시간의 시차가 있기 때문에 입동 후가 되어 10월의 월주인 계해癸亥가 월주로 정해진다.

일주는 생일을 적용하므로 1963년 9월 1일이 癸巳일이므로 23일까지 짚어 가면 일주는 을묘乙卯로 정하며, 생시가 오후 1시 35분이니 미시未時에 해당하는데 을경지일乙庚之日은 병자丙子부터 시작하는 법식에 따라 계미시癸未時가 되므로 계미癸未가 시주가 된다.

4 본월의 월건을 그대로 쓰는 사주

예제 1964년 4월 14일 22시 30분 출생

시주	일주	월주	연주
乙亥	甲戌	己巳	甲辰

이 사주는 1964년에 태어나 갑진甲辰년이라 연주가 甲辰이다.
생일이 4월 14일은 입하(3월 24일) 이후 망종(4월 26일) 전에 출생하였으므로 4월 월건인 己巳가 월주이며, 4월 1일 일진은 辛酉라 14일까지 육십갑자 순서대로 짚어 나가면 일주는 甲戌이 된다. 시는 亥時로 甲己日은 甲子부터 시작해 亥時까지 짚어 가면 乙亥가 되니 시주는 乙亥가 된다.

예제 1970년 11월 18일 오후 8시 30분 출생

시주	일주	월주	연주
丙戌	庚午	戊子	庚戌

이 사주는 1970년 11월 18일에 출생하여 庚戌年이라 연주는 庚戌이다.
생일은 11월 18일인데 11월에 해당하는 절기인 대설이 11월 9일이고, 대설 이후 소한 전에 해당하므로 子月이다.
乙庚年은 戊寅부터 1월이 시작되니 11월까지 짚어 나가면 戊子에 해당해 월주는 戊子요, 11월 1일의 일진은 癸丑이므로 18일까지 짚어 나가면 庚午日이 된다. 그래서 일주는 庚午이며 時는 戌時라 乙庚日은 丙子부터 시작하는 법식에 의하여 차례로 戌時까지 짚어 가면 시주는 丙戌이 된다.

5 윤달閏月에 출생한 사주

예제 1971년 윤 5월 4일 寅時 출생

시주	일주	월주	연주
壬寅	壬午	甲午	辛亥

이 사주는 1971年 윤달 5월 4일에 출생하여 辛亥年이니 연주는 辛亥가 된다.
망종이 5월 14일이고 소서가 윤달 5월 16일 전에 해당하여 午月이라 丙辛年은 정월이 庚寅부터 짚어 나가니 午月은 甲午가 월주로 결정된다. 윤달 5월 1일의 일진은 己卯日이라 4일까지 짚어 가면 壬午로 일주는 壬午가 되고,

시주는 寅時라 丁壬日은 庚子時부터 시작되는 법칙에 의해 壬寅時다.

예제 1971년 윤 5월 16일 오후 3시 55분 출생

시주	일주	월주	연주
壬 申	甲 午	乙 未	辛 亥

이 사주는 앞의 사주와 같은 해, 같은 달 출생이지만 생일이 소서 입절에 출생하여 입절시각은 03시 51분이고, 출생 시간은 15시 55분에 출생하여 소서 입절시각이 지나 未月 절기에 들어와 연주는 辛亥요, 월주는 乙未이다.
즉, 소서 후 입추 전에 해당하여 辛亥年의 未月은 丙辛之年에는 庚寅月부터 시작하여 未月까지 짚어 나가니 乙未月이 된다.
윤달 5월 1일 일진인 己卯부터 16일까지 짚어 나가니 일주는 甲午일이요, 申時는 甲己之日의 甲子부터 시작하므로 壬申時가 된다.

6 자시子時에 출생한 사주

예제 1978년 2월 18일 새벽 0시 40분 출생

시주	일주	월주	연주
庚 子	丁 亥	乙 卯	戊 午

옆의 사주는 1978년에 출생하여 연주가 무오戊午이다.
생일이 2월 18일인데 경칩은 1월 28일이고, 청명은 2월 28일 전에 해당하므로 2월인 卯月을 쓰는데 무계지년戊癸之年 1월은 甲寅월부터 시작되니 2월에는 乙卯가 월주요, 2월 1일의 일진 庚午부터 18일까지 육십갑자 순서로 짚어가면 丁亥가 되니 일주는 丁亥이다. 정임지일丁壬之日의 자시는 庚子시부터 시작하는 법식으로 새벽 0시 40분은 子正으로 그냥 庚子時가 된다.

예제 1980년 10월 1일 오후 11시 50분 출생

시주	일주	월주	연주
戊 子	丙 戌	丁 亥	庚 申

옆의 사주는 1980년 庚申년에 출생하였으므로 연주는 庚申이다.
생일이 10월 1일이고, 10월에 해당하는 立冬이 9월 30일 15시 19분에 들어오니 10월의 월건을 쓸 수 있어 乙庚之年은 戊寅月부터 시작하므로 亥月까지

짚어 가면 丁亥월주가 된다.

오후 11시 50분에 태어났는데 서울을 기준으로 32분을 빼더라도 밤 11시 18분이 되므로 子時가 된다. 子時는 첫 시간이기 때문에 밤 11시 32분이 넘어서 태어나면 다음날 일진을 써야 한다.

그러므로 10월 1일은 乙酉日이나 일진이 바뀌는 오후 子時에 태어났으므로 일주가 丙戌이 된다. 시는 子時라 병신지일丙辛之日은 戊子부터 시작되니 戊子時가 된다.

카. 대운大運 작성하는 방법

지금부터 대운大運을 작성하는 법을 연구하여 보자.

대운을 작성하는 법칙에서는 먼저 양남陽男 음녀陰女와 음남陰男 양녀陽女를 구별할 줄 알아야 하는데 출생한 연간年干이 양이면 양남이나 양녀가 되고, 출생 연간이 음이면 음남과 음녀가 되는 것이다.

아래에 도표로 양남과 양녀, 음남과 음녀를 구분하기 쉽게 하도록 도표로 구분하여 정리하니 참고하기 바란다.

【 양남陽男 양녀陽女의 연주 구분 조견표 】

甲寅(갑인)	甲辰(갑진)	甲午(갑오)	甲申(갑신)	甲戌(갑술)	甲子(갑자)
丙寅(병인)	丙辰(병진)	丙午(병오)	丙申(병신)	丙戌(병술)	丙子(병자)
戊寅(무인)	戊辰(무진)	戊午(무오)	戊申(무신)	戊戌(무술)	戊子(무자)
庚寅(경인)	庚辰(경진)	庚午(경오)	庚申(경신)	庚戌(경술)	庚子(경자)
壬寅(임인)	壬辰(임진)	壬午(임오)	壬申(임신)	壬戌(임술)	壬子(임자)

【 음남陰男 음녀陰女의 연주 구분 조견표 】

乙卯(을묘)	乙巳(을사)	乙未(을미)	乙酉(을유)	乙亥(을해)	乙丑(을축)
丁卯(정묘)	丁巳(정사)	丁未(정미)	丁酉(정유)	丁亥(정해)	丁丑(정축)
己卯(기묘)	己巳(기사)	己未(기미)	己酉(기유)	己亥(기해)	己丑(기축)
辛卯(신묘)	辛巳(신사)	辛未(신미)	辛酉(신유)	辛亥(신해)	辛丑(신축)
癸卯(계묘)	癸巳(계사)	癸未(계미)	癸酉(계유)	癸亥(계해)	癸丑(계축)

1 대운간지大運干支 다는 법

대운은 다음과 같은 법식부터 알아야 한다.
연주가 양남陽男·음녀陰女는 월주에서 순행順行으로 차례로 월주에서 다음 자부터 적어 나가면 된다. 연주가 음남陰男·양녀陽女는 월주에서 역행逆行을 하여 월주 앞 자부터 역으로 적어 나가면 된다.
양남·음녀와 음남·양녀는 출생한 해의 생년 오행으로 구분한다. 생년이 甲·丙·戊·庚·壬의 양년에 출생한 남자를 양남陽男이라 하고, 여자를 양녀陽女라 하며, 乙·丁·己·辛·癸의 음년에 출생한 남자를 음남陰男이라고 하며, 여자를 음녀陰女라고 한다. 앞쪽 표에서 예를 참고하기 바란다.

2 대운간지大運干支 작성하는 방법

대운大運의 개념을 정리하면, 사주원국은 자동차에 비유하고, 대운은 도로에 비유를 한다. 자동차 종류도 다양하고 도로도 고속도로와 비포장도로가 있듯이, 아무리 좋은 자동차라도 비포장도로를 가게 되면 빨리 못 달리고 차가 빨리 망가진다. 그러나 차종은 별로 좋지 않아도 고속도로에서는 잘 달릴 수 있는 것처럼 사람이 살아가는 과정에도 길흉이 있는데, 길흉을 판단하는 곳이 대운이다.
그러므로 대운大運을 기록하는 법식을 알아야 한다. 실질적인 이해를 돕기 위해 양남과 음남, 양녀와 음녀의 사주에 따라 대운 기록하는 요령을 예를 들어 설명해 본다.

【양남陽男의 사주】

예제 1948년 4월 9일 04시 출생의 양남

壬寅	壬寅	丁巳	戊子	乾命

乙丑	甲子	癸亥	壬戌	辛酉	庚申	己未	戊午	大運

이 남자 사주는 1948년생이라 戊子年이 되므로 양남이다.
대운 기록하는 방법에 월주가 기준이 된다.
양남과 음녀는 순행의 법칙에 따라서 丁巳月이라 戊午부터 차례대로 戊午·己未·庚申·辛酉·壬戌·癸亥·甲子를 사주 명식命式 아래에 기록하는데 육십갑자 순서로 기록하면 된다.

【음남陰男의 사주】

예제 1971년 5월 20일 16시 출생의 음남

庚申	戊辰	甲午	辛亥	乾命

丙戌	丁亥	戊子	己丑	庚寅	辛卯	壬辰	癸巳	大運

이 남자 사주는 1971년생으로 辛亥年에 태어나 음남이다.
대운 기록하는 방법에 월주가 기준이 된다.
음남과 양녀는 역행하는 법칙에 따라 甲午月을 기준하여서 앞 자부터 사주 명식과 같이 육십갑자의 역순으로 癸巳·壬辰·辛卯·庚寅·己丑·戊子와 같이 역행 순서대로 기록하면 된다.

【양녀陽女의 사주】

예제 1982년 4월 6일 16시 출생의 양녀

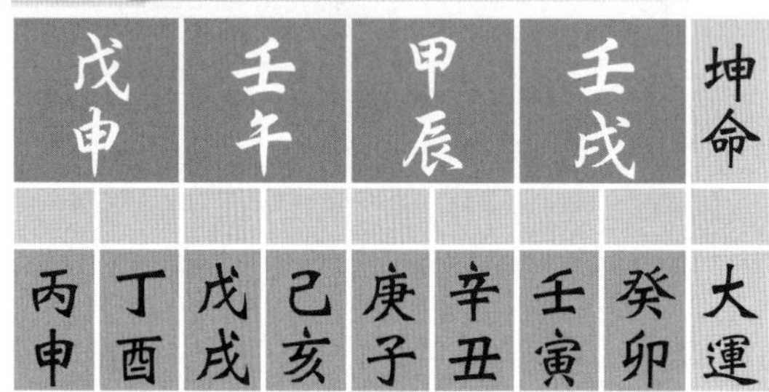

戊申	壬午	甲辰	壬戌	坤命

丙申	丁酉	戊戌	己亥	庚子	辛丑	壬寅	癸卯	大運

이 여자 사주는 1982년생으로 壬戌年에 태어나 양녀이다.
대운 기록하는 방법에 월주가 기준이 된다.
양녀와 음남은 역행하는 법칙에 따라서 甲辰月의 기준으로 앞 자부터 사주 명식과 같이 육십갑자의 역순으로 癸卯·壬寅·辛丑·庚子·己亥·戊戌로 역행 순서대로 대운을 기록하면 된다.

【음녀陰女의 사주】

예제 1987년 9월 6일 20시 출생의 음녀

丙戌	庚戌	戊戌	丁卯	坤命

丙午	乙巳	甲辰	癸卯	壬寅	辛丑	庚子	己亥	大運

이 여자 사주도 1987년생으로 丁卯年이 되므로 음녀이다. 대운 기록하는 방법에 월주가 기준이 된다.
양남과 음녀는 순행하는 법칙에 따라서 戊戌月을 기준으로 다음 자리인 己亥부터 차례대로 庚子·辛丑·壬寅·癸卯·甲辰을 사주 명식과 같이 육십갑자 순서대로 대운을 기록하면 된다.

타. 대운수大運數 다는 법

대운을 기록하고 난 이후에 대운수를 법식에 따라 계산한 숫자를 기록해야 한다. 이 숫자는 대운 연령이 교차되는 시기로 사주에 따라서 1세·11세·21세·31세·41세·51세, 혹은 3세·13세·23세·33세·43·53세, 혹은 10세·20세·30세·40세·50세·60세 등과 같이 나이에 교차되기도 한다.

만세력에서 생일을 기준으로 전후의 입절일 까지 계산하는 법식이 있는데 양남陽男과 음녀陰女는 다가오는 입절일까지, 음남·양녀는 지나온 입절일까지 각각 날수를 셈하여 3으로 나눈 답을 사용하되 나머지가 1이 남으면 버리고, 2가 남으면 답에다 1을 가산한다.

구 분	미래 절기로 순행할 때 법칙	과거 절기로 역행할 때 법칙
음양 / 월지	陽男 (甲·丙·戊·庚·壬 年生) 陰女 (乙·丁·己·辛·癸 年生)	陰男 (乙·丁·己·辛·癸 年生) 陽女 (甲·丙·戊·庚·壬 年生)
寅 月	생일부터 경칩일까지 合한 수	생일에서 입춘일까지 合한 수
卯 月	생일부터 청명일까지 合한 수	생일에서 경칩일까지 合한 수
辰 月	생일부터 입하일까지 合한 수	생일에서 청명일까지 合한 수
巳 月	생일부터 망종일까지 合한 수	생일에서 입하일까지 合한 수
午 月	생일부터 소서일까지 合한 수	생일에서 망종일까지 合한 수
未 月	생일부터 입추일까지 合한 수	생일에서 소서일까지 合한 수
申 月	생일부터 백로일까지 合한 수	생일에서 입추일까지 合한 수
酉 月	생일부터 한로일까지 合한 수	생일에서 백로일까지 合한 수
戌 月	생일부터 입동일까지 合한 수	생일에서 한로일까지 合한 수
亥 月	생일부터 대설일까지 合한 수	생일에서 입동일까지 合한 수
子 月	생일부터 소한일까지 合한 수	생일에서 대설일까지 合한 수
丑 月	생일부터 입춘일까지 合한 수	생일에서 소한일까지 合한 수

※ 위 법식으로 셈한 날수를 3으로 나누어 답을 낸다.
(나머지 1은 버리고 2는 반올림하여 답에다 1수를 더함)

1 대운수大運數 셈하는 방법

예제 1948년 8월 15일 12시 출생의 남자

壬午		乙巳		辛酉		戊子		乾命
77	67	57	47	37	27	17	7	수
己巳	戊辰	丁卯	丙寅	乙丑	甲子	癸亥	壬戌	大運

이 사주는 1948년 8월 15일에 태어난 남자인데, 戊子年이라 양간이니 양남이다.

생일이 음력으로 8월 15일인데 백로가 8월 6일에 들고 한로가 9월 6일에 들어 8月의 월건이 辛酉月이다. 8월 1일이 辛卯日이라 15일은 乙巳요, 乙日의 午時는 壬午時가 된다.

양남으로 순행이니 대운은 辛酉월주의 다음 干支부터 육십갑자 순서대로 명식과 같이 기록한다.

대운수 계산은 양남이므로 생일인 8월 15일에서 앞으로 나아가면 첫 번째 이르는 절기 한로가 9월 6일에 들었다. 8월은 大月이니 30일까지 계산하여 15를 얻었고, 9월 1일에서 한로가 6일이니 6을 합친다.

생일에서 다음절 입절일까지 21일이다. 21일을 3으로 나누게 되면(21÷3=7) 7이 되니 7대운이라 하며 대운에서 운이 변하는 숫자다. 이 숫자를 명식처럼 대운간지 위에 기록하면 된다.

7세부터 壬戌대운이 들어오고, 17세에 癸亥대운으로 바뀌고, 27세에 甲子대운으로, 37세에 乙丑대운으로 교체된다. 이와 같이 다른 예에도 동일한 방법으로 쓴다.

예제 1963년 12월 25일 22시 출생의 남자

辛亥		丁亥		丙寅		甲辰		乾命
79	69	59	49	39	29	19	9	수
甲戌	癸酉	壬申	辛未	庚午	己巳	戊辰	丁卯	大運

이 사주는 1963년 12월 25일에 태어난 남자인데, 생일이 음력으로 12월 중순 이후 출생한 사람은 입춘절이 들어 있는가를 잘 보아야 한다.

입춘은 12월 22일이다. 25일생이라 다음해 연주와 다음해 1월의 월건을 써야 하는 원칙에 甲辰연주와

丙寅월주로 바뀌고 이에 준해서 음남이 아닌 양남으로 결정된다.
일주는 생일 그대로 기록하니 12월 1일이 癸亥日이고 25일까지 짚어 보니 丁亥가 일주가 된다. 丁日의 亥時는 辛亥時가 된다.
대운수 계산은 양남이므로 생일에서 앞으로 다가오는 입절일까지 계산해야 한다. 입춘절에 태어난 사람이라 다음 입절일이 경칩인데 음력으로 1964년 1월 22일이다.
생일 12월 25일부터 다음해 1월 22일까지 합쳐서 나누어야 한다. 즉, 12월은 작은 달이라 29일까지인데 25일에서 29일까지 5일간이고, 1월 1일에서 22일까지 합치면 27일간이다.
대운수는 27을 3으로 나누면(27÷3=9) 몫이 9이다. 그러므로 9대운이라 한다. 9세부터 丁卯대운, 19세부터 戊辰대운, 29세부터 己巳대운, 39세부터 庚午대운으로 차례로 바뀐다.

예제 1969년 4월 26일 卯時 출생의 남자

辛卯		丙辰		庚午		己酉		乾命
72	62	52	42	32	22	12	2	수
壬戌	癸亥	甲子	乙丑	丙寅	丁卯	戊辰	己巳	大運

이 사주는 1969년 4월 26일에 태어난 남자이다.
己酉年이니 음년에 해당하여 음남이 된다.
사주는 1969年 태세인 己酉가 연주고 4월생으로 5월 절기인 망종이 4월 22일인데 지났으므로 당연히 5월의 월건 庚午가 월주요, 일주는 丙辰이 되고, 시주는 辛卯가 된다.
음남이므로 대운 干支는 庚午를 기준으로 역순으로 기록해야 하기 때문에 己巳·戊辰·丁卯·丙寅 등으로 기록한다.
대운수 계산은 생일인 4월 26일에서 음남이 되므로 과거 절을 찾으니 망종이 4월 22일이라 날수는 5일이 된다. 5일을 3으로 나누면(5÷3=1…2) 1이 답이고 나머지가 2가 되니 반올림하여 1을 가산한다. 합하여 2가 되니 대운 수는 2대운이라 한다.
대운 干支는 월주를 기준으로 역행을 하니 2세부터 己巳대운, 12세부터 戊辰대운, 22세부터 丁卯대운, 32세부터 丙寅대운으로 명식과 같이 기록을 한다.

예제 1968년 1월 4일 戌時 출생의 남자

庚 戌		壬 寅		癸 丑		丁 未		乾 命
79	69	59	49	39	29	19	9	수
乙 巳	丙 午	丁 未	戊 申	己 酉	庚 戌	辛 亥	壬 子	大 運

이 사주는 1968年 1월 4일에 태어난 남자이다.

戊申年으로 양년에 해당하여 양남이 된다.

생일이 신년 1월 1일이 지났더라도 입춘절이 지나야 신년 연주를 쓸 수 있다. 법식에 의하여 이 예는 입춘 전(1월 7일이 입춘) 출생이라 전년 연주인 丁未와 전년도 12월 월건인 癸丑으로 월주가 정해진다.

그러므로 丁未는 음년이라 음남이 되고, 대운 干支도 이와 같은 기준으로 명식과 같이 월주 癸丑을 기준으로 육십갑자를 역행으로 기록한다.

대운수 계산은 生日인 1968년 1월 4일에서 거꾸로 거슬러 올라가면 전년 12월 7일에 소한을 만난다. 소한까지 계산하면 27일로 3으로 나누면(27÷3=9) 답이 9가 되니 9대운이 된다.

명식과 같이 9세부터 壬子대운, 19세부터 辛亥대운, 29세부터 庚戌대운수를 적용하여 기록하면 된다.

> 날짜상으로 양년생이라도 연주가 음년으로 결정되면 음남으로 변하고,
> 날짜상으로 음년생이라도 연주가 양년으로 결정되면 양남으로 변한다.

예제 1966년 4월 8일 22시 출생의 여자

己 亥		丙 戌		癸 巳		丙 午		坤 命
77	67	57	47	37	27	17	7	수
乙 酉	丙 戌	丁 亥	戊 子	己 丑	庚 寅	辛 卯	壬 辰	大 運

이 사주는 1966년 4월 8일에 태어난 여자이다.

丙午년이라 연주가 양간이므로 양녀가 된다.

연주는 丙午요, 월주는 4월의 월건 소속인 입하(윤3월 16일)가 22일 전에 들었으므로 癸巳月로 정해지며, 일주는 4월 8일이 丙戌이요, 시주는 22시가 亥時라 丙辛之日은 戊子時부터 시작하니 己亥가 시주가 된다. 대운은 양녀이니 월지 癸巳에서 육십갑자를 역으로 기록하면 壬辰·辛卯·庚寅 등

으로 명식과 같다.
대운수 계산에서 양녀는 역행이라 生日에서 역으로 거슬러 가면은 22일 전인 윤 3월 16일에 입하가 들었다. 22÷3=7이라 나머지 1은 버리고 답이 7이 되어 7대운이 된다.

예제 1963년 12월 25일 子時 출생의 여자

庚子		丁亥		丙寅		甲辰		坤命
71	61	51	41	31	21	11	1	수
戊午	己未	庚申	辛酉	壬戌	癸亥	甲子	乙丑	大運

이 여자 사주는 1963년 12월 25일에 태어나 癸卯생 연주로 보기 쉬우나 그렇지 않다.
癸卯年 12월생이나 다음해 1월 입절일인 입춘(12월 22일)이 지난 12월 25일생으로 甲辰이 연주이고, 월주도 乙丑이 아닌 丙寅으로 정해야 하며 생일은 丁亥요, 丁日의 子時는 庚子時가 된다.
연주가 양이라 양녀가 된다. 양녀는 역행이니 월주를 기준하여 丙寅에서 육십갑자를 역순으로 기록하면 된다.
대운수 계산은 양녀는 역행이므로 생일에서(12월 25일) 거슬러 가면 22일에 입춘을 만난다. 입춘에서 생일 25일까지는 3일이라 3일은 대운수가 1대운이라 대운 위에 기록한다.

예제 1967년 10월 30일 밤 11시 50분 출생의 여자

丙子		庚子		辛亥		丁未		坤命
72	62	52	42	32	22	12	2	수
己未	戊午	丁巳	丙辰	乙卯	甲寅	癸丑	壬子	大運

이 사주는 1967년 10월 30일에 태어나 丁未년이 음년이므로 음녀다.
생일이 입동(10월 7일)후~대설(11월 7일)전에 해당하니 亥月이며 월주는 辛亥月이다.
10월 30일의 밤 11시 50분은 새로 시작하는 일진의 시간이므로 11월 1일 子時로 보게 되니 일진이 庚子로 丙子時가 된다.
또 음녀는 순행이라 월주 辛亥 다음부터 육십갑자 순행으로 명식과 같이 대운 간지가 정해진다.

대운수 계산은 음녀는 순행이라 11월 1일에서 앞으로 나가니 11월 7일에 대설이 있어 6일간이다. 대운수는 6을 3으로 나누면(6÷3=2) 답이 2가 되니, 2대운이며 대운 위에 기록한다.

예제 1968년 12월 24일 巳時 출생의 여자

癸		丙		丙		己		坤
巳		辰		寅		酉		命
78	68	58	48	38	28	18	8	수
甲	癸	壬	辛	庚	己	戊	丁	大
戌	酉	申	未	午	巳	辰	卯	運

이 사주는 1968년 12월 24일에 출생해 戊申生 같으나 그렇지 않다.
다음해의 연주 기준인 입춘이 12월 18일에 들어 연주가 戊申이 아니고 己酉로 정해지니 음녀가 된다.
월주도 다음해 1월인 丙寅月이고, 일진은 12월 24일 그대로 丙辰日이며 丙日의 巳時는 癸巳時가 된다.
또 음녀는 월건에서 순행이라 월건 다음 간지 丁卯·戊辰·己巳·庚午 등으로 대운을 기록한다.
대운수 계산은 음녀는 순행이니 생일 12월 24일에서 경칩인 1월 18일까지 합한 일수가 24일간이 된다.
대운수는 24일을 3으로 나누면(24÷3=8) 답이 8이 된다. 그러므로 이 사주의 대운수가 8대운이며 대운 위에 기록한다.

> 대운수를 정확히 정하려면,
> 출생한 시간과 절기가 든 시각까지 계산해서, 24시간을 1일로 계산해야 된다.

십신과 육친 | 十神과 六親

사주의 간지마다 오행과 음양이 소속되어 있고, 이 음양오행의 생극제화生剋制化로 정해지는 것에 십신十神과 육친六親이 있는데, 십신과 육친이란 무엇인가 알아보자.

1 십신·육친 | 十神·六親

가. 육친六親이란

육친이란 부모·형제·처자(여자는 남편과 자식)를 칭하는 말인데 각자의 사주에 육친관계가 정해져 있다. 팔자 안에는 부모에 해당하는 간지도 있고 형제자매, 처와 남편, 자식에 해당하는 간지가 있으며, 친가의 친척이나, 처가·시가의 외척까지도 모두가 포함되어 있으니 다 볼 수 있다.

나. 십신十神이란

십신이란 사주에서 일간을 기준해 생극生剋으로 구분하는데, 비견比肩·비겁比劫·식신·식상食傷(상관)·편재偏財·정재正財·편관偏官·정관正官·편인偏印·정인正印이 그것이다.

오행은 木·火·土·金·水 다섯 가지로 분류가 되나 상호작용으로 오직 생극제화生剋制化뿐이다. 즉 어느 오행을 막론하고 生을 해주는 자가 있고 生을 받는 자가 있으며, 극하는 자가 있고, 극을 받는 자가 있으며, 같은 오행이 되어 비화比化가 되는 것으로 십신을 정한다. 십신과 육친도 앞에서 설명한 干支에 음양오행의 생극관계 내용만 숙달된다면 아주 쉽게 이해될 것이다.

필자는 사주를 지도하면서, 기초를 마친 후 인용법에 들어가서 기초에 대해 물어 보면 수강자 대부분이 더듬거리는 것을 많이 보아 왔다. 기초는 아주 중요하므로 숙지가 되도록 반복하여 암기해야 할 것이다. 다음의 도표로 정리한 것을 활용하기 바란다.

갑을인묘甲乙寅卯가 목木이요, 목木이 갑을인묘甲乙寅卯이다.
병정사오丙丁巳午가 화火요, 화火가 병정사오丙丁巳午이다.
무기진술축미戊己辰戌丑未는 토土요, 토土가 무기진술축미戊己辰戌丑未이다.
경신신유庚辛申酉가 금金이요, 금金이 경신신유庚辛申酉이다.
임계해자壬癸亥子가 수水요, 수水가 임계해자壬癸亥子이다.

갑을인묘甲乙寅卯가 병정사오丙丁巳午를 생하며, 병정사오丙丁巳午는 갑을인묘甲乙寅卯의 생을 받는다.
병정사오丙丁巳午가 무기진술축미戊己辰戌丑未를 생하며, 무기진술축미戊己辰戌丑未는 병정사오丙丁巳午의 생을 받는다.
무기진술축미戊己辰戌丑未가 경신신유庚辛申酉를 생하며, 경신신유庚辛申酉는 무기진술축미戊己辰戌丑未의 생을 받는다.
경신신유庚辛申酉가 임계해자壬癸亥子를 생하며, 임계해자壬癸亥子는 경신신유庚辛申酉의 생을 받는다.
임계해자壬癸亥子가 갑을인묘甲乙寅卯를 생하며, 갑을인묘甲乙寅卯는 임계해자壬癸亥子의 생을 받는다.

갑을인묘甲乙寅卯는 무기진술축미戊己辰戌丑未를 극하고, 무기진술축미戊己辰戌丑未는 갑을인묘甲乙寅卯의 극을 받는다.
병정사오丙丁巳午는 경신신유庚辛申酉를 극하고, 경신신유庚辛申酉는 병정사오丙丁巳午의 극을 받는다.
무기진술축미戊己辰戌丑未는 임계해자壬癸亥子를 극하고, 임계해자壬癸亥子는 무기진술축미戊己辰戌丑未의 극을 받는다.
경신신유庚辛申酉는 갑을인묘甲乙寅卯를 극하고, 갑을인묘甲乙寅卯는 경신신유庚辛申酉의 극을 받는다.
임계해자壬癸亥子는 병정사오丙丁巳午를 극하고, 병정사오丙丁巳午는 임계해자壬癸亥子의 극을 받는다.

앞의 도표를 이해가 될 때까지 열심히 숙지해야 한다. 앞으로 나올 십신과 육친의 작용 및 강약을 알 수 있으며, 격국과 용신을 이해하게 된다.

다. 육친六親의 중요성

사주를 기록해 놓고 干支의 합合·충冲·형刑·파破·해害·원진怨嗔과 그리고 각종 신살神殺과 육친 등을 도출하는 방법을 알아야 부·모·형·제·처·자·남편 관계를 추리할 수 있고, 직업과 재산의 유무와 운로에서 흥망성쇠를 볼 수 있으며, 사주 속의 묘한 이치를 터득할 수 있다.

라. 제 1 법 : 육친과 십신

비아자형제(比我者兄弟) : 나와 같은 자 ; 형제 ······················	비견, 비겁
아생자자손(我生者子孫) : 내가 생하는 자 ; 자손 ····················	식신, 식상
아극자처재(我剋者妻財) : 내가 극하는 자 ; 처와 부친 ············	정재, 편재
극아자관귀(剋我者官鬼) : 나를 극하는 자 ; 남편, 자식 ···········	정관, 편관
생아자모친(生我者母親) : 나를 생하는 자 ; 모친 ····················	정인, 편인

마. 제 2 법 : 십신과 육친

비아자비겁(比我者比劫) : 나와 같은 자 ; 비견 비겁 ···············	형제, 자매
아생자식상(我生者食傷) : 내가 생하는 자 ; 식신 식상 ············	자손, 조모
아극자재성(我剋者財星) : 내가 극하는 자 ; 정재 편재 ············	아내, 부친
극아자관살(剋我者官殺) : 나를 극하는 자 ; 정관 편관 ············	남편, 자손
생아자인수(生我者印綬) : 나를 생하는 자 ; 정인 편인 ············	모친, 조부

바. 십신 정하는 제 1 법

① 일간과 오행이 같고 음양이 같은 간지를	비견比肩이라 한다.
② 일간과 오행이 같고 음양이 다른 간지를	비겁比劫이라 한다.
③ 일간이 생生하는 간지로 음양이 같으면	식신食神이라 한다.
④ 일간이 생生하는 간지로 음양이 다르면	식상食傷이라 한다.
⑤ 일간이 극剋하는 간지로 음양이 같으면	편재偏財라고 한다.
⑥ 일간이 극剋하는 간지로 음양이 다르면	정재正財라고 한다.
⑦ 일간을 극剋하는 간지로 음양이 같으면	편관偏官이라 한다.
⑧ 일간을 극剋하는 간지로 음양이 다르면	정관正官이라 한다.
⑨ 일간을 생生하는 간지로 음양이 같으면	편인偏印이라 한다.
⑩ 일간을 생生하는 간지로 음양이 다르면	정인正印이라 한다.

사. 십신 정하는 제 2 법

① 비견 比肩	일간과 오행五行이 같고 음양이 같은 것
② 비겁 比劫	일간과 오행五行이 같고 음양이 다른 것
③ 식신 食神	일간이 생生하는 자로 음양이 같은 것
④ 식상 食傷	일간이 생生하는 자로 음양이 다른 것
⑤ 편재 偏財	일간이 극剋하는 자로 음양이 같은 것
⑥ 정재 正財	일간이 극剋하는 자로 음양이 다른 것
⑦ 편관 偏官	일간을 극剋하는 자로 음양이 같은 것
⑧ 정관 正官	일간을 극剋하는 자로 음양이 다른 것
⑨ 편인 偏印	일간을 생生하는 자로 음양이 같은 것
⑩ 정인 正印	일간을 생生하는 자로 음양이 다른 것

2 예제로 익히는 십신 정법 | 例題로 익히는 十神 定法

편관 偏官	일간 日干	편재 偏財	식상 食傷
癸	丁	辛	戊
卯	酉	巳	申
편인 偏印	편재 偏財	비겁 比劫	정재 正財

일간 丁火가 이 사주의 주인공이 된다. 丁火는 음화이고 연간에 戊土는 양토라 일간이 生하는 자로 음양이 다르니 식상(상관)이다. 월간 辛金은 음금인데 일간이 극하는 자로 음양이 같아 편재이다. 시간時干 癸水 음수가 일간을 극하고 음양이 같으므로 편관이 된다. 연지의 申金은 암장간의 정기 庚金을 취하는 원칙이라 庚金은 양금이니 일간이 극하는 자로 음양이 다르므로 정재正財가 된다.

월지의 巳火는 체體가 음이지만 용用은 巳火에 간직된 암장간 정기 丙火를 취하는 원칙이라 일간과 오행이 같고 음양이 다르므로 비겁劫財이 된다.

일지의 酉金은 암장간의 정기인 辛金을 취하므로 일간이 극하고 음양이 같으니 편재이다. 시지의 卯木은 암장간의 정기 乙木을 취하므로 일간을 생조生助하는 자로 음양이 같으니 편인이 된다.

식상 食傷	일간 日干	편인 偏印	식신 食神
甲	癸	辛	乙
寅	酉	巳	巳
식상 食傷	편인 偏印	정재 正財	정재 正財

일간 癸水가 이 사주의 주인공이 된다. 癸水는 음수이고 연간에 乙木은 음목으로 일간에서 생하고 乙木은 일간을 설기하는 자로 음양이 같으니 식신이 된다.

월간 辛金은 음금陰金으로 일간을 生하는 자로 음양이 같아 편인이 된다.

시상時上에 甲木은 양목陽木이라 일간이 生해 주는 자로 음양이 다르니 식상(상관)이다. 연지年支 巳火는 음화이나 사중병화巳中丙火를 취하므로 일간이 극하는 자로 음양이 다르니 정재正財이다.

월지도 연지와 같아서 丙火를 취하므로 일간이 극하고 음양이 다르므로 정재正財가 된다. 일지의 酉金에서 간직된 辛金을 취하므로 일간을 生해 주는 자로 음양이 같으므로 편인이 된다.

시지의 寅木 암장에 간직된 甲木을 취하는데 양목이라 일간이 生해 주는 자로 음양이 다르니 식상(상관)이 된다.

甲日主 갑일주	甲寅木은 비견, 乙卯木은 비겁, 丙巳火는 식신, 丁午火는 식상, 戊辰戌土는 편재, 己丑未土는 정재, 庚申金은 편관, 辛酉金은 정관, 壬亥水는 편인, 癸子水는 정인이 된다.
乙日主 을일주	乙卯木은 비견, 甲寅木은 비겁, 丙巳火는 식상, 丁午火는 식신, 戊辰戌土는 정재, 己丑未土는 편재, 庚申金은 정관, 辛酉金은 편관, 壬亥水는 정인, 癸子水는 편인이 된다.
丙日主 병일주	丙巳火는 비견, 丁午火는 비겁, 戊辰戌土는 식신, 己丑未土는 식상, 庚申金은 편재, 辛酉金은 정재, 壬亥水는 편관, 癸子水는 정관, 甲寅木은 편인, 乙卯木은 정인이 된다.
丁日主 정일주	丁午火는 비견, 丙巳火는 비겁, 己丑未土는 식신, 戊辰戌土는 식상, 辛酉金은 편재, 庚申金은 정재, 癸子水는 편관, 壬亥水는 정관, 乙卯木은 편인, 甲寅木은 정인이 된다.
戊日主 무일주	戊辰戌土는 비견, 己丑未土는 비겁, 庚申金은 식신, 辛酉金은 상관, 癸子水는 정재, 壬亥水는 편재, 乙卯木은 정관, 甲寅木은 편관, 丁午火는 정인, 丙巳火가 편인이 된다.
己日主 기일주	己丑未土는 비견, 戊辰戌土는 비겁, 辛酉金은 식신, 庚申金은 식상, 癸子水는 편재, 壬亥水는 정재, 乙卯木은 편관, 甲寅木은 정관, 丁午火는 편인, 丙巳火는 정인이 된다.
庚日主 경일주	庚申金은 비견, 辛酉金은 비겁, 壬亥水는 식신, 癸子水는 식상, 甲寅木은 편재, 乙卯木은 정재, 丙巳火는 편관, 丁午火는 정관, 戊辰戌土는 편인, 己丑未土는 정인이 된다.
辛日主 신일주	辛酉金은 비견, 庚申金은 비겁, 癸子水는 식신, 壬亥水는 식상, 乙卯木은 편재, 甲寅木은 정재, 丁午火는 편관, 丙巳火는 정관, 己丑未土는 편인, 戊辰戌土는 정인이 된다.
壬日主 임일주	壬亥水는 비견, 癸子水는 비겁, 甲寅木은 식신, 乙卯木은 식상, 丙巳火는 편재, 丁午火는 정재, 戊辰戌土는 편관, 己丑未土는 정관, 庚申金은 편인, 辛酉金은 정인이 된다.
癸日主 계일주	癸子水는 비견, 壬亥水는 비겁, 乙卯木은 식신, 甲寅木은 식상, 丁午火는 편재, 丙巳火는 정재, 己丑未土는 편관, 戊辰戌土는 정관, 辛酉金은 편인, 庚申金은 정인이 된다.

【 십신 조견표 】

십신	비겁		식상		재성		관살		인수	
일간	비견	비겁	식신	식상	편재	정재	편관	정관	편인	정인
甲日	甲寅	乙卯	丙巳	丁午	戊辰戌	己丑未	庚申	辛酉	壬亥	癸子
乙日	乙卯	甲寅	丁午	丙巳	己丑未	戊辰戌	辛酉	庚申	癸子	壬亥
丙日	丙巳	丁午	戊辰戌	己丑未	庚申	辛酉	壬亥	癸子	甲寅	乙卯
丁日	丁午	丙巳	己丑未	戊辰戌	辛酉	庚申	癸子	壬亥	乙卯	甲寅
戊日	戊辰戌	己丑未	庚申	辛酉	壬亥	癸子	甲寅	乙卯	丙巳	丁午
己日	己丑未	戊辰戌	辛酉	庚申	癸子	壬亥	乙卯	甲寅	丁午	丙巳
庚日	庚申	辛酉	壬亥	癸子	甲寅	乙卯	丙巳	丁午	戊辰戌	己丑未
辛日	辛酉	庚申	癸子	壬亥	乙卯	甲寅	丁午	丙巳	己丑未	戊辰戌
壬日	壬亥	癸子	甲寅	乙卯	丙巳	丁午	戊辰戌	己丑未	庚申	辛酉
癸日	癸子	壬亥	乙卯	甲寅	丁午	丙巳	己丑未	戊辰戌	辛酉	庚申

3 십신·육친의 통변 | 十神·六親의 通辯

가. 십신과 육친의 의의

육친六親의 명칭은 부모·형제·처·자·남편 등을 총칭한 말이다. 사주에 십신十神의 일반적인 명칭은 비견·비겁·식신·식상·정재·편재·정관·편관·정인·편인 등은 生·剋·制·化 법식을 따서 십신이라 칭한다. 십신에 부모·형제·처·자·남편 등이 속해 있으니 이를 육친이라 부르는 것이다.

나. 육친과 가족관계

육친은 오행五行의 생生·극剋·제制·화化와 음양의 관계로 정해지는 것이며 부·모·형·제·자·매·처·자·남편 등의 친·인척관계가 이루어지며 나아가 손자·손녀·조부·조모·당숙·숙모·고모·고모부·사촌·이모·외가·처가 등의 모든 친인척 관계도 그려 낼 수 있다. 일간을 일주日主라고 하는데 남녀를 막론하고 사주의 주인공이다. 사주의 길흉은 오직 용신의 안위에 의해 결정된다. 용신이 편하면 길한 사주이고, 용신이 불편하면 흉한 사주라 한다. 다음 표는 각 오행별 십신 표출법을 도표로 만들었으니 참고 바란다.

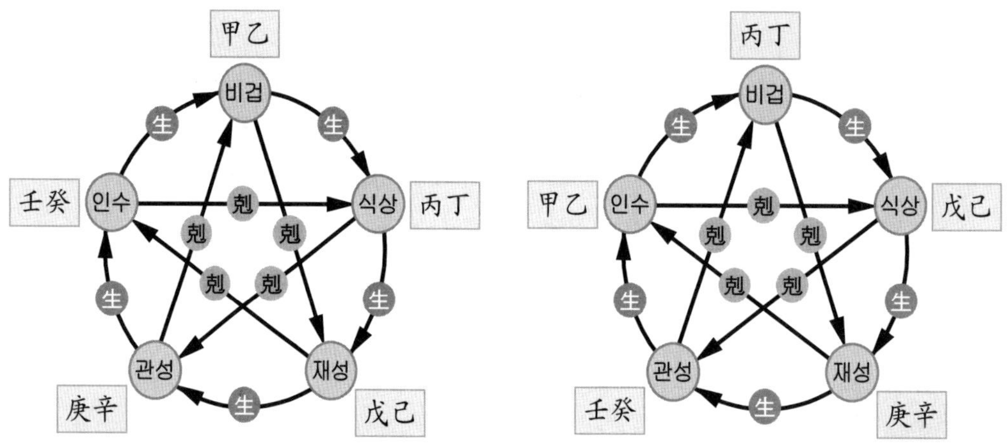
甲乙
비겁
壬癸
인수
식상
丙丁
관성
재성
庚辛
戊己
生
剋
丙丁
비겁
甲乙
인수
식상
戊己
관성
재성
壬癸
庚辛
生
剋

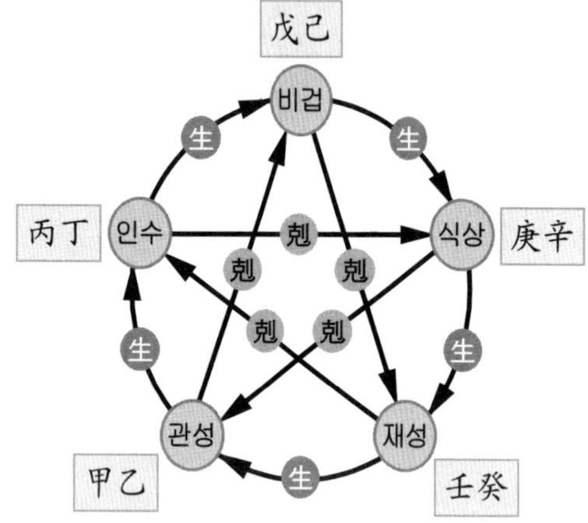
戊己
비겁
丙丁
인수
식상
庚辛
관성
재성
甲乙
壬癸
生
剋

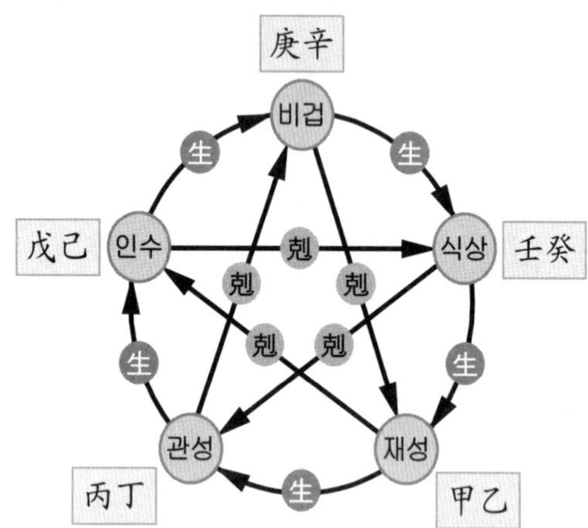
庚辛
비겁
戊己
인수
식상
壬癸
관성
재성
丙丁
甲乙
生
剋

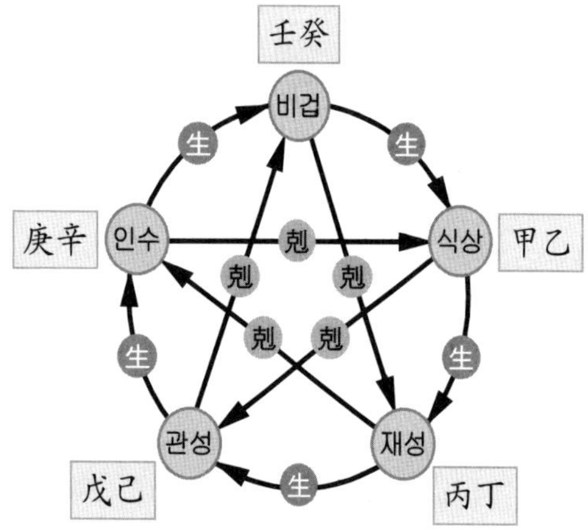
壬癸
비겁
庚辛
인수
식상
甲乙
관성
재성
戊己
丙丁
生
剋

【 십신에 속한 육친 및 사회적인 인적 관계 도표 】

십신	성	육친의 가족·친척관계	육친의 사회 인적관계
비견	남	형제자매, 며느리, 자매의 시아버지	친구, 동료, 경쟁자, 동창생, 부인의 애인
	여	남매, 시아버지, 시숙부, 시고모, 동서	친구, 동료, 경쟁자, 동창생, 남편의 애인
비겁	남	이복형제 남매, 동서, 사촌형제, 며느리	동료, 동업자, 선배, 경쟁자, 나쁜 친구
	여	이복형제 남매, 동서, 사촌형제	동료, 경쟁자, 나쁜 친구, 선배, 질투인
식신	남	친 손자 손녀, 장모, 증조부, 조모, 생질, 사위	후배, 비뇨기과 의사, 약사, 종업원, 제자
	여	자녀, 조카, 증조부, 조모, 동서의 자식	후배, 산부인과 의사, 약사, 종업원, 제자
식상	남	친 손자 손녀, 조모, 외조부, 장모, 생질	예체능, 제자, 가수, 언론인, 변호사, 아나운서
	여	친자녀, 조모, 외조부, 시누이 남편	예체능, 제자, 가수, 언론인, 변호사, 아나운서
편재	남	부친, 처형제, 숙부, 첩, 형수, 제수	투기업자, 금융인, 여자친구, 처친구, 무역업자
	여	부친, 숙부, 고모, 시모, 형제 처, 외 손자 손녀	투기업자, 금융인, 무역업자, 시어머니 친구
정재	남	아내, 숙부, 고모, 처남, 처제	금융인, 직장경리, 보험설계사, 부친 친구
	여	올케, 고모, 숙부, 의부, 양부, 외 손자 손녀	금융인, 직장경리, 부친친구, 현금출납자
편관	남	아들, 질녀, 매부, 딸의 시부, 외조모	군경, 검찰, 검사, 국회의원, 집행관, 세무, 건달
	여	남편형제, 정부, 며느리, 형부, 시누이	군경, 검찰, 검사, 국회의원, 집행관, 세무, 건달
정관	남	딸, 조카, 매부, 매부형제, 딸의 시부	행정공무원, 귀인, 법관, 군수, 민의원
	여	남편, 시형제, 며느리, 조카며느리	행정공무원, 귀인, 법관, 군수, 민의원
편인	남	외 손자 손녀, 이모, 조부, 백모, 숙모, 외삼촌	학자, 스승, 군자, 연예인, 역술인, 기술자
	여	계모, 이모, 조부, 친 손자 손녀, 사위, 외삼촌	학자, 스승, 군자, 연예인, 역술인, 기술자
정인	남	모친, 외삼촌, 장인, 조부, 외 손자 손녀, 증손	학자, 스승, 군자, 성현, 인격자
	여	모친, 외삼촌, 조부, 사위, 이모, 친 손자 손녀	학자, 스승, 군자, 성현, 인격자

육친六親으로 가족 이외 친척(친가) 관계 및 인척(외가) 관계까지 따져 나갈 수 있다.

다. 육친별 통변 해설

1 가정에서 통변은 다음과 같다.

정인은 일간을 생生하는 오행으로 음양이 다르면 남녀 공히 친모로 본다.

편인은 일간을 생生하는 오행으로 음양이 같으면 남녀 공히 계모·서모로 본다.

비견은 일간과 동일한 오행으로 음양이 같으면 남녀 공히 형제자매로 본다.

비겁은 일간과 동일한 오행으로 음양이 다르면 남녀 공히 이복형제나 남매로 본다.

식신은 일간에게 생生받는 오행으로
음양이 같으면 남자는 장모·조모, 여자는 딸로 본다.

식상은 일간에게 생生받는 오행으로
음양이 다르면 남자는 장모·조모, 여자는 조모·아들로 본다.

정재는 일간에게 극剋받는 오행으로
음양이 다르면 남자는 처·숙부·고모, 여자는 숙부·고모로 본다.

편재는 일간에게 극剋받는 오행으로
음양이 같으면 남자는 부친·숙부·첩, 여자는 부친·시어머니로 본다.

정관은 일간을 극剋하는 오행으로
음양이 다르면 남자는 딸, 여자는 남편·시형제로 본다.

편관은 일간을 극剋하는 오행으로
음양이 같으면 남자는 아들, 여자는 시누이·애인으로 본다.

2 직장에서 통변은 다음과 같다.

인성은 나에게 가르침을 주는 사람으로, 사내 기술연수 강사로 본다.

비겁은 나와 같이 근무하는 사람이니, 동료이자 경쟁자로 본다.

식상은 내가 도와주어야 할 사람으로, 내 일을 물려받을 후배로 본다.

재성은 내가 돈을 주고 고용하여 부릴 수 있는 직원으로 본다.

관성은 명령을 받고 복종해야 할 사용자이니 상사와 사장으로 본다.

라. 십신별 특성 해설

1 비견比肩 통변通辯

비견의 작용 비견은 식상을 생하고 인성을 설기하며 재성을 극한다.

비견은 재를 극하는 작용을 하는데, 일간이 약하고 재가 왕하다면 비견은 일간을 도와 재물을 얻는 데 도움을 받지만 대가를 지불해야 하는 것으로 작용한다.

비견은 재를 극하는 작용을 하는데 일간이 강하고 재성이 약하다면 비견은 재물을 빼어 가므로 이것을 군비쟁재群比爭財라고 하며, 건달로 살아야 한다.

재를 얻기 위해서는 치열한 경쟁에서 살아야 하니 관을 대상으로 하는 관변단체나 로비스트로 활동하며 먹고살거나 남을 속여먹고 살아야 하니 사기꾼이 되거나 브로커 생활을 하게 되고, 고생을 많이 하며 살게 된다.

비견은 인성을 설기하는 작용을 하는데, 인성이 과다하면 모자멸자母慈滅子가 되므로, 일간을 인성이 과다하게 생조하면 모친의 지나친 간섭으로 의타적인 성격이 형성된다.

비견이 있어서 인성의 지나친 생조로 생긴 포만감을 덜어 주면 현실적으로는 일간에게 주체적인 자립심을 키워 주는 역할을 한다.

비견은 인성을 설기하는 작용을 하는데, 일간이 왕하고 인성도 왕하면 비견이 인성의 생조를 받아들일 필요가 없으니 교만스러워 안하무인으로 작용한다.

비견은 식상을 생하는 작용을 하는데, 식상이 과다하여 일간이 지나치게 설기되면 일만 벌여놓고 수습을 못하는 사람인데, 이때 비견은 일간을 도와 주변 정리를 하여 주체적인 역할을 하도록 돕는다.

비견은 식상을 생하는 작용을 하는데, 일간의 기운을 식상이 왕하여 과도하게 설기시키면 일은 많이 벌여 놓고 관리능력이 부족하여 뒷수습이 안 되어 감당을 못한다. 이때 비견이 있으면 관리능력으로 작용하므로 업무처리가 능률적이 된다.

비견은 식상을 생하는데, 일간이 왕하고 식상이 약하면 병목현상으로 생재를 못하니, 이때 비견은 재성을 쟁재爭財하므로 손재를 끼친다.

비견의 특성을 구체적으로 알아야 한다. 분열의 성향으로 가는지 화합의 성향으로 가는지를 먼저 파악해야 된다.

신왕한 일간에 비견은 재성, 관성, 인성을 쟁탈하는 분열로 작용하며, 신약한 일간에 비견은 식신·재성·관성에 함께 대응하는 화합의 작용을 하는 것이다. 신약한 사주가 비견이 없다면 食·財·官의 극설교집剋泄交集에 대응능력이 미약하여 의타적인 성격으로 작용한다.

신왕한 사주가 비견이 많은 경우에 재성을 쟁재하여 손실을 가져오는 흉신작용을 하는데, 정관을 보면 비견에게 탈재되는 것을 막을 수 있어 일간이 피해를 적게 본다. 또한 일간에게 비견이 적당하게 있으면 관살의 공격을 대신 받아 주고, 일간과 비견은 합심하여 재물을 얻으니 안정적인 생활을 할 수 있다.

비견의 육친은 형제자매에 해당하며, 성격으로는 자신감·추진력·독립심·자존심이 강하다. 자신감이 지나치면 고집·의심·강제성·저돌적인 억압으로 작용하므로 투쟁심이 강하여 투쟁을 주도한다. 비견이 희신이면 남을 돕는 자선심이 많으나 실속이 없다.

비견이 많아 흉신이면 부부간에 불화하고 타인과 융화하기 어렵고 불평불만이 많다. 비견이 왕한데 설기가 안 되면 성격이 모가 나고 융통성이 없어 답답하다.

비견이 왕성한데 재가 약하면 가난하고 인색하다. 비견과 비겁이 같이 있으면 손재가 따르고 부부간에 이별의 흉조가 따른다. 비견과 비겁이 많으면 평생 고생이 많고 형제 덕이 없고 남편이나 처덕이 없다.

비견이 희신이면 형제나 친구의 도움은 있으나 대가를 지불해야 하니 재물에 허실도 많다. 비견이 많으면 돈놀이나 투기업이나 동업을 하면 큰 피해를 입는다.

비견이 태왕한데 관성이나 식상이 없으면 독불장군의 기질이 강하며 융통성이 부족하다. 비견이 사절死絕이나 묘墓에 앉으면 일찍 사별한 형제가 있게 된다. 비견이 연월에 있으면 형이나 누나가 있거나, 오빠나 언니가 있다.

비견이 많은 여자가 식상이 약하면 산액이 있게 된다. 비견이 왕하고 인수가 태왕하면 상처를 하거나 굶어 죽는다. 비견과 인수가 태왕하고 식신이 없으면 지식이 많아도 고지식하고 활동무대가 없는 것이 되므로 지식이 많아도 활용을 못하는 맹꽁이다.

비견이 왕한 여자는 독신으로 지내거나 첩이 되는 경우가 많다. 본실로

시집가도 첩에게 남편을 빼앗긴다.

비견이 희신이면 형제나 친구의 도움으로 사업에 꼭 성공한다. 비견이 희신이면 조직 활동에 탁월해 인기가 좋다. 비견이 많으면 형제나 친구가 많고 정보가 빠르다.

예제 거지 사주

丙午		壬子		壬子		壬子		乾命
74	64	54	44	34	24	14	4	
庚申	己未	戊午	丁巳	丙辰	乙卯	甲寅	癸丑	大運

子月 壬水 일주가 수왕당절에 출생하여 꽁꽁 얼어 태양으로 녹여야 하니 丙火가 필요하다. 火용신을 생조하는 木희신이 없으니 火용신이 꺼진 상태라 재財를 구救할 수 없고, 관官이 없으니 쟁재爭財가 되므로 지킬 수 없는 재물이다.

금수운으로 가면 재물과 부부 궁에 적신호가 오는데, 운에서 甲寅대운이 오면 잠시 좋아지고 재물이 늘어나나 이 운이 지나면 끝난다.

비견이 많은 사주에 재성이 약한데 水火싸움이 되고 식상인 木이 없으면 거지신세가 된다. 차라리 사주 원국에 재성이 없는 것이 좋다.

예제 갑부 사주

丙午		壬寅		壬子		壬子		乾命
74	64	54	44	34	24	14	4	
庚申	己未	戊午	丁巳	丙辰	乙卯	甲寅	癸丑	大運

子月 壬水 일주가 수왕당절에 출생하여 꽁꽁 얼어 태양으로 녹여야 하니 丙火가 필요하다. 앞에 사주와 다른 점이 있다면 寅木이 있는 것이 다르다. 水生木·木生火하니 통관通關이 되어 병화丙火를 지켜 주는 것이다.

통관通關을 시켜 주는 寅木 하나가 갑부와 거지를 만드는 원인이라면 사주가 구성되는 글자 하나하나를 잘 살펴야 한다는 점을 명심하고 세심하게 살필 것을 잊어서는 안 된다.

이 사주의 용신은 寅中甲木이다. 용신에 대한 설명은 용신법에서 설명을 하겠다. 용신이란 사주에서 중화를 이루는 데 가장 필요한 오행이다.

2 비겁劫財 통변通辯

비겁의 작용 비겁은 식상을 생하고 인성을 설기하며 재성을 극한다.

비겁은 재를 극하는 작용을 하는데, 신약에 지지에서 비겁이 근으로 작용해야 재성을 비겁으로부터 탈재를 당하지 않고 힘을 합쳐서 축재를 하는 것이다.
비겁이 지지에 있고 천간에 투출까지 되었다면 비겁이 강한 것이지 일간이 강한 것은 아니다. 그러므로 일간이 약해서 도움을 받게 되면 대가를 지불해야 하니 탈재로 작용한다.
일간이 신강할 때 비겁은 강력하게 탈재를 해 가는 작용을 하므로 일간보다 지분을 많이 가져가니 일간은 재산관리에서 어려움이 따르게 되는데 반드시 강한 관성이 있어 재성을 보호하면 탈재를 면한다.

비겁은 인성을 설기하는 작용을 하는데, 편인은 비겁을 생하니 비겁 기운이 강해지는 반면에 정인은 일간을 생하지만, 비겁 또한 정인을 설기시켜 분열하는 작용을 한다.
인성이 너무 많아 모자멸자母滋滅子되기 일보직전일 때 이때는 비겁이 있으면 함께 설기시켜 숨통이 트이게 하니 동반자로 작용을 한다. 즉, 인성의 지나친 집착으로부터 벗어나게 하여 일간이 독립적인 활동과 주관적인 활동을 할 수 있도록 돕는 존재가 된다.
인성이 미약한데 비겁이 인성을 설기하면 부모 사랑을 빼앗기거나 비겁에게 의지하여 살게 되니 부모덕이 없는 환경에서 태어나 고생이 많게 된다.
비겁이 인성을 과하게 설기시키면 일간은 고독하게 되어 정신적인 방황과 육체적인 결함이 발생되기도 한다. 이때 관성이 비겁을 극해 주고 약한 인성을 생조하면 일간의 피해를 축소시킨다.

비겁은 식상을 생하는 구조인데, 일간이 신약하고 비겁이 식상을 생조하면 아만 아집이 강하여 독선적이고 안하무인이 되며, 재물에 대한 강한 집착으로 정상적인 범위를 벗어난 위법행위를 불사하여 축재를 한다.
비겁이 식신을 생조하면 비겁의 기운이 식신의 길신에 흡수되니 위법행위를 행하지 않으며 비겁의 흉작용을 하지 않는다. 이때 재성이 있으면 비겁과 협력해 생재를 한다.
왕성한 재성이 식상을 설기시키면 비겁은 식상을 생조하여 보호하고 왕성한 재성을 제극制剋하여 흉작용은 막지만 비겁의 부작용이 남는다.

비겁이 희신이고 초년에 길운으로 들어오면 부모가 활동을 많이 하게 되고, 기신이면 부친이 무능하거나 업무 과중으로 몸이 쇠약해 불리하다.

비겁이 희신인데 중년에 운이 들어오면 처가 직업 활동을 하는 사람이 많다.

비겁이 희신인데 말년에 비겁 운이 들어오면 본인이 늦게까지 활동한다.

비겁이 재와 동주할 때 내가 잘살면 형제가 못살고 형제가 잘살면 내가 못산다.

일간이 지지地支 비겁劫財에 근根하고 있을 때에 천간에 비겁이 투간透干되지 않으면 일간의 근이 되지만, 천간에 비겁이 투간되었다면 비겁의 뿌리가 되는 것으로 일간은 근을 내리지 못한다. 그러므로 일간이 신약身弱해도 일간을 돕는 작용보다 분열의 작용을 한다.

비겁은 군겁쟁재群劫爭財와 군겁쟁관群劫爭官과 군겁쟁인群劫爭印이 되므로 쟁탈하는 작용이 크다. 비겁의 가장 나쁜 작용은 정재를 극하는 것인데 일간이 정당하게 취득한 재물을 겁탈하는 작용을 하니 일간의 생각과 상관없이 형제·친구·라이벌·동업자·동료 등에게 자신의 정당한 재물을 빼앗기는 작용을 한다.

비겁이 강하면 안하무인 성격에 남을 무시하고 지고는 못 사는 사람으로 상대를 억압하여 누르려는 성격 때문에 지탄의 대상이 되기도 하는데, 이때 편관으로 제해야 차분한 성격이 된다.

비겁이 사회 모든 방면에서 나를 괴롭히는 강력한 경쟁자로 시비·투쟁·소송 등의 싸움을 걸어오는 자가 되고, 심지어 질투와 비방을 일삼아 나의 명예를 실추시키는 자가 되고, 재물을 빼앗아 가려는 사기꾼이나 경쟁업체가 많게 된다.

비겁은 비견과 작용이 비슷하지만 기신이 되면 비겁이 더욱더 흉하다. 비겁은 정재의 칠살七殺로 나의 처와 재물을 극하는 흉신이다. 비겁은 재물에 욕심이 많고 나의 처를 억압하고 괴롭히는 흉신이다.

비겁은 성격이 단순한 반면에 오만불손하고 투쟁을 일삼으며 폭력적인 성격으로 삶의 변화가 심하다.

비견·비겁이 흉신인데 관살에 조절되지 못하면 사기나 도둑질로 감옥에 드나든다. 식상이나 관성이 없으면 융통성이 없거나, 억제되지 못하면 성격으로 모가 나고 부부궁에 변화가 많고 자식 덕이 없다.

예제

乙 巳		壬 子		癸 未		乙 卯		乾命
74	64	54	44	34	24	14	4	
乙亥	丙子	丁丑	戊寅	己卯	庚辰	辛巳	壬午	大運

未月 壬水 일주가 화왕당절에 출생하여 未中乙木이 투출하고 卯未木局이 되고 木氣가 왕해 설기되니 水氣가 약하다.
연월지에서 三合이 되고 乙木 식상이 투출하여 식상이 태왕하다. 壬水일주가 염하炎夏에 일주가 신약하여 식상격 파격으로 격용신을 못 쓰고 일주를 돕는 억부용신으로 비겁 癸水가 용신이 된다.

> 격格과 용신用神의 자세한 설명은 격국과 용신론에서 설명하기로 한다.

예제

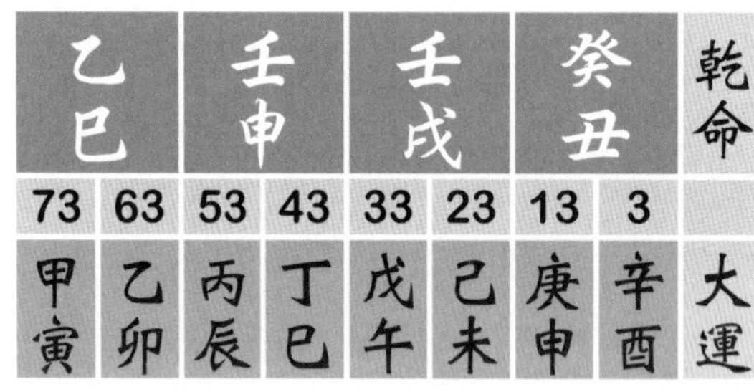

乙 巳		壬 申		壬 戌		癸 丑		乾命
73	63	53	43	33	23	13	3	
甲寅	乙卯	丙辰	丁巳	戊午	己未	庚申	辛酉	大運

戌月 壬水 일주가 금왕당절에 출생하여 巳丑金局이 되었고 申金이 생조하니 신왕하다.
연월에서 왕수旺水가 범람한데 木은 뿌리가 없어 부목浮木이 되어 못 쓰고 戌土가 왕수旺水를 막으니 용신이고 火가 희신이 된다.
戌土 용신이 土生金으로 설기되고 丑戌刑에 무너지니 용신이 허약하다. 비견·비겁 때문에 고생을 하게 되는 사주다. 비겁이 기신이고 일지 申金이 旺水를 돕고 있으니 구신仇神에 해당한다.

비겁의 육친은 남매나 이복형제를 뜻하는데 인성 혼잡이 아니면 형제로 작용한다. 비견 비겁이 혼잡이고 인성이 혼잡일 때 이복형제로 본다.
비겁이 기신일 때 재財가 약한 남자 사주는 비겁대운으로 가면 상처하거나 처가 질병으로 고생하거나, 손재를 하게 된다.
비겁이 기신인데 운에서 비겁을 다시 만나면 형제나 동업자나 친구로부터 손재나 송사가 있게 된다.

3 식신食神 통변通辯

식신의 작용 식신은 재성을 생하고 비견을 설기하며 편관을 극한다.

식신은 정재를 생하는 역할을 하는데 정재의 안정적이고 성실한 노력의 대가만을 바라는 것이다. 정인과 정관이 있고 식신이 재성을 생하면 관리능력이 있어 경쟁력이 뛰어나고 국가의 자격증으로 개업을 하게 된다.
인성과 식신만 있고 재관이 없다면 연구와 순수성이 되어 자신의 목표의식에 변화가 없는 형이 되므로 연구직이나 진급과는 거리가 있는 직업을 선택하여 살게 된다.
식신이 편재를 생하는 역할을 하면 적극적이면서 도전적인 자세로 재테크에 임하여 개인사업에 적극적인 사람이다.

식신은 비겁을 설기하는 역할을 하는데 일간은 강하고 식신이 쇠약하면 무력하므로 설기하는 통로가 막혀 일간의 능력을 발휘하지 못한다. 여기에 비겁이 있으면 식신은 병목현상이 생겨 마음은 급한데 표현을 못하니 답답한 성품이 되기 쉽다.
일간은 약한데 식신이 강하면 일간의 기운을 과다하게 설기하게 되어 식신이 식상(상관)으로 작용하게 되니 식신의 순수함이 약화되어 여유와 즐거움을 추구하는 데 어려움을 겪는다.

식신은 관살을 극상하는데 극설교집剋泄交集이 되지 않으려면 일간이 신강해야 된다. 일간이 강하고 식신제살이 잘되면 카리스마가 있으니 대중을 이끄는 데 어려움이 없으므로 적극적인 사람으로 외부 환경에 적응을 잘한다.
일간이 신약한데 식신과 관살이 있으면 극설교집剋泄交集되어 소극적인 사람으로 환경에 적응을 못해 업무 수행하는 데 어려움이 많이 따른다.

식신이 생재生財와 제살制殺과 비겁을 설기泄氣시키는 작용을 한다. 일간의 의지와 감정을 표현하는 작용을 한다. 일간이 강하고 식신도 강하면서 생재生財하면 자신의 이익을 위해 주변의 친구를 잘 활용하여 생재하는 능력이 뛰어나다.

木일주가 火가 식신이면 木火통명으로 박학다식하고 총명하다.
火일주가 土가 식신이면 火土중탁으로 방정하나 종교성이 강한 편이다.
土일주가 金이 식신이면 재리에 밝고, 문장력과 가무와 예술에 조예가 깊다.
金일주가 水가 식신이면 박학다식하고 다재다능한 편이다. 火가 필요한 명이다.
水일주가 木이 식신이면 성격이 명랑하며 사교술이 좋고 문장력이 뛰어나다.

식상이 혼잡하면 한 가지 일에 몰두하지 못하고 여러 가지 일을 벌여 놓고 마무리를 못한다. 강한 인성이 식신을 극하면 도식되는데 식신의 목표인 재성을 생산 못하니 목적달성이 안 된다.

사교성이 좋아 예의 바른 사람으로 좋은 평가를 받으며 재치와 유머가 있고 붙임성이 있어 어디 가나 환영받는 사람이다. 침착하고 여유가 있는 자세로 융화를 잘 시키는 외교관이나 중개인 직업이 적합하다.

식신은 의식주와 낭만과 유행이니 비교적 좋은 운세 작용을 한다. 호기심이 많아 취미생활도 풍부하다. 안정적인 생활로 명랑한 성격과 낙천적인 생각으로 진취적이며 적극적인 활동으로 복록과 장수를 누린다.

식상이 왕하고 인성으로 조절이 아니 되면 신체가 풍만하게 되기 쉽다. 식신은 정재를 생하고 살을 극하는 힘이 식상보다 강하다. 식신은 남녀 공히 언변이 뛰어나다.

남자 사주에서 식신은 육친으로 장모가 되므로 식신과 재성이 일주와 合하거나 동주하면 장모를 모시고 살게 된다. 식신은 생재하게 되므로 사업수완이 좋고 사교성이 좋아 여자관계가 많고 심하면 관재구설이 따르니 조심하여야 한다.

식신이 많으면 식상 역할을 하니 관성인 자식을 극해 무기력하여 능력 없는 자식이 되기 쉽고 일찍 죽거나 병객이 되어 몸이 약하다. 편관이 아들인데 극상을 당해 딸만 두니 인성으로 식신을 억제함이 필요하다.

여자 사주에 식신은 딸이요 식상은 아들이다. 일주가 신왕하고 식신이 왕하면 아기를 잘 낳게 되지만 일주가 허약하고 식신이 왕하면 산모는 약한데 태어날 아기가 태왕하여 난산으로 신음하게 된다.

식신이 형살刑殺을 만나면 자식에게 해를 입히는 격이니 낙태나 유산을 많이 하게 되고, 丙丁일주가 신약하고 辰·戌·丑·未가 왕하고 형살이 있으면 자궁외임신이나 자궁암 또는 자궁근종으로 수술하게 된다.

丙戌·丁丑일주는 형살刑殺이 없어도 유산을 한다. 일주 자체가 식신 백호대살로 자식이 피를 흘리고 죽는다는 흉살인데 유산이나 낙태다.

여자 사주에 식신이 많으면 관성인 남편을 극하니 자식을 낳고 아이가 성장할수록 남편이 무기력하게 되어 성적性的 능력과 경제 능력이 약해지니 불만이 쌓이게 되어 자주 다투게 된다.

예제

庚午		甲辰		癸巳		丙戌		乾命
72	62	52	42	32	22	12	2	
辛丑	庚子	己亥	戊戌	丁酉	丙申	乙未	甲午	大運

巳月 甲木 일주가 화왕당절에 출생하여 火가 많아 水가 필요할 때이다.

午戌火局에 연상의 丙이 巳에 근하여 일간이 설기가 심하니 신약하다.

식신격 파격이 되어 식신이 병病이 되었다. 환자가 혈액을 빼앗기는 것과 같으니 식신이 우환덩어리다. 기신을 제거하는 水가 용신이요 水를 生하는 金이 희신이다.

예제

丙寅		甲午		乙卯		癸丑		坤命
77	67	57	47	37	27	17	7	
癸亥	壬戌	辛酉	庚申	己未	戊午	丁巳	丙辰	大運

卯月 甲木 일주가 목왕당절에 출생하여 寅木 근이 튼튼하고 乙卯木과 癸水가 도우니 신왕하다.

신왕사주는 식상으로 설기하는 용신으로 쓰면 호설정영好泄精英이라 하는데 丙火가 용신이 되어 설기하니 좋다.

능력을 마음껏 발휘하여 꽃을 피우게 되니 중화가 잘된 사주로 일생에 편안하게 살게 되는 귀명이다.

식신이 왕하고 일주가 왕하면 활동이 왕성하여 소득이 생기는 것과 같이 잘살게 된다.

4 식상食傷 통변通辯

식상은 원래 명칭이 상관傷官인데 초보자 학인들이 정관·편관과 혼동混同을 하므로 편의상 혼동을 막기 위해 식상으로 명칭을 바꾸었음을 밝혀 둔다.

식상의 작용 식상은 정재를 생하고 비겁을 설하며 정관을 극한다.

식상은 정재를 생하는데 재물에 집착하여 인색하고 현실적인 사람이다. 비겁~식상~재까지 연결되면 동창 친구를 활용하여 축재하는 능력이 뛰어나다.
식상 생재하여 편재를 생하면 브랜드 가치가 높은 상품을 판매하는 사업가로 능력이 좋아 끊임없이 재물을 추구한다.
일간이 신약한데 식상 생재하면 허세만 있고 실속 없는 사업으로 중개업이나 로비스트로 활동한다. 인성이 있어 일간을 생조하고 식상이 적절히 조절되면 자격증이 있는 기술로 재를 만든다.

식상은 비겁을 설하는데, 비견이 일간과 함께 식상에 설기되면 바른 방법으로 작용하지만, 비겁이 식상에 설기되면 편향된 방법으로 작용하여 이기적으로 재물을 축재하니 자신의 이익추구에 식상을 활용한다. 이 같은 사주는 수하의 노동을 착취하여 축재하는 데 이용한다.

식상은 정관을 극하는데 인성과 재성으로 제화制化하지 못하면 상관견관傷官見官되어 화禍를 당한다. 법을 무시해 탈법으로 밀수나 탈세로 작용한다.
인성과 재성으로 관성을 보호하면 관인 상생이나 재생관의 보수적인 성품인데, 식상이 있으면 적극적인 성품으로 바뀐다.

목화식상은 총명하여 문학이나 문장에 뛰어나다.

화토식상은 학덕과 문장력이 뛰어나고 고전문학을 좋아한다.

토금식상은 재지가 뛰어나고 인정이 많다.

금수식상은 박학다식하고 청수한 지혜가 있다.

수목식상은 다재다능하고 질투심이 강하다.

천간의 식상은 형이상학적인 측면으로 작용하므로 언어·감성을 동반하는 예술성이 뛰어나 배우나 탤런트 기질이 발달된다. 정신적인 것의 표현으로 반짝이는 아이디어가 발현되니 발명가에게서 많이 볼 수 있다.

식상은 식신과 상반된 오만한 성격으로 절차와 질서를 무시하고 무모한 범법을 행하며 잘못에 대한 개념이 부족하므로 용맹성으로 비추어지나 많은 사람에게 피해를 주는 사람이다.

본인은 질서를 지키지 않으면서 남의 단점은 지적하는 사람으로 정치를 하면 비타협적인 성격으로 골수 야당 정치인이 되기 쉽다.

남과의 경쟁에서 지기를 싫어하고, 반발심이 강해 하극상으로 윗사람과 다투며 불평이 많고, 혁신적인 성품에 폭력적인 언사를 서슴지 않는다.

정관은 나를 관제하는 국가나 관청이라 보고 군·경은 법질서를 위해서 필요한 것인데 식상은 관제에 불복하는 것이 된다.

식상은 관성을 극하므로 안심하고 살 수 없기 때문에 식상운에 불안한 것이며, 직장이 불안하고 관재나 구설이 있게 되어 재앙이 많이 따른다.

식상이 있는 자는 두뇌가 총명하여 남을 얕보고 남의 말을 듣지 않는 기질이 있다.

식상이 왕하면 자기의 생각이 옳다고 생각하는 버릇과 자신을 높이고 남을 밟고 올라서려는 교만한 마음이 있게 된다.

식상은 인성으로 조절하든지 재성으로 설기를 시켜야 되는데 일간의 강약이 관건이 된다.

일간이 약하고 식상이 강하면 인성으로 조절하여 품위를 지키게 만들고 일간을 생조하여 사주의 균형을 맞추어야 한다.

양일간陽日干은 식상과 편인이 합을 하는 데 길하게 작용하면 뛰어난 두뇌와 상황대처 능력이 뛰어나 두각을 나타내는 명이 되고, 흉하게 작용하면 사기성 기질이 농후한 인물로 전락한다.

남자 사주 연월에 식상이 있으면 할머니가 되고, 일시에 있으면 장모가 되고, 여자 사주 연월에 식상이 있으면 할머니가 되고, 일시에 있으면 자식이 된다. 사주에서는 식상이 많으면 흉신으로 작용된다.

예제

丁 卯		甲 午		丙 午		丁 卯		坤 命
73	63	53	43	33	23	13	3	
甲 寅	癸 丑	壬 子	辛 亥	庚 戌	己 酉	戊 申	丁 未	大 運

午月 甲木 일주가 화왕당절에 출생하여 丁火司令이고 火가 중중하니 목화통명이 되므로 총명하나 신약한 사주가 되어 卯木 비겁이 용신이 된다.

식상도화에 홍염살이 중복되고 오오자형살午午自刑殺이 있어 정상적인 가정생활이 어렵다.

부부가 백년해로하기 힘들고 모쇠자왕母衰子旺하니 출산할 때 정상분만이 어려워 제왕절개로 출산하기 쉽다. 옛날 같으면 출산하다가 사망한다.

> 이 사주는 정묘시丁卯時라 습목이 되어 생화生火가 안 되므로 묘목卯木이 용신이 된다. 만약에 병인시丙寅時라면 염상격炎上格이 되어 화용신火用神이 된다.

예제

辛 亥		壬 子		乙 亥		甲 戌		坤 命
80	70	60	50	40	39	20	10	
丁 卯	戊 辰	己 巳	庚 午	辛 未	壬 申	癸 酉	甲 戌	大 運

亥月 壬水 일주가 수왕당절에 출생해 壬水司令으로 亥子水가 중중하여 신왕하다.

해중갑목亥中甲木이 투출하므로 수목식상水木食傷이라 총명하고 건록에 양인까지 받쳐 주므로 신왕한 사주가 되었다. 비겁으로 신왕한 사주는 관성으로 조절해야 한다.

사주원국에 관약官弱한데 식상이 제살태과制殺太過하여 능력 없는 남편이다. 여자 사주에 비겁이 왕하고 식상이 왕하게 되면 남편이 직장생활을 해야 하고 사업하면 망한다. 부부 맞벌이를 해야 하고, 동절 壬子 일주는 수목응결水木凝結로 사주구성이 조후가 안 되어 질병으로 고생한다.

亥月 壬水 일주가 木 식상으로 용신하면 자식 때문에 불평불만이 있어도 참고 살아간다. 旺水를 戌土가 혹시나 막아 줄까 하고 미련이 남아 이혼을 하지 않고 답답해하며 살게 된다.

5 정재正財 통변通辯

정재의 작용 정재는 정관을 생하고 식상을 설기하며 정인을 극한다.

정재는 정관을 생하므로 대부분 관료적이고 보수적인 성격의 명이다. 사람들에게 원칙밖에 통하지 않는 사람으로 인식되기 쉽다. 직업으로는 재정 공무원이나 재무계통의 직장인이 많다.
신강 사주에 정재가 편관을 생하면 명관과마明官跨馬가 되는데 고위직 관료로 성공하는 사주가 되나, 신약한 사주는 재생살財生殺하여 재물에 욕심을 부리면 환란을 당하여 재물 때문에 어려움을 겪는다.

정재는 식상의 기운을 설기하는데 정재의 현실적인 감각이 제일 안전한 방법으로 식신생재의 기능으로 활용하는데 재성에 안전성과 효율성이 높아진다. 식상생재하면 재성에 대한 집착과 욕심이 과하게 나타나게 된다.

정재는 인성을 극하는 작용을 한다. 정재는 현실성이 되고 인성은 이성적인 정신이 되므로 재극인하면 지나친 현실감각으로 비이성적인 경향으로 흐르기 쉬운데 주변 사람들에게 지극히 현실적인 인간으로 인식되기 쉽다.

정재는 일주가 극하여 다스릴 수 있으므로 통솔력과 개척정신이 있어 정복하려는 의지와 자신의 것으로 만들려는 의지가 강하다.

재물로 인해서 재앙을 부르는 이유는 재가 관살을 생하기 때문에 일어나는 것이며, 적당한 재성은 관을 생하여 비겁의 탈재를 막고 지키기 위해 필요한 것이다. 관과 재는 밀접한 관계가 되므로 권력을 취하여 남을 지배하고 부릴 수 있는 것이니 관이 있어야 사장이 된다.

정재의 특성은 정당한 노력의 대가로 재물과 정당한 절차에 의해 얻은 아내, 고정수입, 흔들리지 않는 자본, 유산의 상속, 안정된 경제력이다.

편재가 빼앗길 가능성이 있는 재물이라면, 정재는 웬만해서 빼앗기지 않는 안전한 재물이다. 또 내게 타고난 재복 그대로는 가감 없이 유지되는 것이라 할 수 있어 편재보다 정재는 절대적이라 할 수 있다. 편재보다 유혹적인 매력은 못 되지만, 정재는 발전은 느리나 크게 실패를 당하지 않는다.

정재는 정직·신용·근면·성실하게 벌어들이는 재물이고, 편재는 투자·중개·모험·투기·도박·사업 등으로 얻는 일확천금의 재물이다.

정재는 단정하고 원만하며 근검절약이 지나쳐 수전노가 되기도 하나 재물의 어려움이 적은 편이다. 편재는 호탕하고 풍류를 좋아해 금전출입이 커서 어려움이 많이 따른다.

재물은 남이 먼저 취하려 하고 나의 것도 자칫하면 빼앗길 우려가 있다. 부귀를 누리고 싶은 것이 공통적인 인간의 욕망이겠으나, 부귀는 여러 가지 조건을 갖추어야 하므로 아무나 바란다고 되는 것은 아니다.

신강한 남자는 누구를 막론하고 재물과 여자를 좋아하는데, 신약한 남자는 재물과 여자를 좋아하지 않으나 최소한의 여자와 재물이 필요하다.

재는 인수를 극하며 식상을 설하고 관을 생한다. 재는 식상을 기뻐하고 비겁을 꺼리며 관을 생하므로 기뻐한다. 재는 인수의 태왕함을 억제해 식상을 보호하고 대가를 받게 된다.

재는 사업·재산·녹봉이라 유기有氣함을 기뻐하는데 지나치게 왕성하면 일주가 감당할 수가 없어 도리어 해롭다. 집 밖에 나가서 큰소리치는데 집에 들어가면 아내에게 꼼짝 못하고 눈치 보면서 살아간다.

여자 사주가 재왕하고 신약하면 결혼 전에 친정에서 구박을 당하거나 재물에 고난이 많이 따르고, 결혼 이후에는 괴팍한 시어머니나 남편의 눈치를 보면서 살아간다.

신왕에 정재가 왕하여 중화가 되면 정당한 노력으로 얻은 재물이 되며 가정에는 부인과 화목하고 경제관념이 정확하고 성실하며 낭비가 없다.

재왕하여 신약하면 분수에 넘치는 허욕을 부리게 되므로 남에게도 피해를 주고 자신도 망신을 당한다. 재운이 빈약한 사주로 태어난 사람인데 배운 것이 많고 지혜와 지식이 있어도 가난한 선비에 불과하다.

연주에 정재가 있어 왕하고 신왕하면 조부 때 부귀한 사람이고, 연월에 정재와 정관이 있으면 부귀한 집안에서 태어난 사람이다. 일·시에 정재가 있어서 중화가 되면 결혼하면서 처덕이 있고 자수성가한 사람이다.

정재는 천간에 있는 것보다 지지에 있는 것이 좋고, 월지에 재가 있어 길신이면 좋은 가문의 여자를 처로 맞이한다. 정재가 정관을 생조하고 중화를 이루면 품행단정하고 성격이 고결하다.

예제

壬子	戊申	丙子	己未	坤命

75	65	55	45	35	25	15	05	
甲申	癸未	壬午	辛巳	庚辰	己卯	戊寅	丁丑	大運

子月 戊土 일주가 수왕당절에 출생 癸水司令인데 申子水局에 壬水가 투출하여 신약하다.

재다신약하여 비겁이 용신이고 인성이 희신이며 만약에 관성이 있다면 흉신이 된다.

戊寅대운은 용신과 희신의 장생지라 도움이 되나, 己卯대운에 卯未木局이 되어 己未용신을 극하여 질병으로 고생한다. 火土대운에 길한 운명이다.

일시가 기신이면 시집과 자식 덕이 없다. 정재격에 살이 왕하고 신약사주면 요절하거나 불구가 되는 경우가 많다. 재가 근이 약하고 일간도 약하면 재가 들어와도 곧 나가 버린다. 만약 재가 나가지 않으면 재로 인한 화근禍根이 발생한다.

예제

丁未	壬申	甲午	辛未	坤命

72	62	52	42	32	22	12	2	
壬寅	辛丑	庚子	己亥	戊戌	丁酉	丙申	乙未	大運

午月 壬水 일주가 화왕당절에 출생하여 丁火司令으로 재관이 중중하여 신약사주다.

午中丁火가 투출하여 정재격이 되었다.

격용신을 쓰게 되려면 신왕해야 하는데 재다신약財多身弱하여 억부용신抑扶用神(약한 것은 부조하고 강한 것은 억제하는 것)을 적용해야 한다. 일지에 申金이 일간을 생하니 견딜 만하다.

申中壬水가 용신이며 申中庚金이 희신이며 조토는 용신의 병病이며 甲木은 약신이다. 火는 기신이니 재물과 가정에 풍파가 따른다.

丙火대운에 운이 나빠서 공부에 어려움이 따르고 申金대운에 희신이라 마음을 고쳐먹고 공부를 열심히 하나 기초가 약해서 어려움이 따른다.

정재는 번영, 성실, 자산, 복록 등 길신으로 작용하며, 정의감이 강해 공적인 면과 현실을 직시하는 안목이 있고 의협심이 강하며 시비가 분명하다.

6 편재偏財 통변通辯

편재의 작용 편재는 편관을 생하고 식신을 설기하며 편인을 극한다.

편재가 관살을 생하는 기능을 하는데 편재가 정관을 생하는 구조라면 편재의 입장에서 완벽한 관으로 보이지 않으므로 불만이 잠재되고 편재로 관을 생하니 편법적인 특성이 나타난다.

편재가 편관을 생하는 구조에서 일간이 록을 하여 강해 감당을 할 수 있다면 뛰어난 통찰력으로 특수한 직업과 인연이 있으며, 일간이 약하면서 재생살의 구조라면 고통이 따르는데 현실적으로 이뤄지기 힘든 것을 꿈꾸는 사람이다.

편재는 식상을 설기하는 기능을 하는데 길명은 현실적인 안정감을 얻게 되어 문화 유흥 등의 욕구가 발현이 되어 상류생활을 영위하게 되나, 일간이 약해 감당하기 어려우면 일은 추진해 놓고 마무리를 못하는 사람이 된다.

일간이 강한 사주로 편재가 식상을 설기하면 예술적인 감각이 좋아서 고객의 취향에 맞추어 유능한 영업가로 성공적인 삶을 영위할 수 있다.

편재가 인성을 극하는 기능을 하는데, 인성이 식상을 극하여 도식倒食이 되는 경우에 편재가 인성을 제해 주면 도식이라 하지 않는다. 그러므로 식상이 살아나 식상의 역할인 재를 생해 주면 생산 활동에 안정이 이루어지게 된다. 인성이 과다하게 관성을 설기할 때는 재가 인성을 조절하고 관성을 재생관財生官으로 생해 주면 직업과 관직이 안정된다.

재를 종합적으로 표현하면 재물과 경제로 표현하고, 육친으로 부친과 부친의 형제, 처와 애인과 첩으로 표현한다.
여자 사주에서는 부친이고, 결혼 이후에는 시어머니로 본다.
편재는 개척정신이 강하고 돈을 버는 요령과 수완이 좋고 신왕·재왕하면 현실감각이 뛰어나다.
정재·편재가 혼잡하면 게으르고 한곳에 오랫동안 정착하기 어려운데, 편재는 역마살과 같은 작용을 한다.

편재는 편偏이라는 뜻으로 정상적인 재물이 아닌 유동성의 재물에 비유된다. 정재가 부동산 가치라면, 편재는 동산, 즉 돈과 재산의 가치가 있는 물건이다.

편재는 결과에 대한 확신보다 실천하는 과정에서 경험을 바탕으로 일에 대한 확신이 있는 사람이다. 그러므로 유흥을 즐기면서 일을 진행하는 성격이 된다. 따라서 편재가 때로는 결과를 무시하고 돌진하는 도전형이라고 볼 수 있다.

편재는 유흥 욕구가 강하므로 이성에 대한 관심이 많으며, 유흥의 흥미가 없으면 이성에 대한 관심이 없어진다. 육친관계에서 편재는 유동하는 재이므로 남의 여자나 이동이 가능한 첩과 애인으로 본다.

편재가 있는 사람의 심리는 정재보다 편재에 매력과 유혹을 느끼므로 편재가 있으면 나에게 없는 재물은 취하고 있는 것은 뺏기지 않으려고 온갖 지혜와 노력을 기울이는 것으로 두뇌가 총명하다.

편재가 강하고 비겁이 강하면 모험을 즐기는 스타일로 재물을 모을 때 투기성향이 강하고, 친구나 사회적인 의리를 중요시하여 가정생활에는 아름답지 못함이 따른다.

비겁이 많은 편재는 관성의 도움이 필요한데 관성이 유기하여 비겁을 적절히 조절하여 편재를 보호해 주면 사회적인 대처능력이 뛰어나 총괄적인 관찰능력이 앞서 경제적인 안목이 뛰어난 사람이 된다.

정재나 편재를 막론하고 누구나 탐하는 것이 재성이라 천간에 투출되어 있는 것보다 지지에 있는 것이 좋다. 천간에 재성이 있으면 모든 사람의 눈에 띄는 재물이라 도둑맞거나 빼앗길 우려가 있지만, 지지에 있는 재는 남이 모르게 숨겨 둔 재물과 같아서 그럴 염려가 없기 때문이다.

재는 또 천간이나 지지에 따로따로 있는 것보다 삼합 재가 식상생재로 이루어지면 매우 좋다. 일주가 왕하고 삼합三合으로 재국財局이 있으면서 식상생재가 되면 비록 비겁 운을 만나도 해가 되지 않으며 일생 재물이 풍족하다.

천간에 재가 있으면 외화내빈이라 실속이 없으니 남이 보기에만 잘사는 것 같고, 재가 천간에 없고 지지에만 있으면 외빈내화라 남이 보기에는 별 볼일 없어도 실속은 알찬 사람이다.

부자인가 보려면 천간에 재성이 지지에 근을 하고 식상이 생조하는가 보아라. 월간 정재가 월지에 근을 하면 상속받는 재산이 많고, 관성이 있어 비겁 조절을 잘하면 사업기반이 튼튼하여 실패하는 경우가 없다.

일간이 신왕하고 관성이 비겁을 조절하고 있는데 월간 정재가 월지에 근을 하고 식상이 생하면 항시 상당한 고정수입이 보장된다. 또 지지에 재고가 있으면 돈이 떨어질 때가 없다.

【 재성財星의 근법根法 】

日 主	천간 재가 지지에 근	재고(財庫)
甲乙日	戊戌, 戊辰, 己丑, 己未, 戊午, 己巳	戌(土庫)
丙丁日	庚申, 辛酉, 辛丑, 庚戌, 辛巳	丑(金庫)
戊己日	壬辰, 癸亥, 壬子, 壬申, 癸丑	辰(水庫)
庚辛日	甲寅, 乙卯, 甲辰, 乙亥, 乙未	未(木庫)
壬癸日	丙午, 丁巳, 丙戌, 丁未, 丙寅	戌(火庫)

【 고장법庫藏法 : 오고법五庫法 】

고장 \ 일간	水일주	金일주	土일주	火일주	木일주
자고 自庫	辰	丑	戌	戌	未
재고 財庫	戌	未	辰	丑	戌
관고 官庫	戌	戌	未	辰	丑
인고 印庫	丑	戌	戌	未	辰
식고 食庫	未	辰	丑	戌	戌

재성이 왕한 사주에 인수가 부족하면 힘든 일을 싫어하고 편안한 일을 찾으며 요행이나 횡재를 기대한다. 인수는 참을성과 꾸준한 성실성인데 재가 왕해 인수를 심하게 극하면 어릴 때부터 공부 잘하기 어렵고 학업에 고충이 많이 따른다.

비겁이 많아 태왕하면 재성을 쟁재爭財하게 되어 빼앗기니 소득이 적다.
재성이 왕화면 인수가 극상剋傷되며, 보금자리 마련이 어렵게 된다.

식상은 재성의 보급로요, 관살은 재와 인수의 관계를 원만히 소통을 시키고 비겁으로부터 탈재를 막아 주므로 관성을 지키는 복이라 한다.

【재성財星의 암합暗合 : 아내의 부정】

일 주	간재·암재	지지·비겁	재성이 암장 비겁과 暗合되는 예
甲乙日	己·午未丑	寅·亥	아내인 己土가 寅中甲木·亥中甲木과 甲己로 暗合
丙丁日	辛·酉丑	寅·巳	아내인 辛金이 寅中丙火·巳中丙火와 丙辛으로 暗合
戊己日	癸·子辰	巳·辰 戌·申	아내인 癸水가 辰·戌·巳·申中戊土와 戊癸로 暗合
庚辛日	乙·卯未辰	申·巳	아내인 乙木이 申中庚金·巳中庚金과 乙庚으로 暗合
壬癸日	丁·午未戌	亥·申	아내인 丁火가 亥中壬水·申中壬水와 丁壬으로 暗合

【관성官星의 암합暗合 : 남편의 외도】

日 主	간관·암관	지 지	관성이 비겁과 暗合되는 예
甲乙日	庚·申	卯辰未	庚金이 卯中乙木·辰中乙木·未中乙木과 乙庚暗合
丙丁日	壬·亥	午戌未	壬水가 午中丁火·戌中丁火·未中丁火와 丁壬暗合
戊己日	甲·寅	丑未午	甲木이 丑中己土·未中己土·午中己土와 甲己暗合
庚辛日	丙·巳	酉丑戌	丙火가 酉中辛金·丑中辛金·戌中辛金과 丙辛暗合
壬癸日	戊·辰戌巳	子辰丑	戊土가 子中癸水·辰中癸水·丑中癸水와 戊癸暗合

편재가 희신인 사람은 사업가로 성공을 하는데 金이 재성이면 중공업·증권·금융업이 적합하고, 火가 재성이면 통신사업·에너지사업·화공사업 등이 적합하고, 木이 재성이면 의류사업·목재사업·토목건축업·목축업이 적합하며, 水가 재성이면 주류사업·음료수·생수·수산사업이 적합하며, 역마 재성이면 운수업·유통업에 적합하다.

연간이나 월간에서 재성이 나오면 재물 욕심이 강하여 까다롭게 보이고 쌀쌀하게 보이고, 맺고 끊음이 정확하며, 사리판단이 빨라 연애를 해도 확실한 연애를 한다.

예제

甲申	庚戌	戊辰	甲辰	坤命

79	69	59	49	39	29	19	9	
庚申	辛酉	壬戌	癸亥	甲子	乙丑	丙寅	丁卯	大運

辰月 庚金 일주가 목왕당절에 출생해, 戊土司令에 투간까지 되어 편인격이 되었고 土旺하여 매금埋金되기 직전이라 기신이다.
다행히 연간의 甲木이 辰土에 암장된 乙木과 癸水에 생조를 받으니 뿌리를 내려 재극인財剋印하여 戊土를 소토疎土하여 庚金을 구하니 길신이 되어 좋은 사주가 되었다.
운로가 水木으로 향하니 초년부터 유복한 가정에서 태어나 잘사는 여자 사주다. 甲木재성이 용신으로 水木火 대운이 좋다.

예제

庚寅	丙戌	壬辰	丙寅	乾命

73	63	53	43	33	23	13	3	
庚子	己亥	戊戌	丁酉	丙申	乙未	甲午	癸巳	大運

辰月 丙火 일주가 목왕당절에 출생, 戊土司令으로 失令하고 식재관이 중중하여 신약하게 보이나 寅戌火局에 丙火 투출하니 약변위강弱變爲强 사주가 되어 신왕에 재약하다.
직장생활을 해야 좋은데, 시상에 편재라 사업을 하게 된다. 사업하면 군겁쟁재群劫爭財로 손재하고, 시상편재가 있고 일지에 戌中辛金이 있으니 재성 혼잡으로 여자문제로 부부갈등이 따른다.

> **신왕재왕해야 부자가 되고 재가 왕하니 첩이나 애인이 생기게 된다. 재벌에게 첩이 많은 이유가 여기에 있다. 신왕하니 재를 지배할 능력이 있기 때문이다.**

편재는 재물을 바르게 모으려는 것보다 횡재와 요행을 바라며, 투기에 소질이 있어 위험이 따라도 과감하게 진행하는 습성을 가지고 있다.
신왕사주에 재성이 재고 위에 있으면 상처하거나 이혼을 하고 재혼하는 경우가 많다. 신왕하면 편재와 정재를 감당할 수 있는 재라서 구분하지 않고 재성이라 부른다.

7 정관正官 통변通辯

정관의 작용 정관은 정인을 생하고 정재를 설기하며 비겁을 극한다.

정관이 정인을 생조하면 관료적이고 합리적인 성향을 가지고 자신의 자리나 직위를 지키려 노력을 한다. 주변 사람들에게 보수적인 사람으로 보이게 되는데 이것은 현실적인 안정을 추구하므로 진보적인 변화에 적응력이 떨어진다.

정관이 편인을 생조하면 자신을 지키기 위해 특수한 형태의 자격증을 취득하여 업무에 적용한다. 업무에 대처하는 방법에는 즉흥적이고 비합리적인 방법으로 처리하지만 정인에 비해 신속하다. 비합리적이라 재앙을 부르는 경우가 있다.

정관이 정재에게 생조를 받으면 정재의 현실적인 감각과 치밀한 계산이 자신을 위험한 상황으로 몰고 가지 않으므로 전형적인 안전추구형의 관료가 된다. 주변 사람들에게 융통성과 상황대처능력이 부족하다는 평을 듣는다.

정관이 편재에게 생조를 받으면 편재는 유동적인 재라서 대외적인 업무에는 충실하고 능력을 발휘하나 내부적인 업무에는 소홀하게 된다. 편재라는 충동적인 모험심 때문에 과도한 욕심을 부려 재앙을 부르기도 한다.

정관은 비겁이 왕하여 탈재하는 구조에서 정관이 비겁을 극하여 재성을 보호하므로 탈재로 발생하는 부작용을 막는다. 일간이 약하여 비겁으로부터 방조傍助받는 구조에서 정관은 일간을 심하게 통제하는 형태가 되어서 정관은 부담으로 작용한다.

정관은 준법정신, 질서, 규칙, 도덕, 윤리, 법률, 국가 등의 모범적으로 관리하는 모든 것이 정관에 해당된다. 명예와 인격, 체면을 중시하므로 보수적이다.

정관은 일간을 극해도 음양이 다르면 유정하여 적당하게 조절이 된다. 정관은 법을 집행함에 있어 공권력을 집행해도 편법은 쓰지 않고, 정통성을 중시하여 합리적이고 신사적인 집행이 되니 행정지도를 통한 집행으로 지도력 있는 인격이고, 준법정신이 강하며 원만한 처세를 좋아한다. 정관은 전체를 통솔하고 다스려야 하므로 정당함, 명예, 평화, 의협심, 책임감, 사명감 등으로 작용한다.

비겁이 많아 기신일 때 정관은 비겁에게 편관이 되어 신속하게 극하여 탈재를 막아 주니 귀하게 작용한다. 정관은 대체적으로 귀貴를 의미하는데 귀貴는 주로 직업과 직책에 의한 것이 많으므로 조직과 법률이 우선되는 공직이나 대기업, 사무직이 정관에 해당한다.

정관이 길신이면 직업적으로 귀가 되고 명예가 되며 권위가 있게 되나, 흉신으로 작용하면 고생, 억압, 속박, 통제, 관재, 송사, 폭력, 업무량과다나 질병으로 작용한다.

정관도 너무 왕하면 강한 자 밑에서 살아남아야 하므로 충성, 복종, 예의, 자기통제, 강박감 등의 작용도 한다.

정관이 약하면 강자에게 강하고 약자에게 약한 사람이다. 의협심으로 발동하여 작은 명분에도 집착하는 경향이 있다.

정관이 강하면 책임감이 지나쳐 소심하거나 비굴하고 복종과 충직함이 지나쳐서 간사하게 보이거나 자기통제가 지나쳐서 융통성이 없는 답답한 인물이다.

정관은 합리적이고 객관적인 관리에 따르는 책임과 의무이므로 관공서나 법으로 표현이 되는데, 일간이 약한데 정관이 재성을 보면 일복이 많아서 항상 분주하여 일을 감당하지 못해 몸이 아프다.

정관이 재가 약해 생이 안 되면 일의 능력이 떨어져 업무능력이 없는 사람이 되는 것이다.

정관이 인성을 보면 스스로 학습하면서 갈고 닦아 자신을 완성시켜 선비나 학자가 된다.

일주가 강하고 정관이 있으면 적극적으로 활동을 하고, 일주가 약하면 보수적이고 소극적인 성격이 된다.

관성이 없거나 약하면 일정한 규칙이나 조직에 얽매이지 않는 성격으로 규율이 엄한 단체나 조직생활, 직장생활에 적응하기 힘들다.

정관은 음양이 만난 바른 지배자를 정관이라고 한다. 바른 행동과 언행으로 만인의 존경을 받고 천혜의 음덕이 있는 귀성으로 최고의 영광과 벼슬을 뜻한다.

정관·편관이 태왕하면 겁이 많고 자유로운 활동이 억제되어 능동적이지 못하고 수동적이다. 비겁의 성격인 자유분방함을 관살이 억제하기 때문이다.

예제

甲 辰	丁 未	癸 丑	壬 申	乾 命

73	63	53	43	33	23	13	3	
辛 酉	庚 申	己 未	戊 午	丁 巳	丙 辰	乙 卯	甲 寅	大 運

丑月 丁火 일주가 수왕당절에 출생, 己土司令인데 관살혼잡에 한기가 심하고 신약하다.

편관이 태왕하여 일간을 극신하니 위태로워 보이나 시상에 甲木이 살인상생하여 일간을 구하니 甲木이 용신이다.

재생관하고 관인상생하니 사주가 중화를 이루어 귀격을 이루었다. 초년부터 길하니 공부도 잘하고 집안도 좋다.

예제

丙 申	丙 子	庚 申	癸 未	乾 命

78	68	58	48	38	28	18	8	
壬 子	癸 丑	甲 寅	乙 卯	丙 辰	丁 巳	戊 午	己 未	大 運

申月 丙火 일주가 금왕당절에 출생해 庚金司令으로 金水가 태왕하므로 재왕에 신약하다.

재관이 왕해 丙火를 용신으로 쓰려고 하나 시상丙火가 未中 丁火에 뿌리가 있다고는 하나 허약虛弱하여 財官이 병病이 된 사주다.

일주가 신약하여 편재격 파격으로 격용신을 못 쓰고, 억부용신으로 비견용신이다.

정관을 재생관하여 관왕하나 금다수탁金多水濁으로 탁수濁水가 되어 나쁜데, 丙火로 火剋金하면 金生水가 잘되어 청수淸水가 된다. 이때 丙火가 약해 木희신이 필요하다. 원국에 木인성이 없어 격이 탁해지므로 아쉽다. 대운이 초년부터 火木運으로 향하니 격이 청淸해져 잘살게 된다.

사주 원국에서 甲木이 있었으면 관인상생官印相生이 되므로 재성과 정관도 쓰고 인성도 쓸 수 있는 사주가 된다.

정관과 재성이 있어 재생관하고 정관격正官格으로 성격이 되면 행정고관이 되거나 뛰어난 경영자가 될 수 있고, 사회에 모범이 되고 덕망 있는 사람이다.

8 편관偏官 통변通辯

편관의 작용 편관은 편인을 생하고 편재를 설기하며 비견을 극한다.

편관은 비견을 극하는데 일간이 약하여 칠살에 감당하기 힘든 상황에 비겁과 일간이 함께 극을 당하게 되면 일간의 입장에서는 칠살이 되지만 비겁의 입장에서는 정관이 되기 때문에 일간이 입는 피해가 더 크다.

비겁이 지지에 있어 일간의 근으로 협력하는 작용이 되면 칠살작용에 대항해 함께 극복해 가는 과정으로 본다. 양일간의 비겁은 양인합살하여 칠살을 막아주니 형제 덕이 지대하다.

편관은 인성을 생하는데 이러한 구조에서는 조직을 지키기 위하여 노력하는 형태가 되므로 주어진 업무에 대해서 책임을 다하는 능력을 가진다. 인성으로 화살化殺이 잘 이루어지지 않게 되면 뜻을 높게 가지더라도 이루어지지 않는 구조가 된다.

편관은 재성을 설기하는데 재생살財生殺이 되는 구조가 되면 험난한 환경조건에 봉착하게 된다. 비겁의 구원으로 재를 극하고 일간을 도와야 한다. 편관이 약하여 재의 생을 받아야 되는 구조라면 노력의 결과를 얻기 어렵다.

편관은 편인을 생하고 편재를 설기시키며 비견을 극한다. 정당한 것이 아닌 편偏이란 의미상 정법보다는 편법을 구사한다.
횡적인 출세를 노려 권력 다툼을 불사하고 이 때문에 강압통제가 되므로 카리스마, 난세 영웅, 용맹, 강인, 권위, 결단, 권모술수, 투쟁, 혁명, 군대, 경찰, 감사 등 권력을 상징한다. 편법인 만큼 대를 위해서는 소를 희생시킨다. 인체에서는 급성질환으로 작용이 된다.
편관은 작용력이 정관보다 강렬하다. 편관은 일주가 약할 때에는 칠살七殺로 작용하고 일주가 강할 때는 편관으로 한다.
칠살七殺로 작용하는 편관이면 이를 적절히 조절하여 써야 한다. 편관을 식상으로 조절하여 쓰게 되면 현실적으로 열악한 환경에서 극복을 하여 장점으로 활용하는 기운이 되어 난세의 영웅이라고 표현한다.
칠살로 왕하면 질병이 되는데 식상으로 제살制殺하면 질병을 고치는 의사醫師나 약사藥師가 되거나 또는 적군을 무찌르는 직업군인이 되기도 한다.
제살하는 방법에 있어서 식상보다 식신으로 제살해야 더욱 더 정확하고 신속하다. 적절한 구조로 식상으로 제살하고, 인수로서 화살化殺이 동시에 이루어진다면 귀함이 오래간다.

합살合殺에는 양일간은 비겁으로 합살하고, 음일간은 식상으로 합살하면 길하다. 합살되면 상황대처능력이 뛰어나 주변 상황을 활용하는 능력이 있게 된다.

인성으로 화살化殺시키는 방법은 제살制殺하는 것보다 시간의 소모가 따르니 기다리는 인내심을 길러야 한다.

양일간은 편관을 편인으로 화살함이 길하고, 음일간은 편관을 정인으로 화살함이 유리하다.

관성은 나를 극하는 오행인데 정관은 음양이 다르므로 전통성을 가진 지배자이고, 편관은 음양이 같은 지배자로서 전통성이 없는 지배자에 비교할 수 있다.

편관은 일명 칠살七殺이라고 하는데 남자의 육친으로 아들이나 외할머니에 해당하고 조상에 해당한다. 여자는 남편 외에 애인에 해당한다.

편관은 권력·투쟁·성급·흉포·고독 등의 뜻이 있어서 혁신적인 협객의 기가 강해 무술인이 되기 쉬운 운명의 암시가 있다. 부귀겸전의 뜻이 있는 반면 흉포하여 깡패나 남의 앞잡이 노릇을 하게 될 기질도 함께 잠재하여 있다.

편관은 혁명이나 강압에 의한 지배자로 작용을 하는 것으로 구분하여 볼 수가 있다. 편관도 살인상생이 되면 큰 힘을 발휘하여 대귀격大貴格으로 작용하는 경우도 있다.

일주가 신왕하면 편관을 두려워하지 않으나, 일주가 신약하면 편관이 칠살로 무서운 맹수처럼 작용하니, 이때 인수가 있어서 살인상생殺印相生되면 오히려 길한 작용을 한다.

예제

丙寅		甲戌		庚辰		乙酉		坤命
71	61	51	41	31	21	11	1	
戊子	丁亥	丙戌	乙酉	甲申	癸未	壬午	辛巳	大運

辰月 甲木 일주가 목왕당절에 출생, 戊土司令으로 寅戌火局이고 丙火가 투출되어 월상에 庚金이 酉金에 근하고 辰酉合으로 生하니 신약사주다.

살왕하니 年干 乙木으로 양인 합살하려고 하는데 酉金절지에 앉아 쓸 수가 없다.

시상 丙火가 寅에 長生을 하고 寅戌火局으로 식신유기하니 식신제살하는 용신으로 쓴다.
용신이 시주에 있으면 시가媤家 덕이 있다. 시상식신이 용신이라 자식 낳고 집안이 일어난다.
재생관하고 식신으로 편관을 조절되니 남편도 잘 나가는 남편이다. 재성이 辰戌冲이나 辰酉合하고 寅戌火局으로 合하니 冲中逢合이 되어 선탁후청격先濁後淸格으로 吉하다.

> 편관이 왕하면 인성으로 설기하든지, 아니면 제살制殺하는 식신이나 식상으로 용신해야 일간을 보존할 수 있다. 식신제살은 무관 직업이 많고, 살인상생은 문관 직업이 많다.
> 일간보다 편관이 왕하면 무관의 직업이나 권력계통직업에 인연이 많고 인수가 있어 설기하여 살인상생이 되면 문관직업에 인연이 많다.
> 여명에 관살혼잡하면 호색하고, 거관유살去官留殺하거나 합살유관合殺留官하면 귀격이 될 수 있다.

예제

丁亥	乙酉	辛酉	癸未	乾命

75	65	55	45	35	25	15	5	
癸丑	甲寅	乙卯	丙辰	丁巳	戊午	己未	庚申	大運

酉月 乙木 일주가 금왕당절에 출생해 辛金司令이고 月令에서 투출하여 편관격이나 신약하여 파격이다.
乙木 일주가 亥未木局에 뿌리 내리고 시상 丁火가 未中丁火에 뿌리를 내리고 있으니 일간을 보호할 만하다.
편관의 통변은 적이나 질병으로 보는데 丁火식신이 식신제살하면 장군이 되어 적군을 막는 직업이나, 의사가 되어 질병을 고치는 직업을 선택하기 쉽다.
식신제살食神制殺하니 격格이 아름답다. 癸水로 金生水 水生木으로 化殺하니 더욱더 귀하다.
사주가 신약하더라도 식신으로 왕성한 칠살을 제살하는 구조이면 일주의 기운이 설기가 되는 것이 아니라 이때는 사주가 중화가 된다.
오행 음양의 작용이 이해가 되어야 통변이 쉬워진다. 즉, 음은 설기와 생을 못하고 극을 잘하므로 식신제살이 잘되는 것이다.

30세 이후부터 대운이 火木으로 흐르니 결혼하고 자식이 태어난 이후에 승승장구하는 의사의 사주이다.

편관격은 제화制化가 잘 되면 편관이라 이름 하고, 제화가 안 되면 칠살이라고 이름 한다.
편관은 무관이나 관리로 나가는 십신으로 조급하고 민첩한 반면, 남에게 지는 것을 싫어하니 투쟁심이 강하고 권모술수가 능하다.

편관은 식상으로 다듬어지든지, 아니면 인수로 화살化殺하여 일간을 생조하고 편관을 설기시켜 다스려지면 길격이 된다.
반대로 편재가 있어 생조하면 편관은 칠살로 변해 흉포해지니 병약하거나 요절하기 쉽다.
비겁이 많아서 신왕하고 편관이 허약하면 재성으로 편관을 생함을 기뻐하는데 이유는 무법자인 비겁을 편관이 조절해 주어 사주가 중화되기 때문이다.
편관격에 양인이 있어 양인합살격이 되면 위엄이 있고 권위가 있으나 살왕을 제어하지 못해 조절이 안 되면 사기꾼이나 허황한 사람으로 사회에 해악을 끼치는 사람이 된다.
편관이 제화된 사주는 권력계통의 검찰, 경찰, 수사기관, 군인, 교도관 등의 직업을 갖는 경우가 많은데, 제화되지 못하면 깡패나 사기꾼이나 강도로 흉악범이 되기 쉽다.
편관격으로 성격되고 중화가 이루어지면 권력고관이나 국회의원, 장군, 법관, 검찰 등 명망이 있는 직업을 갖게 된다.
편관격에 인성으로 살인상생으로 중화가 되면 문관이 많고, 식상으로 제살이 되면 무관武官이나 권력을 가진 자가 많다.
편관이 허약한데 재성의 생조가 없고 인성이 일주를 생조하면 춥고 배고픈 선비에 불과하다.
편관격이 제화가 되어 사주가 중화를 이루고 재가 유근하면 기술업계 기업체의 고급간부가 많고 다방면에 유능한 능력자가 많다.

9 정인正印 통변通辯

정인의 작용 정인은 비견을 생하고 정관을 설기하며 식상을 극한다.

정인의 작용은 일간과 비겁을 생하는데, 일간이 강하면 비겁과 분리가 되는 것이며, 일간이 정인의 생을 받을 때 비겁이 정인과 가까이 서 있으면 일간을 생하는 것을 비겁이 생을 받아 방해하는 경우가 된다.
이렇게 되면 외부의 조건을 받아들이지 못하는 구조가 되어 윗사람의 가르침이나 지시를 거부하고, 후배나 아랫사람을 돕는 일에는 적극적인 행동으로 작용한다.
사주에 비겁이 많으면 정인의 생조가 비겁에 분산되어 가게 되므로 일간에서 오는 정인의 생生의 힘이 약하다는 의미가 된다.
일간이 약할 때는 비겁과 협력하는 관계가 되는데 이때 정인은 일간 중심으로 작용하게 되니 집중력과 인내력이 강화되고 윗사람의 가르침이나 지시에 순응하는 자세로 바뀐다.

정인은 관을 설기하는 작용을 하는데 관성이 태왕하면 정인의 자격과 능력이 넘치게 되니 학문이 분산되는 기운으로 작용하여 효율성이 떨어지며 관성이 일간에 견제의 작용까지 하게 된다.
관성이 미약하면 정인은 재성의 공격으로부터 자유롭지 않으므로 고립되어 능력에 문제가 발생한다.

정인의 작용 중에 식상을 극하는 것이 있는데, 사주의 구조가 상극 관계가 아니면 정인으로 학문을 익히고 식상으로 표현하는 구조가 되므로 자격증을 이용하는 직업에 인연이 있게 된다.
정인은 식상으로부터 공격받는 관성을 보호하고 일간을 지켜 주므로 직장이 안전하게 된다. 성격은 자제력과 인내력이 있으며 진퇴가 분명한 사람이다.

인수는 일간과 비겁을 생해 주고 정관을 설기시키고 식상을 극한다. 인수는 우선 일간과 비견을 생해 주는 데서 의미가 크다. 만물은 일단 생을 받음으로써 존재한다. 그러므로 사주의 강약에 관계없이 인수는 반드시 필요하다.
일간을 생해 주되 음양이 다르면 정인이 되는 것이고, 일간을 생해 주되 음양이 같으면 편인이 되는 것이다.

정인·편인을 합하여 인수라고 하며 혹은 정인만을 인수로 지칭하는 수도 있다. 정인과 편인이 식신을 극상하지 않으면 인수라 칭할 수 있으나, 식상이 필요한 사주에 편인이 왕하여 식상을 제극하면 이것은 인수로 이름 하기보다 도식倒食 또는 효신살梟神殺로 명칭을 붙이게 된다. 그러므로 정인이 편인보다 길한 작용을 한다.

정인의 특성은 정이란 글자의 뜻에서 알 수 있듯이 어진 성품에 학자·군자·인자·신사적 면모가 엿보인다. 또한 체면과 명예를 중요시 여기며, 일주를 生하는 어진 어머니 마음으로 생활이 어려운 사람을 보면 자선심으로 작용하여 아낌없는 인정을 베푼다.

정인은 학문과 전통문화의 법통을 계승하는 학문으로 작용하여 가문을 유지하고 보호하려는 속성을 드러내어 참고 견디는 인내를 향상시키고 안정적인 심리로 작용한다.

정인이 일간에 잘 수용이 되려면 일간이 약해야 정인의 특성이 적용이 된다. 일간이 신강하거나 일간이 태약하면 정인의 특성이 제대로 발현되지 못한다.

정인의 성격은 보수적이므로 상식적인 범주를 벗어나지 않고 급진적인 변화를 주지 않으려는 성향이 강해 교육·종교·도덕을 숭상하며, 아무리 궁해도 체면과 명예에 누가 되는 일은 하지 않으려는 것이 특징이다.

인수의 '인印'자는 도장을 의미하므로 결재해 주는 것으로 인식해 인정하는 뜻이 있고, 인수의 '수綬'자는 문서를 묶어 주는 끈이나 도장을 담을 수 있는 주머니 등의 뜻이 있다. 본래 인印은 만물의 근원을 뜻하여 도나 자연의 섭리 등의 뜻을 가진다.

사주에 정인격을 놓거나 정인이 유기하여 용신이 되거나 정인이 사주를 장악하면 교육자·학자·수도자·철학가·종교가·문학가 등의 직업인이 많이 나온다.

편인도 일간이 쇠약할 때 희신으로 작용하여 가장 소중한 존재요, 정인도 많아서 태왕하면 도리어 해를 끼치는 기신으로 작용된다.

식상·재성·관살이 왕하고, 일주가 쇠약할 때는 인수라야 액을 면하고, 비겁이 많아서 일주가 태왕할 때 인수가 왕하면 식상을 극하니 도식倒食되어 불길하다.

예제

丁丑	乙卯	壬子	壬申	坤命

74	64	54	44	34	24	14	4	
甲辰	乙巳	丙午	丁未	戊申	己酉	庚戌	辛亥	大運

子月 乙木 일주가 수왕당절에 출생해, 癸水司令인데 金水가 왕하니 사주가 매우 한습하다.

조후가 급한 사주로 火가 용신이고 木이 희신이며 水가 기신으로 용신의 병病이 되고 金이 구신仇神이고 조토가 약신藥神이다. 인수가 태왕하여 관설官泄이 심해 남편의 경제능력이 떨어지는 구조의 사주이다.

식신생재食神生財하여 재극인財剋印해 주어야 하므로 본인이 경제활동을 하여 가정을 이끌어 가야 한다. 자식은 인수 과다로 나쁘게 작용하나 직접적으로 극상하지 않아 무난히 살아간다. 40대 초반까지는 심신이 고달프고 40대 중반 이후는 火와 土희신으로 자식이 잘 풀려 마음이 편안해진다.

> 여자 사주가 관약일 때 재성이 왕하여 재생관하는 구조가 되면 길한데 인수가 태왕하여 기신일 때는 재생관하고 재극인하여야 하니 본인이 돈 벌어 남편 뒷바라지하고 살아야 하며, 친정에 도움을 주어도 좋은 소리를 듣지 못한다.

예제

庚辰	庚戌	己未	戊戌	坤命

78	68	58	48	38	28	18	8	
辛亥	壬子	癸丑	甲寅	乙卯	丙辰	丁巳	戊午	大運

未月 庚金 일주가 화왕당절에 출생하여 己土司令인데 사주가 매우 건조乾燥하다.

인수가 태왕한데 인수 암장에 관성이 있으면 인수가 관고에 해당된다. 日時에 辰戌冲으로 개고開庫가 되어서 戌中丁火가 나오면 설기가 심해지면 파고破庫가 된다. 이같이 관설官泄이 심하면 남편이 능력 없으니 건달을 만나기 쉽다.

또한 辰中癸水 식상도 인수암장에 있고 辰戌冲으로 파괴되어 극상당하니 자식도 잘 풀리지 않아 속 썩이니 눈물을 흘리면서 살아야 하는 팔자다.

인수가 태왕하여 기신인 여자의 사주는 자식 덕이 없는 것이니 본인은 자식을 낳지 못하고, 시상 비견이 시지에 진중계수가 있으니 남편이 첩에게

서 자식을 낳는 팔자로 전생의 업연 때문일 것이다.

식상을 왕한 인수가 제극制剋을 심하게 하면 가슴이 답답하여 건강이 나빠지고, 인성과 식상이 동주하면 하루에도 여러 번 바뀌는 변덕스러운 성격이 된다. 또한 도식이 되므로 집안의 가세는 본인이 태어난 그 이후에 기울기 시작했다.

재다신약財多身弱 사주가 인성이 용신일 때 운에서 재왕운으로 오면 돈 때문에 부모와 원수가 되거나 여자 때문에 부모와 갈등이 생긴다. 또는 문서로 인한 관재 송사가 생긴다.

여자 사주에 식상이 있는데 운에서 인성운이 강하게 들어오면 부모를 모실 운이며 또는 자식에게 신경 쓸 일이 생기거나 본인은 자궁이나 유방에 질병이 발생하여 수술할 일이 발생하게 되니 미리 검진을 받아 보도록 일러주어야 한다.

여자 사주가 인수태왕하면 남편과 자식에게 고난이 많이 따른다. 옛날에 어른들께서는 사주를 배워 알기 때문에 인수태왕의 여성은 며느리로 들이기를 꺼려했다.

10 편인偏印 통변通辯

편인의 작용 편인은 비겁을 생하고 편관을 설기하며 식신을 극한다.

편인은 비겁을 생生하는 작용을 하는데 일간의 강약에 관계가 없이 비겁만을 생하는 작용으로 인하여 일간이 약할 때 도움을 받기에는 어려움이 따른다. 일간이 비견에 뿌리를 내리고 있으면 편인의 생生을 받을 수 있다.
비겁이 강한데 편인이 왕하면 비겁으로 방해를 받으니 일간의 능력에 장해가 된다. 사주에서 비겁이 많다는 것은 편인의 생조生助가 비겁에게 분산이 된다. 그러나 비겁이 없으면 편인의 능력이 분산되지 않고 일간에게 집중이 되어 복으로 작용된다.

편인은 관성을 설기하는 작용을 하는데 관성이 허약하면 편인의 작용능력이 약화되어 학문이나 기술과 기획능력에 한계가 있으며 비현실적인 기획에 집착하여 사회적으로 인정받기 쉽지 않다. 관성이 유기有氣하면 편인의 기획능력과 예능과 기술이나 학문 등에 비상한 능력을 발휘한다.

편인은 식신을 극하는 작용을 하는데 일명 도식倒食이라 하며 나쁘게 작용하여 흉하다. 이때 재성으로 편인을 조절해 주어야 도식당하지 않게 된다.
반대로 편인이 식상을 조절하면 편인의 순발력과 식상의 재치와 두뇌회전이 합하여 우수한 기획능력을 가진 사주가 된다.

편인은 비겁을 생하고 편관을 설기시키며 식신을 극한다. 편인의 특성으로 어떤 사안을 분석할 때 한 부분을 채택하여 전체를 파악하는 특성으로 인하여 신속하고 빠른 판단을 한다. 이 같은 장점으로 작용할 때 전문분야에서 능력을 발휘할 수 있고, 업무에 대한 능력이 신속하다.

남의 판단을 믿지 못하는 경향이 있는데 확신이 생기지 않기 때문이다. 반면에 한번 믿으면 전적으로 수용하게 되므로 특이한 성격의 소유자이다.

편인의 성격은 자신의 판단이 정확하다고 생각하면 특수 분야에서 업무 성사를 위해서는 인내하는 힘이 정인의 인내보다 월등하므로 특별한 목적의식이 있는 업무는 뛰어난 실력으로 작용한다.

편인이 작용하는 대표적인 특성을 보면 자기의 이익과 연관성이 있을 때는 치우친 생각, 집요함이 작용이 되고, 자기 이익과 연관성이 없는 경우에 비뚤어진 사고방식, 인내력 부족에 변덕이 다단하고, 남과 협력관계가 아닌 혼자서 경영하는 장사 쪽으로 작용하며, 시기·질투 등의 비교적 좋지 못한 성격과 운세가 작용된다.

사주에 편인격이 되고 편인이 유기하면 의사·약사·학자·예술가·세무사·계리사(회계사)·변리사(특허·의장·실용신안·상표등록에 관한 업무를 대행하는 사람)·변호사·발명가 등에 종사하는 사람이 많고, 그래야만 발달한다.

편인의 대표적인 특성을 보면 치우친 생각·꽁한 마음·집요함·비뚤어진 사고방식·인내력 부족에 의한 변덕이 있는 사람이다.

남과 협력관계가 아닌 혼자서 경영하는 소규모 개인사업으로 작용하며 비방과 방해공작으로 작용하니 신랄한 비판능력과 시기와 질투 등으로 비교적 좋지 못한 성격과 운세가 작용된다.

편·정인이 모두 있으면 혹 두 어머니를 섬길 운명이다. 전실 모가 있거나 계모·서모를 섬기거나 남의 자식 노릇을 하게 되거나 남의 조상의 제사를 받들게 된다. 이 가운데 아무것도 해당되지 않으면 어머니의 친정 형제자매가 많기라도 할 것이다.

① 식 상	식상은 서비스, 사치, 봉사, 투쟁, 노력, 행동, 활동무대를 뜻한다.
② 재 성	재성은 결실, 금전, 과욕, 욕심, 청결, 실속, 현실 등을 뜻한다.
③ 관 성	관성은 조상, 명예, 영광, 자존심, 체면, 직업, 규제 등을 뜻한다.
④ 인 성	인성은 학문, 성실, 인내, 지구력, 전달, 후원, 연결 등을 뜻한다.
⑤ 비 겁	비겁은 활동, 사교, 친교, 소모, 우유부단, 안하무인 등을 뜻한다.

4 십신의 생과 극, 상생과 상극 | 十神의 生과 剋, 相生과 相剋

가. 십신十神의 생生·극剋

시중에서 판매되고 있는 책에는 오행과 십신의 생生과 극剋의 관계를 상생相生과 상극相剋이라고 서술한 책들이 많다. 이와 같은 해석들은 잘못된 해석이 되므로 반드시 수정하여 숙지해야 한다. 개념정리를 새롭게 해 놓았으므로 수정하여 이해를 해야 정확한 통변에 도움이 된다.

1 비견·비겁은 식신·식상을 생한다.

【비겁 생 식상 도표】

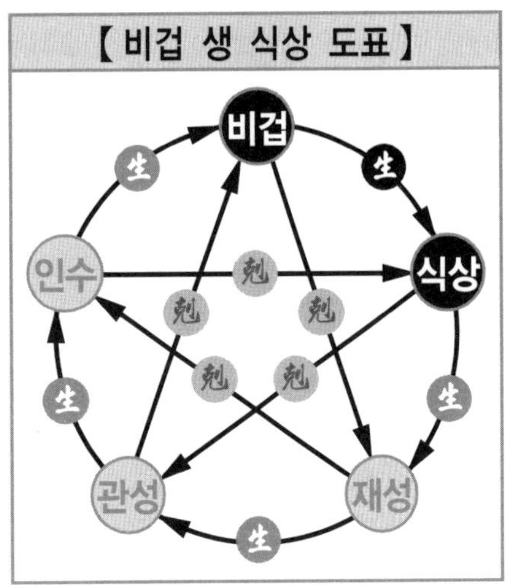

비견과 비겁은 식신과 식상을 生하는데, 여자 사주에 십신을 육친으로 표현하면 식상은 자식에 해당하고, 비겁은 일간과 같은 기氣이니 나에게 힘이 된다. 여자가 자식을 낳기 위해 자신의 몸이 건강하여 힘 있을 때 쉽게 자식을 낳을 수 있는 것이므로 일간은 지지에 비견이 있어 뿌리가 튼튼해야 길하다.

일간이 신왕할 때 식상에게 나의 기운을 자발적으로 주는 것이 되고, 이때 비견과 비겁은 탈재하는 것으로 나쁘고, 일간이 신약할 때 식상에게 나의 기운을 빼앗기는 것이다. 이때 비견과 비겁은 나의 힘이 된다.

사회적으로 식상은 내가 활동하여 얻는 의식주에 해당하므로 신왕하면 활동무대가 넓은 것으로 열심히 일하여 의식이 넉넉한 것이 된다. 신약하면 기운이 없어서 움직이지 못하는 것과 같으니 활동무대가 좁아지고 일감이 없어 의식이 곤궁해지는 것과 같다.

일간이 지지 비견에 근을 하고 신왕할 때 식상은 능력이 되나, 식상이 너무 왕하여 일간이 신약하면 활발하게 능력 발휘를 할 수 없으니 실천능력이 없어 허언虛言만 잘하는 사람으로 사기꾼이 되기 쉽다.

일간이 신약하면 신체가 허약해서 활동을 못하기 때문에 쉽고 편하게 할 수 있는 일만 찾으니 능력 있는 사람에게 빌붙어 아부하며 살아가는 사람이 된다.

일간이 신약하고 식상이 왕하면 비견·비겁으로 일간을 도우면 일간이 왕해 좋을 것 같으나 다시 식상을 생하게 되므로 절반은 길하고 절반은 흉하게 된다.

그러므로 일간보다 식상이 왕해서 신약하면 비겁보다 인성으로 관성을 보호하고 일간을 생하고 식상을 조절하는 것이 제일 길한 것이다.

2 식신·식상은 정재·편재를 생한다.

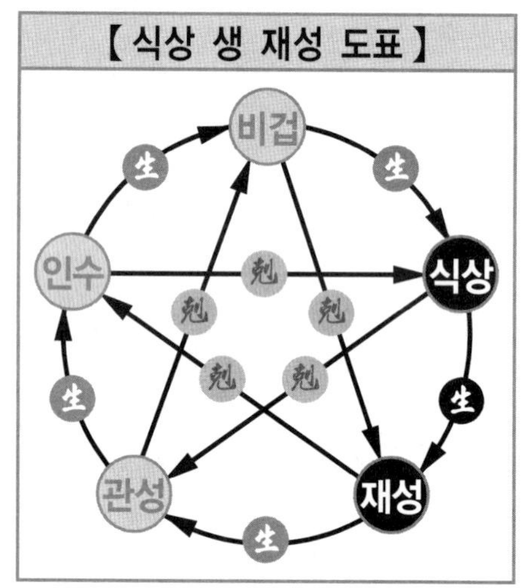

식신과 식상은 정재와 편재를 생하는데, 십신을 육친으로 통변하면 남자의 식신은 정재의 친모가 되니 장모가 되고, 식상은 편재의 친모가 되니 조모가 되는 것이다.

사주에서 식신이 2개이거나 식상이 2개가 있으면 연월에 있는 식신이나 식상은 조모님으로 보고, 일시에 있는 식신이나 식상은 장모로 보아야 한다. 여자의 식신은 딸이 되고 식상이 아들이 되는 것이다.

또 다른 사회적인 통변으로는 식상은 업무능력과 실천하는 십신으로 열심히 일하여 자신의 재능으로 재물을 모으는 능력이 된다. 비견은 허약하고 비겁은 왕한 구조의 사주에 식신·식상이 미약한데 재성만 왕하면 능력 없는 사람이 돈을 벌려고 하니 비겁과 동업으로 돈을 버는 것과 같아 남을 이용하여 돈을 벌어야 하는 사람이다.

신왕하고 식상은 있는데 재성이 없으면 능력은 있으나 재물을 모으는 창고가 없는 것이니 돈을 버는 만큼 써 버리는 사람이다. 식상과 재성은 비겁을 설기해 일간을 약하게 하는 것이므로 식상과 재성을 쓰기 위해 일간이 강해야 활동무대가 넓은 것이 되고, 힘차게 일을 해서 돈을 버는 것이다.

일간과 비겁이 약한데 식상과 재성이 왕하면 마음에는 있으나 체력이 따라 주지 않아 몸으로 돈을 벌 수 없어 머리로 돈 버는 직업을 가져야 하니 공부를 열심히 하여 학문으로 돈을 버는 것이 된다.

3 정재·편재는 정관·편관을 생한다.

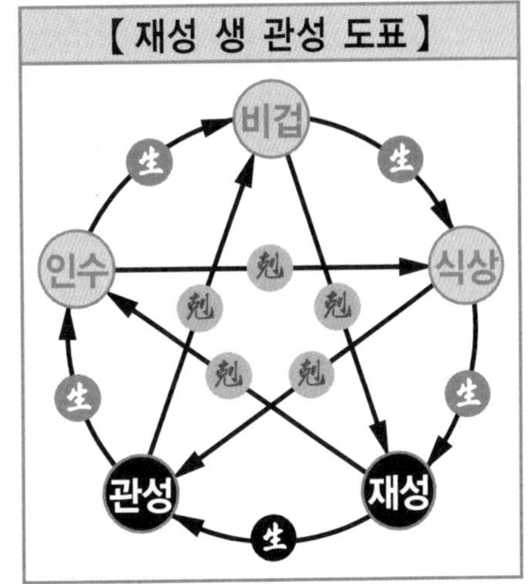

정재와 편재는 정관과 편관을 생하는데, 십신을 육친으로 통변한다면 남자의 재성은 부인과 부친이 되어 재성이 관성을 생하므로 남자 사주는 관성이 자식이다.

남자가 결혼해서는 처자를 부양하기 위해 직업을 가져야 하는데 관성은 명예와 직장과 관직이라고 한다.

일간이 재관을 감당하기 위해 신강해야 하는데 재관이 왕해 신약하면 처자를 부양하는 것이 힘들고 사회생활에 적응을 못하니 가권家權을 처가 가지게 된다. 이 경우에 재관을 추구하는 것보다 일간을 강하게 만드는 것이 급선무인데 일간을 돕게 만드는 것은 인성으로 공부하여 자격증을 따든지 지식으로 살아야 하며, 아니면 비겁의 도움으로 살아가야 한다.

재성과 관성은 일간과 제극制剋하는 관계가 되는데 일간 강약에 따라서 희신과 기신으로 결정된다. 재성과 관성이 강하면 일간이 감당할 수가 없으므로 처자의 기세를 이기지 못하는 것이 되어 돈 때문에 화禍를 부르는 것이다.

일간이 강해 재관을 다스릴 수 있다면 결혼 이후 처의 내조로 관직을 얻고 국가의 기둥으로 관록을 먹으니 부귀겸전이 된다. 신왕한 사주에 재왕한데 관약하면 결혼을 빨리하여 자식 낳고 부자가 되고 출세길이 열리게 되며, 신왕에 관왕하고 재가 약하면 직위로 부를 얻는다.

4 정관·편관은 정인·편인을 생한다.

【관성 생 인성 도표】

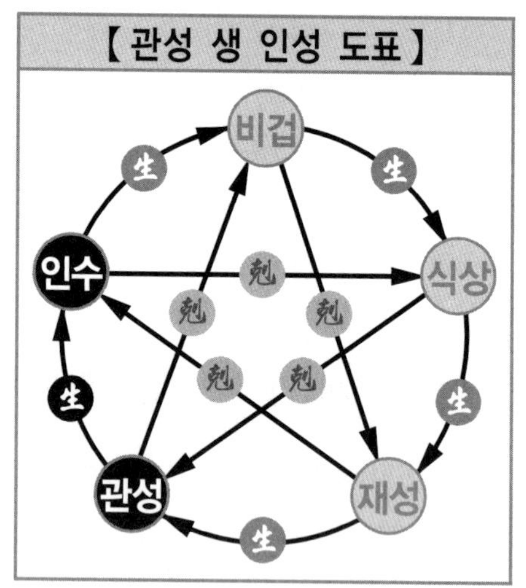

정관과 편관은 정인과 편인을 생조하는데, 십신을 육친으로 통변하면 인성은 모친으로 작용하고 관성은 인성을 생조하니 외조모로 작용한다.

관성이 인성을 생하고 인성은 비겁을 생하니 사회적으로는 나라에서 학교를 세우고 가르치는 것으로, 인성은 학문이요 기술이니 먹고살 수 있는 기반을 만들어 주는 것이다.

관성은 직위가 되고, 인성은 문서와 인장인데 문서와 인장으로 일하는 사람이라 사무직이다.

관이 왕하고 인성이 있으면 관리가 직인으로 결재를 하는 실무 부서의 책임자가 되는 것으로 보나, 관성이 왕할 때 인성이 없으면 귀는 있고 인장이 없는 것이니 직위는 있으나 실제로 결재권이 없는 직위가 되니 몸으로 하는 일이라 노동자다.

관약하고 인성이 왕성하면 관성은 인성에 설기가 되어 약하므로 이때 재가 없으면 관이 약해서 학문은 깊으나 직위가 없으니 재야의 선비에 불과하다.

재성이 있어 재생관하면 직위가 있고 직장도 튼튼하다. 관은 사회생활에 필요한 직업과 직장인데 신약하면 인성에 의지해야 하고, 인성으로 신강하면 재성으로 인성을 눌러 줘야 하고, 비겁으로 신강하면 재성으로 관성을 생조하여 관성에 의지해야 한다.

신왕 사주인데 재관 상생이 잘되고 왕하면 부귀가 따른다. 신약사주에 관성이 강하고 인성이 있으면 재성은 관성에 설기되어 약하니 청고한 선비는 되나 부가 따르지 않는다.

5 정인·편인은 비견·비겁을 생한다.

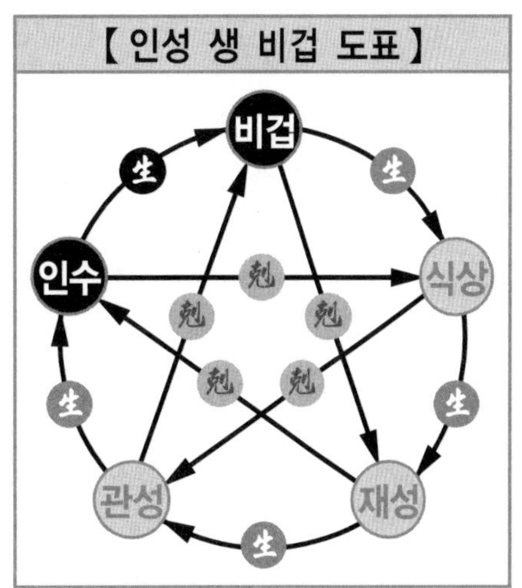

정인과 편인은 비견과 비겁을 生하는데, 십신을 육친으로 통변을 하면 인성은 나를 낳아 기르니 모친이다.

나를 가르치는 스승이 되고 학문이 되므로 세상살이에 필요한 교육으로 작용해 잘사는 기본이 된다.

인성은 문서와 인장으로 작용하니 결재권이 생기는 것이 된다.

일간이 쇠약하면 인성이 길한 작용을 하여 웃어른이 보살펴 주고 가르침을 주므로 공부하여 나의 명예를 지키니 학자로 성공한다.

또한 기획을 하고 정보를 모아 준비하면 효과적으로 업무를 수행할 수 있어 능력을 인정받고 관직을 얻는 것과 같다.

일간이 강할 때 인성이 생하면 더욱 강해지니 일간의 단점인 자존심과 이기적인 성품이 더욱 강해져 비겁의 나쁜 점을 더욱 부각시키는 결과가 나온다.

인성이 기신이면 배움이 병病이 되고 대학은 쓸모없는 학과를 선택하여 전공을 살리지 못하는 운명이 되어 스승이나 모친의 잘못으로 본인이 손해를 보게 된다.

인성이 왕하여 기신이면 과잉보호로 마마보이가 되기 쉬워 사회생활에 어려움이 많이 따르고 창의적 생각이 부족하고 기획능력과 업무능률이 떨어진다.

여자 사주에 인성이 왕하면 자식을 출산하기 어렵고, 자식을 출산하게 되더라도 난산이 우려되고, 아들은 못 낳고 딸만 낳기 쉽다.

자식이 자라면서 질병으로 고생이 많고 사회적으로 성공하기 어렵다.

6 비견·비겁은 정재·편재를 극한다.

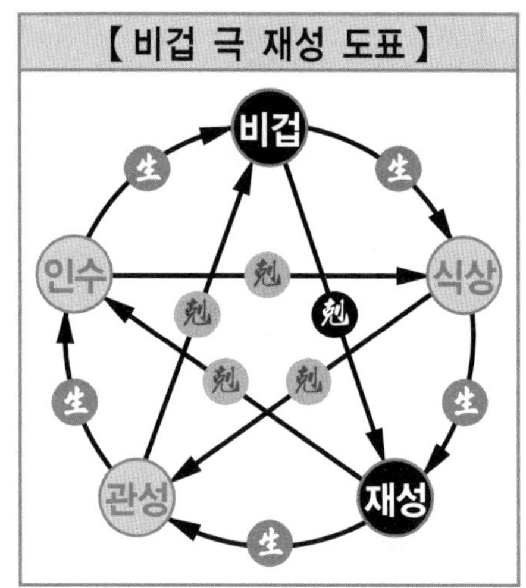

비견과 비겁은 정재와 편재를 극한다. 십신을 육친으로 통변하면, 신약할 경우 비겁은 조력하는 동업자가 되고 후원자가 되는데 신강 사주에 비겁은 쟁재爭財하고 쟁인爭印과 쟁관爭官하는 것이니 권리를 빼앗아가는 것으로 나쁜 작용을 한다.

재는 처도 되기에 비겁이 신왕하여 기신이면 처를 빼앗아 가니 걱정이 되고, 처가 남자들에게 인기가 많은 것이 되어 의처증으로 발전한다. 처와 사이가 좋더라도 문제가 생길 수 있다.

재는 부친도 되므로 비겁이 왕하면 부친이나 처에게 문제가 발생한다. 비겁이 왕하고 재가 약하면 비겁으로부터 제극制剋이 심하여 부친이 일찍 죽거나 병객으로 능력이 없고, 가난한 집안에서 태어난 사람으로 자수성가를 하게 된다.

재다신약財多身弱한 사주일 때는 비겁의 도움이 필요하니 길신으로 작용한다. 재가 많을 때는 혼자서 감당하지 못하니 친구와 형제의 도움을 받아야 왕재를 감당 할 수 있다.

일간이 신약하여 재성을 감당하지 못할 정도로 업무량이 많을 때 형제들이 돕는 것으로 작용하여 형제와 의가 좋다. 그러나 친구나 형제의 도움을 받더라도 대가를 지불해야 하므로 큰 재물이 되지 않아 갑부가 되기는 어려운 구조다.

7 정재·편재는 정인·편인을 극한다.

정재와 편재는 정인과 편인을 극한다. 십신 작용을 통변하면 인성은 모친과 학문이고, 재성은 재물과 처이니 처를 얻어서 모친을 떠나는 것이고, 학생이 재물과 여자 때문에 공부를 소홀히 하게 되고, 돈을 버는 것과 공부를 동시에 겸하기는 어렵다. 재성은 학문에 장애가 되는 것은 재성이 인성을 극하는 이유다.

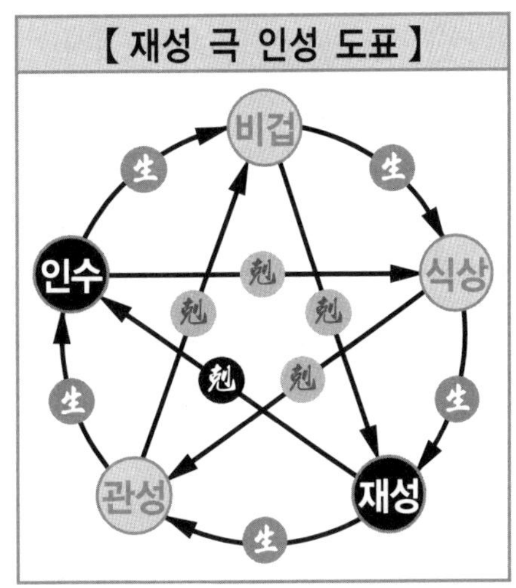

인성이 용신일 때 초년에 재운이 오면 학문이 손상되는 것이므로 공부하는 데 장애가 있어 대학진학에 어려움이 따른다.

인수가 많아 신강할 때 초년에 재운이 오면 인성을 적당하게 조절하여 사주 구조가 균형이 이루어지면 수학을 잘해 이공계열에 진학이 가능해 경제·경영학과에 합격하고 경제에 관심이 많아진다.

신약하면 인성은 일간을 생조하여 길신으로 작용하고 재성은 기신작용을 한다. 이 같은 사주구조는 재물과 여자에 한눈을 팔아 공부를 게을리하며, 여자와 뇌물을 좋아하다 명예를 손상시켜 결재권을 빼앗기고 좌천되어 밀려난다.

인성이 많으면 일간이 답답하게 되는데, 재성이 인성을 제하여 조절하게 되어 길신이 되면 처를 맞이하여 가문이 일어나고 학문을 사업에 응용하는 것이 되고 연구개발을 하여 이득을 얻는 것이 되므로 특허와 문서를 움직여 재물을 얻는 것이 된다.

남자 사주에 재성이 강하면 고부간에 갈등이 심하게 되고, 인성이 사주에 없으면 고부간에 갈등이 없다. 왜냐하면 재성이 극할 대상이 없기 때문이다. 모든 오행의 生·剋·制·化는 상대가 있을 때만 작용한다.

8 정인·편인은 식신·식상을 극한다.

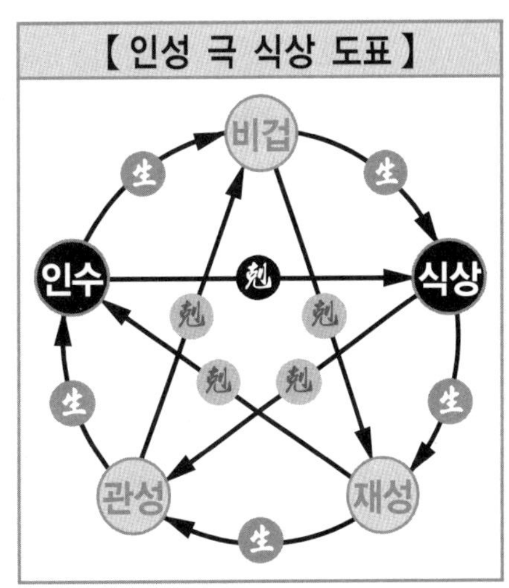

정인과 편인은 식신과 식상을 극하는데, 십신 작용을 통변하면 인성과 식상이 있으면서 조화가 되면 지적으로 발달하여 창의력과 이해능력이 뛰어나며, 표현력과 응용력이 뛰어나 시험·작문·예능 방면으로 두각을 나타내고 장점이 많은 사람이 된다.

식상이 길신으로 작용되면 표현력이 뛰어나 재치와 지혜가 좋은 것으로 되는데, 기신으로 작용되면 모사, 잔재주, 편법 등으로 작용한다.

인성이 약하고 식상이 강하면 하나를 배우면 열을 써먹게 되므로 많이 아는 것 같지만 앎의 깊이가 없어 잔재주에 불과하고 천박하다.

식상이 왕하고 인성이 없으면 식상은 재성을 생할지 모르지만 관성을 극을 하고 일간을 설기하니 임기응변에 능하다. 배운 것 없이 활동하는 것이니 기술로 먹고살아야 한다.

식상이 왕하면 남에게 베풀기 좋아하나 남의 마음을 헤아리지 못하여 도와주고 욕먹는 속성이 있다. 인성은 왕하고 식상이 약하면 표현력이 없어 쓸모없는 학문이 되어 버린다. 식상은 재를 생하는 능력이 되고, 왕한 인성이 식상을 제극制剋하면 순발력이 떨어지고 둔해져서 활동하지 못하는 것이다.

왕한 인성에 의해 식상이 극상당하면 건강하지 못하고 신체도 제대로 자라지 않아 키도 작고 허약하다.

9 식신·식상은 정관·편관을 극한다.

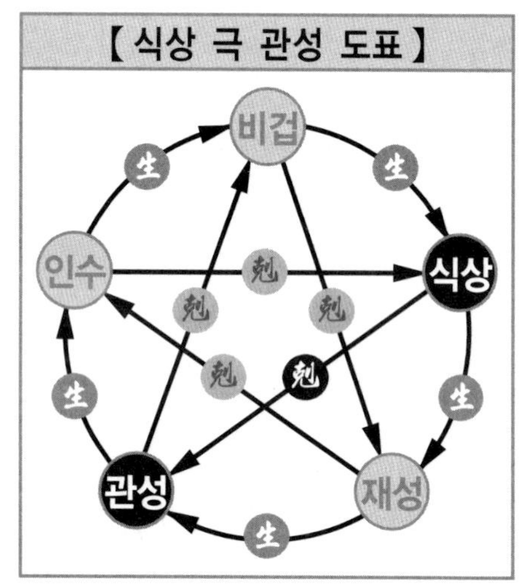

식신과 식상은 정관과 편관을 극하는데, 십신 작용을 통변하면 식상이 편관을 제하여 조절이 된다면 화살위권化殺爲權하여 무관으로 가거나 전문적인 기술이니 사람을 살리는 의학이 되어 의술로 성공하게 된다.

식신제살하면 적을 물리치는 장군이 되거나 균을 박멸하는 의사나, 고민거리를 해결하는 상담가나 종교인이 되고, 귀신을 물리쳐 주는 퇴마사가 적합하다.

편관은 비견이나 일간을 극하여 질병이나 건달과 같은데 식신이 있어 편관을 제하면 일간을 보호하고 편관을 조절하여 내 편으로 만들어 쓸 수 있다.

식상은 일간의 기운을 설기하여 약하게 만들며, 관성은 일간을 극하여 기운을 빼앗기는 것이 되므로 일간이 약해진다. 식상과 관살官殺은 일간을 극설剋泄하여 약하게 하므로 흉하다고 말하기 쉽다. 그러나 관살官殺

은 사주의 병病으로 식상食傷이 병신病神인 관살官殺을 조절해 주므로 관살이 왕해 일간을 극상할 때는 일간을 지켜 주는 약신藥神 역할을 하게 된다.

비겁이 왕해 관성으로 조절이 필요한 경우에 식상이 관성보다 강하면 제살태과인데 관성이 비겁을 조절하지 못해 일간은 경쟁력이 떨어진다.

일간이 비겁에 근하여 식상과 관성을 감당할 수 있으면 식상과 관성이 상전相戰하는 것을 재성으로 통관시켜 조화가 잘되면 길하다. 남자 사주가 이와 같으면 처덕이 있으며 결혼 이후에 발전이 따른다.

관성은 국가 법률과 같으므로 준법정신과 공익으로 작용하는데 사주에 식상이 관성을 제극制剋하는 구조로 구성되면 법을 어기고 국가에 불만을 가지고 저항하는 것과 같고, 심하면 범법자가 되어 관재구설이 따르게 된다. 이때 인성이 있어 식상을 조절하면 관성이 보호되어 준법정신과 직업으로 작용한다.

비유를 든다면 무법자를 진리와 학문으로 교화하여 사회를 위해 일꾼이 되게 하는 것을 말한다. 정관이라도 많으면서 왕하면 살로 작용하고, 식신이라도 많아서 왕하면 식상과 같은 작용을 하게 된다. 그러므로 정관과 편관, 식신과 식상의 십신의 통변만 가지고 판단하는 고정관념을 버려야만 올바른 판단을 하게 된다.

10 정관·편관은 비견·비겁을 극한다.

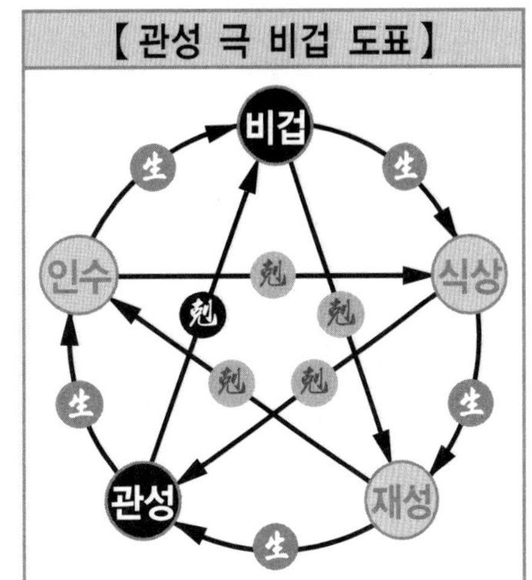

정관과 편관은 비견과 비겁을 극하는데, 십신 작용을 통변하면 정관은 준법정신과 질서로 도덕적 통제를 말한다.

비견은 일간과 같은 오행인데 형제와 같다. 그러므로 나와 힘을 합치면 세력을 얻어 압력 단체나 노동조합과 같은 역할을 한다.

비겁은 일간과 음양이 다르니 경쟁자가 되기도 한다. 비겁이 많으면 자기 세력을 믿고 독선과 군중심리로 무질서한 행동을 하므로 남에게 피해를 주는데 관이 있으면 무질서한 자신과 비겁들을 통제하여 엄격한 훈육으로 윤리와 도덕을 배워 자율적으로 질서를 지키게 하는 것이 된다.

편관은 강제적인 법률로 국법으로 정하여 건장한 남자에게 국토방위의 업무를 부여하기 위해 징병하여 엄격한 규율과 훈련을 통해서 적으로부터 국가를 지키게 하고 그러한 업무를 경찰과 국군에게 내적인 적과 외적인 적을 막아 국민의 안위를 지키게 한다.

관성이 비겁을 통제하는데 비겁이 강해야 감당할 수 있다. 관성이 태왕한데 비겁이 약하면 직장에서 업무량이 많아 감당하지 못하고 고생하거나, 군대에 가서 감당하지 못해 고생하다가 질병으로 고생하는 것이다.

비겁은 재성을 극하므로 재를 탈재하는 속성이 있으므로 관성이 있어 비겁을 제하면 비겁이 재성을 탈재하지 못하게 되므로 관성은 재물을 지키는 역할을 하고, 경쟁하는 사회에서 비겁을 막아 주므로 경쟁력이 있게 되어 어디를 가나 두각을 나타낸다.

비겁이 많아 신강한데 관이 약하면 경쟁력이 약해지는데 이때 재생관財生官하면 경쟁력이 살아난다.

남자 사주가 이와 같으면 결혼하여 아내를 얻고 나서 내조의 덕으로 경쟁력이 좋아지고, 자식을 얻고 진급이 잘되는 것이 된다. 또한 부유한 자가 관직을 돈 주고 사서 관직의 힘으로 자기 재산을 지키는 것과 같은 것이다.

나. 십신十神의 상생相生·상극相剋

십신의 생과 극 관계를 일반적으로 상생과 상극이라고 통변하는 학자들과 책자가 많은데 생과 극, 그리고 상생과 상극에 대한 이해가 부족하기 때문이다.
본 내용에서는 십신의 생과 극의 개념을 넘어서 상생과 상극의 개념을 도표와 함께 설명하니 참고하여 통변에 도움이 되기를 바란다.

1 비겁·식상은 관성이 있을 때만 상생

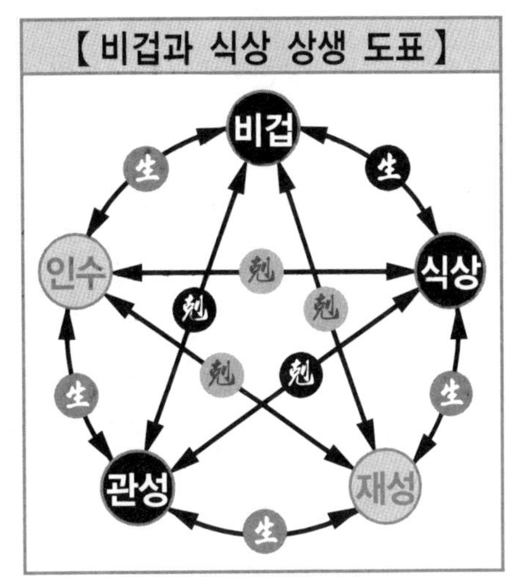

비겁과 식상은 관성이 있을 때 상생하는데, 이유는 비겁이 식상을 생조하는 구조로 관살이 비겁을 극하게 되면 식상이 관살을 극하여 비겁을 보호하니 서로가 도와 상생이 되는 것이다.

자세히 설명하면 비견·비겁이 식신·식상을 생하는 것인데 상생이라고 함은 정관이 비겁을 극할 때 식상이 정관을 극하여 비겁을 구하는 것이 되어 상생이라 하고, 편관이 비견을 극할 때 식신이 있어 편관을 제극制剋하여 비견을 구하는 구조가 되어 상생이라 한다. 비겁이 왕하면 나쁘게 작용하는데 식상이 있어 설기해 주면 비겁을 도와주는 것이 된다. 또한 관성으로 비겁을 제하여 조절하는 구조에서 식상이 관성을 극하면 나쁘게 작용하니 이때는 비겁과 식상을 상생관계라고 하지 않는다.

2 식상·재성은 인성이 있을 때만 상생

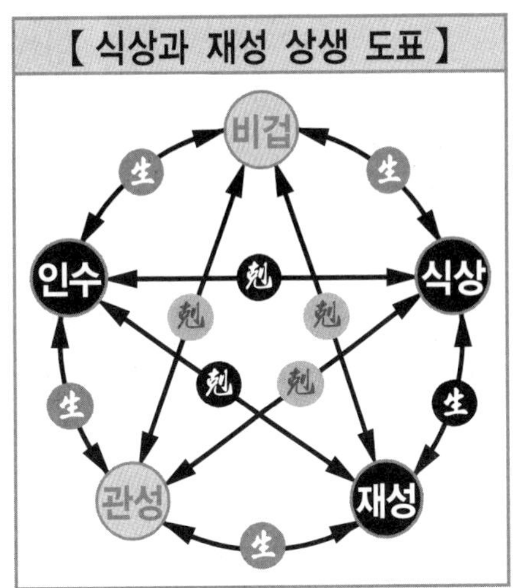

식상과 재성은 인성이 있을 때 상생하는데, 이유는 식상이 재성을 생조하는 구조로 인성이 식상을 극하면 재성이 인성을 극하여 식상을 보호하니 서로 도와 상생이 되는 것이다.

자세히 설명하면 식신·식상은 편재·정재를 생하는데, 상생이라고 함은 편인이 식신을 극할 때 편재가 편인을 극하여 식신을 구하는 것이 되어 상생이라 하고, 또한 정인이 식상을 극할 때 정재가 있어 정인을 제극制剋하여 식상을 구하므로 상생이라 한다.

식상이 태왕하여 나쁘게 작용할 때 재성이 있어 설기해 주면 식상을 도와주는 것이 된다. 또한 인성으로 식상을 극하여 조절하는 구조에서 재성이 인성을 극하면 나쁘게 작용하니 이때는 식상과 재성을 상생이라 하지 않는다.

3 재성·관성은 비겁이 있을 때만 상생

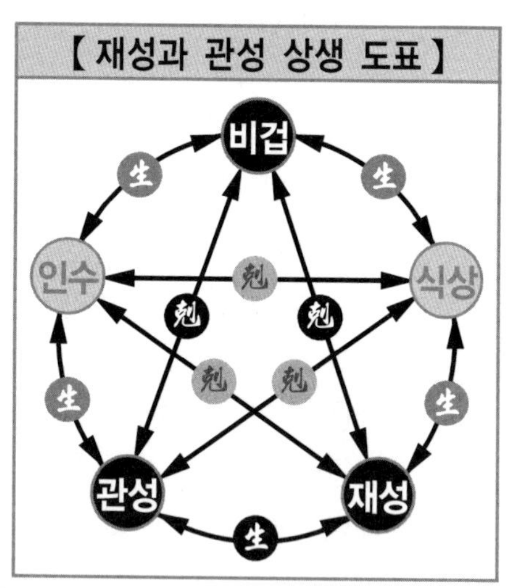

재성과 관성은 비겁이 있을 때 상생하는데, 이유는 재성이 관성을 생조하는 구조로 비겁이 재성을 극하면 관성이 비겁을 극하여 재성을 보호하니 서로 도와 상생이 되는 것이다.

자세히 설명하면 정재·편재는 정관·편관을 생조하는데 상생이라 함은 비견이 편재를 극할 때 편관이 비견을 극하여 편재를 구하는 것이 되어 상생이라 하고, 비겁이 정재를 극할 때 정관이 있어 비겁을 제극制剋하여 정재를 구하는 것이 되어 상생이라 한다.

재성이 태왕하여 나쁘게 작용할 때는 관성이 있어 설기하면 재성을 도와주는 것이 된다. 또한 비겁으로 재성을 극하여 조절하는 구조에서 관성이 비겁을 극하여 나쁘게 작용하니 이때 재성과 관성을 상생이라 하지 않는다.

4 관성·인성은 식상이 있을 때만 상생

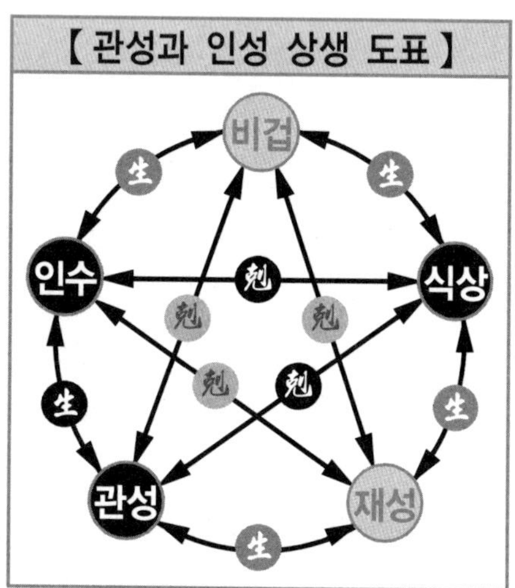

관성과 인성은 식상이 있을 때 상생하는데, 이유는 관성이 인성을 생조하는 구조로 식상이 관성을 극하면 인성이 식상을 극하여 관성을 보호하니 서로 도와 상생이 되는 것이다.

자세히 설명하면 정관·편관은 정인·편인을 생조하는 것인데 상생이라 함은 식상이 정관을 극할 때 정인이 식상을 극하여 정관을 구하는 것이 되어 상생이라 하고, 또한 식신이 편관을 극할 때 편인이 있어 식신을 제극制剋하면 편관을 구하는 것이 되어 상생이라 한다.

관성이 태왕하여 나쁘게 작용할 때 인성이 있어 설기해 주면 관성을 도와주는 것이 된다. 또한 식상으로 관성을 극하여 조절하는 구조에서 인성이 식상을 극하여 나쁘게 작용하니 이때는 관성과 인성을 상생이라 하지 않는다.

5 인성·비겁은 재성이 있을 때만 상생

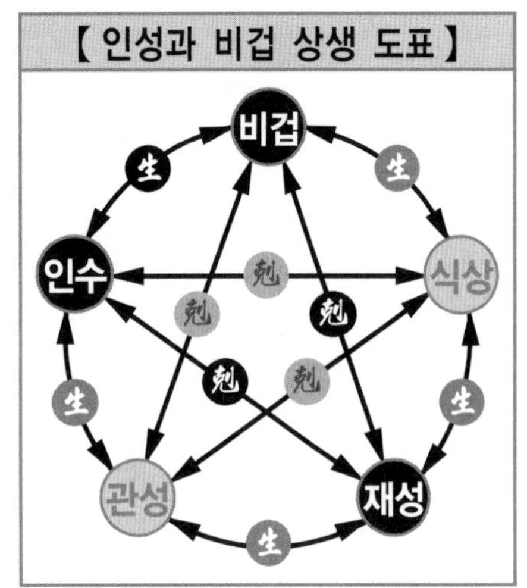

인성과 비겁은 재성이 있을 때 상생하는데, 이유는 인성이 비겁을 생조하는 구조로 재성이 인성을 극하면 비겁이 재성을 극하여 인성을 보호하니 서로 도와 상생이 되는 것이다.
자세히 설명하면 정인·편인은 비견·비겁을 生하는데 상생이라 함은 정재가 정인을 극할 때 비겁이 정재를 극하여 정인을 구하는 것이 되어 상생이라 하며, 편재가 편인을 극할 때 비견이 있어 편재를 제극하면 편인을 구하는 것이 되어 상생이라 한다.
인성이 태왕하여 나쁘게 작용할 때 비겁이 있어 설기해 주면 인성을 도와주는 것이 된다. 또한 재성으로 인성을 제극하여 조절하는 구조에서 비겁이 재성을 제극하면 나쁘게 작용하니 이때는 인성과 비겁을 상생이라 하지 않는다.

6 비겁·재성은 관성이 있을 땐 상극

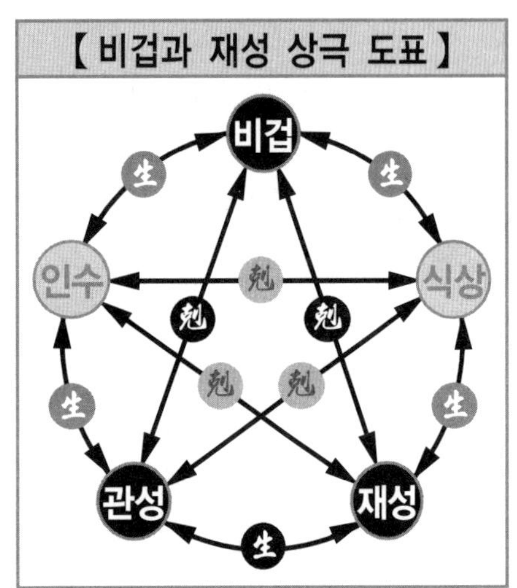

비겁과 재성은 관성이 있을 때에는 상극한다. 또한 비겁이 약해서 인성으로 생조하는 구조에서는 재성이 인성을 극할 때 상극이라고 한다.
관성이 있고 비겁이 재성을 극하는 구조인데 상극이 되는 것은 재성이 관성을 생조해 비겁을 제극하도록 도우므로 상극이라 한다.
자세히 설명하면 비견·비겁이 편재·

정재를 극하는 구조에서 편재는 편관을 생조하여 비견을 극하게 하여 상극이라 하며, 비겁이 정재를 극할 때 정재는 정관을 생하여 비겁을 극하게 하니 상극이라 한다.

비겁이 약해서 정인으로 생조해 주는 구조인데 정재가 정인을 극하여 비겁을 생하지 못하면 비겁과 정재는 상극이라 한다. 또한 비견이 약해서 편인으로 생하는 구조에서 편재가 편인을 극하면 비견을 생조하지 못하게 하면 비견과 편재는 상극이라고 한다.

비겁과 재성 사이에 식상이 있어서 통관通關되면 상극이라 하지 않는다. 또한 비겁이 태왕하여 기신으로 작용할 때는 재성이 관성을 생조하여 비겁을 조절하는 구조라면 비겁은 재성과 관성을 반기는 것이 되므로 상극이라 하지 않는다.

7 식상·관성은 인성이 있을 땐 상극

【식상과 관성 상극 도표】

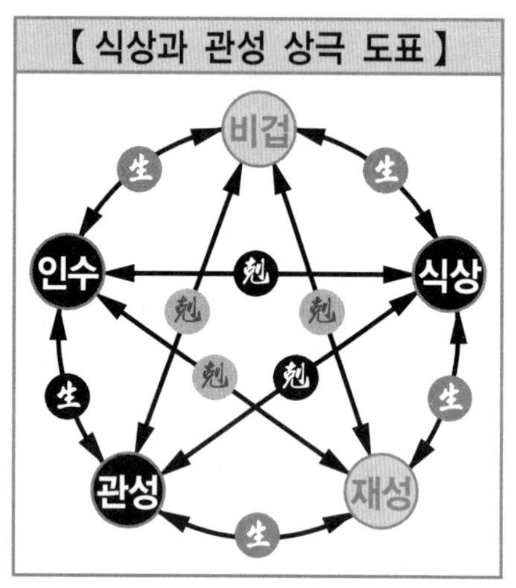

식상과 관성은 인성이 있을 때에는 상극한다. 또 식상이 관성을 극하는 구조인데 상극이 되는 것은 관성이 인성을 생조하여 식상을 극하도록 도와주니 상극이라 한다.

자세히 설명하면 식신·식상이 편관·정관을 극을 하고 있을 때에 편관은 편인을 생조하여 식신을 제극하게 하므로 상극이라 하며, 식상이 정관을 극하고 있을 때 정관은 정인을 생해 식상을 극하게 하므로 상극이라 한다.

식신이 약해서 비견으로 생조하는 구조에 편관은 비견을 극해 식신을 생하지 못하게 하면 식신과 편관은 상극이라 한다. 또한 식상이 약해서 비겁으로 생조하는 구조에서 정관이 비겁을 극하여 식상을 생하지 못하면 식상과 정관은 상극이라 한다.

식상과 관성 사이에 재성이 있어서 통관이 되면 상극이 되지 않는다. 또한 식상이 태왕하여 기신으로 작용할 때는 관성이 인성을 생조하여 식상을 조절하는 구조라면 식상은 관성과 인성을 반기게 되는 것이므로 상극이라 하지 않는다.

8 재성·인성은 비겁이 있을 땐 상극

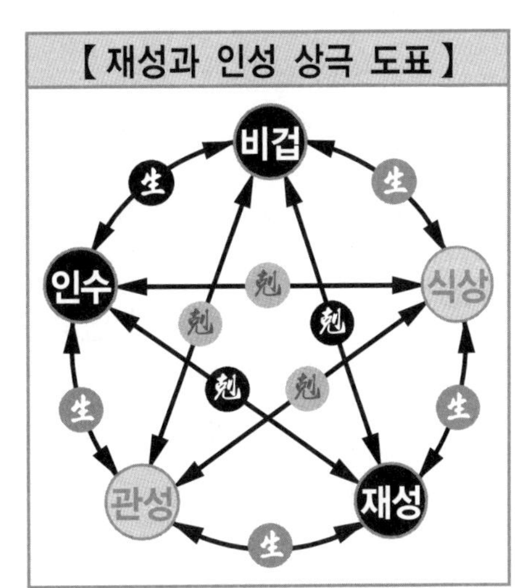

재성과 인성은 비겁이 있을 때에는 상극한다. 또 재성이 인성을 극하는 구조인데 상극이라 하는 것은 인성이 비겁을 생조해 재성을 극하도록 도와주기 때문에 상극이라 한다.

자세히 설명하면 편재가 편인을 극할 때 편인은 비견을 생조하여 편재를 극하게 하니 상극이라 하며, 정재가 정인을 극할 때 정인은 비겁을 생하여 정재를 극하게 하니 상극이라 한다.

편재가 약해서 식신으로 생해 주는 구조에서 편인이 식신을 극하여 편재를 생하지 못하게 하면 편재와 편인은 상극이라 한다. 또한 정재가 약해서 식상으로 생하는 구조에서 정인이 식상을 극하여 정재를 생하지 못하게 하면 정재와 정인은 상극이라 한다.

재성과 인성 사이에 관성이 있어 통관이 되면 상극이 되지 않는다. 또한 재성이 태왕해 기신으로 작용할 때는 인성이 비겁을 생조해 재성을 조절하는 구조라면 재성은 인성과 비겁을 반겨 상극이라 하지 않는다.

9 관성·비겁은 식상이 있을 땐 상극

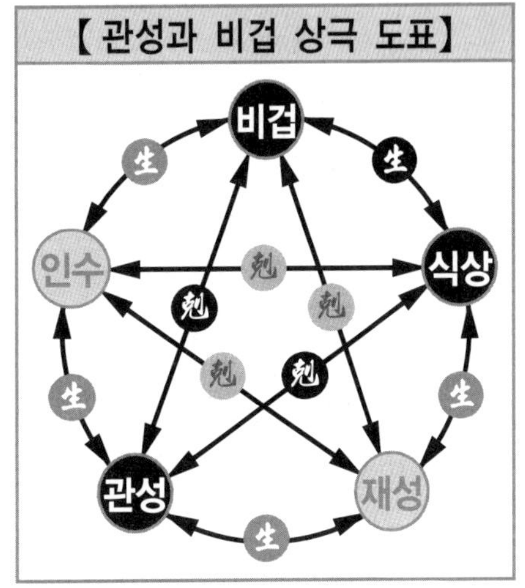

관성과 비겁은 식상이 있을 때에는 상극한다. 또한 관성이 약해서 재성으로 생조하는 구조에 비겁이 재성을 극할 때 상극이라 한다.

관성이 비겁을 극하는 구조에 상극이라 하는 것은 비겁이 식상을 생조해 관성을 극하도록 도와주므로 상극이라 한다.

자세하게 설명하면 정관이 비겁을 극할 때 비겁은 식상을 생조하여 정관을 극하게 하니 상극이라 하며, 편관이 비견을 극할 때 비견은 식신을 생하여 편관을 극하게 하니 상극이라 한다.

편관이 약해서 편재로 생조해 주는 구조에서 비견이 편재를 극하여 편관을 생하지 못하게 하면 편관과 비견은 상극이라 한다.

또한 정관이 약해서 정재로 생해 주는 구조에서 비겁이 정재를 극하여 정관을 생하지 못하면 정관과 비겁은 상극이라 한다.

관성과 비겁 사이에 인성이 있어서 통관이 되면 상극되지 않는다. 또한 관성이 태왕하여 기신으로 작용할 때는 비겁이 식상을 생조하여 관성을 조절하는 구조라면 관성은 비겁과 식상을 반기는 것이 되므로 상극相剋이라 하지 않는다.

10 인성·식상은 재성이 있을 땐 상극

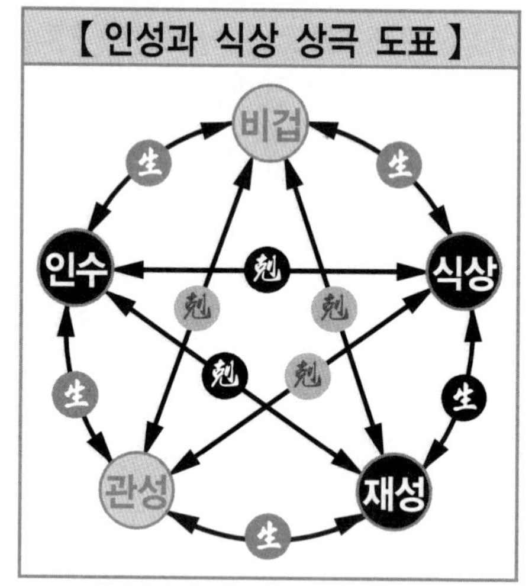

인성과 식상은 재성이 있을 때에는 상극한다. 또한 인성이 약해서 관성으로 생조하는 구조에 식상이 관성을 극할 때 상극이라 한다.

인성이 식상을 극하는 구조에 상극이라 하는 것은 식상이 재성을 생조해 인성을 극하도록 도와주므로 상극이라 한다.

자세하게 설명하면 정인이 식상을 극할 때에 식상은 정재를 생조하여 정인을 극하게 하므로 상극이라 하며, 편인이 식신을 극할 때 식신은 편재를 생하여 편인을 극하게 하므로 상극이라 한다.

편인이 약해서 편관으로 생해 주는 구조에서 식신이 편관을 제극하면 편인을 생하지 못하게 되어 편인과 식신은 상극이라 한다.

정인이 약해서 정관으로 생해 주는 구조에서 식상이 정관을 제극하여 정인을 생하지 못하게 하면 정인과 식상은 상극이라 한다.

인성과 식상 사이에 비겁이 있어서 통관이 되면 상극이 되지 않는다. 또한 인성이 태왕하여 기신으로 작용할 때에 식상이 재성을 생조하여 인성을 조절하는 구조에서는 인성은 식상과 재성을 반기는 것이 되므로 상극이라 하지 않는 것이다.

다. 십신+神의 통변

1 비견의 통변

인화단결, 의기양양, 죽마고우, 독불장군, 고집 완고, 승부 근성, 조직단체, 지점점포, 지구력, 진취적, 추진력, 동문, 형제, 합작, 배짱, 담력, 과감, 아집, 선동, 협력, 열정, 기반, 주체, 친분, 모임, 연합, 동맹, 가맹, 동지, 혈연, 지연, 그룹, 군중, 독립.

2 비겁의 통변

개인주의, 의견충돌, 노심초사, 노발대발, 패가망신, 오만불손, 엑스트라, 채무 독촉, 질투시기, 배신자, 경쟁자, 트러블, 열등감, 손재, 횡령, 곤궁, 대결, 범행, 사건, 사고, 부도, 압수, 차압, 갈등, 횡포, 위협, 부담, 패배, 폭력, 겁탈, 쟁취, 분쟁, 경쟁.

3 식신의 통변

아카데미, 희생정신, 원리원칙, 프리랜서, 아이디어, 호의호식, 이심전심, 발전추구, 재테크, 의식주, 호기심, 논리적 표현, 의약, 직감, 연구, 평가, 노래, 봉사, 배설, 문법, 발상, 제공, 방생, 보시, 선행, 배려, 기량, 준비, 솜씨, 열연, 해결, 해설, 창작.

4 식상의 통변

다재다능, 카리스마, 능수능란, 임기응변, 파격행동, 시나리오, 안하무인, 과소평가, 벼락치기, 이해타산, 디자이너, 아이디어, 인테리어, 직설적, 변호사, 언론인, 상상력, 자영업, 미술관, 리포터, 브리핑, 세미나, 마케팅, 오디션, 콘서트, 방생, 예술.

5 정재의 통변

봉급생활, 신혼여행, 통신수단, 비즈니스, 수리능력, 대중교통, 우물쭈물, 사전준비, 정당한 목적, 메모장, 소심함, 수입원, 생각, 저금통, 예식장, 살림꾼, 구두쇠, 깍쟁이, 소주주, 경리, 계산, 성실, 정직, 근면, 신념, 대가, 도량, 행상, 결산.

6 편재의 통변

수리능력, 비즈니스, 순간포착, 상황판단, 불로소득, 현금카드, 편법논리, 경영능력, 회계능력, 부하직원, 데이트, 금일봉, 융통성, 부수입, 고수입, 사업, 갑부, 재벌, 수완, 신속, 예측, 투기, 경제, 색정, 무역, 거상, 기업, 신도信徒, 주식, 금융, 횡재, 자본.

7 정관의 통변

국가기관, 준법정신, 예의범절, 원리원칙, 수행능력, 경쟁능력, 대처능력, 체면치례, 전용차선, 책임감, 합리적, 관직, 경전經典, 참선, 의례, 진급, 공천, 임무, 공익, 검소, 단정, 업무, 정직, 신사, 서식, 명분, 명예, 직위, 관청, 법령, 법규, 제도, 명령, 직장.

8 편관의 통변

법치주의, 애국지사, 대의명분, 무관계통, 적자생존, 약육강식, 제한구역, 이판사판, 스턴트맨, 카리스마, 그린벨트, 공사하청, 국방의무, 강제적, 극단적, 도발적, 독선적, 헌병, 경찰, 경호, 무술, 군인, 사법, 질책, 혹사, 권력, 협객, 무력, 살상, 억제, 제압.

9 정인의 통변

전공과목, 계약문서, 지도교수, 가정교육, 기획능력, 결재도장, 솔선수범, 엘리트, 자격증, 인간미, 후원자, 브랜드, 고향, 전통, 문학, 상속, 인식, 지혜, 학업, 서류, 덕담, 인덕, 인정, 덕망, 후원, 미소, 환희, 안심, 믿음, 보람, 보호, 효심, 모유, 모정, 생모.

10 편인의 통변

무형문화, 입산수도, 설계능력, 장기계획, 기술개발, 특수전공, 진로수정, 학구열, 깨달음, 심리학, 노하우, 대리모, 지식, 변덕, 수행, 예언, 우유, 서모, 계모, 기도, 교주, 신앙, 내공, 연마, 전설, 이치, 유언, 사색, 철학, 호기심, 자각, 의심, 전문, 특강, 편입.

5 성격론 | 性格論

가. 십신에 따른 성격

사주 가운데 세력이 강한 십신十神을 기준으로 통변한다.

사주가 중화를 이루었어도 어떠한 십신이 왕하거나 쇠약한 것이 없이 십신의 세력이 비슷하게 중화된 사주는 월지에 득령得令하거나 천간天干에 있는 십신이 지지地支의 생조生助를 받고 있는 것을 기준해야 한다.

1 정인격 또는 정인이 왕한 사람

군자·학자적인 풍모가 있고 사교술이 원만하며 인정이 많고 이해심이 많다. 이해타산보다는 명분이나 명예를 중요시하며 예의가 바르고 준법정신이 투철하다.
활달한 기개와 적극성이 부족하며 게으르고 의타심이 많은 성향으로 어려움을 극복해 나가는 투지가 약하며, 체면을 중요하게 생각하는 성격으로 보수적인 사고를 지니고 있다.
인성이 왕하여 식상을 극하면 언어발달이 늦고 표현이 어눌해 말수가 없다. 여자는 관인상생이 되면 남편의 사랑을 받아 행복한 삶을 살아간다. 순박하여 체면 구기는 일이나 행동은 절대 안 하는 성격으로 얌전하여 능동적이지 못하고 수동적이다.

2 편인격 또는 편인이 왕한 사람

사납고 독하며 인정이 없다. 지배욕이나 소유욕이 강해서 목적을 위해서라면 수단과 방법을 가리지 않는 경향으로 행동하는 면이 있어 무리를 범한다.
누구에게 당하면 꽁한 마음으로 반드시 복수하려는 성미이며, 마음에 드는 사람만 가려 사귀며, 성질을 잘 내고 비위에 거슬리는 사람과는 상대하지 않는다. 성격이 결여되어 친구·부하·이성간에도 한 사람한테만 빠져 편애하므로 인간관계에 원만하지 못한 경향이 있다.
일에 집중하면 기어코 끝장을 보려는 집요한 성격이 있어 기획능력이나 참신한 아이디어로 새롭고 편리한 물건을 발명하는 과학자나 연구원으로 성공하는 사람이 많다.

3 식신격 또는 식신이 왕한 사람

명랑하고 활발한 성격으로 낙천적인 일면이 있으며 인정 많고 마음이 넓으며 표현력이 좋아 사교성이 원만하여 많은 사람들이 따른다.
인정에 약하면서도 뱃심이 좋아 의로운 일에는 손익을 염두에 두지 않고 성의껏 돌봐 주며, 내일 어려운 상황이 될지라도 오늘을 위해 산다.
돈이 헤픈 경향이 있어서 오늘 쓸 일이 생기면 쓰고 내일을 걱정하지 않는데 그만큼 자신감과 수완이 있기 때문이다.
남자는 여성에게 약하고 아낌없는 애정을 베풀며, 여자는 명랑한 성품이며 생활력이 강해 남편에게 의지하기보다는 남편을 돕고자 노력한다.
일에 집중하지 못하나 순간적 두뇌회전으로 순발력이 뛰어나 기획이나 아이디어가 좋아 발명하는 과학자나 연구원으로 성공하는 사람이 많다.

4 식상격 또는 식상이 왕한 사람

개성이 강하고 의지가 강한데 인성으로 조절되면 실제로는 인정 많은 편에 속하여 만인을 위한 삶을 살게 되는데, 거침없는 표현으로 상대의 자존심을 건드리는 경우가 있어 독하고 인정이 없어 보이며 사람을 깔보는 것으로 보인다.
대인관계에 있어서 자기 성격과 비슷한 사람하고는 쉽게 사귀는데, 뒷말하는 사람하고는 절대로 사귀지 않는 심성이 있다. 이성을 사귀어도 양다리를 걸치지 않고 일편단심이므로 첫 이성을 잘 골라야 한다.
여러 사람에게 잘해 주는데 한 사람에게 집착하는 것으로 보이니 다른 사람들이 자기에게 소홀히 하는 것으로 생각하여 욕하는 경우가 많아 잘해 주고 욕을 먹는다.
식상이 기신으로 작용되면 윗사람인 관을 극하는 십신이라 윗사람이나 강자에게 대항하는 특성이 있고, 법도 무서워하지 않으며 오만불손한 경향이 있다. 투쟁·폭동·반역·혁명 등의 모험적인 일을 잘하므로 횡적

성공을 거두거나, 실패하여 궁지에 몰리기도 하여 일생 굴곡이 많다.

5 정재격 또는 정재가 왕한 사람

내가 극하여 다스리니 재물을 다루는 관직에 적합하고 통솔력과 개척정신이 있고 때로는 정복욕으로 작용하므로 장기적인 계획을 수립하고 차근차근 추진하는 끈질긴 일면이 있다.
정재의 특성은 분수를 지킬 줄 알아서 현실에 만족하고 횡적인 발전을 기대하지 않는다. 때문에 항시 마음이 안정되어 있으므로 여유가 있다. 좀처럼 화를 내지 않고 양보심도 있어 사람들의 신망이 두텁다. 재성은 금전으로 손익계산이 빠르다 보니 수학능력이 좋다.
자신은 대외 신용은 정확히 지키면서 남의 신용을 의심하여 모험적인 금전거래를 하지 않고 근검절약 정신이 강하여 인색하다는 평을 듣는다. 특히 경제 측면에 있어 남자는 아내와 상의하여 결정하고, 여자는 시모에게 헌신하므로 시모 마음에 들어서 유산을 받을 복이 있다.
재복을 타고났으므로 볼수록 예쁘고 부귀한 상이다. 살림이 알뜰하여 남편 내조를 충실히 하는 성격이다.

6 편재격 또는 편재가 왕한 사람

재가 금전이 되므로 손익계산이 빠르고 결단력이 있기 때문에 사업가의 사주에서 많이 볼 수 있다. 성격은 상냥하고 부지런하며 활동적이고 축재의 수단이 좋다.
매사에 자신감이 넘쳐 지나친 과신으로 실패하는 경우도 있지만 굴하지 않고 투기나 모험적인 사업에 손을 댄다. 횡적인 실패도 하고 횡적인 성공도 잘한다.
편재격이나 편재가 희신인 사람은 기분파로 기분 좋게 돈을 쓰는 것이 편재의 특징인데 이는 로비활동을 하면서 몸에 밴 습관 때문이다.
정재에 비해 경제적 굴곡이 심하나 일확천금의 가능성이 있는 것은 정재격보다는 편재격에서 많이 보는데 신왕재왕身旺財旺해야 한다.

7 정관격正官格 또는 정관이 왕한 사람

모범적·사무적·관료적·보수적이며 준법정신이 강하고 체면을 중요시하는 성격이다. 매사에 무리하지 않고 안정성을 추구하며 또한 의무를 다하면서 정당성을 주장하므로 처세에는 나무랄 데가 없으나 완고하고 답답하다는 평을 듣기 쉽다.
사람을 사귈 때는 상대방의 됨됨이를 보고 사귀므로 사교에 제한이 있고, 대의명분을 중요하게 생각하므로 명분이 없는 일에는 참여하지 않는다.
가령 혼인을 결정할 때 상대방의 가문과 혈통을 보며 인간성을 보아 합당해야 하며 이 가운데 한 가지라도 결격사유가 있으면 상대가 아무리 좋더라도 결혼을 꺼린다.
이와 같은 성격 때문에 비약적인 출세나 횡적 치부는 기대하기 어렵고 비교적 평탄하게 살아가는 성격이다.

8 편관격 또는 편관이 왕한 사람

성격이 급하고 강하며 포악스러운 일면이 있다. 편관은 세력과 권력을 주관하는 십신이라 권세를 얻기 위해서는 투쟁·혁명·모험을 불사하고, 따라서 권모술수에 능하여 횡적인 출세를 하는 사람도 많다.
순서를 무시하고 모험을 하므로 목적을 달성하지 못하면 그만큼 곤경에 처하게 되므로, 일단 일에 착수한 이상 사소한 희생쯤은 감수하고 온갖 수단과 방법을 가리지 않는다.
아무리 호의적인 사람일지라도 상대를 적으로 생각하여 경계심을 풀지 않는 성격이 되며, 가만히 있으면 무사할 일에 스스로 도전장을 내고 선전포고를 함으로서 폭력·투쟁이 자주 일어난다.
승부근성과 소유욕과 지배욕이 강하여 일생 동안 지위 · 사업 · 명예경쟁이 그칠 날이 없다.

9 건록격·양인격 또는 비겁이 왕한 사람

건록격이면 일주가 태왕하여 세력이 강하니 세상에 두려운 것이 없다. 그렇기 때문에 건방지고 오만불손한 경향이 있어 안하무인이라는 평을 듣기 쉽다.
양인격이나 비겁이 왕하면 경쟁자가 왕한 것이니 식상으로 설기하거나 관살로 억제되면 경쟁력이 생기니 괜찮다. 그런데 비겁이 왕하면 처와 재성을 탈취하니 사주에 비겁이 많은 사람은 의심이 많아 남한테 진심을 보여 주지 않는다.
인수와 비겁으로 일주가 태왕한 사람은 주변에 믿는 세력가를 찾는다. 예를 들어 정부 고위층에 있는 사람과 친분을 갖는 등 기세가 등등하고 자부심이 강하고 독선적이고 잘난 척을 잘해 기고만장일 수가 있다.
자신감이 넘쳐서 남에게 아부하거나 간교한 꾀를 쓰는 등 야비한 짓은 하지 않는 성격이다.

나. 십간에 따른 일간의 성격

1 甲木 일주 남자

甲木 일주 남자는 부지런하고 성실하며, 어려워도 자신이 처한 환경에 이해가 빠르고 그대로 받아들여 허욕을 부리지 않고 현실에 만족하며 충실히 살아간다.
양간 중에 첫 번째에 해당하니 두령의 성격을 가지고 있어 남 밑에서 일하지 못하는 사람이다. 자존심이 강하여 굴하지 않는 성격이고, 친구들 모임의 회식자리에서 식대 계산을 제일 먼저 하는 사람이다. 남이 미적거리는 것을 못 보는 성격이다.
투기나 모험적인 일에 손을 대지 않고 무모한 짓을 하지 않는다. 특히 사업이나 금전거래에 있어도 조심성이 대단하다. 그러나 일단 자신이 있으면 누구보다 과감히 용단을 내려 자금투자에 겁을 내지 않는 사업가로서의 수완도 있다.
甲木 일주가 한번 마음먹은 일이면 아무리 많은 시일이 걸려도 끝까지 참고 견디며 기어코 해내는 끈질긴 면이 있다.
어떤 일을 착수하면 그 일에 대단한 애착을 갖는다. 사람을 사귀면 중간에 바꾸지 않고 지속성이 있는 사람이다. 낭만적인 면이 부족하고 사교성이 부족하여 멋이 없는 사람이란 평을 들을 가능성이 있다.

2 甲木 일주 여자

甲木 일주 여자는 활발한 성격으로 외향적이며 낙천적인 성품으로 생활력이 강하고 독립심이 강해 결혼 후에도 남편에게 의지하지 않는다.
십간 가운데 가장 이해심이 많고 너그러운 사람이 甲木 일주 여성이라

해도 과언이 아니다. 다른 일주 여성에 비해 바가지를 긁지 않고, 남편의 외도에도 이해심이 많다.

여장부라는 칭호를 듣는 여성 중에 甲木 일주가 많다. 활달해 숫기가 좋더라도 남편과 아내라는 신분을 망각하거나, 도덕심이 상실되는 짓은 하지 않는다.

그리고 애정의 포로가 되는 일이 적고, 혹 실연당해도 다른 여성처럼 큰 충격을 받지 않는다. 말귀를 잘 알아듣고 사람을 알아보는 안목도 있으며, 사치와 허영심이 없어 절약하며 검소하게 살아가는 여성이다.

3 乙木 일주 남자

乙木 일주 남자는 부지런하고 성실하며 자신이 처해진 환경을 받아들여 허욕을 부리지 않고 현실에 만족하며 충실히 살아가는 것은 甲木 일주와 비슷한 점이 많다. 다른 면이 있다면 甲木 일주보다 더 부지런하고, 조심성이 많으며 소극적이고 굽힐 때 굽힐 줄 안다는 점이다.

乙木 일주는 국가나 사회보다는 자신의 처지와 자신의 가정에만 신경을 쓰고 국가의 정치 사회현실에 무관심하고 오직 자신의 직분이나 사업과 가정을 위해 충실할 뿐이다.

사업하는 데 모험이나 무리수를 두지 않고 안전 위주로 살아가기 때문에 실패하는 확률이 줄어드나 기회를 잃기 쉽고 횡적인 출세나 큰 발전을 기대하기 어렵다. 모험을 즐기지 않는 성격 때문에 성패의 굴곡이 적어 비교적 안정된 삶을 누리게 되는 사람이다.

대장부다운 배짱이 적어 돈거래에 있어서도 상대방에게 받을 확신이 없으면 아무리 사람이 미덥고 친절해도 절대 빌려 주는 일이 없다.

남에게 돈을 빌려 줄 때는 받을 수 있다는 확신만 있으면 빌려 주기로 한 약속은 틀림없이 지키며, 그 자신도 갚을 능력이 없이는 무턱대고 빌려 쓰지 않는다.

이 같은 일면 때문에 남들에게 인색하다는 평을 듣기 쉬우나 이에 구애받지 않고 평소의 자기 소신대로 충실히 살아가는 사람이다.

4 乙木 일주 여자

乙木 일주 여자는 십간의 여성 가운데 가장 이상적인 여성이라고 칭찬을 해도 지나친 말은 아닐 것이다. 성격이 온순하고 얌전하면서 내숭을

떨지 않고 명랑 활발하면서도 억세거나 거칠거나 사납지가 않다.
어쩌면 특징이 없는 성격 같아서 그저 평범한 여성으로 보이기 쉬운데 여성에게는 바람직한 성격이다. 乙木 일주 여성은 가정생활에 착실하면서 사회적으로 원만한 대인관계를 유지하며, 부유해도 허세와 사치로 낭비하지 않고 가난해도 비굴하거나 짜증내지 않는다.
남자를 어려워하고 얌전하면서도 할 말이 있을 때는 숨기지 않고 조리있게 말하며 사물에 대한 지식도 해박하나 잘난 체를 안 한다. 남편이 비록 자기만 못해도 아내라는 신분을 지켜 내조를 할 줄 아는 여성이 乙木 일주이다.

5 丙火 일주 남자

丙火 일주 남자는 두뇌 회전이 빠르고 총명한 편이며 국제정세 파악에 민감해서 다른 일주보다 앞을 내다보는 안목이 깊다. 성격이 성급하여 무슨 일이나 쉽게 결정하며, 하고 싶은 말이 있으면 상대방이 어떻게 생각하건 상관없이 표현한다. 좋고 나쁜 감정을 마음속에 품어 두지 않고 표현하며, 자신에게 별로 어려운 사람이 없는 것처럼 볼일이 있으면 비록 귀한 신분인 사람이라도 거침없이 찾아가 대면하는 용기가 있고, 자신에게 도움이 될 만한 인물이 있으면 적절히 활용하는 수단이 있다.
겉보기에 무척 까다롭고 날카로워 보이므로 상대하기 어려울 것 같아 보이나 실상은 수더분하고 음식도 가리지 않으며 이해심이 많다.
몸이 가볍고 부지런하여 자기에게 주어진 이익이나 좋은 기회는 크기에 관계없이 절대 놓치지 않는다. 이익을 탐내서가 아니라 丙火 일주의 삶에 대한 철학이 그렇다. 간혹 갑자기 부해지거나 권세를 얻으면 교만하여 거드름을 피우고, 곤궁에 처하면 남을 감동시킬 만큼 인간미가 있어 보이는 제스처를 쓰는 예도 있다.
사람을 잘 다루고 사교가 능하여 생소한 사람과도 금세 친해져 호감을 사게 된다. 이성교제를 할 때 좋아하는 여성이 있으면 상대방이 자기를 어떻게 생각하든 상관없이 용감하게 이끌어 여성과 사교에 능하다.
끈기가 부족하여 어떤 일에 장애가 생기면 쉽게 단념해서 중도에 그만두고 다른 방법을 선택한다. 때문에 끝마무리를 못하는 일이 허다하다.
丙火 일주치고 어리석거나 만만해 보이는 사람이 별로 없다.

6 丙火 일주 여자

丙火 일주 여자는 첫인상은 유식해 보이고 몸매가 세련되어 촌스러워 보이지 않아서 대하기에 만만치가 않아 깍쟁이 같아 보인다.
丙火 일주 여자를 겉으로만 보고 말하면 사납고 독하고 건방지고 교만하게 보이나, 겁이 많고 순진하고 상냥하며 이해심이 많아 웬만한 잘못은 탓하지 않으며 눈물을 잘 흘리는 여성이다.
연애는 눈이 높아 남자를 깔보는 듯하고, 부끄럼을 타지 않고 남자의 유혹에 넘어가지 않고 마음에 드는 남자가 있으면 솔직하게 애정 표시를 한다. 그리고 남자가 은근하게 치근덕거리는 것은 질색이며, 박력 있게 이끌어 주기 바란다. 소설처럼 로맨틱하게 감상에 빠지지 않고, 현실성이 있는 측면을 추구하여 사회적으로 경제적인 기반과 지위가 없이 달콤한 애정 표시만으로는 유혹할 수 없다.
성격이 까칠하고 사납고 건방져 보이지만, 실제로는 심약하고 상냥하고 이해심이 많고 성질은 화를 잘 내면서도 뒤돌아서면 금세 풀리는 성격이다. 슬기가 있고 또 애교도 만점이므로, 일단 아내로 맞이하면 평생 싫증이 나지 않을 사랑스런 아내가 될 것이다.

7 丁火 일주 남자

丁火 일주 남자는 성질이 급하여 타인이 경우에 벗어나는 행동을 하면 참지 못하고 직언을 하는 성미이고, 눈치가 빠르지 못한 일면이 있다. 생각이 정직하여 감정을 그대로 표현하는 약지 못한 성격이다. 서운한 관계가 되면 꽁한 마음을 가지게 되므로 남에게 한번 배신을 당하면 쉽게 지우지 못하고 두고두고 간직하면서 씹는 집요한 성격이다. 또한 인정이 많고 의협심도 있어 자기와 상관없는 일까지 간섭하다가 손해 보고, 또 웬만한 손해는 고려하지 않고 의협심을 발휘하여 남을 동정하는 데 있어서는 앞서게 된다.
丁火 일주에게 환심을 사려면 이익을 주는 것보다 알아주면 그는 즐거워할 것이며 당신을 위해서 최선을 다할 것이다. 기분이 좋을 때 청하면 안 들어주는 일이 별로 없다. 丁火 일주는 일단 어떠한 일이든지 시작을 하면 그 일이 남의 일이건 자기 일이건 몸을 아끼지 않고 최선을 다한다. 사람을 많이 쓰는 기업주라면 丁火 일주를 많이 쓰는 것이 좋

고 인간적인 대우를 해주면 일의 능률이 배로 올라갈 것이다.
솔직하고 부지런하고 의리와 인정이 있으며 남을 위해 희생을 아끼지 않는 미덕이 있고, 웬만한 일에는 이해심이 많아 너그럽다. 다만 한번 비위에 거슬리면 돌아서기 힘들며, 누구에게 당했는지 알게 되면 복수심이 집요하여 언제 어느 때라도 반드시 복수할 마음을 지우지 않는다.
丁火 일주를 만나면 그를 속이지 말고 진지한 마음으로 따뜻하게 대해주면 그는 누구보다도 상대를 위해 온갖 정성을 다 쏟을 것이다.

8 丁火 일주 여자

丁火 일주 여자는 명랑하고 외향적이며 인정이 많다. 좋고 싫은 감정을 조절하지 못하여 얼굴에 나타난다. 누구를 좋아하면 가식 없이 그를 따르고, 미운 마음이 생기면 노골적으로 싫은 감정을 드러낸다.
마음이 독하지 못하고 인정이 많아 누가 어려운 청을 하면 박절하게 거절하지 못하는 약점이 있다. 그러므로 아가씨 시절에 별로 좋아하지 않는 남성이라도 그가 집요하게 애정을 쏟으면 차마 냉정하게 거절하지 못하고 그에게 넘어가는 수도 많다.
생활력이 강하고 부지런해 남편의 일을 잘 거들어 주고 가정살림이 넉넉지 못하면 그녀 스스로 직업전선에 나서는 여성이다. 활발하고 억척스러운 면이 있고 신경질을 잘 부려 매우 억센 여성으로 보이나, 겁이 많고 마음이 약해 남편이 든든하게 붙들지 않으면 쉽게 마음의 안정을 얻지 못한다.
상대가 마음속으로 아무리 사랑해도 직접적으로 표현하지 않으면 丁火 일주 여성은 불행하다고 느낀다. 그녀가 실감할 수 있도록 표현을 하면 어린애처럼 좋아하며 남편을 위해 최선을 다한다.

9 戊土 일주 남자

戊土 일주 남자는 생활철학이 뚜렷해 매사에 자신감을 가지고 살아간다. 요행이나 기적을 바라지 않고 노력하는 타입으로 어떤 오락이나 취미 때문에 해야 할 일을 미루지 않는다.
대인관계에 있어서 아무나 가까이 사귀지 않고, 자기 마음에 드는 사람에게 친밀하게 대해 주고 잘해 준다. 남의 잘못을 용서와 이해하는 데 인색한 만큼 자신이 실수를 잘 범하지 않는다.

책임감이 강하여 일단 자기가 뱉은 말은 분명히 실천하며 맡은 일에 충실하다. 가정에서는 아내와 자녀들에게 애정이 특별하고 가족 보호 의식이 누구보다 강하다.
돈은 낭비하는 일이 별로 없는데, 그런 반면에 자신감이 있으면 비록 모험이 되더라도 뱃심이 좋게 투자하는 사람으로 사업에 횡적 성공을 거두는 사람이 많이 나온다.
戊土 일주 가운데 戊子·戊申 일주는 마음이 좁고 소극적이고 고지식하여 남과 잘 사귀지 못하며, 투기와 모험적인 일에는 절대 손대지 않는다. 그러나 다른 戊土 일주는 대개가 투기나 모험이나 도박에 취미를 가진 사람이 많이 있다.
이런 면으로 보아 戊土 일주 남자 성격은 동일하나 신약·신강에 따라서 성격 차이가 많다. 신약이면 마음이 좁고 배짱이 없으며 소극적이고 내향적이지만, 신강하면 적극적이고 배짱이 있으며 사업수완이 출중해서 투기나 모험적인 사업일지라도 능히 성공적으로 이끌어서 부자가 되는 사람이 많다. 또는 사람을 잘 다루고 통솔력이 있어 남의 윗자리에 지도자 역할을 하는 사람도 많다.

10 戊土 일주 여자

戊土 일주 여자는 한마디로 여장부라 할 수 있다. 비록 여자라는 신분을 타고났어도 그 내면에는 남자 이상의 배짱을 지니고 있다. 남자 앞에서 기가 죽거나 수줍어하지 않고, 활달하며 여유가 있어서 침착하고 노련하여 든든한 신뢰감이 드는 여자이다.
개성이 강해 남자의 유혹에 잘 넘어가지 않고, 분위기에 말려들지 않으며 희로애락喜怒哀樂 등의 감정을 표면에 나타내지 않는다. 그러므로 여자 중에 대하기가 가장 조심스럽고 유혹하기 힘든 여자다. 까다롭고 냉정하지만, 마음에 들어 좋아하는 사람에게는 애정을 쏟아 마음과 물질 모든 면을 희생하는 열정도 있다.
생활력이 강하고 활동을 좋아하여 결혼 후에도 직장에 나가려 하거나 별도로 사업을 경영하고자 할 것이다. 그만큼 배포가 있고 사업수완에 대한 자신감도 있기 때문이다. 이성관계도 대담해서 좋아하는 남자가 있으면 우물쭈물하지 않고 과감하게 행동한다.
억세어서 부드러운 맛이 적고, 활발하여 수줍어하지 않으며, 연약하지 않고, 애교가 없으며 매력적인 면은 없으나, 침착하면서 세련되고, 든든하고 믿음직하며, 은근하면서 열정적인 여자라 남자들은 이러한 특징 때문에 더 사로잡히게 된다.

11 己土 일주 남자

己土 일주 남자는 두뇌회전이 빠르고 똑똑한 편이며 두뇌싸움에서 남에게 뒤지지 않는다는 자부심을 가지고 있는 사람이다. 己土 일주는 생김새도 대체로 깜찍하고 야무져서 허술하거나 만만해 보이지 않는다.
사람을 알아보는 안목이 있고 지식이 많거나 사회적으로 직위가 높은 사람에게 깍듯이 존경하고 겸손하지만, 사회적으로 직위가 낮거나 하천한 사람은 깔보고 경멸하여 아예 상대하지 않는다.
상대방에게 경어를 쓰는 데 매우 인색해서 존칭을 잘 쓰지 않는 오만성도 있다. 이기적인 데다 이해타산에 밝아 인간관계에 있어 손해 보는 일은 절대 하지 않는다.
己土 일주가 후한 인심을 쓰고 있다면 그것은 우선적으로 돈이 나가도 반드시 무엇인가 그만한 대가를 가져온다고 생각하기 때문이다.
건강관리에 철저하고 원국에 金이 없으면 육체노동을 매우 싫어한다. 아침산책·등산·낚시·스포츠를 즐긴다.
己土 일주는 의심이 많아 웬만한 일에는 속지 않으면서도 호기심 많고, 이상한 취미가 있어 색다른 학문으로 역술이나 이상한 종교에 심취를 하는 수가 있다.
돈을 쓸 때는 인색한 편이지만 자신의 건강·사치·명예를 위해서는 뱃심 좋게 돈을 쓰며, 신앙심이 있고, 옛 성현들을 그 누구보다도 존경한다.
가정생활에 있어서 아내에게 보수적인 것을 요구하고 가장으로 품위를 지키면서 자녀들에게 엄숙하다.

12 己土 일주 여자

己土 일주 여자는 깜찍하고 깍쟁이라고 표현하면 알맞다. 까다롭고 때론 신경질적인 성격이 남에게도 쉽게 나타나 터놓고 접근하기가 어렵다. 己土 일주는 암기력이 좋고 두뇌회전이 빠르고 똑똑한 편이라 두뇌싸움에는 남에게 뒤지지 않는다는 자부심을 가지고 있는 사람이다.

己土 일주는 생김새를 보아도 대체적으로 깜찍하고 야무져서 허술하거나 만만해 보이지 않는다. 묵직하고 말수가 적으며 군자다운 남자를 좋아하므로 그런 남편을 만나게 되지만, 혹 남편이 자기만 못하면 남편을 꼼짝 못 하게 지배한다.
성정이 약아 이해타산에 밝고 이기적이다. 절약정신이 강해 살림살이가 알뜰하며 남편과 자녀 이외 남을 위하는 일에는 매우 인색하다.
결혼한 주부는 바람피울 일이 다른 여성에 비해 극히 드물다. 그리고 자녀에 대한 애정도 남다르게 지극하여 설사 남편이 없더라도 자식이 있으면 개가改嫁하지 않는다.
己土 일주는 의심이 많아 웬만한 일에는 속지를 않는다. 호기심이 많아 색다른 학문으로 종교에 심취하는 수가 있고, 역술이나 한학에 관심이 많아 그쪽으로 공부한다. 돈을 쓸 때는 알뜰한 편이지만 자신의 건강·사치·명예를 위해서는 뱃심 좋게 돈을 쓰며, 신앙심이 있고 옛 성현들을 그 누구보다도 존경한다.

13 庚金 일주 남자

庚金 일주 남자는 개성이 강하고 부지런하며 외강내유의 성격이다. 활동력이 왕성하고 승부기질이 강해서 투기나 모험도 두려워하지 않는다.
庚金 일주는 강인성이 겉으로 나타나 남한테 업신여김을 당하지 않으며, 남의 윗자리에 군림하려는 지배욕이 다른 사람에 비해서 훨씬 강하다. 비교적 잔꾀가 적고 솔직하며 바른 말을 잘한다.
庚金 일주 남자는 겉은 비록 강직하나 내면은 약하고 뒤가 무르다. 자기 잘못을 누가 추궁하면 그대로 시인하고 변명하지 않는다. 이러한 점이 庚金 일주를 가까이 사귈 수 있게 하는 매력인지 모른다. 어릴 때는 남에게 뒤지다가 차츰 장성하면서 남보다 앞선다.
성공이 좀 늦으나 한 가지 목표를 세우면 어떠한 역경이라도 이겨 내고 성공한다. 좋은 아이디어를 창출하여 남이 생각지도 못했던 일을 성취시킨다.
庚金 일주에게 약점이 있다면 입바른 말을 잘해서 남의 감정을 상하게 하므로 괜한 적을 만드는 수가 있고, 남의 충고를 잘 받아들이지 않아서 독선적이라는 비난을 듣게 된다. 혁명과 개혁을 좋아하여 한번 결심하면 다소 무리를 범할지라도 구애받지 않고 단행하는 용기와 추진력이

대단한 인물이다.

14 庚金 일주 여자

庚金 일주 여자는 개성이 강하고 활발하고 솔직하며 총명하다. 풍류와 낭만적 기질을 가지고 있어도 자제력이 강하여 남성의 유혹에 강하며 남자들에게 빠지거나 어떤 분위기에 잘 말려들지 않는다. 특히 명분을 중요하게 하므로 마음이 흔들려도 명분이 없는 일은 하지 않으며 자기 관리에 철저하다.
이상만을 추구하기보다는 현실을 중요시하여 현실에 충실하고, 분수를 알아 현실에 맞지 않는 헛된 일을 추진하지 않는다. 끼는 있어도 정조 관념이 강해서 함부로 몸을 허락하지 않고, 꿈과 이상은 커도 현실에 충실하고 만족하는 여성이다.
남편에게 고분고분 순종하는 면이 적고 입바른 말을 잘하며, 질투심이 강하여 남편의 외도를 허용하지 않는다. 때문에 남편을 공처가로 만드는 경우를 庚金 일주 여성에게서 가장 많이 볼 수 있다. 생활력이 강하고 살림살이가 알뜰하여 낡은 물건도 버리지 않고 아껴 쓰며, 아내의 임무와 부모로서의 책임을 다하는 여성이다.

15 辛金 일주 남자

辛金 일주 남자는 우선 풍기는 인상이 좋다. 행동거지가 단정하고 말이 거칠지 않으며 얌전해서 초면이라도 거부감이 생기지 않는다. 게다가 잘난 체 하지 않고, 거만 떨지도 않으며, 조심성이 있고 예의가 바르므로 누구에게나 호감을 사기에 족하다. 화술은 별로 뛰어나지 못해도 비교적 사교적이고 좋아하는 사람이 많다.
辛金 일주 남자는 차분해 보여 언행과 부담감이 생기지 않는 좋은 인상이다. 보수적인 경향이 있으면서도 시대적 변화를 수용할 줄 알고, 예의가 바르며 남의 말을 잘 이해하는 능력이 뛰어나다.
누구를 한번 좋아하거나 신임하면 온갖 정성을 다해서 그녀를 아끼고 보살펴 주며 베푼다. 그러나 한번 마음이 돌아서면 그때는 가혹하리만큼 냉정하여 미련을 두지 않는 성미이다.
연상의 여인들이 辛金 일주를 좋아하고, 본인도 연상 여인을 싫어하지는 않는다. 몸매가 매끈하여 의상만 깔끔하게 입으면 옷맵시가 좋아 여성의 마음을 들뜨게 한다. 카바레에서 바람기 있는 여인을 유혹할 수 있는 남성에 辛金 일주 남성이 많다.
세련미가 있고 옷맵시가 단정하다. 그래서 옛 속담에 깔끔히 멋을 부린 남자를 일컬어 '기생오라비 같다' 하는데 아마 辛金 일주에게 이와 같은 스타일이 많을 것이다.
辛金 일주의 애인이나 아내는 각별한 사랑을 받으며 행복감을 느낄 것이다. 단, 보수적이고 질투가 강해서 조금만 이상하면 의심한다.
처가 다른 남자와 대화를 나누거나 인사하는 것도 용납하지 않으며 처가 남자를 상대로 하는 사업을 경영하겠다고 하면 허락하지 않는다. 의처증세가 강한 이유는 자신에게 접근하는 여성들이 쉽게 몸을 허락하므로 모든 여성들이 다 그런 줄 알고 의처증도 있는 것이 辛金 일주라 하겠다.

16 辛金 일주 여자

辛金 일주 여자는 눈치 빠르고 상냥하고 친절하며 아량이 넓고 이해심 많은 여자이다. 그녀의 미모가 어떻든 남자의 마음을 끄는 매력이 있는 여자이다. 남자의 입장에서 거부감이 생기지 않고 친근감이 생겨 자신도 모르게 이끌려 간다. 때문에 여자 중에서 남자의 유혹을 가장 많이 받는 사람이 辛金 일주 여자이다.
辛金은 보석에 비유하는데 귀한 금은보화로 누구나 가지기를 원한다. 辛金의 이 같은 특성 때문인지는 몰라도 辛金 일주 여자는 나이 많은 남자들까지도 좋아한다.
辛金 일주 여자는 십간 가운데 가장 바람기 있는 사람이고 비교적 야하게 보이고 애교까지 겸했으니 남자의 마음을 끄는 것은 당연하다. 실제로 통계적으로 보면 유흥가에서 남자를 대상으로 서비스 업종에 종사하는 여자 중에 辛金 일주가 많다.
辛金 일주 여자는 남자를 고르는 지혜가 뛰어나다. 배우자를 고르는 데 학력은 중요하지 않다. 그녀가 원하는 남자는 용모가 평범하고 무뚝뚝하여 자상하지 못해도 무게 있고 믿음직하고 개성이 강해 자기를 꼼짝 못 하게 지배할 수 있는 인격자, 즉 남자다운 남자를 원한다.
辛金일주 여자는 샘 많고 영악스러운 면도 있어 가정생활에 알뜰하고 남편 내조에 손색이 없다. 부부간에 권태기가 없을 만큼 여러 면에서 남편을 즐겁게 해 줄 것이다.

17 壬水 일주 남자

壬水 일주 남자는 지혜로우며 자신의 능력에 자부심이 대단히 높고, 명예욕심이 많으며 변론에 능한 사람이 많다. 壬水 일주가 신왕하면 심지가 깊고 배포가 있으나, 신약이면 지혜가 짧아 겉모습에 비해 속이 차지 않은 사람이 많다.
그러므로 매우 똑똑한 사람이 壬水 일주에 많은 반면 어수룩한 사람도 역시 壬水 일주에서 많이 볼 수 있다. 壬水 일주는 마음이 독하지 못하므로 인정에 끌려서 손해를 보는 경우가 많고, 자질구레하고 약삭빠른 짓은 못 하는 성미이다.
체면을 존중하여 차라리 금전상 손해를 보는 한이 있더라도 체면이 깎이거나 명예가 손상되는 짓을 하지 않는다. 또한 가정보다는 남의 이목, 사회적인 명분에 비중을 더 두어 가정에 소홀한 점도 없지는 않으므로 아내한테는 불평을 사게 된다.
성질은 한번 화가 나면 그 어느 누구도 말릴 수 없는 무서운 성격이고, 평상시에는 이해력이 넓고 호탕하여 대하기에 부담이 없다.
돈 씀씀이가 헤프며 성격이 시원하고 희생적이라 남을 위해서 재물과 정성을 아끼지 않는 호쾌한 성격이다.

18 壬水 일주 여자

壬水 일주 여자는 명랑하며 활발하고 부끄러움을 타지 않으며, 조금은 억센 듯하다. 고집은 세지 않고 시원스럽다. 대다수 여자들은 남자들에 비해 돈 쓰는데 겁을 내지만, 壬水 일주 여자는 돈을 쓰는 데도 뱃심이 있어 헤픈 편이다.
아량이 넓어서 남을 용서하고 이해하는 마음도 넓다. 과감하고 용기가 있어 이리저리 재는 성미가 아니며, 남편에게만 의지하는 그런 성격이 아니고 스스로 해결해 나가며 무슨 일에나 우물쭈물하지 않고 태도가 분명하다.
여자들 윗자리에 임하여 여성단체를 이끌어 나갈 만한 통솔력도 지니고 있어 남의 지배를 받는 것보다 지배하려는 마음이 강하다. 때문에 남자를 깔보는 경향이 있어 남편을 리드하고 쥐여살지 않는다.
아내로서의 본분을 잃지 않으며 여자로서 갖춰야 하는 애교와 매력이 있다. 사람을 잘 다루고 사회활동이 활발하며 사업도 수완이 좋아 크게 성공하는 여자가 많다. 壬水 일주 여자가 비겁이 많아 일주가 태왕하면 시집가지 않고 독신으로 생활하는 예가 많다.

19 癸水 일주 남자

癸水 일주의 남자는 신경이 예민한 편이고, 두뇌가 총명하며 말이 유순하고 행동이 단정하다. 대개 남자들이 자신을 과시하기를 좋아하지만 癸水 일주는 자기를 낮추고 남을 높이는 겸양의 미덕이 있다.
특히 언어 행동에 조심성이 있어 남이 듣기 싫어하는 말은 좀처럼 하지 않고 우쭐대는 일이 별로 없어 매너가 그만이다.
대개 癸水 일주는 자기주장을 내세우기보다 남의 말을 경청하는 편이고, 모든 면에 상식이 풍부하여 팔방미인이란 말을 듣는 이가 많다.
癸水 일주는 신약하면 몸을 아낀다. 자기 위주로 살아가는 사람도 없지 않으며 가정에서 살림에 대해 무책임한 사람이 많다. 그러나 신왕하면 다정다감하여 아내와 자녀들에게 깊은 애정을 쏟는 사람이다.
癸水 일주 남자는 다른 일주에 비해 가장 조심성이 많고 소극적인 것은 분명하다. 단, 일주가 태왕하면 그렇지 않다. 그래서 너무 재다가 좋은 기회를 놓치는 수가 있는 반면에 크게 낭패를 당하지도 않는다.
의심도 많고 보수적이며 농담을 좋아하지 않는다. 신약하면 남에게 의존하려는 마음이 있어서 심지어 사회의 문제 처리도 아내에게 맡기는 사람이 많다. 또는 질투가 강하고 꽁한 마음이 있고 쉽게 노여워하므로 癸水 일주한테는 특별히 말조심을 해야 한다.
癸水 일주는 다른 일주에 비해 의처증이 있는 사람을 가장 많이 볼 수 있다. 그러므로 癸水 일주 남성을 사귀는 사람일 경우 아무리 친밀해도 그 癸水 일주 애인이나 아내에게는 농담으로 인한 의심받을 짓을 하지 않도록 조심해야 한다.

20 癸水 일주 여자

癸水 일주 여자가 말하는 것을 보면 외적인 성격인 것 같으나 내성적인

예가 많다. 이유는 십간 가운데 가장 음성적이기 때문이다.
이성문제에 있어 癸水 일주 여자의 속마음을 알아내기가 가장 어렵다. 남자를 마음속으로 좋아해도 표시를 내지 않으며 도리어 싫은 것같이 행동하는 것이 癸水 일주의 여자이다. 말이 순박하고 행동이 단정하며 남의 의사를 존중하고 남이 듣기 싫어하는 말은 하지 않는다.
전형적인 여인상을 지닌 일주가 癸水 일주가 되므로 아내나 며느릿감으로 싫어할 사람은 별로 없을 것이다.
말괄량이처럼 까불기 좋아하고, 쾌활하고 농담 잘하고 애교가 있는데 이는 겉으로 나타내는 제스처에 불과할 뿐 내면에는 수줍음이 가득 들어 있어 막상 이성문제에 관계된 일이면 수줍어 어쩔 줄 몰라 한다.
癸水 일주 여성은 특히 연애에는 순정적이고 남편에게 순종을 잘한다. 누구를 사랑하게 되면 오직 그 한 사람일 뿐 다른 마음을 두지 않으며, 모든 것을 다 바쳐서 희생도 하지만 한번 배신당하면 여름에도 서리 내릴 만큼 증오가 대단해서 그녀는 타락해 버리고 만다.
영혼까지 사랑했던 만큼 충격도 크기 때문이므로 癸水 일주 여자와는 일시적 향락을 위한 연애를 삼가야 한다. 癸水 일주와 사귀게 된 이상에는 배신하지 말고 끝까지 사랑해야 한다.
사춘기를 맞이한 그때부터는 어떤 남자가 무심히 던진 말 한마디에도 그에 관심이 있으면 잊지 않고 곰곰이 생각하는 습성이 있으며, 칭찬과 꾸중을 들어도 그 일을 생각하며 잠을 못 이루는 여자이다. 애인이나 아내, 며느릿감으로 가장 이상적인 상대가 癸水 일주 여자이다.

다. 육십갑자 일주별 남녀 성격론

1 甲子 일주 남자

일지에 정인이 있어 논리적인 면이 강하고 자기가 아는 이론을 바탕으로 어느 곳이든 자신의 주장을 능히 상대를 설득시켜 나가는 능력이 뛰어나다.
선천적으로 착하고 낙관적인 성격이므로 항상 주위에 사람들이 모이고 대인관계는 유머로 원만한 관계를 유지하는 형이다. 신체는 건강하여 늙어서도 젊은 사람 못지않게 성관계가 원만한 사람이다.

실리적인 이익을 취하기보다는 체면을 중요하게 생각하는 선비형이며, 목표를 설정하면 실현시키기 위해서 적극적인 행동으로 옮기며 웬만한 장애나 어려움에 굴하지 않고 끝까지 추진해 나간다.

2 甲子 일주 여자

어떤 일이거나, 어떤 장소에서나 주저함이 없이 재주와 능력을 충분히 발휘할 수 있는 재주꾼이다. 항상 주변에 남자가 많이 따르니 군계일학적인 위치에 서는 것을 좋아하고, 자신이 인정받고 싶어서 재주를 과시하여 칭찬을 받고 만족을 느끼며 그러한 일에는 결코 주저함이 없다.
발전기에 접어들면 한 가지 일을 추진한다면 안 되는 일이 없다고 할 수가 있다. 여러 가지 일을 한꺼번에 추진하는 것은 자제하는 것이 바람직하며, 지나치게 자신을 과시하는 것은 반대적인 결과를 가져올 수 있음을 생각해야 한다.
일지에 욕지 도화가 있어 유난히 남자가 많이 접근하여 유혹하니 구설에 휘말리게 되어 고통이 따른다.

3 乙丑 일주 남자

여러 가지 사물에 대한 인식이 뛰어나며, 논리적인 사고력을 바탕으로 모든 일에 정확함을 이끌어 내는 면모가 돋보인다.
성격으로 보수적인 경향이 있고, 절대 성급하거나 경솔한 행동을 나타내지 않는다. 독단적으로 일을 도모하지 않으며 주위 사람들과 원만한 조화 속에서 길을 열어 나간다.
결혼한 이후라면 가정에 매우 충실한 가장의 역할을 다하지만, 가끔은 화류계 여자를 좋아하는 경우가 있고, 가정에서 너무 세세한 부분까지 관여하는 경향이 있어 때로는 아내를 피곤하게 하는 일면이 있다.

4 乙丑 일주 여자

남자의 입장에서 볼 때 이상적인 살림꾼이라 할 수 있으며 근검절약형이다. 소득과 지출을 정확히 하여 낭비나 사치를 않고, 저축을 생활화하는 사람이라고 할 수 있다. 과거와 현재를 잘 파악하여 미래에 대한 대비책을 세워 놓고 계획적인 생활을 항상 유지하는 여성으로 자신에게

주어진 일을 완벽하게 처리한다.
대체로 경거망동하지 않고 항상 논리적인 사고를 앞세우는 이지적 여성이기 때문에 가장 편안한 분위기를 연출해 낸다.
때로는 지나치게 논리적인 입장을 앞세워 큰일을 그르칠 수도 있으니 순간의 상황 판단을 잘해야 하며, 겨울 꽃이라 벌과 나비가 날아들지 않아 남자가 잘 따르지 않으니 항상 사랑받는 여성상을 유지하도록 노력해야 한다.

5 丙寅 일주 남자

순간적인 판단이 빠르고 감정 표현이 너무나 직선적 대인관계에 오해가 많다. 뒤를 돌아보거나 절망하지 않는 강심장의 소유자이지만 자신의 능력을 너무 과신하다 결정적인 순간에 역량을 발휘하지 못하는 경향이 있다.
불의를 보면 참지 못하는 의리의 사나이로 주위의 칭송이 자자하지만 남을 위해서 나서기만 했지 실속이 없는 것이 흠이다. 자신의 능력을 너무 과신만 하지 말고 차분히 이익을 추구해야 하는데 그렇지 못한 면이 아쉽다. 지구력을 겸한다면 금상첨화의 성격이 될 것이다.
표현력이 좋고 아는 것이 많아 교육이나 종교계에서 종사하는 사람이 많고 전 세계를 돌아다니는 항공업 직업이나 외국어에 능통하여 교수나 학원 강사도 무난한 직업이 될 수 있다.

6 丙寅 일주 여자

철저한 분석에 의하여 도출된 결론에 의한 일을 주도하기보다는 순간의 분위기에 맞추어 힘들이지 않고 살아갈 수 있는 유형의 여성에 속한다.
자신의 성격과는 관계없이 많은 사람을 사귈 수 있는 호탕한 마음이며, 신의와 정이 많아서 반드시 상대방을 도와주는 성격을 가지고 있다.
사회생활에 소심한 모습을 보이거나 꽁무니를 빼는 경우가 전혀 없으며 적극적인 성격으로 수많은 사람을 상대하는 교육계나 종교계로 나가는 직업이 유망하다고 할 수 있다.
항상 언행이 일치해야 한다는 확실한 목표와 책임의식 하에 사회활동을 함으로써 결과를 도출하는 사람이다.

7 丁卯 일주 남자

두뇌 순발력이 좋아서 리더보다 참모로서의 역량이 뛰어나다. 급박한 상황에서도 절대로 안정감을 잃지 않으며 자기보호 본능을 발휘하여 모험적인 일에는 휩쓸리지 않는다. 만일의 사태에 대한 준비성이 있고 논리적으로 현실적인 실리를 짚어 가는 스타일이다.
환경의 변화에 민감한 반응을 하기는 하지만 현실적인 타당성을 너무 깊이 고려하다 보니 적극적인 추진력이 부족한 것이 흠이 된다. 더욱더 세심한 기획과 과감하고 적극적인 추진력이 필요하다.

8 丁卯 일주 여자

단체활동을 통해 능력을 발휘할 수 있는 리더로서 대중 앞에 나서서 단체의 이익을 대변하거나 의견을 전달하는 능력이 남자보다도 뛰어난 부분이 있다고 할 수 있다.
주위의 눈총을 의식하여 자신의 의견을 발표하지 못하거나 그러지 않기 때문에 자기 주관이 뚜렷하다고 할 수 있다.
자신의 이익보다는 상대방 또는 단체의 이익을 위하여 헌신하는 경우가 많은 만큼 간혹 자기 자신의 고민이라든가 고독감에 빠져 허탈한 감정을 느끼는 경우도 있을 것이다.

9 戊辰 일주 남자

한 가지 목표를 세우면 몰입하여 타인의 의견을 무시하는 완강한 성격이다. 금전에 대한 집착력이 강하지만 신의와 의리는 상당히 중요하게 생각한다. 모험심과 호기심이 많고 강한 승부근성이 있다. 성취하려는 욕구가 강해 자기중심적으로 추진하다 보면 주위의 동조를 구하지 못해 일을 그르치는 경우도 있다.
타인의 감언이설에 넘어가지 않으며 감정적으로 일을 처리하지도 않는 성격이다. 타인의 조언은 경청하나 행동으로 옮길 때는 자기 의도대로 실행한다.
금전 관리를 남에게 맡기려 하지 않으며 자신의 판단으로 돈의 유용을 결정한다. 업무를 처리할 때 즉흥적이고 독선적인 행동은 상황을 돌변시킨다는 점을 감안하여 업무를 진행하기 바란다.

10 戊辰 일주 여자

현실적인 차분한 분위기를 유지하며 의지대로 행동하는 행동파 여성이라고 할 수 있다. 물건을 구입할 때는 기분에 따라 이것저것 돌아보기보다는 빠른 시간에 결정을 내리고 행동에 옮기는 형이다.
타인의 감언이설을 귀담아듣지 않으며 감정적으로 일을 처리하지 않는 성격으로, 타인의 조언은 들어주나 행동으로 옮길 때는 자기 방식으로 실행한다.
남성을 사귈 때는 그날의 기분에 따라 행동하기보다는 꾸준히 자신의 모습을 보여 주려 하며 상대가 성격에 맞지 않는 행동을 하였을 때에는 단호한 모습을 보이기도 한다. 평소에는 차분한데 화가 났을 때는 성급한 결정으로 화근을 만들 수도 있으니 주의해야겠다.

11 己巳 일주 남자

상당히 논리정연하며, 언제나 부지런하고 꼼꼼하며 세밀하게 주위를 정리하는 스타일이다. 현실적인 타당성을 상당히 중요하게 여기며, 앞에 나서서 행동하기보다 이론적으로 조종하는 경향이 있다. 자기에게 주어진 업무만큼은 완벽하게 처리하는 성품으로 신뢰가 가는 성격이다.
행동으로 옮길 때는 순리적인 방법을 택하고, 성급하지 않으므로 무모하게 모험하지도 않는다. 대인관계 있어서 모나지 않으나 다분히 관료주의적이고 보수주의적인 사상이 깃들어 있다고 해도 틀리지 않는다.

12 己巳 일주 여자

현실적인 성품이라 과격한 행동을 보이지 않고 항상 부드러운 가운데 이익을 추구할 줄 아는 현명함을 지니고 있으므로 항상 인간미가 돋보이는 여성이다.
야무지고 논리정연한 성격이며, 항상 부지런하고 꼼꼼하며 세밀하게 주위를 정리하는 스타일이다. 가정을 꾸려 나가는 데 지혜로워 현실과 사회를 정확하게 파악하여 실수가 없는 결론을 도출해 내므로 상황에 따라서 적절한 내조의 힘이 있는 여성이다.
항상 완벽함을 주장하고 주변이 깨끗하게 정리되었을 때에만 만족감을 가지는 경우가 많으니 자신이 못 느끼는 피곤함을 상대방에게 느끼게 할 수도 있을 것이다.

13 庚午 일주 남자

대체로 신의와 체면을 중요하게 여기며, 자신의 능력에 대한 자부심이 강하여 소속 단체에서는 항상 리더로서 기회를 맞을 수 있는 적극적인 행동파이다.
배짱이 좋고, 의욕에 넘쳐 한 가지 일에 집중하는 좋은 성품이지만, 간혹 자신의 한계를 느껴 실의에 빠지는 경우도 있다.
고집스럽게 합리적인 것을 내세우기보다는 인정할 것은 인정하고 넘어갈 때 오히려 편안함을 느낄 수 있다는 것을 경험을 통해서 알게 된다.
애정은 일지가 정관이므로 배우자가 관제하나 욕지도화로 작용하므로 외정을 탐하기 쉽기 때문에 가정생활에 결코 바람직한 처사가 아님을 상기해야 한다.

14 庚午 일주 여자

대체적으로 신의와 체면을 중요하게 여기며 능력에 대한 자부심 또한 강하고 소탈하며 과감한 성격으로 그룹을 적극적으로 리드하는 형이다.
능력과 판단에 대한 신뢰가 높으며 주위로부터 인정을 받고 싶어하는 마음이 강하다.
때로는 고지식하면서 고집이 세고, 자기 자신에 대한 합리화를 잘하며 타인을 평가할 때 자기와 비교하면서 자신을 높이는 경우도 있다. 그러나 주위 사람들의 의견을 수용할 줄 알며 타인에 대한 배려 또한 따뜻하다.

15 辛未 일주 남자

부귀를 함께 겸비할 수 있는 능력을 보유하며 실리가 따르지 않는 일에 관심을 두지 않는 편이다. 일생 동안 주머니 속에서 돈이 떨어지지 않는 특성이 있으며, 재물에 대한 인식이 강한 편이고, 성장해 온 환경 또한 강한 인식을 갖게 한다.
할 수 있는 일에 대해서 책임감이 강한 편이며 조직사회에서는 모범생으로 꼽히지만 남의 간섭은 철저히 배격하려 한다. 돈에 대한 갈등이

강하지만 물질보다는 단계적인 코스로 지위를 향상시키는 길이 더욱더 바람직한 선택이 된다.

16 辛未 일주 여자

현실적인 이론에 밝고 원만한 사회생활을 하는 형이다.
경제적인 측면에서 이재에 밝고 탁월한 점이 있으며 주고받을 금전에 대해서는 확실한 태도를 취한다. 금전에 대한 자립심이 강하며 남에게 도움을 받기보다 도움을 주는 것에 큰 의미를 갖는다. 자신의 페이스를 유지하며 상대방에게 안정감을 주는 여성이다.
주변이나 자신을 꾸미는 일에 남다른 재질이 있으나 사치스럽지 않다. 때로는 너무 현실적인 측면 때문에 인간관계나 금전으로 인한 갈등을 겪는 수가 많으므로 주의하여야 한다.

17 壬申 일주 남자

과묵하고 무뚝뚝한 편이지만 약간 독선적인 성격이며 철학적인 이성을 지니고 있는 성격이다. 현실적인 상황에서는 다소 인내심이 부족하여 한곳에 오래 머물지 못하는 것이 단점이다.
장점으로는 대인관계에서 자기에게 도움이 되는 사람에게는 적극적인 친화력을 발휘하여 인맥을 구축하는 일면도 있다.
믿음과 의리가 강하고 자신의 실리추구에 충실하며 적극적인 실천력이 돋보인다. 심한 경우 철저한 실리주의로 치우쳐서 주위의 눈총을 받기도 한다. 주위의 충언을 들으려고 하지 않는 독단적인 측면이 큰 손실을 초래할 수 있으므로 폭 넓은 대인관계와 안목이 아쉽다.

18 壬申 일주 여자

자기 주관이 뚜렷하며 사회활동 속에서 실현의지가 강한 형이다. 사회적응이 빠르면서 신념과 행동에 대해 믿음이 확실하므로 주위의 말을 그다지 마음에 가두지 않는 경향이 있다. 때로는 부정적으로 부딪히는 현실에 대해서 극적인 결론을 내리며 의기소침해지기도 한다.
대체적으로 외모가 빼어나고 교양도 갖추고 있으므로 처음 만남에서도 상대에게 호감을 느끼게 하며 많은 남성에게 인기가 있다.

자신에 대한 자부심을 잃지 않으면서도 상대에게 소탈한 태도로 임하면 조금 더 내실을 꾀할 수 있는 형이다.

19 癸酉 일주 남자

매사에 완벽한 논리를 추구하므로 남 밑에 있기를 싫어하나 확고한 이론과 치밀한 계획 아래 주도적으로 일에 임하려는 의지가 돋보인다.
다양한 상식에 대한 관심과 스스로 노력하여 얻은 지식과 경험이 있기 때문에 자신에게 주어진 업무는 무엇이든지 무난히 소화시킬 수 있는 능력을 갖추고 있다.
통솔력과 설득력으로 대중을 이끌어 주고 보살피는 리더십을 발휘하는 경우가 많다. 정에 이끌리기 쉬운 단점도 있으나 상대방을 이해하려는 마음이 있으며, 건실한 생활철학을 가지고 있으므로 겉으로는 화려해 보이나 사치나 낭비하지 않으며, 가정에서는 아내를 지극히 사랑하는 모범적인 가장형의 인물이다.

20 癸酉 일주 여자

솔직하고 순수한 성격을 지녔고 자기주관이 확고하며 어떤 상황에서도 폭넓게 활동하는 형이다. 매사에 완벽한 논리를 추구하므로 남 밑에서 활동하기를 싫어하나 확고한 이론과 치밀한 계획을 하여서 주도적으로 일에 임하려는 의지가 돋보인다.
상황 변화에 상당히 민감하며 과민반응으로 마음 변화가 잦아 한 가지 일에 내실을 기하기가 어려우며, 분위기에 쉽게 젖어드는 경향이 있어 감정 조절에 좀 더 세심한 주의가 요구된다.
자신을 꾸미는 데 미적표현 감각이 뛰어난 안목이 있어 주위로부터 멋쟁이라는 소리도 듣지만 사치스럽지는 않다.
남편을 사회적으로 성공시키려는 내조에 대단한 욕심을 가지고 있으며 목적달성을 위해 많은 공을 들이는 형이다.

21 甲戌 일주 남자

이론과 논리적인 사고능력이 강하고 한번 마음먹은 일은 반드시 실행하는 질긴 집념이 돋보인다. 자신의 명예욕에 대한 집착이나 자존심이 무척 강하여 굽힐 줄 모르는 고집이 있으며, 재물 추구보다는 명예를 추구하는 편이다.
자신의 능력을 뽐내는 경향도 다분히 많은 편이지만 오히려 권위적인 것에 저항하는 반항적인 기개가 있으며 계몽적인 성격도 있어 교육과 종교지도 방면의 사업에도 남다른 열정을 가지고 있게 된다.

22 甲戌 일주 여자

자신의 판단과 행동에 자부심이 강하며 남에게 지기를 싫어하는 성격이 있다. 남편에게 의존적이지 않으며 오히려 리드하려는 의식이 강하여 가권을 본인이 쥐게 되고 부동산으로 부를 축적하는 능력이 남다르게 뛰어나 재산관리를 잘하는 여성이다.
항상 논리에 충실하고 노력으로 이루는 삶에 만족을 느끼므로 상대와 스스로를 피곤하게 할 수 있다. 일을 추진할 때 꼼꼼하며 가정생활에 충실하지만 사회활동도 또한 강하다. 때로는 적극적인 면이 상대방에게 오해를 불러일으킬 수도 있으나 본마음은 순수한 여성이다.

23 乙亥 일주 남자

다른 일주에서는 볼 수 없는 부드러운 성품을 가진 사람이다. 어디를 가나 모나지 않고, 즐겁고 편하게 상대방의 기분을 상하지 않으면서 흐름을 이끌어 주기 때문에 사람들로부터 환영을 받는 부드러운 남자다.
사교술이 능하고 비굴함과 게으름을 싫어하며 사회의 개척에 뜻을 둔 정의의 사나이로서 무슨 일에나 참여하려는 의욕을 보여 준다.
주위를 너무 의식하여 행동하는 경향이 있으므로 자칫 우유부단해지기 쉬우며 과감성과 뚜렷한 자기주관이 결여되기 쉬운 단점이 있다.

24 乙亥 일주 여자

현실적이면서 남에게 의존하지 않는 자립심이 강한 여성이다. 안정된 가정생활상을 보여 주며, 특히 재정적인 측면에서 절제를 하는 지혜로운 생활력이 돋보이는 여성이다.
솔직하고 꾸미지 않는 소탈함으로 대인관계도 원만한 편이다. 다양한 분야에 관심을 쏟으나 끈기가 부족하여 어떤 일에 계획한 만큼 결실을 거두기는 어렵다.
다른 일주에서 볼 수 없는 부드러운 성품으로 많은 사람들이 좋아하는 여성상이다. 정서적으로 인정에 약하며 자신에 대한 애착이 강한 모습을 보여 준다.

25 丙子 일주 남자

자신의 능력을 발휘하는 실천성과 적극성이 다소 결여되어 있으므로 상황에 따라서 처음과 끝이 일치하지 않아 신의가 부족하다는 소리를 듣는 경향이 있다.
자신이 주도하려고 하는 무의식적 행동이 상대방에게 인색한 모습으로 비치므로 사람들과의 융화에 장애 요소가 되니 주의해야 한다.
자생력과 논리적인 사고가 타인과의 관계에서 때로는 지나치게 완벽을 추구하는 형으로 인식되어 혼자 고립되는 경향도 없지 않다.

26 丙子 일주 여자

개성적이고 자유분방한 사고방식을 가지고 있으며, 자기만의 분위기를 즐기는 여성이다. 개방적인 성격이지만 때로는 냉정한 인상을 주므로 대인관계는 어느 정도 제한을 하면서 절친한 만남을 유지하는 편이다.
개인적인 욕심은 별로 없고 남을 위하는 따뜻한 마음을 가지고 있으며, 또한 개성이 강하여 마음의 갈등을 많이 느끼고 고독감에 사로잡히기도 하는 성격이다.
항상 끈기 있는 모습으로 과감하게 상대방을 수용하는 여유와 아량을 가진다면 자신의 독특한 처세술이 더욱 좋은 모습으로 보일 수 있다.

27 丁丑 일주 남자

직선적이고 불의를 참지 못하며, 공격적인 성격으로 상대방을 제압하여 사과를 받아내는 데 집요함과 끈질기게 물고 늘어지는 우직한 성격으로 많은 여성들로부터 남자답다는 말을 자주 듣게 되는 남성이다.
총명한 두뇌를 지니고 있으며 강자에게 강하고 약자에게 더할 수 없이 부드러움을 지니고 있어 매우 따뜻한 인상을 주는 경우가 많다.
남다르게 주관과 자존심이 강해 한번 결정된 사항에 대해서 결코 돌아서는 일이 없으므로 때론 경솔한 결론을 내리는 경우도 있을 것이다. 그러므로 이러한 경솔함이 여성의 내조로 해결될 수도 있어 사회적인 활동에서는 여성과의 관계를 원만하게 지내야 한다.

28 丁丑 일주 여자

주위 사람들과 원만한 조화를 이루면서 주관이 뚜렷하며 항상 부드러운 태도로 그윽한 여성적 향기를 머금은 여성이다.
두뇌가 총명하며, 섬세하고 여린 감수성을 지니고 있으나 때로는 표정 관리를 못하여 감정에 대한 억제력이 부족한 사람으로 보인다.
언행에 있어서도 친근함이 직선적으로 표현을 하므로 상대에게 오해를 불러일으킬 수 있으니 유의해야 한다.
업무에는 정확하며 주고받을 것에 대한 관념도 철저하다. 정이 많으며 감수성이 예민하여 동정적인 연애를 할 수도 있다.

29 戊寅 일주 남자

환경에 적응능력이 뛰어나므로 어떠한 업무도 무모하게 뛰어들지 않는 신중한 성격이다. 독립심이 강해 누구에게 의존을 하지 않으니 때로는 완고한 고집으로 인하여 고립되는 경향이 있다.
한번 결심한 일은 주위의 시선에 구애받지 않고 의도대로 밀고 나가며 추진력 또한 강한 성격이다.
항상 준비성이 좋으며 절대 서두르지 않는 과묵한 스타일로 군자형의 기품을 유지한다. 또한 자신의 실리추구에도 충실함을 보이며 어디에 가더라도 입지를 확고히 한다.

30 戊寅 일주 여자

어떤 일을 하던 주위 환경에 구애됨 없이 자신의 의도대로 밀고 나가는 능력도 있다. 경제적으로 안정되게 생활하며 사회 참여의식이 높다.
독립심이 강하여 누구에게 의존하려 하지 않아 때로는 완고한 고집으로 보이니 그로 인하여 고립되는 경향이 있다.
戊寅 일주 여성이 생각대로 강하게 추진하는 과정에서 남편이 따라 주지 못하는 경우가 많다. 대체로 고독한 감정을 많이 느끼나 그런 감정

은 곧 털어 내고 의연한 모습을 보이는 대범한 형이다.

31 己卯 일주 남자

개인적 열등의식을 갖는 경우가 있으나 크게 부족한 것 없이 생활한다. 자신에게 부족한 부분을 주변에서 충족시키려는 욕구를 지니고 있으나 지나치면 사람들의 반감을 살 수 있으니 적정한 선에서 자제를 할 줄 아는 지혜가 필요하다.
모든 일에 확고하나 의리와 정에 약한 면이 있다. 누구든 한번 관계를 맺은 사람은 지속적으로 우호적인 자세를 취하며, 계획한 일은 반드시 이루고야 마는 집요한 집착력도 소유하고 있다.
일에 대한 판단을 독단적으로 하는 경향이 많은데, 성공하려면 어려운 큰일에 대한 주위 사람들의 조언에도 귀를 기울이는 자세가 필요하다.

32 己卯 일주 여자

마음속으로 구상한 계획을 신중하게 검토하기보다는 행동으로 추진해 나가면서 수정하는 성격이며, 많은 분야에 관심과 재능이 있는 형이다.
주변 사람들의 의견을 자신의 판단으로 일축해 버리는 경향이 있으며, 이 과정에서 감정적인 성격을 드러낼 때도 있다. 신의를 중요하게 여기며 인정에 약하고 감수성이 풍부하여 눈물도 많은 편이다.
성격이 맞지 않다고 느낄 땐 미련을 두지 않으며, 끊고 맺음에 분명한 선을 긋는다. 항상 스스로 현실에 안주하기보다는 피곤할 정도로 어떤 일에 몰두하는 편이며 상대에게도 이러한 면을 기대하는 형이다.

33 庚辰 일주 남자

庚辰 일주는 다른 일주보다는 이론적이며 논리적이기 때문에 토론에서 누구도 당해 낼 재간이 없다. 불의를 보면 못 참는 성격이라 혁명적으로 투쟁에 앞장서는 데 주저하지 않으며 리더십이 강하다.
관료주의와 보수적인 경향을 띠므로 행정직, 공무원, 은행원, 교수직에 종사하는 사람이 많다. 위계질서를 중시하며, 자신에게 주어진 일에는 책임을 다한다.
세밀하고 꼼꼼한 성격 때문에 때로는 주위 사람들은 배타적으로 대하므로 충돌할 우려가 있어 상황에 따라서 적당하게 타협하는 자세가 필요하다. 머릿속에 항상 새로운 생각들로 꽉 차 있어 좋은 기획을 제공하여 주위 사람들의 부러움을 사게 된다.

34 庚辰 일주 여자

폭넓은 대인관계를 유지하기보다는 일에만 몰두하여 자아성취를 이루고자 노력하는 여성이다.
시원스럽고 허심탄회한 대화를 통해서 정을 쌓아 가기보다는 철저한 논리적 사고와 분석에 의존하여 진로를 결정하게 되므로 타인에게 쉽게 접근할 수 있는 성격은 아니다.
그러나 일단 자신과 관련된 일이거나, 대인관계에서 친구가 있다면 오랜 기간을 두고 꾸준한 관계를 지속하므로 무리 없이 사귀게 된다.
업무 추진은 순간적으로 확 몰아치는 것보다 진행하면서 수정 보완한다.
자기 잘못에 대하여 쉽게 용납하려 하지 않으므로 자신이 맡은 업무는 철저하게 완수하며 품위 있게 예의를 갖추는 여성이라고 할 수 있다.

35 辛巳 일주 남자

성격상 매우 과격한 인상을 주며 항상 진취적인 생활태도로 보아 무모할 정도로 과감한 추진력을 보이는 남성이라고 할 수 있다.
자신의 의도에 타인이 간섭하여 방해하는 것을 싫어하며 항상 뛰어난 머리회전과 추진력으로 시원스러운 결말을 연출한다.
금전관계에 있어서 큰 욕심을 부리지 않으며 근검절약하는 성품이고, 대인관계와 업무에 있어서는 솔선수범하는 경우가 많다고 할 수 있다.
명예욕이 강하여 자신의 고집을 내세우고 합리화시키는 경향이 다분하며, 욕망이 해결되지 않을 때 느끼는 욕구불만과 갈등이 심해 자신을 다스리지 못하는 경우도 있으니 자중 자애하는 태도가 요구된다.

36 辛巳 일주 여자

자신의 능력과 외모에 상당한 자부심을 갖고 있어 절대로 타인들에게 지려 하지 않는 여성으로 항상 대중들에게 과시하려고 하는 타입이다.
출세와 명예욕이 강해 현실적으로 상당히 많은 욕구를 가지고 있다고 볼 수 있다. 꼼꼼하고 세밀한 사고력을 요하는 일이나 순발력을 요하는 일에 재능을 가지고 있으므로 다재다능한 사람에 속한다고 할 수 있다. 대표적인 위치에서 활동하며 자신의 의지를 확고히 하게 된다. 자신의 능력에 대해 항상 자부심을 가지고 있기 때문에 남성들과 마찰이 끊임 없으므로 원만한 이성 관계를 가지도록 노력하여야 한다.

37 壬午 일주 남자

주위를 점진적으로 자기 쪽으로 포용하며 다분히 권위주의적인 행동을 하면서 실리적인 자세를 보인다. 항상 재물을 축재蓄財하려는 인식이 강하며 현실적인 이론에 합리성을 부여하면서 금전과 결부시키는 경향이 있다.
기획능력이 뛰어나 앞서가는 생각을 할 수 있으며, 또한 민감한 두뇌를 지니고 있다. 무에서 유를 창조하는 창의력이 뛰어나며 명예와 연결을 시키는 상상력도 좋다.
평소 금전에 대한 갈등을 많이 느끼는 편에 속하지만 인색하지 않으며 책임감 또한 왕성하다. 남의 간섭을 배격하며 자립정신이 강한 편이다.

38 壬午 일주 여자

어려서부터 금전문제를 해결할 수 있을 만큼 경제적인 측면에서 뛰어난 자립능력을 보여 주는 여성이다. 사업가로 뛰어들어도 결코 실패할 확률이 적은 여성으로 치밀한 두뇌회전과 남성을 능가하는 스케일이 이를 뒷받침하여 준다고 할 수 있다.
어떠한 한 가지 사항에 집착하여 소극적인 모습을 보이지 않으며 항상 명쾌한 결론을 통하여 타인과 자신이 함께하는 활동에 뛰어난 능력을 보여 주고 있다. 여성 사업가로서의 자질을 갖추고 있는 만큼 어지간한 남성들과는 화합하기가 힘들며 항상 자신의 위치를 고수하려고 한다.

39 癸未 일주 남자

자신의 속마음을 타인에게 좀처럼 내보이지 않으므로 무뚝뚝한 인상을 주기도 하지만 실제로는 매우 온후하고 겸손한 성격으로서 다분히 유교적인 선비근성이 있다. 현실에 대한 철학적인 이상을 지니기도 하며, 주위를 포용하여 동조를 구하기보다는 독선적으로 행동하는 수가 있다. 왕성하게 행동하기보다는 이론가로서 계획한 업무에 빨리 싫증을 느끼는 경향이 있어 진취적인 사고력에 비해 실천력이 미흡하다.

40 癸未 일주 여자

원만한 대인관계를 유지하여 무리 없이 현실을 즐기는 여성이지만 마음 속으로 더욱 발전된 내일의 현실을 갈망하고 있다.
자아실현의 욕구가 유달리 강한 탓으로 앞으로 신념과 희망에 굉장히 큰 기대를 걸고 있으며 주위 사람들의 어떠한 조언도 구하려 하지 않는 타입의 사람이라고 할 수 있다.
이러한 성격의 여성은 혹간 감정변화를 보임으로써 불안스러운 느낌을 가지게 할 경우도 있으나 욕망을 실현하기 위하여 결코 서두르지 않는 일면을 보이기도 한다. 현실과 이상의 합일점을 찾아 무리 없이 발전을 지속시킬 수 있다면 만사가 잘 풀려 나갈 것이다.

41 甲申 일주 남자

타인에 대한 지배욕이 강하며 다분히 독선적인 성격 때문에 주변 사람과의 마찰로 잡음이 많은 편이다. 이론이 강하여 자신만의 철학을 주장하는 목소리가 높은 편이지만 남다른 지도력과 통솔력을 지니고 있다.
독창적인 개성이 있으나 타인의 의사를 무시하는 경향이 있으니 좋지 못한 습성이 있다. 업무를 처리하는 과정에 오기와 고집으로 해결하기 때문에 실질적으로 큰 이득을 얻지 못한다.
본래의 심성은 소박하면서 인정에 치우치는 면이 있으며, 집념과 승부근성은 남달리 완강한 성격이다. 여성을 보는 안목이 다소 높아 멋있게 느껴지는 여성이 별로 없어 고독한 경향이 있다.

42 甲申 일주 여자

자기중심적으로 생활하며 스스로 내린 판단과 결정은 후회 없이 자신 있게 삶을 살아가는 여성이다.
한곳에 집착하지 않고 이곳저곳을 기웃거리며 독특한 성격과 재주를 과시하려고 하지만, 남이 느끼는 견해는 의지와 상반되는 경우가 있으므로 외로움을 느끼는 경우도 있다.
여성 특유의 애교와 아기자기한 애정을 보이며 남성에게서 사랑을 받기보다는 똑같은 인격체 입장에서 사랑을 주고받는 것을 더욱더 중요하게 생각하고 있으니 자신의 삶을 스스로 개척해 나가는 능력이 뛰어나다고 할 수 있다.

43 乙酉 일주 남자

상황판단의 직감이 뛰어나며, 결정적인 상황으로 접어든다고 해도 현실적인 타당성을 정확히 짚어 보고 실행하는 꼼꼼한 성격을 지녔다.
자기중심적인 이론과 논리에 따라 주위의 협조를 얻기까지 다소 갈등이 따르며 스스로 타인을 신뢰하지 못하는 까닭에 자신의 실리는 챙길지 모르나 시간적으로 효율성이 떨어지는 경향이 있다. 사람들과의 마찰은 되도록이면 피하려고 하므로 항상 일관된 대인관계를 형성할 수 있다.

44 乙酉 일주 여자

자신의 것이 아니더라도 뛰어난 두뇌회전과 눈썰미를 통하여 짧은 시간 내에 소화시켜 낼 수 있는 재주 있는 여성이다. 대인관계에 있어서 자기 의견과 상반되는 것에 대해 뛰어난 화술과 애교로 무리 없이 소화시켜 내는 영리함도 가지고 있다.
형식적인 외관을 좋아하기보다는 실질적으로 필요한 것만을 챙기므로 내실을 기하고자 하는 여성이다. 반드시 자신이 수립한 완벽한 준비에 현실적으로 눈에 보이는 현상을 추구하려고 한다. 명분을 앞세워 내실이 다소 결여된 명예욕에 사로잡히는 여성들과는 다르다.
철두철미한 성격으로 대인관계에 있어서도 반드시 이득이 되는 경우에 한하여 마음을 여는 경우가 많으므로 폭넓은 대인관계를 가지기가 힘들 것이다.

45 丙戌 일주 남자

의리를 위해서는 잘 나서지만 직선적인 언행 때문에 실리는 지극히 미흡하다. 상대방이 떠벌이지만 않으면 설령 자신의 생각이 옳다고 하더라도 상대의 견해를 겸허하게 경청하는 좋은 습성을 지니고 있다.

자신이 저지른 실수에 대해서 자책감을 느낀 나머지 괴리감에 빠질 만큼 자기 자신의 감정에 솔직한 편이며, 대인관계도 한번 싫으면 그것으로 끝이 되어 등을 돌리는 경우가 있다.

두뇌는 총명하며 자칫 우월감에 젖어 경솔한 언행을 할 우려가 있으니 동의를 얻기에는 다소 어려운 면이 있다. 보다 차분하게 주위를 포용할 수 있는 아량이 필요하다.

46 丙戌 일주 여자

음성이 크고 말이 많다는 평이 있지만 타인과의 다툼이 없고 적응력이 좋은 성격을 지녔다. 두뇌총명하고 모성애적 감정과 포근한 포용력이 주위 사람들에게 인정을 받는다.

여성이 지니는 맵시 중 음식솜씨와 손재주가 뛰어나 가정에 큰 몫을 한다. 대인관계에서는 지구력의 부족으로 쉽게 돌아서는 경향이 있으나 정에 약한 나머지 동정적인 사랑을 하는 경우도 있다.

감정의 변화가 표면적으로 나타나며 마음에 담아 두었던 이야기는 절제하지 못하고 직선적으로 표출하는 것이 흠이다. 정에 약한 면이 있으니 동정결혼은 삼가는 것이 좋다.

47 丁亥 일주 남자

모든 일에 조급하지 않으며 자신의 처지를 돌아본 이후에 기획을 하고 일을 도모하는 안정주의의 성품을 지닌다.

외유내강으로 성품이 부드러운 것 같지만 강한 면모가 있으며, 순간적인 임기응변이 능하며 지혜롭게 주위와 융합해 자신의 실리를 추구한다.

만일의 사태에 대비하는 준비성은 좋으나 너무 원만하고 안정적인 측면만 고수하다 보면 과감한 추진력이 결여되어 시간적인 효율성이 문제가 되니 답답한 면이 있다.

드물게 남모르는 외로움을 느끼는데 여성이 다가가도 아름다운 여성이 아니면 사귀지 않고, 금전보다는 명예에 집착이 강한 성격으로 남다른 근면함과 학문적인 탐구능력으로 전도를 꾸준히 개척해 나간다.

48 丁亥 일주 여자

여성답지 않게 선두에 나서려는 관념이 강하여 사회생활에 적극적으로 뛰어드는 참여의식이 강한 편이다. 사회생활을 함에 있어 어떠한 곳에서 활동하든 간에 주위환경을 의식하지 않고 적극적인 활동으로 시원스런 인상과 상냥한 이미지가 더욱 매력 있는 여성으로 보인다.
자신이 추구하는 일에 환경이 따라 주지 못하면 고독한 감정에 빠지기도 하지만 한곳에 얽매여 있지 않고 적극적이고 대범한 성격을 가진다.
적극적인 성품이 현대 여성의 아름다움이라 할 수 있을 만큼 매력 있는 여성이다. 이성에 대한 불화는 시간을 두고 대화로 풀어 나가는 것이 좋겠다.

49 戊子 일주 남자

대사를 결정할 때 타인과 의견 절충을 통한 결정보다는 자신의 판단에 전적으로 의존하는 타입의 남성이다.
때에 따라서는 고집과 빠른 두뇌회전으로 타인을 이용하는 듯한 느낌을 줄지 모르지만, 인간성 자체만큼은 매우 순진한 편에 속한다고 할 수 있다.
신의를 중요하게 여기며 인정에 약하여 냉정한 모습을 보여야 할 때에 그렇게 못하는 경우가 많다. 이러한 일면은 특히 여성관계에서 커다란 문제를 일으킬 요인이 되므로 필요 이상의 친절은 바람기 있는 남성으로 보이기 쉬우니 주의하여야 한다.

50 戊子 일주 여자

주위와 타협이 용이하지 못하며, 강한 성격을 내세우다 보니 남과 대립이 잦은 편이다. 섬세한 면이나 애교는 부족하나 신의를 중히 여기며 의리에 밝다.
인정에 얽매여 더러는 손실을 보기도 하지만 자신의 판단과 맞지 않는 경우는 냉정하게 돌아서는 차가운 일면도 있다.
신중하게 생각하여 판단하기보다는 행동이 앞서 실수가 잦은 편이므로 심사숙고하여 여유 있는 마음으로 대처해야 하며, 독자적인 판단보다는 주위 의견을 수렴하여 적당히 타협하는 것이 필요하다.

51 己丑 일주 남자

이론적이며 논리적인 것을 항상 중요하게 생각하는 남성이라고 할 수 있다. 대인관계에 있어서도 그날의 기분에 따라 시원스럽게 사람들을 대하기보다는 항상 논리적인 사고를 앞세워 사물과 사람들을 판단하는 입장을 고수하는 경우가 많다. 많은 친구들을 가지고 있지는 못하지만 대중을 이끌고 지도하는 능력에 있어서는 매우 뛰어나다고 할 수 있다. 타인의 의견을 받아들이고 이해하는 데는 다소 소홀한 모습을 보이는 경우가 많아 자칫하면 독선적으로 흐르는 경우가 많다고 할 수 있다. 안정된 생활에 좀 더 여유를 줄 수 있다면 타인을 수용하는 마음에도 커다란 문제가 없을 것이다.

52 己丑 일주 여자

이론적이며 논리적인 사고를 지니고 있어 근본부터 해결하는 완벽주의를 표방하는 여성으로 매우 활동적이며 근면하고 현모양처로서의 조건을 겸비한 충실한 여성이다.
세밀하고 꼼꼼한 편이라 주변 정리가 잘 되어 있으며 가계부를 작성하는 여성이 많고 의욕과 욕구를 자식이나 남편에게 이룰 수 있게 하여 배려하는 마음이 강하다.
현실에 능동적으로 대처하는 적응능력 또한 뛰어나 어떠한 어려움에 직면하더라도 완벽을 기하려는 끈질긴 측면이 있으며, 능히 스스로 해결할 수 있는 힘이 있다. 환경변화를 깊이 참고하여 주위의 힘을 빌어서 해결해 나가는 것이 바람직하다.

53 庚寅 일주 남자

독창적이며 개인적인 직관력을 발휘하며 가식이 없는 그대로의 모습을 보임으로써 주위로부터 높은 신뢰감을 얻는다. 직관과 선견지명이 있고 판단력이 뛰어나 조직을 이끌어 가는 리더십을 발휘한다.
큰일에 대해서는 대범함을 보이지만 오히려 사소한 일에 얽매여 심한 괴리감에 쌓여 있는 경우가 있다. 때로는 의욕이 너무 앞서다 보니 주위를 무시하고 행동에 임하는 경향이 있어 다소 고립되는 때도 있다.
완고한 고집으로 자기 자신의 합리성을 내세우기 보다는 인정할 것은 인정할 수 있는 남성다운 아량이 부족하다.

부인에게 자상하고 친절한 애정표현이 부족하니 적극적으로 노력해야 원만한 분위기가 만들어져 해로하는 데 도움이 된다.

54 庚寅 일주 여자

자신에 대한 자부심이 강한 편이며 남성 같은 과감성이 있으므로 소속 단체에서는 리더십을 발휘하기도 한다.

심사숙고하기보다는 추진력이 너무 앞서는 경향이 있어서 실수도 잦은 편이지만 그것을 합리화시키는 남다른 재능도 있다.

남성 같은 기백이 있으며 고집 또한 완강하게 보이지만 마음에는 항상 감정의 여운이 남지 않는 시원한 성격이다. 맺고 끊음이 좋은 편이지만 하찮은 일로 인해 자신에 대한 모멸감을 느끼기도 한다.

55 辛卯 일주 남자

이론에 밝으면서 의욕과 패기가 넘치며 요령이 좋은 성격이다. 자신의 이익을 위해서 상당히 타산적인 머리를 굴리는 사람이다. 그러나 뿌리지도 않은 씨를 거두려 하지는 않는다.

줄 것은 주고 받을 것은 받는 성품이므로 계산이 정확하여 다소 정이 없고 차가운 면이 있지만, 무모하게 자신을 합리화시켜 이미지를 손상시키지는 않는다.

여성편력이 있겠으나 마음에 드는 여성은 그리 많지 않으며, 만남은 많을지 몰라도 돌아서면 가슴이 허전한 것이 이 사람의 속마음이다.

평소 재물에 대한 갈등이 심한 편이지만 금전적인 측면에서는 기대려고 하지 않고 자립적인 의지가 강하다.

56 辛卯 일주 여자

적극적이고 명랑한 성격의 소유자이다. 주관이 강하며 명예나 금전적인 면에서 성격의 특징이 강하게 작용한다.

현실적인 문제에 능숙한 편이며 일을 논리적으로 해결해 나가는 능력 또한 높이 칭찬할 만하다. 항상 경제적인 여유를 지니고 있으니 남의 불행을 보고 지나치지 말아야 하며 덕행을 쌓아야 좋을 것이다.

금전적인 문제는 타인의 도움을 받지 않고 스스로 해결하려는 의지가 강한 편이다. 한때의 고집스러움이 돌이킬 수 없는 상황까지 몰고 가게 되니 유념하는 것이 좋다.

사람들과의 폭넓고 깊이 있는 만남을 원하며 빠른 시간에 친숙해지는 친숙미가 넘쳐 항상 주위에 사람이 머물게 된다.

57 壬辰 일주 남자

과묵하고 무뚝뚝한 편이며, 독선적으로 자신의 목표를 향해 질주하는 성격을 지니고 있지만 끈기는 결여된 면이 있다.

활동적이고 진취적인 성품으로 말보다는 실천을 앞세우는 행동파이지만 결정적인 순간에 주춤하는 경향도 있어 이 점을 고쳐야 할 것이다.

결코 주위의 조언이나 의견을 잘 듣지 않는 독선적인 측면이 있으므로 남과 화합함에 어려움이 따르게 되므로 남을 배려하는 마음을 가져야 성공을 이룰 수 있다.

과감한 결단력을 길러서 시기를 놓치는 일이 없도록 해야 한다. 이상과 현실 사이에 철학적인 사색으로 자신을 돌아보는 시간도 많은 편이다. 가급적 끊고 맺음을 분명히 할 수 있는 냉철한 이성이 필요하다.

58 壬辰 일주 여자

현명하고 명석한 두뇌가 이치에 밝아서 관찰력이 뛰어나 멀리 앞날을 내다보는 선견지명이 있으며, 또한 이해타산적인 경향이 크다.

생각이 깊고 활동적이며 진취적인 사고방식을 지니고 주관이 뚜렷하여 주위로부터 간섭이나 조언을 거부하고 자신의 자존심이 강하고 자신을 신뢰하므로 끈질긴 집념으로 추진하는 능력이 대단하다.

다양한 재능의 소유자이고 이지적이며 냉정한 면도 있다. 어떠한 일을 추진할 때 예지능력이 놀라울 정도로 들어맞는 경향을 보이며 서둘지 않는 이지적인 면을 보인다.

자신이 지닌 재주가 단지 경제적인 측면에만 그치는 일이 아니고 삶의 질을 향상시켜서 진정으로 멋있는 삶을 영위할 수 있는 여성이다.

59 癸巳 일주 남자

자신이 리드하려는 경향이 있으며, 경험을 통한 여러 가지 방면에 참여하고자 하는 욕구가 강한 성품을 지녔다. 무엇이든지 막힘없이 해내는 다재다능한 면모를 보이며 주위의 시샘이나 질투에 동요됨이 없이 자신의 주관을 밀고 나간다.
침착하여 언행에 신중한 편이다. 의지가 강하여 자수성가한다. 금전에 대해서는 무리하게 집착하지 않으나 자존심이나 명예심에 대해 남다른 자부심을 느끼곤 한다. 지구력이 약한 것이 흠이지만 생활하는 데는 큰 지장 없이 안정적인 삶을 영위한다.

60 癸巳 일주 여자

예의범절이 반듯하고 행동이 정확하다. 예능에 소질을 지니고 있어 주위 사람들에게 칭찬을 받으며, 재물에 대한 복이 있어 비교적 안정된 생활을 하는 여성이다.
마음이 모질지 못하고 어진 성격으로 친지나 이웃사람의 불행을 지나치지 못하며 능력껏 도우려고 애쓰는 아름다운 마음씨다.
손재주와 음식솜씨가 일품이며 못하는 것이 없고 귀태가 나는 팔방미인이라 할 수 있다.
원만한 교우관계로 주변에 사람이 많아 분주한 생활을 하게 된다. 예능과 손재주에 능하지만 지구력이 부족하여 쉽게 단념하는 경우가 많으니 지구력을 키우고, 깊이 있는 만남에 힘쓰는 것이 좋다.

61 甲午 일주 남자

호탕하고 정의로운 행동파이기도 하지만 의외로 꼼꼼하며, 현실적으로 타당성이 없는 일에는 모험을 하지 않는 냉철한 실속파이다.
자기중심적으로 남의 의견은 일축해 버리는 경향이 있으며 대인관계에 다소 까다롭다는 말을 듣는 경향이 있다. 노력으로 성취하는 보람을 느끼는 왕성한 혈기를 지니고 있으며 불의와 타협할 줄 모른다.
자상하고 가정적인 면이 있지만 경제권을 여자에게 맡기지 않는 경우도 있어서 가끔 주위를 피곤하게 하는 경향이 있다. 그러나 가정적으로나 사회적으로 안정을 유지할 수 있으므로 일단일장이 있다.

62 甲午 일주 여자

솔직하며 명랑하고 쾌활한 성격으로 꾸밈이나 가식 없는 순수성을 지니고 있는 매력적인 여성이다. 먼저 나서는 일이 없으며 상황을 세밀히 주시하여 논리적으로 타당성이 있을 때만 동조하는 유형이다.
활동 분야에서는 억척스럽고 끈질긴 성격으로 능력과 정열을 다하여 목적을 달성하는 경향이 크며, 정감이 매우 풍부하여 여러 사람의 마음을 사로잡는다.
상황에 따른 임기응변과 언변에 뛰어난 재능을 지니고 있으며, 배포 또한 커서 가정을 이끌어 가는 주부 가장이 많다. 체형으로는 전형적인 동양여성으로 현모양처 유형이다.

63 乙未 일주 남자

거짓으로 꾸미려 하지 않으나 감정 변화가 극단적인 면이 있어 때로는 스스로 자신의 성격에 당황하기도 한다. 인정과 의리가 있고 남을 보살피는 데 정성을 다함으로써 남에게 적대감을 사지 않으나 순간적으로 표출되는 직선적인 언행으로 실리를 찾지 못하는 경향이 있다.
다소 소극적이고 내성적이라 내세우는 데는 크게 관심을 갖지 않으나 갑자기 튀어나오는 과감한 돌출심리도 내재해 있다.
기분파이면서도 주위와의 융화가 원만하지 않은 편이어서 실리적인 면에서 다소 부족함을 느끼게 된다. 원만한 대인관계로 실질적인 측면에 적극성을 보이는 것이 안정감을 유지할 수 있을 것이다.

64 乙未 일주 여자

항상 조용하고 정서적으로 안정되어 있는 것 같지만 감정을 억제하지 못하고 직선적인 언행을 구사하는 면도 있다. 평소 생각이 깊고 조심성이 있는 성격이지만 한번 눈 밖에 나면 좀처럼 돌아서지 않는 고집스러움이 있다.
정에는 약해 동정적인 마음을 갖기도 하며 시간이 지날수록 상호 의존적인 마음을 갖게 되는 나약한 일면이 있다. 물질보다 정신적인 면에 치중하는 경향이 있어 현실에 대한 적응력은 다소 결여된 느낌이 든다.

65 丙申 일주 남자

비교적 주위 분위기에 편승하므로 무모한 독자 노선을 택하지 않지만 급할 때는 한없이 급한 모습을 보이기도 한다. 창조보다 모방에 뛰어난 재능이 있으며 예술적 감각과 문장력 또한 남달리 섬세한 면이 있다.

과묵한 군자형의 기품이 있고 내면은 남보다 빠른 발전의 기회를 모색하여 게으르지 않으며 최대한 자신의 안정을 유지하면서 만일의 사태에 대비하는 준비성도 갖추고 있다.

겉으로 대인관계에 모가 나지 않아 원만하게 협조 관계를 이뤄내며, 실질적인 측면에서도 충실함을 보인다. 이성간의 만남은 다소 늦어지는 경우가 있어 결혼이 늦어지는 경우가 많다. 그것은 재관이 왕하여 인성이 약하기 때문에 재극인할까 봐 여성을 기피하기 때문이다.

66 丙申 일주 여자

무슨 일이든 주위 환경에 구애받지 않고 자신의 의도대로 밀고 나가기 때문에 때로는 남성이 따라 주지 못하므로 자신이 벌어서 남편을 내조하는 경향이 많다.

대체로 고독함을 많이 느끼는 편이지만 생각이 한곳에 매이지 않으며 대범한 편이다. 착하고 어진 성품인데 조금만 더 다소곳하면 남자에게 진의를 알게 할 수 있으니 너그러운 마음이 필요하다.

모든 것을 배우자와 상의하면서 이끌어 나가야 하는데 자기가 옳다고 생각하면 혼자서 생각했던 대로 밀고 나가는 경향이 있다.

여류사업가 기질이 있으니 남편이 벌어다 주는 것만 가지고 생활하지 않고 경제활동에 직접 나서는 적극성이 있는 여성이다. 경제사정이 여유가 있으면 대중 앞에 나서려고 하고 비교적 사회참여 의식이 높다.

67 丁酉 일주 남자

시시비비의 분별력이 있어 항상 정의 편에 서서 지도자의 역량을 발휘하기도 한다. 한쪽에 치우치지 않는 중용의 도가 몸에 밴 것 같기도 하지만 한편으로 자신의 합리성을 내세우는 돌출심리도 내재해 있다.

책임감이 강하여 주어진 업무는 확실히 처리하는 적극적인 사람이며 '시간이 지나면 어떻게 되겠지.' 하는 안일한 생각을 배척하는 행동파 남자다.

즉각적인 행동보다 이론과 현실을 타진해 본 다음에 과감히 실행하려고 하는 완고한 합리주의 방식을 채택한다.

절대로 조급하지 않으며, 말보다 행동이 앞서며 정도로 개척해 나가되 때로는 수동적인 입장에 서서 주위의 분위기에 편승하기도 한다. 가정에서는 아내의 의견을 존중할 줄 아는 아량도 지니고 있다.

68 丁酉 일주 여자

외모 치장하기를 즐기며, 남의 시선을 의식하며 신경을 많이 쓴다. 다양한 방면에 관심과 흥미를 가지고 있어 좀 어수선한 느낌도 들지만 의욕이 왕성한 반면에 변덕이 심하다는 평을 듣기도 한다.

깊이 심사숙고하기보다는 즉흥적인 두뇌회전과 임기응변이 발달하여 행동이 앞서며, 자신의 판단으로 옳다는 생각이 들면 상대방의 의견을 일축해 버리는 경향이 있다.

명예와 체면을 중요시하고, 신의를 중요시하며 인정에 약한 면이 있고, 마음에 들지 않으면 미련 없이 돌아선다. 주어진 업무는 끝까지 관철시키려는 인내심과 추진력이 대단하다. 약속시간은 철저히 잘 지킨다.

69 戊戌 일주 남자

주변의 변화와 상황에 대해 민감한 반응을 보이며 적절한 대응 태세를 갖추는 데에 능하다. 상당히 이론적이고 논리적이며 정확하기 때문에 누구도 당해 낼 재간이 없다. 주변 사람들과의 융화에 비상한 재능을 가지고 있어서 친목을 도모하는 데 큰 역할을 담당한다.

업무에 성실한 자세로 임하며 다소 보수적이고 관료적인 성격을 내포하고 있어 교수 혹은 은행원·행정직·공무원 등이 많다.

자신에게 주어진 일은 책임지는 자세로 세밀하고 꼼꼼하게 처리하며 머리가 총명하나, 자기중심적인 생각으로 타인의 의견을 수렴하지 않는 자세는 바람직하지 못하므로 대인관계에 어려움이 따른다.

70 戊戌 일주 여자

자신의 자리를 안정되게 만들며 주위 사람과 맞추기보다 자신의 위치에 주위 사람을 맞추려는 성품이다. 빈틈없는 경제생활을 꾸려 나가려는 여성이라고 할 수 있다.
한 가지 일을 추진함에 있어서도 감정이나 기분에 얽매이지 않고 주위 사람의 조언에 호응하기보다는 철저히 계획해 문제를 하나하나 풀어 나가는 형이다.
외모를 관리함에 있어서도 완벽하고 지적인 모습으로 가꾸려고 하는 데 많은 시간을 할애하므로 남이 보기에는 사치스러움으로 보일 수도 있으나 그 방면과는 거리가 멀다. 주의를 의식하지 못하고 이렇게 완벽을 추구하는 모습이 남성들에게는 두꺼운 벽을 쌓는 격이 되므로 외로운 감정이 더해지게 됨을 인식하고 고치도록 노력을 해야 할 것이다.

71 己亥 일주 남자

자신이 처한 상황과 주변 상황을 고려하여 행동하는 자세가 요구되는 사람이다. 성격상 과격한 면도 있으나 대체로 여유와 온화함을 지니고 있다.
맡은 일에 대해서는 끈기와 집념으로 열심히 임한다. 임전무퇴 정신으로 일하니 적극적이라는 평을 듣게 된다. 신념이 굳게 서 있어 타성에 젖지 않으며 주위의 유혹에도 쉽게 동요되지 않는다.
사람을 너무 잘 믿는 경향이 있으니 이익에 무관심해지지 않도록 주의함이 필요하다. 이론과 현실을 일관성이 있게 정립해 나갈 만큼 절제된 생활을 추구해 가니 큰 어려움에 봉착하는 일은 없겠다.

72 己亥 일주 여자

남에게 직접적으로 표현하지 않지만, 항상 근면하고 성실한 생활습관과 업무처리 능력의 실행에 대한 책임감에 있어 마무리를 잘하는 편으로 그러한 능력에 대한 자부심을 가지고 있다. 또한 타인을 이해하고 사랑하는 마음가짐이 풍부하여 항상 자기 자신의 일이 아니더라도 타인의 잘못을 덮어 주고 감싸 주려고 하는 따뜻한 마음을 가지고 있다.

그러나 잘못에 대해서 용납하지 않는 단호함도 지니고 있으므로 리더의 자질을 갖추고 있다. 남성과의 관계에 있어서 사랑을 받기보다는 자신이 사랑을 하므로 남성을 이끌어 가는 리더십이 있다.
자신을 지나치게 내세우려고 하는 경우가 있다. 남성과의 관계에서 때로는 절제하는 것이 본인에게 이롭다.

73 庚子 일주 남자

성격은 무뚝뚝하지만 맡은 일에는 최선을 다하며 노력한 만큼 결실을 이루어 내는 능력자이고 추진력이 뛰어난 사람이다. 늘 풍족한 생활로 부족함이 없으며 마음에 여유를 잃지 않는 형이다.
주위 사람에 대한 포용력이 부족하고, 자신의 일에 남의 조언이나 간섭을 싫어하는 형이다. 주어진 업무에 대해서는 책임감이 강하므로 확실하게 마무리하며, 자신의 영역을 구축하여 자립적인 생활을 영위할 수 있는 직업으로 전문직 프리랜서가 잘 맞으니 반드시 자격을 겸비한 직업인이 되려고 한다.
강한 사람에게는 강하고 약한 사람에게는 약하고 자선심이 많다. 가정에서 생활공간이 깨끗하게 정리된 것을 좋아하며, 부인의 자존심을 침해하게 될 우려가 있으므로 자신만의 자리를 지키는 것이 중요하다.

74 庚子 일주 여자

금전거래에서 성격이 확실하게 드러나는 여성이라고 말할 수가 있다. 경제적인 측면에서 남성에게 의존하지 않는다. 자신의 영역을 구축하여 자립적인 생활을 영위할 수 있는 프리랜서 형태 전문직이 잘 맞으므로 반드시 자격증을 겸비한 직업인이 되려고 노력하는 여성이 많다. 특히 의·예·체·기능 쪽으로 전문적인 자격증이 필요한 사람이다.
현실적인 면에서 빠른 두뇌회전을 보이는 관계로 결코 손해 없는 금전거래 관계를 가지나 자존심이 매우 강하여 남에게 손을 벌리는 행동은 하지 않는 타입이다.
때에 따라서는 체면유지 때문에 능력에 맞지 않는 지출을 하기 쉽다. 가정생활에 있어서 절대로 무리한 지출을 보이지 않으며 항상 현실에 맞는 지출과 소비를 하여 자녀와 타인에게 모범이 될 것이다.

75 辛丑 일주 남자

예리하고 날카로운 성격의 소유자인데 때로는 과묵하고 무뚝뚝한 성격으로 비추어지는 일면이 있다. 예리한 성품이 다분히 독단적인 사고를 지닌 형이다. 업무처리에도 주위의 도움보다 스스로 처리하는 대담성을 발휘하나 계획성이 결여되기도 한다. 냉철하고 철학적인 이성을 지닌 논리적 삶을 살아가는 형이다.

대인관계 있어서는 한번 싫어지면 다시는 용서하지 않고 인연을 끊어버리는 반면에 사이가 좋을 때는 정에 이끌려 간다. 정에 연연하는 자세보다는 주위와 융합하여 대인관계를 원활히 하고자 자기 능력을 최대한 발휘할 수 있는 발판을 굳혀 놓아야 최상의 생활을 할 수 있다.

76 辛丑 일주 여자

열려진 마음을 가지고 진취적이고 활동적으로 생활하는 여성이라고 할 수 있다. 생각하는 방식이 오픈된 마인드로 자기만의 틀을 가지고 꿰어맞추려고 하지는 않는다. 융통성이 부족하여 자신이 가지고 있는 처세술과 능력에 대해서 좋은 평가를 받지 못하는 경우가 많다.

삶을 살아가면서도 종교적인 철학의 자아실현에 욕구가 강하여 원대한 꿈을 꾸고 있는 경우가 많으나, 사소한 현실의 문제들과 봉착하였을 때 자기 연민에 빠져 모든 것을 포기하는 경우도 있다.

일반적으로는 상당히 따뜻하고 포근한 마음을 가지고 있으며, 때로는 감정을 억제하지 못하고 쉽게 분출시키는 것이 단점이 될 수도 있다.

대인관계에서는 한번 싫어지면 다시는 용서를 하지 않고 인연을 끊어버리는 반면 사이가 좋을 때는 정에 이끌려 간다.

77 壬寅 일주 남자

솔직담백한 성품으로 과장됨이 없고 있는 그대로 처세하기를 좋아한다. 일반적으로 요령이 많은 사람이지만 水가 왕성하면 더러는 요령이 부족하다는 말을 듣긴 해도 그렇다고 행동 패턴을 바꾸지는 않는다.

자기 주관이 강하며, 능동적으로 업무에 임하기 때문에 적응력이 뛰어나 어딜 가더라도 위축됨이 없는 충분한 역량을 발휘한다. 가끔 주위 사람 말에 솔깃하여 심리적으로 다소 안정되지 못한 모습을 보이기도 하지만 충동적인 행동은 자제하는 성격이다.
재물보다는 체면과 명예를 소중하게 여기는 청렴한 선비 근성이 돋보이므로 많은 사람들이 추종하여 따르며, 자신의 권위를 내보이고 싶어하는 욕망이 내재해 있다. 자기 주관이 강해 무슨 일을 하든지 인정받고 싶어하고 권위를 내세우려는 심리가 작용한다. 운이 나쁘면 과대망상으로 사기꾼이 되기 쉽다.

78 壬寅 일주 여자

매우 적극적이고 활동적인 성품을 지닌 여성으로 대담함과 세심함의 양면성을 보여 주는 성격의 소유자이다. 주관이 강해 무슨 일을 하든지 인정받고 싶어하고 권위를 내세우려는 심리가 작용한다.
새로운 업무를 추진하는 과정에서 오랫동안 연구하고 분석한 것을 통해 완벽함을 추구하려고 하기보다는 짧은 시간에 능률적인 일처리로 성취감을 느끼려고 하는 경우가 많다.
대인관계에서 남성과의 관계에 있어 능동적이고 적극적인 입장을 보이므로 타인들에게 의존하는 경우가 없다. 이러한 성격은 강한 여성의 이미지로 각인될 수 있어 남자의 따스한 배려가 결여될 수 있으니 고독에 휩싸여 일을 그르치는 경우도 있다.

79 癸卯 일주 남자

자신의 내면을 먼저 보이지 않으며 상황의 흐름을 면밀하게 주시하여 자신의 행동방침을 설정한다. 꼼꼼하고 섬세하여 사소한 것까지 신경을 쓰는 편이므로 항상 선에 맞추어 정리가 되어야 안정감을 갖는 인상을 보인다.
과거에 얽매이지 않고 미래지향적인 사고방식을 가지므로 주위를 밝게 이끄는 편이다. 준법정신이 투철하며 남에게 피해를 안 주는 보수적인 경향이 있으며 또한 경계를 게을리하지 않는다.
확실한 일이 아니면 나서지 않는 사람이지만 그러다가 실질적인 업무 추진력이 결여될 수 있으므로 보다 소탈하고 개방적인 마음의 자세가 필요하다.

80 癸卯 일주 여자

생활철학을 바탕으로 확실하게 체계를 세워 놓고 규칙에 따라 빈틈없는 생활태도를 보이는 여성이다.
확신이 서지 않는 일에는 선뜻 나서려고 하지 않으며, 언제나 완벽한 가능성을 추구하려고 하는 경우가 있다.
사회생활에 적극적인 자세로 타의 모범이 되는 경우도 많지만 여성다운 모습이 부족하여 다소 딱딱한 모습으로 보이니 남성들의 꺾어 보려는 도전에 시달리는 경우도 있을 것이다.
남성과의 관계에 있어서도 남성이 리드하는 대로 따라 주지를 못하고 자신의 활동영역을 고수하려고 하므로 남성의 시선 밖으로 벗어날 때도 있을 것이다. 사회적인 상황에 따라서 분위기를 맞추어 색깔을 바꾸어 갈 수 있는 현명함이 요구되는 여성이다.

81 甲辰 일주 남자

마음을 상대에게 먼저 털어놓지 않으며 상대를 먼저 파악하여 행동방침을 설정하는 치밀하고 꼼꼼한 성격을 지니므로 큰일이나 작은 일에도 치명적인 영향을 받지는 않는다.
주위상황의 흐름을 주시하며 사려 깊은 판단으로 임하는 이론가이기도 하다. 다소 까다롭다는 소리를 듣기는 하지만 일에 대해서는 집요하게 노력을 기울여 완벽하게 성사시키는 꼼꼼하고 세밀한 성격을 지닌다.
남에게 의존하지 않고 항상 자급자족하는 편이다.
주위와 원만한 관계는 자기중심적인 관점이 개입되므로 다소 어려움이 따르기도 한다. 권위적인 우월감보다는 여러 사람과 공감대를 형성할 수 있는 보편적인 일반상식이 부족하므로 대인관계가 아쉽게 느껴지는 성품이다.

82 甲辰 일주 여자

간혹 남성다운 기질로 독선적인 성격을 엿볼 수도 있겠지만 무엇보다 섬세하고 정확한 성격이 매우 돋보인다. 남편의 직위에 따라서 본인의 행동양식이 바뀐다.

과감한 행동으로 독선적인 성격처럼 보여서 주변과의 화합에 어려운 면도 있으나 함부로 나서지 않으며, 완벽한 처신과 논리적인 판단이 화술로 이어지고, 뛰어난 사리판단과 어우러진 대인관계가 원만하며 명예와 재물이 모두 풍족하다.
남이 보기에는 다소 씀씀이가 야박한 것 같지만 흠이 되기보다는 주도면밀하여 그러리라는 추측을 갖게 하는 성품이다.

83 乙巳 일주 남자

두뇌회전이 빨라 소위 스마트한 지성과 판단력을 지닌 성실한 노력가이지만 다소 성급하고 직선적인 언동으로 인해서 실리적인 측면에서는 손실을 초래하는 경우가 있다.
감정의 변화가 있다 해도 오래가지는 않으며 업무 처리에 감정을 개입시키지 않는 보편적인 처세를 펼쳐 나간다.
상황에 대처하는데 객관적이고 유연성이 있으며 나설 때와 물러설 때를 잘 알아 주위로부터 수단이 좋다는 말을 듣기도 한다.
집안에서 속옷차림으로 돌아다니거나 나체로 돌아다녀 부인이나 자녀들에게 핀잔을 듣기도 하는 털털한 성품이다.
다소 끈기가 부족한 것이 흠이 되긴 하지만 한번 한다면 반드시 이루어내고, 싫으면 그만두는 극단적인 일면이 있어 일장일단의 성격이다.

84 乙巳 일주 여자

활달하고 적극적인 성품으로 현대사회에서 단체생활 하는 데 매우 돋보이는 성격이라 할 수 있겠다.
상황에 따라 임기응변에 능란하고 감정도 풍부하며 인정에 약한 것이 매우 여성다운 성품으로 보이며, 윗사람이 모가 난 사람이라도 특유의 부드러움으로 큰 충돌 없게 일을 처리하니 주위의 평이 매우 좋다.
상황을 대처함에 객관적이고 유연성이 있으며 나설 때와 물러설 때를 잘 알아 주위로부터 수단이 좋다는 말을 듣기도 한다.
노출이 심한 옷을 잘 입거나 잠을 잘 때 옷을 벗고 자거나 나체로 돌아다녀 남편이나 자녀들에게 핀잔을 듣기도 하는 털털한 성품이다.
성격적으로 직선적인 언행이 스스로에게 화를 불러오므로 남들과 다툼이 잦은 편이다. 같은 또래의 이성에게 만족하지 못하니 이 점은 특히 유의하여야 한다.

85 丙午 일주 남자

평소에 말수가 적으며 군자다운 성격으로 요령이 없어 보이지만 현실에 잘 대처해 간다. 논리적이며 실리를 추구하는 데 충실하나 배우자 궁에 불미함이 있기 쉽다.
적극성이 다소 부족한 것 같으나 만일의 사태에 대비해 준비를 갖추는 스타일이고, 영리하며 상황판단이 빨라 어려운 상황도 쉽게 해결한다.
재주가 뛰어나고 여러 방면에 소질을 가지고 있으나 과감한 추진력은 다소 결여되어 있다.
마찰이 자주 일어나도 먼저 화해하려 한다면 아름다운 인간관계를 맺을 수 있다. 자립정신이 뛰어나고 타인의 도움을 원하거나 기대지 않으며 자신이 옳다고 믿는 것을 끝까지 고수해 가는 성품이다.

86 丙午 일주 여자

여성적인 성격이라기보다는 남성적인 성품에 가깝고, 뛰어난 활동성과 관찰력 그리고 판단력이 돋보여 시원스럽고 호쾌한 면모를 보여 준다. 사회참여 의식이 높고 의지가 강하여 여류사업가로 성공하는 명조다.
부부궁에 불미함이 있기 쉽고, 가정생활과 특히 형제간에 불화가 있기 쉬운 일주이다. 유별나게 고집도 강하고 자존심이 강하여 스스로 자제하기 힘든 사주이다. 주위와 잘 조화될 수 있도록 수양을 쌓아야 할 성품이다.
이와 같은 사주는 배우자가 바람을 피워 첩을 보게 되어 갈등이 있기 쉬운 사주이다. 일지 양인이라 격이 떨어지면 칼을 쓰는 사람이 된다.

87 丁未 일주 남자

자신이 하고자 하는 일은 끝까지 관철시켜 나가는 집념이 강한 사람인 반면에 자신이 판단해 추진하다가 싫으면 도중에 쉽게 포기하는 경향이 있다.
의협심이 강하여 불의를 참지 못하며, 인내력이 대단하여 여간해서는

화내지 않으나 한번 폭발하면 누구도 당해 내지 못하는 광폭한 성격도 내재한 성품이다. 주어진 일은 원만하게 처리하는 능력도 가지고 있다.
본인이 옳다고 생각이 들면 쉽게 양보하지 않는 성품이라 갈등을 많이 느끼는 경향이 있으며 독자적인 판단으로 밀어붙인다.
어려운 사람에게는 인정이 많으며 본인이 배신을 하지 않고 남에게는 원망을 사지 않게 처신하는 멋을 아는 남자의 성품이다.

88 丁未 일주 여자

부부간에는 그다지 화목하지 못한 편이며 외정의 유혹이 많이 따른다.
자신이 이루고자 하는 일은 끝까지 이루어 가는 집념이 강한 성격이다.
승부욕이 강해 성의 있게 도움을 주려 해도 받아들이지 않는 성격이다.
자신이 판단해 추진하다가 싫증이 나면 도중에 쉽게 포기하는 경향이 있다. 예리한 판단력과 냉철한 지성으로 자신을 잘 관리하는 매우 적극적인 여성이다. 다른 사람과의 관계에서 자신의 생각을 합리화하려는 자기주장은 되도록이면 피하는 것이 대인관계에 좋다.
종교와 인연이 많고, 문장력이 뛰어나 예능방면에 소질이 많으며, 일지가 화개라도 가시방석이라 화류계로는 진출하지 않는다.

89 戊申 일주 남자

주변 환경을 깨끗이 꼼꼼하게 정리하는 편이며, 자신이 확고한 확신이 서지 않는 일에는 관심을 두지 않는 경우가 많다.
자신을 관리하는 데 철저하며 신용을 바탕으로 대인관계를 가지며 대화할 때 논리성을 중요하게 여기는 사람으로 보수적인 성향이 짙다.
책임감이 강하여 어떠한 일이 있어도 책임만큼은 어김이 없으며 주변의 환경이나 사소한 성패에 구애됨이 없이 길을 걸어가는 노력파이다.
불굴의 의지와 인내력을 겸비하여 늘 일에 대한 구상이 머리를 떠나지 않아서 정서적으로 다소 무딘 감이 있다. 재물에 대한 집착이 강한 편이다.

90 戊申 일주 여자

사람들을 자신의 의도대로 이끌어 가려 하니 자칫 잔소리를 많이 하는 사람이 될까 우려된다. 재치가 돋보여서 많은 사람들로부터 인정받으며 자신에게 주어진 일은 빈틈없이 처리하는 책임감이 강한 여성이다. 대화를 나눌 때 논리성을 중요하게 여기는 사람으로 본론보다는 서론이 길며 근본부터 따지려 드는 집요한 면모가 있다. 섬세하고 꼼꼼한 성격으로 항상 주위를 깔끔하게 정리정돈하며 완벽에 가깝게 일을 처리한다. 섬세하고 자세하게 따지는 성격으로 주위를 힘들게 하는 경우도 있다. 자기주장이 강해 남의 의견을 좀처럼 받아들이지 않는다.

91 己酉 일주 남자

예지능력이 있어 대비를 잘하고, 유머 감각과 분위기가 있어 쾌활하고 상냥한 일면을 보이므로 감정 변화를 표면적으로 읽을 수 있는 특징이 있다. 자신의 능력에 대한 자부심이 강하며 소속 단체에서 항상 리더로 나서려고 기회를 만들어 가는 노력파이다. 세상 시정의 움직임에 대한 천부적인 통찰력을 지니고 있으며 다각적인 변화에 민감하게 반응하기도 한다. 때로는 과격한 성품의 일면이 있어 주위와 반목을 초래하지만 좀처럼 후회하는 성격이 아니므로 주위의 의견을 수렴할 수 있는 겸허한 마음가짐이 필요하다.

92 己酉 일주 여자

자신의 능력에 대한 자부심이 강하므로 모든 업무에 적극적인 자세로 임한다. 전문직종이 적성에 맞고 주위의 조언이나 간섭을 달가워하지 않으며 인내력과 추진력도 대단하다. 매사를 자신이 직접 해결하려 하며 리드하는 입장으로 활동성 있게 삶을 살아가려는 스타일이다. 세계정세 움직임에 대해서 천부적인 통찰력을 지니고 있으며 다각적인 변화에 민감하게 반응하기도 한다. 정서적으로 다소 결여되어 있지만 사회활동은 그 누구도 따를 자가 없을 정도로 활동적이다. 여유 있는 정서로 보완한다면 대체로 원만한 성품이다.

93 庚戌 일주 남자

현실적으로 확고하고 타당성이 감지되지 않으면 손대지 않으며 득실에 관한 이해타산이 정확한 편이다. 대를 위해서 소를 기꺼이 희생할 수

있는 성격으로 위태롭게 보이긴 해도 안정감이 있다.
평상시에 금전에 대한 인식이 강한 편이지만, 정의를 위해선 모든 것을 아끼지 않는 호걸다운 기개가 엿보인다.
합리적인 경험을 토대로 일을 하는 데 책임감이 왕성하여 조직 내에서 중진으로 활동하는 능력에 손색이 없다. 꾸준한 노력과 정열로 매사에 위축되지 않고 도리를 따른다.

94 庚戌 일주 여자

현대여성으로서 지녀야 할 아름다운 용모와 풍부한 상식과 예능감각이 삼위일체가 되어 밝고 사교적인 성격으로 주변 사람들과 쉽게 친해지는 친화력이 매우 뛰어난 여성이다.
시원스런 처세술과 일의 업무능력이 뛰어나 누구나 호감을 갖고 관심을 가져 주는 인기 있는 직장여성이니 자신의 몸가짐을 조심해야 할 것이다.
본인은 정열적인 데 반해 남편은 성적 능력 부족으로 채워지지 않는 강한 성적 욕구 때문에 다른 남자와 불륜을 저지를 가능성이 많으니 조심을 해야 하는 여성이다.

95 辛亥 일주 남자

일을 진행하는 데 있어서 과묵하고 무뚝뚝하며 때로는 독선적인 성격이지만 이성적理性的인 성격을 지녔다. 약자에게는 보호 본능이 발동하고 인정에 약한 편이다. 활동적인 성격이며 진취적이고 행동에 구애받지 않으려는 자유분방함 때문에 한곳에서 오래 머무르지 못하는 단점과 인정에 약한 점이 있어 보호본능이 강한 사람으로 보여진다.
자신이 기획한 일은 강하게 추진하지만 인내 부족으로 중단하는 경우가 있으니 일을 추진하기 전에 충분한 준비와 계획을 짜야 하며, 충동적인 업무추진은 자제하는 것이 실패를 줄이는 방법이다.
책임감이 강하고 직관력이 뛰어나 실질적인 행동으로 옮기기 전에 주위의 자문을 얻으면 융통성 있게 일을 추진할 수 있다.

96 辛亥 일주 여자

자신의 생각과 맞지 않으면 자신의 주장을 끝까지 관철시키려는 외골수적인 인생을 살아가기도 하지만 생각하는 바가 크고 진취적이어서 자아

실현의 욕구가 강한 인물이다.
실리적이고 때로는 타인과 융화가 결여되어 있으나 확고한 인생관이 정립되어 있어 겉보기와는 다르게 속이 알찬 활동가이며 자신의 이미지 쇄신에 힘을 쓰는 스타일이다.
배우자나 이성친구의 학력은 따지지 않고 현실적 측면을 중요하게 생각하여 배우자로 받아들여 내조를 잘하고 성공시키는 현모양처가 되기도 하는데, 한번 토라지면 면도칼로 도려내듯 하는 단호함도 있다. 단, 금전의 계획성 있는 지출이 필요하다. 남편의 귀가시간이 늦어지는 것이 흠이다.

97 壬子 일주 남자

성격이 활달하고 개방적이라 교제의 폭과 행동반경이 넓으며 다방면에 재주가 많다. 주위에서 간접적인 경험을 수용하여 지적 역량으로 승화시키는 합리적인 성격을 지니고 있다. 주변 사람 의견에 너무 편승하다 보면 확고한 입장을 내세우지 못하는 경우도 생긴다.
생활은 안정된 편이나 한 가지 일에 전념하는 지구력이 약한 것이 약점인데 주관적인 면이 강하여 어디에 가더라도 내심으로는 자기 권위를 세우는 경향이 있다.
대인관계는 원만한 편이나 깊은 만남은 쉽지가 않다. 두뇌는 총명하나 자신을 과신하여 남을 업신여기거나 무시하는 것으로 여겨지는 언어를 컨트롤해야 하며, 남에게 베풀어야 복이 온다는 것을 명심해야 한다.

98 壬子 일주 여자

대인관계에 있어서 적극적인 여성으로 자신의 마음을 오픈하는 솔직함을 보인다. 자신의 의지대로 상대를 끌어들이는 남다른 재능이 뛰어나고 쉽게 얻은 만큼 쉽게 잃어버리는 경향이 있다.
경제생활은 여유로워 부족함이 없으나 한 가지 업무에 전념하기를 싫어하고 지구력이 없어 직업이 자주 바뀌는 편이다.
강인하게 보이는 사람이라 남자들이 의지하려고 하는 경향이 있으므로 항상 손해 보게 된다. 다른 사람이나 또는 이성에게 의지하려는 다소곳하고 나약하게 보이는 것이 때로는 매력적으로 보일 수 있으니 참고를 하는 것이 좋다.

99 癸丑 일주 남자

준법정신과 정의감에 불타므로 불의에 맞서 자신을 희생하는 정신이 남다르며 정에 얽매여 자신을 돌보지 않는 무모함도 있지만 사람들에게 큰 귀감이 된다.
건강도 좋은 편이고, 생활도 풍족하여 어려움 없이 생활해 나가는 편이다. 남에게 비굴한 모습을 보이기 싫어하고, 남들이 듣기 싫어하는 말을 못하는 성격으로 남을 위해 움직이므로 스스로 이익을 포기하는 편이 마음이 편하다.
냉철한 판단으로 정에 연연하기보다 자신의 발전에 도움이 되는 행동이 필요하다. 이 사람은 골동품을 좋아하여 수집하는 취미가 있어 집 안에 옛날 물건이 많이 있게 되고 책상서랍이 정리정돈이 안 되어 지저분한 것이 특징이다.

100 癸丑 일주 여자

무슨 일이든 먼저 나서지는 않으나 상황판단이 뛰어나 세밀한 관찰로 실수가 별로 없다. 특히 생활력이 강해 억척스러운 면이 있으며 사고가 진취적이고 적극적이다.
사람들을 사귀는 데에도 다양한 폭을 가지고 있고 사회적 활동이 크게 돋보이는 활동적인 여성으로서 가정생활과 사회생활을 양립할 수 있는 능력을 지닌 여성이 많다.
주위를 의식하지 않는 경향이 있어 억척스러운 생활력이 오히려 편협한 일면으로 보일 수도 있다. 산부인과 계통에 질병이 있기 쉬운 사람이고 옛것을 좋아한다.
배우자로는 의사나 군인과 경찰, 그리고 칼국수 집이나 정육점을 하는 직업이 잘 맞고, 그 외의 직업을 가진 배우자라면 사주원국에 백호대살이 있으면 해로할 수 있으나 그렇지 않으면 해로하기 어려운 사주다.

101 甲寅 일주 남자

정확하고 분명하며 세상사는 이치에 밝고 인정이 많아 불의를 보면 못 참는다. 다소 직선적인 언행으로 실리에 밝지 못하고 감정 변화가 얼굴 표면으로 나타날 정도로 감정 억제력이 부족한 경향이 있다.

어떠한 상황에서도 굴하지 않는 용기는 뛰어나지만 정의감에 사로잡혀 자기 과신이 심한 편이며 주위를 의식하지 않고 밀고 나가는 추진력은 좋으나 정서적으로 불안한 모습을 보이기도 한다.
대인관계에 원만한 편이나 한번 싫어지면 쉽게 돌아서지 않는 냉정함도 있으며 인정에는 매우 약하다.

102 甲寅 일주 여자

자선심이 강해 어려운 처지를 보면 그냥 지나치지 못하는 자상한 마음으로 모성애가 많은 여성이다.
자신의 행동에 대해 책임의식이 강해서 혼자서 해결하려는 자주적인 자립의지가 강한 면모를 보여 주며 현대적이면서도 조금은 보수적으로 완고함이 강하다.
주위를 널리 이해하려는 마음은 돋보이나 자존심이 너무 강한 경향이 있고 다분히 직선적이어서 가까운 사람들과의 관계에서 남에게 마음의 상처를 줄 수가 있고 자신도 마음에 상처받을 우려가 있다.

103 乙卯 일주 남자

군자 형으로 과묵하고 논리적이어서 실리 추구에 충실하다. 상황판단이 빨라서 흥분하지 않고 순응하며 여유 있는 모습을 보인다. 적극적으로 환경을 만들어 가는 능동적인 활동력을 익히는 것이 중요한데 그렇지 못한 것이 흠이다.
과감한 정신이 요망되며 자신의 주관을 확고하게 끝까지 밀고 나가는 추진력만 겸비한다면 매사를 마음먹은 대로 이끌 수 있는 능력이 잠재되어 있는 사람이다. 사회생활을 하는 가운데 자신의 능력을 발견하는 것이 중요하며 자신의 능력을 개발하여 적극적인 일면을 보여 준다면 큰 명성을 얻을 것이다.

104 乙卯 일주 여자

화려한 예능분야에 리더로 자신의 영역을 넓혀 가는 재능이 뛰어나다.
자신의 능력을 남에게 즐거움으로 보여 주는 일에 능숙하며, 자기표현이 뛰어나 사회생활에 잘 알려진 유명한 여성이 많다.

재주가 남다르고 능력을 잘 살리면 크게 성공할 인물로 끈질긴 노력과 지구력이 필요한 형이다.
때로는 고독한 감정에 사로잡혀서 외로운 일면도 있지만 원래 명랑하고 능동적인 성격으로 작은 일에 얽매임이 없이 대범하고 활달한 성격이며 진취적인 삶을 살아가는 여성이다.

105 丙辰 일주 남자

상대의 입장을 먼저 헤아리므로 실리를 추구하기에는 다소 어려움이 있다. 주변으로부터 존경은 받겠지만 지나친 배려로 자신을 망각하지 않을까 우려된다.
끈질긴 집념이 강하며, 의리를 상당히 중요하게 생각을 한다. 인내력도 있으며 멋이 있는 남자로서 남을 배신하지 않으며 자신이 계획한 일은 반드시 이루어 내는 끈질긴 인내력이 장점이다.
독단적인 판단을 앞세우기 쉬우며 싫으면 중도에 포기해 버리는 일면이 있지만 인정이 많고 성실한 타입이다.

106 丙辰 일주 여자

자신의 행동에 대해 책임의식이 강하므로 모든 것을 혼자서 해결하려는 적극적인 자세와 능력을 보여 주는 열린 생각을 가지고 있는 현대적인 여성으로서 어디에 얽매여 있지 않는 성격이다.
대범한 편으로 자신의 행동에 대한 결과에 대해서 구차한 변명 따위를 하지 않는 솔직함을 보이며 활동력이 대단하여 어떠한 곳에 가더라도 리더로서 잠재되었던 숨은 능력을 발휘한다.
신의를 매우 중요하게 여기며 주위의 어려운 처지를 보면 그냥 지나치지 못하는 따뜻한 마음씨도 가지고 있다. 성격이 직선적이면서 자존심이 강하여 자신의 마음에 맞지 않으면 손해를 보면서도 돌아서 버려 실리를 챙기지 못하고 손해를 많이 보는 일면도 있다.
배우자는 답답한 사람과 인연이 만들어져 어려움이 따른다.

107 丁巳 일주 남자

이론적이면서 논리적인 성격 때문에 누구도 감당할 재간이 없다. 관료적인 보수주의 사상을 가졌기 때문에 행정직 공무원·교수·은행원 등에 적합하다. 자기중심적이라는 소리를 듣는데 그 이유는 타인의 의견을 좀처럼 받아들이지 않는 데서 온다.

판단이 매우 정확하며 재물보다는 명예를 추구하는 경향이 많고 대단한 자존심으로 손해를 자초하는 경우도 있다. 거짓말이 없어 정직한 면은 좋으나 너무 정직하여 때로는 요령이 없다는 말을 자주 듣는 사람이다.

이론으로 무장된 논리를 펼치는 사람으로 본론보다는 서론이 길며 근본부터 따지려 드는 집요한 면모가 있다.

주어진 업무는 책임감이 강하여 미루는 법이 없으며 반드시 처리하는 책임감이 강한 사람이다.

108 丁巳 일주 여자

남이 볼 때는 깊은 마음을 알 수 없고 겉으로 나타나지 않는다. 이론과 논리적 감각이 뛰어나고 꼼꼼함을 간직한 성격이다.

명랑하고 예의에 벗어나는 일은 없는 편이나 약간의 독선적인 행동이 남의 시기와 질투를 받게 되니 주의를 요한다.

실리를 추구하는 형이라 이익을 얻으려는 모습으로 보이기 쉬우니 너무 집착하는 모습은 자제하는 것이 필요하다. 간혹 시비에서 끝까지 지지 않으려는 승부욕심 때문에 말썽의 소지가 있게 되니 주의하여 처신하는 것이 바람직하다.

109 戊午 일주 남자

상당히 개방적인 성격이면서도 끊고 맺음이 분명하므로 엄격하다는 소리를 듣는다. 자기중심적인 안목으로 판단하는 심리가 있으니 뜻하지 않은 오해를 사기도 하지만 폭넓은 인간관계를 형성해 간다.

자신의 능력에 대한 자부심이 대단하여 끈기와 집념으로 밀고 나간다. 단체에서 리더십을 발휘하기도 하며, 어떤 일에나 매우 적극적이고 능동적으로 임하는 사람이다. 그러나 자기중심적 주관이 뚜렷하고 합리적인 이론을 내세우는 남성다운 과감함이 내재해 있다.

아량을 베풀어 도울 줄도 알며 남을 탓하거나 원망하기보다는 자신의 탓으로 여기는 심지가 굳은 심성을 지녔다.

110 戊午 일주 여자

여성으로서 고집이 남달리 세서 타인의 의견을 과감히 제압하기도 하여 타인에게 두려움의 대상이 되기도 한다. 대인관계에서 손해를 입는 일은 거의 없다.
사회생활에서 과감한 활동력으로 강력한 지도력을 발휘하며 명령하기를 좋아한다. 애정측면에서도 정열적인 성의를 다하여 결코 저버리는 일이 없다.
자신의 성격이 의외의 매력이 되어 인간관계가 원만하나 고집이 너무 세면 얻는 것보다 잃는 것이 많으니 이 점을 조심하는 것이 바람직한 처세이다. 자기 것을 아끼며 특히 자식이나 형제에게 지극히 깊은 애정을 기울인다.

111 己未 일주 남자

현실적이고 논리적이며 사리에 밝고 정확하다. 자기주관이 확고하므로 자신에게 이익이 되지 않는 일에는 좀처럼 가담하지 않는다.
주어야 할 것과 받아야 할 것은 명확하게 선을 긋는 편이며 돈에 대한 인식이 강하다. 주위와 화합하기는 해도 행동에 대한 간섭이나 개입은 달갑지 않게 여긴다.
주어진 일은 완벽하게 처리하며 때로는 자기 소신을 분명히 밝히지만 앞장서기보다 뒤에서 묵묵히 책임을 완수하는 참모 스타일이다.
대인관계에서 신용과 화합을 중요시하며 타인의 심중을 헤아려 처세를 하므로 성격이 완만하고 만인에게 존경을 받을 만한 인물이다.

112 己未 일주 여자

섬세하고 꼼꼼하며 자신의 성격을 잘 내보이지 않고 조용하게 업무를 수행하고 이론과 논리에 근거하므로 감정에 무리가 없다. 금전관계는 확실히 해 두는 편으로 불합리한 거래에 대해서 철저히 냉정하다.
안정 위주의 경제여건을 조성해 가며 누구에게도 의탁하지 않고 사리를 밝혀 스스로 처리하나 자신이 해결하지 못할 때는 정서적으로 불안에 빠질 수 있으니 주위의 충고나 조언을 얻는 것이 바람직하다.

다리가 날씬하고 각선미가 아름다운 체형에 신용과 화합을 중요시하며 타인의 심중을 헤아려 처세를 하므로 성격이 완만하고 만인에게 존경을 받을 만한 인물이다.

113 庚申 일주 남자

의협심과 희생정신이 깃든 정의파로서, 혁명적인 사명감이 투철하므로 개혁의지가 강하여 대범한 행동으로 불의를 정리하나, 자신이 권한을 잡으면 반대파를 강력하게 제압하는 성품을 지닌 사람이다.
논리적인 이론이 뒷받침되어 있는 데다 언변이 뛰어나며 한 가지 일을 해도 완벽하게 정열을 쏟지만 간혹 가다가 현실생활에서 만족을 느끼지 못해 이리저리 방황하는 경향이 있다.
생각하는 바가 원대한데 현실성이 없는 경우엔 기분파적인 생활패턴을 유지하는 데도 다소의 장애가 발생할 우려가 있다.
타인의 말을 듣지 않으려는 독선적인 면이 대인관계에 제한된 영역을 유지하게 하므로 현실과 이상에 대한 철학적 관념에 빠지기보다는 실질적인 생활과 일에 좀 더 가까워질 수 있는 노력이 필요한 사람이다.

114 庚申 일주 여자

타인에게 지배를 받기 싫어하며 상대방을 폭넓게 이해하려 하기보다는 오히려 자신의 행동에 대한 이해를 얻으려고 하는 심리가 강한 여자로 자존심이 대단하여 남에게 지기 싫어하며 독립적인 면이 강하여 절대 타인에게 의존하지 않는 강인한 정신력을 지니고 있다.
판단이 예리한 편이라 자신을 과신하여 직감에 의한 판단으로 엉뚱한 일을 저지를 염려가 있으므로 주위의 조언을 참고하기 바란다.
타인과 원만하게 지내면서 자신의 삶을 추구하는 성격적으로 좋은 점이 많아 빠른 성장이 기대된다.
돈을 쓰게 되는 경우 앞뒤 생각 없이 써 버려 나중에 돈 때문에 어려움이 닥치게 된다.
이성관계에 있어서 자기 마음에 드는 사람이 있으면 재물을 아끼지 않으므로 재물과 남자문제로 위기를 맞아 어려움을 겪는데 소탈하면서 당돌한 인상을 보여 준다.

115 辛酉 일주 남자

의협심과 희생정신이 깃든 정의파로서 혁신적인 사명감이 투철하므로 불의를 보면 개혁의지를 강하게 드러내는데 대범하고 예리하여 만만하게 보이지 않는 성품을 지닌 사람이다.
자신을 관리하는 데 완고하고 소박하며 근면한 노력파이다. 남에게 피해를 주지도 않으며 손해를 입지도 않는 빈틈없는 성격이다.
비교적 멋을 즐길 줄 알며 생활의 여유를 즐기는 편이지만 도가 지나치면 향락에 물들 우려도 있다.
합리적으로 판단하고 행동하는 편이지만 간혹 이성과의 관계에서 인정 때문에 얽매여 자신을 망각한 채 손해를 보는 경우가 있다.

116 辛酉 일주 여자

생활이 안정적이고, 지구력은 다소 미흡하지만 한 가지만 고집하는 자기 주관이 강하며, 어디를 가더라도 타인에게 뒤지지 않으려는 경향이 있다. 멋을 알고 활동적이며 현실에 능동적으로 대처하는 행동과 집념이 강한 여성이다.
굽힐 줄 모르는 자신감과 책임감이 강한 여성으로 희생정신이 투철하고 적극적인 여성이라 할 수 있다.
대인관계가 원만하며 주변 사람들을 편하게 하는 처세술과 유머와 재치가 번득이는 여성으로서 존경의 대상이 되기도 한다.
가을의 보석이라 물로 닦아야 빛이 나므로 샤워하기를 좋아한다.
이성을 대할 때 깊이 있는 만남으로 강인한 자존심을 굽힐 수 있다면 외로움과 고독을 극복할 수 있을 것이다.

117 壬戌 일주 남자

무슨 업무이든 진행에 앞서 시작부터 결과에 이르기까지 현실적인 타당성을 이론적으로 검토하는 꼼꼼한 성격이다.
승부욕이 강하여 주관을 꺾지는 않으나, 주위 사람들과 잘 융합하여 실질적인 이득을 얻게 되는 집요하고 치밀한 행동이 돋보이는 성격이다.
화산에 호수가 된 격이니 백두산이나 한라산과 같아 독단적인 일면이 있어 다소 소외되는 듯이 외로움을 종종 느끼는 사람이다.
배우자나 이성관계는 자신의 울타리 안에서 꼼짝 못하게 하려는 생각을 지니고 있어 이상에 맞는 여성을 만나기까지는 많은 시간이 걸리게 되는 형이다.

118 壬戌 일주 여자

배우자나 남에게 의존하지 않고, 본인이 추구하는 삶에 만족을 느끼며 부단히 노력하는 유형의 여성이다.
배우자로는 군인이나 의사, 종교인이나 예술인 또는 역술인을 만나는 경우가 있으나 배우자가 요절하는 경우가 종종 있으니 주의를 기울여야 한다. 책임감이나 사명감이 투철하여 한 치의 빈틈도 없다.
논리적인 성격이라 일을 꼼꼼하게 처리하다 보니 융통성이 결여된 감이 없지 않다.
무슨 일에든 먼저 나서지는 않으며 상황을 세밀히 주시하여 타당성이 있을 때 동조하는 직관력이 있는 여성으로 보일 때도 있다.
집요하게 파고들어 피곤하게 하는 경우도 있으나 전형적인 현모양처로 손색이 없을 만큼 가정적인 여성이라 할 수 있다.

119 癸亥 일주 남자

업무처리가 매끄럽고 자신의 공로를 생색내지 않고 묵묵히 맡은 일에 충실하는 노력가이다.
겉보기와 달리 알찬 내실을 꾀하는 유형으로 주위와 쉽게 협조관계를 이루어 가지만 간혹 스스로의 감정을 억제하지 못하여 직선적이고 감정적인 언행을 구사하여 실질적인 이득을 얻지 못하고 손해 보는 경향이 있다.
한번 싫어지면 다시는 상종하려 하지 않아 극단적인 일면이 흠이 되기도 한다.
섬세하고 날카로워 냉정한 사람으로 보이나 의리와 인정에 약해 동료나 수하를 배려하는 마음이 지극하다.
여성에게는 매력 없는 남성으로 간주되기도 하므로 때로는 긴장을 풀고 분위기에 젖어 보는 것이 생활의 묘미를 느낄 수 있게 될 것이다.

120 癸亥 일주 여자

인간적인 아름다움을 지니고 있어 멋쟁이라는 평가를 받는다. 두뇌가 총명해 사리판단이 정확하며 성품 역시 시원한 면모를 보여 준다.
자신이 책임 맡은 일에 대해서는 완벽하게 처리하려고 하며 맺고 끊음이 좋은 여성으로 생활력과 활동력이 강하여 능력 있는 여성으로 인정받는 면모를 지니고 있다.
명예욕과 자존심이 강한 편이고 지난 일에 대한 후회나 미련을 갖지 않으며 주관이 뚜렷하여 흔들림이 없는 굳은 성품을 갖고 있다.
그러나 때로는 곧고 직선적인 성품이 타인과 불화의 원인이 되어 손해 볼 수 있으니 화합할 수 있는 길을 모색하여 자타가 이익을 볼 수 있는 길을 선택해야 할 것이다.

근묘화실 | 根苗花實

1 근묘화실의 정의 | 根苗花實의 定義

근묘화실根苗花實이란 연·월·일·시를 말하는데 다른 말로 원·형·이·정이라고도 한다. 사주의 기둥마다 만물의 시작과 중간과 끝에 비유할 수 있기 때문에 이를 과목果木의 부위에 대입하여 본다. 궁의 개념으로 이해하라.

자전주기		공전주기		구분
시주	일주	월주	연주	
實 : 열매	花 : 꽃	苗 : 줄기	根 : 뿌리	근묘화실
아들	본인	아버지	할아버지	천간
딸	배우자	어머니	할머니	지지
자녀 조카	자신 부부	부모 형제	부모 조상	육친
수하 제자 자손 부하 점원 비서	주체 애인 동서 심복 참모 동료	가정 직장 동료 환경 지점 점포	가문 수상 상관 사부 본사 관청	십신
노년 내세 문화 금고 장롱 미래	장년 현실 사회 방문 안방 직계	청년 현세 경제 현관 거실 습관	초년 전생 과거 정치 대문 현관	숙명
비밀업무 비밀공간 미래계획 미래희망	자기위치 개인업무 현재공간 진행기억	사회 사장 부서 업무 잠재의식 양택	국가 기억 회사 회장 무의식 음택	사회

생년 간지를 연주 또는 근根이라 하고,
생월 간지를 월주 또는 묘苗라고 하며,
생일 간지를 일주 또는 화花라고 하고,
생시 간지를 시주 또는 실實이라 하여,
사람의 일생을 과목果木에 비유하기도 한다.

사주의 궁宮을 근묘화실根苗花實로 비유하는 것은 인간의 삶이 마치 자연 환경 속에서 살아가는 나무와 같이 뿌리를 내리고 싹을 틔워 꽃을 피우고 열매를 맺는 그 생장처럼 환경에 따라 달라지기 때문이다.

생년生年은 근根이라 하여 나무뿌리로 자신의 근원인 조상과 부모에 비유하고, 생월生月은 묘苗라 하여 나무줄기로 조상에게서 부모가 태어나고 부모줄기에서 형제가 태어나므로 부모와 형제로 비유하며, 생일生日은 화花로 꽃이라고 하는데 생월生月의 줄기에서 꽃이 생하니 부모가 낳은 자신이요, 생시生時는 실實이라 하여 자신이 낳은 자손에 비유한다.

인간의 운명도 기氣적인 측면으로 보면 자연의 성장 과정의 이치와 다름이 없다. 그러므로 생년을 초년, 생월을 청년, 생일을 장년, 생시를 말년으로 보는 것이다.

가. 연주年柱

연주年柱는 공전주기公轉週期의 큰 단위 시간이며 사주의 첫머리 기둥이기 때문에 근본바탕으로 뿌리라고 말한다. 육친관계는 조상과 조부모와 부모로 보며, 내가 태어나기 전으로 보게 되니 전생과 선산으로도 본다.
어릴 때의 가정환경과 학업 및 부모의 덕 유무를 보며, 조상자리 부모자리로 본다. 집안의 역사가 스며들어 있으므로 조상의 정보와 유업을 볼 수 있는 곳이기도 하다. 연령주기는 1세부터 15세까지로 본다.

나. 월주月柱

월주月柱는 공전주기公轉週期의 작은 단위 시간이며 사주의 두 번째 기둥으로 뿌리로부터 자라난 줄기라고 말한다. 학업관계, 출생지역, 직업 환경을 볼 수 있는 곳이다. 육친관계는 부모와 형제, 그리고 집안의 유업과 정보, 환경을 보는 곳이다. 직업과 출세 여부와 직급 정도를 가늠할 수 있는 곳이며 가정을 보기도 한다. 연령주기는 16세부터 30세까지로 본다.

다. 일주日柱

일주日柱는 자전주기自轉週期의 큰 단위 시간이며 사주의 셋째 기둥으로 줄기에서 피어난 꽃으로 비유한다. 인생 주기로는 결혼 이후와 장년기에 해당한다. 육친관계는 배우자, 애인, 비서, 참모, 이성친구로 보기도 한다. 남자는 처가妻家, 여자는 시가媤家로 보며 가정환경도 본다. 연령주기는 31세부터 50세까지로 본다.

다. 시주時柱

시주時柱는 자전주기自轉週期의 작은 단위 시간이며 사주의 넷째 기둥으로, 꽃에서 생긴 씨앗으로 보아 재물과 명예와 업적 결과로 본다. 육친관계는 자녀와 손자의 성패를 보며 말년의 길흉을 보기도 한다. 남자는 처가妻家, 여자는 시가媤家로 보면서 말년의 직업과 형편을 본다. 말년에 사는 집이 어디며, 죽어서 장지는 어디인지 알 수 있으며 생활수준도 본다. 연령주기는 51세부터 죽을 때까지로 본다.

2 근묘화실 궁의 통변 | 根苗花實 宮의 通辯

사주원국四柱原局은 정靜하여 움직이지 않으나 행운에서 오행五行의 생극제화生剋制化로 동動하여 움직이는데 이때 길흉화복이 발생한다. 사주에 쇠약한 것은 생하고, 넘치는 것은 극하며, 세력이 왕하면 제制하고, 약하면 연합聯合으로 화化하게 하여 세력의 균형을 맞추는 것이 관건이다.

사주의 균형을 깨는 오행을 충극沖剋하거나 합거合去를 하면 길하고, 사주의 균형을 잡아 주고 있는 가장 필요한 오행을 충극沖剋하거나 합거合去하면 흉凶하게 된다. 사주와 운에서 근묘화실의 위치별로 합合과 충沖을 하거나 생하고 극하는데, 본인과 가족의 길흉 및 사회활동 중에서 어떠한 길흉이 발생되는지 알 수 있다. 구체적인 사건 내용은 합合·형刑·충冲·파破·해害와 각종 신살神殺의 유무에 의해서 추리가 가능하다.

연주年柱 근根에 합충合冲과 생극生剋이 발생하면 묘지를 이장移葬하거나 비석을 세우고, 납골당이나 선산에 관련된 일을 하거나 영가천도나 제사를 지내게 된다. 또한 국가와 사회와 관련된 일이 생긴다.

월주月柱 묘苗에 합충과 생극이 발생하면 직업 변동 등 사회생활의 활동영역이나 대외적인 변화가 일어나며, 이사를 가거나 가정과 부모형제에 관련된 일이 발생한다.

일주日柱 화花에 합충과 생극이 발생하면 여행이나 이사 등 개인 신상에 관한 일, 또는 배우자와 관련된 일이 일어나 내부적인 갈등을 겪게 된다.

시주時柱 실實에 합충과 생극이 발생하면 자식이나 아랫사람과 관련된 일이나 미래계획에 변동이 생긴다. 또한 처가妻家나 시댁에 문제가 발생되기도 하고 사사로운 비밀이 탄로 나게 된다.

궁성宮星 길흉에 관련해서 궁이 길한 것과 육친六親과 십신十神이 길한 것은 다르게 판단해야 한다. 예를 들면 일지가 배우자 궁인데 일지의 십신은 배우자 성격과 사회활동이 되고 자신의 성격도 된다.

육친과 십신 중에 재성財星은 부친과 처와 여자를 나타내고, 여자관계에 있어서 길흉은 십신의 길흉을 가지고 판단한다.

처와의 관계를 판단하려면 처궁妻宮인 일지의 십신의 길흉으로 판단한다. 처의 성격을 통변할 때는 일지 십신과 오행으로 판단해야 한다. 처를 나타내는 재성財星이 길하다는 것과 처궁인 일지가 길하다는 것은 다르다.

재성이 길하다는 것은 처가 아니라도 다른 여자와의 관계도 좋다는 것이다. 처궁이 길하다는 것은 재성이 어떠하든 결혼 이후에 처가 길한 역할을 한다고 해석할 수 있다.

처궁의 십신으로 처와의 관계를 판단한다. 일지日支가 재성인데 길신에 해당하면 현모양처를 만나서 결혼 이후에 발복하며, 또한 다른 여성과의 관계도 길하다는 것이다.

지지암장 | 地支暗藏

1 지지암장 | 地支暗藏

지지암장地支暗藏은 천간을 취용取用한다. 그러므로 年·月·日·時의 지지는 암장된 정기正氣 천간으로 음양과 오행을 따져 십신과 육친을 정한다.

지지의 암장에서 정기를 취용하는데 陽과 陰으로 바뀌는 지지가 있으니 亥·子와 巳·午이다. 음지인 巳火는 巳中丙火와 亥水는 亥中壬水가 있어 암장에 정기가 양간이 있어 양으로 취용한다. 양지인 오화는 午中丁火와 子水는 子中癸水가 있어 암장에 정기가 음간을 간직하고 있으니 반드시 정기 십신을 취용한다.

십이지지에 각각 1개와 또는 2개나 3개의 천간을 간직하고 있는데 이를 지지암장地支暗藏·지지장간地支藏干·지장간地藏干이라 이름 한다. 지장간 중에 1개의 정기만 있는 것이 있고, 2개의 중기와 정기가 있는 것이 있고, 3개의 여기와 중기와 정기가 들어 있는 것이 있으므로 사주 지지에 숨어서 작용하는 오행을 찾아서 통변하기 위함이니 반드시 암기하기 바란다.

【 지지암장간 조견표 】

구분 \ 십이지	子	丑	寅	卯	辰	巳	午	未	申	酉	戌	亥
여 기		癸	戊		乙	戊		丁			辛	
중 기		辛	丙		癸	庚	己	乙	壬		丁	甲
정 기	癸	己	甲	乙	戊	丙	丁	己	庚	辛	戊	壬

2 월지 월율분야 | 月支 月律分野

【 월율분야 조견표 】

구분 \ 월지	子	丑	寅	卯	辰	巳	午	未	申	酉	戌	亥
여 기	壬 10	癸 9	戊 7	甲 10	乙 9	戊 7	丙 10	丁 9	戊 7	庚 10	辛 9	戊 7
중 기		辛 3	丙 7		癸 3	庚 7	己 10	乙 3	壬 7		丁 3	甲 7
정 기	癸 20	己 18	甲 16	乙 20	戊 18	丙 16	丁 10	己 18	庚 16	辛 20	戊 18	壬 16

월율분야月律分野란 월지月支에서 사령신司令神을 보는 것이다. 천간이 12개월 동안 관장하는 기간을 나타내는 것으로 월별 사령신의 오행이 입절일부터 태어난 날까지 도달해서 관장하는 암장간이 강하게 작용하는 것인데 이것을 사령신이라 한다. 예를 들어 설명하면 각 월마다 입절일부터 계산하는 방식으로 사령신을 만세력 도표와 같이 설명한다. 1995년도 양력 7월 18일에 태어났다면 未月에 해당한다. 소서小暑의 입절入節 시간이 7일 23시 01분에 들어와 이때부터 여기 丁火가 9일간 사령司令하고, 중기 乙木이 17일~19일까지 3일간 사령하고, 정기 己土가 20일부터 18일간 사령한다. 7월 18일에 출생하여 乙木 사령하는 시기에 태어나 乙木이 강하다고 본다.

【 1995년도 양력 7월(음력 6월) 】

양력	1	2	3	4	5	6	7	8	9	10	11	12	13	14	15	16	17	18	19	20	21	22	23	24	25	26	27	28	29	30	31
음월	6																											7			
음력	4	5	6	7	8	9	10	11	12	13	14	15	16	17	18	19	20	21	22	23	24	25	26	27	28	29	30	1	2	3	4
일진	癸巳	甲午	乙未	丙申	丁酉	戊戌	己亥	庚子	辛丑	壬寅	癸卯	甲辰	乙巳	丙午	丁未	戊申	己酉	庚戌	辛亥	壬子	癸丑	甲寅	乙卯	丙辰	丁巳	戊午	己未	庚申	辛酉	壬戌	癸亥
절기							小暑 23시 01분															大暑 16시 30분									
사령	丁火司令																乙木司令			己土司令											

【 1995년도 양력 8월(음력 7월) 】

양력	1	2	3	4	5	6	7	8	9	10	11	12	13	14	15	16	17	18	19	20	21	22	23	24	25	26	27	28	29	30	31
음월	7																									8					
음력	5	6	7	8	9	10	11	12	13	14	15	16	17	18	19	20	21	22	23	24	25	26	27	28	29	1	2	3	4	5	6
일진	甲子	乙丑	丙寅	丁卯	戊辰	己巳	庚午	辛未	壬申	癸酉	甲戌	乙亥	丙子	丁丑	戊寅	己卯	庚辰	辛巳	壬午	癸未	甲申	乙酉	丙戌	丁亥	戊子	己丑	庚寅	辛卯	壬辰	癸巳	甲午
절기								立秋 08시 52분															處暑 23시 35분								
사령	戊土司令														壬水司令							庚金司令									

위 표와 같이 사령신을 참고하여 투출된 오행 강약을 보며 격을 정하고, 용신을 정하는 데 중요하게 사용되므로 잘 숙지하여 암기하기 바란다.

계절의 심천深淺에 따라서 오행 강약을 세분화하여 분석하는 방법인데, 오행의 강약을 보기 위한 것이라 생각한다면 이해가 빠를 것이다.

월율분야에는 辰·戌·丑·未와 寅·申·巳·亥는 여기餘氣·중기中氣·정기正氣가 들어 있고, 午도 여기·중기·정기가 간직되었으며, 子·卯·酉는 여기와 정기만 간직되어 있다.

여기란 전월에서 묻어 오는 기운이며, 중기란 三合으로 이루어지는 오행을 간직한 천간의 기운이며, 정기란 본래 오행을 간직한 천간이다.

다음과 같이 12개월의 월지 월율분야를 암기하기 바란다. 사령신이 투간透干이 되면 격국格局으로 작용하니 그 사람의 품격과 직위 고하를 알 수 있고, 추구하는 심리를 파악할 수 있기 때문에 꼭 알아야 하는 대목이다.

子	丑	寅	卯
壬癸	癸辛己	戊丙甲	甲乙

辰	巳	午	未
乙癸戊	戊庚丙	丙己丁	丁乙己

申	酉	戌	亥
戊壬庚	庚辛	辛丁戊	戊甲壬

제2장

제신살

諸 神 殺

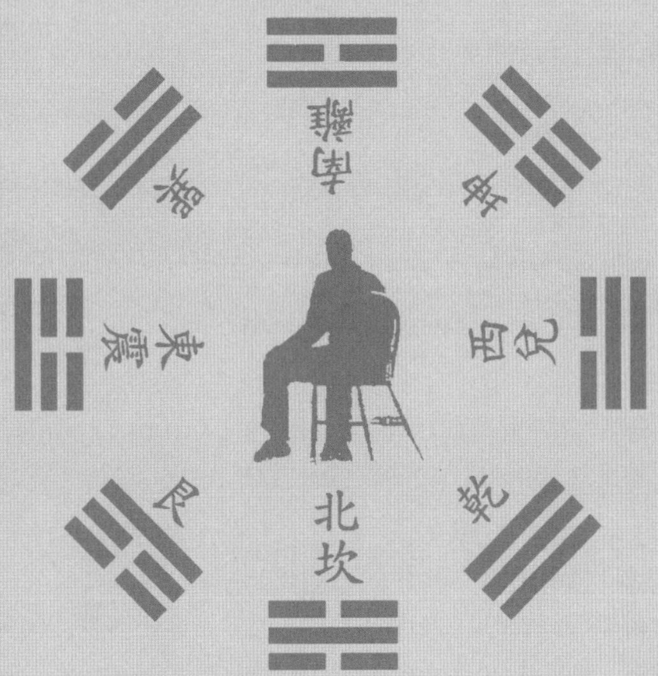

제 1 절

간지의 합과 충 | 干支의 合과 冲

십간十干과 십이지十二支에는 서로 사랑하여 합合되는 것도 있고, 서로 충冲하여 미워하고 싸우며 상傷하게 하는 것과, 상傷함을 받는 것이 있다. 이와 같은 것을 합合과 충冲이라고 하는데 사주를 간명하는 데 매우 중요한 역할을 한다.

1 천간의 합 | 天干의 合

가. 천간합天干合

천간은 여섯 번째 천간과 합을 하는데 양간은 음간을 극하면서 합이 된다.

음양이 만나 서로 유정하여 사랑하게 되니 부부가 되는 합이다. 음간은 양간에게 극을 받으면서 합이 되는 것은 여자가 남자에게 지배당하면서 살아가기 때문이다.

천간 합은 유정하여 사이가 좋아지는 작용도 하지만, 간합은 묶이는 작용도 하게 된다. 운에서 합이 되어도 묶이는 작용을 한다.

화오행化五行은 화기격化氣格에서 많이 쓰이고 그 외는 월령에 따라 쓰거나 기세가 강할 때만 변화되고 나머지는 쓰이지 않는다. 그러므로 화기오행化

氣五行을 쓸 때는 법칙을 알고 주의하면서 써야 한다.

화오행化五行은 화기化氣를 말한다.

음양이 합하여 변한 오행五行을 화기化氣라고 한다.

갑기합화토甲己合化土, 을경합화금乙庚合化金, 병신합화수丙辛合化水, 정임합화목丁壬合化木, 무계합화화戊癸合化火를 말한다.

나. 천간합天干合의 화오행化五行 작용

천간합天干合은 화오행化五行으로 변할 때와 변화가 안 될 때가 있다. 자세한 것은 다음 항목에서 논하기로 한다.

1 갑기합화토甲己合化土

甲己合化土는 중정지합中正之合으로 甲木은 곧은 마음을 대표하고 己土는 중용을 대표하는 천간으로 甲己合이 되어 있는 사람은 정직하고 정당하며 마음이 넓어서 타인과 화합이 잘되고 매사에 공명정대하며 품위와 절도가 있고 합법적인 합으로 일간이 타주他柱와 합이 있는 사람은 중심이 바르고 정당성을 주장하며 이해심이 많다고 한다.

土가 너무 왕성하여 혼탁하면 반대로 처세가 원만하지 못하며 성질을 잘 내고 너무 강하여 자기 주관을 굽히지 않고 고집이 세어 답답함이 많고 고지식하다.

甲木 일주가 己土를 만나 균형이 잡히면 신의가 있으나 토극수土剋水하여 인성을 파破하니 지혜가 부족하다. 남과 화합을 잘하고, 분쟁에 화해를 잘 시키는데 土가 너무 많으면 공부에는 흥미가 없어 부모의 기대에 못 미치는 사람이다.

甲木 일주 남자 사주에 己土와 합이 여러 개 있으면 여러 번 작첩하여 패가망신한다. 여성 사주가 이와 같으면 부정하여 여러 남자와 연애하는 수가 있다.

己土 일주가 甲木과 합을 만나면 관으로부터 극을 받아 조심성이 너무 많아 업무에 효율성이 떨어져 남으로부터 신의가 없다는 소리를 많이

듣는다. 신용은 별로 없으나 자기에게 주어진 업무처리는 잘하고 사회활동은 체면치레 때문에 원만하게 처리한다. 그러나 머릿속엔 이기적인 계산이 깔려 있어 잔꾀가 많으며 또는 약삭빠르고 인색하다.
己土 일주 여자 사주에 甲木이 여러 개 있으면 여러 다른 남자와 짝을 지어 색을 탐해 가정을 잃기 쉬운 사주가 되며, 己土 일주의 남자 사주가 이와 같으면 다정하여 부정하기 쉽다.

2 을경합화금乙庚合化金

乙庚合化金은 인의지합仁義之合이라 하는데 의리와 강건함을 상징하므로 성정이 강직하며 용감하고 아첨하지 않으며 진퇴가 분명한 성격이다. 격格이 청하면 감언이설에 넘어가지 않으며 정사正邪의 구분이 명확하고 인정이 많은 합이다.
乙木은 천진난만하고 부드럽고 유연한 기상의 뜻을 가지고 있으므로 환경에 적응을 잘하나 격이 나쁘면 천한 생활로 미래를 기약할 수 없고, 천한 직업에 종사하는 경우가 있다.
庚金은 오행 중 가장 강한 뜻을 지니고 있으므로 숙살肅殺의 기운으로 살생의 뜻을 지니고 있기 때문에 권력으로 남을 지배하는 정치나 군軍이나 경찰警察 직업에 적합하다.
金氣가 편중되고 왕성하여 격格이 탁濁하면 남을 무시하는 독불장군이 되거나, 매사에 적극성이 넘쳐 일을 그르치는 경우가 많고 포악한 업종에 종사하는 사람이 있다.
乙木 일주가 庚金과 合을 하면 예절에 소홀한 편이며, 결단력은 있으나 신용은 부족한 편이다. 귀가 엷어 남의 말에 잘 넘어가고, 의리보다는 강한 세력에 따라간다.
乙木 일주 여자는 순종적이며 본분을 지킨다. 乙木 일주 남자는 성실하나 좀 답답한 면이 있다. 乙木 일주 여자 사주에 庚金이 여러 개 있어 합이 되면 많은 남자와 인연을 맺어 흉하다고 한다,
乙木 일주 남자 사주에 庚金이 여러 개 있으면 부정을 저지른다.
庚金 일주가 乙木과 합이 있으면 사교능력이 있어 잘 사귀며, 자기 자신의 울타리에 끌어들여서 조직으로 묶어 잘 이끈다. 의리가 부족하나 자비심은 있으며 자기주장이 강하며 골격이 좋고 치아齒牙가 튼튼하다.
庚金 일주 남자 사주가 신왕한데 乙木이 많으면 여자가 잘 따라서 부

정을 저지르고도 눈 하나 깜짝하지 않는다.
庚金 일주 여자 사주가 乙木과 합이 많으면 여러 남자들에게 전전하며 떠돌아다니기 쉽다. 庚金 일주 여자 사주가 乙木과 합이 없으면 과감하고 억세어 남자 성격인데 가정을 잘 이끌어 간다.

3 병신합화수丙辛合化水

丙辛合化水는 위엄지합威嚴之合으로 얼굴 모습이 위엄이 있고 엄숙하며 사람을 제압하는 리더십이 있고 비타협적인 잔인함과 비굴한 양면성도 있다. 辛金은 예리함을 가지고 살성殺星을 주도한다.
丙火는 양 중의 양으로 만물을 비추어 키우고 어둠을 물리치는 뜻으로 광명光明의 상징인 태양太陽에 비유하며, 양기陽氣덩어리로 생명과 초목을 키우는 임무를 타고났다.
丙火 일주 사주가 辛金과 합되면 이기적인 마음으로 남에게 베풀지는 않으면서 받아먹기를 좋아하여 뇌물을 은근히 바란다. 성격이 겉으로는 대범한 척하지만 소심한 성격이다. 丙辛合이 일간과 타주와 干合이 이루어지면 냉혹하고 편협하며, 인정이 없고 호색가로 주색을 특별히 좋아한다.
丙火 일주 사주에 辛金과 합이 있으면 총명해 잔머리 굴리는 데 능하고 질서가 없고 문란하며 버릇이 없다. 이기적인 성품으로 인색하고 박정하나 목적을 위해서는 사람을 잘 다루고 잘 사귀는 수단가이다.
丙火 일주 남자 사주가 辛金이 많으면 풍류를 좋아해 주색을 즐기다가 조상의 선산까지 팔아먹는다.
丙火 일주 여자 사주에 辛金이 많으면 다정다감하여 많은 남성과 염문으로 재가再嫁하기 쉽다.
辛金 일주 사주가 丙火와 합이 되어 있으면 남의 마음을 끄는 매력이 있다. 누구에게나 친근감이 드는 상인데, 단 귀가 엷고 줏대가 없어서 남의 말에 잘 넘어간다.
辛金 일주 여자 사주가 丙火와 합이 되어 있으면 보석에 조명을 비추어 주면 광채가 나니 얼굴이 미인이 많고 피부가 백옥처럼 희다. 그러므로 남성의 유혹을 많이 받는 사람이다.
辛金 일주 사주는 남녀 모두 의리보다 유리한 쪽으로 쉽게 붙는 경향이 있고 상대가 실수하여 실망하면 단칼에 무 자르듯이 냉정하게 인연을

끊는다.
辛金 일주 여자 사주에 丙火가 많으면 남의 남자와 정을 통하여 남편과 자식을 버리고 남의 처로 가려 한다.

4 정임합화목丁壬合化木

丁壬合化木은 인수지합仁壽之合으로 총명하고 인정이 많으며, 옷맵시가 단정하고 성격은 예민한 편이다. 요염하여 이성의 유혹이 많이 따르고, 가무와 주색으로 망신하며, 도화가 일주와 合을 하면 주색을 밝힌다.
丁火는 뿌리가 있으면 순수한 열기 덩어리로 숙살지기를 녹여 그릇을 만들며, 밤(가을, 겨울)을 수호하는 화신으로 비유할 수 있고, 정으로 뭉쳐진 뜻으로 보며, 丁火의 뿌리가 없고 생조하는 오행이 없으면 광명으로 등대나 촛불로 보고 현대사회에서는 전기·전자·컴퓨터·조명으로 본다.
壬水는 바다로 보는데 어둠이 깔린 바다에 등대가 비추면 낭만적인 모습이다. 이 합이 있으면 감성적으로 흐르는 경향이 있다.
丁火는 장정壯丁의 丁과 정력적인 壬水의 합으로 음란지합淫亂之合이라고 하기도 하는데 조화가 잘 이루어지면 다정다감하며 정신력이 강하면서 인정이 많아서 남의 일도 자기 일처럼 잘 도와주는 사람이다.
격이 파격破格이면 포악한 칼잡이나 살인자가 되거나 건달세계에 빠지기 쉽고, 정에 얽매여 사리판단이 어둡고 파사현정을 못하면 눈물이 마를 날이 없으니 수신修身이 필요한 사람이 된다.
丁火 일주가 壬水와 합되어 있으면 마음이 소심하고 속으로 질투심과 열등의식을 느끼면서도 남 앞에서는 약점을 보이지 않으려고 옷차림에 신경을 많이 쓰므로 옷맵시가 있고 키가 크다. 그러나 싹싹하고 기분을 잘 내며 자기보다 월등한 사람에게는 진심으로 존경하고 따른다.
丁火 일주 여자 사주에 壬水가 많으면 남성의 유혹이 많으며 유혹에 잘 넘어갈 우려가 있고 또 색정에 빠지기 쉽다.
丁火 일주 남자 사주가 壬水가 많으면 다정다감하나 고지식한 일면이 있고 처와 불화하기 쉽다.
壬水 일주가 丁火와 합이 되어 있으면 성격이 예민하고 마음이 약해서 인정에 이끌려 손해 보기 쉽고 자아도취에 잘 빠지고 음란하나 미모를 따지는 경향이 있다. 한편 사람 다루는 수단이 능한 편이고 박정하여 편굴偏屈된 면도 있고 키는 작다.

壬水 일주 여자 사주에 丁火가 많으면 다정다감하게 대해 주니 남성들이 자기를 좋아하는 줄 착각해 이성에게 유혹을 많이 받아 망신하기 쉽다.
壬水 일주 남자 사주에 丁火가 많으면 여성이 많이 따라 음란한 여성들의 유혹으로 가무와 주색, 작첩과 풍류를 즐기다 패가망신하기 쉽다.

5 무계합화화戊癸合化火

戊癸合化火는 무정지합無情之合이다. 정의精義가 없는 합으로서 이중성격으로 밖에 나가서는 신의가 있고 잘하나, 가정에서는 냉정하고 박정하기 쉽다.
戊土는 큰 산과 같아 중심을 잡는 믿음이니 근본이 바르게 살려고 하는 기질이 있으며 너무 신용을 지키다가 기회를 놓치거나 너무 정직하여 만인에게 따돌림을 받을 수가 있다. 정격이 구성되면 자기성찰을 하여 만인의 사표가 될 수 있는 사람이다.
癸水는 우주의 냉기와 습기로 보고 또한 어둠으로도 본다. 지구에서는 水氣로서 음습함과 우로雨露인 비와 이슬에 비유한다. 戊癸合은 일방적이라 癸水는 따를 수밖에 없으니 정이 없다.
산속에 구름과 무지개가 있고 계곡을 흐르는 물이 있으니 용모는 깔끔하고 아름답다. 이 합은 어디에 있거나 막론하고 남에게 진심을 주지 않으며, 다만 처세하는 수단으로서 화합을 이룰 뿐 행동은 자기중심적으로 실천에 옮긴다.
戊土 일주 남자 사주가 癸水와 合되어 있으면 주관이 뚜렷하여 자신의 생각대로 살아가는 사람인데 여성이나 자기를 추종하는 사람에게는 잘 넘어간다. 대개 밖에서는 신의가 있으나 집에서는 박정하고 이기적이며 화를 내면 무섭다. 근면 성실하고 잔꾀가 적다. 일을 추진함에 있어서 타인의 말은 참고만 할 뿐 따르지 않고 자기방식대로 업무를 추진하여 진행한다.
戊土 일주 여자 사주에 癸水가 많으면 고독한 팔자로 종교·역술·무속에 관심이 많아 그쪽 직업의 남자와 연애하기 쉽다.
戊土 일주의 남자 사주에 癸水가 많으면 총명하고 재주가 많으나 냉정하다. 도처에 여자라 결혼에 신경을 안 쓰다가 결혼 시기를 놓쳐 늦게 결혼을 하면 키가 작고 왜소한 연상의 여인이나, 딸 같은 여인과 인연을 맺어 정상적이지 못한 결혼을 하거나 호색으로 작첩하기 쉽다.

癸水 일주가 戊土와 戊癸合이 되면 성격은 총명하나 무정하고 독립심이 결여되어 타인에게 의지하려 한다.

癸水 일주 여자는 戊土가 많으면 두뇌가 총명하나 무정하고 남성에게 순종하는 미덕이 있으나 호색에 도취되어 가정을 버리고 정부를 따라 야밤에 도주한다.

癸水 일주 남자 사주에 戊土가 많으면 성격은 총명하나 무정하고 소극적이며 이기적인 지능만 발달했을 뿐 과감성이 없고 게으르며 책임감이 부족하다. 사주에 합이 많으면 다정다감함이 지나쳐 우유부단하기 쉽고 진취성이 적으며 이성문제가 발생하기 쉽다. 흉신凶神을 합하면 길吉로 변하지만, 길신吉神을 합하면 흉凶해진다.

연간과 월간이 합되면 조상과 부모가 다정다감하여 의宜가 좋고 함께 산다.

월간과 일간이 합을 하면 부모형제와 다정다감하여 의宜가 좋다.

일간과 시간이 합이 되면 자식과 다정다감하며, 아랫사람과 관계가 좋다.

갑기합甲己合이 된 사주에 乙木이 있으면 처를 극하고, 시간時干에 丙火가 있으면 발달하고, 丁火가 있으면 손재하고, 戊土가 있으면 부귀하고, 월간에 庚金이 있으면 가족이 흩어진다. 월간月干에 辛金이 있으면 윗사람 덕이 있고, 월간에 壬水가 있으면 떠돌아다니고, 월간에 癸水가 있으면 일생이 편안하다.

기갑합己甲合이 된 사주에 乙木이 있으면 스스로 고난을 만들고, 丙火가 있고 辛金이 있으면 귀한 팔자이며, 丁火가 있으면 타인의 해를 보고, 戊土가 있고 암장에 癸水가 있으면 행복한 팔자며, 庚金이 있으면 빈곤하고, 辛金이 있으면 부귀하고, 壬水가 두 개 있으면 빈곤하며, 癸水가 있으면 관직에 영달한다.

경을합庚乙合이 된 사주에 戊土가 있으면 부유하고, 辛金이 있으면 재해가 많고, 壬水가 있으면 재물이 늘어나고, 癸水가 있으면 재산을 탕진한다.

을경합乙庚合이 된 사주에 丙火가 있으면 매사가 지연되고, 丁火가 있으면 무슨 일에도 잘 어울리고, 辛金이 있으면 쇠퇴하고, 壬水가 있으면 발전한다.

병신합丙辛合이 된 사주에 乙木이 있으면 발달하고, 丁火가 있으면 파재하며, 戊土가 있으면 입신출세하고, 己土가 있으면 영달하나 오래 못 가고, 辛金이 있으면 길함이 줄어든다.

신병합辛丙合이 된 사주에 丁火가 있으면 질병이 있거나 상해를 입고, 戊土가 있으면 일생이 행복하다.

임정합壬丁合이 된 사주에 甲木이 있으면 많은 사람을 고용한다. 丙火가 있으면 영웅 기질이 있고, 辛金이 있으면 전답田畓이 많으며, 癸水가 있으면 형제간에 손해가 많이 따르며 마음속에 괴로움이 많다. 대체적으로 키가 작다.

정임합丁壬合이 된 사주에 乙木이 있으면 파재하고, 丙火가 있으면 일생이 행복하며, 辛金이 있으면 즐겁고, 癸水가 있으면 노고가 많다. 대체로 키가 크다.

무계합戊癸合이 된 사주에 乙木이 있으면 육친과 불화하고 중년에 발달한다. 己土가 있으면 처를 극하고, 壬水가 있으면 행복하다.

계무합癸戊合의 사주에 丁火가 있으면 재복이 있고, 庚金이 있으면 발달하며, 辛金이 있으면 파破함이 많다.

乙木 일주 여명에 庚金과 합하고 화왕당절火旺當節에 태어나면 자식 낳고 부부불화로 생이사별生離死別하게 된다.

丁火 일주 여명에 壬水와 합을 하고 금왕당절金旺當節에 태어나면 시댁과 풍파가 많이 발생한다.

己土 일주 여명에 甲木과 합을 하고 목왕당절木旺當節에 태어나면 시누이 때문에 고통받는다.

辛金 일주 여명인데 丙火와 합을 하고 토왕당절土旺當節에 태어나면 친정어머니 때문에 이혼離婚한다.

癸水 일주 여명에 戊土와 합을 하고 수왕당절水旺當節에 태어나면 형제나 친구의 방해가 많다.

두 개의 양간陽干이 한 개의 음간陰干과 합하는 것을 쟁합爭合이라 하고 두 남자가 한 여자와 다투어 합하는 것이며, 음간陰干 두 개가 양간陽干 한 개와 합하는 것을 투합妬合이라고 하는데 한 남자를 놓고 두 여자가 질투하면서 합하는 현상이다.

또한 간합干合이 되어 있는데 비견, 비겁이 있어 쟁합爭合과 투합妬合이 되었거나 비겁이 있어서 충극冲剋하면 이를 투합이라 한다. 즉, 두 남녀가 사랑하는 것을 보고 질투하여 방해하면 합이 깨지므로 합이 안 된다. 쟁합爭合과 투합妬合은 합으로 묶이지 않는다.

다. 화오행化五行 변화變化와 불변不變

음양이 합하여 변한 오행五行을 화기化氣라고 한다.
갑기합화토甲己合化土, 을경합화금乙庚合化金, 병신합화수丙辛合化水, 정임합화목丁壬合化木, 무계합화화戊癸合化火를 말한다.
천간합天干合은 화오행化五行으로 변할 때와 변화가 안 될 때가 있다.

寅月의 化氣 成否	寅月의 甲己合은 土로 化하지 않는다. 寅月의 乙庚合은 金으로 化하지 않는다. 寅月의 丙辛合은 水로 化하지 않는다. 寅月의 丁壬合은 木으로 化한다. 寅月의 戊癸合은 火로 化한다.
月別 地支 三合의 강약 분석	寅月의 寅午戌 三合은 化火가 강하다. 寅月의 亥卯未 三合은 化木이 강하다. 寅月의 申子辰 三合은 化水가 약하다. 寅月의 巳酉丑 三合은 化金이 약하다. 寅月의 辰戌丑未는 失令하여 약하다.

卯月의 化氣 成否	卯月의 甲己合은 土로 化하지 않는다. 卯月의 乙庚合은 金으로 化하지 않는다. 卯月의 丙辛合은 水로 化하지 않는다. 卯月의 丁壬合은 木으로 化한다. 卯月의 戊癸合은 火로 濕木 浴地로 化하지 않는다.
月別 地支 三合의 강약 분석	卯月의 寅午戌 三合은 化火가 보통 강하다. 卯月의 亥卯未 三合은 化木이 강하다. 卯月의 申子辰 三合은 化水가 약하다. 卯月의 巳酉丑 三合은 化金이 약하다. 卯月의 辰戌丑未는 失令하여 약하다.

辰月의 化氣 成否	辰月의 甲己合은 土로 化한다. 辰月의 乙庚合은 金으로 化한다. 辰月의 丙辛合은 水로 化한다. 辰月의 丁壬合은 木으로 化한다. 辰月의 戊癸合은 火로 不化한다.
月別 地支 三合의 강약 분석	辰月의 寅午戌 三合은 化火가 강하다. 辰月의 亥卯未 三合은 化木이 약하다. 辰月의 申子辰 三合은 化水가 강하다. 辰月의 巳酉丑 三合은 化金이 강하다. 辰月의 辰戌丑未는 俱全은 土가 강해 신의가 없다.

巳月의 化氣 成否	巳月의 甲己合은 土로 化한다. 巳月의 乙庚合은 金으로 化한다. 巳月의 丙辛合은 水로 不化한다. 巳月의 丁壬合은 木으로 不化한다. 巳月의 戊癸合은 火로 化한다.
月別 地支 三合의 강약 분석	巳月의 寅午戌 三合은 化火가 강하다. 巳月의 亥卯未 三合은 化木이 약하다. 巳月의 申子辰 三合은 化水가 약하다. 巳月의 巳酉丑 三合은 化金이 강하다. 巳月의 辰戌丑未는 火土重濁으로 강하나 쓸모없는 땅이다.

午月의 化氣 成否	午月의 甲己合은 土로 化한다. 午月의 乙庚合은 金으로 不化한다. 午月의 丙辛合은 水로 不化한다. 午月의 丁壬合은 木으로 不化한다. 午月의 戊癸合은 火로 化한다.
月別 地支 三合의 강약 분석	午月의 寅午戌 三合은 化火가 강하다. 午月의 亥卯未 三合은 化木이 약하다. 午月의 申子辰 三合은 化水가 약하다. 午月의 巳酉丑 三合은 化金이 약하다. 午月의 辰戌丑未는 火土重濁으로 강하나 쓸모없는 땅이다.

未月의 化氣 成否	未月의 甲己合은 土로 化한다. 未月의 乙庚合은 金으로 化한다. 未月의 丙辛合은 水로 不化한다. 未月의 丁壬合은 木으로 化한다. 未月의 戊癸合은 火로 化한다.
月別 地支 三合의 강약 분석	未月의 寅午戌 三合은 化火가 강하다. 未月의 亥卯未 三合은 化木이 약하다. 未月의 申子辰 三合은 化水가 약하다. 未月의 巳酉丑 三合은 化金이 강하다. 未月의 辰戌丑未는 化土가 강하다.

申月의 化氣 成否	申月의 甲己合은 土로 不化한다. 申月의 乙庚合은 金으로 化한다. 申月의 丙辛合은 水로 化한다. 申月의 丁壬合은 木으로 不化한다. 申月의 戊癸合은 火로 不化한다.
月別 地支 三合의 강약 분석	申月의 寅午戌 三合은 化火가 약하다. 申月의 亥卯未 三合은 化木이 약하다. 申月의 申子辰 三合은 化水가 강하고 貴하다. 申月의 巳酉丑 三合은 化金이 강하고 勇猛하다. 申月의 辰戌丑未는 化土가 약하나 貴하다.

酉月의 化氣 成否	酉月의 甲己合은 土로 不化한다. 酉月의 乙庚合은 金으로 化한다. 酉月의 丙辛合은 水로 化한다. 酉月의 丁壬合은 木으로 不化한다. 酉月의 戊癸合은 火로 不化한다.
月別 地支 三合의 강약 분석	酉月의 寅午戌 三合은 化火가 약하다. 酉月의 亥卯未 三合은 化木이 약하다. 酉月의 申子辰 三合은 化水가 강하다. 酉月의 巳酉丑 三合은 化金이 강하다. 酉月의 辰戌丑未는 化土가 쇠하여 약하다.

戌月의 化氣 成否	戌月의 甲己合은 土로 化한다. 戌月의 乙庚合은 金으로 化한다. 戌月의 丙辛合은 水로 不化한다. 戌月의 丁壬合은 木으로 不化한다. 戌月의 戊癸合은 火로 化한다.
月別 地支 三合의 강약 분석	戌月의 寅午戌 三合은 化火가 보통 강하다. 戌月의 亥卯未 三合은 化木이 약하다. 戌月의 申子辰 三合은 化水가 약하다. 戌月의 巳酉丑 三合은 化金이 강하다. 戌月의 辰戌丑未는 化土가 강하다.

亥月의 化氣 成否	亥月의 甲己合은 土로 不變하고 木으로 化한다. 亥月의 乙庚合은 金으로 不變하고 木으로 化한다. 亥月의 丙辛合은 水로 化한다. 亥月의 丁壬合은 木으로 化한다. 亥月의 戊癸合은 火로 不變하고 水로 化한다.
月別 地支 三合의 강약 분석	亥月의 寅午戌 三合은 化火가 약하다. 亥月의 亥卯未 三合은 化木이 강하다. 亥月의 申子辰 三合은 化水가 강하다. 亥月의 巳酉丑 三合은 化金이 약하다. 亥月의 辰戌丑未는 化土가 약하다.

子月의 化氣 成否	子月의 甲己合은 土로 不化한다. 子月의 乙庚合은 金으로 不化한다. 子月의 丙辛合은 水로 化한다. 子月의 丁壬合은 木으로 化한다. 子月의 戊癸合은 火로 不化하고 水로 化한다.
月別 地支 三合의 강약 분석	子月의 寅午戌 三合은 化火가 약하다. 子月의 亥卯未 三合은 化木이 강하다. 子月의 申子辰 三合은 化水가 강하다. 子月의 巳酉丑 三合은 化金이 약하다. 子月의 辰戌丑未는 化土가 약하다.

丑月의 化氣 成否	丑月의 甲己合은 土로 化한다. 丑月의 乙庚合은 金으로 化한다. 丑月의 丙辛合은 水로 化한다. 丑月의 丁壬合은 木으로 不化한다. 丑月의 戊癸合은 火로 不化한다.
月別 地支 三合의 강약 분석	丑月의 寅午戌 三合은 化火가 약하다. 丑月의 亥卯未 三合은 化木이 약하다. 丑月의 申子辰 三合은 化水가 강하다. 丑月의 巳酉丑 三合은 化金이 약하다. 丑月의 辰戌丑未는 化土가 강하다.

2 천간의 충 | 天干의 冲

가. 천간충天干冲

천간충天干冲에는 천간에서 음은 음끼리, 양은 양끼리 서로 상극相剋하는 관계를 천간충天干冲 또는 천간상충天干相冲이라 부르는 것으로 다음과 같은 것들이 있다.

甲庚冲	乙辛冲	丙壬冲	丁癸冲	戊甲冲
己乙冲	庚丙冲	辛丁冲	壬戊冲	癸己冲

천간은 7번째 자와 충冲이라 하는데 칠살七殺이라 부르기도 한다.

이같이 만나면 파괴破壞·파산破散·이별離別·분리分離·사망死亡·질병疾病·부상負傷·수술手術·관재官災 등 재앙이 따른다. 특히 횡적으로 돈을 벌기도 하고, 갑자기 실패하는 극단적인 운세가 작용된다. 남자는 속도위반으로 부부관계를 이루는 수가 있거나, 두 여성과 인연을 맺기도 한다.

【천간충天干冲 도표 및 해설】

① 甲과 庚이 만나면 충돌하고,
② 乙과 辛이 만나면 충돌하고,
③ 丙과 壬이 만나면 충돌하고,
④ 丁과 癸가 만나면 충돌하고,
⑤ 戊와 甲이 만나면 충돌하고,
⑥ 己와 乙이 만나면 충돌하고,
⑦ 庚과 丙이 만나면 충돌하고,
⑧ 辛과 丁이 만나면 충돌하고,
⑨ 壬과 戊가 만나면 충돌하고,
⑩ 癸와 己가 만나면 충돌한다.

위와 같이 冲의 관계를 볼 때 甲庚, 乙辛, 丙壬, 丁癸, 戊甲, 己乙, 庚丙, 辛丁, 壬戊, 癸己의 冲은 양과 양, 음과 음끼리 상극相剋한다.

나. 천간충天干冲의 작용

天干冲의 관계를 보면 서로 대립하는 형상이다. 서로 冲을 하여 뜻이 맞지 않고 걸핏하면 대립하고 싸우는 사이가 된다. 그러나 너무 旺하여 조절해 주는 사이라면 관계가 좋은 것이 된다.

운로에서 일주와 충돌하면 관재구설, 투쟁, 불화, 이별, 사고, 수술, 시비, 다툼이나 송사가 발생한다. 충은 흩어지는 작용을 하는데 서로가 만나면 싸워서 싫어하며 충돌하는 관계로 干冲은 천간에 나타난 충돌로 그 피해가 빨리 구체적으로 나타난다.

사주의 천간에 충이 있으면 채찍을 가하여 움직이게 되어 출발점이 되는데 모든 면에 적극적이고 과감하게 행동하며, 성패의 결정이 빠르다.

모험적·투쟁적인 만큼 얻는 성과도 크고 잃는 피해도 크다. 이 충이 직접 운명상의 영향을 크게 미치는 것은 일간과의 충이다. 타주끼리 충도 오행의 生剋관계를 참작해야 한다.

예를 들면 갑경甲庚이 충冲인데 갑일생甲日生이 경庚의 충冲을 만나면 충돌 대립이 되면서도 극을 받아 타격이 크지만, 경일庚日이 갑甲을 만나면 충돌은 되어도 일주가 상대를 극하게 되므로 타격이 적은 것이다.

약한 오행에 천간충天干冲이 많으면 용모가 추하고 불화 논쟁을 일삼으며 병이 많고 풍파가 많다.

연간年干과 월간月干이 상충相冲되면 조상과 부모가 불화로 별거해서 살았고 조업祖業을 이어받지 못하고 조상의 제사에 성의가 없으며 일찍 고향을 떠나 산다.

월간과 일간日干이 상충相冲되면 부모형제 덕이 없으며 가업家業을 이어받지 못하고 일찍이 고향을 떠나 산다.

일간과 시간時干이 상충相冲되면 수하인과 의가 없고 자식 덕이 없고 동거하기 어렵다.

일간이 연간을 충하면 물려받은 유산이 없고 웃어른에게 불경하고 손윗사람과 의가 없고 조상의 제사에 성의가 없다. 천주교·기독교인 사주에서 많이 볼 수 있다.

【천간충으로 발생하는 질병 조견표】

天干冲 천간충	천간충으로 인한 질병
甲庚冲 갑경충	두통, 안질, 신경, 중풍, 혈압, 머리, 간, 담, 폐병, 대장.
乙辛冲 을신충	간, 담, 신경, 두통, 치통, 관절염, 갑상선, 폐병, 대장.
丙壬冲 병임충	소장, 심장, 중풍, 폐병, 시력, 간장, 신장, 방광, 귀.
丁癸冲 정계충	소장, 시력, 열병, 중풍, 심장, 신병, 신경, 신장, 방광, 귀.
戊甲冲 무갑충	복부, 백혈병, 위장, 적, 허리, 중풍, 결석, 당뇨, 간, 담.
己乙冲 기을충	복막염, 중풍, 비장, 복부, 장부, 하체 상해, 당뇨, 간, 담.
庚丙冲 경병충	두통, 수, 족, 근골, 폐병, 대장, 시력, 피부, 심장, 소장.
辛丁冲 신정충	폐렴, 수족, 신병, 피부, 정신병, 시력, 심장, 소장, 대장.
壬戊冲 임무충	간암, 두통, 복부, 중풍, 신장, 방광, 혈액, 시력, 청력.
癸己冲 계기충	간암, 두통, 복부, 중풍, 신장, 방광, 혈액, 시력, 청력.

3 지지의 합 | 地支의 合

가. 육합六合과 작용

육합六合이란 명칭은 십이지지가 둘씩 합을 이루면 여섯 쌍의 합이 이루어진다는 뜻이다. 십이지지十二地支가 두 개씩 짝지어 화합和合을 이루는 관계로 지지육합地支六合이라고도 한다.

【學에서는 다음과 같이 合하면 변한다고 한다.】		
子丑合土	寅亥合木	卯戌合火
辰酉合金	巳申合水	午未合火

【육합의 도표】

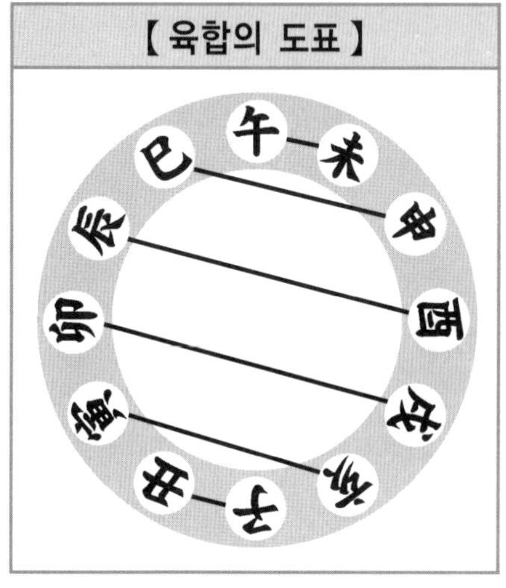

합은 화합이니 사교성이 있어 교제가 넓고 육친끼리 화합하며 성격은 온순하며 인정도 많다. 외교활동에 능하며 분쟁을 잘 화합시킨다.

여명 사주에 합이 많으면 정이 많아서 정조관념이 약하다. 일지와 合이 되면 자신과 인연이 있는 것으로 보고, 타지끼리 合하면 타인과 인연 있는 것으로 보아라.

육합六合에는 생합生合·극합剋合·형합刑合 등이 있는데 생합生合은 처음도 좋고 끝도 모두 길하나, 극합剋合과 형합刑合은 처음에는 좋으나 끝에 가서는 나쁜 결과를 초래한다.

【일반적으로 월지를 제외한 술術에서는 生合은 化五行으로 변하고 剋合과 刑合은 화오행化五行으로 변하지 않는다.】		
子丑合(剋合)	寅亥合木(生合)	卯戌合(剋合)
辰酉合金(生合)	巳申合(剋合)	午未合火(生合)

1 자축합子丑合

子丑合은 극합剋合이 되므로 술術에서는 화化하지 않고, 학學에서는 화기化氣가 土라 하지만 子月生이면 작용력은 水가 왕성하고, 丑月生이면 土가 왕성하다.
子丑月에는 냉습冷濕하여 생명의 번식과 생장이 어려운 겨울이 되므로 火가 필요한 시기다. 월령이 子月일 때 丑土를 만나면 水의 작용력이 강화되어 더욱 응결이 된다. 월령이 丑月에 子水와 合하면 土가 왕성한 土이지만 동토凍土로 생명이 자라기 어려운 土이다.
물상으로는 해안, 섬, 물소, 물레방아, 해안 벌, 습지 등으로 본다.

2 인해합寅亥合

寅亥合은 생합生合으로 화기化氣가 木으로 변화되는데 亥月에 태어나면 水生木으로 작용력이 木이 생조하니 木이 왕해지고, 寅月에 태어나면 목왕당절木旺當節이니 木이 더욱 왕성하게 작용한다.
寅亥合으로 寅月에 亥水와 合할 때 천간에 丙火가 투간되지 않으면 습濕하여 자라기가 어렵다. 丙火가 투간되지 않은 寅月에 亥水와 合은 냉습冷濕하므로 水生木이 원만하게 이루어지기 어려워 냉수冷水의 피해를 받아서 파살破殺 작용을 한다.
물상으로는 겨울 옷, 수경재배, 수산물, 호텔, 주점, 새벽 수산시장 등으로 본다.

3 묘술합卯戌合

卯戌合은 극합剋合이 되므로 술術에서는 화化하지 않고, 학學에서는 화기化氣가 火라 하지만 卯月에 태어나면 습목濕木이라 火로는 변하지 않고, 戌月에 火氣가 옆에 있으면 火로 변하고, 水氣가 옆에 있으면 火氣가 설기되기 때문에 火로 변화지 않는다.
卯戌合은 卯木이 戌土를 극하여 분갈이하니 卯木은 도화이므로 복숭아꽃으로 표현한 것이므로 火라고 보면 안 된다. 卯木은 도화라 사교술이 좋고 戌土는 화개華蓋라 문장력이 좋아 문학으로 명성을 얻을 수가 있다.
물상으로 산토끼와 사냥개, 봄가을 合이라 아름다워 연예계, 천문天門과 합을 하니 종교, 신앙인, 풍류, 소설, 극작가 등이다.

4 진유합辰酉合

辰酉合은 생합生合으로 화기化氣가 金이라 하는데 酉月에 출생하면 金이 되고, 辰月에 출생하고 옆에 卯木이 있으면 목방합木方合으로 金이 약하고, 子水가 있으면 자진수국子辰水局으로 金기운이 약하다. 酉月에 태어나면 금왕당절金旺當節이니 金이 강하게 작용한다.
辰酉合은 습토濕土가 金을 생조하는 봄가을의 결과물로 풍족한 곡식이 되어 넉넉한 집안이 된다. 酉金이 도화라 보석으로 화개와 合이니 황금 부처님이 되고, 辰土는 황색이 되고 酉金은 보석이 되니 금은 보석상을 하기 쉽다. 土가 많으면 매금되니 첫째는 金이 있어야 길하고 둘째는 木으로 木剋土를 해야 길하다.
물상으로는 토성土城, 금강산, 봄·가을 合, 사찰, 불상, 침구 등으로 본다.

5 사신합巳申合

巳申合은 형합刑合으로 학에서는 화기化氣가 水라고 하지만, 申月에 태어나면 금왕당절金旺當節에 巳火를 보면 金旺한데 火剋金하면 金生水가 잘되므로 변하며, 巳月에 生하면 巳火에 水가 증발하고 金의 장생지라 화왕당절火旺當節이라 화기化氣가 水로 변하지 않는다.
巳申合은 刑合이나 巳火는 金의 장생지가 되므로 金이 강해지기 시작하니 금기金氣가 강한 것으로 본다. 巳申合水는 午巳申子 순으로 구성되고 火剋金할 때는 申金에서 金生水의 작용이 일어난다.
물상으로 용광로에 녹이는 모양, 바퀴가 빛을 받아 잘 돌아가는 모양, 뱀은 두뇌이고 원숭이는 재주이다. 지혜와 기술을 겸비한 인물이 되고 서남 合이니 서남해안이다.

6 오미합午未合

午未合은 化氣가 학에서는 불변한다고 하며, 술에서는 火로 보며 未月에 태어나면 土로 작용하고 午月에 생하면 火로 작용한다.
午未合에는 火土의 기운이 강하여 다른 오행으로 변하지 않는 것이지 化五行이 없는 것은 아니다. 즉, 火土로 작용하니 午月이면 火로 되고 未月이면 土의 작용을 한다. 적도赤道의 合이니 너무 더워서 생명이 살기가 어려워 조후가 필요한 것이다.
물상으로는 신호등·벼락·황무지·사막·폭탄·밀가루·제빵 등으로 쓰인다.

생합生合은 힘이 배가되어 변하지만, 극합剋合이나 형합刑合은 힘이 절絕되니 변하지 않는다고 보는 것이 오행五行 생극生剋 법칙에도 타당하다고 본다.

나. 삼합三合과 작용

三合은 木·火·金·水 화오행化五行이 12운성으로 장생·제왕·묘의 3개 지지地支가 짝을 이루어 三合을 이루는 것인데 제왕지帝旺支의 오행으로 변하며 지삼합地三合 혹은 지지삼합地支三合이라고 한다.

해수亥水는 갑목甲木의 장생지長生支요, 인목寅木은 병화丙火의 장생지이며, 사화巳火는 경금庚金의 장생지長生支요, 신금申金은 임수壬水의 장생지이다.

묘목卯木은 갑목甲木의 제왕지帝旺支요, 오화午火는 병화丙火의 제왕지이고, 유금酉金은 경금庚金의 제왕지帝旺支요, 자수子水는 임수壬水의 제왕지이다.

미토未土는 갑목甲木의 묘지墓地이며, 술토戌土는 병화丙火와 무토의 묘지이고, 축토丑土는 경금庚金의 묘지墓地이며, 진토辰土는 임수壬水의 묘지가 된다.

三合은 오행의 출발점과 왕성한 진행과 종착점으로 표현할 수 있고, 시작과 전성기와 끝으로도 표현할 수 있다.
장생지長生支는 새로운 시작의 시점이고, 제왕지帝旺支는 왕성하게 활동하는 것이고, 묘지墓地는 마무리 단계로 결과를 보는 시기이다.
辰戌丑未는 삼합화오행三合化五行에 제왕지帝旺支를 기준으로 고庫의 작용을 하는지 묘墓로 작용을 하는지 판단을 잘해야 한다. 고庫로 작용을 한다면 안정적으로 결과를 얻을 수 있는 것이고, 묘墓로 작용한다면 진행되다가 급작스럽게 나빠져 결과를 얻기가 어렵다.
이 합도 화합을 의미하나 구분해서 예를 든다면 각각 다른 민족이 모여서 합중국合衆國을 이룬 것과 같은 것에 비유할 수 있다.
또한 군주와 백성과 국가가 삼위일체三位一體가 되어 큰집으로 이룬 것과 같고, 세 가지 물질이 혼합되어 다른 물질로 변하는 것으로도 비유할 수 있다. 또는 사상이나 목적이 같은 사람들끼리 회합會合을 이룬 것에 비유된다. 삼합은 다음과 같다.

【 삼합三合의 도표 】

삼합이 구성되면 힘의 작용력이 매우 강해지므로 길하게 작용하면 대길하고, 흉신으로 작용하면 대흉하게 된다.

삼합·방합이 사주 내에 같은 오행으로 혼잡이 되면 해당되는 오행의 기운이 혼탁해지면서 강하기 때문에 흉하게 된다. 삼합은 십이지지의 세 자씩 合이 되는 것을 말한다.

삼합의 화오행化五行은 방합의 오행五行보다 세력이 약하지만 합하려는 氣적인 측면은 방합보다 강하다.

삼합은 지지에 삼합국三合局을 이루어 있더라도 천간에 투출이 되어야 그 작용력이 강하다.

삼합은 제왕지帝旺支를 중심으로 움직이며 제왕지帝旺支가 실령失令하면 삼합三合의 화오행化五行은 약화弱化되지만 삼합의 기운은 강하게 잠재되어 있으며 冲해도 깨지지는 않는다. 예를 들어 寅午戌火局을 이루고 있는데 子水가 와서 子午冲을 해도 寅木이 있어서 水生木 木生火로 통관通關이 되어 冲을 해소시키는 역할이 있기 때문이다.

申子辰水局(신자진수국)	巳酉丑金局(사유축금국)
寅午戌火局(인오술화국)	亥卯未木局(해묘미목국)

다. 삼합三合의 특성

1 신자진수국申子辰水局의 특성

申子辰水局을 이루면 旺水가 되는데 물은 낮은 곳으로 흐르는 성질이 있어 윤하潤下가 되며 호수湖水와 강江과 대해大海를 이룬다.

물은 환경에 적응을 잘한다. 예를 들면 사각형 그릇에 담으면 사각형이 되고 삼각형 그릇에 담으면 삼각형이 되고 둥근 그릇에 담으면 둥근 모양이 되고 걸림돌이 있으면 돌아가고 막히면 서는 적응을 잘한다.

강물은 유유히 흐르므로 유랑, 해외, 외교, 침투, 정보의 뜻을 가지고 있으며 三合을 이루면 각종 물이 섞이니 검푸른 빛으로 변하고 초목을 물에 뜨게도 하고 뿌리를 상하게도 하니 흉하게 작용도 한다.

2 해묘미목국亥卯未木局의 특성

亥卯未木局을 이루면 旺木이 되는데 木은 상승하는 氣가 강하여 곡직이 되며 하늘을 향해서 뻗어 나가는 성질이 강하며, 남에게 굽히기를 싫어하고 한번 결정한 일은 좀처럼 번복하지 않는 곧은 성격이다. 성실하고 인정 많고 어질며 적극적이나 자존심이 너무 강한 것이 단점이다.
큰 숲을 이루어 정글지대가 되므로 화초와 유실수로 열매를 생산하므로 결실이 있기 때문에 동물들이 모여 살 수 있으니 동물로도 보며, 가지 많은 나무에 바람 잘 날 없다는 속담처럼 바람으로 작용하기도 한다.

3 인오술화국寅午戌火局의 특성

寅午戌火局을 이루면 旺火가 되는데 火는 발산하는 기운과 염상炎上으로 작용되어 상승上昇하는 기운이 강하다. 열기가 왕성하면 빛이 나고, 성격 또한 불같고 참지 못하는 위세가 대단하나 식어서 평온함을 찾으면 언제 그랬느냐는 식이다. 언변言辯에 과장이 심하고 말을 참지 못하여 실수가 많이 따른다.
불바다와 같이 매사에 정열적이며 화끈하고 화려한 특성이 있다. 문명, 정신, 문화, 예능에 소질이 있고, 종교나 예언을 의미하기도 한다.

4 사유축금국巳酉丑金局의 특성

巳酉丑金局이 되면 旺金으로 변화하는데 金은 단단하고 무겁고 냉하며 하향기질이 있어 성격은 겉보기에 냉정하고 차가울 것 같지만 의리가 있고 과감하며 신속하여 맡은 일은 반드시 끝내 업무처리가 확실하다.
무기武器로 쓰이니 상대를 정복하려는 기질이 강하여 종혁從革으로 작용하여 냉혹한 일면이 있어 대인관계에 맺고 끊는 마음이 확실하다.
자기 속마음을 남에게 보이지 않아서 쉽게 친해지기 어렵다. 중장비, 범종, 장갑차, 탱크, 각종무기, 화폐, 투쟁, 리더십 등을 의미한다.

라. 반합半合과 준삼합準三合

반합半合이란 申子, 子辰, 申辰 등과 같이 두 자씩 만나도 반합이라고 하며 合의 구성이 된다. 三合의 반합을 준삼합準三合이라 이름 한다.

申子, 子辰, 申辰도 半合 水局이다.	巳酉, 酉丑, 巳丑도 半合 金局이다.
寅午, 午戌, 寅戌도 半合 火局이다.	亥卯, 卯未, 亥未도 半合 木局이다.

준삼합準三合은 三合 중에 한 자가 빠진 두자만 合이 된 것을 말한다. 작용력은 세 자의 회국會局보다 약하다. 子午卯酉 제왕지帝旺支가 빠진 반합半合은 화기化氣가 약하다.

三合 가운데 한 자가 빠지고 두 자만으로 合이 되는 것을 반합·준삼합·가합이라고 한다. 반드시 가운데 자가 들어가야 강하다. 가운데 자가 빠진 반합도 합력은 있으나 가운데 자가 들어간 반합보다는 약하다.

엄격하게 따진다면 생지生支와 제왕지帝旺支만 만나면 **반합**半合이라 하고, 제왕지帝旺支와 묘지墓支가 만나면 **준삼합**準三合이라고 하며, 생지生支와 묘지墓支가 만나면 **가합**假合이라고 한다.

【삼합 · 반합 · 준삼합 · 가합의 힘 비율 조견표】

三 合	100 %	亥卯未	寅午戌	巳酉丑	申子辰
半 合	80 %	亥 卯	寅 午	酉 丑	申 子
準三合	50 %	卯 未	午 戌	巳 酉	子 辰
假 合	30 %	亥 未	寅 戌	巳 丑	申 辰

삼합을 이루면 온순하고 애교가 있으며 사교성이 있어 뭇사람들과 화목하다.

연지와 월지가 합이 되면 조상과 부모가 화합하고 동거한다.

월지와 일지가 합이 되면 부모형제와 화합하고 동거한다.

일지와 시지가 합이 되면 자손과 화합하며 동거한다.

마. 방합方合과 방국方局 작용

寅卯辰木方局(인묘진목방국) **巳午未火方局**(사오미화방국)
申酉戌金方局(신유술금방국) **亥子丑水方局**(해자축수방국)

【방합의 도표】

방합方合은 세 자가 다 있어야 方合이 이루어지고, 세 자 중 한 자라도 월건月建에 있어야 진방합眞方合이 된다. 방합은 기세는 강한데 단결력이 없다.

월건에서는 없고 타주에 합을 이루면 방국이라 하며, 혼잡이라 힘의 세력은 강하나 잡합으로 알고 쓰면 된다.

방국은 월령에 한 자라도 거하지 않고 타주에 계절의 오행이 모여서 강화된 것을 이름 한다. 방합은 삼합과 판이하게 다른 작용이 있는데 冲을 해소하는 것이 없기 때문에 운에서 冲하면 피해가 크게 나타난다.

예를 들면 寅午戌火局의 운에서 水운이 와도 수화상전水火相戰이 발생하지 않는 것은 寅木이 水生木 木生火로 통관通關시켜 冲이 해소되어 괜찮으나, 巳午未方合局에 水운이 오면 통관시키는 오행이 없어 수화상전이 심하게 발생하여 피해가 크다.

三合이나 方合이 이루어져 있어도 국局을 이룬 오행이 천간에 투간되어 있지 않으면 오행의 기운이 강하게 잠재되어 있을 뿐 즉시 발동하지 않는다.

예제

시주	일주	월주	연주
○	丁	己	癸
○	卯	未	亥

이 같은 사주라면 亥卯未木局이 왕하게 자리 잡고 있는데 천간에 甲乙木이 투간되지 않았으므로 己土 식신이 간접적으로 견제는 받으나 직접적으로 극을 당하지 않는다. 대운이나 세운에서 甲乙木을 만나면 지지에 木局으로 잠재되어 있던 힘이 천간에 발동이 되어 土를 극하니 그 피해가 크게 나타난다.

바. 반방합半方合

원칙적으로 세 자가 다 있고 월령에 한 자가 걸쳐서 있어야 방합으로 성립이 되는데, 반방합半方合이란 세 자 가운데 두 자만 있고 월령에 한 자가 걸쳐 있어야 하는데 합력이 방합국方合局보다 약하다.
주의할 것은 제왕지帝旺支인 子午卯酉가 빠져 있는 반방합半方合에서 辰戌丑未月 4묘지墓地에 해당되면 사령신司令神과 삼합이 되는 자가 있는가를 살펴야 한다. 삼합이 있어 방해하면 반방합이 이루어지지 않는다. 寅·申·巳·亥月 장생월長生月에 출생하면 반방합으로 인정한다.

木方	寅卯, 卯辰, 寅辰	火方	巳午, 午未, 巳未
金方	申酉, 酉戌, 申戌	水方	亥子, 子丑, 亥丑

사. 우합隅合 간방間方

우합隅合은 사방 모서리 간방위間方位에서 우합隅合이 되는 것인데 合되어도 오행은 변하지 않고 단합이나 결속만 할 따름이다. 사주원국에 간방間方 중 한 자만 있어도 달고 오는 기운이 있는 것으로 본다.

艮方	丑寅	巽方	辰巳	坤方	未申	乾方	戌亥

아. 동합同合

같은 자끼리 合이 되는 것을 동합同合이라고 하는데 合이 되어도 오행五行은 변하지 않고 본래 오행五行의 기氣가 강해진다.
동합同合 중에 辰辰, 午午, 酉酉, 亥亥는 자형自刑이 되어 형합刑合이 되므로 힘이 약해지며 흉하게 작용한다. 또한 동합同合을 대운大運이나 세운歲運에서 만나면 신음사呻吟事가 발생한다.

子子	丑丑	寅寅	卯卯	辰辰	巳巳
午午	未未	申申	酉酉	戌戌	亥亥

자. 명암합明暗合

명암합明暗合은 干支合인데 천간이 좌하座下 지지에 암장간暗藏干과 합되는 것을 명암합이라 하며, 일명 천지합天地合이라고도 한다.
甲午 일주 같으면 甲이 午 중에 암장간暗藏干 중에 己土와 甲己合이 되고, 丁亥 일주 같으면 丁이 亥 중에 암장간暗藏干 壬水와 丁壬合이 된다.
다른 干支도 아래 도표圖表에서 보는 바와 같이 일간이 지지地支 암장간暗藏干과 合을 이루면 명암합明暗合이라 한다. 타주와 명암합이 많으면 남자는 부정하여 바람을 많이 피우는 사람이고, 여자도 이와 같으면 다정다감하여 정조관념이 없고 불륜관계로 가정이 깨지기 쉽다.

【명암합 조견표】

간지	일주	甲午	乙巳	丙戌	丁亥	戊子	己亥	庚辰	辛巳	壬午	癸巳
암합	암장	己	庚	辛	壬	癸	甲	乙	丙	丁	戊

차. 암합暗合

암합暗合은 지지地支 암장暗藏끼리 合이 된 것을 말한다. 예를 들면 子 중 암장 癸水가 戌 중 암장 戊土가 戊癸로 合되는 것을 말한다. 사주에 合이 있다 하여 무조건 좋은 것은 아니며 때에 따라서는 길흉이 다르다.
약한 길신이 합을 하여 득세得勢하면 길하게 되지만, 흉신이 합을 하여서 약한 길신을 극하면 대흉하다. 여자 사주에 합이 많으면 다정다감한 성격으로 이성이 잘 따르므로 부정하여 바람을 피우게 되니 크게 꺼린다.

【암합 조견표】

지지암합	子辰	子巳	子戌	丑寅	丑巳	丑亥	寅未	寅午	卯申	卯巳	辰巳	辰申	巳戌	午亥	未亥
	癸戊	癸戊	癸戊	癸戊 辛丙 己甲	辛丙 癸戊	己甲	甲己	甲己	乙庚	乙庚	癸戊 乙庚	乙庚	丙辛	丁壬 己甲	己甲 丁壬

4 지지의 충 | 地支의 沖

가. 지지충地支沖과 작용

육충六沖은 깨지고 흩어지고 손상되는 것이므로 두 개의 지지끼리 충돌하는 관계가 여섯 가지 종류가 있는 것인데 지충地沖 또는 육충六沖이라고 하고, 지지상충地支相沖이라고도 한다.

양陽은 생조生助하는 작용력과 설기하는 작용력이 크고, 음陰은 생조生助하는 작용과 설기하는 작용도 못하면서 극상의 작용은 잘한다.

양이 음을 극할 때는 사정을 봐 가면서 극하니 여유가 있지만, 음이 양을 극할 때는 극의 정도가 강렬하다.

양대양陽對陽, 음대음陰對陰이 극하는 것이 沖이라 하는데 음대음陰對陰으로 沖하는 것이 흉작용이 더욱 크다. 육충이 이루어지는 것은 아래와 같다.

子午沖	卯酉沖	寅申沖	巳亥沖	辰戌沖	丑未沖
子午相沖	卯酉相沖	寅申相沖	巳亥相沖	辰戌相沖	丑未相沖

지지충地支沖도 천간충天干沖과 같이 양은 양끼리, 음은 음끼리 상극관계로 이뤄졌다. 지지충은 그 작용력이 느리게 발생하지만 피해는 크다.

천간충은 나무에 비유하면 가지가 되므로 干沖이 되어도 다시 살아날 수 있지만, 지지地支를 상충相沖하면 뿌리가 상하게 되어 살 수가 없다.

지지상충地支相沖은 충돌하여 파괴되어 투쟁, 불화, 논쟁, 배신, 갈등, 이별, 병고, 수술, 불구, 사고, 횡액 등 흉사가 일어난다.

왕신旺神이 쇠신衰神을 沖하면 쇠신衰神은 뽑히게 되고, 쇠신衰神이 왕신旺神을 沖하면 왕신旺神이 대노大怒한다.

사주四柱 원국原局에 2 : 1沖은 沖으로 보지 않고, 운에서 2 : 2로 짝을 이룰 때 沖이 된다.

> **예**
>
> 卯酉卯의 경우는 不冲이나 운에서 酉가 와서 쌍충雙冲할 때 冲으로 작용하고, 운에서 戌이나 未나 亥가 와서 한 개의 卯와 合을 해도 冲이 성립한다. 쌍쌍충雙雙冲은 冲이 된다. 1 : 1冲이면 冲이 되는 자와 합운이 들어오면 冲이 소멸하고, 辰戌冲이나, 丑未冲이 있는데 金旺하면 土가 金에 설기되어 土가 약해져 冲작용을 못한다.
> 1 : 1冲이 있는데 운에서 冲운이 오면 가중충加重冲이 되므로 이때는 冲이 동하여 나쁜 현상이 일어난다.

【 지지충의 도표 】

六冲이란 깨지고 흩어지고 손상되므로 서로 만나면 충돌하려는 마음이 생긴다는 뜻이다.

가령 가족관계에서 甲木 일주에 子水가 어머니, 午火가 자식이라면 어머니와 자식간에 불화하여 다툼이 많을 가능성이 다른 관계에 비해서 높다고 보는 것이다.

일지와 相冲을 하게 되면 **육친**관계와 **십신**과 **궁**의 통변이 동시에 작용한다.

나. 지지별 충冲의 통변

1 자오충子午冲

자오충은 몸이 편하지 않아 이성문제로 부부가 다투거나 이별과 관재구설이 따르거나 가정이 파破하는 것을 암시하고 있다.
운에서 자오충하면 가중 冲으로 흉작용을 하여 부부 이별이 있게 되고 위자료 청구 소송까지 발생한다. 욕지浴地끼리 冲하니 애정문제가 발생하는 경우가 있게 된다.
자오충은 제왕지로 수직적인 작용과 품격의 고저를 나타내는 것으로 직위를 유지하기 위한 작용이 강하다.

운에서 자오충이 이루어지면 장소나 환경에 변화가 이루어지므로 직업의 변동보다는 직위 변동의 작용이 강하여 보직 변동이 생긴다.
질병으로 子水는 신장·방광·귀에 해당하고, 午火는 심장·소장·치질·혈관계통에 해당한다. 이때, 원국에 자오충이 있고 운에서 午火가 오면 신장·방광·귀에 질환이 있게 되고, 원국에 자오충이 있고 운에서 子水가 오면 심장·소장·치질·혈관계통에 질병이 발생하게 되는데 치유가 잘 안되는 것이 특징이다.

2 묘유충卯酉冲

일시에 묘유상충卯酉相冲은 부부간에 불화하여 문패를 바꿔 달아 팔자를 바꾸려고 하니 근심걱정이 많고 십신에 해당하는 육친 간의 갈등, 무자식으로 노후고민이 있게 된다.
월일에서 상충相冲을 하면 거주지가 불안하며 배반을 많이 당한다. 묘유상충卯酉相冲은 제왕지로 공간적인 작용과 동서의 수평을 나타내는 것으로 환경의 변화 작용이 강하여 자리 이동이 생긴다.
운에서 묘유상충卯酉相冲은 제왕지로 금목상극金木相剋이 되어 무슨 업무이든 절정기에 접어들어서 문제가 발생되고 변화와 변동이 발생한다.
도화桃花와 욕지浴地가 冲하니 애정문제가 발생하는 경우가 있게 된다.
질병으로 卯木은 간·담·신경·모발·수족이 되니 원국에 묘유충이 있고 운로에서 酉金 대운이 오면 간이나 담에 질병이 생기고 편두통이나 수족부상 또는 탈모가 발생하여 신경이 예민해진다. 酉金은 폐·기관지·피부·대장·골격에 해당하는데, 원국에 묘유충이 있고 운에서 卯운이 오면 폐병이나 기관지염·피부병·대장염으로 고생하거나 골절상을 입는다.

3 인신충寅申冲

인신상충寅申相冲은 역마살 발동으로 활발하고 부지런하여 오라는 데는 없어도 갈 곳은 많은 사람이 된다. 매사에 적극적으로 앞장서서 고생을 사서 하는 사람이 많다. 원국에 인신충이 있는데 水가 있으면 금목상충金木相冲에서 통관이 되어 冲작용이 감소한다.
인신상충은 소년과 소녀가 만나는 격이므로 다정다감하여 남이 모르는 이성문제가 발생하기 쉽고 애정에 비밀이 많이 따른다. 인신상충은 장생지로 출발점이니 금목상극金木相剋되어 무슨 업무든 시작 때부터 장애가 발생한다.
운에서 월지에 인신상충은 옛것을 버리고 새것을 추구하게 되어 전직이나 전업 또는 주거 변동이 있게 되며, 일지·시지에서 인신상충하면 부부가 이별을 하게 된다.
출발점으로 교통수단이 되기 때문에 교통사고로 부상을 당하여 재화가 따르고 인신형살寅申刑殺이 되니 수술을 하거나 관재구설이 많이 따른다.
여자 사주 水일주가 甲寅月에 壬申日이면 식상과 인성이 상충相沖하니 결혼문제로 부모님과 다투어 염세비관에 음독자살을 시도한다. 인신상충은 탕화로 가스 중독이나 본드 흡입, 화상을 당하기도 한다.
질병으로는 간·담·폐·대장에 질병이 발생하기 쉽고, 관절·신경·모발에 이상이 온다.

4 사해충巳亥冲

사해상충巳亥相冲은 장생지로 출발점이 되는데, 수화상충水火相冲이 되어 무슨 업무이든 시작하면서 문제가 발생되어 수정과 변화가 생긴다. 명암明暗이 상충相冲하니 권태기가 빨리 오고 변덕이 심하고 작은 일을 크게 만들어 일거리가 많으나 실속이 없다.
원국에 사해상충이 있고 木이 있으면 수화상충水火相冲에 통관이 되어 冲작용이 감소한다. 사주에 사해상충이 있는데 운에서 冲이 오면 가중冲이 되어 변동과 이동이 빠르게 작용하므로 해외로 나가거나 여행을 하게 되는 등 변동과 이주가 이루어지며, 흉운으로 작용하면 이별 또는 질병과 폭발사고 화재나 교통사고가 발생하게 된다.
질병으로는 비뇨기·신장·방광 질환과 심장 계통이나 혈압·당뇨병으로 고생하게 된다.

5 진술충辰戌冲

진술상충辰戌相冲은 붕충朋冲으로서 형제·친구 간에 동상이몽으로 의리를 저버리고 육친六親 관계가 나쁘게 작용하거나 또한 고庫를 冲하여 길흉이 상반되게 일어나니 잘 살펴봐야 한다.
辰中癸水와 戌中丁火가 상충相冲하고 辰中乙木과 戌中辛金이 상충하여 희신喜神과 기신忌神의 변화가 많으니 주의하여 관찰해야 한다.

진술충辰戌冲은 고庫로 옛것에 해당하니 노부부가 다투는 상으로 금슬이 나빠서 독수공방獨守空房이 많으며 무정하다.
운에서 冲이 오면 결혼에 말썽이 생겨 장애가 따르고, 사주원국에 刑과 冲이 있고 운에서 冲이 오면 토지나 전답 또는 선산에 문제가 발생하거나 관재구설을 주의해야 한다.
질병으로는 원국에 辰戌冲이 있고 운에서 刑冲 운이 오면 위장병·당뇨병·신장병·심장·소장·복부 근육통이 있게 되고, 여자는 자궁근종이나 자궁암을 주의해야 한다.

6 축미충丑未冲

축미상충丑未相冲은 붕충朋冲으로 형제·친구 간에 의리를 저버리고 사이가 멀어지거나 소외당하기 쉽고 내가 가진 것이 많으면 주변에 사람이 많아서 좋으나 실패했을 때는 서로 배반하여 은혜를 원수로 갚게 되고 일에 막힘이 많으며 재난이 많이 따른다.
운에서 冲이 오면 친인척에게 친절을 베풀어도 공덕이 적고 재산 때문에 원한을 사므로 손재한다. 질병으로는 부상·화상·위장병·피부병을 조심해야 한다.
여자 사주 원국에 축미형丑未刑이나 冲이 있고 운에서 형충刑冲이 가중加重하면 자궁암이나 자궁근종이 발생한다.

사주에 위와 같은 冲이 각 宮에 있을 때 다음과 같은 작용을 한다.

연지와 월지가 상충된 자는 부모와 조부 간에 의가 없고 각거各居를 했으며 물려받은 가업家業이 없고 생가生家를 떠나 살게 된다. 조상의 제사에 성의가 없고, 기독교인의 사주에서 많이 볼 수 있다.
연지가 冲되면 가문이 단절되거나 조상에 관한 무관심과 거부반응이 생기며, 선산에 관련된 일이 발생하여 묘지 이장 또는 비석을 세우거나 납골당 등으로 돈 들어갈 일이 생긴다. 또한 오래된 묵은 일이 재발되거나 윗사람과 문제가 발생된다.
월지와 일지가 相冲된 사주는 배우자와 부모형제와 불화하며 배우자 궁이 불안하다. 본인과 부모형제와 불화하여 객지생활을 하게 되거나 손윗사람과 의가 없다.

월지는 사회활동 영역이므로 월지에 冲이 오면 흔들리게 되어 운명에 적잖은 영향을 미친다. 직장이나 가정에 변동이 있게 되거나 활동영역에 문제가 발생하고, 형제와 관련된 일과 이사할 일이 있게 된다.

일지와 시지가 상충이 된 사주는 배우자나 자손과 인연이 없고 부부가 불화하게 되거나 이별의 위기를 자주 당하게 되며 아랫사람과 인연이 약하다. 이 같은 사주는 기술계통이나 전문직 의술계통에서 일을 하게 되면 길하다.

일지에 冲이 오면 배우자 문제나 가정에 갈등이 발생하여 이혼을 암시한다. 또는 해외여행이나 움직이는 일이 발생하므로 활동을 하게 된다.

일지가 연지를 冲하면 하극상하니 어른에게 불경하고 상사나 윗사람의 덕이 없으며 조상 제사에 성의가 없다. 기독교인이거나 아니면 어려서 교회를 다닌 경험이 있는 사람의 사주에서 많이 볼 수 있다.

시지와 월지, 시지와 연지가 상충되면 성품이 광폭하며 오랜 질병으로 고생하기 쉽다. 시지에 충이 오면 자식이나 아랫사람이나 미래에 대한 불안감이 생긴다. 자식이 군대에 가거나 유학으로 떨어져 살게 된다. 부부 또는 자식에게 질병이 발생한다. 딸은 시집간다.

여자 사주에 干合이 있고 일지가 충하면 평생에 고생이 많으며, 일지와 시지에 辰戌相冲이 있으면 고독하여 가정운이 불길하다.

인수충운印綬冲運은 학문 장애, 문서 변동, 문서 해약, 모친·스승·존장尊長과 불화하여 구설수가 따른다.

재성충운財星冲運은 뇌물, 재물, 여자로 인한 구설과 고부간에 구설이 따른다.

관성충운官星冲運은 명예 실추, 직업 변동, 부서 이동, 직장에서의 충돌 구설, 여명은 남편과 갈등이 따른다.

식상충운食傷冲運은 이성간에 다툼, 부부 구설, 애인과의 구설수, 여명은 낙태로 인한 구설수가 따른다.

비겁충운比劫冲運은 형제자매·동업자·선후배와의 다툼으로 인한 구설수나 배우자와 관재가 따른다.

원국에 정관·정인·정재·식신·비견 등이 길성인 용신과 희신에 刑冲이 없고 운에서 冲을 하거나 강한 용신이나 희신에 약한 기신이 冲하는 경우에 자극을 받아 발동하여 분발할 수 있는 경우도 있고, 또 처음은 길할 수 있으나 나중은 패하는 경우가 있다.

강한 기신이 약한 용신과 희신을 冲하면 손재·부도·파산·부상·충돌사고가 생긴다. 식상·편관·편인·겁재 등 흉성凶星과 형충파해刑冲破害가 겹해 가중되어 冲하면 사업부도·송사·수술·부상·사망 등 막중한 재난과 사고가 일어난다.

왕신旺神을 운에서 冲하면 대노大怒하여 흉함이 발생하고 쇠한 십신을 운에서 冲하면 소멸하여 길흉이 확연하게 나타난다.

천간은 합하고 지지는 충이 되는 경우에 겉으로는 화목하고 속으로는 사이가 나쁘다. 천간은 충하고 지지는 合하면 겉으로는 불화하나 속으로는 화목한 사이다.

사주에서 운을 冲하는 것은 길흉의 작용이 빠르게 나타나고, 운이 사주의 오행을 冲하면 길흉의 작용이 늦게 나타난다.

사주를 운에서 冲하는 것을 외충外冲이라고 하고 사주에서 운을 冲하는 것을 내충內冲이라 한다. 즉, 사주에 午火가 있는데 운에서 子水가 冲하는 것을 외충이라고 하는데, 외충은 사건이 외부에서 기인된 사건이다. 사주에 子水가 있고 운運에서 午火를 만나면 내충이라고 하는데 사건이 내부에서 기인한 사건임을 알 수 있다.

월지는 사회활동의 宮이고, 일지는 가정생활의 宮인데 월지가 일지를 冲하면 사회활동에서 오는 문제가 가정생활의 문제로 발단이 되는데 이와 같은 사주구성은 사회활동을 가정생활보다 우선시하는 생각을 가지고 있으므로 가정생활은 아름답지 못하다.

【 지지충地支冲의 질병 조견표 】

地支冲 지지충	질 병 명
子午冲 자오충	신장, 심장, 성병, 심장마비, 혀 마비, 눈 충혈, 뇌일혈, 두뇌가 둔해진다.
卯酉冲 묘유충	중풍, 신경마비, 팔 다리 통증, 간·담 질환, 손가락 부상, 관절염, 골절
寅申冲 인신충	간, 담, 폐, 대장, 중풍, 심장, 신장, 피부병, 교통사고 주의
巳亥冲 사해충	간, 담, 폐, 대장, 신장, 방광, 신경, 정신병, 과대망상
辰戌冲 진술충	신장, 심장, 위장, 비장, 허리, 피 부족, 자궁질환, 습진
丑未冲 축미충	위장, 비장, 허리, 위산부족, 탈모, 담 결림, 복상사 주의

백호 未月生이 丑土에 冲되면 복상사하거나, 탈모가 되거나 담 결림이 생긴다.

地支冲의 질병은 사주에 1 : 1의 相冲이 있고, 운에서 刑冲운이 오면 발병한다.

천간이 冲하면 지지도 흔들리고, 지지가 冲하면 천간도 움직이게 된다.
天干冲은 地支冲에 비해서 작용력이 약하다.

고장지庫藏地의 암장간暗藏干을 쓰기 위해서는 刑冲이 필요한데, 辰戌丑未가 천간의 뿌리가 될 경우에 刑冲을 하면 오히려 뿌리가 상하게 된다.

5 개고와 파고의 설명 | 開庫와 破庫의 說明

주의할 것은 辰戌丑未의 암장간暗藏干으로 이루어진 잡기재관격雜氣財官格은 무조건 刑과 冲으로 개고開庫시켜야 좋다고 하면 안 되는 것이다.

1 재관이 투간透干하고 身旺官旺하거나 身旺財旺할 때 재고財庫나 관고官庫를 刑冲으로 개고開庫시켜야 기귀奇貴하다.

2 재관이 太旺하고 신약身弱할 때 財·官을 개고開庫하면 財·官이 더욱 旺해져서 일주를 극신剋身하므로 대흉大凶하다.

3 身旺官弱하거나 身旺財弱할 때 刑冲되면 개고開庫가 아니라 파고破庫가 되어 財官을 못 쓰게 되므로 흉한 것인데, 무조건 刑冲하여 개고開庫하면 길하다고 말하는 학자가 많아 걱정이다.

보충설명

잡기재관격雜氣財官格이 신왕에 재관이 왕한 때 재가 투간透干하면 富하고 관이 투간하면 貴하며 印이 투간하면 덕이 있다.

첫째로 辰·戌·丑·未月에 출생하여 신왕하고, 둘째로 재관이 투출하여 왕해야 하며, 셋째로 刑冲되어야 비로소 진격真格이 되어 대귀大貴하게 된다. 잡기재관격도 內格 중의 재격이나 관격에 들어 있는 것으로 正格에 견주어 보면 되는데 약간 특수성이 있어 따로 설명하였으니 착오 없기 바란다.

형·파·해·원진·공망 | 刑·破·害·怨嗔·空亡

1 형살의 작용과 직업 | 刑殺의 作用과 職業

형살刑殺은 方合과 三合이 만나면서 트러블이 발생하는 현상이 되므로 三合의 오행이 왕하게 자리 잡고 있는데 方合의 오행이 더하면 지나치게 강하여 오행의 중화가 깨지므로 나쁜 작용을 하는 것을 말한다.

【 형살 원리 조견표 】

三合	亥	卯	未	寅	午	戌	巳	酉	丑	申	子	辰
刑	↕	↕	↕	↕	↕	↕	↕	↕	↕	↕	↕	↕
方合	亥	子	丑	巳	午	未	申	酉	戌	寅	卯	辰

형살에는 寅巳申·丑戌未 삼형三刑과 子卯 상형相刑, 그리고 辰·午·酉·亥 자형自刑이 있다. 삼형이 두 자씩 만나도 형살 작용하는데 길신과 흉살일 때 작용이 달라지니 주의하여 통변하지 않으면 실수하게 된다. 세 가지 형태의 형을 합쳐 삼형·상형·자형이라 하는데 아래와 같다.

三刑(삼형)	寅巳申·丑戌未
相刑(상형)	子卯
自刑(자형)	辰辰·午午·酉酉·亥亥

가. 인사신삼형寅巳申三刑

寅巳申三刑은 지세지형持勢之刑으로 세력을 믿고 나가다가 좌절이 되는 형이다. 일간이 유기有氣하여 십이운성十二運星으로 생生·왕旺·록祿으로 놓이면 정신이 강하여 형권刑權을 잡는 고관高官이 되며 안색은 윤기가 있다.

일간이 무기無氣하여 쇠衰·병病·사死·묘墓·절絕에 놓이면 교활하고 언행이 일치하지 않고 비굴한 자가 많으며 재앙을 당한다.

형살은 형벌이나 형액으로 관재구설, 사고, 소송, 질병, 수술 등 암시가 있으며, 이 같은 형살을 직업으로 연결하면 사주에 財官印이 있고 淸하면서 제왕帝旺이나 건록建祿이 있으면 과단성이 있기 때문에 다음과 같은 직업을 갖는다.

上格의 사주는 군왕, 혁명가, 법관으로 판사나 검사나 변호사, 국회의원, 의사, 교수, 한의사, 장군, 고위직 경찰관에 많이 볼 수 있다.

中格의 사주는 직업군인, 직업경찰, 법무관, 형무관, 특수정보기관, 권력기관, 형권직, 약사, 간호사가 된다.

下格의 사주는 석공石工, 정비사, 이용사, 미용사, 도살업, 정육점, 정미소, 제분소, 재단사 등의 직업을 갖는다.

하격의 생활 패턴은 형살刑殺이 주는 작용은 사주의 격이 탁하고 관인官印이 부족하면서 형충刑冲하고 일간이 사·절지死·絕地에 임하면 재앙이 많이 따르게 된다. 사주 오행이 조화가 안 되고 일간이 약하며 운에서 형운刑運이 오면 납치, 감금, 이별, 충돌, 수술, 불구, 피살, 자살, 조난, 시비, 배신 등의 재앙을 당한다.

사건적으로 인사신삼형寅巳申三刑은 역마살驛馬殺과 지살地殺에만 임하니 형충刑冲운이 올 경우 교통사고 등의 노상 횡액을 당하면 수족에 중상을 피하기가 어렵다. 원국에 두 글자만 있어도 형충刑冲 운을 만나면 같은 작용을 한다.

질병으로 인사형살寅巳刑殺 운에는 관재, 수술, 시비, 배신, 도주, 경쟁, 조난 등의 재난이 따르게 된다. 질병으로 간·담이나 심장, 소장, 편도선, 음독, 교통사고, 화상을 입거나, 질병이 재발하기도 한다. 인일寅日생이 사시巳時에 태어나면 일지가 시지時支를 형刑하는데 이렇게 되면 자손이 열병을 앓거나 화상으로 고생한다.

성격과 질병으로 사신형살巳申刑殺 운에는 형刑도 되고 合도 되니 처음에는 유정하여 사이가 좋으나 세월이 지나면서 시비나 불화가 발생하여 사이가 나빠진다. 노소의 순서를 모르며, 헤어졌다가 다시 만나면 은혜를 원수로 갚는 경향이 있다. 질병으로 대장, 소장, 심장계통으로 고생한다.

애정·질병·사건으로 신인형살申寅刑殺 운에는 충冲도 되고 형刑도 되니 부지런히 활동하나 수입에 비해 지출이 많다. 원국에 있으면 이성간에 애증愛憎관계가 발생하며 일부종사一夫從事하기 어렵다. 질병에는 원국에 형살刑殺이 있는데 형충刑冲운에 수술이나 교통사고로 불구가 되거나, 불화로 이별하는 재앙이 발생한다.

寅이 巳를 刑하고, 巳가 申을 刑하고, 申이 寅을 刑한다.

나. 축술미삼형丑戌未三刑

丑戌未三刑은 무은지형無恩之刑으로 사람이 배은망덕하거나 답답하다는 소리를 듣는다. 신왕하면 자신이 앞장서서 싸우는데 신약하면 은혜를 원수로 갚는다. 성격은 냉정하여 친구가 적고 따르는 사람이 적다. 은혜를 입고도 배신을 잘하며 은인을 몰라보고 비밀을 폭로하기도 한다.

여자는 부부간에 불화하고 산액이 있게 되며, 자궁이 약하여 근종 및 종양으로 수술하게 된다. 질병으로는 비위계통 질병이나 피부병이 있고, 특히 丑日생이 戌未를 보면 위장병 환자가 많다. 약물 쇼크나 가스 중독, 인생비관, 파편 부상 등을 주의하고 여명은 생리 후에 깨끗하지 않으니 청결에 신경을 써야 한다.

사주 원국에 丑戌未三刑이 있고 일간이 유기有氣하면 만인의 지도자가 되거나 생사를 주관하는 권력자가 될 수 있으며, 공과 사를 분별할 줄 아는 사람으로 덕이 세상에 알려진다.

사주 원국에 丑戌未三刑이 있고 일간이 무기無氣하면 매사에 지체되어 원만하게 이루어지는 일이 없어 다툼이 벌어지고 관재구설로 구속되는 등 어려운 인생을 살아가게 된다.

丑戌刑殺은 신왕하고 금왕당절金旺當節에 金이 개고開庫되어 金生水를 할 수 있으니 水가 필요한 사주는 길한 작용을 하게 되는데 火가 필요한 사주에서는 戌中丁火가 丑中癸水에 의해서 깨지니 이때 흉하게 작용한다. 丑戌刑으로 개고開庫되면 丑中癸水와 丑中辛金, 戌中丁火와 戌中辛金이 나오는데 희신과 기신으로 통변하면 된다. 가을과 겨울이라 火가 약하다.

戌未刑은 조토가 되니 土氣가 왕해도 生金이 안 되고 金을 극하거나 매금埋金시켜 金이 상처를 받게 되니 金이 필요한 사주에는 木으로 土를 소토疎土하거나 水로 윤습潤濕하게 해야 한다.

丑未刑은 刑冲이 동시에 이루어지니 丑中癸水와 丑中辛金과, 未中乙木과 未中丁火가 개고開庫되어 水火상전과 금목상전金木相戰이 일어난다.

> 축술형丑戌刑 운에는 동기간과 쟁투가 벌어지고 부부가 불화하여 고독함이 발생한다. 관재구설이 따르고 예의가 없으며 은혜를 원수로 갚는 경향이 있다.
> 질병으로 심신이 자유스럽지 못하거나 뇌신경 이상, 심장병, 합병증이 발생한다.

> 술미형戌未刑 운에는 관재구설이 따르는데 자기세력을 과시하며 밀고 나가다가 나쁜 운으로 빠진다. 사주원국에 술미형戌未刑이 있으면 고집이 세고 말을 잘하나 언행이 다르며 성격이 원만하지 못하다. 질병은 위장·비장·신장염, 여명은 자궁질환이 발생한다.

> 축미형丑未刑 운에는 자기 위신과 배경을 과신하므로 밀고 나가다가 실패하는 수가 발생한다. 충冲이 되고 형刑도 되니 육친궁六親宮이 나쁘며, 일지와 형刑하면 부부가 흉凶하다. 질병으로 위장·비장·당뇨·소장·담낭·신장·요도 등의 질병이 발생한다.

> 축술丑戌이 刑하고, 술미戌未가 刑하고, 미축未丑이 刑한다. 이 刑을 무은지형이라 한다.

다. 자묘상형子卯相刑

子卯刑이 사주에 있고 신왕하면 무례지형으로 예의를 망각하고 철면피한 행동을 서슴지 않으며, 성격 또한 냉혹하여 타인과 화합함이 없다. 은인을 배신하고, 관재를 당하거나 처자와 화목하지 못하다. 십이운성十二運星으로 사절지四絶地에 임하면 더욱 그러하다.

비뇨기 계통의 질병인 신장, 방광염 등에 주의하고 성격이 강포하여 무례를 범하기 쉽다. 도화에 임하면 간음, 패륜아가 되기 쉽고 질병으로는 성병에 걸리기 쉽다.

여명은 부부가 이별하게 된다. 낙태수술을 하게 되거나 성병에 걸린다. 상형相刑이 있는 여명 사주는 많은 남자와 바람을 피우고도 뻔뻔하게 얼굴 들고 다닌다.

> **子와 卯가 刑하고, 卯가 子와 刑하는데 서로 刑한다고 하여 상형相刑 또는 무례지형無禮之刑이라 한다.**

라. 진오유해辰午酉亥 자형自刑

辰·午·酉·亥 자형自刑은 辰辰, 午午, 酉酉, 亥亥로써, 辰辰은 둑이 무너져 해害가되고, 亥亥는 물이 넘쳐 해害가 되고, 午午는 불길이 치솟아 해害가 되고, 酉酉는 金이 지나쳐 해害가 되니 극성지패極盛之敗인 것이다. 내심에 비밀이 있고 추억을 간직하며 꿍하는 성격으로 웃음 속에 가시가 있다.

辰·午·酉·亥가 사주에 구전俱全이 되면 길흉화복吉凶禍福의 반응이 빠르고 심하다. 사주가 잘 조화되면 인품과 명성이 높고 빨리 성취되나, 부조화가 되어 흉살을 겸하면 관재에 걸려 사망하지 않으면 자해自害하기 쉽다.

자형自刑은 스스로 의심하고 탐하여 다치게 되고 변덕이 심하다. 여명 사주에 자형살自刑殺이 중중重重하고 기신忌神으로 작용하면 천한 명이 되거나 음란한 일로 재화가 발생한다.

> **오오자형午午自刑은 음탕淫蕩하여 가문家門을 먹칠하고 패망敗亡하게 되니 자중하고 수양修養해야 한다.**

> **경진일주 경진시庚辰時는 전통학문인 의례, 조상과 관련한 학문, 한문에 관계되는 인연이 있게 되거나, 음식과 인연이 있고 모든 형살刑殺이 일시에 있으면 자식이 흉하게 되고, 여명 사주의 일시에 자형살自刑殺이 있으면 자궁질환과 부부 사이가 나쁜 암시가 있으며, 자식하고의 사이도 나쁘다. 괴강魁罡이 중중하니 남편을 눌러 사별하게 되는 경우도 있는데 군인이나 경찰과 살면 흉살을 면한다.**

이 같이 각종 刑殺에는 흉한 작용을 하는 것이긴 하지만 사주가 순청하고 上格이면 법조계法曹界 고위직에 검찰이나 경찰관, 장군, 권력기관, 의사로 생살주권生殺主權을 잡아 대성한다.

下格이 되면 양복점, 양장점, 미용실, 이용업에 진출하여 종사하게 되므로 단언하지 말아야 한다. 刑殺은 새해 신수를 볼 때 많이 적용한다.

진진辰辰, 오오午午, 유유酉酉, 해해亥亥는 같은 자끼리 형刑한다고 하여 이것을 자형自刑이라 한다. 형살刑殺도 서로 만나면 충돌하는 것으로 충冲의 작용과 비슷하지만 엄밀히 구분하면 ㉮ 충冲은 충돌 대립관계요, ㉯ 형刑은 상대를 건드리고 자극시켜 그 근성을 발동시키는 것이라 할 수 있다.	
작 용	횡액, 관재, 구설, 불화, 쟁투, 수술, 상신, 교통사고, 사고, 송사, 강포의 뜻을 가지며, 여자 사주에 식상에 형刑되면 자궁수술, 유방수술, 산액, 제왕절개, 낙태수술을 의미한다.

마. 형충刑冲의 간법看法

양팔동陽八同 사주에 월주와 일주가 干冲 支刑이면 모친과 일찍 사별하게 되니 모친이 장수하기 어렵다.

음팔동陰八同 사주에 월주와 일주가 干冲 支刑이면 부친과 일찍 사별하게 되니 부친이 장수하기 어렵다.

三刑이 있으면 관재와 질병을 초래하는데 관살운에 발생한다. 권력가나 의약업에 종사해도 건강에 주의하라. 남자는 관성에, 여자는 식상에 寅巳刑하면 자손 중에 마마, 열병, 화상의 재난을 당한다.

巳申刑은 合 중에 刑이니 화합했다가 싸우게 되니 무슨 일에나 유시무종으로 시작은 있으나 마무리를 못하고 처음은 좋으나 나중은 어려운 일을 당한다.

戊寅日에 甲申月이면 干冲支刑인데 부모·형제간에 덕이 없고 직장에서 하극상下剋上하게 된다. 庚寅日에 丙申月이면 상극하上剋下로 가정과 주위에 불평불만이 많게 된다.

천간 삼위三位가 지지 일위一位를 극하면(三庚 剋寅, 三丙 剋申) 관재가 발생하게 되고, 支 삼위가 干을 剋하면(三申 剋甲, 三寅 剋戊) 도적의 난과 배반을 많이 당한다.

인수에 刑殺 운에는	문서 건으로 관재가 발생하거나, 재정보증이나 신원보증을 서 주고 관재가 발생하여 손해 본다.
재성에 刑殺 운에는	재물로 인한 관재 발생, 부인 또는 부친 때문에 손재하거나 부인이나 부친이 병원에 입원하여 수술하게 된다.
관성에 刑殺 운에는	명예 실추, 권력 남용으로 파직을 당함, 여자는 남편에게 직장에서 문제가 발생하고, 남자에게는 자식 문제가 발생한다.
식상에 刑殺 운에는	이성간에 혼인빙자 간음 등의 관재가 발생하고, 자궁·유방·낙태수술 등 산부인과 계통 질병이 발생하므로 여성은 암癌검진을 해야 한다.
비겁에 刑殺 운에는	형제 자매간에 관재로 소송이 발생하거나, 동업자나 동료 선후배간에 관재가 발생하며, 조직 내 갈등이 발생한다.

2 파살 | 破殺

파破를 파살破殺, 상파相破라고도 하는데 양陽의 지지는 순행으로 10번째 지지와 파하고 음陰의 지지는 역행으로 10번째 지지와 파한다. 파살破殺은 깨뜨리고 망가지고 파괴된다는 뜻으로, 분리·단절·이별·질병·수술·파산·투쟁·구설의 작용을 하며 가정의 화합이 깨져서 불화로 이혼하기 쉽다.

子↔酉	丑↔辰	寅↔亥
卯↔午	巳↔申	戌↔未

사주에 연지를 파하면 조상의 가업을 잇지 못하고 조상 덕이 없고 조실부모 한다.

월지와 일지가 파가 되면 부모와 일찍 사별하게 되거나 인덕이 없고, 질병이 많이 따르며 부부 사이가 불길하다.

일지와 시지가 파하면 부부간에 정이 없고, 질병으로 수술할 일이 많고 풍파가 많이 따르며 처자 인연이 박하다. 일지가 年을 파하면(子日에 출생한 자가 酉年生일 때) 부모와 조별하게 되며, 타주가 일지를 파하고 시지도 일지를 파하면(일지가 酉인데 연지와 시지가 子면, 즉 2 : 1 破이면) 파살 작용을 못한다.

자유파子酉破의 경우 申子辰三合의 辰과 酉가 六合하고, 巳酉丑三合의 丑과 子가 육합하여 三合의 결합을 방해하는 것이다(타 지지도 동법).

유년流年 운을 볼 때 사주의 연주와 매년 세운과 대입시켜 세운이 연지를 파破하면 되는 일이 없고 공직자는 한직 또는 타부서로 이동을 하게 되며 신상에 질병이 침범하게 되고 고관대작高官大爵 공직자는 특히 관재구설을 주의하여야 하며 교통사고를 조심해야 한다.

세운이 월지를 파하면 거주지가 불안하거나 부부 이별을 하거나 배우자가 질병으로 수술하게 된다.

파살破殺에 충冲이 되면 파살 작용을 못한다. 궁합을 볼 때 일지와 일지가 파되고 그 파를 충冲하는 자가 있으면 파살 작용을 못하니 궁합에서 나쁜 작용을 안 한다.

인수에 파살 운에는	일에 장애가 발생하고, 문서에 문제가 발생하게 되고, 어머니의 건강상의 이상이나, 문서로 인해 손재한다.
재성에 파살 운에는	돈의 유통이 안 된다. 부인과의 사이에 불화, 애인과의 사이에 문제 발생, 손재수가 따른다.
관성에 파살 운에는	명예 손상, 선거에서 낙선, 직장에서 직급상의 문제 발생, 불이익이 따른다.
식상에 파살 운에는	이성 문제 발생, 애정에 금이 가고 파혼 또는 갈등, 자식으로 인한 근심거리가 발생한다.
비겁에 파살 운에는	형제자매간에 의가 상하고, 친구·동료·동기·동업자간에 의가 상한다. 재물에 어려움이 따른다.

3 해살 | 害殺

해살害殺은 지해地害, 육해六害, 상천살相穿殺이라고 이름 한다. 六害는 六合을 冲하여 방해하는 것이므로 서로 해하고, 방해·훼손·손해·분열을 의미하는 것을 말한다. 합을 방해하여 분리시키는 속성을 가진다. 그러므로 결합結合과 협력協力을 방해하는 파괴破壞와 분열分列로 작용하는데 이혼으로 작용을 하니 흉성이다.

특히 子未와 丑午는 원진怨嗔과 육해六害가 겹쳐서 가중되어 상천살相穿殺이라 하여 많이 적용되고 寅巳害는 刑과 겹쳐 가중되니 刑害를 같이 쓰고 나머지는 작용력이 약하여 잘 쓰지는 않으나 다른 흉살凶殺과 겹치면 흉하게 작용을 한다.

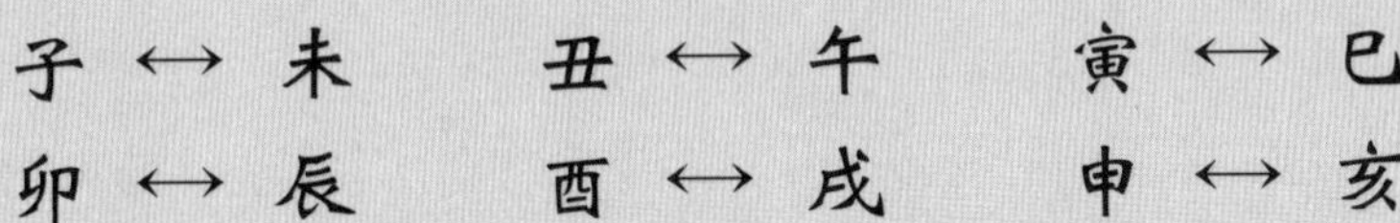

子 ↔ 未	丑 ↔ 午	寅 ↔ 巳
卯 ↔ 辰	酉 ↔ 戌	申 ↔ 亥

害殺은 십신끼리 서로 해치는 관계로 가령 子와 未의 십신끼리의 관계로 본다면 운명적으로 쌍방이 손해가 된다고 보며 사주의 전체적인 상황으로 판단해야 한다.

- 사주에 寅과 巳의 해가 있으면 불구자가 되는 수가 있다.
- 酉日 戌時생은 자녀가 농아聾兒가 되거나 두상에 악창惡瘡이 날까 두렵고 본인 아니면 자식이 해당한다.
- 일지와 시지에 해가 있으면 말년에 질병이 많다. 근심, 증오, 원망, 방해, 박복함을 의미한다.
- 水土 일주가 신왕에 子未가 있으면 처가 출산하다가 사망할까 두렵다.
- 신약 사주에 日時가 해살이면 자손에게 흉하여 사별하기 쉽다.
- 여자 사주가 日時에 해살이면 본남편과 해로하기 어렵다.
- 木火 일주 신약 사주에 日時에 丑午가 있으면 무자 아니면 정신병이 두렵다.

각종 육친과 세운에도 적용하여 추리하라.
앞에서 논한 형刑, 충冲, 파破, 해害는 그 하나로 작용이 발휘되는 것이 아니라 다른 흉성과 합하여 작용되는 것이니 살성 하나로 판단하여서는 아니 된다.
앞으로도 여러 가지의 살들이 나오게 되는데 사주는 어디까지나 국가의 운명과 대운의 길흉을 대조하여 운명을 판단하는 것이다.

다음은 길성과 흉성의 작용을 알아야 하므로 그것을 논한다.

4 원진살 | 怨嗔殺

원진怨嗔을 원진元辰이라고 쉬운 표기로 하기도 한다. 원진살怨嗔殺이란 뜻은 서로 미워하여 싫어한다는 의미로, 한쪽에서 상대방을 싫어하고 미워하면 상대방도 이쪽을 미워하고 원망하는 것은 당연한 이치이다.

子↔未　丑↔午　寅↔酉
卯↔申　辰↔亥　巳↔戌

子未원진, 丑午원진, 寅酉원진, 卯申원진, 辰亥원진, 巳戌원진이 있다.

적 용	연주와 일주 기준으로 사주지지四柱地支에 적용하여 보는데 해당 궁宮인 연·월·일·시에 배당된 육친과 십신을 적용한다.
작 용	귀문관살鬼門關殺과 작용이 비슷하며 불화, 증오, 이별, 고독, 원망, 사랑, 시기, 질투, 변태, 우울증, 집착, 신기, 억울함을 뜻한다.

연월이 원진이면 부모, 조상 불화하여 각거하고 조상 제사에 성의 없고 천주교나 기독교인 사주에서 많이 볼 수 있다.

월일지에 원진이면 부모형제와 이별하고 원망이 있어 집안 환경에 불만이 많으며 부부 불화가 많다. 특히 자미子未, 축오丑午는 상천살相穿殺과 겹쳐 작용력이 가중되어 부부 애정에 문제가 많이 따른다.

일시가 원진이면 부부가 변태성욕자이고 자녀 근심, 말년 고독, 불효자식이 있다.

재성과 인수가 원진이면 부친과 모친 간에 불화가 따르게 되고, 처와 모친 간에 불화가 따르게 된다.

인수와 비겁이 원진이면 형제와 어머니 사이에 불화가 따르게 되고, 인수가 원진이면 학문에 한이 많다.

재성이 원진이면 식탐이 생긴다. 처와 불화하고, **재성에 원진 운이 오면 손재가 따른다.**

비겁이 원진이면 형제와 의가 없다. 식상이 원진이면 겉모습과 속마음이 같지 않으며 독설에 남의 흉을 잘 보며 여명은 독종이 되기 쉽다.

【간합·간충 조견표】

구분 \ 천간	甲	乙	丙	丁	戊	己	庚	辛	壬	癸
간합 干合	己	庚	辛	壬	癸	甲	乙	丙	丁	戊
간충 干冲	庚	辛	壬	癸	甲	乙	丙	丁	戊	己

【지지, 합·충·형·파·해·원진 조견표】

구분 \ 지지	子	丑	寅	卯	辰	巳	午	未	申	酉	戌	亥
삼합 三合	申辰	巳酉	午戌	亥未	申子	酉丑	寅戌	亥卯	子辰	巳丑	寅午	卯未
육합 六合	丑	子	亥	戌	酉	申	未	午	巳	辰	卯	寅
육충 六冲	午	未	申	酉	戌	亥	子	丑	寅	卯	辰	巳
형살 刑殺	卯	戌	巳	子	辰	申	午	丑	寅	酉	未	亥
육파 六破	酉	辰	亥	午	丑	申	卯	戌	巳	子	未	寅
육해 六害	未	午	巳	辰	卯	寅	丑	子	亥	戌	酉	申
원진 怨嗔	未	午	酉	申	亥	戌	丑	子	卯	寅	巳	辰

앞의 표에서 合·刑·破·害를 보면 寅亥는 合이로되 破도 되고, 巳申合은 合이면서 刑·害도 된다. 그렇다면 寅과 亥의 관계는 '合이냐' '파破냐' 하는 점과 巳와 申의 관계는 합과 형과 해가 동시에 적용이 되는데 어떤 내용으로 작용하느냐가 문제다.

가령 합은 화합하는 관계요, 파는 파괴를 뜻하고, 해는 해친다는 의미로 인간관계에 있어서 서로 뜻이 맞아 잘 화합하면서도 운명적으로 파괴 및 해가 되는 수는 얼마든지 있다. 합으로 작용되는 것은 寅日이 亥水를 보는 것이고, 破는 亥日이 寅木을 보는 것이다.

合은 申日이 巳火를 보면 장생이 되어 금이 자라기 시작하니 合이 되고, 巳日에서 申金을 본다면 병지病地가 되니 해가 되며 甲木日主가 巳火는 병지病地가 되고 申金은 절지絕地가 되니 刑이 되는 원리이다.

5 공망 | 空亡

지지는 대지라 고정되어 움직이지 않으므로 하늘에 해당하는 천간이 움직여 지지와 짝을 지어 가며 60甲子를 이룬다. 천간은 甲木부터 지지는 子水부터 차례로 甲子, 乙丑, 丙寅, 丁卯, 戊辰, 己巳, 庚午, 辛未, 壬申, 癸酉처럼 癸水까지 짝을 지어서 一旬으로 십간이 진행을 하면 戌亥 두 자가 남아 순중旬中에 들지 못하는데, 이를 순중공망旬中空亡이라 한다.

일순一旬은 열(10)이란 뜻으로 甲子에서 癸酉까지가 열이 되기 때문에 붙인 명칭이다. 이순二旬에 십간이 짝을 이루어 나갈 때는 앞의 旬中에서 짝을 이루지 못한 戌亥를 먼저 旬中 첫머리에 짝을 맞추어 진행시키는데 甲戌, 乙亥, 丙子, 丁丑, 戊寅, 己卯, 庚辰, 辛巳, 壬午, 癸未까지 십이지지 중에 申酉가 빠져 있다. 그러므로 申酉가 공망이다.

三旬, 四旬, 五旬, 六旬까지 이와 같은 방식으로 공망을 뽑는다. 사주에서 공망을 뽑는 방법으로 年·月·時의 공망은 일주를 기준으로 뽑고, 月·日·時의 공망은 연주를 기준으로 공망은 뽑는데 특히 일지는 연주 기준이다.

공망이란 '약하다' '허하다' '비어 있다', 즉 있더라도 힘이 약해 작용력이 약한 것으로 본다. 지지오행이 공망이면 그 오행의 작용력이 미약하다고 보는 것이며, 또 공망의 오행에 소속된 육친의 덕이 없는 것으로 추리한다. 또한 지지가 공망이면 동주한 천간도 공망이 된 것으로 본다.

신살이 있는데 그것이 어떤 신살이든 공망이 될 경우, 길신이라면 길신의 효력이 상실되어 나쁘고 흉신이면 흉한 작용력이 상실되므로, 이런 공망은 도리어 다행으로 여기는 것이다.

1 공망정국空亡定局

甲子旬中 戌亥空亡	甲子에서 癸酉까지 사이에 드는 일주日柱는 戌亥가 공망空亡이요,
甲戌旬中 申酉空亡	甲戌에서 癸未까지 사이에 드는 일주日柱는 申酉가 공망空亡이요,
甲申旬中 午未空亡	甲申에서 癸巳까지 사이에 드는 일주日柱는 午未가 공망空亡이요,
甲午旬中 辰巳空亡	甲午에서 癸卯까지 사이에 드는 일주日柱는 辰巳가 공망空亡이요,
甲辰旬中 寅卯空亡	甲辰에서 癸丑까지 사이에 드는 일주日柱는 寅卯가 공망空亡이요,
甲寅旬中 子丑空亡	甲寅에서 癸亥까지 사이에 드는 일주日柱는 子丑이 공망空亡이다.

가령 己卯日이면 甲戌순중에 들었으니 申酉가 공망, 癸巳日이면 甲申순중이라 午未가 공망이며, 丙午日은 甲辰순중에 있으니 寅卯가 공망이다.

【공망空亡 조견표】

구분 / 순중별	소속된 일주 및 연주	空亡
甲子旬	甲子·乙丑·丙寅·丁卯·戊辰·己巳·庚午·辛未·壬申·癸酉	戌亥
甲戌旬	甲戌·乙亥·丙子·丁丑·戊寅·己卯·庚辰·辛巳·壬午·癸未	申酉
甲申旬	甲申·乙酉·丙戌·丁亥·戊子·己丑·庚寅·辛卯·壬辰·癸巳	午未
甲午旬	甲午·乙未·丙申·丁酉·戊戌·己亥·庚子·辛丑·壬寅·癸卯	辰巳
甲辰旬	甲辰·乙巳·丙午·丁未·戊申·己酉·庚戌·辛亥·壬子·癸丑	寅卯
甲寅旬	甲寅·乙卯·丙辰·丁巳·戊午·己未·庚申·辛酉·壬戌·癸亥	子丑

2 공망空亡의 작용

일주 기준으로 월주와 시주가 공망이 되었다. 그러므로 부모 형제와 자녀와 손아랫사람의 덕이 없다. 월지의 공망은 공망 작용이 약하다.

戊午		戊子		乙未		辛巳		乾命
空亡				空亡				
손하	자녀	부부	본인	형제	부모	부모	조상	

만약에 연지가 공망이면 부모·조상 덕이 없고, 부모나 조부모(조상)가 벼슬을 못했거나 빈궁하였다는 증거이기도 하다.

월지가 공망이면 부모궁이 나빠 편친만 있거나 부모덕(유산)이 없다. 그렇지 않으면 형제가 없거나 있더라도 불화하게 되거나 아니면 형제의 성공이 어렵다.
연주와 일주를 기준해서 복수로 월지가 공망이면 생활기반이 약하거나 공부길이 막혀 출세하는 데 일단 어려움을 겪는다.

시지가 공망이면 말년 운이 침체되거나 자식 복이 없거나 자식과의 인연이 적다. 그러나 일찍 자식을 실패한 일이 있으면 나머지 자식에 해가 없다.

연지와 월지가 모두 공망이면 부모와 조상 덕이 없어 물려받을 재산이 없다. 혹 유산이 있다면 자신이 그것을 다 없애고 조상의 터를 버리게 될 것이다.
사주에 월지가 공망인 사람은 생장한 옛집을 남에게 넘기게 되거나 옛집이 폐허가 된다.

연·월·일·시가 모두 공망일 때는 도리어 공망의 효력이 없어지고 길하게 되는 수가 있다.

공망이 합이나 충을 만나면 탈공脫空이 되어 공망되지 않는다고 한다. 사주에서 합이나 충을 해도 탈공이 되고, 세운이나 대운에서 충을 하면 그 운한運限에서도 공망의 효력이 상실된다.
공망은 비록 흉조凶兆의 의미가 있으나 신살神殺에서는 흉신이 되거나 용신법의 기신忌神이 된 것은 도리어 공망을 기뻐한다.

3 오행공망五行空亡

木	목木이 공망이면 속이 비어 있는 대나무, 갈대, 목관악기와 북으로도 보며 속이 비어 있어 부러지고 꺾이어 피해가 발생한다. 인체에서는 신경이니 감각이 무디고, 모발에 해당하니 대머리가 되기 쉽다.
火	화火가 공망이면 더욱 잘 타고, 빛이 나고 밝아지니 태양으로 보거나, 전기 조명으로 보기에 문명文明이 된다. 인체로는 시력으로 보는데 시력이 좋은 편에 속하나 갑자기 나빠질 염려도 있다.
土	토土가 공망이 되면 묘지 속으로도 보며 동굴이나 땅굴이 되니 붕괴되거나 지반이 무너지는 현상이 생기고, 항아리나 호리병, 도자기에도 비유할 수 있다. 인체로는 위에 해당하니 위가 약하다.
金	금金이 공망이면 범종, 파이프오르간, 각종 금관악기, 울림이 되어 소리가 난다. 피해가 적다. 인체 장기로 폐·기관지·뼈·대장에 해당하니 이 부위가 약하여 폐렴·기관지염·골다공증·대장염 등 질병에 걸리기 쉽다.
水	수水가 공망이면 소용돌이, 유속流速으로 잘 흐른다. 맑아지는 뜻도 되고, 물속이 비어 있는 것을 상징하여, 기포가 발생하니 물거품이나 폭포가 된다. 인체로는 신장·방광에 해당하니 신장·방광·생식기가 약하다.

4 육친공망六親空亡

사주에 오행공망이면 오행에 따른 六親과 十神도 공망으로 적용이 된다.

인 수	인수는 모친·스승·학문·웃어른에 해당하는데, 공망이면 덕이 없다.
비 겁	비겁은 형제·동료·친구·동기간·동업자인데, 공망이면 덕이 없다.
재 성	재성은 처첩·부친·숙부·고모에 해당하는데, 공망이면 덕이 없다.
관 성	남자는 자식, 여자는 남편·시가형제에 해당하는데, 공망이면 덕이 없다.
식 상	여자는 자식, 남자는 조모·장모에 해당하는데, 공망이면 덕이 없다.

인수가 공망이 되면 모친과 이별을 하거나 모친에게 화액이 있는 것으로 추리한다. 다른 육친도 같은 방법으로 추리하니 공망의 작용이 그러함을 알아야 한다.

각종 신살 | 各種 神殺

신살神殺이란 길신吉神과 흉살凶殺을 합한 명사이다. 神자는 길신吉神이 되어 우리에게 상서로움을 주고, 殺자는 흉살凶殺로 재앙을 준다. 엄격히 따지면 合·刑·冲·파破·해害·원진怨嗔도 신살神殺의 부류에 속한다.

연주를 기준으로 하는 고법古法 사주에서 일주를 기준으로 하는 신법新法 사주로 발달되어 오면서 음양오행에 따른 생극生剋·육친六親·십신十神·용신用神에 중심을 두고 간명하는 신법 사주 간명법이 발달되어 왔다. 신살도 또한 발전하면서 사용되어 오고 있다. 그만큼 활용 가치가 있기 때문이다.

음양오행陰陽五行을 떠나서 신살만 가지고 사주를 간명할 수 없다. 그러므로 음양오행과 신살을 함께 활용하여 복식으로 간명看命하여야 적중도가 높다. 음양오행과 生·剋·制·化를 먼저 공부하고 신살神殺은 마지막에 공부해야 하는 학문이다.

1 사주 전체로 보는 신살 | 四柱 全體로 보는 神殺

가. 삼기三奇

> 甲·戊·庚 俱全은 천상삼기(甲·戊·庚이 다 있으면 이를 天上三奇라 한다)
> 乙·丙·丁 俱全은 지하삼기(乙·丙·丁이 다 있으면 이를 地下三奇라 한다)
> 壬·癸·辛 俱全은 인중삼기(壬·癸·辛이 다 있으면 이를 人中三奇라 한다)

사주 천간에 甲·戊·庚이 있거나, 乙·丙·丁이 있거나, 壬·癸·辛이 있으면 삼기三奇라고 한다. 격이 상격上格에 속하고 사주에 삼기가 있으면 인품이 준수하고 과거 시험 운도 좋으며 영웅적 포부가 있어 출세한다.

나. 복덕수기福德秀氣

복덕수기福德秀氣는 다음과 같은 경우에 해당한다.

乙乙乙全	사주 천간天干에 乙자가 세 개 있으면서,
巳酉丑全	사주 지지地支에 巳·酉·丑이 다 있는 것.

年·月·日·時에서 천간에 乙木이 세 개가 있고, 지지에 巳酉丑金局이 다 있으면 이를 복덕수기福德秀氣라 하는데, 용모가 아름답고 인품이 고상하며 재주가 총명하다. 뿐만 아니라 인덕이 있어 도움을 많이 받게 되고, 일생 재앙과 험악한 일을 만나지 아니한다.

다. 괴강魁罡

괴魁는 하괴河魁요, 강罡은 천강天罡이라 하는데 하괴와 천강을 합하여 괴강魁罡이라고 한다. 辰을 천강이라 하고, 戌을 하괴河魁라 하니 辰戌이 즉 괴강이 된다. 그러므로 甲辰·甲戌·丙戌·丙辰·戊辰·戊戌·庚辰·庚戌·壬辰·壬戌이 모두 괴강에 해당하나 작용력이 가장 강한 네 개의 干支만 일컬어 괴강으로 취급하고 있다. 다음과 같다.

庚辰	庚戌	壬辰	戊戌

辰戌이 붙은 것은 괴강으로 보아도 좋을 것이니 참고하기 바란다.

괴강살魁罡殺은 길신보다 흉살의 의미가 더 있다고 보아야 한다. 왜냐하면 괴강 사주에 대부·대귀와 대영웅·대철학자·대총명 등 큰 인물들이 많이 배출되지만, 그보다는 극빈·단명·횡액·살상·재앙 등으로 극단적인 불행에 빠뜨리는 것이 괴강살魁罡殺이다.

일주가 괴강이 되면 작용력이 강하다. 그러나 괴강살은 차라리 많은 것이 좋다. 괴강이 많으면 크게 성공하여 명성을 떨치거나 큰 부귀를 누린다. 부귀를 얻는 이는 사주에 괴강살이 많은 사람에서 많이 나온다. 일주가 괴강이면 정직하고 청렴결백하며 이론에 능하고 똑똑하다. 뿐만 아니라 뱃심이 좋고 담대하며 모험을 좋아하고, 괄괄하고 통솔력이 있다.

그러나 여자는 괴강이 있음을 꺼린다. 괴강일에 출생하거나 타주에 괴강이 많으면 팔자가 세다. 성격도 강하여 남자를 깔보고, 고집이 세어 남편에게 순종하려 들지 아니한다. 가정운도 나빠 고독하기 쉽다. 독신으로 살거나 출세하고자 원하는 여성이면 비약적인 발전이 있다.

라. 평두살平頭殺

평두살은 일주에 있을 때 강하게 작용하는데 다음과 같다.

甲子	甲寅	甲辰	丙寅	丙辰	丙戌

일주가 평두살에 해당하면 강하게 작용한다. 평두란 머리가 납작하도록 깔려 죽는다는 뜻인 만큼 매우 무서운 살이지만 단 작용되는 예가 드문 게 다행이다. 그러나 사주 가운데 혹 이러한 간지가 있거든 낙상과 교통사고를 주의하고 큰 건물 짓는 공사장 밑을 지날 때 주의해야 한다.

마. 백호대살白虎大殺

이 백호대살은 구성학에서 도입한 신살이며 종류는 다음과 같다.

戊辰	丁丑	丙戌	乙未	甲辰	癸丑	壬戌

연월일시 중 어느 곳에 있어도 이 살에 해당된다. 단, 연주에 있는 것이 사주 주인공에게 적용이 가장 미약하게 작용할 뿐이고, 일주에 있는 백호대살이 사주 주인공에게 가장 강하게 작용하는 나쁜 흉살이다.

백호살은 사람을 상하게 하는 성질이 있는 만큼 살상殺傷을 주관하는 흉살이다. 연주에 있으면 부조父祖에 적용되고, 월주에 있으면 부모나 형제에 적용되고, 일주에 있으면 배우자에 적용되고, 시주에 있으면 자식에게 화액이 있거나 질병이 있는 것으로 추리한다.

또 십신으로 따져 인수에 해당하면 육친으로 모친이요 조부이고, 비겁에 해당하면 형제자매요 여명에게는 시아버지도 해당된다. 관살에 해당하면 남자는 자녀가 되고 여명에게는 남편이요 시형제가 되고, 재성에 있으면 남녀 공히 부친(남자는 처첩에도 해당)이요, 식상은 남자에게는 손자손녀 또는 장모님이 되고, 여자는 자녀에게 횡액이나 질병이 있는 것으로 추리한다.

바. 음양차착살陰陽差錯殺

음차살陰差殺과 양착살陽錯殺을 의미하는데 구성에는 음차살은 丁·辛·癸가 각각 간동지충干同支冲으로 구성되고 양착살은 丙·戊·壬이 각각이 간동지충干同支冲으로 구성되는데 다음과 같다.

음 차 살	丁未 丁丑, 辛卯 辛酉, 癸巳 癸亥
양 착 살	丙午 丙子, 戊寅 戊申, 壬辰 壬戌

이 살도 사주 어느 곳에 있거나 해당된다. 이 살은 자신 및 자기 가족에 작용되는 게 아니라 외가外家나 처가妻家에 자손이 없거나 몹시 빈궁하게 된다는 살이지만 그 작용력은 미약하다. 혹 경우에 따라서 신살이 응하는 예도 없지는 않으리라 본다. 그러나 너무 이에 구애될 필요는 없다.

2 일간 기준으로 보는 신살 | 日干 基準으로 보는 神殺

아래 신살神殺 기준은 일간을 위주로 보아야 하는데, 연간을 기준으로 보는 경우도 있기 때문에 참고하여 보기 바란다.

가. 천을귀인天乙貴人

천을귀인은 천상天上의 길신吉神으로 작용을 하는데 사지死地에 들어가도 살아남고 어려운 상황이 일어나도 귀인이 도와 전화위복이 된다.

천을귀인은 상생相生과 합을 기뻐하고 합이 되면 좋은 일이 생기나, 刑·冲·破·害·空亡·爭合은 매사가 지체되고 안 풀리니 크게 꺼린다.

辰土와 戌土는 천라지망天羅地網에 괴강魁罡과 백호대살白虎大殺 등 흉살이 작용하는 지지라서 천을귀인天乙貴人이 임하지 않는다고 한다. 운에서 천을귀인이 들어오거나 천을귀인과 합운合運이 오면 좋은 사람을 만나거나 길한 일이 생겨 개운이 된다.

【 천을귀인天乙貴人 조견표 】

일간 日干	甲	乙	丙	丁	戊	己	庚	辛	壬	癸
양귀 陽貴	未	申	酉	亥	丑	子	丑	寅	卯	巳
음귀 陰貴	丑	子	亥	酉	未	申	未	午	巳	卯

일지에 천을귀인이 있으면 지혜가 있어 총명하며 외교능력과 문장력이 뛰어나며 십신十神에 해당하는 육친六親의 덕이 좋다.

남자는 양귀陽貴가 좋으며, 여자는 음귀陰貴에 해당하는 천을귀인이 더욱 좋다. 여자에게 천을귀인이 쌍으로 연좌하면(같은 천을귀인이 나란히 있는 것) 불길하다.

천을귀인은 日時에 있는 것이 吉하고, 연월에 있는 천을귀인은 다음으로 길하다. 천을귀인이 2개 이상이 되면 남녀 모두가 길하지 못하고, 남자 사주에 천을귀인이 많으면 少年에 상처하게 된다. 여자는 결혼을 두 번 하거나 첩이 되기 쉽고 예술인이나 홍등가의 기생이 되기 쉽다.

천을귀인은 원국에 없어도 공협控挾으로 있게 되면 보는데, 甲子日에 寅時일 경우 丑土가 천을귀인인데 공협拱挾되어 있는 것으로 본다.

丑未는 화개華蓋성인데 천을귀인天乙貴人이 임하면 문장력과 예술성이 특출하며, 격格이 성격成格되고 청淸하면 청고지명淸高之命으로 고관대작으로 큰 벼슬을 한다.

> 문창귀인文昌貴人에 천을귀인이 겸하면 학문이 높고 학계에서 이름이 알려지게 되고 사주에 財·官·印이 구전되면 박사학위를 취득한다.
>
> 재성에 천을귀인이 임하면 처덕, 처의 내조, 재계 통달, 시가 유덕, 재산 유여, 처가 현숙하고 아름답다.
>
> 식신에 천을귀인이면 화술이 좋고 사교성이 능하여 외교능력이 뛰어나다. 의식이 풍족하고 장수하며, 여자는 자식이 대성大成하고, 남자는 처가의 장모 덕을 본다.
>
> 식신 천을귀인에 공망이면 예·체능이 발달하여 가무에 능하여 가수나 아나운서가 많다. 식상이 천을귀인이면서 천간에 투출되면 문장력이 뛰어나다.

식상에 천을귀인이 임하면 기예가 발달하며, 기술이 좋아 발명 특허기술이 있게 될 정도다. 여자는 자녀가 대성大成하고 총명하고 수재다.

戊土 일주처럼 비겁에 천을귀인이 임하면 형제자매가 크게 발전하거나, 친우 도움이나 형제자매 덕이 있거나, 동기나 동창의 덕이 있다.

인성에 천을귀인이 임하면 외가가 부귀하고 학문에 통달하여 학문이 높아 외가 덕을 많이 보면서 자라고, 모친과 외가가 현명하며 인자하여 후덕하다.

관성이 천을귀인이면 관직이나 직장생활이 장구하고 능력을 발휘하여 명성이 자자하다. 자녀가 발전하여 부귀영화를 누리게 된다.

여자가 관성이 용신이면서 천을귀인인데 재생관이 되면 능력이 있는 현명한 남편을 만난다.

천을귀인의 궁별 통변으로 年에 있으면 조상의 도움이 있고, 월에 있으면 부모형제의 도움이 있고, 비겁에 임하면 사회동료나 친구의 도움이 있다. 일지에 천을귀인이 용신이면서 월지에서 생조하면 배우자의 덕이 있으며, 時에서 천을귀인에 용신이면 자식덕이 있다. 그러나 천을귀인에 刑·沖·破·害나 空亡이면 귀인으로 작용이 약하며 어려움이 따른다.

괴강살이 있고 천을귀인이 있으면 성격이 활발하고 쾌활하고 대륙적이며 사리에 밝고, 만인이 우러러보는 지도자가 될 수 있는 사람이며, 정치인 활동이나 의약업계에서 성공하게 된다. 三刑殺에 천을귀인이 임하면서 財·官·印을 갖추게 된 자는 인품이 바르고 고관대작이 되거나, 의사가 되면 명의가 된다.

역마살이 천을귀인이고 財·官·印을 갖추게 되면 외교가나 외국에서 성공한다. 외교능력이 좋다. 모사에 능수능란하다. 겁살과 천을귀인이 겸하면 용모준수하고 지모와 계략이 뛰어나다. 空亡이 천을귀인에 임하면 가무, 기예, 무녀 등처럼 밖으로 화려함이 마음속까지 미친다.

천을귀인이 용신인데 십이운성에 생왕生旺하면 복이 많고 사절死絶되면 복이 감한다.

천을귀인이 합운이면 경사가 많고 신용을 얻어 발복하고 형벌을 받지 않는다.

천을귀인이 장성에 임하고 財·官·印이 구전俱全되면 고관대작이 된다.

천을귀인이 문창에 임하면 지혜가 출중하고 임기응변과 지도력이 뛰어나다.

개운법으로 활용할 때는 천을귀인 날짜를 활용하고 택일에 천을귀인일과 시간을 활용하면 좋다.

가령 甲일주가 年·月·日·時 가운데 丑·未가 있으면 천을귀인天乙貴人인데 이 같은 구조이면 길신 중에 가장 좋은 길신으로 사람이 유순하고 고귀한 인품을 갖춘다. 특히 귀인의 도움이 많아 인덕이 있다.

희·용신이 천을귀인이면 어려움을 당할지라도 구제를 받게 되므로 그것이 계기가 되어 도리어 좋은 일로 변화된다. 용신이 투간되어 귀인에 뿌리를 내리면 문장이 출중하여 관록을 먹는다. 공부를 많이 하지 못했어도 좋은 직장이 보장된다. 또 다른 길신과 같이 들거나 六合을 이루면 출세가 용이하다.

나. 건록建祿

건록建祿은 일간을 기준하여 월지에 뿌리내릴 수 있는 비견이 있으면 건록이라 이름 하며, 직업과 재물은 신왕해야 얻을 수 있는 것이니 이름을 녹봉이라 한다.

십이운성十二運星으로 록祿에 해당한다. 사주에 건록이 있으면 학문연마에 열중하여 부귀를 얻고 의식주가 유여하다. 건록은 다음 도표와 같다.

【 건록建祿 조견표 】

일간	甲	乙	丙	丁	戊	己	庚	辛	壬	癸
건록	寅	卯	巳	午	巳	午	申	酉	亥	子

이 건록은 옛날에는 갑록재인甲祿在寅, 을록재묘乙祿在卯, 병무록재사丙戊祿在巳, 정기록재오丁己祿在午, 경록재신庚祿在申, 신록재유辛祿在酉, 임록재해壬祿在亥, 계록재자癸祿在子와 같은 방식으로 암기장을 만들어 암기하기도 하였으나 편리하게 보기 위해 위와 같이 표를 만들었다.

건록을 그냥 녹이라고도 하며 녹은 먹고사는 기반과 뜻이 통하므로 관직에서 받는 급료를 녹봉이라 한다. 가령 甲의 건록은 寅인데 나무에 비유하면 甲木은 줄기와 가지와 잎이고, 寅木은 땅속에 있는 뿌리다.

나무는 뿌리가 있어야 수분과 영양 공급을 받아서 생명을 유지할 수 있는 것처럼, 일간이 건록을 만나면 땅속에 튼튼하게 뿌리내리고 있는 나무와 같이 생활기반은 물론 신체적·정신적으로 건강함을 나타낸다.

그러므로 건록이 있는 사람은 매우 좋은 것이다. 월지에 根해야 건록建祿이 되며, 일지는 전록專祿, 시지時支는 귀록歸祿이라 한다.

연지나 월지에 록이 있으면 부모·조상의 기반을 이어받는다. 또는 윗사람이 이끌어 주어 발전이 수월하다.

일지가 록을(甲寅·乙卯·庚申·辛酉日) 하면 뿌리가 튼튼하고 건강하며, 시지에 록을 하면 말년에 발달하고 妻子의 덕이 있다.

월지의 건록은 공망이 되어도 가공이라 약하지 않으며 형충을 만나도 두려워하지 않는다. 그러나 년·일·시에 록은 공망되거나 충극을 받으면 그 효력이 반감된다.

일간이 신강하고 일지에 록이 있으면 간여지동干與支同이라 하는데 배우자 궁에 형제나 경쟁자가 있는 형상으로 배우자와 관계가 좋지 못한 것으로 본다.

다. 암록暗祿

암록暗祿은 녹祿과 六合되는 지지이다. 녹祿을 合으로 끌어들이는 것이므로 암록이라고 이름 한 것이다. 이 암록의 운명의 작용력은 건록과 비슷하나 건록에 비해 미약하다.

【 암록暗祿 조견표 】

일 간	甲	乙	丙	丁	戊	己	庚	辛	壬	癸
암 록	亥	戌	申	未	申	未	巳	辰	寅	丑

이 암록이 되는 오행을 따져 보면 십신으로 재와 관성과 인수에 해당한다. 財·官·印은 소중한 것이라 녹祿의 六合이라 의미도 좋거니와 財·官·印이 되어 더욱 길하다.

또한 길신이 암이란 의미가 있는 만큼 보이지 않는 인덕과 운명의 가호가 있는 것으로 추리하면 된다.

라. 금여金與

금여金與의 글자 풀이는 '금상여'이다. 사람이 일생을 살아가다가 세상을 떠날 때 '금상여'를 타고 갈 수 있는 처지라면 살아생전에 그만한 공덕이 있었어야 할 것이다.

【금여金與 조견표】

일 간	甲	乙	丙	丁	戊	己	庚	辛	壬	癸
금 여	辰	巳	未	申	未	申	戌	亥	丑	寅

사주원국에 금여가 있으면 성격이 온화하고 총명하고 재치가 있다. 용모단정하고 예의가 발라 사람들에게 존경을 받고 호감을 산다.

또는 남녀를 막론하고 좋은 배우자를 만난다. 특히 금여가 時支에 있으면 처가나 시가의 덕이 있고 자손 가운데 귀하게 되는 인물이 나온다.

마. 문창귀인文昌貴人

문창귀인文昌貴人은 하늘의 문성文星으로, 학문·재예·총명·재능·공부를 관장하는 별이다. 다음과 같이 구성된다.

【문창귀인文昌貴人 조견표】

일 간	甲	乙	丙	丁	戊	己	庚	辛	壬	癸
문 창	巳	午	申	酉	申	酉	亥	子	寅	卯

甲木 일주가 年·月·日·時支 가운데 巳가 있으면 문창귀인이고, 乙木 일주가 午가 있으면 문창귀인인데 문장과 과거시험을 맡은 귀성이다.

사주원국에 문창귀인이 있으면 글재주가 있고 풍류를 좋아한다. 문창귀인은 흉성을 달래고 타일러 포악한 짓을 못하도록 하는 길성이 되므로 이르렀던 재앙도 스스로 물러간다. 문창귀인도 공망을 만나거나 타주와 충극이 되면 효력이 없다.

바. 학당귀인學堂貴人

학당귀인學堂貴人은 문창귀인文昌貴人과 함께 학문을 주관하는 길성이 되는데 학문·총명·문장·공부를 뜻하는 별이다. 학당귀인은 다음과 같다.

【 학당귀인學堂貴人 조견표 】

일 간	甲	乙	丙	丁	戊	己	庚	辛	壬	癸
학 당	亥	午	寅	酉	寅	酉	巳	子	申	卯

甲木 일주가 年·月·日·時支에 亥가 있거나 乙木 일주가 年·月·日·時支에 午가 있으면 학당귀인이 된다. 학당귀인도 문창귀인과 같은 작용을 하는데 학문을 주관하는 길신이다. 사주에 학당귀인이 있으면 학문이 출중하고 학업의 복을 타고났으며 입시 운이 좋다. 그러나 학당귀인도 공망이 들거나 刑冲이 되거나, 다른 흉성의 방해를 받으면 길신으로 효력이 없다.

사. 양인살陽刃殺

양인陽刃이란 일간의 氣가 지나치게 왕성하여 해가 되는 것으로 양인살이라고 이름 한다. 양인살 정국은 學에서는 건록의 다음 지지가 양인이라 한다. 術에서는 양인을 甲에는 卯, 丙戊에는 午, 庚에는 酉, 壬에는 子가 양인陽刃인데 양일간陽日干만 기氣가 왕旺해지는 것으로 양인살 작용으로 본다. 음일간은 기가 쇠하는 것이므로 음일간은 양인살이라고 하지 않는다.

무조건 음양에 관계없이 일간에서 건록 다음 자가 양인이라는 학설도 있으나, 음일의 양인은 작용력이 미약해 사용하지 않으나 참고로 기록한다. 가령 甲木 일주의 건록은 寅인데 寅 다음이 卯라 甲木 일주의 양인은 卯가 된다. 乙木 일주의 건록은 卯요, 卯 다음이 辰이니 乙木 일주의 양인은 辰이 된다.

【 양인살·비인살 조견표 】

일 간	甲	乙	丙	丁	戊	己	庚	辛	壬	癸
양 인	卯	辰	午	未	午	未	酉	戌	子	丑
비 인	酉	戌	子	丑	子	丑	卯	辰	午	未

양인살의 구성은 月令에 거하는 것을 말한다. 양인살을 겁재라 표현하지 않고 양인살이라고 한 까닭은 극처剋妻하고 탈재하는 강도强度가 비견보다 3배 이상 강하기 때문이다.

작용은 형벌을 의미하며, 편관이 있어 양인살을 양인합살하는 것이 길하며 양인살이 합거되거나 제극制剋이 되면 살인상정殺刃相停이란 귀격이 되므로 화살위권化殺爲權하여 권세가 높다.

戊土 일주의 午月은 정인으로 인수격이 되는데 午中己土가 있어서 양인격으로 보는 것은 己土가 천간에 투간되었을 때 양인격이라 한다. 신왕하면 양인격으로 보고 신약하면 인수격으로 본다.

양인도 이와 같이 본다. 양인은 칼이라 흉기 같지만 배워서 인품을 지닌 의사에게는 사람을 살리는 수술용 칼이 되고, 나라를 지키는 군인에게는 사회질서를 잡는 용도이므로 검찰이나 경찰이 사용하면 좋은 칼이 된다.

사회비리를 밝혀 정의사회 구현을 위해 활용하면 언론의 필로도 작용한다. 사주가 중화를 이루고 양인이 희신이 된다면 만인을 구할 수 있는 인물로 의사, 군인, 검찰, 경찰, 언론인이 된다. 격국이 탁한데 너무 신왕하면 사람을 상하게 하고 형벌이나 수술을 받게 되는 흉살로 작용된다.

아. 비인살飛刃殺

비인살飛刃殺은 양인살陽刃殺과 相冲되는 것이다. 가령 甲 일주 生이면 卯가 양인인데 卯와 冲되는 酉가 비인이다. 이 비인은 양인을 충동하는 작용을 하게 됨으로써 양인의 작용력과 같으나, 단 간접적이란 의미가 있어 흉살로서의 작용은 양인보다 약하다.

자. 홍염살紅艶殺

홍염살紅艶殺은 도화살桃花殺과 작용이 비슷하며, 이성이 잘 따라서 호색하고 다음多淫하는 편이다. 예능·서비스·기술 업종에 종사하는 사람이 많다. 화려하게 꾸미는 것을 좋아하거나 취미를 가지거나 화려한 직종에 근무하는 경우가 많다.

【홍염살 조견표】

일 간	甲	乙	丙	丁	戊	己	庚	辛	壬	癸
홍염살	午	午	寅	未	辰	辰	戌	酉	子	申

홍염살은 음욕淫慾 때문에 부정한 연애를 많이 하는 것이 아니며 이성이 잘 따르는 신살神殺이라 자연스럽게 친하게 지내다가 연애를 하는 살이다. 그러나 시대의 변천에 따라 어쩌면 이 살을 기뻐하게 될는지도 모르겠다. 이성異性을 유혹시키는 매력이 있는 신살이 홍염살이다.

여자 사주에 홍염살이 있으면 무척이나 요염하고 애교가 넘쳐서 남자들을 반하게 하는 유혹적인 매력을 지닌 신살이라고 하겠다. 그러나 옛날에는 음탕하고 요사스러운 것을 매우 꺼렸음은 당연한 일이다. 어쨌든 이 살이 있는 여성은 요염하고 섹시한 매력의 소유자라 하겠다. 미모가 없더라도 남성을 끄는 매력이 있는데 홍염살에 형刑·충冲·파破·해害·공망空亡이 되면 효력이 반감한다.

3 일주 자체만으로 되는 신살 | 日柱 自體만으로 되는 神殺

신살은 대개 일간과 年·月·日·時支 관계, 월지와 사주관계 또는 연·일지와 사주관계를 대조해 신살이 이루어지나 일주干支 자체만으로 길흉작용을 하게 되기도 한다.

가. 육수일六秀日

육수일六秀日에 출생한 사람은 총명하고 약으며 똑똑하고 글재주도 있다. 육수일생치고 어수룩해 보이는 사람은 별로 없다. 다만 너무나 약삭빠른 면이 있고 의심이 많으며 이기적인 경향이 짙다. 육수일六秀日에 해당하는 일주日柱는 다음과 같다.

丙午日柱	戊午日柱	丁未日柱
己未日柱	戊子日柱	己丑日柱

나. 일록日祿

일지에 일간의 록祿을 놓은 것으로 아래 네 개의 일주만 해당된다.

甲寅日柱	乙卯日柱	庚申日柱	辛酉日柱

자체의 支에 祿을 놓았으니 비유하건대 초목이 땅에 튼튼히 뿌리를 내리고 있는 형상이다. 때문에 우선 건강함을 나타내고 기반이 튼튼함을 알 수 있다. 그러므로 위 일주日柱로 태어난 이는 건강하고 식복食福이 있다.

일록日祿 사주의 배우자는 건강이 나빠질 우려가 있고, 타주에도 비견·비겁이 많으면 도리어 박복하기 쉬우며 여자는 팔자가 센 편에 해당하여 독수공방獨守空房으로 고생한다.

다. 일덕日德

일덕日德은 아래 다섯 개 일주만 해당된다.

甲寅日柱	丙辰日柱	戊辰日柱	庚辰日柱	壬戌日柱

甲寅 일주는 일록日祿을 겸하고 기타는 辰戌이라 백호白虎와 괴강魁罡을 겸하였다. 이상의 일진에 출생한 사람은 아무리 궁하여도 천하지 않고, 생애 중에 파란을 겪으면서도 극적인 구제를 받는다. 일덕도 공망 및 형·충·파·해가 되면 도리어 불리하다.

라. 음욕살淫慾殺

음욕살淫慾殺은 다음과 같이 일주로 구성되는데 잘 살펴야 한다.

甲寅日柱	乙卯日柱	丁未日柱	戊戌日柱
己未日柱	庚申日柱	辛卯日柱	癸丑日柱

위 표와 같이 음욕살에 해당하는 일주는 환경이 좋지 못한 가정에서 태어

나므로 서자로 태어나거나, 모친이 재혼이나 첩일 가능성이 많고, 결점이 있는 가정 출신이 많다. 그렇지 않으면 처자(여자는 남편과 자식)와 인연이 박하여 고독한 생애를 보낸다. 또는 몸의 건강 문제로 고생하는 수도 있다.

마. 고란살孤鸞殺

고란살孤鸞殺은 다음 다섯 개의 일주에 해당한다.

甲寅日柱	乙巳日柱	丁巳日柱	戊申日柱	辛亥日柱

고란살은 외롭다는 의미의 살이다. 위 일주로 출생한 사람은 부부 사이가 원만치 못하여 같이 살면서도 가까이하지 못하거나 아니면 어떤 사정으로 인해 한때 별거하게 된다.

4 생월로 기준이 되는 신살 | 生月로 基準이 되는 神殺

이 신살은 생월을 기준으로 연·월·일·시에 있는 干支 오행 모두 대조하여 해당되는 길신 또는 흉살이 있는가를 보아야 한다.

가. 천덕天德·월덕귀인月德貴人

천덕·월덕귀인은 천덕귀인天德貴人과 월덕귀인月德貴人을 합한 명칭이다. 천덕귀인은 하늘이 돕는다는 길신이며, 월덕귀인은 땅이 돕는다는 길신이다.

【천덕귀인·월덕귀인 조견표】

생월지지	寅	卯	辰	巳	午	未	申	酉	戌	亥	子	丑
천덕귀인	丁	坤	壬	辛	乾	甲	癸	艮	丙	乙	巽	庚
월덕귀인	丙	甲	壬	庚	丙	甲	壬	庚	丙	甲	壬	庚

子·午·卯·酉月은 우방隅方에 해당하는 방위에 천덕귀인이 임한다고 하나 이 방위에는 천간에 배속된 것이 없으니 천덕귀인이 임하지 않는다.

천덕귀인과 월덕귀인이 있으면 월지의 三合의 化五行이 투간된 것으로 월지에서 격이 제대로 잡힌 것이다. 寅午戌三合이 되는 月은 丙丁火가 투간하여 월지에 뿌리를 두어 격이 서므로 사회적 명성이 있는 사주가 되니 길한 명이다.

사주에 천덕귀인·월덕귀인이 있는 자는 생애가 비교적 순탄하고 인덕이 후하다. 흉은 감소되고 길함은 배가되며 천우신조가 있게 되고 만사여의하며 선조 유덕하여 복이 많다. 여자 사주에 천덕귀인이나 월덕귀인을 만나면 온순하고 절개가 있으며 현모양처 기본바탕이 있다. 뿐만 아니라 가정이 원만해 생애가 순탄하다.

이 貴人이 日이나 時에 있고 공망 및 형刑·충冲·파破·해害되지 않으면 일생에 큰 재난을 겪지 아니한다.

나. 천의성天醫星

사주에 천의성天醫星이 있으면 의사·약사·종교성직자·간호사·역술인·법조인·정치인 등 활인업종에 종사자가 많다.

직업 적성을 판단할 때 응용을 하는데 천의성이 길신이면 직업 적성이 맞는 것이고, 흉신이면 활인업에 적성이 맞지 않는다. 천의성이 사주에 있으면 몸이 아픈 사람에게 안마를 해 주면 시원하거나 잘 낫는다. 또한 의사나 약사를 소개를 해 주면 질병이 치료가 잘 된다.

【 천의성 조견표 】

생월지	子	丑	寅	卯	辰	巳	午	未	申	酉	戌	亥
천의성	亥	子	丑	寅	卯	辰	巳	午	未	申	酉	戌

다. 급각살急脚殺

급각살急脚殺은 다리를 전다는 의미를 가지고 있는 흉살이다. 다리에 소아마비 또는 중풍이나 사고로 반신불수가 되어 장애인이 된다는 흉살이다. 본인이 아니면 흉살의 해당한 육친이 장애인이 되는 경우도 있다. 사주에 급각살이 있고 대운과 세운이 나쁘면 교통사고나 산재로 불구가 되는 경우가 있다. 그러므로 대중교통을 이용하고 주의를 기울여야 한다.

【급각살 조견표】

생월지	寅	卯	辰	巳	午	未	申	酉	戌	亥	子	丑
급각살	亥·子			卯·未			寅·戌			丑·辰		

연주에 편재가 급각살이면 부친, 인수면 모친이 실족하거나 교통사고로 불구가 되기 쉽다. 월주에 비겁이 급각살이면 형제자매에게 작용을 하며 재성이나 인성이 급각살이면 부모가 해당되고 일지에 재성이나 관성이 급각살이면 배우자에게 해당되며, 여자 사주 시주에 식상이 급각살이면 자식이 해당되고 남자 사주에 관성이면 자식에게 해당하여 불구자가 있게 되니 잘 살펴야 하며, 궁과 육친을 잘 보고 통변에 임해야 한다.

5 일지와 연지 기준의 십이신살 | 日支와 年支 基準의 十二神殺

연지年支를 기준으로 신살神殺 뽑는 방법은 고법 사주에서 사용하던 법인데, 현대는 일지 기준으로 십이신살十二神殺을 뽑아 사용하고 있다. 결혼 전과 조상에 관련된 통변은 연지를 기준으로 신살을 많이 반영하여 쓰고, 결혼 이후와 개인에 관련된 사건은 일지 기준으로 신살을 많이 반영하여서 통변하면 적중률이 높으나 年支와 일지를 동시에 뽑아서 활용해야 정확도가 높다.

공망을 일주 기준으로 뽑으면 배우자와 관련된 공망을 뽑을 수 없고, 연주 기준으로 뽑는다면 조상과 관련된 공망을 뽑을 수가 없다. 그러므로 일지 공망 여부를 볼 때는 연주를 기준으로 뽑아야 한다. 또한 연지공망 여부는 일주를 기준으로 뽑아서 적용해야 적중도가 높다. 연주와 일주가 동일한 三合 군群이면 월주나 시주에서 신살을 뽑을 때도 있다.

십이신살도 공망의 방법과 동일하게 적용한다면 적중률이 높아질 것이다. 십이신살도 복식 응용법으로 오행과 육친통변을 함께 적용해야 정확하다. 길신과 흉신일 때 방법이 달라야 한다. 십이신살의 명칭은 다음과 같다.

겁살劫殺, 재살災殺, 천살天殺, 지살地殺, 연살年殺, 월살月殺, 망신살亡神殺, 장성將星, 반안攀鞍, 역마驛馬, 육해살六害殺, 화개華蓋

운세를 볼 때는 세운에서 신살을 발생시켜 사주에 적용시켜 보면 사주의 육친의 운세 변화를 볼 수 있다. 십이신살 구성은 다음 도표와 같다.

【십이신살 조견표】

십이신살 / 생년·생일	겁살	재살	천살	지살	연살	월살	망신	장성	반안	역마	육해	화개
申·子·辰 年日	巳	午	未	申	酉	戌	亥	子	丑	寅	卯	辰
巳·酉·丑 年日	寅	卯	辰	巳	午	未	申	酉	戌	亥	子	丑
寅·午·戌 年日	亥	子	丑	寅	卯	辰	巳	午	未	申	酉	戌
亥·卯·未 年日	申	酉	戌	亥	子	丑	寅	卯	辰	巳	午	未

십이신살十二神殺 암기법

위 표에서 본 바와 같은 내용을 좀 더 쉽게 암기하는 법이 있으니 삼합만 알면 되는데 여기에 동同·충冲·전前·후後의 법칙으로 암기한다.

三合과 同

첫 자와 같은 자 ⟶ (지)살
가운데 자와 같은 자 ⟶ (장)성
끝 자와 같은 자 ⟶ (화)개

三合과 冲

첫 자와 冲한 자 ⟶ (역)마
가운데 자와 冲한 자 ⟶ (재)살
끝 자와 冲한 자 ⟶ (월)살

三合의 前

첫 자의 앞 자 ⟶ (천)살
가운데 자의 앞 자 ⟶ (망)신살
끝 자의 앞 자 ⟶ (육)해살

三合의 後

첫 자의 다음 자 ⟶ (연)살
가운데 자의 다음 자 ⟶ (반)안
끝 자의 다음 자 ⟶ (겁)살

위 법칙을 쉽게 설명하면 다음과 같다.

1 申子辰三合 중에 한 자가 연주나 일주에 있고 寅이 어느 기둥에 있든지 첫 자와 冲이 되니 역마살이 되며 午자는 가운데 자와 冲이 되니 재살이 되고, 戌은 끝자와 冲이 되니 월살이 된다.

2 酉는 첫 자 다음 자에 해당하니 연살이 되고, 丑은 가운데 자 다음자가 되니 반안이고, 巳는 끝 자 다음 자가 되니 겁살이 된다.

3 未는 첫 자의 앞 자가 되는데 천살, 亥는 가운데 자의 앞 자가 되어 망신살이 되고, 卯는 끝자의 앞 자가 되어 육해살이 된다.

줄여서 암기하는 방법

연지나 일지의 삼합을 기준으로 다음과 같이 순서대로
첫 자, 가운데 자, 끝 자를 순서대로 관련지어서 암기하면 더욱 빠르다.

同 : 지·장·화 **冲** : 역·재·월 **前** : 천·망·육 **後** : 년·반·겁

필자의 견해로 사주에 신살神殺이 많다 해도 모두 나쁜 것은 아니기 때문에 근심하지 않아도 된다. 신神은 길신吉神이요, 살殺은 흉살凶殺이기도 하지만 희신과 기신에 따라서 달라지기 때문이다. 육친도 길하게 작용하는 것은 길신이라 하고, 흉하게 작용하는 것은 흉살이라 한다.

십이신살 가운데 장성將星과 역마驛馬와 화개華盖는 옛날 여성에게는 좋지 않게 여겼으나 현대 여성에게는 길신吉神으로 보아야 한다. 또한 연살年殺은 다른 명칭으로 도화살桃花殺이라 한다.

가. 겁살劫殺

겁살劫殺은 三合의 끝 자 다음 자에 해당하고, 삼합의 화오행 오행의 절지에 해당하는데 겁탈·탈재·낭비·손재·도난·파산의 뜻을 가지고 있다. 겁살이 십신 길신에 적용되면 총명하고 권위와 리더십이 있어 남을 부리는 위치에서 재물을 횡재하는 기업가로서 재물을 축적한다.

겁살이 십신 흉신에 적용되면 귀가 얇아서 속고 살며 남에게 빼앗기면서 살아가는 사람으로 손재가 따르고, 진행하는 일마다 막힘이 많이 따르고,

남 밑에서 고용살이를 하고 산다. 타인에게 복종할 일이 있게 된다. 분주하게 움직이나 실속이 없다.

生月이 흉신이면서 겁살이 들면 가업을 지키기 어렵고 부모와의 인연이 박하여 일찍 고향을 떠나게 된다.

生日이 흉신이면서 겁살은 막힘이 많고, 남자는 처덕이 없으며 여자는 남편 덕과 가정 운이 나쁘다.

生時의 겁살은 말년에 신고辛苦가 따르거나 자녀 중에 근심을 끼치는 자식이 나오기 쉽다.

여자 사주에 편관이 겁살·망신살이 겹친 사람은 강간당하거나, 강제 결혼하는 흉살이다. 비겁이 겁살과 망신살이 겹쳐지고 일지와 암합暗合이 되고 귀문관살이 임하면 집안 오빠에게 겁탈당한다. 각 해당 육친도 적용된다.

겁살이 길성과 같이 있으면 총명하고 민첩하며 재주가 있다.
겁살이 천을귀인이나 길성과 동주하면 위엄이 있고 지혜가 있어 모사에 능하다.
겁살과 망신살이 길신에 임하고 도화와 천을귀인이 있으면 의사, 간호사, 역술로 출세한다.
겁살과 편관이 동주하면서 기신이면 불시에 재화나 살상을 당하기 쉽다.
겁살이 녹지에 임하면서 기신이면 주색을 즐기는 주정뱅이가 되기 쉽다.
겁살이 관성에 임하고 하나만 있으면서 길신이면 권력이 되어서 출세하여 복과 녹이 있다.
겁살이 두 개 있으면서 기신이면 정직하지 못하고 도벽으로 망신하기 쉽다.
겁살이 세 개 있으면서 기신이면 야수와 같이 포악하다.
겁살과 망신살이 있고 흉신에 겹치면 강간당하거나 가난하지 않으면 단명하다.
겁살이 편관이면서 왕한데 기신이고 제극이 없으면 구류술업(옛날에는 직업을 정업과 편업, 즉 생산업과 비 생산업으로 나눴는데 편업(비생산업)의 대표적 업종을 구류술업이라 하였으며 이에는 종교가, 학자, 의사, 법률가, 교육가, 음양가, 역술가, 예술가, 문필가 등이 이에 해당 됨)이나 천박한 직업에 종사한다.

참고 이런 점을 주의하라.

인수 겁살 운에는 문서로 인한 재산상 손실, 학업 중단, 모친에게 질병이 있게 되고, 보증서면 그로 인해서 손재가 따르게 되니 보증서지 말아야 한다.
재성 겁살 운에는 사채를 쓰거나 은행융자를 받으면 부도로 차압당한다. 사업 확장은 금물이며, 애인을 빼앗기게 되거나 부인에게 애인이 생기거나 강간당할 염려가 있으니 조심해야 한다.
관성 겁살 운에는 직위가 좌천되므로 윗사람에게 잘 보여야 하며, 또한 명예훼손으로 망신당하고 시비다툼으로 관재가 발생하니 조심해야 한다.
식상 겁살 운에는 활동무대가 좁아지고, 밥그릇을 빼앗기거나 재물 손실이 있으며, 이사를 가서 손해 보게 된다, 남자는 자식 걱정, 여명은 남편과 이별수가 발생하고, 이성 구설이 따르거나 강간을 당할 염려가 있다.
비겁 겁살 운에는 조직을 빼앗기거나, 동업자에게 손재를 당하거나, 배우자나 애인과 이별하게 되고, 돈을 빌려 주면 못 받는다.

나. 재살災殺

재살災殺은 일명 수옥살囚獄殺로서 관재구설이 많이 따르므로 소송·납치·병원 입원·싸움·포로·감옥·구속 등의 재앙을 당하기 쉽고, 합合·형刑·충沖·파破가 되면 해소된다.

재살이 사주에 많으면 재난이 자주 생기고 특히 손재를 많이 당해 부모의 유산이 있더라도 상속받기 어렵고 상속을 받아도 지키기 어렵다.

生月에 재살을 만나면 부모·형제 덕이 없고 초년에 고생이 따른다.

生日이 재살이면 처로 인해서 골치 아픈 일이 생기거나 중년운이 시원치 않다.

生時가 재살이면 자녀로 인해 근심하게 되거나 말년에 신병으로 고생한다.

재살에 관官, 인印이 있는 자는 경찰관·형무관·비밀 정보 수사기관에 종사하거나 형권직을 갖게 된다. 인성과 재관이 있고 재살이 있으면 교도관이 된다.

재살이 장성과 형충刑冲된 자는 구속당하게 된다.

목木 재살이 있는 사람은 나무에 다치게 된다.

화火 재살이 있는 사람은 화상을 입게 되니 조심하라.

토土 재살이 있는 사람은 낙상을 당하거나 전염병에 걸리게 된다.

금金 재살이 있는 사람은 칼이나 철에 다치게 된다.

수水 재살이 있는 사람은 수해, 익사 등의 수액을 당한다.

참고 이런 점을 주의하라.

인수 재살 운에는 문서 보증이나 채무로 인한 소송을 당하게 되며, 사주원국에 천을귀인이 있고 정록이 들고 용신이 강하면 소송에서 이긴다.
재성 재살 운에는 관재구설, 송사발생, 처첩으로 인한 재산상의 손해, 재정보증으로 인한 재산 차압이 들어온다.
관성 재살 운에는 취직 촉탁이나 뇌물 수수, 공금을 유용하면 관재에 걸리고, 선거에 지며 불법 시비로 구속, 직위가 위태롭다.
식상 재살 운에는 간통 혼인빙자 간음, 파직, 실권, 부하 직원의 잘못으로 관재 발생, 상사에 반항하여 권고사직당하고, 여명은 남편이 파직당하거나 질병으로 재산상의 손해를 본다.
비겁 재살 운에는 재물에 분쟁이 생기고, 상속문제로 형제끼리 소송이 발생하는데 불리하다. 부인의 이성 문제로 이혼소송이 발생한다.

다. 천살天殺

천살天殺은 천재지변으로 비행기 조난, 불치병, 언어장애, 돌발사고, 납치 등 재난을 당하게 되는 신살이다. 천살이 많으면 부친의 덕이 없어서 초년에 남의 밥을 얻어먹고 살아가거나 부친과 이별한다. 모친을 따라가 의부를 섬기거나, 아니면 남의 집에 양자로 들어간다.

生月에 천살이 있으면 해외여행을 자주 가는 기회가 많은 만큼 천재지변을 당할 염려가 많으니 주의해야 한다. 육친에게도 불의의 재난으로 덕이 없는 것으로 해석한다. 사주원국에 천살이 있으면 역마나 지살이 없어도 해외 출입과 타도·타향에 살게 된다.

천살이 길성과 있으면서 관이면 진급으로 명예는 높아지나 실속은 없다.

집 안에서 천살 방향을 보면 십자·성경·불경·불상·염주·목탁·제기 등 종교에 관련된 물건이 놓여 있는데 위치가 잘못 정해져 있다. 천살 방향에 종교 용품을 놓는 것은 조상신祖上神과 보호신을 못 오게 막는 것이 되어 집안이 잘 안 풀린다.

이 방향은 최고학부 진학의 목표인 학교가 있는 방향이며 선산과 조상을 모시는 방향이고, 남이 안 볼 때 치성을 드리는 곳이며, 통풍이 잘 안 되는 곳이며, 비가 오면 물소리가 들리는 하천이나 물받이나 하수구가 있는 곳이다.

천살 방향에 책상을 두고 공부하는 학생이 우등생이 되는 것은 반안살 방향을 등지고 있기 때문이며, 반안살 방향에다 책상을 두고 공부하면 성적이 나빠지는 것은 천살을 등지고 있기 때문이다.

일지에 천살이 있으면 원인 모를 질병으로 고생하기 쉽다. 천살은 반안살이 冲하여 악살을 제거하므로 좋아지기 때문에 반안살 방향으로 머리를 두고 잠을 자게 되면 집안이 편안하게 되고 소원이 이루어지게 된다.

가족 중 천살 띠에 해당되는 사람이 있을 경우 그 사람에게 투자를 하게 되면 밑 빠진 시루에 물 붓기로 손해가 많아 결국은 파산하게 된다. 천살 띠에 해당되는 자와 사업을 하면 빚을 지게 되고 나에게 손해를 끼치는 사람이다.

천살 세운에 마비질환이 발생하는데 중풍, 언어장애, 심장질환, 스트레스에서 오는 신경성 질환, 몸이 이유 없이 아프고 괴롭다.

천살 세운에 동조자가 없고 혼자서 외롭고 고독하게 지낸다.

천살 세운에 여자는 남자를 멀리하고 이혼하려 한다. 남자는 맥 못 쓴다.

천살 세운에 사업가는 대도시로 나가서 사업하게 된다.

참고 이런 점을 주의하라.

인수 천살 운에는 문서, 학교, 학문, 진학, 인장, 결재, 신축, 개축, 부동산 매매, 모친, 여자는 자식, 신용카드, 아랫사람의 문제가 발생한다.
재성 천살 운에는 매매, 금전, 신용문제, 카드, 처첩, 부친, 결혼, 사업자금, 신원보증으로 재산에 손해가 발생한다.
관성 천살 운에는 직장 변동, 명예 훼손, 직위 좌천, 대기 발령, 면직, 신상 변동 등의 예상치 못한 일이 발생한다.
식상 천살 운에는 직장이나 집을 이사하거나, 기혼 여자는 이혼하거나 가정에 문제가 발생하게 되고, 미혼 여자는 결혼에 장애가 발생한다.
비겁 천살 운에는 형제나 친우 사이에 의가 상할 일이 발생하거나, 배우자의 탈선으로 이별수가 있고 재산상의 손재가 발생한다.

라. 지살地殺

사주에 지살地殺이 있고 지살地殺운이면 주거 변동으로 이사를 많이 다닌다. 지살地殺이란 시초, 출발점, 움직임, 이민, 여행, 전·출입, 타도 타향, 도로, 운수사업, 차량변동 등의 의미가 담겨 있다. 지살에 해당된 육친을 冲하면 별거하게 되거나 이별한다. 지살을 冲하면 해외를 출입하게 된다.

사주에 지살이 충이 있는데 또 운에서 刑을 하거나 冲을 하면 교통사고나 질병이 발생하니 조심해야 한다. 지살이 많으면 초년 풍상을 겪게 되고, 한때 사방으로 유랑流浪하거나 먹고살기 위해 동분서주한다. 年支나 일지에 寅申巳亥가 있으면 무조건 지살이 된다. 生年, 生月에 지살이 들면 고향을 멀리 떠나게 되거나 일찍 먼 장도(천릿길을 걷는 것)에 오른다.

月이 지살이면 혹 두 어머니를 섬기거나 유모 젖을 먹고 자라거나 분유를 먹고 자란다. 일간이 충극을 받고 있는 가운데 지살과 역마가 모두 있으면 冲이 되므로 교통사고를 당할 우려가 있다.

지살이 있으면 지살을 冲하는 역마년에 타국에 여행을 할 수 있다. 일지가 지살이면 이사를 자주 하거나 직장을 자주 옮긴다.

지살에 해당하는 육친은 본인과 인연이 없고 타향, 타국에서 떨어져 살게 된다. 지살에 해당하는 사람은 본인과 인연이 없고 친해지려고 노력을 해도 이상하게 친해지지 않는다.

집 안의 지살 방향은 홍보에 필요한 물건이 비치되어 있는 곳이며 문패·간판·선전광고물·현관문·명함·복도가 있는 방향이다.

지살이 연지에 있는 사람은 고향을 일찍 떠나 타관 타향살이를 하게 되고 이사가 빈번하며, 지살이 일지와 합한 사주는 병원·자동차·비행기나 길거리·화장실·들녘 등 집 밖에서 출생했다.

지살이 형충刑冲되면 교통사고를 당하지 않으면 객사를 면하지 못하며, 고생이 많다. 지살이 있는 자가 식상이 태왕하여 신약하면 교통사고를 당하게 된다.

지살이 있는 자가 재관財官이 태왕하여 신약하면 노상횡액을 당하게 된다.

지살 세운에 이사, 이동, 해외출장, 해외여행 가는 운이다. 지살 세운이 길신이면 취직, 취업, 승진, 영전되어 좋은 곳으로 발령이 난다. 지살 세운이 길신이면 바삐 뛰는 운세라 금전·문서 운이 좋아진다.

참고 이런 점을 주의하라.

인수 지살 운에 지방이나 해외에서 문서 잡을 일이 생기거나 해외 비자 발급, 여권 발급, 지방 발령, 해외유학이나 연수, 또는 지방대학에 진학하게 된다.

재성 지살 운에는 부친이나 부인이 지방으로 발령이 나거나, 지방에 출장을 가서 애인이 생기거나 재물을 취득한다. 사업변동이나 이동이 있게 되거나, 현지처가 생긴다.

관성 지살 운에 해외지사나 지방으로 발령이 나고, 파견근무를 하게 된다. 남자는 아들이 군에 입대한다. 여자는 남편이 지방이나 해외로 발령이 난다.

식상 지살 운에 미혼 여자는 여행 중에 옛날 애인과 상봉하게 되고, 기혼 여자는 여행 중에 남편과 다투거나 이혼한다. 아니면 임산부는 여행 중에 출산하게 된다. 미혼 여명은 타향에 어행 가서 남자와 인연을 맺게 된다. 남자는 지방 발령 후 파직 당한다.

비겁 지살 운에 형제간 이별이나 이민, 지방으로 이사, 동서가 해외이민, 형제·친구·동기와 여행한다.

마. 연살年殺 : 도화살桃花殺

연살年殺은 일명 도화살桃花殺이라 하는데 호색·색정·주류·풍류·민감·화려함·사교성을 상징하니 성격이 다정다감하여 남과 쉽게 친해진다. 남녀 불문하고 미색과 풍류를 좋아하는데 주색에 빠지면 패가망신하는 수가 많다.

사주 지지에 子午卯酉가 함께 있으면서 청격이면 오히려 바람기가 없고 자존심이 강하여 유혹에 넘어가지 않고, 서비스업의 제왕이 될 수 있다. 사주가 탁하고 도화가 기신이면 음란하고 화려한 색상에 민감하고 사치를 하고, 성욕을 바탕으로 결혼하고 색정으로 곤욕을 치르는 사람도 있다.

직업은 서비스업인데 水가 재성이 되고 연살이면 고급 요정을 운영한다. 식상이 현침살과 연살이 되면 의료업계에 종사한다. 식상 연살이면 사치로 낭비가 크고 예·체능 쪽으로 발달하니 레슨비용이 많이 들어간다. 火가 관성인데 연살이면 방송이나 영화계 직업이다. 여자가 관성이 연살인데 혼잡이면 화류계에 진출한다. 도화는 바람피우는 살이라 해서 심히 나쁘게 여기지만 본인이 음란해서라기보다 이성을 끄는 매력이 있어서 이성교제가 많아지게 되는 것이라고 보아야 한다.

월지가 연살이면 부모나 형제요, 일지가 연살이면 배우자나 자신이 되고, 시지가 연살이면 자식이 바람피우는 것으로도 추리한다. 사주에 연살이 중중하면 패가망신한다. 성격은 친밀하여 사교성이 좋고 서비스업에 종사하거나 사업을 하는 사람이 많다.

연살이 연지에 있으면서 귀문관살이 임하면 연상자나 동성동본과 연애한다. 연살이 월지에 있으면 모친이 현숙하고 후실이거나 재가하며, 본인은 유부남이나 유부녀와 연애한다. 연살이 일지에 있으면 바람기가 많고 배우자도 바람기가 있으며 연애, 결혼한다.

연살이 시지에 있으면 남자는 딸 같은 여자와 바람피우게 되거나 화류계 여자와 연애하게 된다. 여자는 아들 같은 남자와 바람피운다.

연살이 년이나 월에 있으면 원내도화園內桃花라, 즉 원장垣墻(담장) 안의 꽃이라 하여 바람기가 적다.

연살이 일이나 시에 있으면 원외도화園外桃花, 즉 집밖 동산의 꽃이라 하여 바람을 많이 피운다. 연살이 일시에 동시에 쌍으로 있는 사람은 주색으로 패가망신한다.

참고 이런 점을 주의하라.

인수 연살 운이면 첩 부모의 유산을 상속하거나 이성으로 인한 문서 취득, 또는 첩의 부모를 봉양할 일이 생긴다.
비겁 연살 운에 탈재되는 운이라 부도나 파산하고, 배우자에게 애인이 생겨 빼앗긴다.
식상 연살 운이면 남자는 직장의 부하 여직원과 바람나면 직위 좌천된다. 여자는 연하와 바람피우면 연하는 식상도 되므로 관을 극해 남편과 이혼할 생각을 한다. 또는 자녀가 연애한다.
재성 연살 운인데 희신이면 애인을 사귀며 축재하거나 처첩으로 인해 치부를 한다. 부친이 풍류를 즐기며 기신이면 바람피우고 관재가 난다.
관성이 연살 운에 희신이면 직장에서 여자 도움으로 승진·영전 출세하고 명예가 높아지며 연애, 결혼한다.
편관 연살은 여자 때문에 좌천·면직된다. 여자는 애인이 생겨 연애하게 되고, 유부녀는 연애하면 마음고생을 한다. 정관도화 운에 결혼하게 된다.

원국에서 연살이 귀문관살이 임하고 겁살이 있으면 변태적인 성행위를 좋아하며 애정문제로 성범죄를 지을 수 있으며 남녀가 청춘사업이 복잡하여 관재, 구설, 망신당하는 수가 있다. 또는 주색으로 직장 근무태만에 방탕하여 업무에 지속성이 결여되고 싫증을 빨리 내므로 현실만족위주로 생활하게 된다.
관성이 연살이면서 재성이 희신이면 처가 덕으로 부자가 되거나 처의 내조로 인해 출세하여 재물을 모은다.
편재가 연살이 있고 재의 녹지가 되고 희신이면 첩으로 인해 부자가 된다.
편관이 연살이면서 기신이면 복이 없고 직장에 다니기 싫어한다.
정관이 연살이면서 희신이면 좋은 인연 만나고 복록이 많으며 귀부인이 된다.
비겁이 연살인 자는 연애하다 관재구설로 손재한다.
식신이 연살인 자는 아랫사람 소개로 연애한다.
식상이 연살인 자는 연애하다 관재구설이 발생한다.
재성이 연살인 자는 연애하면 큰 재물이 생긴다.
편관이 연살인 자는 연애하다 성병이 생기거나 관재구설이 따른다.

정관이 연살인 자는 연애하면 여자의 도움으로 진급하고 재수가 좋다. 여자는 미인이 많고 애교 만점에 남편은 훌륭한 사람이고 행복하다.
정인이 연살인데 일지와 암합暗合하면 처첩妻妾이 유식하고 내조를 잘하며 첩의 모친을 봉양하기 쉽다, 여자는 스승하고 연애하거나 결혼한다.
일지에 양인이 연살이면 학식과 재주가 있으나 부인이 병약하여 골골한다.
甲·丙·庚·壬 일주가 양인이 연살이면서 거듭되면 성격이 급하고 교활하며 화려한 것을 좋아하고 다재다능하다.
사주에 水가 식상에 해당하면서 연살이면 음란하고 바람기가 많다.
양인 연살이 생시에 있으면 예체능에 다재다능하다(庚辰日 酉時, 甲戌日 卯時).
양인이면서 연살이 되고 생시에 있으면 부인이 쇠약하며 잔병이 많다.
일지 연살이 있으면 인물이 좋고 청수하나 합해 연살이 작동하면 놀기 좋아하고 호색하여 연애 결혼한다.
연살이 공망이면서 합이 되면 숨겨 둔 애인이 있으면서 시치미를 뗀다.
여자 사주에 연살이 오행 정기가 천간에 투간되면 양귀비 미모가 된다.
연살이 천을귀인이고 정기가 투간하면 기름·소금·술·차茶로 재물을 모으거나 부인이나 첩의 어두운 재산으로 집안을 일으킨다.
남자 사주에 연살이 편재가 되고 역마와 합하면 첩을 데리고 타향으로 도주하며, 식신 연살 운이고 편재와 합되면 숨겨 놓은 여자와 금전으로 사랑을 나누며 合冲되면 자식을 낳아 말썽이 생긴다.
연살이 천을귀인이면서 희신이면 연애하여 출세하지만, 만약에 흉신이나 공망이 들면 구설수에 올라 패가망신하고 관재 난다.
남자 사주에 편재가 연살인데 흉신이거나 또는 공망이 되면 불륜을 잘 저지르고 진실한 사랑이 없고 심심하면 여자를 바꾼다.
연살이 일지와 합이 되거나, 연살의 정기가 투간하여 일간과 干合되면 바람을 많이 피운다. 연살이 왕하면서 刑冲이 없으면 미인이다.
연살이 三合局을 이루면 음란하기 쉽고 간음을 즐긴다.
연살이 合局하여 일간을 생하면 연애하고 건강해지며, 극하면 성병으로 임질, 중풍이 걸리기 쉽고, 복상사하기 쉽다.
연살이 刑冲되면 성병이 걸리는데, 임질·매독·에이즈·방광·신장염으로 고생하고 관재구설로 망신당한다.
연살의 정기가 투간되어 왕하고 겁살과 合하면 미인이나 주색을 좋아해 가산을 탕진하게 된다.
연살이 월지에 임하면서 귀문관살이 있는 자는 근친상간으로 육친 간에 송사가 일어난다.
일간이 연살에 사절지이면 간음하게 되며, 주색으로 방탕하고 도박을 즐기며 신용이 없고 떠돌이가 되기 쉽다.
연살이 천을귀인이면서 건록과 합이 되면 서비스업에 진출하여 여자로 돈을 버는 포주가 되기 쉽다.
연살이 귀문관살과 합이 되고 生旺하면 인륜에 어긋나는 행위로 이성을 만나고 재물을 탐한다.
연살이 회국하여 일간을 극하거나 설기하면 일찍 성병에 걸린다.
연살이 재국에 임하면 남자는 유부녀와 간통하여 이름이 알려진다.
연살이 재국에 임하고 관살이 투간하여 일간을 극하는 자는 간통으로 관재 난다.
연살이 재관이고 천을귀인이 임하면 연애의 즐거움이 그치지 않는다.
연살이 길신에 임하면 배우자나 애인의 덕을 본다.
연살이 흉신이라면 바람피워 성병·신장·방광·이명·중풍으로 고생하고 색난으로 풍파가 따르게 된다. 양일간이 음일간보다 바람기가 강하다.
연살이 흉신이나 기신에 임하면 간통해 가족을 등지는 불륜을 범한다.
연살이 刑이 되면 여자는 수치심을 모르는 음탕한 여명이 된다. 연살이 역마와 暗合이 되면 정부와 야밤에 도주한다.
사주에 자子·오午·묘卯·유酉 중 두 자 이상이 있으면 연살이 아니더라도 연살로 보아라.
木日生 남·녀 사주에 연살이 子卯刑과 卯酉沖이 있으면 모근이 약하다.
火日生 남자가 酉酉自刑이 있으면 처가 불구이거나 질병으로 고생한다.
여자 사주에 子卯刑에 식상이 임하면 몸에 흉터가 있고 냉병이 있고, 자궁병으로 수술이 있게 된다.
연살이 酉酉自刑이면 몸에 흉터가 있거나 갈비뼈를 다치게 되고 여자가 식상에 임하면 자궁에 병이 있다.
午午自刑이 있으면 화상·파편상·가스 중독·염세적인 성격으로 약물 음독이 염려되고, 성병·심장병으로 고생하고 혈압으로 고생한다.
풍류도화風流桃花란 연살이 합이 된 것을 말하며 길신과 합이 되면 훌륭한 사람으로 총명하다.
유랑도화流浪桃花란 연살과 역마가 合되는 것을 말하며 애인과 도주한다.
곤랑도화滾浪桃花란 干合에 支刑인데 주색과 성병으로 패가망신한다.
나체도화裸體桃花란 일지에 목욕성이 연살이 되면 음탕하다(일지에 목욕과 연살이 동임하는 사주, 亥卯未生 甲子 일주, 巳酉丑生 庚午 일주).

녹방도화祿榜桃花란 일지정관이 연살이 되거나 정관 연살이 일지와 합이 된 것인데 여자는 애교 있고 아름다우며 水가 연살이 되면 음란하다.

편야도화偏野桃花란 사주에 子午卯酉가 구전俱全된 사주이다. 남자 사주가 이러하면 성격이 급하며 기술·예술·문학·서비스업으로 부자가 되는데 주색을 탐한다. 여자도 서비스업에 종사하거나 서비스 사업으로 부를 축적하나 운이 나쁘면 위로를 받기 위해서 바람피운다.

변덕도화變德桃花라고 지칭하는 것은 子生에 亥卯未三合, 午生에 巳酉丑三合, 卯生에 寅午戌三合, 酉生에 申子辰三合이 있는 사주로 간사하고 잘난 척하며 바람기가 있어 풍류를 즐긴다.

십신이 연살을 좌하고 있으면 해당하는 육친인 부모, 형제, 부부, 자녀에 연살 작용을 받는다. 연살의 직업으로 화류계에 인기 있고 주점, 요정, 다방, 목욕탕, 디자인, 인테리어, 모델, 이발, 미용, 수영, 구기, 배우, 매춘, 요식업에 인연 있다. 옷을 잘 벗거나 물과 인연이 많다.

바. 월살月殺

월살月殺은 십이운성十二運星으로 관대성冠帶星이 되어 살로 보기는 어렵다. 단, 월살月殺이란 의미를 따져 본다면 월은 여자에 비유하는데 여자 때문에 음해를 받거나 손해 본다고 보면 맞을 것이다. 월살月殺이 많으면 육친 덕이 없고 배우자·자식과 인연이 박하다.

월살은 성벽이나 장애물에 비유하여 매사가 순조롭지 못해 막히거나 무너지고 고갈되거나 위축되는 상태를 암시하며, 신체의 기능 마비로 소아마비나 하체마비의 고통이 따르고 몸이 이유 없이 마르고, 질병을 앓거나 식상이 월살이면 임신이 안 된다.

재가 월살이면 재산 분쟁이 발생한다. 사업은 부진하고 자금이 고갈되어 어려움이 있게 되고, 투기나 투자에 조심해야 한다.

월살은 화개와 冲이 되므로 가족과 종교 다툼이 있게 되거나 지분문제로 다툼이 생기고, 종교소송 사건 등이 발생한다. 辰·戌·丑·未時에 상담하러 온 사람은 일이 막힘이 많으니 역술인이나 종교인이다.

묘고를 相冲하면 모든 일이 막힘이 많거나 자손이 귀하여 후손 걱정이 따르므로 월살 달이나 월살 날은 결혼 택일로 피해야 하는 날이다. 이날 씨를 심으면 싹이 나지 않으며, 닭이 알을 품어도 병아리가 나오지 않는다는 날이다. 사주에 일시가 월살이면 장자에게 불리하다.

> 월살이 길신에 임하면 나쁜 작용을 하지 않는데, 기신에 월살이 임하면 모든 일에 장애가 생긴다. 월살이 기신에 임하면 기신작용이 더욱 가중된다.

참고 이런 점을 주의하라.

인수 월살 운에는 계약 파기, 계약 지연, 학업 장애, 학점 미달, 입학 문제, 문서 보증 문제, 자녀 근심, 모친에게 질병이나 문서 문제가 발생한다.
재성 월살 운에는 재정 문제, 부인에 대한 문제, 부부 문제, 결혼 문제, 사채 문제, 대출의 어려움, 여자 문제, 신용 등에 문제가 발생한다.
관성 월살 운에는 직장·명예·자식·남편 문제, 애인에게 문제, 구조 조정, 관재 구설, 권리 문제, 진급 누락, 여명은 애인과 이별, 질병 등이 따른다.
식상 월살 운에는 이사 문제, 생활 변동, 직장 문제, 자녀 문제, 재산 문제, 처갓집에 문제, 장모 건강 문제가 따르고, 여명은 이성 문제, 남편 직장 문제, 실언으로 하극상 문제 발생이나 수술 등 질병이 따른다.
비겁 월살 운에는 형제·자매·친구·동료·동업자 간에 재산상의 문제가 발생하고, 처로 인한 문제로 고민 발생, 부부 이별 등 흉운凶運으로 작용한다.

사. 망신살亡身殺

사주에 망신살이 많으면 부모·형제·처·자 등 육친의 덕이 없고 괜히 남의 미움을 받게 된다. 월지가 망신살이고 인수에 해당하면 모친이 재가하거나, 첩이나 두 번째 부인일 수도 있다. 일지가 망신살이면 처덕이 없거나 자기 실수로 망신하고, 생시가 망신살이면 자식 때문에 어려움을 겪는다.

망신살이 길신에 속하면 성격이 준엄하고 활동적이며 계략이 뛰어나 투쟁을 좋아하고 승리한다. 망신살이 흉신이면 섭탈, 손재, 생·사이별, 비밀 탄로, 구설, 색정으로 인한 망신, 실물, 투기, 놀음, 투자 실패 등 모든 일에 빨리 성공하거나 빨리 망한다는 뜻이다.

관官과 재성財星이 연월에서 망신살이면 가업을 파하고 패가 망신당한다는 뜻이므로 계획대로 이루지 못한다고 풀이한다. 역마살과 망신살이 겹치게 되면 노상에서의 망신이니 교통사고가 날까 두렵다.

망신살이 한 개 있으면 부모의 재산을 털어먹기 쉽고, 두 개 있으면 결단력이 강하며, 세 개 있으면 망명을 가거나 감금당하지 않으면 사형을 당하기 쉽다.

망신살이 흉살이지만 녹마祿馬(財官)나 귀인에 임하고 용신이면 부귀하며 권세가로 이름을 떨친다.

망신살과 겁살이 겹치면서 흉신에 해당하는 여명은 겁탈당하여 강제 결혼한다. 망신살과 겁살이 형살이 임하고 화개가 있으면 가정이 불미하여 승려가 된다.

망신살과 겁살이 건록에 임하는 남자는 처를 극하고, 여자 사주가 이와 같으면 남편이 무능하다.

식상이 망신살과 겁살이 되고 태왕하여 흉신이면서 삼형살三刑殺이 임하면 사기성이 강하여 브로커 생활을 한다.

망신살과 겁살이 편관에 임하고 세운에서 合되는 年에 여자는 강간을 당한다.

참고 이런 점을 주의하라.

인수 망신 운에는 문서로 인한 손재, 빚보증·신원보증으로 인한 손해 발생, 입시학생은 낙방, 부모 문제로 망신, 계약에 하자가 발생하여 손재, 상속 문제 발생, 교육자는 인사 문제 발생, 학생은 스승에 대한 불만이 있게 된다.
재성 망신 운에는 부인으로 인한 재산 손해, 부동산 사기로 재물 손실, 월급 감봉 및 체불, 돈을 남에게 빌려 주면 못 받고, 여자문제로 망신당한다.
관성 망신 운에는 길신에 임하면 고위직으로 출세하며, 흉신에 임하면 직위 좌천, 대기 발령, 삭탈관직, 명예 실추, 관재 구속, 소송 패소, 직업 문제가 발생하고 여명은 정부情夫로 인해 망신당한다.
식상 망신 운에는 건강의 망신이니 성병, 불치병, 이성 문제, 자궁이나 유방 질병 발생, 정통, 혼전 임신, 주색 망신, 남자는 직장과 자식 문제, 여명은 남편과 자식 문제가 발생한다.
비겁 망신 운에 형제자매가 망신, 친구나 동업자 간에 피해 발생, 이복형제와 재산 분쟁, 식상에 망신이 임하고 합合되는 비겁 겁살 년에 여명은 남매와 성관계를 하여 망신, 남명은 처가 다른 남자와 정을 통하여 도주한다.

아. 장성將星

子·午·卯·酉 年이나 日에 출생하면 무조건 장성將星이다. 장성이 年과 日에 있으면 고집이 세고 강직하여 남에게 굽히기 싫어하며 특히 자존심이 강하게 작용한다.

장성이 年日에 있으면 문무겸전文武兼全이라 타주 길신과 겸한 가운데 사주 배합이 길하면 출세한다. 단, 여명에 일지가 장성이면 자기주장이 강하여 남편과 자주 다투어 팔자가 센 편이라 한다.

장성이 있으면서 사주구성이 귀격이거나 장성이 편관이나 양인과 동주하면 생살권을 장악하고, 장성이 재성과 동주하면 국가의 재정권을 장악한다. 주관이 강하여 고집이 센 사람으로 통하며, 통솔력이 강해 승부결단력이 강하고 활동력이 왕성하다. 번영·승진·유명세를 탄다. 장성으로 관계官界·군인·경찰에서 대성한다.

장성은 문관이나 무관으로 이름을 날릴 수 있는 좋은 뜻이 있는 길신이다.

소년少年에 등과登科하여 사방에 이름을 떨친다는 좋은 뜻이 있다. 그러나 형刑·충冲·파破·해害와 같이 있으면 격이 떨어져 길신 작용은 하지 못하고 오히려 큰 풍파를 겪는다.

여자 사주에 일지의 장성은 흉성으로 보는데 식상으로 장성이 되면 남편을 자주 바꾸는 경향이 있다.

여자가 비겁 장성이 있으면 사회활동을 하는 것이 좋고, 집에 있으면 몸에 병이 생기는 경우가 있다.

여자가 식상 장성은 칼을 차고 남편을 형극刑剋하는 것이 되므로 남편이 무능하게 된다.

여지가 식신 장성은 이론이 강해 화합이 이루어지지 않아 결국은 고독한 생활을 자초한다.

여자 사주에 관살이 장성이고 천간에 투출까지 되어 사주 구성이 좋으면 남편이 높은 벼슬에 오른다.

참고 이런 점을 주의하라.

인수 장성운에는 시험과 문서에 기쁨이 있게 되고 학문으로 이름을 떨친다. 계약이 성사되고 너무 꼼꼼히 따지면 손해를 보니 상황분석을 잘 해야 한다.
재성 장성 운에는 부친이나 여성의 도움으로 사업이 번창하여 이익이 많고 금융에 길운이라 어려움이 없어진다.
관성 장성 운에는 명예, 승진, 영전이 있게 되고, 자녀에게 길운이고, 여자는 남편에게 운이 좋아 출세한다.
식상 장성 운에는 이사를 좋은 곳으로 가게 되고 경제수입이 많아지며, 여자에게 미혼자는 결혼운이며 득남하거나 자식에게 길하며, 연애도 길하다. 기혼자는 별거를 하거나 이혼을 하려 한다.
비겁 장성 운에는 형제간 화목, 동기간 협력으로 사업 확장, 경쟁자와 협력이 잘되고, 수험생은 친구의 도움이 있으며, 동업자와 의기투합하고, 조직이 활성화된다. 재관이 많아서 신약한 사주는 길하나, 부친이나 처에게는 불안하다.

여러 사람 간에 갈등이 있을 때 결국은 장성 띠에게 머리를 숙이게 된다.
위기에 처해 있을 때 구해 주는 자는 항상 장성 띠에 해당하는 사람이다.
관재사건 발생에는 장성 띠의 사람을 찾아야 살길을 찾는다.
남녀관계에서도 장성이 있는 자와 서로 교제하면 막혔던 일도 순조롭게 개운이 되고 쪼들리던 살림이 풀어지며, 사경을 헤맬 때 치료를 해 준 사람은 반드시 장성 띠 사람이다. 가족 중에 재살과 장성에 해당하는 사람끼리는 반드시 부딪치게 된다.

연주나 일주 장성은 장성 방향에 바람이 못 들어오게 벽이 있거나 뒷집이 가리어 침투하지 못하게 된 집에 사는 사람은 절대로 패망하지 않고 발전이 있게 되지만, 장성 방향으로 출입문이나 통로가 있는 집에 살게 되면 남자는 흉운이 배가한다.
입시를 앞둔 학생은 공부방에 장성 방향으로 출입문이나 창문이 있는 경우에 합격하기 어려우니 장성 방향이 벽으로 막혀 있어야 공부가 잘되고 합격하기 쉽다. 장성 대운에 학생은 학생회장이나 반장이 되고, 직장인은 승진이 되며, 여성은 좋은 배우자를 만나게 된다. 사업가는 사업이 번창하고 이익이 많이 난다.

자. 반안攀鞍

반안攀鞍은 길신吉神 의미가 있다. 금안준마金鞍駿馬의 말안장에 올라앉은 형상에 비유되니 과거에 급제하는 운명이다. 그러므로 총명하고 글재주가 뛰어나다.

십이운성十二運星으로 쇠궁衰宮이라서 몸이 허약할 우려가 있고, 욕심이 적고 현실에 적응을 잘 못해 생존경쟁사회에서 남에게 뒤떨어질 가능성도 있다.

반안은 말안장에 해당하여 현대 사회에서는 고급 자가용으로 통한다. 또는 권위, 출세, 호신, 취직, 승진, 명예, 고급 자가용을 타게 된다는 길신이다.

장성, 반안, 역마를 구비한 자는 말등 위에 안장을 얹고 장군이 행군하는 형상으로 크게 출세한다.

예	申子辰생 子가 장성, 丑이 반안, 寅이 역마를 이룬 사주를 말한다. 소년에 등과하여 이름을 날린다는 길성이다. 현대사회는 비서와 운전사를 대동하고 다니는 사람으로 높은 직위에 앉아서 여러 사람을 통솔한다는 뜻으로 풀이된다. 天門(戌)과 같이 있으면 종교가로 살아간다.

- 반안이 사주에 있는 사람은 임기응변이 능하고 자금융통을 잘하며, 식생활에는 어려움이 없다.
- 위기에 처했을 때 도움을 줄 수 있는 사람은 반안 방향에 살고 있는 사람이다. 위급한 상황에 놓여 피신할 때 반안 방향으로 가면 살 수 있다.
- 부하직원을 채용할 때 반안 띠를 채용하면 일을 시키기가 편하고 일을 잘한다.
- 돈을 빌릴 때는 반안 띠를 찾아서 빌려야 후유증이 없다. 반안에 해당하는 사람과 돈거래를 하면 후유증과 오명을 주는 일이 없다.
- 자금을 숨기고 싶을 때 반안 띠에게 맡겨 두면 성실하게 보존해 준다.
- 가출한 사람이나 잃어버린 물건을 찾을 때 그날 일진에서 반안 방향으로 찾아보면 반드시 그곳에 있다.

잠 잘 때 반안 방향으로 머리를 두고 자면 사업이 잘되고 승진이 잘되며, 학생은 시험에 합격하고, 남녀 미혼자는 혼인길이 열리고 가정은 편하고 행복하지만, 반대로 천살 방향에 머리를 두고 잠을 자면 사업 부진하고 해직당하며, 학생은 진학길이 막히고 부부는 파란이 오며, 미혼자는 결혼이 늦어지고 좋은 배우자를 만나기 어렵다.

반안 일에 상담하러 온 손님은 신규사업, 확장, 결혼 애정문제를 상담하러 오게 되고, 반안살 세운에 상담하러 온 손님은 신규사업, 확장, 건축, 시험 공부, 부업, 문서 잡게 되는 등의 길운이라 노력하면 성취된다.

이와 반대로 슬픈 일은 웃어른의 우환, 질병으로 상복을 입게 될 수도 있다.

참고 이런 점을 주의하라.

인수 반안 운은 문서를 취득하는 운이다. 공부가 잘돼 시험 운이 좋다. 계약이 잘된다. 결재권을 쥐게 된다.
재성 반안 운은 사업이 잘된다. 빌려주었던 돈을 받는다. 증권투자에 길운이다. 애인에게 길운이다.
관성 반안 운은 직위가 영전되거나 고관으로 발탁되며 명예가 높고, 자녀에게 길하며, 군·경·검찰 간부는 특진, 애인이 출세한다.
식상 반안 운은 교육자는 승진, 임신 운, 자녀 길운, 재산 증가, 건강 길운, 이성을 사귀고 도움을 받을 운이다.
비겁 반안 운에는 형제자매나 동기간의 도움이 있고, 선·후배 도움으로 고관 발탁, 동업자의 도움을 받을 운이다.

차. 역마驛馬

역마驛馬를 옛날에는 이곳저곳으로 돌아다니며 풍상을 겪는 흉살로만 여겼으나 현대사회는 길신으로 작용한다.

현대 사회생활에서는 기동성이 필요하므로 사주에 역마가 있으면 사회 진출에 유리하고 해외 각지에 출입할 운이 있으며 상업·무역 등 사업도 번창한다. 그러나 역마가 흉신에 임하고 사주 배합이 나쁘면 평생 떠돌아다니면서 안정을 못하고 동분서주하기만 할 뿐 버는 것이 적고 일만 바쁘다.

역마가 일지와 합이 되면 집 밖에서 태어나거나 여행 중에 태어나는 경우도 있다. 사주원국에 역마·지살이 있고 식상 및 칠살七殺이 태왕하면 교통사고를 당하기 쉽다.

역마가 사주에서 작용하는 것은 선전, 도보, 이동, 변동, 원행, 해외여행, 이민, 이사, 물류이동, 운반, 무역, 운수사업, 관광여행사업, 육상운동선수, 유통업, 우편통신, 움직이는 일, 역마살이 冲이나 형살刑殺이면 교통사고, 관재구설, 수술, 이별, 별거생활, 이혼 운이 따른다.

역마살이 길성이면 임기응변과 외교능력이 뛰어나
외교관이나 여행업이나 항공업에 종사한다.

역마살이 재성에 임하면 무역업을 하거나 운수업을 한다.

역마살이 재성에 임하고 길성에 해당하면 이사 갈 때마다 재산이 늘어난다.

역마살이 재성에 임하면 타향의 여자와 결혼하고 타향에서 돈을 번다.

역마살이 재성에 임하고 일지와 합한 남자는 국제연애나 외화를 획득하게 된다.

역마살이 관성에 임한 여자는 교포나 외국인과 결혼하여 친정을 멀리 떠나 산다.

역마살이 관성에 임하고 일지와 합한 여자는 국제 연애하여 혼혈아를 낳게 된다.

역마살이 재관에 임하고 일지와 합한 남자는 국제 연애하여 혼혈아를 낳게 된다.

역마살이 관인에 임하거나 합한 자는 외국유학을 가게 된다.

역마살이 관성에 임하면 외교관이나 항공관제사 해운관제사
또는 도로공사, 철도청에 종사한다.

역마살이 편인에 임하면 식신을 극해 도식이 되니 외국에 나가 살면서 고생한다.

역마살이 시지에 임하면 해외이민이나 해외지사 근무로
외국에 나가 장기간 살게 된다.

역마살이 흉신에 임하면 동분서주 활동해도 소득이 적고 풍파가 많고 고달프다.

역마살에 형충刑冲하고 세운에서 흉운으로 작용될 때 급변사고나 교통사고로
불구 또는 사망하는 불상사가 발생하게 된다.

역마살이 공망이면 거주지가 불안하며 이사가 많고 객사하기 쉽다.

역마살이 건록이나 득령得令이면 복록이 오래가고 길하다.

역마살이 실령失令이면 복록이 가볍다.

역마살에 해당하는 자녀나 손자가 탄생하면 반드시 가운이 크게 번창한다.

역마살이 연지에 임하면서 공망이면 외가가 몰락한다.

역마살이 일지에 임하면서 공망이면 처가에 후사가 없다.

역마살이 망신살과 동주하면 가정이 불안하고 관재구설이 잦다.

역마살이 장생지에 임하면 서적, 전산, 인쇄, 문구, 서예, 대서업으로 부자가 된다.

子午卯酉생이 역마 띠 자식을 두게 되면 가문을 빛낼 훌륭한 자식을 두게 된다.

역마살이 월지나 일지를 충극하는 운에는 전직한다.

역마살의 천간에 식신이 있는 자는 복록이 두텁다.

역마살에 식신이 동임이면 신망이 높다.

역마살의 천간에 재성이 임하면 복이 많으며 상업으로 치부한다.

역마살이 편관에 임하고 도화살과 합한 자는 애인과 도주하게 된다.

역마살에 합이 있으면 충하는 해와, 충이 있으면 합하는 해의 월에 움직이다.

역마살이 악살과 동주하면 타향에서 고생하다 객사한다.

역마살이 천을귀인과 동주하면서 관성 용신이면 높은 자리에 오른다.

역마살이 관성과 세운이 합되면 명예가 높아진다.

을일乙日 해亥 역마는 해외에서 유학하는 인수역마라 총명하다.

정일丁日 해亥 역마는 관성 역마이면서 천을귀인이니 관리나 군인은 승진한다.

기일己日 해亥 역마는 재성 역마라 평생 행복하다.

계신일癸辛日 해亥 역마는 설기되기 쉬우니 신체가 허약하기 쉽다.

을정기계일乙丁己癸日 사巳 역마는 양명이다.

사주에서 역마는 교통수단으로 보는데 다음과 같이 적용한다.

신申 역마는 지상이고, 해亥 역마는 해상이며, 인사寅巳 역마는 항공운수업이다.

참고 이런 점을 주의하라.

인수 역마 운에는 여권이나 비자 발급, 해외문서 취득, 해외유학, 외국서적 구입이 있고, 부모가 효도관광차 외국여행을 한다.
재성 역마 운에는 외화 득재, 해외 횡재, 국제연애, 국제결혼, 차관으로 사업 확장, 해외투자, 해외송금을 한다.
관성 역마 운에는 해외지사 발령, 군사 유학, 외국 군사파견, 대사관 영사관 무관 발령, 지방 발령, 여행사 취직, 교통부에 근무하게 된다.
식상 역마 운에는 해외·지방으로 이사, 이사하면 좋은 인연을 만나고, 미혼자는 해외나 타향 사람과 결혼, 여행 중 연애, 여행 중에 출산, 기혼자는 여행 다녀오면 부부 불화하여 이혼한다.
비겁 역마 운에는 형제 동기간과 여행, 형제가 이민이나 지방으로 이사를 가니 이별, 동업자의 변동사항으로 재정적 어려움이 있게 된다.

카. 육해살六害殺

육합과 충되는 자가 육해살이다. 예를 들면 子丑合을 하는데 午나 未가 子午冲이나 丑未冲하여 방해한다. 다음과 같이 만나면 육해살이다. 자미해子未害, 축오해丑午害, 인사해寅巳害, 묘진해卯辰害, 해신해亥申害, 유술해酉戌害이다. 사주에 육해살六害殺이 많으면 부모·처자와 인연이 박하여 고독하고 인덕이 없는 팔자로 살면서 정이 없다. 육해살이 있고, 또 다른 흉신과 겹치면 남 때문에 크게 실패한다.

사주 구성이 나쁘면 스님이 되어야 화액禍厄을 면한다. 생일과 생시가 모두 육해살이면 아내가 도망가는 수가 있다. 결혼날짜를 잡을 때 육해살 날을 잡으면 자식을 낳기 어렵다.

육해살은 화재, 실직, 좌천, 질병, 급성질병, 수술 신음, 문서계약에 사기, 부모의 근심, 모든 일이 막힘, 화재, 도난사고, 관재가 발생한다.

육해살은 답답한 운세이며 일생 동안 분주하기만 하지 소득이 적다. 육친덕이 없으며 병이 있어서 약탕기를 머리맡에 놓고 산다는 살이다.

육해살이 있으면 신경이 민감하고 동작이 민첩하다. 음식을 빨리 먹는다.

육해살이 있으면 목적지를 갈 때 다른 사람보다 먼저 도착해야 직성이 풀리는 성격이다.

여자 사주에 식상이 육해살이면 난산이며 생명에도 위험하니 병원에서 출산하고 산후조리를 잘해야 한다.

육해살 띠에 해당하는 자식이라면 부모가 죽을 때 반드시 임종을 지켜보는 자식이다.

육해살 띠에 해당하는 사람과는 절대로 싸우지 말아야 한다. 반드시 그 사람으로 인해 몰락하게 된다.

육해살 방향으로 가서 땅이나 집을 사면 싸게 살 수 있다. 그 방향은 집을 팔고 가는 사람이 많다.

육해살 방향을 바라보며 성실하게 장사를 하면 언제나 조상이 돕는 방향이다.

육해살 월이나 일에 돈을 빌리면 연살 월이나 연살 일에 돈을 갚게 된다.

육해살에 해당하는 사람에게 돈을 꾸어 주면 연살 월이나, 연살 일에 돈 받으러 가면 받을 것이다.

참고 이런 점을 주의하라.

인수 육해 운에는 문서상의 장애, 비자 발급 지연, 문서계약 문제점 발견, 학업장애, 여행 취소, 여행지에서 문제가 발생한다.
재성 육해 운에 돈을 빌려 주면 못 받는다. 부인과의 관계 악화, 사업자금 장애나, 여자 문제가 발생한다.
관성 육해 운에는 명예 손상, 진급 누락, 대기 발령, 파직, 좌천, 자식 문제 발생, 남자 문제 악화, 관재구설이 생긴다.
식상 육해 운에는 이사에 장애, 불임으로 고생, 인공수정 시도, 언어장애, 언어표현 잘못으로 오해받아 구설이 생긴다.
비겁 육해 운에 형제간에 의가 상한다. 동업자와 의견 충돌, 부부 간통으로 이혼 소송, 법원에 출입할 일이 생긴다.

타. 화개華蓋

辰·戌·丑·未 年이나 日에 태어나면 무조건 화개이다. 사주에 화개가 많으면 총명하고 이해심이 많으며 낭만적인 기질이 있고 예능에 뛰어나다. 문화, 종교, 신앙, 사찰, 성당, 교회, 예술, 미술, 기술, 수도, 부동산을 상징하는데, 화개가 공망이면 집안에 승려, 신부, 목사 등 일반적으로 전통신앙이 되므로 종교인이 많다.

화개가 인수와 동주하면(화개 위의 천간이 인수인 것) 학문으로 명성이 알려진다. 月·日·時에 화개가 있으면 신앙이 두텁다. 여자는 화개가 많으면 도리어 불길하다. 고독한 팔자로 심한 경우에는 화류계로 나가게 되거나, 수도자로 수녀나 비구니가 된다. 남녀를 막론하고 예능인으로 인기를 얻으려면 반드시 화개와 연살이 있어야 한다.

화개가 여자 사주에 있으면 지혜는 있으나 많게 되면 화류계에 진출하거나 또한 과수살이 있고 화개가 공망이면 수녀나 비구니 승려가 된다.

화개 인수이면 총명하고 준수하여 학자가 된다. 사주 중에 화개가 많으면 호인으로 놀기를 좋아하는 도인이다. 화개가 많고 연살과 合되면 색욕이 강하여 풍류를 즐기는 사람이다.

화개가 용신인 사람은 신앙심이 강하여 종교생활에 열성인 사람도 있으며 그 업에 종사하는 사람도 있다. 세운이나 월운에서 화개 운이 오면 종교계 종사자는 모금이나 불사가 잘된다.

화개가 많은 자는 고독하여 신부나 승려가 되기 쉬운데 묘고가 많기 때문이다.
화개가 많은 여자는 지혜는 있으나 색정이 따르며 과부를 면하기 어렵다.
화개가 인수가 되고 공망空亡이 되면 총명하고 학승이 되기 쉽다.
화개가 과수살과 동임하면 수녀나 비구니가 아니면 과부 소리 듣게 된다.
화개가 년이나 일에 있으면 탯줄을 목에 걸고 출생했다고 보며 출생한 지 보름 안에 스님이 다녀간다는 신살이다.
화개가 시지에 임한 여자는 낳은 자식을 기르기 어렵다.
화개가 일지에 있는 자는 입산하여 불공을 드리게 되고 배우자가 부처님 전에 발원한다.

화개가 형충刑冲되면 문화사업으로 동분서주하게 되고 천주교·기독교 신도가 많다.

무기일생戊己日生이 시지에 화개가 있으면 처를 극하고 말년에 자녀와 이별한다.

임계일생壬癸日生이 시지에 화개가 있는 여자는 난산하거나 출산을 못 한다.

화개가 식상이면 조모님이 독실한 불교신자이거나 천주교 신자이다.

화개가 인수면 학문이 뛰어나거나 어머니가 독실한 불교나 천주교 신자이다.

참고 이런 점을 주의하라.

인수 화개 운에 문서 체결이 잘된다. 결재권을 갖는다. 학위 취득, 입시 합격, 고시 합격, 교원임용 시험에 합격한다.
재성 화개 운에 횡재한다. 여자 도움으로 축재하며 사업이 번창하고 애인 도움으로 사업 시작, 부친에게 길운이 있게 된다.
관성 화개 운에 명예가 높아지고, 관료직에는 특진 영전, 자식에게 길운이 있고, 여자는 남편에게 길함이 있고, 애인이 출세한다.
식상 화개 운에 좋은 곳으로 이사하게 되고, 이사를 하면 재산이 증가한다. 장모 덕을 본다, 처녀는 좋은 인연을 만나고, 유부녀는 연애하면 대접받고 좋은 인연이나 남편과 갈등이 발생한다. 연애하면 남자 도움으로 득재하며, 봉사활동을 하면 호평을 받는다.
비겁 화개 운에 형제나 동기간이 도와 모든 일이 잘 풀리고, 동업자의 도움으로 득재하고, 조직이 화합한다.

6 십이운성 | 十二運星

십이운성十二運星이란 十干을 월지에 대입시켜 강약을 보기 위한 법식으로 포胞, 태胎, 양養, 장생長生, 목욕沐浴, 관대冠帶, 건록建祿, 제왕帝旺, 쇠衰, 병病, 사死, 묘墓를 합칭한 용어이다.

용신의 강약과 오행의 강약을 보는데, 신살의 의미로 사주의 운명을 추리하는 데 쓴다.

십이운성에는 세 가지 법이 있으며 다음 도표와 같다.

첫째, 〈조견표 1〉과 같이 십간별 오행의 음양으로 구분하여 따져 나가는 법으로서, 강약에 의미가 많다.

【천간 음양 십이운성 조견표 1】

십간 \ 십이운성	포 胞	태 胎	양 養	생 生	욕 浴	대 帶	록 祿	왕 旺	쇠 衰	병 病	사 死	묘 墓
갑 (甲)	申	酉	戌	亥	子	丑	寅	卯	辰	巳	午	未
을 (乙)	酉	申	未	午	巳	辰	卯	寅	丑	子	亥	戌
병 (丙)	亥	子	丑	寅	卯	辰	巳	午	未	申	酉	戌
정 (丁)	子	亥	戌	酉	申	未	午	巳	辰	卯	寅	丑
무 (戊)	亥	子	丑	寅	卯	辰	巳	午	未	申	酉	戌
기 (己)	子	亥	戌	酉	申	未	午	巳	辰	卯	寅	丑
경 (庚)	寅	卯	辰	巳	午	未	申	酉	戌	亥	子	丑
신 (辛)	卯	寅	丑	子	亥	戌	酉	申	未	午	巳	辰
임 (壬)	巳	午	未	申	酉	戌	亥	子	丑	寅	卯	辰
계 (癸)	午	巳	辰	卯	寅	丑	子	亥	戌	酉	申	未

둘째, 〈조견표 2〉와 같이 지지地支 三合을 기준으로 정하는 법으로서, 십이신살十二神殺과 함께 쓴다.

【신살 십이운성 조견표 2】

일지·연지 \ 신살 \ 십이운성	포 胞 겁살	태 胎 재살	양 養 천살	생 生 지살	욕 浴 연살	대 帶 월살	록 祿 망신	왕 旺 장성	쇠 衰 반안	병 病 역마	사 死 육해	묘 墓 화개
申子辰 水生	巳	午	未	申	酉	戌	亥	子	丑	寅	卯	辰
亥卯未 木生	申	酉	戌	亥	子	丑	寅	卯	辰	巳	午	未
寅午戌 火生	亥	子	丑	寅	卯	辰	巳	午	未	申	酉	戌
巳酉丑 金生	寅	卯	辰	巳	午	未	申	酉	戌	亥	子	丑

셋째, 〈조견표 3〉과 같이 陰은 쓰지 않고 양간으로 통합하여 용신을 기준으로 십이운성을 보는 법으로서, 용신과 희신의 오행 강약을 대운에 대입하여 쓴다.

【용신 십이운성 조견표 3】

용신 오행 \ 십이운성		포 胞	태 胎	양 養	생 生	욕 浴	대 帶	록 祿	왕 旺	쇠 衰	병 病	사 死	묘 墓
水	壬癸 申子辰	巳	午	未	申	酉	戌	亥	子	丑	寅	卯	辰
金	庚辛 巳酉丑	寅	卯	辰	巳	午	未	申	酉	戌	亥	子	丑
火土	丙丁戊己 寅午戌	亥	子	丑	寅	卯	辰	巳	午	未	申	酉	戌
木	甲乙 亥卯未	申	酉	戌	亥	子	丑	寅	卯	辰	巳	午	未

> 용어 중에서 포胞와 절絕의 쓰임은 十干의 오행별 크기를 볼 때는 포胞로 쓰이며, 용신의 강약을 볼 때와 神殺의 용도로 쓸 때는 절絕로 쓰게 된다. 그러나 첫 시작점으로 출발할 때는 포胞로 시작한다.

가. 십간十干 십이운성十二運星

十干의 십이운성十二運星은 포·태·양·장생·목욕·관대·건록·제왕·쇠·병·사·묘가 순서이다.

양간 甲·丙·戊·庚·壬의 양일간은 〈조견표 1〉과 같이 甲日은 申이 포이고, 丙·戊日은 亥가 포이고, 庚日은 寅이 포이고, 壬日은 巳가 포라고 붙여 위 십이운성 명칭의 순서대로 十二支에 붙여 나간다.

음간인 乙·丁·己·辛·癸의 음일간도 〈조견표 1〉과 같이 乙日은 酉에 포이고, 丁·己日은 子에 포이고, 辛日은 卯에 포이고, 癸日은 午에 포를 각각 붙여 십이운성 명칭의 순서대로 나가되, 단 십이지지는 거꾸로(逆行) 돌려 짚는다. 다음과 같은 방법으로 이해하면 된다.

지지 순행	甲日에 申은 포, 酉는 태, 戌은 양, 亥는 장생, 子는 목욕, 丑은 관대, 寅은 건록, 卯는 제왕, 辰은 쇠, 巳는 병, 午는 사, 未는 묘가 된다.
지지 역행	乙日에 酉는 포, 申은 태, 未는 양, 午는 장생, 巳는 목욕, 辰은 관대, 卯는 건록, 寅은 제왕, 丑은 쇠, 子는 병, 亥는 사, 戌은 묘가 된다.
지지 순행	丙·戊日에 亥는 포, 子는 태, 丑은 양, 寅은 장생, 卯는 목욕, 辰은 관대, 巳는 건록, 午는 제왕, 未는 쇠, 申은 병, 酉는 사, 戌은 묘가 된다.
지지 역행	丁·己日에 子는 포, 亥는 태, 戌은 양, 酉는 장생, 申은 목욕, 未는 관대, 午는 건록, 巳는 제왕, 辰은 쇠, 卯는 병, 寅은 사, 丑은 묘가 된다.
지지 순행	庚日에 寅은 포, 卯는 태, 辰은 양, 巳는 장생, 午는 목욕, 未는 관대, 申은 건록, 酉는 제왕, 戌은 쇠, 亥는 병, 子는 사, 丑은 묘가 된다.
지지 역행	辛日에 卯는 포, 寅은 태, 丑은 양, 子는 장생, 亥는 목욕, 戌은 관대, 酉는 건록, 申은 제왕, 未는 쇠, 午는 병, 巳는 사, 辰은 묘가 된다.
지지 순행	壬日에 巳는 포, 午는 태, 未는 양, 申은 장생, 酉는 목욕, 戌은 관대, 亥는 건록, 子는 제왕, 丑은 쇠, 寅은 병, 卯는 사, 辰은 묘가 된다.
지지 역행	癸日에 午는 포, 巳는 태, 辰은 양, 卯는 장생, 寅은 목욕, 丑은 관대, 子는 건록, 亥는 제왕, 戌은 쇠, 酉는 병, 申은 사, 未는 묘가 된다.

나. 신살神殺 십이운성十二運星

신살 십이운성에서는 포를 절로 쓰는데 지지는 三合의 化五行 중심으로 보기 때문에 절로 쓰게 되며, 십이신살과 같은 의미로 쓰게 된다.

신살 십이운성 정국은 십이신살과 같다. 절絕을 겁살劫殺, 태胎는 재살災殺, 양養은 천살天殺, 장생長生은 지살地殺, 목욕은 연살年殺, 관대冠帶는 월살月殺, 건록建祿은 망신亡身, 제왕帝旺은 장성將星, 쇠衰는 반안攀鞍, 병病은 역마驛馬, 사死는 육해六害, 묘墓는 화개華蓋에 해당한다.

신살 십이운성의 운명적 작용은 십이신살과 비슷하여 구태여 달리 설명할 필요가 없으나, 오행의 왕쇠에 의한 유도의 차이가 약간 다르기에 간단히 수록한다.

가령 〈조견표 1〉의 십이운성은 십간 위주로 왕쇠를 가늠하나, 신살 십이운성은 地支三合의 화오행化五行을 중심으로 왕쇠를 판단하는 방법으로 십간과 용어의 혼돈을 피하기 위해서 십이신살에 적용하여 써 왔으나 여기에서는 용어를 변환하여 밝히는 것이니 잘 보면서 써야 한다.

> 申·子·辰生은 三合으로 化五行이 水라 絕을 巳에 붙여 절·태·양·생·욕·대·록·왕·쇠·병·사·묘를 십이지를 순서대로 양간 십이운성만 본다.
>
> 巳·酉·丑生은 三合으로 化五行이 金이라 絕을 寅에 붙여 절·태·양·생·욕·대·록·왕·쇠·병·사·묘를 십이지를 순서대로 양간 십이운성만 본다.
>
> 寅·午·戌生은 三合으로 化五行이 火라 絕을 亥에 붙여 절·태·양·생·욕·대·록·왕·쇠·병·사·묘를 십이지를 순서대로 양간 십이운성만 본다.
>
> 亥·卯·未生은 三合으로 化五行이 木이라 絕을 申에 붙여 절·태·양·생·욕·대·록·왕·쇠·병·사·묘를 십이지를 순서대로 양간 십이운성만 본다.

신살 십이운성 암기법

三合과 同一한 자 同

- 첫 자와 같은 자 ⟶ 생(生)
- 가운데 자와 같은 자 ⟶ 왕(旺)
- 끝 자와 같은 자 ⟶ 묘(墓)

三合과 冲되는 자 冲

- 첫 자와 冲한 자 ⟶ 병(病)
- 가운데 자와 冲한 자 ⟶ 태(胎)
- 끝 자와 冲한 자 ⟶ 대(帶)

三合의 前에 있는 자 前

- 첫 자의 앞 자 ⟶ 양(養)
- 가운데 자의 앞 자 ⟶ 록(祿)
- 끝 자의 앞 자 ⟶ 사(死)

三合의 後에 있는 자 後

- 첫 자의 다음 자 ⟶ 욕(浴)
- 가운데 자의 다음 자 ⟶ 쇠(衰)
- 끝 자의 다음 자 ⟶ 절(絕)

동 : 생·왕·묘	충 : 병·태·대
전 : 양·록·사	후 : 욕·쇠·절

생월지가 절絕이면 부모나 조상의 기반이 약하여 고향을 지키지 못하며, 동기간에 불화하여 혼자뿐이므로 고독하다. 생월지가 양이면 자수성가하는

운명이며 혹 양자로 들어가거나 잠시라도 남에게 의지하여 산다.

생월지가 욕浴이면 시끄럽거나 명예롭지 못한 가정이거나 또는 빈궁하거나 재취한 모친으로부터 출생한 신분이다.

생일지가 욕이면 바람기가 심해서 색정에 의해 실패를 보는 수가 있다.

생일지가 사·묘·절 등에 해당하면 몸이 약하거나 처덕이 없다.

생시지가 사·묘·절이면 자식운이 불리하거나 말년에 고생한다.

생시지가 생·록·왕 등에 임하면 자식 복이 좋고 말년 운세가 길하다.

십이운성 가운데 양·생·대·록·왕은 길신에 속하고, 절·욕·병·사는 흉살이며 태·쇠는 소흉하다.

삼재三災는 바로 이 십이운성에 의해 만들어졌다. 고법 사주에서 생년의 三合을 기준으로 태세太歲의 지지가 병·사·묘에 해당하는 세운을 삼재라 한다. 신법 사주에서는 생일과 생년이 동일한 삼합 권에서 용신의 병·사·묘 운으로 진행할 때 용신 왕쇠 법식에 적용되므로 정확한 삼재가 된다.

용신으로 작용하는 삼재는 **복삼재**라고 칭하고, 흉신으로 작용하는 삼재는 **악삼재**가 된다. 寅·午·戌 띠는 申酉戌년이 삼재, 申子辰 띠는 寅卯辰년이 삼재, 亥·卯·未 띠는 巳午未년이 삼재, 巳·酉·丑 띠는 亥子丑년이 三年에 걸쳐 병·사·묘로 삼재가 걸린다.

다. 용신用神 오행五行 십이운성十二運星

용신用神의 오행에 따른 십이운성은 용신이 정해진 다음에 용신과 희신의 오행을 양간으로 간주하여 음양에 관계없이 양포태법으로만 기준하여 십이운성을 대운에 대입하여 운의 길흉을 볼 때 쓴다.

라. 십이운성과 십이신살 十二神殺의 공통점

寅申巳亥의 사생지四生地는 지살·역마살·겁살·망신살인데 첫 출발하는 장생지長生支로 만물이 세상에 탄생하여 출발점이 되는 것으로 어린아이와 같은 시기로서 순수한 희망만을 가지고 추진하는 시기가 된다.

子午卯酉의 사왕지四旺地는 연살·육해·장성·재살인데 왕성하게 활동을 하는 제왕지帝旺支로 만물이 자라서 꽃을 피우고 열매를 맺는 시기로 젊은 혈기가 이성을 찾는 도화가 되어 결혼을 한다. 재성과 관성에 해당되지 않아도 이성으로 간주하는 것이다.

辰戌丑未의 사묘지四墓地는 화개·천살·육해·월살이 되는데 종착지점에 도달한 사묘지四墓地로 결실·수확·저장·회귀 등을 뜻하는 신살 의미를 찾을 수 있고 인간에게 마지막 단계인 노년의 시기가 된다. 인생을 정리하는 시기가 되어 죽음의 무덤에도 해당한다.

십이운성과 십이신살의 공통점을 비교해 보았는데 서로 같은 의미를 가진 이명의 신살에 해당한다. 사주에는 신살이 없었으나 다른 학문에서 신살이 도입되면서 같은 의미의 이명 신살들이 중복되어 전해져 내려오고 있는 것이 현실이다.

십간을 지지로 변환시키거나 십이지지를 천간으로 변환시켜 신살을 적용하여 쓸 수 있다.

예를 들면 甲일주 입장에는 申金이 절지가 되면서 겁살이 되는데 庚金도 지지로 변환시키면 申金이 되는 것으로 보고 庚金도 겁살로 보며 편관이 겁살이 되는데 강제성이 있으므로 겁탈을 당하게 되는 의미가 있으므로 여자에게는 흉살이 된다.

三合을 기준하여 십이신살을 뽑고 궁과 십신을 참조하여 적용을 하는데 庚金 일주가 申金 비견이 겁살에 해당하면 형제나 친구에게 재물손실을 보게 되는데 부인에게는 질병이 된다.

비겁은 탈재를 하는 십신인데 연에 비겁이 있으면 조상이 탈재가 되어 그 사람이 태어날 때 이미 가난한 집안에서 출생하니 물려받을 유산이 없어 유산 상속을 못 받는다.

이와 같이 궁의 통변성도 중요하나 오행의 생生·극剋·제制·화化의 희신과 기신이 최우선이며 신살은 보조적인 수단으로 써야 합당하다.

7 상문·조객 | 喪門·弔客

상문喪門에는 일가나 친척 중에서 사망하여 상복을 입게 된다는 신살이며, **조객**弔客에는 일가나 친척 중에서 사망하여 조문할 일이 생기는 신살이다. 일가나 친척과 멀어지는 뜻으로도 쓰이게 되는데 구성은 세운을 중심으로 사주에 대입하여 보는데 아래와 같다.

【상문·조객 조견표】

신살 \ 세운	子	丑	寅	卯	辰	巳	午	未	申	酉	戌	亥
상문 喪門	寅	卯	辰	巳	午	未	申	酉	戌	亥	子	丑
조객 弔客	戌	亥	子	丑	寅	卯	辰	巳	午	未	申	酉

세운지지를 기준해서 순행으로 三位에 해당하는 지지가 상문이고, 세운의 지지를 기준해서 역행으로 三位에 해당하는 지지가 조객이다.

즉, 子年이면 丑을 걸러 寅이 상문이고, 子年이면 거꾸로 亥를 건너 戌이 조객이다. 다른 세운도 이와 동일하다.

상문이나 조객이 드는 육친은 무슨 일에나 장애가 따르고 질병도 자주 발생하며, 잘되다가도 의외의 변이 생겨 좌절되는 등 어려움이 발생한다.

8 고신·과숙 | 孤辰·寡宿

고신孤辰·과숙寡宿살은 생년으로 기준하고, 혹은 생일을 기준해서 보는데, 아래의 설명과 같다.

【고신·과숙 조견표】

연지·일지	子	丑	寅	卯	辰	巳	午	未	申	酉	戌	亥
고신 孤辰	寅	寅	巳	巳	巳	申	申	申	亥	亥	亥	寅
과숙 寡宿	戌	戌	丑	丑	丑	辰	辰	辰	未	未	未	戌

亥·子·丑 年과 日에 출생한 남자는 寅이 고신이고, 여자는 戌이 과숙이다. 寅·卯·辰 年生이 月·日·時支 가운데 巳가 있는 남자는 고신이고 여자는 丑이 있으면 과숙이다.

연지를 기준할 경우에는 月·日·時支 가운데서 찾고, 일지를 기준 할 때 年·月·時支 가운데서 해당 글자를 찾아야 한다.

고신과 과숙을 남녀 공히 함께 참조해도 잘 맞는다. 年·月·日·時 어디에 있거나 고신 및 과숙이 있으면 무조건 홀아비나 과부가 되는 팔자라 단정해서는 안 된다.

연지가 고신·과숙이면 부모와 이별하거나 부모 곁을 떠나 외롭게 사는 팔자이고, 월지가 고신·과숙이면 조실부모하여서 고아로 살아왔거나 초년에 고독한 것으로 추리한다.

일지가 고신·과숙이면 남녀가 배우자를 잃고 고독하게 사는 것이다. 시가 고신·과숙에 해당하면 말년운이 고독하다.

여자는 화개가 많고 과숙이 있으면 팔자가 세어 고독하다. 화개나 과숙은 모두 辰·戌·丑·未에 해당하고, 사주에 辰·戌·丑·未 중에 어느 것이건 3개 이상이면 빈천하거나 고독한 운명이며 팔자가 센 것으로 풀이해도 좋다.

寅·申·巳·亥가 고신이요, 역마·지살이 되는 글자라 사주에 寅·申·巳·亥가 많으면 집을 떠나 타관객지에 머무는 때가 많으므로, 아내를 집에다 두고 타관객지에서 고독한 잠을 자야 할 것이므로 고신이라 한다.

9 귀문관살 | 鬼門關殺

귀문관살鬼門關殺은 원진살怨嗔殺과 구성이 비슷하다. 구성법은 연지와 일지를 기준해서 타 지지와 구성이 된다.

【 귀문관살 조견표 】

연지 · 일지	子	丑	寅	卯	辰	巳	午	未	申	酉	戌	亥
각 지 지	酉	午	未	申	亥	戌	丑	寅	卯	子	巳	辰

격국이 청하고 귀문관살이 있으면서 대운이 길하면 두뇌회전이 좋고 매우 총명하다. 예감과 영감이 발달하고, 예술적 감각이 뛰어나며, 아이디어가 풍부하고 집중력이 뛰어나 과학자나 연구소 연구원으로 적합한 신살이다.

귀문관살이 있으면서 격이 탁하고 운이 흉하면 정신질환·의처증·의부증·히스테리·성격이 까다롭고 천방지축으로 엉뚱한 면이 있으며 열등의식이 강해 자존심을 건드리면 포악한 성격으로 돌변한다.

귀문관살이 있고 대운이 나쁘고 신약하면 정신질환·신기·변태성욕자·근친상간·동성동본끼리 연애를 하거나 결혼으로 작용하고, 일주가 간여지동干與支同에 귀문관살이면 동성연애를 한다.

여자 사주에 金水가 태왕하면서 귀문관살이면 성적 기능에 불감증이 되기 쉬우나 한번 발동이 되면 변태성인 성도착증性倒錯症으로 작용한다. 변덕이 심하고 집착이 강하다.

木일주가 겨울철에 태어나 귀문관살이 임하고 水가 태왕한데 火가 없으면 水木응결이니 혈액순환이 안 되어 신경쇠약·간질병·정신박약·우울증·노이로제 등 질병이 따르고 신기가 발동하여 고생이 심하다.

火일주가 여름철에 태어나서 귀문관살이 임하고 火氣가 태왕하고 水氣가 없으면 火氣가 염열炎熱하니 조울증, 광증, 히스테리, 우울증, 정신이상으로 작용하기 쉽다.

귀문관살이 연월에서 있는 사주는 부모 중에 신들린 분이 있거나 대대로 가신 등 신위를 모셔 놓고 섬기던 집안이거나 자신이 신기가 있을 가능성이 있는 것으로 본다.

일지와 연지가 귀문관살이 있으면 조상 때문에 신경 쓸 일이 많거나 원망하고 선조 제사는 성의 없고 자기 핏줄과 전혀 관계가 없는 타민족의 조상신인 종교에 집착하여 부모형제와 화목하지 못하고 원수처럼 살아가는 서양 무당이 되기 쉽다.

일지와 연지가 간여지동干與支同이면서 귀문관살이면 동성동본과 연애하여 결혼문제로 고민하거나 연주나 월주에서 재성이 비겁과 동주하고 일지와 귀문관살이 되면 형수 또는 제수를 좋아하고, 유부녀와 연애하여 고민한다.

여자 사주에서 관성과 일지가 귀문관살이고 관성이 겁살에 해당하면 남자에게 겁탈당해 강제 결혼을 하기 쉽다.

연주나 월주에 관성이 비겁과 동주하고 일지와 귀문관살이면 시아주버니나 시동생과 연애를 하거나 유부남과 연애하여 고민을 하거나 나이 차이가 많은 백두노랑白頭老郎(흰 머리의 늙은 신랑)이나 또는 형부나 제부하고 연애하여 고민하게 된다.

십신으로 재성과 인성이 귀문관살이면 모친과 처가 불화하게 되고 문서나 돈 문제로 불화가 자주 발생한다.

사주원국에 귀문관살이 있는데 운로에서 또 다른 귀문관살이 만들어지면 신병이나 정신질환으로 고생하거나 판단력이 흐려져 큰 과오를 저지르게 된다.

사주원국에 귀문관살이 없고 운에서 귀문관살이 만들어지면 신경 쓸 일이 많아서 스트레스가 쌓이게 되고 판단력이 흐려지므로 정신 나간 짓을 하게 된다.

귀문관살의 일반적인 현상으로 매사에 한 가지 일에만 집착하고 몰두하는 성격이니 연구기관에 적합하다. 일반인들은 간단하게 생각하는 것을 귀문관살이 있는 사람은 집요하게 파고들어 매달린다.

그러므로 의부·의처증도 너무 깊이 생각하고 집요하여 생기는 증상이다. 종교인이라면 맹신자가 되어 집안일은 돌보지 않고 모든 일을 종교와 결부시키는 종교적인 정신병자로 발전하여 정신병원에서 치료를 받아도 치료가 안 된다.

일지가 辰戌丑未에 해당하고 귀문관살이 구성이 되면 土는 중앙이고 중심이니 흔들리지 않으므로 상대가 설명해도 받아들이지 않고 자기중심적인 생각으로 밀고 나가니 일방적인 성격이다.

辰戌丑未는 옛것을 상징하므로 과거 회귀적인 성격으로 부부싸움을 하면 과거를 자꾸 들먹여 상대를 피곤하게 한다.

상대방을 원망하고 남에게 서운한 일을 당하면 증오심으로 저주하는 마음을 가지게 되며 두고두고 씹는다. 이와 같은 사람이 이혼하면 평생 동안 원수지간이 되게 된다. 丑午·寅未·卯申·巳戌·辰亥·子酉가 해당 귀문관살이 된다.

귀문관살은 신기로 작용하는 경우가 많은데 辰亥와 巳戌은 천문성天門星과 천라지망에 화개까지 겸해 전통종교로 승려·신부·무속·역술인 사주에서 많이 본다.

> 귀문관살이 있고 화火 일주 신왕사주는 귀신을 보는 사람도 있으며, 사주원국에 식신제살격이 되어 있는 사주는 퇴마사의 능력이 있다.
>
> 중화를 이룬 사주가 귀문관살이 있으면 장점으로 작용을 하여 두뇌총명에 예지능력이 있는 경우가 있으니, 사주의 청탁淸濁 고저高低를 판단하지 않고 단식판단법으로 간명하면 오판을 하는 경우가 많으니 주의하여 판단해야 한다.

10 홍란성 | 紅鸞星

홍란성紅鸞星은 길신에 해당된다. 예를 들면 子月생이 年·日·時 중에 卯가 있거나 丑月생이 寅이 있으면 홍란성이 이루어지는데 다음 표와 같다.

【홍란성 조견표】

생 월	子	丑	寅	卯	辰	巳	午	未	申	酉	戌	亥
홍란성	卯	寅	丑	子	亥	戌	酉	申	未	午	巳	辰

홍란성은 여자에게 길신이다. 왜냐하면 홍란성이 일지에 있으면 용모가 단아하고 마음씨가 고우며 현모양처로서의 품위와 지혜를 지니고 있기 때문이다.

남자 사주도 군자다운 면모가 있고 덕망이 높아 뭇사람의 존경을 받는다. 日이나 時에 있어도 작용이 된다.

또한 홍란성에 해당되는 육친이 덕망이 높아 많은 사람들의 존경을 받는 것으로 보아도 된다.

남자는 일지가 홍란성이면 일지는 처궁이라 덕을 갖춘 여자를 아내로 맞이하게 된다.

제3장

격국과 용신
格局 用神

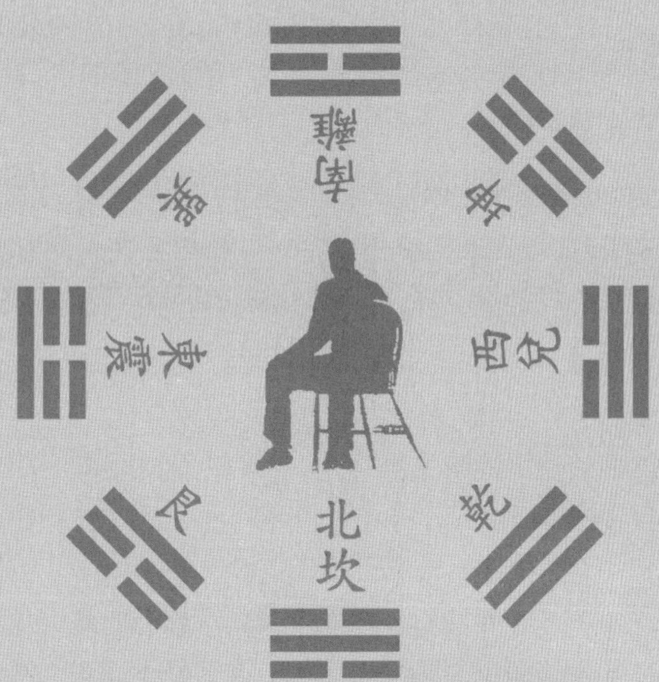

제1절

격국론 | 格局論

1 격국 용법 | 格局 用法

미래예측 사주학은 각자 타고난 길흉화복을 미리 알고 다가올 미래를 예측하여 취길피흉取吉避凶하는 지침서이다. 이 학문은 인문학, 미래예측 사주학, 교육학, 심리학, 의학, 경제학, 정치학 등의 모든 학문에 적용할 수 있다.

격국格局의 고저와 용신用神의 조절 능력에 따라서 인생의 길흉화복을 분석하는 법이 있는데 진로와 적성을 보고, 성격과 육친덕 유무와 가정환경과 사회적 지위를 본다.

> **격格은 개인별 특성을 나타내는 것인데 적성適性으로 작용作用을 하기도 한다.**
> **격格이 성격成格이 되고 청淸하면 대운이 나쁘더라도 천하게 살지 않는다.**
> **격格이 파격破格이 되어 탁격濁格이면 대운이 좋아도 크게 발복되지 않는다.**

일간의 특성과 격국의 특성이 있는데 여기에 생·극·제·화와 상생·상극과 신살인 합·형·충·파·해·원진 등 각종 신살로 인생 형태를 보며, 세운으로 사건의 형태를 보고 대운으로 운세 변화를 본다. 사주 일주 오행은 표면적으로 나타나는 특성이고, 격국은 내면에서 밖으로 나타나는 특성이 되어 타고난 능력으로 작용하는 것이다.

격이 성격되어 청하면 운로가 좋지 않아도 흉하게 작용되지 않으므로 사회활동에는 어려움 없이 활동한다. 격이 충극이나 혼잡으로 파격이 되어 탁하면 사회적인 활동이 복잡하고 목표를 이루기 어렵다. 격이 성격되어 작용하는 적성은 직업적인 적성만을 의미하는 것은 아니므로 사회생활에서 필요한 포괄적 적성으로 작용한다. 그러므로 사회활동에서 불만이 발생하는 것은 적성에 맞지 않기 때문이다.

격용格用이 뚜렷하고 근하여 강하면 목적의식이 뚜렷하며, 격용이 약하거나 혼잡이 되면 사회활동에 변화가 많으며 목적의식이 흔들린다. 그러므로 격용이 청해야 하고 운이 좋으면 목적을 확실히 성취한다.

격국이 청하고 용신이 튼튼하면 운로가 약하게 와도 생활에는 어려움이 따르지 않으며, 목적의식이 뚜렷하여 어려운 운이라도 심하게 방해받지 않으며 스스로 건설해 나가는 능력이 있는 사람이 된다.

운명 판단을 위해서는 격국, 용신, 운로의 세 가지를 알아야 한다.

2 격의 개념과 의미 | 格의 槪念과 意味

격이란 월에서 비롯하며 개인이 타고난 가계의 혈통과 성격이며, 자신의 진로와 직업인 적성을 말한다. 즉, 가업이나 사회생활의 목표가 되며 또한 운명적으로 정해져 있는 진로이며 사회활동의 등급을 나타낸다.

격格을 생하거나 설기하는 오행으로 격이 보호된다면 격용신格用神은 정신력이 되어 격을 인도하고 희신喜神은 격이 정한 목표와 용신이 정한 의지를 북돋우니 후원자와 같다.

주의할 점은 격국과 용신의 용어인데, 격국이 성격되고 길격(정관격·정인격·식신격·재격)으로 정해지면 생하거나 설하는 것으로 용신(사주에서 균형을 잡아 주는 것을 용신이라 한다)으로 쓰며, 흉격(편관격·편인격·식상격·양인격)으로 정해지면 설기·합화·합살·제극하는 자를 상신相神이라 하는데 격(월령에서 투출 된 오행을 말하는데 적성과 사회활동으로 작용한다)을 조절하는 용도로 쓰는 용신법이다.

또한 격이 성격이 되면 용신이라 하며, 용신을 보호하고 조절하는 오행을 상신이라 한다. 상신으로 적절하게 조절이 되면 성격이 된 것이고, 만약에 상신이 아름답지 못하면 가계 유산이 끊어진 것과 같으며, 자신의 목표를 이루는 데 사회적인 배경과 후원자의 인덕이 따라 주지 않는 것과 같다.

격용신은 격이 정한 목적을 이루기 위한 정신과 의지가 되고 사주의 급소이기도 하다. 격용신은 억부용신이나 조후용신과는 개념이 다르다. 용신이 정해지고 나면 희신이 있어야 용신이 추구하는 목표를 이루기 위한 배경이 좋은 것과 같은 것이다.

격格이 약弱해서 파격破格이면 조후용신調候用神·억부용신抑扶用神 또는 병약용신病藥用神·통관용신通關用神을 적용하여 쓰는데 이때 용신을 생하거나 보호하는 오행을 희신이라 한다.

용신이 너무 강하면 의지와 정신력만 강한 것이고, 용신이 약하면 의지와 정신력이 약한 것과 같다.
용신과 희신이 아름다우면 의지와 정신이 강한 것이 되고, 용신과 희신이 아름답지 못하면 의지와 정신이 약한 것으로 세상을 살아가는 데 어려움이 따른다.

격은 월령에서 왕쇠를 구분하며 월령에 근을 하면 왕한 것이고, 또 상신의 조절능력도 월령에서 왕쇠를 구분한다.

3 격의 구성요건 | 格의 構成要件

일간이 체体가 되고 월령에서 투출透出된 오행이 격格이 된다. 寅·申·巳·亥월에 출생해 정기가 투출透出되어 당령當令하고 성격成格되면 상격上格이 되고, 중기中氣가 투간透干되어 통근通根되면 중격中格이 되며, 기타 기세가 강한 것으로 성격되거나 통근되어 성격되면 하격下格이다.

巳月의 여기餘氣 戊土는 녹지祿地가 되기 때문에 격格으로 쓸 수 있고, 寅·申·亥 중의 여기 戊土는 쓰지 않는다. 여기가 투간된 것으로 격을 쓸 때는 지지地支에 근根이 튼튼하게 있을 때만 쓴다.

子·午·卯·酉월은 투간되지 않았어도 월령을 생조하는 오행이 있으면 격으로 성격된다. 午月 己土는 투간되어도 격으로 잡지 않으며 戊일주 午月생은 己土가 투출되어 있어야 양인격으로 적용한다. 戊일주 午月은 인수이기 때문에 午火만 가지고는 양인격으로 인정을 하기가 어렵다.

辰·戌·丑·未월의 암장에 정기, 중기, 여기는 음양에 관계없이 투출하면 격으로 인정한다. 앞에 언급된 격처럼 성격되고 刑沖이 없으며 용신이 되면 격용格用을 말한다.

上格이면 사회적인 기반이 잡혀 원만히 성공을 기할 수 있고 어려움이 있어도 의지를 꺾지 않고 한 우물을 파면서 이겨 나가는 힘이 있다.

中格이면서 격을 生하는 오행이 있으면 사회적인 기반이 잡혀 자신의 소신을 굽히지 않고 살아갈 수 있는 사람이다.

下格은 그 뜻이 아무리 크더라도 뜻을 이루지 못하는 평민에 불과하고 운로에 따라서 직업이 변하는 사람이다.

4 잡격의 구성요건 | 雜格의 構成要件

일반적인 잡격雜格의 구성요건은 파격破格으로 일간이 격을 감당하기 어려운 사주 구조로 구성된 것을 말한다.

일간과 월지가 같은 오행이면 시時나 연年에서 격국格局을 잡거나 강한 세력을 격국格局으로 잡는다.

월주에서 격이 잡히면 내격內格이라 하고, 타주에서 격이 잡히면 외격外格이라 하며 이때 격을 용신으로 쓰기도 한다.

사주의 균형을 잡아 주는 오행이 용신이다. 균형을 깨는 것을 기신이라 한다. 용신을 生하는 오행이 희신이 되는 것이다. 용신을 극하는 것이 병신病神이고, 병신病神을 제거하는 것이 약신藥神이다.

용신도 기신도 아닌 것은 한신閑神이라 하고, 용신을 설기하는 것이 한신인데, 용신을 극하는 오행이 있을 때는 용신의 병病이라 병病을 제거할 때는 한신을 약신藥神으로 쓰기도 한다.

기신忌神을 생조하는 것이 구신仇神이다. 한신閑神과 약신藥神이 사주원국에 있을 때는 세운에서 기신 운이 와도 흉한 일이 없으니 용신을 잘못 잡았다고 착각하지 마라.

길 신	용신, 희신, 약신	흉 신	기신, 구신, 병신

일주 또는 사주 자체를 체體라고 하고, 운로運路를 용用이라 한다.
그러므로 체와 용을 가릴 줄도 알아야 한다.

5 격의 성격과 파격 | 格의 成格과 破格

가. 성격成格

월령月令에서 투출透出된 것 중에 정기正氣가 우선권이 있다.
격格의 성격成格과 파격破格을 보는 법을 먼저 학습하여야 한다. 월지를 생하여 튼튼하면 격이 성격된다.
일간日干이 왕旺하고 월지月支에서 투간透干된 오행이 왕하면 격으로 성격이 되고, 격이 약할 경우 격을 생하는 오행이 있을 때 성격이 된다.
일간이 약한데 생조生助하는 오행이 있고 월지에서 투간透干된 오행이 왕하여 성격되면 격을 설기하는 오행이 있을 때 길한 운명이 된다.
월지가 沖이 되었거나, 월지에서 투간된 격이 沖이 되거나 합거合去되면 격이 파격되어 전공을 살리지 못하고 포기하거나 진로를 결정하지 못하고 갈팡질팡한다.
성격格되고 생조가 되어 튼튼하면 격을 따라가는 명으로 격용신格用神을 쓰고 사회적으로 출세와 명예를 중요시하는 명이다.
성격이 되었어도 운에서 격을 극하거나 합이 되어서 변화되면 직업이 불안정하고 격을 생하면 다시 안정을 찾는다.
격이 성격되고 신왕하면 한 직종에 종사하지만, 신약하여 격을 감당하지 못하면 파격되어 운이 변화하므로 직업 변동이 발생하는데 격에 대한 직업에 미련이 남게 된다.
성격되어도 격이 미약하고 용신이 왕하면 그 사람의 직업은 격보다 용신에 맞는 직업으로 정해지지만 격에 대한 아쉬움은 남아 있게 된다.
격이 성격되면 한 가지 직종에 평생 종사하지만, 파격이면 대부분 운에 따라 직업에 변동이 생기므로 자기 적성에 맞는 직업을 찾지 못해 갈등이 생긴다.
격은 진로와 적성에 맞는 직업이 되는데 투간된 격이 건록지建祿地·장생지長生地·묘지墓地 중 어느 곳에 통근通根되었는가를 살펴 왕쇠를 본다. 정기正氣인 녹지祿地에 뿌리를 내리면 건실하므로 사회적인 직위가 높은 것이다. 격이 여러 개가 투간되었거나 혼잡이 되면 기운이 분산되므로 한 가지 직종에 종사하기 힘들어진다.

나. 파격破格

정관격正官格이 刑·冲·合去가 되었거나, 식상에 의해서 극상剋傷이 되었거나, 관살(정관과 편관)이 혼잡混雜된 경우에 파격이다.
정재격正財格이 刑·冲·合去되었거나, 재약한데 비겁이 중중하거나, 신약한데 편관이 투출되거나, 재격이 관을 생하는 구조인데 식상이 있거나, 재관이 合去되면 파격이 된다.
정인격이 刑·冲·合去되거나, 재성에 의해 극상되거나, 정인격이 약한데 재성은 있고 관성의 생이 없을 경우에 파격이다.
식신격이 刑·冲·合去가 되었거나, 인성에 의해서 극상되거나, 신약한데 식상 ➜ 재성 ➜ 편관으로 상생되거나, 인성이 과다한 경우에 파격이다.
편관격인데 일간이 신약하거나, 편관격인데 식신제살할 때 재성이나 인성이 없는 경우도 파격이다.
식상격인데 정관이 상해도 파격이고, 식상격에 신약한데 재생살財生殺되는 경우에도 파격이 되고, 신약하고 재성이 왕해도 파격이 된다.
식상격에 제하는 인성이나 化하는 재성이 刑·冲·合되면 파격이 된다.
양인격에 관살이 없거나, 관살이 刑·冲·合되면 파격이 된다.
건록격에 관살이 없거나, 재와 편관이 함께 투출되거나, 관살이 刑·冲·合去되면 파격이 된다.
편인격에 편인이 강한데 재성이 약해 편인을 제하지 못하는 경우에도 파격이다. 편인격에 관성이 설기되면 직장이 불안하고 貴가 없어진다. 편인이 강하여 식신이 도식倒食되면 사업을 못 하고 배운 것을 활용하지 못한다. 식신이 도식되면 건강이 나쁘다.
편인이 약한데 재성의 극을 받는 경우 파격이 되고, 재극인財剋印이 되니 부모덕이 없고 공부에 끈기가 약하고 기획의 수정이 빈번하고 개성이 강하고 변덕이 심하다.
투간된 십신이 혼잡되거나, 월령 정기의 오행이 아닌 음양이 바뀌어 투간된 경우(寅月 乙木, 卯月 甲木, 巳月 丁火, 午月 丙火, 申月 辛金, 酉月 庚金, 亥月 癸水, 子月 壬水)에 세력은 얻으나 정기 기운이 아니라서 혼잡으로 십신의 특성만 나타낼 뿐 사회적인 기능으로 쓰이지 못하니 파격이 된다.
월령에서 투간된 정기와 월령이 합되면 애정관계로 사회적인 본분이 저해되며 삼합되어 오행이 변하면 외부적 원인으로 방해를 받게 된다.

辰戌丑未월의 잡기 월령은 투간되지 않으면 성격되기 어렵고, 방합이나 삼합이 이루어지면 파격이다.

격과 용신의 사이에 오행 상생과 상극이 원활한 구성이 안 되면 노력은 많이 해도 뜻을 이루지 못하고 실속이 없다.

사주에 억부용신과 격용신이 상반되면 사회적인 출세와 가정안정 중에 항상 갈등이 따른다.

사주에 조후용신과 격용신이 상반되거나, 조후용신과 억부용신이 상반되어도 파격으로 보지 않는다. 세상을 살아가는 데 어렵게 이루게 되고 항상 개척해야 하는 인생이다.

사흉신격四凶神格(편관격·편인격·식상격·양인격)이 설기泄氣하거나 제극制剋하거나 合去하는 상신相神을 용신으로 쓰지 못하는 경우에 파격으로 본다.

사흉신격四凶神格(편관격·편인격·식상격·양인격)에서 격이 약해서 生하는 구조일 때 억부용신抑扶用神으로 상담해야 한다.

사길신격四吉神格(정관격·정인격·식신격·재격)은 정관격에서 상관견관傷官見官이 되거나, 재성파인財星破印이 되거나, 편인이 식신을 도식倒食하거나, 겁재파재劫財破財가 된 사주는 파격으로 간주하고 억부용신으로 적용한다.

格이 월령月令과 기세氣勢가 다르게 분산된 사주에 격용신格用神과 억부용신이 각각 다르게 쓰이는 사주도 있다.

파격이면 억부용신이나 조후용신으로 쓰는 命이니 개인적인 이익이나 편안함을 따르는 命이다. 파격이면 뜻을 펴지 못하고 평범하게 인생을 살게 된다. 성격되면 자신의 소신을 크게 가지고 사회적으로 출세하여 사회에 기여하며 사는 사람이 된다.

6 일간 강약 | 日干 強弱

가. 득령得令(時令 : 月令)을 본다

여기서 시령時令은 계절을 말한다. 일간 대 월지를 보아 왕상旺相(일간과 같은 오행의 월지가 되거나 일간을 生하는 월지가 되는 것)을 보고 십신으로 비겁이나 인수를 득하면 왕으로 보고, 식상·재성·관성이 되면 실령 실시라 하여 신약으로 본다.

나. 득지得地(得氣 : 祿根·着根·通根)를 본다

특히 일지에 전록과 장생함을 본다. 일간이 일지에 장생지(인수), 녹지(비견)를 왕으로 보고, 그 외는 실지·무근·무기라 하여 약한 것으로 본다.

다. 득세得勢(貴祿·世祿)를 본다

여기서는 시지와 연지에서 록祿과 기세를 본다. 사주에 세력을 얻었다는 뜻이다. 사주에 인수, 비겁이 많이 있을 때는 득세라 하여 신강으로 보고, 그 외는 실세라 하여 약으로 본다.

7 왕쇠 강약 | 旺衰 強弱

일간의 강약과 격의 왕쇠와 용신의 강약을 보고 희신과 기신의 왕쇠를 본다. 월령月令을 중심으로 모든 오행의 왕쇠를 본다.

비겁으로 태강太强한 사주는 호설정영好泄精英으로 식상이 유기有氣하면 일차로 용신用神이다.

인성印星으로 태강한 사주는 재성財星이 유기하면 일차로 용신이 된다.

일간이 태약太弱 사주는 종從을 한다. 종격從格 사주는 종從하는 십신이 용신이다.

비겁으로 어느 정도 신왕하면 관이 용신이다. 용신이 근이 있고 희신이 있어야 상격이다.

용신이 천간에 있고 지지에 뿌리가 있고 희신이 있으면 대격對格으로 상격이다.

용신과 희신이 뿌리가 없으면 끈기가 약해 쓸모가 없으니 하격이다.

용신이 지지에 유기하나 투출이 안 되면 두각을 나타내지 못하므로 중격이다.

용신이 冲剋당해 파괴되거나 희신이 없고 기신만 있는 것은 하격이다.

격국格局은 사회적인 의지와 사상과 사고방식, 그리고 성격이 된다.

용신이 혼잡하고 격국이 투출된 것이 많으면 변덕이 많아 두서가 없고 쓸모가 없으며 마음이 산란하고 계획은 많으나 실천력이 없다.
용신은 하나만 있어야 하며 희신이 있어야 상격이 된다.

가. 신강身強·신약身弱 배점配點

신강이 무엇이고 신약이 무엇이며, 어떤 경우에 신강·태강·극왕이 될 수 있고, 신약·태약·극약이 될 수 있는지를 이해를 해야 한다.

필자가 강의하면서 경험한 바에 의하면, 배우는 분들이 거의가 알아듣고 이해하면서도 막상 사주를 정해 놓고 신강 신약을 구별하라면 자신 있게 대답하지 못하는 경우가 많았다.

강약이 뚜렷한 사주는 쉽겠지만, 신강의 조건이 되는 인수·비겁도 있고 신약의 조건이 되는 관살·식상·재성도 있어, 일간이 생부生扶도 받고 극과 설기도 당하여 생극生剋관계와 合이 이리저리 얽히고설킨 관계로 신강과 신약을 가늠하기가 어렵기 때문이다.

때문에 연구 끝에 하나의 방편으로 점수를 달아 계산하는 법식을 창안해 지도해 본 결과, 초보자의 수준에서도 거의 완벽에 가까운 답을 얻고 있기에 이를 소개한다. 전문가에게는 필요하지 않지만 완벽하게 알지 못하는 초보자 분들에게는 많은 도움이 되리라 믿는다.

【신강신약 배점표】

시(時)		일(日)		월(月)		연(年)		비 고
인비 ⊕ 식재관 ⊖	10	○		인비 ⊕ 식재관 ⊖	15	인비 ⊕ 식재관 ⊖	10	•천 간
시간(時干)		일간(日干)		월간(月干)		연간(年干)		
시지(時支)		일지(日支)		월지(月支)		연지(年支)		•지 지
인비 ⊕ 식재관 ⊖	15	인비 ⊕ 식재관 ⊖	10	인비 ⊕ 식재관 ⊖	30	인비 ⊕ 식재관 ⊖	10	

⊕를 合한 숫자와 ⊖를 合한 숫자를 비교하여 마이너스 플러스가 없이 답이 0으로 나오면 신강도 신약에도 속하지 않는 보통 강한 것으로 본다.

+가 −보다 많을 때 ············ 신강身強	−가 +보다 많을 때 ············ 신약身弱
+가 0~10이면 ········· 보통 신강身強	−가 0~10이면 ········· 보통 신약身弱
+가 20~40이면 ··············· 태강太強	−가 20~40이면 ··············· 태약太弱
+가 40이상이면 ················ 극왕極旺	−가 40이상은 ···················· 극약極弱

대략 위의 계산법으로 신강과 신약은 가려진다. 신약과 신강(태강·극왕·태약·극약)의 비중이 90% 이상 정확하다.

그러나 이 방법은 어디까지나 처음 배우는 사람에게 신강·신약이 이루어지는 원리를 이해시키기 위한 방편일 뿐, 숙달이 되면 일일이 이와 같은 방법을 쓰지 않고도 가려진다.

전문가의 수준에 이르면 사주의 월령의 사령신과 절기 심천을 보고 판단할 수 있는 것이다.

나. 신강·신약 : 점수 계산법의 예

신강 한 사주와 신약한 사주를 가리는 법은 아래 법식을 따라 하다가 보면 그리 어렵지는 않지만 지지에서 삼합을 이루어 일간을 도와 신강으로 변하기도 하며, 설하거나 제극으로 기운을 빼면 신약으로 변하기도 한다.

예를 들어 실제 사주를 기록해 놓고 수강자 여러분과 함께 계산하여 신강·신약 비중을 알아보자.

정관 −10	일간	편관 −15	겁재 +10
壬	丁	癸	丙
寅	未	巳	午
정인 +15	식신 −10	겁재 +30	비견 +10

이 사주는 사월巳月의 丁火일주가 화왕당절火旺當節에 출생하여 사오미화방국巳午未火方局에 병화丙火가 투출透出해 신강한 사주가 되었다.

그러나 초보자는 신강과 신약을 가리기 어려우니 위 사주 원국과 같이 점수를 배당하여 다음과 같이 +가 合이 65이고 −가 合이 35인데, +와 −를 비교하면 +가 30이 많아 신강 사주가 되었다. 더 정밀하게 보면 미토未土가 화방국火方局으로 가게 되므로 +10을 추가시켜서 계산해야 더욱 정확하다.

정관 -10	일간	비견 +15	식신 -10
癸巳	丙辰	丙辰	戊子
비견 +15	식신 -10	식신 -30	정관 -10

이 사주는 진월辰月 병화丙火 일주가 목왕당절木旺當節에 출생하였다.

진중무토辰中戊土와 진중계수辰中癸水가 투출하고 자진수국子辰水局으로 이루어 있어 신약하다.

그러나 초보자는 신강과 신약을 가리기 어려우니 위 사주 원국과 같이 점수를 배당하여 다음과 같이 +가 合이 30이고, −가 合이 70으로 +와 −를 비교하면 −가 40이 많아 신약이다.

겁재 +10	일간	정인 +15	정관 -10
丙午	丁巳	甲辰	壬申
비견 +15	겁재 +10	식상 -30	정재 -10

이 사주는 진월辰月 정화丁火 일주가 목왕당절木旺當節에 출생하였다.

신진수국申辰水局인데 임수壬水가 투출하여 세력이 반반이나 목왕당절이 되므로 계절을 감안해야 하며, 일간이 가세하니 보통신강이다.

이 예는 +가 50이요, −가 50이라, +와 −를 비교하면 50대 50으로 동점이 되었으나 목왕당절이 되고 일간이 도우므로 보통신강이 되었다.

겁재 +10	일간	식상 -15	편관 -10
乙亥	甲寅	丁巳	庚午
편인 +15	비견 +10	식신 -30	식상 -10

이 사주는 사월巳月 갑목甲木 일주가 화왕당절에 출생하여 신약身弱하다.

사오방국巳午方局에 丁火가 투출透出하고 庚金이 巳月에 장생하여 일간을 극신剋身하면서 일간을 돕는 것은 일지 寅木과 時上 乙木 그리고 시지時支에 亥水가 도우나 역부족으로 신약한 사주이다. 이 사주의 예는 +가 합이 35요, −가 합이 65이므로 +35와 −65를 비교하면 −30이 되므로 신약한 사주에 속한다.

다. 신강·신약의 예

앞에서 방편상 年月日時 干支에다 십신별 생극관계를 점수로 계산하여 이해를 돕고자 했으나, 이 항목에서는 근본원리에 입각해서 점수의 계산 없이 사주의 상황에 의해 신강·신약을 보는 법을 알아보기로 하자.

예제 득령하여 신강한 사주

시주	일주	월주	연주
丁	丙	庚	甲
酉	戌	午	申

午月 丙火 일주가 화왕당절에 출생하여 일간인 丙火가 午月에 득령(午火는 火의 旺宮이다)하고 일지에 戌土와 오술화국午戌火局이 되었고 시간에 丁火가 월지 午火에 근根하여 丙火를 돕는다. 연간 甲木이 丙火를 생하므로 신강이 되는 조건이 된다.

설기하는 조건은 월간 庚金과 연지에 申金과, 시지에 酉金뿐이다. 그러므로 신강 사주인데 태강에 가까우나 木이 없으므로 생조生助하지 않아 지나칠 정도는 아니다.

한편 또 다른 상황을 살펴본다면 신강이면 財나 관성官星이 왕旺함을 요하는데 관성官星은 없고 재財뿐이다.

일지에 戌中辛金이 있어 酉戌로 財가 힘을 합치고 申이 있으나 중간에 午火가 있으니 申酉戌로 전방국全方局은 못 이룬다. 申과 戌土사이에 午가 가로막아 戌과 먼저 삼합 午戌로 합치기 때문이다.

월간에 庚金 재가 연지 申金에 근根하여 財도 왕하다. 그러나 일주에 비해서는 부족한 편이다. 이 같은 경우에 財가 旺해지는 土나 金運을 만나야 길하며 水運을 만나면 발복한다.

시주	일주	월주	연주
丙	庚	壬	甲
子	戌	申	辰

申月 庚金 일주가 금왕당절에 출생하여 득령이 되어 이것만 가지고도 신강이다. 또 일지 戌土와 年支 辰土의 生을 받아 金이 왕하여 신왕이 분명하다.
그러나 신자진수국申子辰水局에 임수壬水가 월간에 투출되어 식상도 왕하다.

왕수旺水가 일주를 설기하여 약해질 우려가 있으나 일지 戌土가 왕수旺水를 견제하니 설기를 막아 신약을 면한다. 時干에 丙火는 根이 없어 약한데 水의 剋을 받아 일간을 극하지 못한다.

예제 실령하고도 신강한 사주

시주	일주	월주	연주
乙 酉	庚 申	丁 巳	癸 未

巳月 庚金 일주가 화왕당절에 출생하여 巳未로 화방국火方局에 丁火가 투출하여 일간 庚金을 극한다.

그러므로 庚金이 巳月에 실령하니 신약으로 출발하였으나 巳火는 본래 庚金의 장생궁長生宮이요, 庚金이 일지 申金에 전록專祿이 되어 튼튼하고 사유금국巳酉金局이 일간을 도와주니 약변위강弱變爲强이 되었다.

용신법用神法에 신강이 되면 식상食傷·재성財星·관성官星 중에서 강한 것으로 용신으로 쓰는데 재성財星은 없고 식상食傷 癸水는 적수오건滴水熬乾되므로 증발되어 못 쓰고, 월간 丁火 관성官星이 巳未사이에 공협拱挾으로 午火를 불러와 근根하니 건왕하여 용신으로 쓸 만하다.

예제 실령하고도 신왕한 사주

시주	일주	월주	연주
戊 申	壬 子	壬 辰	辛 亥

辰月 壬水 일주가 목왕당절에 출생하여 실령하여 신약으로 출발하였다. 그러나 辰土는 신자진수국申子辰水局을 이루었고 연 월주에 金水가 도와 일주가 신왕하다.

만일 時干에 戊土가 없었다면 극왕極旺하여 윤하격潤下格이 되었을 것이다. 그러나 시상 戊土가 辰土에 根하여 견딜 만하니 戊土로 물길을 막아 보려고 하는데 火가 없기 때문에 戊土가 약해서 왕성한 물길을 막기에는 역부족이고, 용신이 미약하고 희신이 없어 용신 운이 와도 받아먹지 못한다.

예제 실령하여 신약한 사주

시주	일주	월주	연주
丙 午	壬 子	丁 未	丁 酉

未月 壬水 일주가 화왕당절에 출생하여 실령인 데다 丙丁火가 투출되어 午火에 근하여 왕하니 신약이다.

壬水 日干은 日支 子水에 착근을 하고, 年支 酉金이 生하나 火의 세력에 훨씬 못 미친다.

旺火에 剋을 당하여 酉金은 일주를 生하지 못하고, 오직 일지 子水뿐인데 왕한 火土(丙丁午火와 未土)를 감당키 어렵다. 그러므로 신약한 사주다.

시주	일주	월주	연주
壬	癸	己	戊
子	巳	未	辰

未月 癸水 일주가 화왕당절에 출생하여 戊己土가 투출되어 실령하여 신약하다.
戊己巳辰未 火土가 태왕한데 時柱에서 壬子水가 있다 하나 火土의 세력에 비해 어림도 없다. 이 사주는 日干이 時支에 녹근祿根하고도 신약하다.
수용신水用神이 근은 했으나 용신用神을 생조生助하는 희신이 없고, 용신을 剋하는 병신病神을 제거하는 약신藥神이 없어 대항능력이 매우 약하여 용신 대운이 와도 발복하기 어렵다.

예제 득령하고도 신약한 사주

시주	일주	월주	연주
甲	甲	丙	己
戌	午	寅	未

寅月 甲木 일주가 목왕당절에 출생, 득령하여 신강으로 출발하였다.
그러나 時干에 뿌리 없이 투출한 甲木이 있으나 생조生助할 水와 방조傍助할 木이 없는 데다, 인오술화국寅午戌火局에 丙火가 투출하고, 연주에서도 己未土와 함께 火土가 태왕하여 나무가 메마른 땅에 뿌리를 내리지 못하고 도리어 旺火에 목분비회木焚飛灰로 타 버릴 우려마저 있으니 이런 사주는 득령하고 일간이 신약한 예이다.
이 사주 또한 용신이 설기가 심하고 희신이 없어 水木대운이 와도 발복하기 어렵다.

제2절

용신론 用神論

1 용신의 개념 用神의 槪念

> 사주 용신의 개념은 그 사람의 의지와 정신이며, 개인의 적성과 사주의 급소이기도 하다. 희신喜神·기신忌神·격格의 왕쇠旺衰를 월령月令에 대조하여 보고, 격格은 품격品格을 보고 직위의 고저를 보는 것이며, 실천능력과 마음의 심리가 되며 적성과 진로를 보거나 능력을 보는 것이니 매우 중요하다.

용신用神은 직업과 육친을 감당하는 능력이며, **희신**喜神은 용신을 보조하는 것으로 자금조건이나 후견인과 귀인의 능력을 보는 것이다. **기신**忌神은 용신을 극하여 능력 발휘를 못하게 하는 환경이고, **구신**仇神은 희신을 극하여 후원을 지체되게 하는 불리한 상황이 발생된다.

사주의 격국과 용신, 그리고 희신이 불미하면 운로에 따라서 적성뿐만 아니라 진로의 변동이 불가피하게 된다.

운로에서 용신을 생하여 지나치게 왕해지면 분수에 넘치는 일을 추진하게 되고, 운로에서 용신을 설기하여 약해지면 소극적으로 움직이게 된다. 용신이 천간에 투간되어도 통근通根이 안 되면 정신력과 의지가 약한 것이고 직업관이 뚜렷하지 않은 것이다. 용신의 능력에는 희신과, 병신病神을 제거해 주는 약신藥神에 달려 있으니 간지干支의 충극沖剋과 설기를 잘 살펴야 한다.

격은 약한데 용신이 왕하면 계획을 수립하고 실행하려는 의지는 강하나 목적달성이 어렵다. 또한 용신이 약한데 희신이 너무 왕하면 배경과 후원은 좋으나 자신의 능력이 부족해 부모나 후원자의 기대에 못 미친다.

용신은 왕한데 희신이 약하면 의지는 강한데 후원자가 없는 것이므로 자수성가하여 자신의 능력을 발휘해야 한다.

관성을 배제한 용신법은 직업이 결여된 것이니 용신이 아름다운 구조로 이뤄지더라도 직업과 사회활동에는 능력이 떨어진다. 관성과 상반되는 구조의 용신이라면 대운에서 용신운이 오면 관에 맞는 사회활동을 하는 것이 아니라 자신이 좋아하는 일을 하거나 용신에 맞는 직업을 택한다.
용신은 길운·흉운에 운명의 성패를 좌우할 만큼 민감한 반응을 보이게 되는데 인생의 급소와 같다.
용신이 약한데 희신마저 미약하면 사회생활에 대응하는 능력이 부족하므로 가난하거나 삶에 고통이 따르고 죽지 못해 살아가는 인생이 된다.
용신이 운에서 충거冲去되면 정신이 분산되고, 합合되면 묶여서 잘되는 일이 없고 능력의 한계에 부딪치게 되어 많은 고통이 따르게 된다.
사주에 용신이 대운과 세운에서 三合으로 지나치게 왕해지면 직책과 사업의 확장으로 욕심에 의한 큰 실패를 맞이하게 된다.
예를 들어 비겁이 용신이라면 친구와 형제에게 도움을 받을 수 있지만 대운과 세운에서 三合으로 이루어져서 비겁이면 친구와 형제가 원수와 경쟁자로 변하여 쟁재爭財와 쟁관爭官과 쟁인爭印이 되어 손해가 따른다.
용신과 격은 운에서 충거冲去나 합合이 되면 대립·욕심·배반·분리·무능·나태함으로 나타난다.
용신이나 희신이 너무 왕하면 자기 직위에 불만이 있게 되고 허무함을 느끼며 직업에 만족하지 못하고 다른 직업을 동경하게 된다.
사주에 용신이 없어도 대운에서 받아 쓸 수 있는 구조라면 행운용신이라 하여 쓸 수 있다.

【宮에 배속된 육친 통변】

時	日	月	年	비 고
子(자)	나(體)	兄(父)	父(祖父)	• 천간은 乾命 남자 • 지지는 坤命 여자
女(여)	배우자	弟(母)	母(祖母)	
배우자	배우자	부모형제	조상	

월주는 계절이다. 월주를 기준으로 대운이 시작되므로 계절의 변화를 살핀다.
월주는 일간이 자라나는 환경이므로, 월주를 가정이라 한다(출생).
사주는 오행의 조화 여부를 살펴야 하고, 용신이 생生·극剋·제制·화化로 조절한다.
성패 여부는 왕·상·휴·수·사(격과 용신을 대운에 십이운성으로 적용)로 본다.

오행五行의 왕약旺弱 구분

① 寅巳가 만나면	巳中丙火가 왕해지고, 寅中甲木은 약해진다.
② 巳申이 만나면	申中庚金이 왕해지고, 巳中丙火는 약해진다.
③ 申亥가 만나면	亥中壬水가 왕해지고, 申中庚金이 약해진다.
④ 亥寅이 만나면	寅中甲木이 왕해지고, 亥中壬水는 약해진다.

【辰戌丑未 庫의 통변】

丑	辰	未	戌
고철통 골동품	물 통	목재소	화롯불
서랍 속이 지저분함	丙火 뜨면 잔디 위에 핀 꽃	여름 사막 (백사장)	화산 참선 명상
비린내 나는 생선 같은 것	辰戌 冲하면 저수지 붕괴	丙火 뜨면 선인장	辰戌 冲하면 화산폭발
지저분한 땅 갯벌	스포츠 운동장 생태 습지	亥子水 있으면 해변의 모래	전화국 기지국 컴퓨터 박스

2 용신의 종류 | 用神의 種類

용신에는 격용신格用神, 조후용신調候用神, 억부용신抑扶用神, 병약용신病藥用神, 통관용신通關用神이 있는데 구분하여 가려 쓸 줄 알아야 한다.

가. 격용신格用神

격용신格用神은 일주日主가 신강身强해서 튼튼해야 상격上格이 되어 길하다.

1 사길신격四吉神格

정관격・정인격・식신격・재격을 사길신격四吉神格이라 하는데, 신왕하여 격을 감당할 수 있어야 상격이며 순용격국順用格局이라 부르기도 한다. 사길신격은 格이 왕하면 泄하고, 약하면 生하는 십신으로 용신을 쓴다.

사길신격은 왕해도 극하는 十神으로 용신을 쓰지 않고 격이 왕하면 설기하는 십신으로 용신을 쓰고, 格이 약하면 生하는 십신으로 용신을 쓴다.
사길신격은 합거合去하거나 극剋하는 十神이 기신忌神이다.
격용신格用神에서 정관正官과 재성財星은 중요한 기준이 되는데 사회적인 목적이 되기 때문이다.
격용신과 희신은 사회적인 지위와 출세 용도로 쓰이며 직업에서 직위와 명성으로 작용을 하는데 직업관으로 국가나 직장으로 정의한다.

일간도 왕하고 격용신도 왕하면 上格에 해당된다.
일간은 약하나 격용신이 왕하면 中格에 해당된다.
일간도 약하고 격용신도 약하면 下格에 해당된다.

정관격正官格에 식상이 왕할 때 인성을 용신으로 순용順用한다.
정관격正官格에 태왕하고 관약할 때 재성을 용신으로 쓴다.

정인격正印格에 신왕하고 재왕할 때 관성을 용신으로 순용順用한다.
정인격正印格에 신약하고 관왕이나, 식상이 왕할 때 인성이 용신이다.

식신격食神格에 인성이 태왕할 때 재성을 용신으로 순용順用한다.
식신격食神格에 신왕하고 무관일 때 식신을 용신으로 쓴다.
식신격食神格에 인성이 태왕할 때 비견을 용신으로 쓴다.

재격財格에 비견이 왕하면 식신을 용신으로 순용順用한다.
재격財格에 식상이 없고 비겁이 태왕할 때 관성을 용신한다.
재격財格에 인성이 태왕할 때 재성을 용신으로 쓴다.

2 사흉신격四凶神格

편관격, 편인격, 식상격, 양인격을 사흉신격四凶神格이라 하는데 신왕하여 격을 감당할 수 있어야 상격이라 하며, 역용격국逆用格局이라 한다. 사흉신격은 설하거나 제극制剋하거나 합화合化하는 십신을 용신으로 취용한다.
사흉신격은 생조生助하거나 방조傍助하는 십신이 기신이다.
사흉신격을 生하는 십신은 기신으로 작용하니 격용신으로 쓰지 않는다.
사흉신격을 억제하는 십신으로 용신을 쓰면 강압적인 기질 때문에 흉운에는 처세가 불손하게 작용한다.

사흉신격이 왕한데 合化하는 십신을 용신으로 쓰면 사나운 것을 사랑과 덕으로 다스리므로 결과가 좋게 작용하여 기회 포착·틈새 공략·매점매석 능력으로 작용을 하는데 격을 合化하는 십신이 약하면 업무를 실천하는 과정에서 사회적으로 지탄을 받게 된다.
사흉신격을 설기하는 십신으로 용신을 쓰면 품격이 떨어지게 되므로 많은 시간이 소요되거나 지체된다. 사흉신격이 되더라도 설기하는 십신이 너무 왕하면 만사가 허사이며, 십신이 너무 약하면 구설이 따른다.

편관격은 식신제살·살인상생·합살하는 십신이 용신이다.

식상격은 식상패인食傷佩印·재성으로 설기·合化하는 십신+神이 용신이다.

편인격은 재성제화財星制化하는 십신이 용신이다.

양인격은 양인합살羊刃合殺·설기하는 십신이 용신이다.

격용신格用神이 여러 개 투출이 되면 정신이 분산되니 한 가지 일에 집중을 못하고 여러 가지 일을 벌인다.
격용신이 혼잡되면 세력 간의 갈등으로 업무진행에 장애가 발생하게 되니 성공하기 어렵다.

나. 억부용신抑扶用神

억부용신과 희신은 일간의 안위를 보며 가정과 개인의 용도로 쓰는데, 격용신과 구분해 쓰는 기준을 찾아서 공부해야 한다.
억부용신은 자신의 건강·재물·가족과 개인적인 관계를 보는 것이다.
격용신은 개인의 사회적 활동에 적용되며 직위와 출세 지향적이다.
격용신으로 운이 길하고, 억부용신으로는 운이 흉하면 사회적으로 출세를 하는데 가정사는 불미하다.
억부용신은 길하고 격용신이 흉하면 가정은 안정이 되는데 사회적으로 출세는 어렵다.
파격이 되어서 억부용신을 취하는 사주는 개인적으로 재물과 가정의 조화를 우선하고 가족의 안정을 추구한다.

억부용신은 신약하면 도와주고, 신강하면 빼 주거나 눌러 주는 것이 용신이다.
용신을 극하는 오행이 있으면 병신病神이고, 병신을 제거하는 오행이 약신藥神이다.

1 종격으로 극왕할 때

비겁태과하면 종왕격인데 비겁·인수를 용신으로 쓴다. 식상이 유기有氣하여 용신이면 호설정영好泄精英이라 하는데 대길하다.
인수태과하면 종강격인데 인수와 비겁을 용신한다. 재성이 있을 때는 관살로 용신한다.

2 종격으로 극약할 때

관살태과하면 종살격從殺格인데 관살용신에 재성이 희신이다.
재성태과하면 종재격從財格인데 재성용신에 식상이 희신이며, 비겁이 사주원국에 있으면 비겁이 병신病神이고 관살이 약신藥神이다.
식상태과하면 종아격從兒格인데 식상용신에 재성이 희신이며, 인성이 있고 재성이 없으면 비겁용신이다.
식상 ➜ 재성 ➜ 관살이 많으면 종세격從勢格이라고 하는데 관살·재성·식상 중에 강한 것이 용신이다.

3 正格에 신왕할 때

비겁이 많아 신강하면 관살을 용신하고, 관약하면 관을 생하는 재성을 용신한다.
재관이 약하고 식상이 유기有氣하면 식상을 용신한다.
인수가 많아 신강하면 재성을 용신하고, 재성이 있는데 약하면 재성을 生하는 식상이 용신이다.

신왕身旺할 때는 식食·재財·관官 중에서 가장 강한 것을 용신用神으로 쓴다.

4 正格에 신약할 때

관살이 많아서 신약하면 인수를 용신으로 쓰고, 비겁이 희신이다. 식신이 유기하면 식신제살食神制殺하는 용신으로 쓴다.
재성이 많아서 신약하면 비겁이 용신이고 인수가 희신이다.
식상이 많아서 신약하면 인수를 용신으로 쓰고, 비겁이 희신이다. 재성이 있어 인수를 극하면 비겁이 희신이다.

신약할 때는 印·比 중에서 가장 약한 것을 용신用神으로 쓴다.

5 정관격正官格

정관용재격正官用財格	신강하고 인수가 왕할 때 재성이 용신이고, 식상이 왕할 때 재가 용신이다.
정관용관격正官用官格	신강하고 비겁이 많으면 관이 용신이다.
정관용인격正官用印格	신약하고 관성이 많거나 식상이 많으면 인수가 용신이다.
정관용겁격正官用劫格	신약하고 재성이 많으면 비겁이 용신이고, 재관이 왕하면 인수가 용신이다.
제살태과격制殺太過格	신강하고 식상이 관성을 과하게 극하면 인수를 용신으로 쓰거나, 인수가 없고 재가 있으면 식상과 관성 사이를 통관시키는 재성이 용신이다.

6 편관격偏官格

식상제살격食傷制殺格	신강하고 편관이 많으면 식상이 용신이다. 신약하고 편관이 많으면 식상이 용신이다.
편관용재격偏官用財格	신강하고 편관이 약하면 재성이 용신이다. 신강하고 인수가 많으면 재성이 용신이다.
편관용관격偏官用官格	신강하고 비겁이 많으면 편관이 용신이다.
편관용인격偏官用印格	신약하고 편관이 많으면 인수가 용신이다.
편관용겁격偏官用劫格	신약하고 재성이 많으면 비겁이 용신이다.
제살태과격制殺太過格	식상 태과하여 관이 파극되면 인수로 관성을 보호하고 식상을 극하는 용신으로 쓰거나, 재성으로 관성을 생하는 용신으로 쓴다.
거관유살격去官留殺格	관살혼잡에서 정관을 극하거나 합거하고 편관이 남는 것.
거살유관격去殺留官格	관살혼잡에서 편관을 극하거나 합하고 정관이 남는 것.

7 인수격印綬格(정인격·편인격)

인수용관격印綬用官格	신강하고 재성이 많으면 관살이 용신이다.
인수용재격印綬用財格	신강하고 인수가 많으면 재성이 용신이다.
인수용식상격印綬用食傷格	신강하고 비겁이 많으면 식상 용신이다.
인수용관살격印綬用官殺格	신강하고 비겁이 많으면 관살 용신이다.

인수용겁격印綬用劫格	신약하고 재성이 많으면 비겁이 용신이고, 인수가 희신이다.
인수용인격印綬用印格	신약하고 식상이 많으면 인수가 용신이고, 비겁이 희신이다. 신약하고 관살이 많으면 인수가 용신이고, 비겁이 희신이다.

8 재격財格(정재격·편재격)

정재용재격正財用財格	신강하고 인수가 많으면 재성이 용신이다.
재용관살격財用官殺格	신강하고 비겁이 많으면 관성이 용신이다.
재용식상격財用食傷格	신강하고 비겁이 많으면 식상이 용신이다.
재용인수격財用印綬格	신약하고 관살이나 식상이 많으면 인수가 용신이다.
재용비겁격財用比劫格	신약하고 재성이 많으면 비겁이 용신이고, 인수가 희신이다.

9 식상격食傷格(식신격·식상격)

식상생재격食傷生財格	신강하고 식상이 있으면 재성이 용신이다.
식상용인격食傷用印格	신약하고 식상이 많으면 인수가 용신이다.
식상용겁격食傷用劫格	신약하고 식상이 많으면 비겁이 용신이다.
식상용관격食傷用官格	신강하고 비겁이 많으면 관성이 용신이고 재성이 희신이다.
가식상격假食傷格	신왕하고 식상이 유기有氣하면 식상이 용신이다.

10 건록격建祿格(比肩格)과 양인격羊刃格(劫財格)

건록용재격建祿用財格	신강하고 인수가 많으면 재성이 용신이다.
건록용식격建祿用食格	신강하고 식상이 있으면 식상이 용신이다.
건록용관격建祿用官格	신강하고 정관이 있으면 정관이 용신이다.
건록용인격建祿用印格	신약하고 인수가 있으면 인수가 용신이다.
건록용비격建祿用比格	신약하고 비겁이 있으면 비겁이 용신이다.
양인용살격羊刃用殺格	양인격에 칠살이 있으면 칠살이 용신이다.

양인격羊刃格은 건록격建祿格에 준하여 용신用神을 정한다.

다. 조후용신調候用神

조후용신調候用神은 한난조습寒暖燥濕을 조절하는 용신이다. 한난寒暖은 온도와 계절의 개념이고, 조습燥濕은 습도濕度와 환경의 개념으로 보면 된다.

한난寒暖은 월지를 기준하여 보며, 조습燥濕은 사주 전체의 지지를 기준으로 본다. 염炎은 지지화국地支火局이 천간天干에 투출透出된 것으로 보며, 열熱은 천간의 火가 지지地支에 근根한 것으로 본다. 천간의 火가 根이 없으면 빛으로 본다.

한난寒暖에는 계절과 시간적 개념을 같이하므로 사건에 있어서 발생하는 시간이나 처리하는 시간을 나타내며 시간이 길고 짧음을 알 수 있다. 한랭寒冷하면 시기가 맞지 않아 지체되어 시간을 가지고 장기적인 계획을 짜야 한다.

조습燥濕은 환경의 공간으로 작용하므로 장소와 환경의 적응능력을 보는데 습도濕度가 맞으면 환경이 좋은 것으로 가정환경이 평안하고 기반도 튼튼하며 인덕이 있는 것이다.

조후용신調候用神은 환경이 안정적이고 편안한 것으로 조후대운에는 환경이 좋아지는 것이니 게을러지거나 나태해지기 쉬우니 발전이 없고 백수생활을 하기 쉽다.

조후調候는 좋고 억부抑扶가 불미하면 편안한 방법으로 살아가려고 하고 억부는 좋고 조후가 불미하면 힘들게 개척해 가며 살아가는 사람이다.

겨울 亥子丑寅月(해자축인월)생은	火用神	여름 巳午未申月(사오미신월)생은	水用神

라. 병약용신病藥用神

사주에 필요 이상으로 편중되어 일주에 해가 되는 오행을 일주지병日主之病이라 하고, 용신用神을 제극制剋하는 오행이 용신지병用神之病이라고 하며, 또 대운大運에서 용신을 극하는 운을 만나면 행운지병行運之病이라 한다.
즉, 태과하여 균형을 깨는 오행이 병신病神이며, 용신을 극상하는 오행이 병신病神이다.

사주에 병病이 있으면 마땅히 약藥을 써야 하는데 병신病神을 제하거나 합거合去하는 오행五行을 약신藥神이라 말한다.

사주원국에 병도 없고 약도 없으면 평범한 팔자요, 병이 있는데 약이 없으면 인생이 고통스러우며, 병이 있고 약도 있으면 발전이 있으며 무방하다.

병이 경미한 사주가 약신藥神운을 만나면 소길小吉하나, 병이 위중하여 중병사주인데 약신운을 만나면 대길하다. 즉. 일세의 영웅은 갖은 고생 끝에 천하를 석권하게 되는 것이다.

마. 통관용신通關用神

상극相剋되는 오행이 대립하여 상전相戰하면 통관通關시키는 십신을 통관용신通關用神이라 한다.

양대 세력이 싸우게 되면 강약을 불문하고 서로 피해를 입게 되는 것이니 이럴 때는 제 삼자를 중간에 넣어 화해시켜야 되는 것이다.

통관용신通關用神은 막혀 있는 강을 교량橋梁으로 가로질러서 소통시키는 역할을 한다.

예제

시주	일주	월주	연주
甲	甲	甲	甲
戌	戌	戌	戌

五行끼리 相剋하고 있으니 길을 터 주고 다리를 놓아 주는 것이 용신이다.

천간과 지지에 木과 土가 상전相戰하고 있다. 戌土가 세 개 이상이면 丁火가 있는 것으로 보아야 하니 火가 통관용신으로 火운이 와야 발복한다.

예제

시주	일주	월주	연주
丙	壬	丙	壬
午	子	午	子

천간과 지지에서 水火가 상전하고 있어 木이 통관용신이다. 이 사주는 통관대운이 와야 발복한다. 통관용신 대운이 행운용신이 되는데, 행운용신 대운이 오기 전에는 질병으로 고생하거나 살기가 어렵다. 용신 대운이 오면 잘산다.

사. 격과 용신 정하는 법

격국은 가계의 혈통과 성격이며, 자신이 헤쳐 나갈 사회 진로와 직위를 나타내며 직업의 적성을 말한다. 즉, 가업이나 사회생활의 목표가 되며 또한 운명적으로 정해진 진로이며 사회활동의 등급을 나타낸다.

용신은 그 사람이 추구하는 정신이 되므로 매우 중요한데 사주의 급소가 되기도 한다. 일간을 군주라고 보고 용신을 수상이라고 본다면, 용신의 능력이 정치적 능력인데 정치를 잘하고 못하고는 용신의 강약에 따라 움직인다.

예제

시주	일주	월주	연주
丁	甲	壬	戊
卯	午	戌	辰

戌月 월율분야月律分野인 辛·丁·戊 가운데 戌中戊土 정기와 戌中丁火 중기가 함께 투간되었다. 정기인 戊土가 우선권이 있으며 다음이 중기인데, 戊土와 丁火 중에 선택해야 하는데 월율분야의 사령한 오행에 맞추어 확인한다.

예를 들면 戌 중에 辛金은 9일, 丁火는 3일, 戊土는 18일간 배당인데 입절 이후에 9일 동안은 辛金 사령으로 정관격正官格이 되며, 입절 이후 10일에서 12일 사이에 태어나면 丁火 사령으로 식상격이 되고, 입절 이후 13일부터는 戊土 사령인데 잡기재격으로 선택한다.

위 사주에서 월지 월율분야 여기餘氣 신금辛金은 투간되지 않고 무토戊土와 정화丁火만 투간되었는데 무토戊土가 잡기재격으로 성격이 된 것 같으나 지지에서 진술충辰戌冲으로 근이 부실하여 정화丁火가 유근有根하니 성격되어 식상격이다.

예제

시주	일주	월주	연주
丁	甲	戊	辛
卯	子	戌	卯

戌月의 월율분야는 辛·丁·戊인데 여기 辛金·중기 丁火·정기 戊土 모두가 투출되었는데 그중 정기가 가장 강하며 투간된 정기에 충극冲剋이 없어 성격이 되었고 중기 여기는 약하기 때문에 정기가 격이 되어 잡기재격이다.

용신은 생월에 근根을 내리는 것이 제일 좋고, 그렇지 않으면 다른 지지라도 근을 하는 것이 좋다. 즉, 용신은 반드시 뿌리내리고 생을 받는 것이 좋다.

예제

시주	일주	월주	연주
甲	丙	○	○
午	辰	辰	○

만약에 이와 같은 사주에서 甲木이 월지와 일지에 근이 있더라도 月令이 우선이니 월지에 근을 둔다. 월령에 근이 없을 때에는 일지나 시지에 근을 해야 하는데 용신과 가장 가까운 곳에 근을 내릴수록 튼튼하다. 즉, 시에 근이 있다면 최고 좋은데 없으므로 월령을 찾아간 것이다.

> 용신이 합合되면 기반羈絆되어 작용을 못하니 合되는 것을 가장 꺼린다.
> 식재관食財官으로 종격 사주에 일주가 극히 약한데 인수나 비겁이 1개 정도 있는 경우에 가종假從이라 한다. 가종격假從格은 고생이 심하다. 그러나 비겁과 인성을 파괴하는 운이 오면 크게 발복한다.

사. 용신과 희신의 통변

1 용신의 통변

> 용신은 격국과 세력을 다루는 용도로 쓰는데, 어떤 십신을 다루는가에 따라서 사회적인 능력이나 활동무대를 나타내는 것이므로 학업의 진로와 적성을 판단하는 것이며, 직업의 선택과 출세하려는 의지로 결정하는 것으로 작용한다.

정인용신의 통변은 지식능력으로 문학·어학·인류학·교육학에 학습능력을 지니고 있는 사람이라 본다.
관인상생의 용신 통변은 행정·교육·진급·시험 등의 용도로 관청에서 성실하게 근무하는 능력으로 작용한다.
식상태왕일 때의 정인용신은 기획·전략·전술·마케팅·예능·미술·음악 등에 능력이 출중하여 사회생활에 필요한 능동성으로 작용한다.
인성으로 식상을 조절하는 것을 식상패인食傷佩印이라고 하는데 국가자격증을 취득해 전문직으로 자격증이 필요한 곳에 쓰는 용도로 작용을 한다.
관살태왕하여 신약한 사주에서 정인용신은 노동과 기술로 먹고살다가 힘이 달려 질병으로 일을 못하고, 운에 따라서 각기 다른 용도로 작용하며 운이 나쁘면 노동활동을 못하게 작용하므로 두뇌로 편하게 할 수 있는 일을 찾는 것으로 작용하니 종교나 역학에 의지하려 한다.

2 희신의 통변

희신이 건왕健旺하면 일단 복이 후한 사람이다.
희신이 건왕하여야 용신이 쉽게 상하지 않는다.
용신이 상하지 않는다는 것은 능력과 의지력을 보필하는 조건이 좋은 것이다.

사주에 희신이 있는 것과 없는 것, 희신 운이 올 때와 오지 않을 때의 차이는 실로 엄청난 것이다. 그러므로 상신相神은 격의 등급에 영향을 미치므로 직업의 품격으로 작용하는 것이다. 희신은 용신의 등급에 영향을 미치므로 능력의 품격에 작용하게 된다.

희신이 건왕하면 청년기에 운이 열리고 행운이 많은 인생이 된다. 희신은 나의 후광이며 배경으로 부모의 능력이 나에게 미치는 영향이 되기 때문이다.

용신은 능력이며 의지력이니 희신을 승화시키는 힘이다. 따라서 희신이 많아서 용신을 生하지 못하고 과잉 상태가 되면 오히려 용신이 상하게 되므로 후광이나 의지처가 많아서 능력을 개발을 시키지 못하는 것과 같으며, 일할 곳은 많이 나타나나 자신이 감당하지 못하는 것과 같다.

희신이 왕하고 용신이 약하여 희신이 용신을 生한다면 부모나 주위의 배경에 의하여 자신의 진로가 결정된다.

3 기타 통변

일간은 희신에 해당하는 육친을 좋아하며, 일간은 일지의 십신을 따라 가려는 성향이 강하다.

사주에 편중되거나 유기하면 그 사람의 십신十神적 특징을 보아야 한다.

직업은 격과 용신으로 정해지나 그 세밀한 향방은 용신의 용도에 따라 정해진다. 격을 다루는 용신의 용도가 직업이 된다. 용신의 용도와 역량에 따라 그 직업을 대하는 심리가 발달해 능력으로 결정된다.

재성과 관성 왕쇠에 따라 직장의 규모나 인지도의 높낮이가 정해진다.

인성과 식상 왕쇠에 따라 회사의 규모나 업무에 인지도가 정해진다.

육친과 宮의 희신이 득령이나 득세하면 육친의 물질적인 복이 있다.

육친과 십신이 희신으로 득세하면 육친과 사회의 정신적 은덕이 있다.

사주의 십신과 육친의 기세를 살펴 운로에서 육친과의 인연을 살펴야 한다. 육친간 불화와 화합과 친화력은 합, 형, 충, 원진을 참고한다.

아. 여자 사주 보는 법

일주가 뿌리가 없거나 기가 약하고 관성만 태과한 경우 관살을 따르는 종살격從殺格이 된다. 이때 관살운官殺運이 오면 크게 부귀해진다.
일명 종살격從殺格은 시집가서 잘산다. 그러나 관살을 극하는 식상운이 오는 것을 크게 꺼리는 것은 남편이 무능해져 고생이 많고 이별이나 이혼을 하고 천한 생활을 면치 못한다.
일주가 根이 있고 관살이 태왕하면 관살을 제하는 식상이 있어야 좋다.
관살태왕에 식상이 없을 때는 빈천한 창기며 잡스런 여자가 되기 쉽다.
사주에 관살이 천간과 지지에 혼잡되면 명암부집이라 하며 홍염살과 도화살이 있으면 음천淫賤을 면치 못한다.
여자는 일간보다 관성을 잘 살펴라. 관성이 혼잡되지 않고 1~2개 있으면서 근하고 재성이 生하고 있으면 귀부인이다.

예제

시주	일주	월주	연주
○	甲	庚	○
○	申	寅	辰

관살과 비견이 서로 교차하여 록을 하고 있는 것을 교록交祿이라 하는데 이와 같은 구조로 사주가 이루어지게 되면 남편이 잘 나간다. 즉, 성공하는 남편이다.
여자 사주에 연지 辰土 財星이 천간에 官星을 생조하는 것을 명관과마격明官跨馬格이라고 하며 재성으로 生官하니 최고로 길한 사주가 된다.

여자 사주에 관성이 쇠약하면 고독하다.

여자는 재, 관, 인수가 있어야 귀명으로 본다.

관이 많으면 화류계 팔자가 아니면 시집가서 시집식구 때문에 시집살이한다.

자. 조후용신 사주에서 배우자配偶者

조후용신調候用神인 사주에서 배우자 보는 법으로, 여자 사주에서는 용신이 남편이고, 남자 사주에서는 용신이 자식이며 희신이 부인이다.

관이 많으면 식상을 남편으로 보며, 관성이 태약하면 재성이 남편이다.
재운이 올 때 결혼하는 것은 재생관하기 때문이다.
비겁이 왕하고 관이 없을 때 식상이 남편이다.
식상이 왕하고 재관이 없을 때 인수를 남편으로 본다.
관성이 태왕하여 인수가 용신일 때 인성을 남편으로 본다.
인성이 태과하여 관성을 설기시키면 재성이 남편이다.
관성이 태과하고 식상이 없으면 자식을 많이 낳는다.
식상이 왕한데 인성이 왕하여 식상을 조절하면 자식이 순하다. 순하던 여식은 자식을 낳고 활달해진다.

차. 격의 고저高低

격국格局이란 사주의 용어로 격과 국의 총칭이다. 사주보는 방법의 편의에 의하여 분류하여 붙이는 명칭이다.
격格은 사주 세력의 원천인 생월 월율분야月律分野의 사령신司令神이 격인데 사주의 규격으로 종류와 품격을 말한다.
국局은 출생한 월지와 더불어 삼합 또는 방합국을 이루는데 집단에 의해 구성된 세력으로 그 종류를 말하며, 성국된 오행세력 강약에 따라서 격이 합국으로 인하여 달라지기도 한다. 그러므로 보통 格과 局을 통칭으로 격국이라 부른다.

> **寅·申·巳·亥월에 출생하여 정기가 투출되어 당령하면 성격되고, 희신이 있고 기신이 없으면 상격上格이며, 寅·申·巳·亥월에 출생하여 중기가 투출되어 장생이 되고, 희신과 기신이 없으면 중격中格이며, 기세氣勢가 강한 것으로 통근通根되어서 성격했는데, 희신은 없고 기신만 있으면 하격下格이다.**

寅·申·巳·亥 월령 중에 巳月의 여기餘氣 戊土는 녹지祿地가 되기 때문에 격으로 쓸 수가 있고, 寅·申·亥의 戊土 여기餘氣는 쓰지 않는다. 다만 寅中戊土는 木旺하면 쓰지 않고 火旺할 때만 쓴다.
여기餘氣가 투간透干된 것으로 격을 쓸 때는 지지에서 뿌리가 튼튼하게 있을 때만 쓴다.
子午卯酉月은 月令에서 투간되지 않아도 부조하는 오행이 있으면 격으로 성격된다. 그리고 午月의 己土는 투간되어도 격으로 잡지 않는다.

戊土 일주의 午月생은 신왕하고 己土가 투간해야 양인격羊刃格으로 인정한다. 신약하면 인성으로 작용하기 때문이다.

辰·戌·丑·未 月令의 월율분야月律分野 중에 정기, 중기, 여기는 음양에 관계없이 투간이 되면 격으로 인정한다. 이것을 용신이라고 말할 때는 격용格用이라 말하고, 체는 움직이지 않는다.

격의 고저는 월령에서 정기, 즉 음양이 같은 오행이 천간에 투간되어 격으로 잡히면 정격이라 하고, 또는 월령 자체가 삼합이 되어 성격하면 진격眞格이다.

그 외에 정격이라 부르지 않고 다만 강약만 볼 뿐이다. 정격과 편격으로 구분하는데 십신이 정·편으로 혼잡이 되면 정·편격을 구분하지 않는다.

격의 고저로 신분의 귀천과 인품을 안다. 격은 월령에서 천간으로 투출된 격으로 성격되면 직업의 품격과 가풍을 본다. 격은 내격과 외격이 있다. 국은 지지로 세력을 본다.

예제 **만든 사주로 예를 들어 본다.**

시주	일주	월주	연주
丁 卯	甲 子	庚 戌	庚 申

戌月의 甲木 일주가 금왕당절에 출생하여 경금庚金 관살官殺이 통근하므로 신약한데 제살制殺하기 위해서 식상제살격食傷制殺格으로 식상이 용신이다.

직업으로는 예능, 기술, 서비스계통이다. 신약이라도 살이 왕하여 제거하는 火가 용신이다. 신왕할 때의 식상용신과 신약할 때의 식상용신의 쓰임새가 다르다.

예제 **만든 사주로 예를 들어 본다.**

시주	일주	월주	연주
丁 卯	甲 寅	庚 戌	庚 寅

戌月의 甲木 일주가 금왕당절에 출생하였으나 殺이 뿌리가 없다. 신왕에 설기하기 위해 식상이 용신이다.

신왕할 때 시상식상격은 박사득명博士得明인데 이공계열理工系列 금속공학金屬工學이다. 식상은 재를 생한다. 대운에서 용신과 격국을 극하면 흉하여 노력해도 소득이 적고, 용신을 생하면 적은 노력으로 성공한다.

여자 사주는 격이 남편의 집안이고 남편의 직업이 되고 가정이 된다. 결혼하기 전에는 친정의 집안이 되고, 결혼 후에는 남편의 가정과 남편의 직업이 된다.

카. 용신법用神法

용신은 그 사람의 정신이고 추구하는 지향점이며 급소이다. 또한 일주의 보호와 격의 운영자와 같고 행운의 주관을 맡은 십신으로 오행의 조화를 위하여 중요한 오행을 말한다.

일주가 체가 되니 자신으로 보고 용신은 일주를 도와주는 운전기사로 보며 격국은 자신이 타고 가는 자동차의 종류와 같고 대운은 자동차가 주행할 도로와 같은 것이다.

일간이 국가원수라면 격국은 국가체제이며 용신은 국무총리다. 나머지의 오행은 국민이 된다. 고로 어떠한 국가 체제냐에 따라 운영방식이 다르듯이 격국을 모르고서는 용신을 논할 수 없는 것이다.

격국의 종류가 많듯이 자동차도 여러 종류가 있다. 예를 들면 승용차·승합차·화물차·특수차가 있고, 차의 종류에 따라 대형과 소형이 있으며, 같은 승용차 중에서도 최신형 고급차종이 있는가 하면 고물이 된 차가 있듯이 사주의 원국도 크고 작음에 따라 빈부귀천이 있다.

용신에 해당하는 운전기사도 차종에 따라서 운전할 수 있는 면허증이 다르며 운전 기술과 건강 여하에 따라 운행의 안전 여부가 결정되듯이 행·불행과 수요壽夭가 생긴다.

도로에 해당하는 대운은 잘 닦아진 고속도로인가 요철凹凸이 심한 비포장도로 인가 따라서 주행에 차이가 있듯이 대운의 길흉에 의해 흥망성쇠가 일어나는 것이다.

보충설명

사주가 격이 성격되어 청하면 부귀하고, 파격되어 탁하면 빈천하다.
용신이 튼튼하면 능력이 있어 출세하고, 용신이 미약하면 무능하다.
대운이 길하면 매사 순성順成하여 부귀영화를 누리고, 대운이 흉하면 매사에 불성함이 많고 어려움이 많이 따른다.

타. 용신 선용 요령

1 일간이 신왕할 때 용신법

식상이 왕하면 재성이 용신이다.
식상이 왕한데 재성이 없으면 식상이 용신이다.
관성이 왕한데 인성이 있고 식상이 없으면 재성이 용신이다.
관성이 왕한데 식상도 없고 재성도 없으면 관성이 용신이다.
재성이 없으면 관성을 용신으로 쓴다.
재성이 있으면 식상을 용신으로 쓴다.
신왕에 재왕한데 식상과 관성이 없으면 재성이 용신이다.
인성이 왕하면 재성이 용신이다.
인성이 왕한데 재성과 관성이 없으면 식상이 용신이다.
비겁이 왕하면 관성이 용신이다.
비겁이 왕한데 관성이 없으면 식상이 용신이다.
비겁이 왕한데 관성과 식상이 없으면 재성이 용신이다.

2 일간이 신약할 때 용신법

식상이 왕하면 인성이 용신이다.
식상이 왕하고 인성이 없으면 비겁이 용신이다.
식상이 왕하고 인성과 재성이 없으면 비겁이 용신이다.
관성이 왕하면 인성이 용신이다.
관성이 왕하고 인성이 없으면 식상이 용신이다.
관성이 왕하고 인성과 식상이 없으면 비겁이 용신이다.
재성이 왕하면 비겁이 용신이다.
재성이 왕하고 인성이 약하면 관성이 희신이다.

격국 | 格局

1 식신격 | 食神格

식신이 유기하면 재관격보다 월등한 것이다. 우선 무엇보다 신왕하지 않으면 안 되는데, 만약에 식신을 편인이 파극하는 경우에 오히려 신고만 따르고 공연히 바쁘기만 할 뿐만 아니라 화禍가 백 가지로 생긴다.

식신격이 손상됨이 없으면 숭고한 것이니 甲이 丙을 보고 庚이 壬으로 울타리가 되고, 丁이 己를 보고, 乙이 丁을 보게 되면 귀기貴奇하여 복록이 많으며 또한 申이 있으면 문전에 쏜살(弧矢)같이 출중한 영웅호걸이다.

甲木이 丙火만 보면 도기라 하는데 丙火식신이 戊土까지 보면 식신생재까지 되니 심성은 넓고 재물은 윤택하고 신체는 비대하며 의식은 풍족하다. 만약에 편인이 있어 식신을 파극하면 외롭고 가난한 命이 된다.

수성壽星인 식신을 만나면 최고 특별한 격인데 칠살이 연주나 시주에 놓여 있어도 어찌 근심이 있겠는가? 식신이 투간되어 근하여 제살하면 흉살을 막아 주므로 이는 곧 사람 가운데 부귀하게 등장하게 된다.

식신이 생월에서 근하고 편관은 생시에 있으면 의식 또한 부귀가 후하게 되는 것이지만, 칠살 가까이서 식신이 제살하면 그때는 도리어 재앙이 도래하게 되니 일생을 먼지 속에서 분주하게 일하나 소득이 적어 고생하며 살게 된다.

戊土 일주가 申月에 생하면 식신격으로 기묘하게 보는데 가을이나 겨울에는 복록을 얻게 되는 것이고, 甲丙寅卯가 와서 파극하면 이 격格을 만나지 않은 것보다 못한 일주임을 어찌하여 의심하리요.

보충설명

식신 생재하니 재물의 근원이 되어 의식주이고, 일주를 극하는 관살을 극하여 일간을 보호하니 수성壽星이라 하고 식신이 천주귀인天廚貴人으로 식복을 타고나니 의식주가 풍족하여 길신이 된다.

또한 문창귀인文昌貴人이라 문장력이 뛰어나고, 학당귀인學當貴人으로 유림儒林의 선비가 되어 후진양성을 하는 학자나 교육자가 된다.

식신격은 월지 월율분야月律分野 정기가 될 때 일주를 설기하여 약화시키므로 신왕해야 하며, 신왕하고 식신유기食神有氣하여 용신이 되면 승재관이라 한다.

식신이 용신이면 직업으론 사회사업, 교육사업, 예체능, 생산업, 체육계에 적합하다. 식신이 용신이면 편인이 병病이 되고 재성이 약신藥神이 된다.

식신격이 편인이 있거나 형충이나 사절지에 있게 되면 파격이 되는데, 편인을 합거를 하거나, 충거를 하거나, 재성이 있으면 다시 성격한다.

식신이 길성인데 설기가 지나치면 식상작용을 하니 이럴 때 인성으로 식상을 제하고 일주를 생해 주어야 길하다.

신왕하고 식신도 왕한데 편인의 극이 없고 재 대운을 만나면 크게 발복한다. 식신이 편관과 함께 있고 재성이 투간되어 편관을 생하면 흉하고 다시 편인을 만나면 길하다.

식신이 약하고 관살이 왕하면 식상 운에 대길하고 인성 운에 흉하며, 식상이 많고 관살이 약하면 재성이나 인성 운에 대길하다.

식신 제살격이 비록 귀격이지만 일주가 약하면 못 쓰고 편인운을 만나면 가난하고 단명하다. 식신이 무근하고 편인이 극상하면 신체가 허약하여 질병이 많고 재앙이 그칠 날이 없으며 빈한하지 않으면 단명하다.

식신유기食神有氣하면 간합干合니 되어도 작용하고 공무원으로 출세하며 부귀·장수한다. 월주에 식신이 있고 사주 중에 재성이 있어 생재하고 또다시 재생관하니 시주에 편관이 있으면 부귀하게 된다.

월주에 편관이 있고 설기하는 식신이 있어 극설교집剋泄交集이 되어 빈곤하게 살게 된다.

월주에 식신이 있고 시주에 편관이 있으면 잘살게 된다. 식신이 편관과 같이 있으면 영웅이요 인성을 만나면 발복한다.

식신격 취용법 食神格 取用法

신강하고 식신격에 비겁이 많고 관성이 없으면	식신용식신격
신강하고 식신격에 식신이 많고 재성이 있으면	식신생재격
신강하고 식신격에 재성이 많고 관살이 있으면	식신용관격
신강하고 식신격에 인성이 많고 재성이 있으면	식신용재격
신약하고 식신격에 식신이 많고 인성이 있으면	식신용인격
신약하고 식신격에 재성이 많고 비겁이 있으면	식신용비격
신약하고 식신격에 관살이 많고 인성이 있으면	식신용인격

식신격·식신용식신격 | 목기신·수구신·병화용신

丙寅		甲午		戊寅		庚寅		乾命
72	62	52	42	32	22	12	2	
丙戌	乙酉	甲申	癸未	壬午	辛巳	庚辰	己卯	大運

寅月의 甲木 일주가 목왕당절에 출생, 甲木司令으로 신왕하다.

중기 丙火, 여기 戊土가 투간하여 하나를 취택해야 되는데 시상 丙火 식신이 자좌 장생을 하고 寅午火局으로 득세하여 쓸 만하고, 戊土는 목왕당절에 실령하고 편재가 약하므로 丙火 식신격으로 격을 이룬다. 甲木 일주가 우수가 지나서 목왕당절에 태어나서 득령 득세를 하여 신왕하다.

비겁이 많아 신왕하면 일차로 관살이 용신이요, 이차로 식상이 용신이며, 삼차로 재성이 용신이다. 식재관 3개가 모두가 투간하여 법칙대로 한다면 관살로 용신을 잡아야 하는데 사주에 庚金 편관이 연상에 있으나 寅木 절지에 앉아 약하므로 뿌리가 없어 못 쓴다.

> 약한 용신을 생하는 편재 무토戊土가 용신이 되어야 하는데 무토戊土 역시 경금庚金에 설기당해 뿌리가 튼튼한 목木에 제극制剋되어 쓰지 못한다.
>
> 시상 병화丙火식신은 연월시지에 장생되고 인오화국寅午火局으로 도움을 받아 왕하므로 식신이 용신이 된다.

금수식상격·식신용관격 | 금기신·정화용신·목희신·수병신·토약신

戊寅	庚申	辛亥	丁巳	乾命

72	62	52	42	32	22	12	2	
癸卯	甲辰	乙巳	丙午	丁未	戊申	己酉	庚戌	大運

亥月 庚金 일주가 수왕당절에 출생하여 설기되어 신약으로 출발하고 庚金이 실령했으나 일지에 전록專祿이 되고 年支 巳에 長生이 되었고 투간透干한 辛金이 도와 왕하다.

戊土司令인데 시상 투출하니 편인격이 되어 편인 戊土가 寅木에 장생하고 巳火에 녹하여 성격이 되는 것 같으나 3金에 설기되고 寅木에 剋傷되니 파격이 된다. 월지 亥水식신은 3개의 金에 生받고 있어 왕하다.

약한 戊土 편인은 약해 파격이고, 當令한 亥中壬水가 성격되므로(申金과 亥水의 암장 戊土는 약하다) 금수식상격이다.

사주가 한습寒濕하므로 조후가 급선무이니 관성인 丁火가 吉한데 巳火와 동주하여 근을 하고 寅木이 生火하여 吉한 사주이다. 금수식상격은 火로 녹여 흐르게 해야 금백수청金白水清으로 총명하고 문장력이 출중하다. 지지에 寅申巳亥로 사생지를 득하고 용신이 튼튼하니 귀격사주이다.

초년 申酉戌金 운은 파란만장한 삶을 살다가 巳午未火 운에 대발하여 국가의 동량棟樑이 된 사주다.

火가 용신이니 대길하고 木은 희신이니 다음으로 吉하며 水는 병신病神이니 대흉하고 金은 구신仇神이니 다음으로 흉하며 土가 病神을 극하니 약신藥神운으로 대길하다.

2 식상격(상관격) | 食傷格(傷官格)

식상격(상관격)은 상함이 없으면 가장 기귀奇貴한 사주이나, 특히 두려운 것은 식상이 많으면 반대로 마땅하지 않다. 이 격국은 천변만화千變萬化가 있으므로 추리할 때는 마땅히 심기心機를 살펴서 해야 한다.

火土식상격을 이루면 식상에 상함이 없어야 마땅하고, 金水식상격은 관성이 필요한 것이며, 木火식상격은 관이 왕해야 좋으며, 土金식상격은 관이 없어야 되고 다시 관이 오면 안 되며, 오직 水木식상격이 있으면 재·관을 같이 봄을 기뻐한다.

식상격의 흉함은 예를 들어 말하기 어려운데 辛日 壬辰은 貴가 그 가운데 있고, 태어남이 추동 月이면 바야흐로 빼어나다. 辰戌丑未月에 태어나면 주로 재복이 풍족한 사람이다.

丙火 일주가 뿌리가 많고 土가 旺하면 申月에 이루거나 亥月에 이루기도 하는데 행운에 수운을 만나면 명리가 올라가고 火土대운이 오면 운수가 견고하지 못하다.

식상이 흉하다고 단정적으로 말하지 말라. 조절이 되면 의식이 풍족하여 남에게도 돌아간다. 천간에 식신이 지지에 합을 이루면 나의 자손이 눈앞에 가득하고 수명은 송백松柏과 같이 장수長壽하게 된다.

식상을 만나는 것은 원래는 마땅하지 않으나 재성이 있고 관이 없으면 곧 재복財福의 기초가 될 것이며, 時·日·月에 식상으로 格局이면 운이 재왕財旺으로 行하면은 貴함을 의심할 바 없다.

식상은 상진傷盡됨이 제일 기귀奇貴한데, 만약 운에서 식상을 만나면 재화災禍가 따르게 된다. 자신을 과신하므로 사람의 마음을 능멸하고 이기는 것을 좋아하고, 골육 간에 형충刑冲하여 다시 슬픔이 많다.

보충설명

식상은 일간의 기운을 도기盜氣하여 약화시키니 수명을 줄이고 정관을 제하니 녹을 못 먹게 하는 흉성이다.

月令 식상은 일간이 휴수되어 신약하니 인성으로 식상을 조절해 주어야 관이 상하지 않고, 신약한 일주를 生하여 균형을 이루게 하여야 길한 사주가 되는데, 신약에 극설교집되는 식상과 관살을 크게 꺼린다.

식상격에 관살이 있거나 사·절·입묘되고 신약하면 파격이다. 신왕하고 식상격에 인성이 있으면 파격인데, 재성이 있어 인성을 제하면 재성격再成格한다. 재성이 없고 관이 있으면 인성이 있어야 다시 성격한다. 식상이 많으면 관성이 병病이요, 관성이 유기하면 식상이 병病이다.

식상이 흉성이지만 비겁이 중중해 신왕할 때 호설정영好泄精英으로 길하고 중중한 비겁이 약한 재성財星을 보고 쟁재爭財할 때는 식상이 통관작용을 한다.

비겁이 식상을 보면 재를 극하지 않고 식상을 생하면 식상은 다시 재성을 生하는 것을 말하니 이럴 때는 吉한 작용을 하는 것이다.
식상격은 월지 암장간暗藏干만으로 구성되는 것이 아니라 月·日·時柱 등 어디에서나 구성이 된다.
식상격은 진식상격과 가식상격이 있는데, 가식상격은 비겁이 많아 신왕사주가 월령에서 격을 불성하고 다른 곳에 식상이 있는 것을 말하며, 진식상격은 식상이 많아서 일주가 신약한 경우다.
진식상(진상관)이 가식상(가상관)으로 변하기도 하고 가식상(가상관)이 진식상(진상관)으로도 변하는 경우가 있다. 식상은 인성으로 조절함이 마땅하나 그렇다고 지나치게 제극하면 도리어 흉하다.
식상용식상격에 인성이 병신病神이지만 사주에 병病이 있는 사주가 재성財星 약신藥神 대운이 오면 대발한다.
신왕사주에 식상격인데 재성이 있고 관성이 없으면 식상생재가 되니 재복이 많다. 식상용인격에 재성이 있으면 재를 극하거나 합으로 묶어 놓아야 좋으며 관살을 보면 길하다.
식상용재격은 비겁과 인성을 합거하거나 제극해야 길하다. 식상이 많아 신약한데 관성이 있으면 인성을 용신으로 쓴다.
木火식상격은 관성을 꺼리나 비겁이 많아서 신왕하면서 식상용재격이 되었을 때 관으로써 비겁을 억제하고 재성을 보호함이 마땅하다. 또한 인성이 있을 때 관성이 왕해야 한다.
식상이 왕하여 신약하면 인성을 용신으로 쓴다. 일간을 설하는 식상을 억제하고 일간을 생하기 때문이다. 인성이 없으면 재성으로 식상을 설기시켜 균형을 이뤄야 한다.

화토식상격火土食傷格은 인성印星이 일주日主를 돕고 토를 소토疎土해야 길하다.
토금식상격土金食傷格은 관官을 꺼리는데 비겁比劫이 많으면 매금埋金되니 관官으로 소토疎土해 주어야 부귀하다.

금수식상격은 한랭하니 관인 火가 旺하여 조후함이 마땅하고, 신약하면 土氣 印星을 약신藥神으로 쓴다.
水木식상격은 火土재관이 있어야 길한데 土관으로 물을 막고 火財로 습한 木을 조후를 해야 잎이 피고 꽃이 피어 발복하게 된다.
음일간陰日干 남자 사주에서 식상이 칠살七殺과 간합干合하여 합거合去되면 흉작용을 못해 길명吉命이 되나, 여자는 음탕하여 야밤에 정부를 불러들인다. 여자 사주에 식상격이 재가 없는데 관운을 만나면 이혼하고 또 본인이 망하거나 남편이 사망하기 쉽다.

식상이 많아 신약한데 재성이 없으면 시기 질투심과 승부욕이 강하고 큰소리 잘 치며, 독선적이고 오만불손하고 방자하며, 재주는 좋으나 빈곤하지 않으면 단명하기 쉽다.

남자 사주가 식상격에 관성이 있고 재성이 없으면 자식이 없고, 여자명에 식상격은 자식 낳고 남편과 사별하며 공직자는 식상 운을 만나면 실직하게 되고, 질병으로 고생하거나 재앙이 생긴다.

식상격이 관이 있더라도 사주에 재가 있으면 식상이 관을 극하지 않고 식상생재하고 재생관이 되므로 자식이 있고 남편의 벼슬이 높고 영화가 있게 된다.

진식상격(진상관격)이 인성을 보면 검찰계통에서 고관이 되며 대귀하다.

가식상격(가상관격)이 인성을 보면 망하여 빈한하거나 사망하기 쉽다.

진식상격(진상관격)이 인성으로 식상을 제극하지 않고 일간을 생하고 식상을 조절하면 길하다. 식상대운에 관재官災가 아니면 발병發病하며 심하면 사망한다.

식상격이 재성과 인성이 없으면 재주는 있겠으나 가난하고 단명하다.

남자 사주 식상격은 자식을 기르기 어려우나 재운을 만나면 귀한 자식을 두게 된다.

식상용재격은 관성이 비록 사절이 되어도 자식은 있는데 약하다. 식상격에 日과 時에 양인이 있으면 관약하니 자식이 죽는다. 식상격에 일지 편관이 있으면 처궁이 온전치 못하고 풍파가 많다.

木火식상은 장원급제하고, 金水식상은 문장이 출중하며, 火土·水木식상은 타인을 무시하고 능멸한다.

식상격 취용법 食傷格 取用法

식상격에 비겁이 많아 신강하고 재관이 없으면	식상용식상격
식상격에 비겁이 많아 신강하고 재와 관이 있으면	식상용관격
식상격에 인성이 많아 신강하고 재성이 있으면	식상용재격
식상격에 신강하고 재성이 있고 관살이 있으면	식상용관격
식상격에 신강하고 재성이 있고 관성이 없으면	식상용재격

식상격에 신강하고 식상이 많고 인성이 있으면	식상용인격
식상격에 신강하고 식상이 많고 관과 印이 있으면	제살태과용인격
식상격에 신강하고 재성이 많으며 비겁이 있으면	식상용비격
식상격에 신강하고 관살이 많으며 인성이 있으면	식상용인격

가식상격이란	월지 인비로 신왕이며 시주 간지나 일지가 식상일 때

식상용겁격·토금식상격 | 금기신·수구신·토용신·화희신

己		戊		辛		癸		乾
未		申		酉		亥		命
78	68	58	48	38	28	18	8	
癸	甲	乙	丙	丁	戊	己	庚	大
丑	寅	卯	辰	巳	午	未	申	運

酉月 戊土 일주가 금왕당절에 출생해, 酉中辛金 식상이 투출되었고 식상이 혼잡하여 재성까지 왕하니 신약사주로 파격이다.

戊土 일주가 실령 실지를 하여 신약한데 시주 비겁에 득세하여 극신약은 아니다. 식상이 많아서 신약한 사주는 일차적으로 인수가 용신이 되는데 인성이 없으니 시상 己土 겁재를 용하니 식상용겁격이 된다.

> 비겁이 용신이면 도움은 받지만 항상 대가를 지불해야 하니 손재가 따른다. 많은 식상이 재성을 생하여 재성도 약하지 않다. 신약에 관살이 없으니 사주가 청순하다. 토가 용신이라 토운이 길하고 화가 희신이니 화대운에 길하다.

土는 일주를 도울 뿐인데, 火는 일주를 설기하는 金을 극하면서 生하므로 더욱 吉하다. 木은 용신을 극해 제일 흉하고, 金은 설기하여 약한 일주를 도기를 당하여 기신으로 凶하고, 水는 한습하게 하니 다음으로 凶하다.

그러므로 火土운에 출세하게 되고 乙卯, 甲寅대운에 모든 일이 부진하여 어려움이 있게 된다. 이때는 식상으로 살아야 한다. 자오묘유子午卯酉에는 암장에 잡기가 없으니 암장간의 투출 여부를 불문하고 正氣를 생하는 오행이 있으면 성격한다.

식상격은 흉격이 되므로, 신왕하고 격을 설하거나 극하거나 合去하는 것으로 용신을 쓸 수 있으므로 사주가 신왕함을 전제로 성격成格이 되면 용신으로 쓰는데, 이 사주는 신약하여 파격이 되어 일주 안위를 먼저 본다.

식상용재격 | 화기신·수용신·금희신·토병신 천간 : 목약신 | 지지 : 목구신

丁巳	戊午	辛酉	戊子	乾命

73	63	53	43	33	23	13	3	
己巳	戊辰	丁卯	丙寅	乙丑	甲子	癸亥	壬戌	大運

酉月 戊土 일주가 금왕당절에 출생, 辛金司令인데 신왕사주가 되어 金水로 설기하니 土金식상격으로 성격되었다.

인수가 많아서 신왕하면 재가 용신이요, 신왕 사주에 식상이 왕할 때 재성을 보면 식상생재격이 되므로 年支 子水 재가 용신이다.

水용신이라 水운이 길하고 金은 희신이니 다음으로 길하며, 土는 용신의 病이 되니 제일 흉하다. 火는 忌神으로 흉하며, 木은 용신을 설하고 기신을 生하니 구신仇神인 것 같으나 토를 制剋하여 용신을 보호하니 약신藥神으로 제일 길하다.

그러나 천간木運은 길해도, 지지木運은 용신의 병사지요 희신의 절·태지이며 寅午火局에 조열하니 좋지 못하다. 乙丑 대운까지 水木 대운에 크게 재물을 모으고 丙寅 대운에 기신과 구신이 득세하고 용·희신이 쇠·병지로 가니 젊은 나이에 사망하였다. 재성용신에 식상생재격으로 길운을 만나면 천금을 희롱하는 갑부가 될 수 있는 사주인데 운이 나빠서 젊은 나이에 사망하니 안타깝다.

화토식상격·식상용관격 | 화기신·수용신·금희신·토병신·목약신

癸巳	丙午	己未	癸酉	乾命

80	70	60	50	40	30	20	10	
辛亥	壬子	癸丑	甲寅	乙卯	丙辰	丁巳	戊午	大運

未月 丙火 일주가 화왕당절에 출생해 己土司令으로 月干己土 식상이 투간하니 식상격이다.

巳午未火方局으로 일간을 생조하니 신왕하다.

화토식상격火土食傷格이 巳酉金局인데 공협으로 申金까지 가세하여 食傷格을 설기하니 성격이 되었다.

① 격용신格用神은 금金이 용신用神이고 화火가 병신病神에 수水가 상신相神이다.
② 화왕火旺하여 조열燥熱하므로 조후용신調候用神으로 수용신水用神에 금희신金喜神이 되고, 토가 병신病神이며, 목이 약신藥神이 된다.

③ 억부용신抑扶用神으로는 월일시지가 사오미화국巳午未火局을 이루니 신약이 신강으로 변했다. 비겁이 많아서 신왕하면 관살이 용신이 된다. 년상年上의 계수癸水 정관正官이 용신이고 사유금국巳酉金局과 미토未土와 유금酉金 사이에 신금申金이 공협으로 있으니 재성이 희신이 된다.

癸水가 연·시상에 있으니 용신을 이때 절지絕地에 놓인 時干의 癸水는 버리고 酉金 재성의 生을 받고 있는 연간 癸水를 용신으로 쓰는 것이다. 신왕하면 식재관 중에서 강한 것으로 용신하는데 본명은 官用神이다. 관성을 용신으로 쓸 때 식상이 병이 되니 木이 약신藥神이다.

① 격용신格用神과 ② 조후용신調候用神, ③ 억부용신抑扶用神까지 일치가 되므로 대운이 길하면 대길하다. 초년에 화토대운에 곤고困苦하다가 중년부터 木水 대운으로 가니 대길하여 목木 대운에 약신藥神 대운이라 대발하였고 수운에 용신이 왕해지니 부귀영화를 누리는 사주다.

3 편재격 | 偏財格

정재격과 편재격은 길격吉格에 속하므로 함께 다룬다.

편재격에 신왕한 사람은 영웅호걸이니 양인의 침입이 없어야만 복록이 높아 결실이 있고 유정하면 의기가 넘치고 감격하기 쉬운 성질로 화목하다. 일주가 신약하면 노력을 해도 공이 남에게 돌아간다.

月令의 편재는 많은 사람의 재물이니 가장 꺼리는 것으로 干支에 비겁이 혼잡하여 쟁재하는 것이며, 신왕하고 재왕하면 복이 되는데, 만약 운에서 관과 재가 동주하고 오면 재생관財生官하여 묘하지 않겠는가?

보통 편재가 있는데 겁재를 만나면 전원田園을 파하여 빈곤하게 되고 상처喪妻와 상첩喪妾하여 욕됨이 많이 따를 것이며, 식신으로 상조相助하지 않으면 그 곤액이 오래 머물러 벗어나기 힘들다.

만약 편재가 정관을 대동하고 있으면 비겁이 투출되어 있어도 겁날 것이 없어 복이 하늘에 이르는데, 마땅하지 않은 것은 겁재 대운이 와서 함께 어우르면 이때는 바야흐로 화가 백단으로 생한다고 알아야 한다.

편재가 있고 신왕하면 관성이 필요한데 대운에서 官운으로 들어오면 크게 이름이 나게 되는 것이다. 비겁이 거듭 오면 그때는 재를 극하여 탈재하며 공명은커녕 화액이 몸에 따르게 되는 것이다.

보충설명

편재는 만인의 재물이 되니 부동산 투기와 주식 투자로 횡재하여 부자가 되거나 상속을 받았거나 노력 없이 번 불로소득의 재물이다.

편재격偏財格은 일주가 월령 재성에 휴수되어 신약한데 재성이 관살을 生해 관살이 일간을 극하게 되니 신왕身旺해야 성격한다.

비겁으로 신왕한 사주에서 편재격偏財格의 병病은 비겁이고 약藥은 관살이다. 비겁이 많아 신왕한데 재성이 약하면 식상으로 통관시켜야 하고 식상이 없으면 관살이 있어 비겁을 제극해 줘야 재가 살아남는다.

재성이 많아서 신약한 사주는 일간이 재를 감당하지 못하므로 비겁으로 재를 제극하며 약한 일간을 도와주어야 한다.

재용재격財用財格은 인수 대운이나 비겁 대운이 나쁘고 관살 대운이 吉하며, 신약한데 재성과 관성 모두 왕하면 식상 운에 일간의 기운이 더 빠지고 재성을 왕하게 하니 망하고 비겁과 인수 대운에 발달한다.

재자약살격財滋弱殺格은 재성은 왕하고 관살이 약한 것을 말하는데 식상 대운이 오면 재가 더욱 왕해지고 관살을 극하니 망한다.

재다신약財多身弱 사주가 관살이 있으면 뇌물을 받거나 여자와 바람피우면 재물이나 여자 때문에 반드시 관재가 난다.

편재격은 매사에 유정하여 기분파라 선심을 잘 쓰고 타관에 나가 돈을 벌어 의롭고 명분이 있는 일에 재물을 희사할 줄도 안다.

편재격은 신왕재왕에 겁재의 탈재가 없어야 복록이 장구하다. 관운을 만나면 귀하게 되고 관운에 대발하고, 비겁 운에 상처喪妻나 빈한하게 된다.

재다신약財多身弱 사주는 노력해도 소득이 적고 살 운에 관재구설이 많고 질병이 많다. 비겁이 많아 신왕한데 쇠약한 재성이 비겁에 극을 당하면 파산하고 부친과 처를 상한다.

재왕財旺하면 관官이 약해도 재생관財生官하니 관이 약하지 않다. 관왕官旺해도 재財가 절絕되면 귀하되 부귀가 함께 오지 않는다.

사주가 신약한데 월령에 인수가 있어 재가 절되면 처의 내조가 없으며, 신왕사주가 시주 재가 월령에 통근하면 처가가 잘살고 처덕이 있다.

4 정재격 | 正財格

正財가 파극破剋당하지 않으면 生官하게 되는 것이니 신왕하고 재생관하면 녹위가 따르게 된다. 재다신약財多身弱하면 노력만 많으며 소득은 적다. 재성財星이 약한데 탈재奪財하면 화禍가 여러 가지로 따른다.

정재는 뿌리가 있어 균형 잡히면 권위가 있고, 일주가 격조가 높으면 천만금千萬金을 얻을 수 있는 것이며 인수가 오지 말아야 서로 돕는 것이다. 금은주옥이 금궤에 가득하니 관록이 또한 높이 올라간다.

정재가 月令에 있고 일지에 관성과 함께 상생이 되는데, 가장 두려운 것은 干支에 충파됨이고 세운이 만약에 재왕 운으로 흐르면 모름지기 공부하여 귀하게 되고 도주공陶朱公보다 재물이 많아 부귀富貴한 사람이 될 것이다.

재다신약財多身弱한 사주는 열심히 일해도 뜻대로 안 된다. 재생관하면 귀살鬼殺로 변해 반대로 일주를 공격하니 재화災禍가 침범하게 되며, 신강하고 재다하면 바야흐로 귀하게 되는데, 만약에 신약해지면 화禍가 다시 임하게 될 것이다.

보충설명

정재는 정당한 것이니 나의 재물이요, 근로소득의 정당한 재물이 되어 투기에는 맞지 않는다.
정재격은 일간이 月令에 휴수되어 재성의 기운이 소진되므로 신왕함을 요한다. 刑·沖·破·害·空亡되거나 신약하면 식상을 꺼린다.
신왕사주에 정재격의 병病은 비겁이요, 약신藥神은 관성이다. 신왕사주에 정재격正財格이 천간에 비겁이 두 개 이상 있으면 파격破格이요 관이나 식상이 있으면 재성격再成格한다.
정재격正財格은 신왕하고 식상생재食傷生財해야 상격이며 비견과 合하는 것을 꺼리고 한 개의 정관이 있으면 제일 길하다.

신왕하고 재가 약한데 식상으로 재를 생해 주거나, 관살로 비겁의 공격을 막아 재를 보호해야 하고 이럴 때 재운을 만나면 부귀공명하다.
재성이 많아서 신약하면 비겁과 인성을 기뻐하고 대운에서 인수 비겁운으로 흘러야 발복한다.
신왕하고 재성이 왕하면 생관生官하니 충파가 없으면 부귀쌍전富貴雙全이 따른다. 재가 약하고 신왕하면 탈재되니 재물에 고난이 따른다.
신왕에 정재가 득령하고 식신생재食神生財하는 구조의 사주인데 운로에서 받쳐 주면 千金을 희롱하는 재벌이 된다.
재성이 冲되면 모든 일을 이루지 못하니 직장도 변변치 못하고 재물을 모으지 못하며 육친과도 생이사별生離死別한다.
비겁이 많아 신왕사주일 때 식상생재격食傷生財格이나 재생관격財生官格(明官跨馬格)은 인성이 없어야 재물을 모은다.

재격 취용법 財格 取用法

재격에 비겁이 많아 신강하고 식상이 있으면	식상생재격
재격에 비겁이 많아 신강하고 관살이 있으면	재용관격
재격에 비겁이 많아 신강하고 식상이나 관성이 없으면	재용재격
재격에 인성이 많아 신강하고 재성이 근根하면	재용재격
재격에 식상이 많아 신약하고 인성이 있으면	재용인격
재격에 재성이 많아 신약하고 비겁이 있으면	재용겁격
재격에 관살이 많아 신약하고 인성이 있으면	재용인격

편재와 정재는	모두 길성이므로 취용법이 같아 묶어서 설명했다.

편재격 | 금기신·토구신·화용신·목희신·수병신

丁	丁	丁	辛	乾命
未	巳	酉	丑	

75	65	55	45	35	25	15	5	
己	庚	辛	壬	癸	甲	乙	丙	大
丑	寅	卯	辰	巳	午	未	申	運

酉月 丁火 일주가 금왕당절에 출생하여 辛金司令인데 辛金이 투출되고 巳酉丑金局이 되어 신약하다.
辛金이 투간하니 편재격이다.
실령한 丁 일주가 巳酉丑金局을 이루고 辛金이 투간하여 재성이 극왕하니 재다신약하므로 시상 丁火

용신이다. 격은 재용비격財用比格이다. 용신 火운이 제일 길하고 희신인 木운이 다음으로 길하다. 수병신水病神으로 대흉하고, 金은 기신忌神이니 다음으로 흉하며, 土는 병신病神이 없을 때에는 용신을 설기하고 기신忌神을 생하니 흉하다. 병신病神이 있을 때만 약신藥神 역할을 한다.

초년 火運에 유복한 가정에서 태어나 공부 잘했고 甲午 대운에 한국전력에 취직하여 근무하였는데 성과도 좋고 진급도 잘됐다. 癸巳 대운에는 진급도 안 되고 윗사람에게 업무상의 질책을 받고 한직으로 밀려나며 壬辰 대운에는 丁壬合으로 용신이 묶여 퇴직을 하게 된다.

대운에서 丁巳·乙巳를 제외한 辛巳·己巳·癸巳의 巳火는 원국에 月令이 가을에 金旺하면 火로 작용이 안 되고 金의 장생지長生支라 金으로 보아야 된다. 여름이고 火旺하면 火로 작용한다. 寅·申·亥도 마찬가지다.

정재격·재용재격 | 토기신·화구신·수용신·금희신·토병신·목약신

癸丑		戊午		丁丑		甲子		乾命
71	61	51	41	31	21	11	1	
乙酉	甲申	癸未	壬午	辛巳	庚辰	己卯	戊寅	大運

丑月 戊土 일주가 수왕당절에 출생하여 신약으로 출발했으나 己土司令으로 신왕하다.

丑中癸水가 투출되어 정재격이 되었다. 겁재 속에 癸水 정재가 투출하니 부부싸움을 하게 되면 과거를 들먹인다. 火가 있는 丑土는 콘크리트로 철근이 들어 있고 얼어서 굳어 있으니 강토다. 丁火가 午火에 근을 하고 관인상생官印相生에 조후가 잘되어 있으며, 火土가 왕하여 신왕하니 癸水가 용신에 金희신이다. 土가 용신의 병病이고 木이 약신藥神이다.

지지의 子丑合은 힘의 강약을 볼 때는 亥子丑方合으로 보고 六合으로는 보지 말고 六合은 남녀 애정관계만 보는 것이다. 子水 재는 年支에 있어 나이 많은 여자를 만나는데 子午沖하여 헤어지고, 나이 젊은 여자를 만나 사는데 시상 癸水가 투간되어 집을 자주 나간다.

시주에서 일지와 원진살인데 丑午와 子未 원진살이 가장 강하다. 원진살 작용은 만나면 보기 싫고 헤어지면 보고 싶은 것으로, 이와 같은 사주는 혼자서 짝사랑을 많이 한다.

사주에 戊癸合이 있고 丑午 귀문관살鬼門關殺이 있으면 무당집에 잘 가고, 戊·丁·午·癸는 山에 촛불 켜고 물 떠놓고 기도하는 것이다.

5 편관격 | 偏官格

편관偏官은 호랑이와 같은데 冲이 많음을 꺼리게 되고, 대운이 일주를 生해 주어 왕하면 어찌 해롭다고 하겠는가. 그러나 신약에 살이 왕하면 재앙과 질환이 따를 것이며, 신강하고 제복이 되고 중화가 되면 귀명이다.

편관이 있어 제화가 잘 되면 권력을 잡는데, 소년에 등과하여 손에 침을 뱉는 것처럼 쉽게 입신양명하고, 운세가 만약 신왕운으로 행하면 공명을 크게 이루고 부귀 또한 쌍전雙全하게 된다.

편관을 일례로 흉하다고 말할 수 없는 것이며, 제함이 있어 중화가 잘되면 의식이 풍부하며, 간에 식신이 있고 지지에 또 合이 있으면 孫이 많으며 복록이 무궁하게 되는 것이다.

癸水 일주가 음귀다봉기토陰鬼多逢己土면 자손이 상한다. 살성에는 모름지기 木이 와서 눌러 주어야 하는데 조절되면 명리가 높아지지만 다툰다면 자손의 수명이 장수할 수 없다.

丙日에 태어난 사람이 亥子水가 많아서 살성이 되는데 인성이 중화를 잡아 주고 동방으로 행운이 가면 명리가 흥할 것이요, 운이 서방으로 행하면 명리가 전락되는 것이다.

춘절 木일주가 金이 없으면 기귀명奇貴命이 되지 못하나 金이 많으면 오히려 반대로 화액이 따를까 두렵다. 格 중 중화의 기를 얻어 취하면 복과 수를 겸전하여 강령하고 백사가 여의하게 된다.

편관과 편인은 분별하기가 어려우니 上下 상생되어야 이利와 명名이 있는 것이요, 사고四庫가 재운이 되거나 관운이 되면 명관과마明官跨馬하여 귀한데 평보平步로 애쓰지 않고 公卿이라는 고위 직위에 오른다.

戊己土가 만약에 관살을 만날 때, 사주 원국에 金水가 다시 더하고 火가 있고 대운에서 火運을 만나야 마땅한데 火가 퇴하면 왕금으로 木을 침노할까 두렵다.

보충설명

편관은 일간을 극하는 칠살七殺로 작용하는데 왕하면 일간이 상하고, 신왕하면 살성이 관성으로 변하여 고관대작이 된다.

편관격은 일간이 월령에 사절로 손상되니 신왕함을 요하고 양인합살陽刃合殺을 기뻐하며, 刑冲과 관살이 중중하거나 혼잡을 크게 꺼린다. 신약에 편관격은 병신病神이 재성이요 비겁이 약신藥神이다.
편관이 투간하여 왕하면 칠살이 되어 일간을 극하니 흉하고, 지지에서 암장되어 제화되어 있으면 편관이 관성으로 변화되어 발달한다.
천간에 편관이 있고 지지에 정관이 있으면 칠살로 작용하고, 천간에 정관이 있고 지지에 편관이 있으면 정관으로 작용한다.
편관이 왕하면 일주日主가 상하게 되니 다음과 같은 방법으로 다스려야 한다. 인성으로 편관을 설기시켜 일간을 生하고, 식상으로 제극制剋하여 일주를 보호하고, 양인합살시켜 일주를 공격하지 못하게 해야 한다.
살왕하면 인성으로 통관시켜야 하고, 또한 살왕한데 식상으로 조절하는 것을 제살이라 하며, 식상으로 적군을 물리치는 방식이다.
왕한 살을 양인으로 합시키는 것을 양인합살陽刃合殺이라고 하는데, 나의 누이가 되는 양인으로 하여금 적장인 편관과 정략적으로 결혼을 시켜 혈연을 맺어서 나를 못 치게 하는 것이다.
살왕하여 인성으로 살인상생할 때 재 대운을 만나면 대흉하다.
살왕하여 식상으로 제살할 때는 인수 대운을 만나면 대흉하다.
살왕하여 양인으로 합살할 때는 재운이 왕하게 생하면 좋지 않다.
양인합살이 되어 있으면 다시 통관이 필요치 않으나 나쁘지는 않다.
편관은 흉성이기 때문에 제극함이 마땅하나, 그렇다고 지나친 제극은 못 쓰게 되니 적당히 극해야 된다.
관살이 혼잡되면 干支를 살펴야 하는데 충거冲去하거나 합거合去하여 하나가 남는 관살의 극상 유무를 보아야 한다.
거관유살去官留殺이면 관운이 흉하고, 거살유관去殺留官이면 편관운에 흉하다.
편관이 용신이면 정관운이 흉하고, 정관이 용신이면 편관운이 흉하다.
연 월간 편관이 있으면 제일 흉한데 식상 운에 반드시 망한다.
살중용인격이 식상 운을 만나면 위험하고 재운을 만나면 필사한다.
편관격이 식상과 재성이 있으면 신약한데 식상이 재를 생하고, 재는 편관을 生하므로 인성을 만나면 통관하여 일주를 生하니 길하나, 인성운이 지나가고 나면 흉화를 면하기 어렵다.
관살 격이 관살운을 만나면 신강이나 신약을 불문하고 吉이 적고 흉함이 많다. 남자는 직장 변동이 있고 여자는 가정에 근심이 생긴다.
신왕하고 관살이 제복되고 지지에 있으면 소년에 입신하고, 신왕 운을 만나면 부귀쌍전富貴雙全한다.

관살이 많고 冲이 있으면 겁나는 것이지만, 신왕하거나 신왕 운을 만나면 발복한다.

편관격이 괴강魁罡이면서 三刑·冲剋이 되면 변고를 당하기 쉽다.

편관용편관격이 재성이 약할 때 干支에 식신이 있으면, 권세가 무궁하게 되고 자식이 발복한다.

식신이 태왕하여 제살태과制殺太過하여 인수가 용신이면 이름은 높게 나나 자식이 불효하거나 단명하다.

신왕살왕하고 식상이 없으면 성격이 급하고, 살왕한데 인성이 없으면 임기응변을 잘하고 거짓말을 많이 한다.

잡기재관격이 신왕하고 辰戌丑未가 生官하면 고관의 命이요, 사고四庫가 관을 생하면 쉽게 벼슬한다.

재관이 모두 왕하고 자고自庫가 백호살白虎殺에 동임하고, 재성과 暗合을 이루면 복상사腹上死를 당하기 쉬우니 조심해야 한다.

월지 편관격은 충극을 두려워하는데 시상 편관격은 충극을 두려워하지 않는다.

편관격 취용법 偏官格 取用法

편관격에 비겁이 많아 신강하면	편관용관격
편관격에 인성이 많아 신강한데 재성이 있으면	편관용재격
편관격에 일주가 강하고 관살이 약할 때 재가 왕하면	재자약살격
편관격에 일주가 강하고 살왕 양인이 있으면	살인상정격, 양인합살격
편관격에 관살이 많아 신약할 때 인성이 있으면	살중용인격
편관격에 관살이 많아 신약하고 식상이 있으면	식상제살격
편관격에 식상이 많아 신약할 때 인성이 있으면	편관용인격
편관격에 재성이 많아 신약할 때 비겁이 있으면	편관용겁격
편관격에 살왕한데 인성은 없고 식상이 있으면	식상제살격
편관격에 살왕하여 신약인데 식상이 약하면	살중무제격, 종살격
편관격에 식상이 많아 신약하고 편관도 약하면	제살태과격
편관격에 관살이 혼잡하여 신약인데 합충合冲하면	거류서배격

편관격·살중용비격 | 목기신·수구신·토용신·화희신·목병신·금약신

甲寅	戊戌	甲寅	癸卯	坤命

74	64	54	44	34	24	14	4	
壬戌	辛酉	庚申	己未	戊午	丁巳	丙辰	乙卯	大運

寅月 戊土 일주가 목왕당절에 출생, 甲木司令인데 寅中甲木이 투출하니 편관격이다.

戊土 일주가 일지에 득지하고, 월령과 시지에서 장생이 되나 살에 실령, 실세하여 신약한데 관살이 많아 신약하면 인성이 용신인데 없고, 다음으로 식상을 용신으로 써야 되는데 식상마저 없으니 일지비견이 용신이다. 그러므로 본격은 살중용비격이 되었다. 戌中戊土가 용신이고 火희신이며 木은 병病이 되고 金은 약신藥神이 되고 水는 구신仇神된다.

혹자는 관살이 중중하면 인성이 용신이 되니 寅中丙火를 용신으로 잡기도 하고, 寅戌火局을 용신으로 잡기도 하는데, 寅月에 寅時면 새벽이라 춥고, 癸水가 투간되어 火를 끄니 火氣가 약해서 목다화식木多火熄이 되므로 용신으로 쓰기가 어렵다. 낮에 태어나면 火를 용신으로 쓸 수 있지만 더구나 癸水가 구름이 되어 태양을 가리니 인수로 용신을 못 쓴다. 土용신으로 잡고 火를 희신으로 하면 된다.

살왕한데 인성이 없어 탁격濁格으로 중년에 火土運을 만나도 크게 발복하지 못한다. 만약 火가 용신이라면 木이 희신이 되어야 하는데 본명은 木이 병신病神이 되어 불길하다.

편관격 | 금수기신 | 1909년생
干 : 토용신·화희신 | 支 : 화용신·목희신·수병신·토약신

癸亥	癸丑	庚午	己酉	乾命

75	65	55	45	35	25	15	5	
壬戌	癸亥	甲子	乙丑	丙寅	丁卯	戊辰	己巳	大運

午月 癸水 일주가 화왕당절에 출생하여 午中己土가 年干에 투출하니 편관격이다.

일간 癸水가 비록 화왕당절이 되어 실령은 했으나 酉丑金局에 득지 득세를 하여 신왕하다. 천간은 관인상생하고 비겁으로 신왕하니 관살이 용신이고 재성이 희신이 되며 木이 병신病神이다. 지지는 인성이 酉丑金局에 庚金이 투간되어 金旺하니 신왕하여 재용신이 되고 木이 희신이니 편관용재격偏官用財格이다.

또한 인수가 왕해서 신왕하니 火재성 용신이고 木희신이며 水가 병신이니 土를 약신으로 쓰면 좋은 방법이다.
용신이 되는 재성 火運에 제일 길하고, 희신 木運에 다음으로 길하고, 水運에 대흉하고, 金運에 다음으로 흉하고, 土運은 약신 운으로 대길하다.
그러나 주의할 것은 천간으로 목운은 용신 기토를 극하니 나쁜데, 경금이 있어서 反冲을 하니 큰 화禍는 없어 길흉이 반반이다.
지지, 木運은 午火가 있어 木生火하니 吉하다. 초·중년에 火·土·木運을 만나 무관으로 장성까지 승진하였고 乙木 대운에 용신인 己土 편관이 冲去되어 퇴역하고, 亥子丑 水運에 용신을 극하여 고생하였다.

6 정관격 | 正官格

정관은 모름지기 월령에 있어 월에서 구할 것이니, 파되지 않고 손상되지 않아야 부귀가 쉬지 않고, 玉으로 말 재갈 물리고 金으로 말안장을 채우는 부귀가 따라서, 두 개의 사신의 깃발을 들고 황주로 입성한다.

정기 관성과 인수를 위로 받들면서 관인상생하고, 충이 없고 파가 없으면 이를 귀기貴奇하니, 중년에 상조하는 대운과 세운이 올 때는 틀림없이 고위직에 나아가 고관이 된다.

정관격正官格을 이루면 인덕이 있고 성정이 순박하며, 사관(성균관이나 최고 국가기관)에 문장으로 입신하며, 관성과 인성이 상생되고 대운과 세운에서 길운을 만나면 옥당에 금마 타고 가는 조정 대신이 된다.

정관격正官格은 신강을 요하는데, 신약하면 대운이 일주를 돕는 왕운으로 흐르면 구하게 되고, 세운에서 다시 생왕지生旺地를 만나고 冲함도 없고 破도 없으면 영화롭고 창성하게 된다.

辛金 일주에 丙火가 투출되고 月에서 寅을 만나면 정관격正官格인데, 격格 가운데 재근財根이 튼튼하여 관성으로 변화하는데, 관성이 있는데 거듭 만나는 것을 용납하지 않으며, 운에서 申酉를 만나거나 刑冲하는 것을 두려워한다. 월에서 관성이 장생을 이루었는데 관성이 투출하면 모름지기 제망(寅月)을 요하고 丙丁火를 보는 것인데, 금수상관金水傷官으로 성격되면 하격으로 되는데 火가 있고 戊土가 오면 재왕하여 이름이 난다.

甲木 일주가 八月은 유월酉月이라 정관正官월이 되는데 관성은 正名을 얻어

격을 이루었다. 사주에 丁자와 卯자가 있어 정관을 파하면 귀함이 없다. 만약 사주에서 꺼리는 기신을 제거하거나, 대운에서 제거하면 귀함이 드러나게 되는 名이다.

보충설명

정관은 관록이요 관귀성官貴星이니, 사주 중에 최고 길성이 되어야 된다. 정관은 월지암장 정관이 투간되고, 타주에 편관이 없어야 하며, 冲破되지 말아야 성격한다. 정관격正官格에는 식상이 병病이요, 인수가 약藥이며, 형·충·공망·간합을 꺼린다. 정관격正官格은 충·파는 물론이고 월지를 충·파해도 대흉하다.

정관격正官格은 일간이 月令에 휴수되므로 신약한데, 관왕하고 신약하면 운이 인수나 비겁 운으로 향해야 발전하고, 관이 충파되지 말아야 부귀하게 된다.

관약에 신왕하면 재관 운으로 향해야 높은 벼슬을 하게 된다. 정관격 사주에 식상이 있는 것을 크게 꺼리는데, 정인이 있어 식상을 제극하여 정관을 보호해 주어야 크게 발전한다.

정관이 인수 위에 있고 冲破가 없으면 성정이 순박하며 문장이 출중하여 고관대작이 되어 출세한다. 정관이 日이나 時에 뿌리내리거나 재성이 生하고 신왕하면 급제한다.

정관이 용신인 자가 일지에 재성이 있으면 명관과마明官跨馬하니 처덕으로 출세하고, 일지에 식상이 있으면 처궁이 나빠 처로 인해 망신한다.

정관격 취용법 正官格 取用法

정관격에 비겁이 많아 신강하면	정관용관격
정관격에 신강하고 식상이 많은데 재가 있으면	정관용재격
정관격에 인성이 많아 신강한 때 재가 있으면	정관용재격
정관격에 식상이 많아 신약할 때 인성이 있으면	정관용인격
정관격에 재성이 많아 신약할 때 비겁이 있으면	정관용비격
정관격에 재성이 많아 신약할 때 인성이 있으면	정관용인격
정관격에 정관이 많아 신약할 때 인성이 있으면	정관용인격

정관격·정관용관격 | 수기신·금구신·화용신·목희신·수병신·토약신

壬辰	辛酉	丙寅	己未	乾命

76	66	56	46	36	26	16	6	
戊午	己未	庚申	辛酉	壬戌	癸亥	甲子	乙丑	大運

寅月 辛金 일주가 목왕당절에 출생해 甲木司令으로 신약하게 출발하였으나, 득지 득세하여 신강으로 변하였다.

寅中丙火가 月干에 투간이 되어 정관격이다. 壬水가 투간되어 한 습하여 조후용신으로 丙火용신이고, 木이 희신이며 水가 병신病神이고 土가 약신藥神이다. 辛金 일주에 寅木이 희신 천을귀인이 되니 재물이 많다.

고등학교 다닐 때 한 달에 과외비용을 300만 원씩 들여서 공부하였으나 운이 나빠 좋은 대학에 못 간다. 대학교는 멀티미디어학과(火는 전자)를 다녔다. 서울 강남의 재벌2세이다. 연주에 未土가 천역성인데 역마로 작용하니 인수역마라 외국어를 공부한다. 정관격에 식상이 있어 격이 깨지니 목표가 깨진다.

> 寅中丙火가 月干에 투간되어 뿌리가 착근着根해 왕하면 丙辛合을 하지 않는다.

정관격正官格은 행정공무원인데 외국에 가서 공부를 하고 오면 좋다. 관이 용신이고 식상이 용신의 병病이고, 年干 己土가 식상을 극하니 약신藥神이다. 火운이 와야 좋은데 대운이 나쁘다.

살중용인격 | 축토용신·금희신·화기신·목구신·수약신

丁丑	庚寅	乙未	丙申	坤命

75	65	55	45	35	25	15	5	
丁亥	戊子	己丑	庚寅	辛卯	壬辰	癸巳	甲午	大運

未月 庚金 일주가 화왕당절에 출생하여 己土司令이다.

未中丁火가 투출하여 정관격 같으나 연간에 丙火 편관이 또 투출되어 관살혼잡이 되어서 파격이 되었고 신약하다. 未月 염천炎天에 투간한 丙丁火가 乙木과 寅木의 生을 받아 왕하다.

관살이 많아 신약하면 인성이 용신인데 월지에 未土는 조토로서 사막의 모래가 되니, 일간을 生하지 못하므로 時支 丑土가 용신이다. 살중용인격殺重用印格이 되었으나 용신丑土가 寅木의 극을 받아 탁격이 되었다.

초년 甲午 대운에는 관살이 왕하므로 어렵게 성장했고, 壬辰 대운은 平吉하나 木運에 관살을 生하니 풍파가 많고, 亥子丑 水運에는 약신藥神운이라

대길하다. 관살혼잡은 거류서배去留舒配가 되어야 길한 사주가 되는데 그렇지 못해 아쉬운 사주다.

거류서배 去留舒配	거류서배란 거살去殺하여 유관留官하거나 거관去官하여 유살留殺하거나 합살合殺하여 서배舒配(한 배우자만 선택함)하는 것을 말한다.

정관격·정관용인격 | 수기신·목용신·화희신·금병신·화약신

壬	丁	丙	辛	乾
寅	亥	申	卯	命

75	65	55	45	35	25	15	5	
戊	己	庚	辛	壬	癸	甲	乙	大
子	丑	寅	卯	辰	巳	午	未	運

申月 丁火 일주가 금왕당절에 출생하여 申中壬水가 시상에 투간하니 정관격이다.

壬水가 월지 申金에 장생되고 일지 亥水에 전록專祿이 되어 왕한데 천간과 지지에서 金이 壬水를 生하니 관성이 태왕하다. 丙火는 辛金과 丙辛合하여 기반이 되어 도움이 안 된다. 일주 丁火는 亥水 살지에 앉아 실지되니 신약한데 寅亥合木이 되어 일주를 도와도 신약하다. 관살이 많아 신약하면 인성이 용신이 되니 時支에 寅木 정인이 용신이 되므로 정관용인격正官用印格이 되었다. 용신 寅木이 일지 亥水와 寅亥合木하여 들어오니 용신이 有情하여 吉하고, 年支 卯木과 亥卯合木하니 더욱 吉하다.

초년 巳午未 대운에 신약사주가 신왕 운을 만나 좋은 환경에서 부모덕으로 잘살고 공부도 잘했으나, 壬辰 대운 戊辰年에 申辰水局이 되어 水火상전에 旺水가 입묘入墓하니 金木상전에 통관시키던 亥水가 입묘하여 申金이 용신 寅木을 冲하여 젊은 나이에 命을 마감했다.

7 인수격 | 印綬格

월에 인수를 보면 관성을 기뻐하며, 운이 관운으로 흐르면 그 복이 반드시 귀할 것이요, 인수가 사절死絕 운으로 들면 불리하며 뒤이어 재운財運으로 가면 재극인財剋印하여 모든 일을 이루지 못한다.

인수가 손상이 없으면 복이 많고, 관이 승하면 조상 음덕으로 전원도 유여하여, 집을 물려받고 재물과 곡식이 가득하게 되므로 돈이 많아 매일같이 한 소반씩 써도 돈이 남는다. 인수가 손상됨이 없으면 조종에 기대어 사니,

빛나는 가정에 태어나 가풍을 빛내게 될 것이요, 유년에 운기가 관왕으로 만나면 부귀가 쌍전하여 평보로 등과登科하여 입궁하게 된다.

月에서 일주를 생하면 관성을 기뻐하는 것이므로, 운이 官운으로 가면 관록이 반드시 청하며, 용모도 당당하고 자식도 많고 반반하며, 관직에 있어서도 낭묘廊廟(조정)에 높은 직책에 앉게 된다.

만약에 인수가 중중하고 무관이면 마땅히 하는 일이 청고한 기술자이거나 예술가로 보는 것이며, 관살이 운에서도 오지 않으면 직위나 녹위가 없을 것인바 좋은 기술을 가지고 있으나 고독하고 빈한하다.

인수가 중중함은 인수격이 청기淸奇한데 다시 干支를 자세히 살펴야 한다. 지지에 도화살이 있고 천간에서 合하면 풍류와 낭비를 일삼아 방탕하여 집안을 망쳐 먹는 사람이다.

인수가 간지에 있으면 기쁘고 공명이 있으면서 호부豪富가 될 것이요 관록官祿이 높게 되는데, 만약 財運이 와서 인성을 상하면 퇴직을 하거나 대기발령으로 좌천되거나 죄를 지어 화를 면하기 어려울 것이다. 인수가 중중하면 성공을 보아 누리게 되는데, 다만 두려운 것은 식신이 지지에서 상형相刑함이요, 초년에 외롭지 않으면 숙질宿疾이 이어진다.

卯月 丙丁 일주가 관살이 많고 사주에 근하지 못하면 水運을 두려워하고 습목濕木은 火를 生하지 못하여 불꽃이 일지 못하며, 자신이 영달하려면 대운이 남방에 있어야 한다.

壬癸 일주가 申月에 출생하면 인수격인데 火의 파를 싫어한다. 格 가운데 土가 있으면 귀하게 됨을 알 수 있는 것이며, 북방 水運에 길한데 寅木을 만나서 冲하면 모두 마땅하지 않다.

木일주가 亥·子月에 壬·癸水를 보면 표류하게 되는데, 일주가 무근無根에 가을을 피하지 못하고 들어가면 그지없고, 만약 세운에 재왕 운을 만나면 흉함이 변하여 길한 것이 되고 왕후王侯를 만난다.

재성을 탐하여 인성이 괴인壞印되어 흉하다고 말하지 말라. 마땅히 잘 살펴 참고하면 묘리를 통할 수가 있는 것이다. 만약 재를 제거하는 운에는 복록이 돌아오는 사주의 구조에서 다시 재운으로 가게 되면 원래의 수명을 종명하게 된다. 인수격이 만약 사절死絕운으로 이어져 가거나 재가 오래도록 이어지는

것이 두렵고 공망도 두려운 것인데, 이와 같이 대운을 만나는 경우에 당주가 흉함이 많게 되니 익사나 화상이나, 스스로 목을 매어 종명終命할 것이다.

인수격은 태왕할 때 마땅하지 않은데, 평생에 늘어져 무사안일하게 지낼 사람이요, 원국에 관살이 많을 때 인수가 태왕함을 제하지 않아도 비겁이 있으면 명성을 얻게 되고 국가의 동량이 된다.

인수격이 간두에 비견을 나란히 중견하고, 만약에 행운에서 生하게 되면 반드시 상신함이 따른다. 그러나 이 格을 기묘하지 않다고 말하지 말라. 인수격에 대운이 재운으로 향하면 참으로 복록이 있게 된다.

인수와 관성의 운기가 순수해도 여러 개의 편관을 만나면 정신이 변하는 것인데, 인수격이 사절지에 있는데 대운에서 지지에 재운으로 行할 때 잘 살피어 구하지 않으면 황천객이 되는 사람이다.

보충설명

보충설명은 편인격과 정인격으로 나누어 함께 다루기로 한다.

1 편인격

편인은 일간을 生하는데 수성壽星인 식신食神을 극剋하므로 도식倒食이나 효신살梟身殺이라 부르기도 하며 흉살로 많이 작용된다.
편인격에 편인이 많아 신왕할 때 재성이 있으면 성격되고 비겁이 재성을 다시 극하고 있으면 파격이다.
편인격이 용신이면서 약하면 관이 있어 生할 때 성격하나 식신이 있으면 파격이요, 재성이 있으면 재성격再成格한다. 인수가 많아 신왕하면 재성이 길하고, 관성이 많아 신약하여 인성이 용신이면 재성 운이 대흉하다.
여자 사주에 편인태과하면 자식이 온전치 못하고 다병하며 딸만 낳는 경우가 많다. 여자 사주에 편인과 식상이 나란히 하면 남편과 자식 덕이 없고 일찍 사별하며, 여자 사주가 양팔통에 편인이 많으면, 남편을 거듭 사별하고 자녀도 잃게 된다.

2 정인격

정인은 나를 낳아서 길러 주는 생모이며, 학업이 되고 내 직업을 지켜 주고, 전문성을 키워 출세를 도와주는 후원자이니 길성이다.

정인격은 관성이 있으면 성격되고, 관이 없고 재성만 있으면 파격이고, 비겁이 있으면 재성격한다. 정인격은 월간에 재성이 있으면 파격으로 되는데 월간에 재성이 없어야 인수격으로서 제구실을 한다.

정인격은 관을 기뻐하고 재성과 사·절·공망을 꺼리고 刑·冲도 꺼린다. 정인이 약하면 재가 병신病神이고 관성이 약신藥神이 되지만, 반대로 정인이 태왕하면 도리어 병신이 되니, 이때는 재가 약신이다.

정인격이 관성이 있고 신왕한데, 충파와 손상이 안 되면 관왕한 운에 부귀하게 된다. 정인격은 재성이 병인데, 원국에 인성이 재성 때문에 파되었는데 다시 재운을 만나면 종명한다. 인성이 많아 신왕하면 재성이 길한데, 비겁이 재성을 극하면 인성이 식신을 극하여 도산한다.

月令 인성은 관을 기뻐하는데, 사주에 관성이 없으면 관운에 발복하나, 재운을 만나면 재극인財剋印이 되어 하는 일이 잘될 리가 없다.

정인격이 관이 없으면 재예才藝는 있으나 관록을 못 먹는 선비에 불과하고, 인성이 많은데 관성이 없으면 기술자나 예술가가 된다.

인성이 사·절되는 운에 들면 나쁘고 재운을 만나면 반드시 재화災禍가 따른다. 인수가 간지에 있어 일주를 생하면 부귀공명하고 승진이 잘되는데, 재운에 인수가 파극破剋되면 휴직이나 퇴직할 뿐 다른 재앙은 없다.

인수격이 시에 재가 있는데 재운을 만나면 실직한다. 인수가 공망인데 재성에 극을 받고 사·절운이나 재운을 만나면 인수는 인끈이라 목매어 자살하거나 익사하지 않으면 화상을 입어 죽는다.

인수가 많아 신왕하면 무사안일주의요, 관성과 인성이 왕하면 직위가 고관에 오른다. 인수격이 형·충·파·해가 없어 상하지 않으면 일주가 보호되어 건강해 장수한다.

인수격이 천간에 인성이 거듭 만나 신왕하면 재성으로 조절이 필요한데 사주에 재가 약하므로 식신의 생조가 반드시 필요하지만 인성 운을 만나면 뜻밖에 생을 마감하는 일을 당한다.

인수격이 시상에 재성이 있을 때 재운을 만나면 격이 깨져 실직한다. 月令에 인수가 있고 시에 재성이 있으면 고시에 합격하고, 월령에 재가 있고 시에 인수가 있어 관직에 오르면 늦은 공부로 고생을 한다.

인수가 용신일 때 대운에 관운으로 가고 편관이 생하면 부귀 겸전한다. 재가 용신일 때 편인은 제거해야 하니 재를 기뻐하나, 정인은 보존해야 하니 재를 싫어한다.

인수 도화살인데 관살이 없으면 절제를 하지 못해 풍류로 가산을 탕진한다. 약한 인수가 용신일 때 재운에 뜻밖에 생을 마감한다.

편인격 취용법 偏印格 取用法

편인격에 일주가 비겁이 많아 신강하고 관살이 있으면	편인용관격
편인격에 일주가 비겁이 많아 신강하고 식상이 있으면	편인용식격
편인격에 일주가 신강하고 재성이 있고 관살이 있으면	편인용관격
편인격에 일주가 인성이 많아 신강하고 재성이 있으면	편인용재격
편인격에 일주가 식상이 많아 신약한데 인성이 있으면	편인용인격
편인격에 일주가 재성이 많아 신약한데 비겁이 있으면	편인용겁격
편인격에 일주가 관살이 많아 신약한데 인성이 있으면	편인용인격

편인격·편인용식신격 | 병화용신·목희신·수병신·금구신·토약신

丙	乙	甲	癸	坤
子	巳	子	巳	命

76	66	56	46	36	26	16	6	
壬	辛	庚	己	戊	丁	丙	乙	大
申	未	午	巳	辰	卯	寅	丑	運

子月 乙木 일주가 수왕당절에 출생해 癸水司令인데 癸水가 투출되어 편인격이다.

일간이 득령·득세하여 신왕한데 사주가 얼어 있어 조후가 필요하다. 조후로 丙火가 용신이요 인성이 병病이니 재가 약신藥神이다. 엄동설한嚴冬雪寒에 한수寒水가 결빙하여 乙木 일주가 얼어붙는 현상인데, 다행히 시상에 투간된 丙火 태양이 일지와 연지에 뿌리를 하고, 甲木의 생을 받아서 조후하니 아름답다.

편인격이 식상과 대립되어 남편과 자식이 없을 것 같으나, 甲木이 있어서 水火를 통관을 시키고, 식상이 충파가 되지 않아 자식 하나 두었다. 원래는 金이 남편이지만 일지에 巳中戊土가 제한除寒하는 戊土 약신藥神이 있으며, 조후의 뿌리가 있으니 남편덕이 있고, 또한 巳中戊土 재성이 녹지祿地가 되니 재복도 있다.

조후용신이니 火운이 길하고, 木은 희신이니 木운도 길하다. 水는 기신이며 병신病神이니 대흉하고, 金은 구신이니 西方 金운도 흉하다. 土는 약신藥神되니 대길하다. 대운이 木火운으로 흘러 평생이 평안하다.

편인격·일귀격·편인용인격 | 목용신·수희신·금병신·토구신·화약신

庚子		丁亥		己卯		乙亥		乾命
72	62	52	42	32	22	12	2	
辛未	壬申	癸酉	甲戌	乙亥	丙子	丁丑	戊寅	大運

卯月 丁火 일주가 목왕당절에 출생해 甲木司令에 卯中乙木이 年干에 투출해 편인격이다.
일주 丁火가 비록 득령했으나 실지·실세하고 濕木이 生火가 안 되니 신약하다.
관살이 많아서 신약하면 인성이 용신이 되므로 편인용인격偏印用印格이다. 亥子水가 왕해 丁火가 꺼질 것 같으나, 卯月은 목왕당절인데 亥水가 亥卯木局으로 변화하여 길하고, 투간한 乙木이 水氣관살을 살인상생하면서 일간을 생하니 관살이 두렵지 않다. 庚金이 없으면 살인상생이 안 된다.
日貴格이 삼기三奇 재관인財官印을 득하고, 용신이 건왕하니 귀격이다. 중년 이후 癸酉·壬申 대운이 흉할 것 같으나 壬癸水가 개두蓋頭하여 재관인상생이 되어 오히려 길하다.
壬 대운에 고위직으로 승진하고 辛未대운 庚子年에 辛金은 乙木을 冲하고, 未는 亥卯未로 木局을 이루나 용신 旺木을 입묘入墓하니 작용을 못하고, 庚金이 乙木을 合去하고 子가 卯를 刑하여 乙木의 뿌리가 상하므로 사망한 사람의 사주다.

편인격·편인용식신격 | 화용신·목희신·수병신·금구신·토약신

丁亥		乙亥		甲子		癸卯		乾命
74	64	54	44	34	24	14	4	
丙辰	丁巳	戊午	己未	庚申	辛酉	壬戌	癸亥	大運

子月 乙木 일주가 수왕당절에 출생하고 子中癸水가 年干에 투출하니 편인격이다.
수왕당절에 亥子癸水가 왕한데 土재가 없어 부목浮木이 될 것 같으나 묘목에 근하여 부목은 면했고, 卯木이 亥水와 합하여 木으로 化하고, 甲木이 月干에 투간하여 水氣를 설기하니 길하다. 시상에 丁火가 많은 水의 극을 받아 못 쓸 것 같아 종인격으로 보기 쉬우나, 투간한 甲木이 木生火하므로 종을 못하고

편인용식신격이 되었다.
약한 용신 丁火를 甲木이 生하려 하나 물에 젖은 통나무라 불이 잘 붙지 않는다. 丁火 용신에 수병신水病神이 강하나 약藥이 되는 토약土藥이 없으니 약운을 만나기 전에는 대발하기 어렵다. 월지 편인 子水가 천을귀인이고 일지와 시지가 천문성이면서 정인이니 역술가의 사주다.
초년 金水運에 역술공부로 중국을 전전하며 고생하다가 庚金 대운에 벽갑생화劈甲生火하여 큰돈을 횡재하였다. 토약신土藥神이 필요하니 大田에서 머무르면서 巳午未火運에 역술계 거목으로 이름을 크게 떨치다가 辰대운에 旺水가 입묘하여 종명하였다.

인수격·인수용식신격 | 화용신·목희신·수병신·금구신·토약신

丙寅	甲辰	壬子	壬寅	坤命

79	69	59	49	39	29	19	9	
甲辰	乙巳	丙午	丁未	戊申	己酉	庚戌	辛亥	大運

子月 甲木 일주가 수왕당절에 출생하여 子辰水局인데 壬水가 투출되어 인수격이다.
수가 많아 부목되기 직전인데 진토와 인목이 있어 뿌리내려 부목을 면했다. 녹이 역마살이라 고향을 떠나 살게 되고, 木火通明은 두뇌 총명하며 결단력이 빠르다. 丙火용신이 辰土를 말려서 물을 막는다. 丙火가 조후용신이고 木희신이며 水가 병病이고, 土가 약신藥神이다. 甲木이 辰土沃土를 만나 인덕이 있는 사주다. 辰土華蓋 속에 인수가 입묘入墓되어 역술 공부하였고, 戊申 대운에 申子辰水局에 寅申冲으로 희신이 깨져 망했다.
사주 원국에 戊土는 약신藥神이 되나, 대운에서 戊土는 戊申으로 동주하여 土生金으로 힘이 설기되어 약해 제습을 못 하니 나쁘고, 戊土가 용신丙火를 가리고 설기하니 나쁘다. 세운에서 甲申年은 甲木의 뿌리인 寅木을 뽑고 申子辰水局이 되어서 부목浮木이 되어 정처 없이 떠내려가니 이사를 가는 것이다.
官은 天干에 투간되어 年干이나 月干에 있어야 좋고, 財는 地支에 있어 官을 生해 주어야 좋다. 年支의 寅中丙火의 큰자식은 어려서 키울 때 좋지만 나중에 나쁘고, 시상에 丙火가 時支의 寅中丙火에 根을 하여 작은 자식은 처음에는 별로나 나중에 잘된다. 丁火 대운이 오면 자식 때문에 밤낮으로 고민이 많다. 시집간 딸이 있으면 딸이 돌아온다.

정인격 취용법 正印格 取用法

정인격에 비겁이 많아 신강하고 식상이 있으면	인수용식상격
정인격에 비겁이 많아 신강하고 관살이 있으면	인수용관격
정인격에 인성이 많아 신강하고 재성이 있으면	인수용재격
정인격에 강한데 재성이 많고 관살이 있으면	인수용관격
정인격에 식상이 많아 신약하면	인수용인격
정인격에 재성이 많아 신약하고 비겁이 있으면	인수용겁격
정인격에 관살이 많아 신약하면	인수용인격

정인격·인수용관격 Ⅰ
화용신·목희신·토기신·금구신·수병신·조토약신

壬午		庚辰		己未		癸酉		乾命
72	62	52	42	32	22	12	2	
辛亥	壬子	癸丑	甲寅	乙卯	丙辰	丁巳	戊午	大運

未月 庚金 일주가 화왕당절에 출생하여 未中己土가 月干에 투출하니 인수격이다.

庚金 일주가 화왕당절이라 조열한 것 같으나 水가 조토燥土를 적셔 주어 生金하니 득령 득지 득세하여 신왕하다. 인수가 태왕하여 신왕하면 인수가 기신이고 金이 구신이다.

인성이 많아 신왕하면 財를 용신으로 써야 하는데 財가 없으므로 다음엔 식상을 써야 하는데 식상 癸水는 己土가 막았고 壬水는 地支 午火에 의해 끓는 물이 되므로 적수오건滴水熬乾되어 설기를 못하므로 못 쓴다.

그래서 시지 午火 正官을 용신으로 쓰고, 木으로 왕토旺土를 소토疎土하고 용신을 生하니 희신이며, 水가 용신의 병이고, 습토濕土는 土生金하니 기신이고, 조토燥土는 生金하지 않으면서 병신病神 水를 극하므로 약신이 된다.

인수용관격印綬用官格이 초년에 火大運이 제일 길하고 辰土 습토 운은 生金하니 흉하고, 水대운은 병신病神운이라 대흉하고, 金운도 흉하다. 木대운은 희신喜神으로 용신을 생조하고 기신을 제극하는 운이 되므로 대길하다.

초년부터 중년까지는 木火 대운을 만나 명예도 얻어서 잘살고, 정관이 용신이면 자식이 착하고 재성이 희신이면 처덕이 좋다.

정인격·인수용인격 | 수용신·금희신·토병신·화구신·목약신

甲申		乙未		壬申		己未		坤命
80	70	60	50	40	30	20	10	
庚辰	己卯	戊寅	丁丑	丙子	乙亥	甲戌	癸酉	大運

申月 乙木 일주가 금왕당절에 출생하여 戊土司令으로 아직 열기가 남아 있다.
申中壬水 정인正印이 투출하니 정인격正印格이다.
乙木 일주가 연지와 일지암장에 乙木이 있어 착근着根은 하였으나, 실령 실지 실세하여 몹시 신약하다.
일간 乙木 일주가 처서處暑 이전에 출생하여 火氣가 아직은 왕한데 壬水로 열기도 식히고 재관인상생財官印相生하여 아름답다. 재관財官이 왕성하여 신약한데 月干 壬水 정인이 용신으로 인수용인격이다. 재관인財官印이 相生하니 귀격貴格이요, 관인官印이 동주하여 화살化殺하고 용신인 壬水가 申金 장생지에 앉아 천복지재天福地財가 되어 일간과 유정하니 아름답다.
월령에서 관인상생官印相生이면 고위직 공무원이요, 역마가 놓였으니 국제기관의 고관高官이 된 여자 사주다. 대운이 亥子丑 寅卯辰 水木대운으로 운이 길하여 평생 부귀영화를 누리고 살았다.

8 양인격 | 羊刃格

사주에 양인이 있어 흉하다고 말하지 말라. 신약할 때는 비겁이 도와주니 귀하게 되는 것이다. 단, 싫어하는 것은 양인이 월령에서 거듭하여 있는 것인데, 이때 노함이 일어나므로 귀하다고 말하면 안 된다.
월령에서 양인을 보면, 즉 甲木이 卯를 만나거나, 丙火와 戊土가 午자를 만나거나, 庚金이 酉를 만나거나, 壬水가 子를 만나면 양인이라고 하는 것인데 官星과 편관偏官(편관=칠살七殺)을 만나는 것을 기뻐한다.
양인은 형해刑害로는 방해가 안 되는데 冲하는 것은 패하므로 두렵고 지지에서 財를 만나면 탈재될까 두려운데 화액이 가볍지가 않다.
壬子日柱가 수옥살囚獄殺이 되는 午火가 오거나 午宮에 또한 子水가 冲해 옴을 두려워하고, 丙日主가 자좌自坐에 午火가 있는데 金을 거듭 보거나 일주에 寅午戌火局이 되어도 일마다 흉사가 있게 된다.
일인日刃도 되돌아보면 양인羊刃과 동일한 것이니, 관성이나 칠살과 교차하여 상봉함을 기뻐하고, 만약 세군지지에서 겁재를 상해함이 없고, 지지원국에서

刑冲될 때 무공을 세우게 된다.
양인격은 세군과 冲이나 합合됨을 꺼리게 되고, 유년에서 만나는 경우도 재앙이 계속될 것인데, 三刑과 칠살七殺이 교차하여 만날 것 같으면 반드시 염라대왕에 의해 사지로 끌려가게 된다.
월에서 양인을 보면 편관을 좋아하나, 만약 재성을 보면 화액이 백단으로 일어난다. 세운에서 상충相冲되거나 아울러 상합相合되어도 갑자기 재화가 집안에 임한다.
양인이 중첩되어 합合하고 상해됨이 있으면 주인공의 심성은 기상이 높고 강인하며, 양인을 형충刑冲함이 태과하면 흉이 많고, 양인을 제함이 있는데 조절하여 보호해 주면 길하여 창성함이 있게 된다.
양인과 관성이 동주同柱함은 두려운데 형충파해刑冲破害되면 화가 백단으로 생긴다. 크게 꺼리는 것은 재왕한데 三合되어 재생살하면 손가락이 끊기는 부상을 당해 신체가 온전하지 못하게 되는 것이다.

【 양인격 조견표 】

일 주	甲	丙	戊	庚	壬
생월지	卯	午	午	酉	子
생월간	乙	丁	己	辛	癸

보충설명

양인이 있을 때 흉함이 있다고 말하지 말라. 일주가 신약하였을 때는 오히려 그 양인은 형제로서 나를 도와주어 귀하게 되는 것이다.
다만, 미워하는 것은 그 양인이 운에서 거듭 상견하는 것인데, 그러면 月干에 관살이 있어도 그것은 도리어 귀함이 아니고 짜증나게 하는 것이니, 이격에 관의 성격을 파악하지 못하게 되는 것이다.
이유는 신왕에 관이 쇠함이 되는 것이고, 재성은 관성의 근이 되는데, 비겁이 많으면 재성을 군겁쟁재群劫爭財하여 탈재되는 까닭으로 月干에 관성이 있어도 제어가 안 되고 도리어 화나게 하는 까닭이다.
丙火나 戊土가 午火를 만나거나, 壬水가 子水를 만나는 것이 양인羊刃인데 관성官星과 칠살七殺을 만나는 것을 대단히 기뻐한다. 이유는 정관은 양인을 극하여 탈재를 막는 것이고, 양인으로 칠살을 합거하여 일간을 극하지 못하게 하는 까닭이다.
양인은 형해刑害가 두렵지는 않으나 冲하는 것은 두려워하는데, 이것은 일주 자신에게 여형제가 冲되므로 칠살을 막아 주는 방어선이 없어지는 것이므로 무서워한다. 재운을 두려워하는 까닭은 관을 생조해 일간을 침공하는 경우가 되는 까닭이 되므로 화가 가볍지 않다는 것이다.
이와 같은 격에서는 충을 대단히 두려워하는 것이므로, 壬子日 양인은 子午冲을 두려워하고, 丙午 戊午 양인도 子午冲을 두려워한다.
甲木의 卯木 양인은 酉가 와서 冲함을 두려워하는 것이다. 이상은 모두 일주에 양인이 있거나 생월에 양인이 있는 것을 막론하고 크게 꺼린다. 반대로 양인이 거듭 있으면서 일주에 삼합으로 비겁이 되는 경우에는 군겁쟁재가 되어 모든 일이 흉하게 되는 것이다.
일지 丙午日, 戊午日, 壬子日은 양인과 같은 작용을 한다. 또한 月干에 比劫도 양인작용을 하는데 즉 甲日 卯 또는 乙月, 丙午日 또는 丁月, 戊午日 己未月, 庚日 酉 또는 辛月, 壬子日 또는 癸月로 지지양인과 같은 작용을 하며 관성과 칠살이 교봉交逢(교차해 만나는 것)되는 것을 기뻐한다.
살왕한데 양인이 약한 경우에 세운에서 양인이나 인수 대운을 만나면 좋고, 殺이 약한데 양인이 왕하면 관성이나 재성 운을 만나서 중화가 잘되고 상함이 없으면, 그때는 천간 지지에 刑冲이 온다 해도 중화만 잘되면 무공을 크게 세우게 될 것이다.
양인에 만약 세군이 와서 합하거나 충하는 것을 꺼리는데, 이것은 사주 내에서뿐만 아니라 유년流年에 있어서 합충으로 만나는 것을 꺼리는 것이니, 그것은 군겁쟁재群劫爭財가 되고 또한 합살위귀合殺爲貴를 방해하는 것이 되므로 재앙이 끊이지 않는 것이며, 합이나 충이 되어 있는데 또 삼형이나 충이나 칠살이 와서 싸우게 되면 염라대왕의 부름을 받는다.
계선편에 이르기를 "양인혐충합세군羊刃嫌冲合歲君이면 발연화지勃然禍至"라고 하였다. 양인이 약하고 편관이 왕하면 양인을 기뻐하는 것이고, 이때 재성을 보게 되면 위화백단爲禍百端이라 하였다. 신약에 세운에서 양인을 충하게 되면 매씨를 제거하여 나의 방어선이 손상되어 나쁘고, 양인이 왕한데 칠살이 합되면 군겁쟁재하게 되므로 뜻하지 않은 재난이 온다.
양인이 하나만 있으면 합살위귀合殺爲貴가 되는데, 양인이 여러 개가 있으면 사주 주인공은 심성이 강하고 기가 세어 남에게 굽히지 않으려 하고, 또한 상대를 배려하는 마음이 없어 안하무인격이며, 모습이 장비와 같아 상대가 위압감을 받는다.

양인을 형충하면 흉함이 많게 되는 것인데, 식상이 있어 충하는 자를 제거해 주면 그때는 부귀하게 된다. 식상이 있어 양인을 충하는 자를 제거하는 원리는 다음과 같이 보는데 甲日의 양인은 卯요 卯를 冲하는 자는 酉中辛金인데 辛金을 극하는 자가 丁火요 甲日에 식상이 되기 때문이다. 다른 양인도 이하 동일하다.

만상서萬尙書에 이르기를, 식상이 있고 양인이 있으면 장상공후將相公侯라고 함은 일주가 신약하여 양인과 식상에 의지할 때 관운에 양인을 극하려 하는데 식상이 관을 극하여 막아 주면 그 직위가 두텁다는 것이다.

양인격은 살인상정殺刃相停을 반기는데, 예로 살왕에 양인이 약하면 약한 양인을 세군이 三合하는 것을 기뻐하는 것이다.

양인에 꺼리는 것은 양인을 충하는 것이나, 양인이 왕하고 살이 약할 때 반대로 양인을 충하는 것을 기뻐하고 양인을 세군이 三合하는 것을 꺼리는데 三合이 되면 생을 마감하는 경우가 많다.

양인격 취용법 羊刃格 取用法

양인격에 신강하고 2개의 관살이 있어 합살유관이면	양인용관격
양인격에 신강하고 일위 살을 합살하고 식상이 유하면	양인용식상격
양인격에 신강하고 관살은 없고 식상만 있으면	양인용식상격
양인격에 신강하고 살과 식상은 없고 재성이 있으면	양인용재격
양인격에 신약하고 편관이 왕하고 인수가 있으면	양인용인격

양인합살격 ㅣ 목기신·수구신·금용신·토희신

戊辰		甲寅		己卯		庚申		乾命
79	69	59	49	39	29	19	9	
丁亥	丙戌	乙酉	甲申	癸未	壬午	辛巳	庚辰	大運

卯月 甲木 일주가 목왕당절에 출생하여 寅卯辰方局으로 신왕하고 일간과 동기라서 月에서 격이 불성이다.

월지에서 격이 不成하면 일차적으로 시상에서 격을 잡는다. 무진戊辰 재성財星이 旺木에게 剋당해 약한데 戊土가 生金하여 庚金七殺이 월지에 卯木양인을 庚金이 합하여 유정하니 양인이 財星을 쟁재爭財하지 않는다. 卯木과 庚金이 결속하여 양인합살羊刃合殺하니 귀명貴命이 되었다. 寅卯辰方局하니 신왕하여 목기신에 수구신이며 금용신에 토희신이다.

양인격·양인합살격 | 수용신·금희신·토병신·화구신·목약신

壬寅	壬戌	戊子	乙卯	乾命

78	68	58	48	38	28	18	8	
庚辰	辛巳	壬午	癸未	甲申	乙酉	丙戌	丁亥	大運

子月 壬水 일주가 수왕당절에 출생해 癸水사령에 신왕한 것 같으나 실지·실세하고 金인수가 없어 生水가 안 되어 신약하니 비겁이 용신이다.

월지가 일간과 동기라서 격이 잡히지 않는다. 월지에서 격이 불성하면 일차적으로 시상에서 격을 잡는데 時干에 壬水는 비견이니 격을 잡을 수 없고, 乙卯식상은 子卯刑으로 격을 잡을 수 없으니 월지에 羊刃을 格으로 잡는다.

子水 양인격羊刃格이 戊土 편관을 보니 양인합살羊刃合殺이라 귀격이다. 申酉金대운에 발복하였으나, 午火대운 丙辰年에 약한 일주가 의지하고 있는 子水 양인이 冲되고 또한 水가 辰土에 입묘入墓하여 사망하였다.

양인격·양인용재격 | 토용신·화희신·목병신·수구신·금약신

甲子	甲戌	乙卯	戊寅	乾命

72	62	52	42	32	22	12	2	
癸亥	壬戌	辛酉	庚申	己未	戊午	丁巳	丙辰	大運

卯月 甲木 일주가 목왕당절에 출생해 乙木사령인데 비겁이 중중하여 신왕하다.

月에서 비겁이 투출하여 격을 불성한다. 연간 편재가 연지에 장생하고 일지에 뿌리를 내려 강한 것 같으나 戌土가 戊土의 墓이기도 하면서 편재도 旺木에 剋당하여 격을 이루지 못한다.

어쩔 수 없어 월지 卯木羊刃으로 격을 잡는데 양인용재격羊刃用財格이 된다. 비겁이 태왕하고 재가 약한데, 다행히 寅戌火局으로 약한 戊土 편재를 生하니 기쁘다.

토용신土用神에 화희신火喜神이요, 목기신木忌神이며, 수구신水仇神이고, 금약신金藥神이다.

巳午未 火土 대운에 발복하였으나 未土 대운에 旺木 입묘入墓되어 나쁜데, 未土는 戌未刑하고, 세운 甲子년에는 子卯刑하며, 卯木羊刃이 卯未合局에 甲木이 戊土用神을 제극하니 파산하고 득병하여 사망하였던 옛 사람의 사주이다.

9 건록격 建祿格

관록官祿과 정록正祿의 양쪽 세력이 비슷할 때 는 관록을 쓰지 않고 정록을 쓴다. 월령 건록建祿은 비견比肩이라 비겁이 중첩되면 처를 극하고 손재損財를 하는데 그 화禍가 가볍지 않다. 하나의 財官이 있으면 財生官으로 생해줌을 기뻐하며, 저절로 복록을 이루어 자연히 풍족하고, 간두에 칠살이 투출되어 있고 지지에 관살국官殺局을 이루면 화禍가 끊이지 않아 고생이 쉴 사이가 없게 된다.

칠살을 만났더라도 제화制化가 되면 이때는 부귀가 후하게 될 것이다. 춘월 甲木이 왕하고 金이 없으면 기귀하지 못한데, 金多하여 金이 왕하면 그 연약한 나무는 위험하게 되는 것이다.

가을철 金은 火가 없으면 역시 기귀하지 못하며, 장철을 용광로에 넣어 제련해야 그릇이 되는 것이다. 이 건록격에 편관이 있는 것을 한 예로 흉하다고 말하면 안 되며, 재관財官이 상생相生을 하면 이름과 명예를 얻는다.

기뻐하지 않는 것은 칠살이 왕하고 지지에 삼합하여 살이 왕하면 이곳에 화禍가 백가지로 일어남을 알게 될 것이다. 사주 중에 중화의 기를 얻게 되면 복이 높고 건강하게 오래 살게 되고 백사가 여의하게 이루어진다.

건록격	용신으로 작용할 때에 월지에 있으면 건록격이라 하고,
전록격	용신으로 작용할 때에 일지에 있으면 전록격이라 하고,
귀록격	용신으로 작용할 때에 시지에 있으면 귀록격이라 한다.

보충설명

건록격은 십간 록으로 일간이 월지에 비견으로 뿌리내림을 건록이라고 말한다. 건록격은 재관이 들어오지 못하기 때문에 조업을 이어 가지를 못하고 자수성가하며, 비겁이 많으면 극처·극부나 손재가 많고, 재성과 관왕하면 도리어 부귀함이 있다.

월지에 건록격이나 양인격이 관살국官殺局 이루고 칠살七殺이 투간하여 극신剋身하면 재앙이 그칠 날이 없고 질병으로 고생한다.

申月에 庚金은 완금장철頑金丈鐵로써 용광로로 녹여 주는 것을 기뻐하는 것이므로 金旺 火旺하면 잘 제련되어 좋은 그릇이 되는 것이다.

칠살이 있다고 하여 흉하다고 말해서는 안 되는 것이며, 月令 건록은 비견으로 재를 극하고 월령 건록建祿이 재관財官의 절지라고 하여 한 예로써 흉하다고 논함은 옳지 않은 것이다.

건록격이 신왕하고 재관이 있어 사주가 중화의 기가 얻어진다면 복록이 따르고 장수하고 자연히 모든 일이 여의하고 길해지니 부귀하게 된다.

건록격·합관유살격 | 목용신·수희신·금병신·토구신·화약신

庚		乙		辛		辛		乾
辰		丑		卯		丑		命
79	69	59	49	39	29	19	9	
癸	甲	乙	丙	丁	戊	己	庚	大
未	申	酉	戌	亥	子	丑	寅	運

卯月 乙木 일주가 목왕당절에 출생해 乙木사령인데 乙木이 사령하여 신왕으로 출발하나 土金이 旺하여 강변위약强變爲弱으로 변해 신약하다.

월지가 비견이니 일단 월지에 정격正格을 잡지 않고, 이차로 시상에서 외격外格으로 격을 잡아야 한다.

時上에 庚金으로 관격官格으로 격을 잡고자 하나, 年·月干에서 편관偏官이 있어 관살혼잡官殺混雜이 되었고 또 신약하니 파격이 된다. 관살혼잡이 되었는데 시상 庚金이 卯中乙木과 合하므로 합관유살合官留殺이 되어 청해졌다.

월지 卯木이 건록격으로 성격되었고 신약한데 극신하여 흉하다. 살중신약殺重身弱하니 건록建祿인 卯木으로 용신한다. 木이 용신이면 水는 희신이고 金은 용신의 병病이 되고 火가 약신藥神이 되며 土는 구신仇神이 된다. 水 대운에 발달하고 丙丁火運에 대부가 되고, 酉 대운에 火약신이 사지死地가 되고 乙일주가 의지하고 있던 卯木 용신이 뿌리가 뽑히게 되니 사망하게 된다.

건록격 | 수기신·금구신·무토용신·화희신

癸		癸		戊		庚		乾
亥		酉		子		戌		命
76	66	56	46	36	26	16	6	
丙	乙	甲	癸	壬	辛	庚	己	大
申	未	午	巳	辰	卯	寅	丑	運

子月 癸水 일주가 수왕당절에 출생해 癸水사령인데 癸水가 투출하고 金生水하니 신왕하다.

월령에 비견이 되어 일단 격을 잡지 않는다.

월령이 비견이라 이차로 시상에서 격을 잡아야 하는데, 시주에도 비겁만이 있어 격이 불성하니, 연주의

戌中戊土가 정관으로 연상 관격官格으로 잡고자 하나 월간에 戊土 정관이 있으므로 연시상관격年時上官格도 파격破格으로 격이 성립이 안 된다. 어쩔 수 없이 월지 子水로 격을 잡으니 건록격이다.

日干癸水가 득령·득지·득세하고 비겁이 많아 신왕하니 月干 戊土 정관이 용신이다.

土가 용신인데 사주가 한습하므로 조토는 용신으로 쓰고 습토는 못 쓴다. 火가 희신이요, 水가 기신이며 金이 구신이다.

火土 대운이 吉하고 金水木운은 흉하다. 寅卯 대운에 어려웠고 辰土 대운에 戌土를 冲하여 풍파가 많았고 甲木 대운이 지나면 午火 대운에 자식이 성공하게 된다.

초년에 집안이 어려워서 상급학교에 진학하지 못했으므로 능력이 부족하다. 원국에 희신이 없을 때는 말년에 희신운이 오더라도 크게 발복하지 못하게 된다. 단, 편안하니 자식이 잘되는 것으로 본다.

건록격 | 화용신·목희신·수병신·금구신·토약신

壬辰		丙申		辛巳		庚午		乾命
72	62	52	42	32	22	12	2	
乙丑	戊子	丁亥	丙戌	乙酉	甲申	癸未	壬午	大運

巳月 丙火 일주가 화왕당절에 출생하여 丙火司令으로 건록이 되어 신왕으로 출발하였다.

그러나 연·월간 庚辛金이 巳火 착근하고 申金에 녹근祿根하여 왕하고, 또한 時上에 壬水가 칠살이며 辰中癸水와 申中壬水 申辰水局에 착근하고, 자좌병지自坐病地에 金水가 왕하여 강변위약强變爲弱으로 신약하니 火用神이다.

巳中庚金 편재가 투간하니 편재격이 되는데 정·편재가 혼잡하고, 辛金은 사지死地에 庚金은 욕지浴地에 앉아 파격이고 타격이 不成이니 月支 巳火에 록祿하므로 건록격建祿格이 된다.

초년 午未대운에 火用神을 부조扶助하니 풍족하게는 살아가겠으나, 申金대운에 들어가면 용신의 병지病地로 화禍를 면하기 어렵겠다.

뒤에 대운이 水運인데 용신用神의 절지絕地이고 또한 冲하는 운이어서, 戊土대운에는 용신이 입묘入墓되어 못 넘긴다.

건록격·건록용재격 | 금용신·토희신·화병신·목구신·수약신

乙未	丙申	辛巳	庚午	乾命

72	62	52	42	32	22	12	2	
己丑	戊子	丁亥	丙戌	乙酉	甲申	癸未	壬午	大運

巳月 丙火 일주가 화왕당절에 출생, 丙火사령으로 신왕하다. 앞의 사주와 시주만 틀리다. 未時로 年·月·時支가 巳午未方局하여 신왕한데 財星 庚金도 月支에 長生이고 일지에 전록專祿하여 왕하니 신왕재왕하다. 재성보다 일주가 조금 강하니 건록용재격建祿用財格이다. 午火 대운에 집안이 어렵게 살다가 재관財官 金水가 부족하니 申酉 대운에 大發하는 사주다.

戊土 대운에 旺火가 왕신입묘旺神入墓라 화禍를 면하기 어려우나, 이 대운을 넘기게 되면 亥子水 대운에 발전하다가, 己丑대운에 丑土財庫에 용신입묘라 사망하게 된다. 巳中庚金 편재가 투출하니 편재격이 되는데 正·偏財가 혼잡하고, 辛金은 사지死地에 앉아 있고, 庚金은 욕지浴地에 앉아 파격이고 타격이 불성이니 월지 巳火에 祿을 하니 건록격建祿格이 된다.

> 같은 날에 태어나도 출생시가 다르면 운명이 달라지고 성패운도 다르므로 주의하여 간명해야 한다.

10 잡기재관격 | 雜氣財官格

잡기재관이 월령에 있고 천간에 투간이 되면 풍족한 사람이 된다. 재다財多하고 관왕官旺하면 충·파함이 마땅하며, 干支에 지나치게 제극制剋되는 것은 크게 꺼린다.

사계의 辰戌丑未月은 인수·재성·관성이 함께 있으므로 잡기라고 하는데, 천간에 투출하면 진격이 된다. 다만 財官이 왕해야 존귀한 것이다. 재관이 고庫에 암장되어 빛을 보지 못하면 복력이 흥하지 못할 것이다. 만약 재고財庫를 득하고 개고되어 투간되면 부귀가 심상치 않다.

잡기 격은 옛날부터 가볍게 여기지 않았으니 천간에 투출해야 진격이요, 신강하고 재가 왕하여 생관生官하면 관록을 먹는 것인데 대운에서 고庫를

刑冲하면 진보珍寶를 얻을 것이다. 사계 辰戌丑未月에 출생하여, 재관이 월지에 암장되면 刑冲制剋이 상당相當(힘이 비슷함)을 요하는데, 태과나 불급됨은 화를 불러오고 대운이 재운으로 이르면 길하여 상서로움이 있게 된다. 신강한 사주에 재관財官이 투출하면 관록이 모이고 관에 부귀를 더해 三公인 좌의정·우의정·영의정에 오르게 된다. 오행이 사계 辰戌丑未월을 만나고 인수가 천간에 투출하면 귀현貴顯하고 영화로운 사람이다. 재관이 상생되면 기뻐하는데 재산이 넉넉하여 산더미처럼 풍요롭다.

잡기재관격의 개고開庫와 파고破庫에 대한 설명

잡기격雜氣格은 무조건 형충刑冲으로 개고開庫시켜야 좋다고 가르치면 안 된다.

첫 째	재관이 투출하고 신왕관왕하거나 신왕재왕할 때 재·관고를 형충刑冲으로 개고시켜야 기귀奇貴하게 된다.
둘 째	재관이 태왕하고 신약할 때 재·관을 개고하면 재관이 더욱 왕해지니 극신하므로 대흉하다.
셋 째	신왕관약身旺官弱하거나 신왕재약身旺財弱할 때 형충이 되면 개고가 아니라 파고되어 재관을 못 쓰게 되니 흉한 것이다.

잡기재관격은 월지 辰戌丑未의 암장간으로 구성하고, 丑·辰·未·戌의 방향을 말하는데 이곳은 정방위가 아니고 간방위라 잡기라는 이름을 붙인 것이다. 또한 財·官·印·식상이 암장되어 잡기재관격이라고 이름 하는데 비견은 격으로 취용하지 않아 빠져 있다.

보충설명

잡기재관격이 신왕하고 재관이 왕성할 때 財가 투출하면 富하고, 官이 투출하면 貴하며, 印이 투출하면 德이 있다.

잡기재관격은 ❶ 辰·戌·丑·未月에 출생하여 신왕하고, ❷ 재관이 투출하여 신왕해야 하며, ❸ 刑冲되어야 비로소 진격眞格이 되어서 대귀하다.

잡기재관격도 내격 중 재격이나 관격에 들어 있는 것으로 정격에 견주어 보면 되는데 약간 특수성이 있어 따로 설명했으니 착오 없기 바란다.

잡기재관격·편재용재격 | 수용신·금희신·토병신·화조후용신·목약신

戊辰		己酉		癸丑		丁丑		乾命
74	64	54	44	34	24	14	4	
乙巳	丙午	丁未	戊申	己酉	庚戌	辛亥	壬子	大運

丑月 己土 일주가 수왕당절에 출생, 己土司令인데 戊辰土와 丑土 丁火가 生해 신왕하다.
丑中癸水가 月干에 투출하니 잡기재관격과 잡기편재격으로 성격되었다. 그러나 관이 투출되어야 격을 수호할 수 있는데 무관 사주라 격이 약하다. 엄동설한에 한기가 심해 조후가 필요한데 丁火는 木이 없어 癸水에게 충극沖剋을 당하여 꺼져 조후가 안 된다.
己土 일주가 득령·득세하여 신왕하고 月干에 癸水도 酉丑金局이 生하고 辰中癸水와 丑中癸水가 있어 연월시지에 통근해 왕하나 일주가 신왕하니 편재용재격으로 月干에 癸水 재성이 용신이다.
초년의 亥子 대운에 다복하게 성장했으며, 戊 대운에 기복이 조금 있으나 申酉 金運에 고관이 되었고, 火 대운에 관직을 그만두나 얼어 있던 癸水를 녹여 주니 편안한 노후를 보내게 된다. 격용신으로 살다가 조후용신 대운이 오면 편안하게 살려고 하므로 백수가 되기 쉬우나 잘산다. 조후용신으로 쓰는 구조의 사주는 편한 직업을 택한다.

잡기재관격·살중용인격 | 금용신·수희신·화조후용신·토병신·목약신

甲辰		壬辰		丁丑		己酉		乾命
76	66	56	46	36	26	16	6	
己巳	庚午	辛未	壬申	癸酉	甲戌	乙亥	丙子	大運

丑月 壬水 일주가 수왕당절에 출생, 丑中己土가 年干에 투출해 잡기재관격이 성격되었다.
월상에 丁火가 투간해 조후를 하고 있는데 甲木이 木生火를 하여 丁火가 조후하면서 年干 己土와 丑土를 생조하니 미온지토微溫之土가 되어서 土가 왕해지므로 실령·실지·실세하여 신약하다. 다행히 丁火는 己土를 생조하고 己土는 酉金을 생조하며, 酉丑金局에 辰酉合하여 인수합국되어 살중용인격殺重用印格으로 살왕하니 통관시키는 酉金이 용신이다. 酉金용신이 멀어 무정한 것 같으나 용신 酉金이 酉丑金局으로 월지와 合하여 유정해지고, 辰酉合으로 일지와 유정한데, 대운이 金水 대운으로 가니 평생 대길하다.

壬辰日 괴강魁罡 일주가 관인상생하고 용신이 미약한데 申·辛대운을 만나 국회의원에 당선되어 정계에 진출하였다. 未土 대운에 丑未冲하면 酉金과 무정하게 되고, 甲木이 입묘되면 丁火를 生하지 못하고, 甲木이 제살制殺하지 못하므로 질병이 발생하여 고생한다. 庚午 대운에 庚金 대운은 甲木을 벽갑생화劈甲生火하여 길하고 午火 대운은 조후로 오니 편하게 산다.

11 시상편재격 | 時上偏財格

시상편재격時上偏財格은 사주에 편재가 많아 혼잡이면 쓰지 않고 모름지기 간지干支에 잘 가려서 써야 한다. 먼저 신왕하고 재가 왕하게 만나는 것을 기뻐하는데 冲破되어 상하면 숫돌이 달아 줄어들 듯이 재성이 줄어든다.

시상편재격은 하나만 있어야 아름다운 것이고 충파冲破를 만나지 말아야 영화를 누리게 되는데, 파재破財하는 비겁과 만나지 않아야 부귀겸전富貴兼全하여 석숭石崇에 비교할 만큼 큰부자가 되는 것이다.

시상편재격이 겁재를 만나면 전원이 파손되어 빈한함이 돌아오고 상처喪妻나 손첩損妾하며 수치를 많이 당한다. 식량이 넉넉하지 못해 끼니를 건너뛰게 된다.

만약에 편재가 정관과 같이 있으면 비겁이 천간에 노출되어도 복은 천석을 보게 될 것이나, 마땅하지 않은 것은 대운에서 비겁이 거듭하여 온다면, 그때는 사방에서 화가 백단으로 일어남을 알게 된다.

시상편재격은 월령에서 격이 잡히지 않으면서 시상편재가 있고 혼잡이 되지 않으며 운에서도 거듭 만나지 말아야 하며 또한 극상당하지 않고 용신이 될 때 성격된다.

【 시상편재격 조견표 】

천간	일간	甲	乙	丙	丁	戊	己	庚	辛	壬	癸
	생시	戊辰	己卯	庚寅	辛丑 辛亥	壬子 壬戌	癸酉	甲申	乙未	丙午	丁巳
지지	일간	甲	乙	丙	丁	戊	己	庚	辛	壬	癸
	생시	辰巳戌	丑未午	巳申	丑酉戌	亥申	子丑辰	寅亥	卯未辰	寅巳	午未戌

보충설명

시상편재격은 시간편재나 시지편재를 말하는데, 격과 용신이 거의 같은 것이 특색이다.
시상편재격은 시주에 편재가 일위만 투출해야 진격眞格이 되고, 통근하여 신왕재왕身旺財旺해야 길하며 겁재劫財를 대기大忌하고, 연월에 재財가 또다시 있으면 파격破格이 되어 길격이 못 된다.
시상편재격은 첫째는 식상이 있어 재를 生하든지, 둘째는 약한 관살을 생조하든지, 셋째는 인성이 많아 재가 필요할 때 길하다. 편재격은 시상편재가 제일이고 월지편재는 그 다음이다.
시상편재격이 신왕하고 재약하면 식상이 있어 재를 생해 주어야 길하고, 비겁이 많아 신왕하면 관살이 있어야 吉하다.
시상편재격은 돈은 잘 벌어도 주색을 탐해 돈을 쓰고도 망신한다. 시상편재는 신왕재왕하고 겁재와 충파가 없어야 부귀겸전富貴兼全한다.
시상편재가 관성과 같이 있으면 비겁을 만나도 두려움이 없으나, 운에서 다시 비겁을 만나면 흉화가 많이 일어난다.
시상편재가 비겁이 많거나 양인을 만나거나 충파冲破되면 상처喪妻하거나 손첩損妾하고 파재破財하며 의식衣食이 곤고하게 된다.
편재격이 재성이 또 있으면 생가를 떠나 가정을 이루고 여자와 인연이 많으며, 본처를 멀리하고 첩을 더 가까이한다. 특히 주색을 밝혀 도처에 자식이 생기기 쉽고 욕심이 많다.
재성이 많아 신약하면 공처가가 되고 처가 자기 성질을 못 이겨 자살하는 수가 있거나 처가 바람피울 가능성이 많다.
재성이 많은 신약사주는 관살까지 있게 되면 처와 재물로 인해 재앙이 생기고 아들이 없거나 아들이 있으면 불효하여 속을 썩인다.
편재가 천간에만 있으면 주색을 탐하나 의로운 일에 재물을 희사하고, 편재가 지지에만 있으면 교제를 잘하고 재리에 힘쓰며 상업적 통상능력이 좋아서 가격 절충을 잘한다.
연월에 편재와 비견이 동주同柱하면 여자 때문에 손재를 하고, 부친이 객사하게 된다. 편재와 편재가 동주하면 경제적 수완이 있고 여복도 있다. 편재와 정재가 동주하거나 나란히 合身하면 처첩과 동거한다. 時干에 편재가 있고 비겁이 왕하면 손재하고 상처한다.

시상편재격 | 임수용신·금희신·토병신·화구신·목약신

壬子		戊申		戊午		戊午		乾命
73	63	53	43	33	23	13	3	
丙寅	乙丑	甲子	癸亥	壬戌	辛酉	庚申	己未	大運

午月 戊土 일주가 화왕당절에 출생해 丁火사령하여 신왕하다. 午月에 암장된 투출된 오행이 없으므로 月에서 격이 불성하므로 시상 壬水로 격을 잡는다. 사주가 염열하니 壬水가 조후용신으로 쓸 만하다. 식신 申金이 희신이고, 戊土 비견이 병신病神이 되고, 火가 구신仇神이며, 木이 약신藥神이다.

용신 壬水가 子水에 근을 하고 申子水局하니 신왕재왕하다. 인수용재격印綬用財格·양인용재격羊刃用財格이나 시상편재격時上偏財格도 된다.

초년 金運에 관계로 진출하여 공이 있어 이름이 났으나, 戊土 대운의 戊戌年(41세)에 旺土에 방조까지 하여 더욱 왕한데 왕신입묘旺神入墓되어 질병으로 고생하였다.

또한 한직으로 밀려나는 어려움이 겹치고, 戊土가 壬水를 冲破하여 군겁쟁재群劫爭財하니 상처喪妻하고 파산破産했다. 水 대운에 용신이 강해지자 고관이 되었던 사주다.

시상편재격 | 금용신·습토희신·화병신·목한신·수약신

辛丑		丁丑		戊午		癸卯		乾命
74	64	54	44	34	24	14	4	
庚戌	辛亥	壬子	癸丑	甲寅	乙卯	丙辰	丁巳	大運

午月 丁火 일주가 화왕당절에 출생해 무계합화화戊癸合化火하고 목생화木生火하므로 신왕하다. 己土사령인데 午中 암장간이 투출한 오행이 없으니 정격을 이루지 못했다. 시상 辛金편재가 투출하여 시상편재격으로 성격됐다.

金용신이고 습토濕土인 丑土가 희신이며 午月에 戊土는 戊癸合化火하여 병신病神으로 변화가 되므로, 水가 약신藥神이 되고 木이 한신閒神이 된다.

초년 木火 운에 부진하다가 亥子丑水運에 병을 제거하니 고위직에 올랐던 사주이다.

12 시상일위귀격 | 時上一位貴格

시상편관은 하나만 있어야 하고 신강하고 살이 약할 때 刑冲하면 두려운 것이다. 가령 月에 다시 편관 칠살이 거듭 있다면 신고辛苦만 있고 아무리 노력해도 모든 일이 헛수고가 된다.

시상편관격은 양인을 冲하는 것을 기뻐하는데 신강할 때 제복하면 귀록이 따르므로 풍족하게 살게 된다. 만약에 관살이 혼잡되고 신약한데 재생관하면 사주의 주인공은 곤궁함을 면하기 어렵다.

시상편관은 하나만 있고 강해야 하며 일주 또한 자왕自旺해야 귀기貴氣가 평범하지 않다. 재성과 인성이 유기有氣하면 재록財祿이 있는데 예를 들면 천석꾼이 되고 직위가 국가의 동량棟樑으로 크게 될 것이다.

시時에서 칠살을 만난다면 이것이 편관인데 제살制殺되고 신강하면 귀명貴命으로 보는 것이요, 제살이 태과하면 관살대운에 기뻐할 것이니, 첫째 시상일위귀가 되고, 둘째 신강제살을 요하고, 셋째 제살태과인 경우 관살대운을 만나는 것인데 어찌 발복이 어렵겠는가?

사주에 관살이 태왕한데 제복이 안 되면 반드시 식상운을 만나야 발복이 되며, 살성이 많을 경우에는 刑冲됨을 두렵지가 않다. 이와 같은 사주가 만일 신약하고 살왕하다면 빈한하다.

【 시상일위귀격 조견표 】

천간	일간	甲	乙	丙	丁	戊	己	庚	辛	壬	癸
	시간	庚午	辛巳	壬辰	癸卯	甲寅	乙丑 乙亥	丙子 丙戌	丁酉	戊申	己未
지지	일간	甲	乙	丙	丁	戊	己	庚	辛	壬	癸
	시지	申	酉	亥	子	寅	卯	巳	午	辰戌	丑未

보충설명

시상일위귀격은 시간時干이나 시지時支 편관偏官으로 구성된다. 시상편관은 하나만 있어야 하고 통근함을 요하며 신왕·관왕해야 吉하다. 시상편관이 무근이면 파격이요, 타주에 관살이 혼잡됨도 크게 꺼린다. 시주편관이 있더라도 月令에서 재성이나 인성이 있으면 시상편관을 쓰지 않고 시상편관이 손상되거나 合去되면 다시 月에서 격을 잡는다.

시상일위귀격은 격이 용신이 되는데 월지에서 성격되는 편관격과 같이 제살制殺·화살化殺·합살合殺을 파악해야 하는데, 제살이 약한가? 제살이 태과한가? 선의적인 제制인가? 악의적인 제制인가를 확인하고 일간과 편관의 강약을 보아 길흉을 판단해야 한다.

시상편관격은 양인이 있고 충과 합을 기뻐하며 신왕身旺해야 귀명貴命이 되는데 만약 관살官殺이 또 있어서 관살혼잡官殺混雜이 되면 대흉하다.

시상편관이 강하고 일주가 약할 경우에 월령의 식신으로 식신제살하면 공명功名이 따른다. 월주에 양인羊刃이 있어 칠살七殺로 양인합살羊刃合殺을 하든지 또는 월에 인수가 있어서 화살化殺하면 길하다.

시상편관을 제함이 마땅하나 그렇다고 지나치게 제극하여 제살태과하게 되면 배고픈 선비에 불과하다.

시상일위귀격時上一位貴格은 **신왕**하면 현처에 효자를 보게 되고, **신약**하면 악처와 불효자를 보게 된다.

시상에 편관격이 月令에 통근하면 무관武官으로 출세한다. 시주에 편관偏官이 있고 신약하면 아들이 없으며, 신왕에 편관이 제화가 되면 아들이 있게 된다.

시상편관격이 연월에 또 편관이 있으면 몸이 허약하고 신병으로 고생하든지 불구가 된다. 時에 편관이 있으면 성품이 강직하고 세상을 살아가는 데 적응이 안 되어 어려움이 따른다.

시상일위귀격 | 토기신·화구신·갑목용신·수희신

甲		戊		己		癸		乾
寅		戌		未		亥		命
75	65	55	45	35	25	15	5	
辛	壬	癸	甲	乙	丙	丁	戊	大
亥	子	丑	寅	卯	辰	巳	午	運

未月 戊土 일주가 화왕당절에 출생하여 己土가 사령이 되어 신왕하다.

정기 己土가 투출하여 겁재라 月에서 격이 불성하여 시상에 투간한 甲木으로 격을 잡으니 시상일위귀격時上一位貴格이다. 未月 염천에 일시지지가 寅戌火局하니 흙은 마르고, 용신인 甲木 편관은 고사 일보 직전이다.

다행히 연주에 癸亥 재성이 있어 가뭄에 단비가 내렸고, 또한 亥未合木

寅亥合木하여 용신 甲木이 득세하여 강화되었으며, 비겁 양인과 甲己合을 해 양인합살羊刃合殺하니 귀격이 되었다.
초년 火土運에 부진하였으나 중년 木運에 국회의원이 되었고, 말년 북방 水運도 길하다.

시상일위귀격 | 병화용신·목희신·수병신·토약신

丙		庚		癸		甲		乾
戌		戌		酉		辰		命
79	69	59	49	39	29	19	9	
辛	庚	己	戊	丁	丙	乙	甲	大
巳	辰	卯	寅	丑	子	亥	戌	運

酉月 庚金 일주가 금왕당절에 출생하여 庚金사령하여 土가 중중하니 신왕하다.
월령에 비겁이 되니 월령에서 격을 이루지 못하고 시상병화 편관을 취용하므로 용신으로 쓰니 시상일위귀격으로 잡는다.
丙火가 비록 戌中丁火에 통근이 되었으나 고립무원孤立無援이 되었고, 연상年上의 甲木은 원처불생遠處不生으로 용신이 약하다. 亥子丑 대운에 고생이 심했고, 용신의 장생지인 寅木 대운에 고위직에 올랐던 사주이다.

13 연·시상관성격 | 年·時上官星格

年上이나 時上에 官星이 있으면 세덕歲德 연시상관성격年時上官星格인데, 크게 두려운 것은 식상이 있어 관을 冲하여 破하면 패하게 되며 月에서 관성을 만나는 것 또한 흉하다.

年上에 관성이면 세덕격歲德格이라 하는데, 재성과 인수가 있고 신왕함을 기뻐한다. 칠살이 없이 관성이 居하면 품위가 있어 부귀와 영화가 석숭石崇에 비교할 만하다.

時支에 관성이 있고, 일지에는 재성이 있고 冲과 破가 없어야 또한 귀함이 임하고, 연상관성격年上官星格도 동일한 것인데, 양쪽에서 동시에 年時上에 관살을 만나면 풍운아風雲兒 운명이다.

만약에 연시상관성격年時上官星格이 중화中和를 이루면 장차 영화로운 각료로 입성入城하게 되는 것이다.

【 년·시상관성격 조건표 】

천간	일간	甲	乙	丙	丁	戊	己	庚	辛	壬	癸
	연·시간	辛	庚	癸	壬	乙	甲	丁	丙	己	戊
지지	일간	甲	乙	丙	丁	戊	己	庚	辛	壬	癸
	연·시지	酉丑	申	子丑	申亥	卯	寅亥	午未	寅巳	午未丑	辰戌巳

보충설명

연시상관성격年時上官星格은 年干이나 時干에 정관이 있을 때 구성되고, 일지에 재성이고 시지에 관이 있어도 성격되며, 연간에 편관이 있어도 포함된다. 단, 월령에 관살이 없어야 한다. 時上이나 年上에서 구성이 되는 것은 격 그 자체가 용신이 되는 것이 특이하다.

연시상관성격은 신왕하고 관왕 함을 요하는데 신왕에 관이 약하거나, 또는 식상이 왕하거나 관성이 冲破가 되었거나 월령에 관살이 있음을 크게 꺼린다.

연시상관성격은 木일주에 재고財庫가 재생관財生官함을 제일 기뻐한다.

연시상관성격이 또다시 운에서 관살官殺을 만나지 않으면 부귀영화를 누리게 된다.

연시상관성격이 또 관살을 만나면 풍운아요, 거관유살去官留殺하여 중화를 이루면 영화가 있다.

연시상관성격이 재성과 인성이 있어 접속상생接續相生(가까이서 차례로 서로 상생하는 것)이 되고 신왕하게 되면 복록이 무궁하다.

연상관성격 | 화기신·목구신·수용신·금희신

乙巳	丁未	乙巳	壬子	坤命

78	68	58	48	38	28	18	8	
丁酉	戊戌	己亥	庚子	辛丑	壬寅	癸卯	甲辰	大運

巳月 丁火 일주가 화왕당절에 출생해 丙火司令하여 신왕하고 염열하다. 월지 암장간이 투간이 안 되고 비겁이 되니 月에서 格을 불성한다.

시상에도 기신인 편인과 겁재만이 있으므로 격을 못 이루고 연상관성격年上官星格으로 성격된다.

巳月 丁火 일주가 왕하여 화기염열한데 壬水정관이 子水 제왕지에 좌하여 왕하니 신왕관왕하여 아름답다. 寅卯辰木운에는 고생을 하였고 亥子丑水운에 대발하여 국방장관 부인으로서 영화를 누렸다.

시상정관격 | 금기신·화용신·목희신·수병신·토약신

癸巳		辛卯		庚申		癸丑		乾命
80	70	60	50	40	30	20	10	
壬子	癸丑	甲寅	乙卯	丙辰	丁巳	戊午	己未	大運

申月 辛金 일주가 금왕당절에 출생해, 庚金司令인데 庚金이 투출하고 丑土가 生하니 신왕 사주다.

월령 암장이 투간한 것이 없고 비겁이 되니 月에서 격을 불성不成한다. 辛金 일주는 壬水로 닦아 주어야 빛이 나는데, 癸水가 투간이 되어 비가 내리니 辛金이 녹슨다. 시간은 식신이요, 시지는 정관이니, 가식상격으로 볼 것이냐 아니면 시상관성격으로 볼 것이냐가 문제인데, 이때는 金水食傷이라 관을 중요하게 보는바 연시상관성격으로 취용하는 것이다.

時支 巳火정관이 申月에 실령하여 미약하나 일지 卯木 재성으로 生官할 뿐만 아니라 운로가 초년부터 관운으로 대발한 사주다. 巳中丙火가 용신이고, 卯木이 희신이며, 水가 병신이요, 土가 약신이며, 金이 기신이다.

병病이 중重한데 약신藥神을 만나면 재록財祿이 한꺼번에 따른다고 하는데, 초년부터 약신藥神이고 중년에 용신 운이며 말년에 희신 운으로 이어지니 평생 동안 영화를 누린 사주이다. 乙卯 대운에 식신과 정관을 통관시켜 주니 대법관을 역임하였다.

14 곡직격 | 曲直格

甲乙 일주가 지지에서 寅卯辰月이면 인수仁壽라고 이름 하는데 두 가지를 이룬다고 한다. 亥卯未를 구전하면 백제白帝(庚辛申酉金)를 싫어하고 만약에 대운이 水運으로 향하면 반드시 영화가 온다.

木이 木을 따르면 기귀奇貴한데 가을에 태어나면 모든 일이 마땅하지 못하고, 비견을 득하면 사람이 청고하고 인자하며 또한 장수하는 것이요 木의 근원이 서로 모여서 합국이 이루어지면 복이 임금과 같은 것이다.

보충설명

甲乙 일주가 지지에 亥卯未木局이나 寅卯辰方合이 전부 있다면 이것을 이름하여 인수곡직격仁壽曲直格이라 한다. 木으로만 성격되었는데 관살은 크게 꺼린다. 관살이 없어야 곡직격으로 구성된다. 木이 용신이고 水가 희신이며 金이 기신이고 土가 구신이고 火가 약신으로 호설정영이 된다.

곡직격 | 목용신·수희신·화조후용신·금병신·토구신

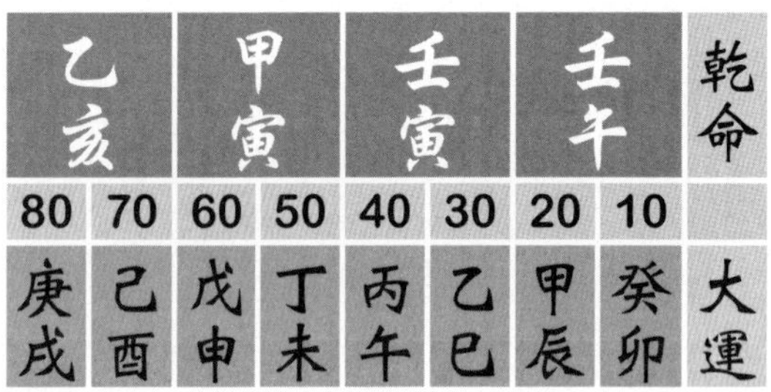

乙 亥		甲 寅		壬 寅		壬 午		乾 命
80	70	60	50	40	30	20	10	
庚 戌	己 酉	戊 申	丁 未	丙 午	乙 巳	甲 辰	癸 卯	大 運

寅月 甲木 일주가 목왕당절에 출생해 戊土사령이나 입춘일에 출생하여 한기미진한데 대부분 木으로 구성되고 三水가 生木하니 곡직격이다.

年支 午火식상이 寅午火局으로 왕한 木氣를 설기하니 호설정영으로 목화통명木火通明으로 기귀하다. 그러므로 가식상격假食傷格 작용을 하는 것이다.

초년 癸卯 대운과 甲木 대운은 길하여 유복한 가정에서 태어나 공부도 잘했고, 辰 대운에 인수가 입묘入墓되어 나쁜 운이라 고생을 하고, 乙巳 대운에 고등고시에 합격하고 火 대운에 출세하였다.

시상편재격 | 토용신·화희신·목병신·금약신

戊 辰		甲 子		癸 卯		壬 寅		乾 命
73	63	53	43	33	23	13	3	
申 亥	庚 戌	己 酉	戊 申	丁 未	丙 午	乙 巳	甲 辰	大 運

卯月 甲木 일주가 목왕당절에 출생해 乙木사령에 寅卯辰으로 方合을 이루고, 子辰水局에 壬癸水가 투간되어 水生木하니 木氣가 왕해 곡직격이 되는 것 같으나 수가 많아 봄에 장마가 되어 부목腐木으로 썩기 일보 직전이므로 시상에 戊土로 제습除濕해야 썩지 않는다. 戊土편재가 辰土를 좌하여 왕해 시상편재격時上偏財格이다.

신왕재약身旺財弱하여 남방 火運에 성공하는 사주다. 원국에 辰土와 子水가 있으므로 申金 대운은 申子辰水局으로 통관되니 무해무덕하게 넘어간다. 그러나 酉金 대운은 卯酉冲에 辰酉合金하여 木을 극하니 나쁘다.

15 염상격 | 炎上格

여름철의 丙丁火 일주가 화왕당절火旺當節에는 염열炎熱한데 火局에 水氣가 없는 경우에 영웅호걸이 된다. 대운이 화왕당절火旺當節로 흐른다면 그릇을 이룬 것인데, 한번 크게 뛰어 높은 관직에 오르게 된다.
火가 많은 염상격炎上格에 冲함이 없으며 水의 침해가 없으면 부귀가 온전할 것이다. 운이 木火 대운을 향해 호운으로 가면 머리 정수리에 비녀를 꽂고 갓끈을 매고 자의紫衣에 요대(허리띠)를 두르는 영의정, 즉 국무총리감이다.

보충설명

丙丁 일주가 寅午戌火局이나 巳午未月에 출생하여 대부분이 火로 구성되고, 水가 없으면 염상격으로 구성된다.
염상격은 火만 있는 것보다는 辰土나 丑土가 있는 것이 더욱더 좋은 것인데 조후로 水가 필요하나 水가 있게 되면 水火상전이 생기니 水보다 濕土인 辰土와 丑土가 있는 경우에 水運을 만나더라도 흉하지 않다.
염상격은 火가 왕하므로 빨리 타고 빨리 꺼지니 수명이 짧은데 寅木이 있어 생조生助함이 격조格調가 높고 수명이 길어진다. 염상격에 丙火 일주가 귀격이 되고 丁火 일주는 귀貴를 이루는 데 부족함이 있다.
火가 용신이고 木이 희신이며 水가 기신忌神이고 金이 구신仇神이 되고 土가 약신藥神이 된다.

염상격 | 화용신·목희신·수병신·금구신·토약신

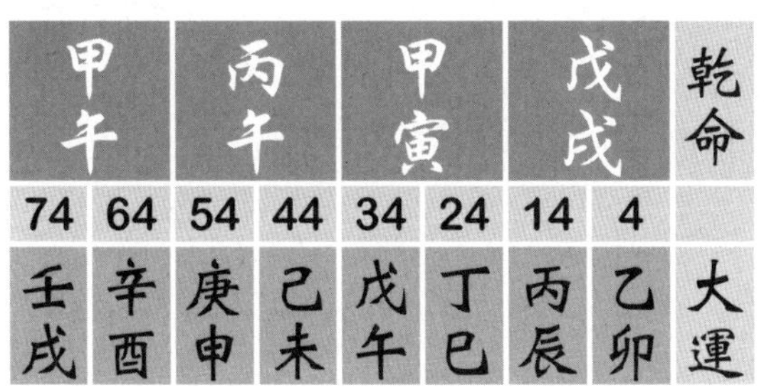

甲午		丙午		甲寅		戊戌		乾命
74	64	54	44	34	24	14	4	
壬戌	辛酉	庚申	己未	戊午	丁巳	丙辰	乙卯	大運

寅月 丙火 일주가 목왕당절에 출생해 甲木司令인데 甲木이 투출하여 신왕하다.
丙火 일주가 당령하지 못했으나 寅午戌火局을 이루고 木生火하니 火氣가 충천한데 일점의 水氣가 없으니 염상격炎上格을 이루었다. 대운이 木火운으로 향하니 일찍이 관계에 진출하면 장관직위에 오를 수 있는 귀격의 사주이다.

庚金 대운은 벽갑생화劈甲生火하니 吉한데 가을이 오면 나무가 말라 잘 타는 이치이다. 그러나 申金 대운에 庚子年은 申子水局으로 水火상전이 발생하니 목숨이 위험한 상황에 이른다.

염상격 | 화용신·목희신·수병신·금구신·토약신

甲午		丙午		庚午		甲午		乾命
76	66	56	46	36	26	16	6	
戊寅	丁丑	丙子	乙亥	甲戌	癸酉	壬申	辛未	大運

午月 丙火 일주가 화왕당절에 출생해 丁火사령하고 火氣중중하여 염열한데 水氣는 없으며 甲木이 生해 불꽃이 장구하여 염상격炎上格이다.

지진地辰 일행득기격一行得氣格으로 당령하여 진격을 이루면 기귀奇貴하여 부귀겸전하는 사주다. 대운에서 운이 따라 주면 부귀공명한다. 그러나 이 사주는 애석하게도 대운이 서북 금수운으로 흘러 고생하는 사주이다.

천간으로 오는 水運은 甲木이 있어 통관이 되니 나쁘지 않으나 지지로 오는 水運은 대흉하다. 사주는 좋고 운이 나쁘면 얼굴은 장관감인데 운이 없어 얼굴값을 못하고 평생 고생하게 된다.

16 가색격 | 稼穡格

가색격稼穡格은 戊己 일주가 사계四季 토왕절土旺節에 출생하고 지지에 辰戌丑未가 전부 만날 것을 필요로 하며 지지로 오는 재운을 기뻐하고 관살은 싫어한다. 운에서 동방목운東方木運으로 향하면 반드시 흉이 따른다.

戊己 일주가 월령이 잡기雜氣로 천간에 이르고 土多한데 단지 地支에 辰戌丑未가 있는 것을 논하는 것이다. 재물은 우연히 화덕을 만남과 같이 복록을 얻고, 관살官殺이 임하게 되면 화禍에 얽매여 살게 된다.

보충설명

戊己 일주가 辰戌丑未月에 출생하여 대부분 土로 구성되고 일점 木氣가 없으면 가색격이며, 巳·午月에 출생하고 전국이 土로 구성되어 있으면 성

격한다.

가색격으로 성격되면 火土金이 용신과 희신이다. 土용신이고 火가 희신이며 木이 병신病神이고 水가 구신仇神이 되고 金이 약신이 된다.

천간 재운은 군겁쟁재가 되어 나쁘게 작용되며, 원국에 화토가색격으로 조열하면 암장으로 丑辰 습토濕土가 조후로 필요한 것이고, 천간에서 직접 水가 필요한 경우는 극히 드물다.

하절의 火土 가색격은 조후가 필요한데 한 점 水氣가 없으면 단명하게 된다. 이러한 경우에는 金水운에 발복한다. 丑月의 가색격은 한습하므로 火運에 발복한다.

가색격 | 토용신·화희신·목병신·수구신·금약신

丙 辰		戊 戌		己 未		戊 戌		乾命
76	66	56	46	36	26	16	6	
丁 卯	丙 寅	乙 丑	甲 子	癸 亥	壬 戌	辛 酉	庚 申	大運

未月 戊土 일주가 화왕당절에 출생하여 토기만국土氣滿局하니 가색격이 되었다.

초년 庚申·辛酉金運에 호설이 되니 대길하였고, 癸亥 대운에 군비쟁재도 되므로 용신 戊土가 戊癸合으로 묶이고 丙火 희신을 剋하니 나쁘다. 종강격 사주원국이 대운을 극하면 가산을 파산하거나 아니면 사망에 이르게 된다. 지지로 오는 水運은 辰土가 있어 부족한 水를 채워 주니 吉하게 된다.

일행득기격뿐만 아니라 종강격의 용신법用神法에 적용되는 모든 종왕격이나 종강격 사주는 왕신旺神을 극하는 대운에 주로 재앙이 생기지만, 왕신旺神이 대운이나 세운을 충극할 때 파산하거나 건강에 치명적인 병으로 급격히 악화되어 아무리 훌륭한 의사가 손을 써도 생명을 구하기가 어렵게 된다.

가색격 | 토용신·화희신·목병신·수구신·금약신

戊 辰		己 丑		庚 辰		乙 丑		坤命
71	61	51	41	31	21	11	1	
戊 子	丁 亥	丙 戌	乙 酉	甲 申	癸 未	壬 午	辛 巳	大運

辰月 己土 일주가 목왕당절에 출생하여 辰中乙木이 투간하여 편관격으로 성격된 것 같으나 乙庚合이 되므로 파격이 되고 戊土司令에 土旺하여서 가색격으로 성격되었다.

土가 용신이고 火가 희신이며 木이 병신病神에 金이 약신藥神이다. 대운이 남방 火運에서 서방 金運으로 흘러 일생이 길한데, 한 가지 흠은 관성을 못 쓰게 되어 남편과 일찍이 사별했다.

17 종혁격 | 從革格

추월秋月 金일주가 金氣가 한 가지 종류로 이루어지는 것을 본다면 종혁격從革格이라 하는바 권력權力을 잡는 귀명貴命이다. 만약 土가 원국간지原局干支에 있고 염화炎火가 제극制剋함이 없다면 반드시 조정朝廷에서 재상의 관직이 따르게 된다.

金에 거하여 종혁從革이면 귀인으로 존경받고 조화에 청고淸高하면 복록이 많은 진인이다. 사주에 火가 혼잡混雜하면 종교宗敎에 입문해 수도자修道者가 되거나 예술인이 되어 거짓 세상을 경륜經綸하는 사람이 된다.

보충설명

庚辛 일주가 申酉戌月에 출생하거나, 巳酉丑金局이거나 사주의 대부분 金으로 구성되고 일점 火氣가 없으면 종혁격이 성격된다.
金이 용신用神이고, 土가 희신喜神이며, 火가 병신病神이고, 木이 구신仇神이고, 水가 약신藥神이 된다. 金으로 종혁격從革格이 성격되면 권력가에 대한 암시가 있으므로 권력과 관계가 많고 대권에 꿈을 꾸게 된다.

종혁격 | 금용신·토희신·화병신·목구신·수약신

乙酉		庚申		甲申		庚申		乾命
73	63	53	43	33	23	13	3	
壬辰	辛卯	庚寅	己丑	戊子	丁亥	丙戌	乙酉	大運

申月 庚金 일주가 금왕당절에 출생하여 庚金사령인데 金氣가 태왕하니 종혁격從革格이다.
비록 甲乙木이 투간했으나 뿌리가 없고, 절지絕地에 앉아 힘이 없다. 乙木은 合去되고 甲木은 冲去되어 무방하다. 운이 金水 대운으로 흘러 일생이 길한데 권력계

통이나 무관으로 진출하면 출세가 빠르고, 운이 金水運으로 가니 진급도 매우 빠르며 이름이 해외까지 알려진다. 寅木 대운에는 왕금旺金인 申金을 冲하니 교통사고나 질병으로 생명을 지키기 어렵게 된다.

종혁격 | 금용신·토희신·화병신·목구신·수약신

庚		庚		己		壬		乾
辰		申		酉		辰		命
79	69	59	49	39	29	19	9	
丁	丙	乙	甲	癸	壬	辛	庚	大
巳	辰	卯	寅	丑	子	亥	戌	運

酉月 庚金 일주가 금왕당절에 출생하여 土金이 왕해 종혁격從革格이다.

연상에 壬水식신이 투출하여 호설好泄하니 더욱 길하다.

己土가 壬水를 극거剋去할 것 같으나 왕금旺金에 土가 설기되니 무방하다. 초년부터 중년까지 金水運을 만나 발달하나 甲寅 대운은 용신의 절지絕地가 되므로 젊은 나이에 종명終命하게 된다.

18 윤하격 | 潤下格

윤하격潤下格이란 천간天干에 壬癸 일주가 겨울에 출생함을 기뻐하고, 申子辰水局으로 三合을 이루거나 혹시 亥子丑水運으로 돌아가도 한가하게 평보平步로 청운靑雲에 오르는 데 장애가 없다.

壬癸水 일주가 申子辰水局에 임하거나, 왕양汪洋한 水 일주가 三合으로 水局을 이루고 운에서 동방 목운으로 흐르고 제방을 만나지 않는다면 고위직에 오르게 되어 영화가 따르고 나라에 지대한 공을 세울 사람이다.

보충설명

壬癸 일주가 亥子丑月에 출생하여 申子辰水局 또는 亥子丑方局이 되고 사주의 대부분 水로 구성되고 일점의 土가 없으면 윤하격이 성격된다. 이와 같은 사주가 운에서 土運을 만나지만 않는다면 고위직에 오르는 귀격사주이다.

윤하격 | 수용신·금희신·토병신·화구신·목약신

壬 子	癸 丑	辛 亥	壬 子	乾命

71	61	51	41	31	21	11	1	
己未	戊午	丁巳	丙辰	乙卯	甲寅	癸丑	壬子	大運

亥月 癸水 일주가 수왕당절에 출생하여 壬水사령이고 旺水가 만국滿局하니 윤하격이다.

水가 용신이고 金이 희신이며, 土가 병신病神이고 木이 약신藥神이다.

초년부터 대운이 좋으니 좋은 가문에서 태어나 지혜가 있고 총명하여 대학을 졸업하고 중년까지 운이 길하다. 일찍부터 관계官界에 진출하여 승승장구하여 乙卯 대운에 차관직까지 역임하였으나 丙辰 대운에 군겁쟁재群劫爭財하여 상처喪妻하고 퇴직하였다.

윤하격 | 수용신·금희신·토병신·화구신·목약신

壬 子	癸 丑	壬 子	壬 申	乾命

76	66	56	46	36	26	16	6	
庚申	己未	戊午	丁巳	丙辰	乙卯	甲寅	癸丑	大運

子月 癸水 일주가 수왕당절에 출생해 癸水사령이고 申子水局인데 壬水 투출하여 水氣태왕하니 윤하격이다.

水가 용신이고 金이 희신이며, 土가 병신病神이고 木이 약신藥神이 된다. 초년부터 중년까지 대운이 吉해 승승장구하다 丙辰 대운에 旺水가 입묘入墓되어 젊은 나이에 요절하였다.

> 종격 사주는 길할 때는 대길하고, 흉할 때는 대흉한 것이 특징이다.

19 화기격 | 化氣格

화기격化氣格에 갑기합화토격甲己合化土格과 을경합화금격乙庚合化金格은 격국 중에 기묘한 격인데 찾기 어려운 격이다. 어떻게 화기격의 고하를 분별하느냐가 가장 중요하며 귀천을 알고 심천深淺을 논해야 한다.

일주와 丁壬合이 있고 寅月에 태어나면 化木이 되는데, 亥卯가 월을 방조傍助 해 주면 복이 된다. 二宮으로 나누어 논한다면 金多하여 木氣를 상해 파격이 되면 오히려 두려운 것이다.

일주와 戊癸合하여 月令에 火가 밝게 나타나고 火運을 만나서 화염火炎이 높으면 영웅호걸이 되는데, 원국에 火를 상함이 없다면 어려운 관문을 통과하여 크게 출세하게 된다.

병신합화수丙辛合化水가 동절에 태어나고 辛金 일주가 丙火를 보면 마땅히 淸格을 보는데, 局 중에 土가 있으면 마땅히 용신을 파破하나 金을 얻어 생조生助하면 앞날에 발전함이 있을 것이다.

정임합화목丁壬合化木은 寅木을 만남을 기뻐하며, 이와 같으면 절세의 문장가이며, 甲乙木 곡직이 다시 연·월지年·月支에 있다면 소년에 평보로써 청운靑雲에 오르게 된다.

정임합화목丁壬合化木이 金運에 가면 실속 없이 숨 가쁘게 바쁘기만 하고, 그 끝에 상처만 남아서 만족스럽게 취할 것이 없으며, 눈앞의 골육은 서로 다른 길을 가므로 만나기가 어렵다.

병신합화수격丙辛合化水格이 月令에서 化水를 생한다면 간난신고艱難辛苦가 변해 복록이 증강되는데, 土가 중중하면 가난하여 고통스러운 천한 운명이 되니 바람결에 밀려다니는 부평초 같은 신세가 된다.

병신합화수격丙辛合化水格이 申月에 태어남을 기뻐하는데 한림원翰林院에서도 뛰어난 인물이 되고 기상이 참신한 사람이다. 만약에 연월에서 윤하수기潤下水氣가 있다면, 등한等閒히 할 사람이 아니다.

을경합화금격乙庚合化金格으로 酉月에 왕한데, 원국에 庚辰을 만났다면 이 格局은 貴奇함이 있는 것이니, 辰戌丑未와 같이 서로 극하는 이 시기를 만나면 명문名門의 장상아將相兒가 틀림없다.

을경합화금격乙庚合化金格은 화염火炎이 간에 있는 것을 꺼리는 것은, 의지의 氣가 닳아서 없는 것처럼 불량한 사람이고, 寅午火局이 거듭 있으면 下格으로 되니 옷과 식량을 찾아 분주할 따름이다.

천원天元에 戊癸合이 있는데 지지에 水가 있으면 패하여 가정이 손상되어 무너지니 일거리가 많아지고 대운이 다시 水를 생하거나 旺水를 만나면 妻를 상하거나 자식을 상하는 풍파의 기운이 일어난다.

甲己는 중앙 土神으로 化한 것이니, 時令에서 辰巳를 만날 때는 먼지를 면하는 격이요, 格局이 운로에서 火土旺支로 간다면 사방에 부귀공명이 알려지는 사람이다.

甲木 일주가 己土와 合하고 있는데 봄을 만나 木을 돕는다면, 평생 동안 하는 일마다 수고로움이 많이 따르고, 백 가지 꾀를 여러 번 써도 옹졸하며, 고독하고 고생하며, 영리하나 분주하여 정착하지 못한다.

보충설명

일간日干이 시간時干이나 월간月干과 간합干合하여 화化한 오행五行 계절에 생하여 三合이 되어 화기와 같은 오행이 되고 사주의 대부분이 화기와 같은 오행으로 구성되면 성격한다.

그러나 일간日干이 쟁합爭合이나 투합妬合이 없어야 하며 화기를 剋하는 오행이 없어야 성격이 된다.

화기격化氣格도 전왕용신專旺用神법으로 화기가 용신인데 화기를 순세順勢하면 길하고, 역세逆勢하면 흉하다. 또한 화기격을 구성하였으나 화기를 剋하는 오행이 있으면 파격破格이다.

쟁합 爭合	쟁합이란 2대 1로 재성 하나를 놓고 합하는 것을 말한다.
투합 妬合	투합이란 2대 1로 관성 하나를 놓고 합하는 것을 말한다.

화기격 성격과 파격의 세밀 분석법

寅 月

화기성부化氣成否	삼합의 강약 분석
甲己合은 土로 化하지 않는다. 乙庚合은 金으로 化하지 않는다. 丙辛合은 水로 化하지 않는다. 丁壬合은 木으로 化한다. 戊癸合은 火로 化한다.	寅午戌 三合은 化火가 강하다. 亥卯未 三合은 化木이 강하다. 申子辰 三合은 化水가 약하다. 巳酉丑 三合은 化金이 약하다. 辰戌丑未는 失令하여 약하다.

卯 月

화기성부化氣成否	삼합의 강약 분석
甲己合은 土로 化하지 않는다. 乙庚合은 金으로 化하지 않는다. 丙辛合은 水로 化하지 않는다. 丁壬合은 木으로 化한다. 戊癸合은 火로 濕木 浴地로 化하지 않는다.	寅午戌 三合은 化火가 보통 강하다. 亥卯未 三合은 化木이 강하다. 申子辰 三合은 化水가 약하다. 巳酉丑 三合은 化金이 약하다. 辰戌丑未는 失令하여 약하다.

辰 月

화기성부化氣成否	삼합의 강약 분석
甲己合은 土로 化한다. 乙庚合은 金으로 化한다. 丙辛合은 水로 化한다. 丁壬合은 木으로 化한다. 戊癸合은 火로 不化한다.	寅午戌 三合은 化火가 강하다. 亥卯未 三合은 化木이 약하다. 申子辰 三合은 化水가 강하다. 巳酉丑 三合은 化金이 강하다. 辰戌丑未는 俱全은 土가 강해 신의가 없다.

巳 月

화기성부化氣成否	삼합의 강약 분석
甲己合은 土로 化한다. 乙庚合은 金으로 化한다. 丙辛合은 水로 不化한다. 丁壬合은 木으로 不化한다. 戊癸合은 火로 化한다.	寅午戌 三合은 化火가 강하다. 亥卯未 三合은 化木이 약하다. 申子辰 三合은 化水가 약하다. 巳酉丑 三合은 化金이 강하다. 辰戌丑未는 火土重濁으로 강하나 쓸모없는 땅.

午 月

화기성부化氣成否	삼합의 강약 분석
甲己合은 土로 化한다. 乙庚合은 金으로 不化한다. 丙辛合은 水로 不化한다. 丁壬合은 木으로 不化한다. 戊癸合은 火로 化한다.	寅午戌 三合은 化火가 강하다. 亥卯未 三合은 化木이 약하다. 申子辰 三合은 化水가 약하다. 巳酉丑 三合은 化金이 약하다. 辰戌丑未는 火土重濁으로 강하나 쓸모없는 땅.

未 月

화기성부化氣成否	삼합의 강약 분석
甲己合은 土로 化한다. 乙庚合은 金으로 化한다. 丙辛合은 水로 不化한다. 丁壬合은 木으로 化한다. 戊癸合은 火로 化한다.	寅午戌 三合은 化火가 강하다. 亥卯未 三合은 化木이 약하다. 申子辰 三合은 化水가 약하다. 巳酉丑 三合은 化金이 강하다. 辰戌丑未는 化土가 강하다.

申 月

화기성부化氣成否	삼합의 강약 분석
甲己合은 土로 不化한다. 乙庚合은 金으로 化한다. 丙辛合은 水로 化한다. 丁壬合은 木으로 不化한다. 戊癸合은 火로 不化한다.	寅午戌 三合은 化火가 약하다. 亥卯未 三合은 化木이 약하다. 申子辰 三合은 化水가 강하고 귀하다. 巳酉丑 三合은 化金이 강하고 용맹하다. 辰戌丑未는 化土가 약하나 귀하다.

酉 月

화기성부化氣成否	삼합의 강약 분석
甲己合은 土로 不化한다. 乙庚合은 金으로 化한다. 丙辛合은 水로 化한다. 丁壬合은 木으로 不化한다. 戊癸合은 火로 不化한다.	寅午戌 三合은 化火가 약하다. 亥卯未 三合은 化木이 약하다. 申子辰 三合은 化水가 강하다. 巳酉丑 三合은 化金이 강하다. 辰戌丑未는 化土가 衰하여 약하다.

戌 月

화기성부化氣成否	삼합의 강약 분석
甲己合은 土로 化한다. 乙庚合은 金으로 化한다. 丙辛合은 水로 不化한다. 丁壬合은 木으로 不化한다. 戊癸合은 火로 化한다.	寅午戌 三合은 化火가 보통 강하다. 亥卯未 三合은 化木이 약하다. 申子辰 三合은 化水가 약하다. 巳酉丑 三合은 化金이 강하다. 辰戌丑未는 化土가 강하다.

亥 月

화기성부化氣成否	삼합의 강약 분석
甲己合은 土로 不變하고 木으로 化한다. 乙庚合은 金으로 不變하고 木으로 化한다. 丙辛合은 水로 化한다. 丁壬合은 木으로 化한다. 戊癸合은 火로 不變하고 水로 化한다.	寅午戌 三合은 化火가 약하다. 亥卯未 三合은 化木이 강하다. 申子辰 三合은 化水가 강하다. 巳酉丑 三合은 化金이 약하다. 辰戌丑未는 化土가 약하다.

子 月

화기성부化氣成否	삼합의 강약 분석
甲己合은 土로 不化한다. 乙庚合은 金으로 不化한다. 丙辛合은 水로 化한다. 丁壬合은 木으로 化한다. 戊癸合은 火로 不化하고 水로 化한다.	寅午戌 三合은 化火가 약하다. 亥卯未 三合은 化木이 강하다. 申子辰 三合은 化水가 강하다. 巳酉丑 三合은 化金이 약하다. 辰戌丑未는 化土가 약하다.

丑 月

화기성부化氣成否	삼합의 강약 분석
甲己合은 土로 化한다. 乙庚合은 金으로 化한다. 丙辛合은 水로 化한다. 丁壬合은 木으로 不化한다. 戊癸合은 火로 不化한다.	寅午戌 三合은 化火가 약하다. 亥卯未 三合은 化木이 약하다. 申子辰 三合은 化水가 강하다. 巳酉丑 三合은 化金이 약하다. 辰戌丑未는 化土가 강하다.

갑기합화토격甲己合化土格으로 성격이 되려면 연월이 염지炎地로 火土가 왕하면 성격되어 부귀공명한다. 甲己合이 寅卯月에 출생하면 파격破格이라 백사불성百事不成하니 평생 뜻을 펴지 못한다.
을경합화금격乙庚合化金格이 酉月에 출생하고 辰戌丑未가 생하면 명문가이다. 乙庚合이 巳午未月에 출생하면 파격이다. 염열炎熱하면 분주하나 소득이 없어 고생이 많다.
병신합화수격丙辛合化水格이 성격하고 申金이 있으면 문장이 뛰어난 영웅이다. 병신합화수격이 연월일에 水局이 되고 水가 왕하면 청격清格이다.
정임합화목격丁壬合化木格이 寅卯月이나 亥月 또는 亥卯未木局을 이루고 木이 투간하면 복이 있는 사주다. 정임합화목격丁壬合化木格이 연월일에 木局으로 성격하면 고관대작이다.
무계합화화격戊癸合化火格이 여름이나 寅午戌火局이면 고관대작으로 출세하는 사주다. 戊癸合이 水가 암장하면 상처나 파가하고 풍파가 많다.
甲日 또는 己日이 甲己合하고 辰戌丑未月에 출생하여 土가 대부분이고 庚金이나 乙木이 없으면 성격한다.
乙日 또는 庚日이 乙庚合하고 巳酉丑申月에 출생하여 金이 대부분이고 辛金이나 丙火가 없으면 성격한다.
丙日 또는 辛日이 丙辛合하고 申子辰亥月에 출생하여 水가 대부분이고 丁火나 壬水 또는 土가 없으면 성격한다.
丁日 또는 壬日이 丁壬合하고 亥卯未寅月에 출생하여 木이 대부분이고 戊土나 癸水와 金이 없으면 성격한다.
戊日 또는 癸日이 戊癸合하고 寅午戌巳月에 출생하여 火가 대부분이고 甲木이나 己土와 水가 없으면 성격한다.
化氣格은 干合이 1 : 1, 2 : 2로 合되고 化한 오행이 왕한 계절에 출생하여 화기가 충만하면 성격한다. 化氣格이 월령을 득하면 귀격이다.

화기격·갑기합화토격 | 목기신·수구신·토용신·화희신

己巳	甲辰	壬戌	戊辰	乾命

73	63	53	43	33	23	13	3	
庚午	己巳	戊辰	丁卯	丙寅	乙丑	甲子	癸亥	大運

戌月 甲木 일주가 금왕당절에 출생해 戊土司令인데 戊土 투간하고 土왕하니 신약하다.
甲木 일주가 時干己土와 합하여 사주의 대부분이 土로 구성되고 방해하는 木이 없어 갑기합화토격甲己合化土格으로 성격되었다. 土가 용신이고, 火가 희신이며, 木이

기신이 되고, 水가 구신이다.

초년 水木 대운에 고생을 많이 했으나 丑土 대운에 고위직에 오르게 되고 丙寅 대운과 丁卯 대운에 干支가 火 희신과 木 기신이 교차하니 기복이 많은데 戊辰 대운부터 태평한 운으로 잘살게 되는 사주다.

화기격·을경합화금격 | 금용신·토희신·화기신·목구신

乙		庚		乙		庚		乾
酉		辰		酉		申		命
77	67	57	47	37	27	17	7	
癸	壬	辛	庚	己	戊	丁	丙	大
巳	辰	卯	寅	丑	子	亥	戌	運

酉月 庚金 일주가 금왕당절에 출생하여 신왕하다.

庚金사령으로 乙庚合이 연좌하므로 양간부잡兩干不雜으로 귀격貴格이다.

을경합화금격乙庚合化金格으로 화기격化氣格이 성격成格되었다. 時干의 乙木과 干合하고 月干乙木은 年干의 庚金과 간합하여 2 : 2 쌍으로 干合이 되니 쟁합이나 투합도 아니다. 酉月 금왕당절金旺當節에 金氣가 만국滿局하니 화기격化氣格 중에 진격眞格이다.

金이 용신用神이고, 土가 희신喜神이며, 火가 기신忌神에, 木이 구신仇神이다.

亥子丑 대운에는 왕금旺金을 설기하니 吉하고 寅卯辰 대운에는 大凶하다.

화기격·을경합화금격 | 금용신·토희신·화병신·수약신·목기신

辛		乙		庚		戊		乾
巳		酉		申		子		命
74	64	54	44	34	24	14	4	
戊	丁	丙	乙	甲	癸	壬	辛	大
辰	卯	寅	丑	子	亥	戌	酉	運

申月 乙木 일주가 금왕당절에 출생하여 庚金사령인데 월상 庚金과 干合하고 乙木은 무근인데 庚金은 뿌리가 태왕하니 을경합화금격乙庚合化金格이 성격되었다. 시상 辛金이 化氣를 방해하나 시지 巳火에 앉아 사지가 되어 힘이 없고 巳中丙火와 丙辛合되니 화기격化氣格으로 다시 성격되었다.

乙木의 입장에서는 化氣를 따르니 종살격과 같다. 金 용신에 土 희신이며, 火 병신에 水 약신이며 木 기신이다.

초년初年 辛酉 대운은 길하여 좋은 집안에서 귀여움 받고 자랐으며, 壬水 대운은 왕금이 설기되니 좋아 공부 잘했고, 戌土 대운은 생금하니 길하여 좋은 대학에 들어갔다.

水 대운은 설기가 잘되어 길하다. 丙寅 대운에 용신의 절지와 火剋金하니 매우 나쁜 운이다.

화기격·병신합화수격 | 수용신·금희신

辛卯		丙子		辛卯		丙申		乾命
79	69	59	49	39	29	19	9	
己亥	戊戌	丁酉	丙申	乙未	甲午	癸巳	壬辰	大運

卯月 丙火 일주가 목왕당절에 출생, 甲木사령인데 연월, 일시에서 丙辛合으로 양간부잡兩干不雜에 귀격이다.
卯木 습목濕木이 있으나 辛金이 있고 申子水局이고 습목이라 木生火를 못 해 병신합화수격丙辛合化水格으로 성격된다.
卯月에 水氣가 죽으므로 실령하여 대격이 못 되니 金 대운에 木을 극하고 化氣인 水를 生하니 좋다.
丙火는 양陽중에 양陽이고 태양과 같으니 종從하지 않는데 辛金을 보면 종從을 잘한다.

丙과 辛 중에 한 자만 없어도 쟁합爭合이나 투합妬合이 되어 파격破格되므로 화기격化氣格이 불성한다. 甲午 대운과 丙丁·戊戌 대운이 나쁘다.

화기격·정임합화목격 | 목용신·수희신·금병신·화약신

甲辰		壬午		丁卯		己卯		乾命
78	68	58	48	38	28	18	8	
己未	庚申	辛酉	壬戌	癸亥	甲子	乙丑	丙寅	大運

卯月 壬水 일주가 목왕당절에 출생하여 木氣가 만국滿局하고 정화와 임수가 丁壬合化木으로 化하니 정임합화목격丁壬合化木格이 성격되었다.
지지에 木이 많고 천간에 甲이 투간되고 정임합하여 木으로 化하는 데 문제가 없다. 丁火가 午火에 根을 하여 방해가 될 것 같으나 辰土에 설기되고 습목濕木이 왕하여 生火가 안 되므로 病神 金이 오면 막아 주는 약신이니 대길하다.
己土가 壬水를 극하여 방해하려 하지만 卯木 병지에 좌하여 힘이 없으며 시상 甲木 근이 튼튼하여 木剋土하니 방해가 안 된다. 그러므로 정임합화목격丁壬合化木格이 성격되었다.
초년부터 중년까지 水木 대운으로 가니 좋은 가문에서 태어나 잘살았는데

辛酉·庚申 대운은 대흉하다.

화기격·무계합화화격 | 화용신·목희신·수병신·토약신

丁巳		戊午		癸巳		丙戌		乾命
73	63	53	43	33	23	13	3	
辛丑	庚子	己亥	戊戌	丁酉	丙申	乙未	甲午	大運

巳月 戊土 일주가 화왕당절에 출생하여 丙火사령이고 월지에 건록이 되고 인수가 중중하니 신왕하다.

사주원국에서 火氣가 만국하고 일간 戊土가 월간 癸水와 간합干合하여 무계합화화격戊癸合火化格으로 성격이 되었다. 火가 용신이고, 木이 희신이며, 水가 병신病神이고, 金이 구신이며, 土 약신이 있으니 병약상제病藥相制가 되어 貴한 사주다. 초년 午未 火 대운에 부모가 잘살아 명문대학을 다니게 되며, 별다른 어려움이 없이 잘살고 金水運에는 어렵게 살게 되는 사주다.

20 기명종재격 | 棄命從財格

일간이 無氣하고 재의 기반이 만국하면 기탁하는 운명이 되어 재성에게 종하여 복록이 잉태하는 것이다. 왕하게 재관대운으로 가면 부귀가 함께 온다. 일주의 뿌리가 되는 비겁이나 인수가 도우면 반대로 재앙이 온다.

보충설명

기명종재격棄命從財格은 종재격從財格에 해당한다. 격格이 파극破剋되거나 행운에서 재관財官 운이 끝나면 흉하다. 기명종재격棄命從財格이란 일간이 무근무기無根無氣하고 사주 대부분이 재성으로 구성이 되며, 편중된 오행을 따라가는 것이 기명종격棄命從格이다.

기명종격은 일간을 버리고 왕한 세력을 따르는 것이니 재성으로 왕하면 기명종재격, 관살이 대부분이면 기명종살격이라 한다. 기명종격도 순세하니 편중된 왕신旺神이 용신이 된다.

기명종재격은 식상·재성·관살 운이 길하고 처와 처가 덕이 많고 데릴사위가 되거나 여자로 인하여 치부致富한다. 이때는 비겁과 인성 운에 흉하다. 기명종살격棄命從殺格은 관살·재성·인성 운이 길하고 식상·비겁 운이 흉하며, 종살격은 권위의식이 강하고 관계官界에 나가면 높이 된다.

일간을 生하는 것이 없이 무근무기無根無氣하고 오행이 일방적으로 편중되고 잡기가 없으면 진종眞從이 되니 부귀공명하게 된다.

가종격假從格은 일간이 통근通根을 하였으나 충파冲破되어 뿌리가 뽑히거나, 비겁이나 인성이 있어 파극되어 깨지면 차라리 없는 것만 못하고 이때는 가종격으로 일생 동안 고개를 숙이고 살게 되고, 되는 일이 없게 된다.

다음과 같은 일주로 출생하여 충극冲剋이 없으면 기명종세棄命從勢하지 않는다.

甲寅일주	甲子일주	乙卯일주	乙亥일주	丙午일주	丙寅일주	丁巳일주	丁未일주	戊午일주	戊辰일주	戊戌일주	己未일주	己巳일주	己丑일주	庚申일주	庚辰일주	辛酉일주	辛丑일주	壬子일주	壬申일주	癸亥일주	癸酉일주

기명종재격 | 금용신·토희신·화병신·수약신

辛丑		丁酉		辛酉		癸酉		坤命
74	64	54	44	34	24	14	4	
己巳	戊辰	丁卯	丙寅	乙丑	甲子	癸亥	壬戌	大運

酉月 丁火 일주가 금왕당절에 출생하여 辛金사령에 辛金이 투출하고 辛酉金이 만국하니 종재격從財格이다.

시지 丑土는 酉丑金局이 되고 辛金이 투출해 金으로 化했고 일간 丁火가 완전 無根·無氣한데 연상에 癸水 편관이 투간하니 왕재旺財를 누출시켜 주고 병신病神인 火를 막아 주니 가히 아름답다.

초년 壬戌·癸亥 대운에 약신이면서 왕신을 설기하니 금지옥엽으로 귀염받으며 성장했다. 甲木 인성대운에는 구신仇神 운으로 일간을 생하게 되므로 질병으로 고생이 많았다. 子水 대운에 왕재旺財를 설기시켜 주어 운이 좋았다. 乙丑 운은 흉할 것 같으나 습목濕木이라 괜찮고, 丑土는 습濕하여 火를 설기하여 넘겼다.

丙火 운에 辛金이 합거시키고 癸水가 막아 주니 역시 무사했다. 寅木 대운에 金의 절지絕地운이고 生火하니 생활이 어려워지고 군재群財가 쟁인爭印하게 되어 나쁘다.

丁火 대운에 癸水가 반충反冲하니 무사히 넘어가고, 卯木 대운에는 습목이라 넘어가고, 戊土 대운에 癸水를 합으로 묶여 나쁘다.

辰土 대운에는 土生金하니 나쁘지 않고, 己土 대운에는 癸水 약신을 극하여 나쁠 것 같으나 辛金 재성이 있어 나쁘지 않다.

기명종살격 | 금용신·토희신·화병신·목구신·수약신

辛未		甲申		乙酉		庚申		乾命
80	70	60	50	40	30	20	10	
癸巳	壬辰	辛卯	庚寅	己丑	戊子	丁亥	丙戌	大運

酉月 甲木 일주가 금왕당절에 출생하여 庚金사령으로 관살이 중중하고 인수와 비겁이 약해 신약하다.

甲木 일주가 金氣가 편중되고 천간에 투출하여 종살격으로 기명종살격棄命從殺格이다. 월간 乙木은 乙庚合이 되었고 時支 未中乙木에 통근하려고 하나 金氣에 의해 뿌리가 뽑혀서 통근도 못 한다.

申金 절지에 앉은 甲木이 申中壬水에 절처봉생絕處逢生하려고 하나, 金氣가 중중하여 금다수탁金多水濁으로 녹물이 되므로 水生木이 불가하여 태왕한 金氣 관살에 종하니 기명종살격棄命從殺格이다.

초년 亥子丑 대운에 金氣왕신이 설기되어 좋은 가정에서 태어나 잘살다가 寅卯辰 木 대운은 용신의 절지 운이라 고생하는 운이다.

21 정란차격 | 井欄叉格

庚金 일주가 申子辰水局으로 구전俱全하면 정란차격井欄叉格인데 관성官星을 제하여 사주에 火가 전무해야 귀격을 성격하는 것이다. 破하여 움직이게 되면 화禍가 그물에 걸리듯이 따르게 된다.

庚金 일주가 원국에 申子辰水局을 구전하고 있는 것을 기뻐하는데 貴神(財·官·印)을 불러와 名田(백성이 소유한 전답)이 정란井欄인데, 丙丁巳午를 만나지 말아야 하며, 申子辰水局이 모두 있음이 아름답다.

庚金 일주가 만약에 申時라면 귀록격貴祿格이요 丙子時라면 관살이 가임된 것이므로 申子辰水局이 寅午戌火局을 冲으로 불러오는데 만약에 운에서 오면 전실塡實되어 녹祿을 가져오지 못하므로 넉넉하지 못하다.

정란차격은 운이 東方으로 오는 것을 기뻐하고, 재운에 도달하면 진실로 부귀를 얻는데, 丙丁巳午火를 세운에서 만나면 파재破財하여 녹祿이 오래가지 못한다. 庚金 일주가 윤하潤下 亥子丑 방국을 만나 巳午 중에 한 자라도 있어서 서로 상함이 두렵고, 시령時令(月令)에 申이나 子를 만난다면 복이 반감하니 공명이 오래가지 못한다.

보충설명

정란차격井欄叉格은 庚申·庚子·庚辰日에 출생하여 사주에 申子辰 세 자가 모두 있으면 정란차격이 구성된다.

정란차격은 재관인財官印이 없어서 申子辰水局이 허충虛冲으로 寅午戌을 불러와 용신으로 쓰는 것이다. 즉, 寅을 재를 삼고 午로 관을 삼으며 戌을 인수를 삼는바 삼기三奇인 재관인財官印을 모두 쓰는 것이 된다.

사주 중에 寅·午·戌·巳·丙·丁 중에 한 자라도 있어도 흉하고, 시지時支에 申子 중에 한 자라도 있으면 꺼리는 것이다. 子時생이면 丙子時가 되니 시상일위귀격時上一位貴格이며, 申時생이면 甲申時가 되니 시상편재격時上偏財格이나 아니면 귀록격歸祿格이 된다. 고로 子時나 申時에 출생하면 복이 감소되는 것이다. 사주에 壬癸水가 있으면 관살을 破할 뿐만 아니라 식상이 많아 신약해지므로 꺼리는 것이다.

관살인 火가 柱中에 있으면 전실塡實이 되어 흉하고, 子月생이 午火가 있어 충파冲破되면 형벌을 받게 되며, 관살년에 실록하고 破財하면 곤고하게 된다. 오직 甲乙卯 재운에 부귀하며 木水金 운이 길하고 火土 운이 흉하다. 柱中에 三庚이 있으면 기귀奇貴함이 있게 된다.

정란차격파격 | 화용신·목희신·수병신·토약신

丙子		庚申		庚辰		庚申		乾命
76	66	56	46	36	26	16	6	
戊子	丁亥	丙戌	乙酉	甲申	癸未	壬午	辛巳	大運

辰月 庚金 일주가 목왕당절에 출생하여 申子辰三合으로 구전俱全하니 정란차격인 것 같으나 申金을 중견重見하여 파격이다. 三庚이 있어 아름다우나 시상 丙火관성이 있고 申金이 중견重見하니 귀격貴格이 전실塡實되어 감복減福이 된다.

본명本命은 시상일위귀격時上一位貴格이고 식상용관격食傷用官格도 되니 火가 용신이고, 木이 희신이다. 초년 巳午未火운에 다복한 가정에서 태어나서 총애를 받고, 총명하여 대학을 우수한 성적으로 졸업하고 행정고시에 합격하여 고급공무원으로 출발하여 길한데, 癸水 식상대운에 관성을 극하므로 공익요원으로 군복무를 대신하게 된다.

원국에서 상관견관傷官見官하게 되거나 운에서 상관견관傷官見官하게 되면 군복무를 공익요원으로 대체하게 된다. 未土 대운에 약신 대운이라 발복하게 되고, 甲木 대운은 희신운이라 좋고, 申酉 대운은 감복減福이 되는 운이며 丙戌 대운은 고위직高位職에 오르게 되는 사주다.

정란차격파격·가식상격 | 수용신·금희신·토병신·목약신

庚辰		庚辰		庚申		戊子		乾命
75	65	55	45	35	25	15	5	
戊辰	丁卯	丙寅	乙丑	甲子	癸亥	壬戌	辛酉	大運

申月 庚金 일주가 금왕당절에 출생해, 申子辰三合이 구전俱全하고, 三庚이 투간되므로 정란차격으로 성격되어 아름다우나 辰土가 중견重見하여 破格으로 감복減福한다.

사주가 가식상격假食傷格에 申子辰水局으로 설기가 잘돼 호설정영으로 용신이 쓸 만하다. 水가 용신이고 金이 희신이며, 土가 병신病神이고, 火가 구신인데 木이 약신이라 水金木 대운이 길하고 火土 대운이 흉하다. 평생 운이 길하다.

22 구진득위격 | 句陳得位格

戊己 일간이 자좌自坐에 재국財局이나 관국官局이면 이름하여 구진득위句陳得位라고 보는데, 만약에 財局이 있으면 직위에 상서로운 기운이 있으니 사주 원국에서 만나면 조정의 반열에 서게 된다.

구진득위격句陳得位格이 재관이 회합會合되고 무파無破 무충無冲이면 반드시 편안한 사람이 되고, 申子辰 水局과 亥卯未 木局이면 본받을 만한 관직으로 옥패玉佩와 금방울을 띠에 차고 궁전 출입을 하게 된다. 戊己 일주가 구진득위격을 得하고 格局이 청淸하면 재관의 만남을 가려서 쓰고, 가령 세운에서 무파無破 무충無冲하면 부귀쌍전富貴雙全하고 태평함을 누리게 된다.

보충설명

戊申·戊子·戊辰·戊寅日生이 申子辰 水局을 갖추거나 또는 己亥·己卯·己未日生이 亥卯未를 갖추면 구진득위격句陳得位格으로 성격이 된다. 즉, 戊土는 財局을 보는 것이요, 己土는 官局을 보는 격이다.

구진득위격은 신약에 재왕財旺하여 종재從財가 되거나 관살官殺이 왕하여 종살從殺을 기뻐하고 가장 꺼리는 것으로는 刑·沖·破이고, 재국財局일 때 겁재劫財가 있는 것과, 관국官局일 때 식상이 있는 것을 꺼리며, 종살격從殺格이 아닐 때 살왕殺旺함을 크게 꺼린다.

관격官格을 이루거나 종살격從殺格이 되면 귀貴하고, 재격財格을 이루거나 종재격從財格이 되면 부富하다.

구진득위격·인수용관격·편인격 | 토기신·화구신·목용신·수희신

戊辰		己亥		丁未		丁卯		乾命
79	69	59	49	39	29	19	9	
己亥	庚子	辛丑	壬寅	癸卯	甲辰	乙巳	丙午	大運

未月 己土 일주가 화왕당절에 출생해 亥卯未 三合으로 財局을 갖추었으니 구진득위격句陳得位格이 성격되었다.

火旺當節에 未中丁火 편인이 투출하니 편인격도 된다.

화왕당절에 丁火가 年月干에 투출하고 亥卯未 木局이 生火를 하며, 비겁이 많으니 신왕하다. 土 기신에 火 구신이고, 木 용신이며 水 희신이다.

또한 인수용관격印綬用官格이 되었는데 金 식상食傷이 없으니 木 관성官星이 상하지 않아 아름답다. 寅卯辰 亥子丑 운에 부귀를 누리게 된다.

구진득위격·종살격 | 목용신·수희신·토기신·화구신

乙卯		戊辰		甲寅		癸亥		乾命
77	67	57	47	37	27	17	7	
丙午	丁未	戊申	己酉	庚戌	辛亥	壬子	癸丑	大運

寅月 戊土 일주가 목왕당절에 출생하여 戊辰日이 寅卯辰 方局으로 구전俱全하므로 구진득위격句陳得位格이 되었다.

寅中甲木이 투출하고 寅卯辰 方局과 亥卯木局과 시상 乙木

이 合勢하니 구진득위격과 종살격從殺格이 되었다.

戊辰 일주가 자좌自坐에 동기同氣가 있으므로 從하는 데 어려움이 있으나, 寅卯辰 方局이 이루어지고 甲乙木이 투간되어 관살이 편중偏重되니 부득이 종을 하되 가종격假從格이 된다.

종살격으로 木이 용신이고 水가 희신이며, 土가 기신이고 火가 구신이며, 金은 한신이나 운에서 오면 용신의 병이 된다.

23 현무당권격 | 玄武當權格

현무당권玄武當權이 묘격妙格에 임격入格이 되려면 壬癸 일간이 일지와 재국財局으로 이루어지거나, 관성官星이 중요한 자리에 거居하여 파破가 없으면 마땅히 크게 쓰일 인물이다.

壬癸水의 이름이 현무신玄武神이라 부르니 재관財官이 있을 때 진격眞格이 되고, 사주원국에 충파冲破가 없으면 마땅히 청귀淸貴하여 황가皇家에서 보좌補佐하게 되는 한 사람의 늙은 신하가 될 것이다.

보충설명

壬水 일주가 寅午戌 또는 辰戌丑未가 구전俱全하거나 癸水 일주가 辰戌丑未가 구전俱全하면 현무당권격玄武當權格이 성격이 된다.

壬癸 일주가 지지에서 재국財局이나 관국官局을 이루고 신왕하고 충파冲破됨이 없음을 기뻐한다.

壬癸 일주가 월령月令에 통근通根하여 신왕身旺함을 또한 기뻐한다. 그렇지 않으면 도리어 종재從財나 종살從殺을 기뻐한다. 크게 꺼리는 것은 신약身弱하면서 충파冲破가 있는 것이다.

현무당권격玄武當權格이 신왕身旺사주에 冲破가 없으면 대귀大貴하게 된다. 본격이 성격이 되고 종재從財가 되거나 종살從殺이 되면 궁전宮殿에 출입하고 나라의 큰 일꾼이 되어 부귀가 따르게 된다.

현무당권격·귀록격 | 수용신·금희신·화기신·토병신·목약신

辛 亥	壬 寅	壬 午	庚 戌	乾 命

71	61	51	41	31	21	11	1	
庚 寅	己 丑	戊 子	丁 亥	丙 戌	乙 酉	甲 申	癸 未	大 運

午月 壬水 일주가 화왕당절에 출생하여 丁火司令인데 寅午戌 火局으로 구전하니 현무당권격玄武當權格이다.
時支에 亥水가 있어서 귀록격貴祿格이 되어 壬水 용신이 되며, 財局을 이루어 재다신약財多身弱하니 비견 壬水가 용신이다. 火가 기신이며, 水가 용신이고, 金이 희신이며, 土가 병신病神이고, 木이 약신藥神이다.
대운이 申酉戌 金運과 亥子丑 水運으로 흐르니 일생이 대길하다. 그러나 子 대운에 午火를 冲하면 왕신충발旺神衝發하니 질병으로 고생한다. 사주에 寅木이 있어 통관이 되므로 죽지는 않는다.

현무당권격·식신제살격 | 목용신·수희신·금병신·화약신

甲 辰	壬 戌	丙 戌	庚 戌	乾 命

80	70	60	50	40	30	20	10	
甲 午	癸 巳	壬 辰	辛 卯	庚 寅	己 丑	戊 子	丁 亥	大 運

戌月 壬水 일주가 금왕당절에 출생하여, 지지에 관살官殺로만 구성되어 있으므로 현무당권격玄武當權格이 분명하다.
辛金사령이며 年干에 金인성이 일간을 생하고 3개 戌中辛金은 1개의 金역할을 하고, 12운성으로 壬水의 관대冠帶 월이라 약하지 않다.
土旺하니 土가 이 사주의 기신이라 甲木으로 소토疎土하는 것이 급선무다. 미약하나 甲木이 辰土에 착근着根하여 소토疎土하여 주니 용신이고, 水가 희신이 되고, 庚金은 용신의 병病이고, 丙火는 약신이다.
대운이 水木 대운으로 향해 용신·희신·약신 운으로 이어져 좋은 가문에서 태어나 공부를 잘하여 좋았으나, 己丑 대운에는 용신이 甲己合으로 묶이고, 丑辰破 丑戌刑하니, 일이 안 풀리는 까닭에 스트레스를 받아 위장병으로 고생하였다.
庚金 대운 또한 용신을 극하여 나쁘나, 원국에 약신藥神인 丙火가 반충反冲하니 어려움 없이 지내다가 그 이후부터 대성할 사주다. 壬水 일주가 辰戌丑未月에 출생하여 인성이 투간하고 甲木이 용신이면 명필가名筆家가 된다.

24 복덕격 | 福德格

陰木 일주가 巳酉丑 金局을 보고 未月生이면 탄식하며 살게 되고 관록을 얻는다고 하여도 장구長久하기가 어렵고, 비록 문장력이 뛰어나다고 하여도 자랑할 바가 못 된다.

陰火 일주가 巳酉丑 金局을 만나고 丑月生이면 수명壽命이 장수하기 어렵고, 또한 명리名利에 성패가 많게 되며, 충파冲破되면 황음荒淫으로 재물을 소모하고 창성하지 못한다.

陰土 일주가 巳酉丑 金局을 보면, 복덕격福德格이라 이름 하는데 비휴貔貅, 즉 사나운 맹수와 같이 용맹스런 무사와 같다. 火가 와서 극을 하면 아름답지 못하며 명리名利를 일찍부터 이루지 못한다.

陰金 일주가 巳酉丑 金局을 보면 앞길이 유망有望하고, 조화되면 선명하게 뛰어나 명리名利가 발전한다. 사주에 火가 들어와 파극破剋한다면 모름지기 명名과 이利 둘 다 이루지 못한다.

辛金 일주가 巳酉丑 金局을 좌하면 운이 휴수가 되더라도 두렵지 않으며, 편관이 生時에 있으면 발복하여 공명이 평보로 영주산정瀛洲山頂(瀛洲 : 중국의 진시황과 한 무제가 불로초를 구하러 사신을 보냈다는 해동에 신선들이 있는 산)에 오른다.

癸巳 癸酉 癸丑이 巳酉丑 金局을 이루고 月令에서 木이 임하면 명리名利가 더디며, 업무마다 공허空虛하여 살아가면서 부귀와 희망을 이루기 어렵고 고생이 홀연히 일어나는 것을 패하고 나서야 비로소 알게 된다.

복덕격福德格은 春月 丁壬合, 夏月 甲己合이나 戊癸合을 기뻐하는데, 추절秋節의 乙庚合과 丙辛合은 묘격妙格이 되는 것이니, 이와 같이 만나게 되면 길상사吉祥事가 있어 참으로 아름답다.

보충설명

특수 외격은 용신이 되므로 양포태법을 적용한다.

乙木 일주가 未月에 생하면 묘墓가 되니 슬픈 일이 생기고, 酉月에 생하면 살중신약殺重身弱해 관록官祿이 오래 못 가고 단명短命하다.
丁火 일주가 酉月에 출생하고 巳酉丑 金局을 이루고 충파冲破되면 패함

이 많고 심한 음행淫行으로 단명하다.

丁火 일주가 子月에 출생하여 재관財官이 왕旺하면 재물財物을 파破하고 명리名利에 패가 많으며 황음荒淫하게 된다.

己土 일주가 丙丁火가 있고 지지에 寅午戌 火局이 있으면 인성이 불필요한데 식상을 파破하면 명리名利는 공허하다. 즉, 火가 있으면 백사百事에 근심이 따르는데, 그러나 재운을 만나면 발복한다.

辛金 일주가 辰月에 출생하여 寅午戌 火局의 태왕한 火官을 보면 파격이 되어 빈궁貧窮하며 재화災禍가 많이 따른다. 火官이 일주를 剋하면 예술계나 종교계에서 종사하게 된다. 火가 왕하고 일주가 신왕하고 천을귀인인 寅을 보면 대길하다.

癸水 일주가 巳月에 출생하면 공명功名에 패가 많아서 영화롭지 못하며, 의심이 많고 주색酒色으로 가산을 탕진한다.

춘절에 生한 丁壬合化를 기뻐하고, 하절에 生한 甲己合化와 戊癸合化를 좋아하며, 추절에 生한 乙庚合化와 丙辛合化를 기뻐한다.

복덕격·화기격·종살격 | 금용신·토희신·화병신·목구신·수약신

庚辰	乙酉	辛丑	辛巳	乾命

79	69	59	49	39	29	19	9	
癸巳	甲午	乙未	丙申	丁酉	戊戌	己亥	庚子	大運

丑月 乙木 일주가 수왕당절에 출생하여 己土사령인데 巳酉丑 金局으로 구전俱全하니 복덕격福德格, 화기격化氣格, 종살격從殺格도 되었다.

金이 용신이고 土가 희신이며, 火가 기신이고 木이 구신이다. 水運은 왕한 金氣를 설기시키고 병신病神인 火를 剋하니 약신으로 대길하다.

초년부터 58세까지 운로가 金水運으로 흐르니 일찍부터 외국에 유학하여 공학박사가 됐다.

말년 火 대운에는 용신用神의 병운病運으로 흐르니 질병으로 고생하게 되고, 乙木 대운에는 乙庚合으로 혼잡된 관살이 합관유살合官留殺이 되니 나쁘지 않고, 未土 대운은 丑未冲으로 합국合局이 깨져 나쁘고, 甲午 대운에는 상관견관傷官見官으로 용신을 극하니 질병으로 죽게 된다.

복덕격·종아격 | 금용신·토희신·화병신·목구신·수약신

乙 丑		己 巳		辛 酉		戊 申		乾 命
79	69	59	49	39	29	19	9	
己 巳	戊 辰	丁 卯	丙 寅	乙 丑	甲 子	癸 亥	壬 戌	大 運

酉月 己土 일주가 금왕당절에 출생해, 庚金사령인데 金局에 辛金이 투출되었으니 복덕격福德格과 金氣가 만국하니 金勢를 따르는 종아격從兒格도 된다.

時上 乙木이 있으나 無根하고 왕금에 제극制剋당하여 무난하다. 金이 용신이고 土가 희신이며, 火가 용신의 병病이고 木이 구신이며, 水가 약신이다. 水運은 편중된 金을 설기하면서 병病을 제거하는 약신이 되니 吉하다.

亥子丑 대운에 많은 재산을 모았으나 丙寅 대운 壬寅年에 금용신金用神이 절絕이 되고 인사신삼형寅巳申三刑이 되어 파산破産하고 질병으로 사망했다.

25 귀록격 | 歸祿格

귀록격歸祿格이 재財를 만나면 명리名利가 갖추어지는데 干上에 재성財星이 투간되는 것을 꺼리지 않으며, 신강하고 무파無破되면 평생 좋은데, 크게 두려워하는 것은 비견이 또 와서 재성을 형刑하는 것이다.

일록日祿은 시時에 왕旺함을 요하는데, 식신을 만남을 기뻐하고 형충刑冲을 두려워하며, 관官을 상傷하는 식상과 재를 상하는 비겁을 싫어하니 재물이 부富하지 못하면 재는 생관生官하지 못하므로 관직이 높지 못하다.

일록귀시격日祿歸時格은 甲木 일주에 寅時를 말하는데, 관성을 두려워하고 살성殺星을 싫어하며 신강身强함을 기뻐한다. 만약 비견比肩을 보고 겁재劫財와 각각 녹祿을 하거나 형충파해刑冲破害를 하면 다시 어려움을 당한다.

귀록격歸祿格이 時에 임하면 청운靑雲의 길을 얻는데, 평범한 명에서 장차 갑자기 귀貴하게 되는바, 사주에 冲함이 官에 이르지 않으면 소년에 평보平步로 조정의 중직을 맡는다.

보충설명

귀록격은 일간 祿이 時支에 있는 것을 말한다. 귀록격은 신왕하고 식상이 호설好泄함을 기뻐한다. 꺼리는 것은 귀록을 刑沖하는 것이고 신왕하면 비겁을 꺼리며, 신약하면 관살官殺을 꺼리며, 녹지祿地는 合을 꺼린다.
귀록격이 충파 없이 신왕하면 한평생 길한데, 만약에 녹祿을 刑沖하여 일주 뿌리가 제거되면 대흉하고, 연·월 천간에서 비겁이 녹과 합세하여 재성을 충극沖剋하면 흉한 것이다. 식상이 생재할 때 비겁을 만나 재를 극하면 재가 관을 生하지 못하게 되므로 귀가 없게 되니 흉하게 된다.
귀록격이 신왕身旺·재왕財旺하면 명리쌍전名利雙全한다. 이때는 신왕하여 재가 투간하여도 꺼리지 않는다.

비겁이 많아 신왕하여 식상을 쓸 때	귀록용식상격
인성은 없고 비겁이 많아 신왕할 때 재를 쓰면	귀록용재격
식상태왕이거나 또는 재다신약일 때 록을 쓰면	귀록용록격

귀록격·삼기성상격 | 수기신·금구신·화용신·목희신·토약신

丙午		丁未		甲戌		甲午		乾命
77	67	57	47	37	27	17	7	
壬午	辛巳	庚辰	己卯	戊寅	丁丑	丙子	乙亥	大運

戌月 丁火 일주가 금왕당절에 출생하여 午戌 火局에 丙火가 투출되고 甲木이 木生火하므로 약변위강弱變爲强하다.
月令에 格이 不成하니 일주가 時支 午火에 녹해 귀록격으로 성격하고, 年支에 세록歲祿을 겸하여 더욱 귀기貴奇하고 官이 없고 식상이 있어 순수한 격으로 가히 아름답다.
年·月干에서 두 개의 甲木이 식상을 극해 불미하여 보이나 甲木이 뿌리가 없어 사목死木으로 土를 剋을 못하고 生火하여 더욱 좋아지니 貴하게 된 사주다.
이 사주는 木火土 상생을 하는 삼상격三象格 또는 삼기성상격三氣成象格으로 성격되어 貴하게 되는 命이다.

귀록격 | 화기신·수용신·금희신·토병신·목약신

丙寅	甲子	癸巳	丙午	乾命

76	66	56	46	36	26	16	6	
辛丑	庚子	己亥	戊戌	丁酉	丙申	乙未	甲午	大運

巳月 甲木 일주가 화왕당절에 출생해 丙火사령인데 月令에서 丙火가 투출하니 食神格으로 성격은 되었으나 4개의 火에 泄氣가 심하므로 신약한데, 時에 록을 하니 귀록격貴祿格이다. 사주가 염열炎熱하여 火가 기신이니 月干 癸水가 일지 子水에 뿌리내려 조후하니 인수가 용신이다. 金이 희신이며, 土가 병신이고, 木이 약신이다. 30대 초반부터 金水 대운으로 흘러 발복하여 크게 된 사주다. 진상관격이 관살운을 만나면 대흉하다고 하였으나, 이 사주는 인성이 간지에 있으면서 용신이라 관성 희신이 되므로 관성 대운에 길한 것이다.

26 합록격 | 合祿格

戊土 일주가 시상에 庚申 金을 만난 것인데, 관성과 인성이 없고 가을과 겨울에 출생하면 貴命이다. 甲·丙·寅·卯와 아울러서 巳火는 싫어하는데, 사주나 세운에서 관을 만나도 함께 두려운 것이다.

癸水 일주가 庚申시가 되고 추·동절에 출생했다면 부귀겸전富貴兼全이 되며, 寅이 와서 수기를 상함을 크게 꺼리는 것이고, 만약에 운에서 춘·하절을 만난다면 재앙이 계속 이어지게 된다.

癸日生이 庚申을 만난 때는 印이 巳申合으로 관을 불러오는 것이므로 관을 만나거나 아울러 양화陽火를 만나지 않으면 명예가 높아져 자색궁궐紫色宮闕에서 황제에게 경배를 드린다.

무토戊土 일주에 申時는 식신이 귀기貴奇한데, 오직 추·동월秋·冬月을 기뻐해 복록福祿이 있게 됨이 마땅하다. 甲·丙·寅·卯 자가 극해 오면 합록合祿을 만나려고 해도 만나지 못하며, 이별 등으로 고독한 사람이다.

식신食神이 유기有氣하고 극형剋刑됨이 없으면 사주 가운데 재관財官보다도 수승함이 있는 것으로 관인官印이 다시 서로 협조를 해오면 소년에 등과하여 금방울을 가진 황제에게 절을 하게 된다.

보충설명

합록合祿은 일간日干의 건록建祿에 합되는 자를 말하는 것이 아니고 정관正官의 녹祿을 시지가 합으로 불러와서 쓰는 것을 말한다.

합록은 戊日 申時와 癸日 申時로 구성한다. 戊癸日 申時는 庚申時인데 합으로 巳火를 불러오니 戊 일주의 건록이 되고, 癸日 庚申時는 巳火를 합으로 불러와 巳火 속에 戊土를 정관으로 쓰는데 정관의 건록이 된다.

戊 일주나 癸 일주의 합록격合祿格이 추·동월을 기뻐함은 추월에는 申金의 왕한 계절이요, 동월은 水旺이라 申金을 충극하는 丙火를 방어해 주는 계절이므로 기뻐하는 것이다.

춘·하월春·夏月을 꺼리는 것은 춘월春月은 木旺이라 申金의 絕地요, 하월夏月은 火旺이라 申金이 극상剋傷되는 월이 되므로 꺼리는 것이다.

戊日 申時 합록격이 사주원국에 甲乙寅卯를 보면 관살官殺이라 전실塡實되므로 꺼리고, 丙火는 합록하는 庚申金을 충극하므로 꺼린다.

癸日 申時 합록격은 戊己를 보면 관살官殺이라 전실塡實이 되니 꺼리고, 丙火는 庚申金을 충극하며, 寅木은 申金을 형충하고, 巳火는 형살刑殺이 되고 전실塡實되므로 다 꺼리는 것이다.

이와 같은 희신·기신 관계는 운에서도 작용된다. 戊日 합록격이 추·동월秋·冬月에 출생하여 官印이 없으면 귀명貴命이 된다.

戊日 癸日 합록격이 춘·하월春·夏月에 출생하고, 寅木이 申時를 刑沖하게 되면 재난이 끊이지 않고 계속 일어난다.

癸日에 刑合으로 申金 인수와 합하여 官印相生되면 일찍 출세한다.

합록격·식상용재격 | 수용신·금희신·토병신·목약신

庚	戊	己	壬	乾
申	午	酉	午	命

77	67	57	47	37	27	17	7	
丁	丙	乙	甲	癸	壬	辛	庚	大
巳	辰	卯	寅	丑	子	亥	戌	運

酉月 戊土 일주가 금왕당절에 출생, 庚金사령인데 庚申時에 태어나고 甲乙寅卯丙巳가 없어 합록격이 성격이 된 것 같으나 土金食傷格이 午火인수가 申을 극해 파격인데, 年干 壬水가 午火를 剋해 재성격되었고, 壬水財星이 透干하여 食傷用財格이 되었다.

壬水 용신에 金이 희신이며, 土가 용신의 병病이며, 木이 약신이다. 대운이 초년부터 용신과 약신 운으로 향하니 평생 부귀영화를 누리게 될 사주다.

합록격 파격 | 화용신·목희신·수병신·금구신·토약신

庚申		癸亥		乙亥		甲寅		坤命
74	64	54	44	34	24	14	4	
丁卯	戊辰	己巳	庚午	辛未	壬申	癸酉	甲戌	大運

亥月 癸水 일주가 수왕당절에 출생해 甲木사령인데 庚申時로 합록격으로 성격되었고 동절이 되어 기뻐한다.

寅木이 申金을 冲하여 巳火를 불러오지 못해 巳中戊土 관성을 못 쓰게 되니 파격이 되어 탁하다. 사주가 金水가 많아 한랭해 조후와 제습이 급선무라 火가 용신, 木이 희신이며, 水가 병신病神에, 金이 구신이며, 土가 약신藥神이다.

癸水 일주가 득령·득지·득세得令·得地·得勢하여 용신이 미약하고 水가 旺하니 천격이다. 초년 대운부터 한습寒濕하니 가정형편이 어려워 어린 나이부터 술집에서 접대부 생활을 하던 여자이다. 원국에 비겁이 왕한 사주가 재용신財用神인데 중년부터 재운이 오나 원국에 용신이 약하니 군겁쟁재群劫爭財로 파란곡절波瀾曲折이 예상되는 사주다.

27 형합격 | 刑合格

사주 원국에 간합지형干合支刑이 되면 도삽도화倒揷桃花라고 한다. 심한 주색酒色으로 몸을 상하게 되고, 만약 羊刃이 임하거나 아울러 칠살七殺이 있으면 반드시 길거리에서 황천객이 될 것이 틀림없다.

癸日生 즉 癸丑·癸巳·癸未 일주가 甲寅時면 형합격刑合格이 된 것 같지만 전실塡實되어 진형합격眞刑合格이 아니며, 만약 월령月令에 亥子가 자리하고 있다면 도삽도화와 식상격이 되기 쉬우므로 깊이 살펴야 한다.

癸日生이 형합격刑合格에는 癸卯, 癸酉, 癸亥일생이 甲寅時로 구성되는데 제일 싫어하는 것은 사주에 관성官星이 있는 것이요, 만약에 戊己庚申字가 없다면 장년에 조정에 드나들게 되니 영화로운 명이다.

다만 癸일주를 구하는 것은 甲寅時인데 관성을 형刑하면 귀하게 됨을 알게 되고 庚金이 甲木을 상해傷害함을 기뻐하지 않으며 寅申冲이 되면 근심과 재액이 있는 것이다.

癸일주 寅時가 형합격刑合格인데 반드시 찬란하게 빛이 나는 것이다. 관성이나 칠살은 만나지 말아야 하는데 다시 甲庚己가 있으면 재액이 따른다.

사주에 만약 酉丑字가 있으면 巳火를 불러오니 우연히 만난 사람이 영웅호걸인데 나에게 명예와 이익을 주는 사람이 된다. 대운과 세운을 상세히 살펴서 영고성쇠를 결정하는 것이니 이것은 연해자평의 참된 법칙이다.

보충설명

刑合格은 癸卯·癸酉·癸亥 日生이 甲寅時로 구성되는데 형합격刑合格은 진격眞格으로 부귀富貴하다. 寅이 巳를 형출刑出하여 巳中戊土 정관正官을 癸水가 합래合來하여 쓰는 것이다. 癸丑·癸巳·癸未일생의 형합격刑合格은 파격으로 관성이 전실塡實되어 귀하지 않다.

癸日生 형합격刑合格은 신왕해야 하는데 酉丑 만남을 기뻐하고 酉丑은 관인상생官印相生하여 吉하고, 戊己巳와 庚申이 있으면 관성이 전실塡實되어 꺼리고 없으면 격이 순수하여 귀격이 되어 관인상생하면 우연히 만나는 사람들마다 영웅호걸로서 명리名利를 가져다주는 사람들이다.

형합격은 관성이 있거나 庚申을 만나면 寅申冲해 파격이 되면 재액을 당한다. 형합격은 주로 주색으로 몸을 상하는데 만약에 양인과 칠살이 같이 있으면 노상에서 비명횡사한다.

형합격파격·종아격 | 목용신·수희신·금병신·화약신

甲寅		癸巳		甲寅		癸卯		乾命
75	65	55	45	35	25	15	5	
丙午	丁未	戊申	己酉	庚戌	辛亥	壬子	癸丑	大運

寅月 癸水 일주가 목왕당절에 출생, 甲木사령인데 寅卯木에 甲木이 뿌리 내리고 투출하여 신약하다.

癸巳 일주가 甲寅時에 출생하여 일지에 巳가 있어 파격破格이다. 木旺하니 종아격從兒格이 되고, 운로가 불리하니 일찍부터 되는 일이 없다. 癸巳 일주에 寅時生은 교통사고를 주의해야 하며, 주색을 삼가야 하

므로 巳가 재인데 재로 인해서 파격이 되었고, 형살刑殺도 되었으니 여자를 멀리해야 한다. 庚戌 대운에 애인과 같이 놀이를 갔다가 오는 길에 버스가 굴러 황천객이 되어버린 사주다.

형합격 | 목기신·수용신·금희신

甲寅		癸卯		癸卯		丁亥		乾命
77	67	57	47	37	27	17	7	
乙未	丙申	丁酉	戊戌	己亥	庚子	辛丑	壬寅	大運

卯月 癸水 일주가 목왕당절에 출생해 乙木사령인데 甲木이 투출되어 신약한 사주다.

寅時에 태어나고 사주 원국에 戊己庚申巳 자가 사주에 한 자도 없으므로 형합격刑合格으로 순수하게 귀격으로 성격되었다. 수목상관격水木傷官格으로도 성격되었으나 식상이 혼잡混雜되어 木이 기신이며, 비겁을 用하니 水가 용신이며, 金이 희신이다. 庚申은 甲寅時를 冲破하므로 꺼린다.

대운이 길하니 일찍 관계官界에 진출하여 벼슬이 높아져 부귀영화를 누리게 되는 사주다.

28 금신격 | 金神格

甲午 일주가 시상에 金神을 보면 살인상생殺印相生해야 진귀인眞貴人이 된다. 火木이 甲木을 만나면 재록이 발복이 되는데, 甲木이 金水를 같이 만나게 되면 반드시 몸을 상하게 된다.

금신격金神格이 火를 만나면 귀격貴格임을 의심할 것이 없고, 金水가 있게 되면 재앙이 있게 된다. 대운이 火대운에 이르러서 발달하는 일이 많으니 관록이 높고 가문이 부귀가 함께 한다.

시상에서 금신金神을 만나면 귀기貴奇가 많은데, 이때 양인 비겁을 만나서 중화를 얻으면 길하고, 만약에 수운을 만나면 가난과 질병이 있게 되며, 火로 제한다면 명예도 높고 벼슬도 높게 된다.

癸酉나 己巳와 乙丑을 시상에서 만나면 이것을 복신이라 하는데, 자신의 배경을 믿고 거만하기 쉬우므로 제복함이 마땅하고 살과 양인이 교봉交逢되면 참된 귀인이다.

성격은 사나운 개처럼 포악하나 재주 있고 영특하며, 水를 만나 상생하면 곤란하고 궁핍하게 된다. 행운에서 제복하는 火局을 만나면 초월하여 귀현함이 녹봉이 천종千鍾(2급 공무원 월급)에 이른다.

보충설명

금신격金神格이란 壬申·癸酉 시에 태어남을 말하는데 甲일주는 시가 관성에 해당하고, 己土 일주는 식상에 해당하는 것을 말한다.

甲午 일주가 금신격을 구성하면 午火로 金을 제극하고, 양인이 부신扶神하거나 합살合殺하면 귀인이 된다. 만약에 金水運으로 향하게 되면 金은 살을 돕고, 水는 제살하는 火를 극하므로 상신하니 재앙이 일어난다.

운이 火運으로 향하면 富하고 복록이 좋다. 금신격金神格이 귀기貴奇한 사주가 많은데 만약 양인을 만나면 중화되어 더욱 귀하게 된다.

금신격을 제극制剋함이 없고 水運을 만나면 빈곤하고 질병이 생겨서 상신하게 된다. 반대로 火運을 만나면 발달한다. 금신이 복신福神이지만 살왕殺旺하면 제극制剋함이 마땅한데 火로 금신을 제극하면 부귀겸전兼全富貴한다. 금신격은 성품이 좀 난폭하나 영민하고 재주가 있다.

금신격·정재격·진식상격 | 수용신·금희신·토기신·화구신

癸酉		甲寅		庚午		己未		乾命
78	68	58	48	38	28	18	8	
壬戌	癸亥	甲子	乙丑	丙寅	丁卯	戊辰	己巳	大運

午月 甲木 일주가 화왕당절에 출생, 丁火사령인데 寅午火局까지 되고 己未土가 설기하니 신약하다. 癸酉시에 출생하니 금신격金神格이 성격되었다.

월지의 午中己土 정재가 연상에 투간하니 정재격이 되는데 午月에 丁火司令으로 염천이 되어 火旺하고 일지와 寅午火局하고 年支未土와 午未合火하니 火가 태왕하여 식상격으로 변했다.

진식상격眞食傷格이 식상食傷이 왕하여 신약하니 시상에 癸水 인수를 용한다. 금신격金神格은 금신金神을 제하는 火를 기뻐하고 水를 꺼리는데, 본 격국은 木火 진식상격眞食傷格으로 火가 왕하여 관성官星인 金을 극함이 지나치니 부득이 水용신으로 쓸 수밖에 없는 것이다. 중년까지 대운이 木火로 향하니 뜻을 펴보지 못했고, 丙寅 대운 丙午年에 寅午火局에 丙火까지 투간되이 운에서 가세하니 사망하였다. 고서古書에 이르기를 진식상격(眞食傷格=眞傷官格)에 식상(상관)운을 만나면 필멸이라 하였다.

금신격·편재용재격 | 토기신·화구신·수용신·금희신

癸酉		己未		癸丑		丁未		乾命
75	65	55	45	35	25	15	5	
乙巳	丙午	丁未	戊申	己酉	庚戌	辛亥	壬子	大運

丑月 己土 일주가 수왕당절에 출생하여 己土사령으로 득령·득지·득세하니 신왕하다.

酉時에 출생하니 금신격이다. 월지에 丑中癸水가 투간하여 편재격도 되는데 신왕하므로 편재용재격이다. 丑月은 한습한 때이나 丁火가 未中丁火에 뿌리하고 未土가 함께 조후를 하면서 일주를 生하니 신왕身旺하여 水 용신에 金이 희신이며, 土가 기신이고 丁火가 구신이다.

年上 丁火가 未에 뿌리내려 酉金 金神을 제극制剋하여 좋을 듯하나 己土 일주가 신왕하여 인성인 火를 싫어하는 것이다. 운로가 吉하여 크게 발달한 사주다.

29 시묘격 | 時墓格

재관財官이 辰戌丑未 사고四庫 시지時支에 암장된 것이니 刑冲되면 소년이라도 입신양명立身揚名하게 되지만, 형충刑冲을 만나지 못하고 힘으로 눌러 복종시키면 결과는 소년에 발달하지 못할 사람이다.

북방 壬癸水가 하괴河魁를 만나고, 남역南域 길시가 가임加臨되면 창고에 금은보석이 풍부하게 가득하고, 처세는 한가롭고 넉넉하게 하니 복록이 따르게 된다.

만약 재관 묘고墓庫 時를 물으면 辰戌丑未를 동일하게 추리하는 것이다. 재관고財官庫를 함께 열어서 개고開庫시킬 것을 요하나 재관고가 눌러서 개고하지 못하면 기명寄命이라 할 수 없다. 어떤 종류로 능히 개고됨을 알 수 있겠는가? 형충파해刑冲破害가 바로 그 열쇠이다.

신왕身旺하고 재왕財旺·관왕官旺하면 재관財官이 노출露出되어 바로 쓰이는데, 일주가 쇠약한데 귀살鬼殺이 투출되고 묘고墓庫가 개고開庫되면 어리석어 위기를 부른다.

보충설명

시묘격時墓格은 辰戌丑未시에 출생한 것을 말한다. 시묘격은 신왕하고 잡기재관격雜氣財官格과 마찬가지로 시묘時墓를 刑冲하여 개고開庫하고, 암장에 쓰이는 것이 투출하여야 귀격이 되는 것이다.

신약한 사주가 관살官殺이 투출되어 있고, 시묘時墓를 刑冲하면 암장에 관성이 튀어나와 천간의 관살官殺과 함께 합세하여 극신剋身하게 되므로 흉한 것이다. 그러므로 묘고墓庫를 개고해야 좋다고 단언하면 안 된다.

신왕하고 관약할 때 관고를 刑冲하여 관의 뿌리를 파괴하면 흉하므로 시묘격이 刑冲되어 吉함은 신왕·관왕身旺官旺이나 신왕·재왕身旺財旺했을 때 경우이고, 또한 천간에 財官이 투출되고 시묘격인데 刑冲이 없어 개고가 안 되면 입묘되어 용신이 미약하므로 현달하지 못하는 것이다.

시묘격이 신왕할 때 재고·관고財庫·官庫를 刑冲하여 개고하면 발달하나, 신약한 사주가 재관財官이 왕할 때 개고하면 가난하고 단명하다.

하괴河魁란 구성九星의 하나인 별이름이니 문곡文曲이요, 戌方位이니 옥장방玉張方이다. 전투戰鬪 중에 주장主將이 승리를 얻기 위해 군사력이 집중된 방위이니 길 방위에 해당한다. 남역南域이란 庚辛日 未時를 말한다.

【시묘격 구성 조견표】

일간 \ 시지	비겁고	식상고	재 고	관 고	인성고
甲乙日	未時	戌時	戌時	丑時	辰時
丙丁日	戌時	戌時	丑時	辰時	未時
戊己日	戌時	丑時	辰時	未時	戌時
庚辛日	丑時	辰時	未時	戌時	戌時
壬癸日	辰時	未時	戌時	戌時	丑時

시묘격파격·시상일위귀격 | 금기신·화용신·목희신·수병신·토약신

丙戌		庚申		癸酉		甲辰		乾命
80	70	60	50	40	30	20	10	
辛巳	庚辰	己卯	戊寅	丁丑	丙子	乙亥	甲戌	大運

酉月 庚金 일주가 금왕당절에 출생해 庚金사령으로 신왕하고 戌時가 관고로 시묘격이다.

年支에 辰土가 있어서 辰戌冲으로 파격이다.

庚金 일주가 득령·득지·득세하여 신왕한데 시상 丙火가 투간하니 시상일위귀격時上一位貴格이다.

丙火가 戌土에 통근通根하고 甲木이 生하니 용신으로 쓸만하다. 火 용신에 木 희신이고, 水 병신이며 土 약신이며 金 기신이다.

초년 甲戌 乙木 대운까지는 지낼 만하여 대학까지 공부하고 亥子丑水 운에 곤고하게 살다가 寅卯辰木 운에 승승장구하여 크게 될 사주다.

시묘격·종살격 | 수용신·금희신·토병신·목약신

辛丑		丁丑		丁亥		庚辰		乾命
73	63	53	43	33	23	13	3	
乙未	甲午	癸巳	壬辰	辛卯	庚寅	己丑	戊子	大運

亥月 丁火 일주가 수왕당절에 출생하여, 壬水사령인데 財庫 丑時에 출생하였으므로 시묘격時墓格이다.

丁火 일주가 土를 생하고 土는 金을 생하고 金은 水를 生하나 水는 生해 줄 木이 없어 水에서 기세가 멈추었고, 亥子丑 水氣가 왕하고 金水가 旺한데 일주가 무근無根하니 水에 종從한다. 월지 亥水 정관正官이 천을귀인이면서 용신인데 시지가 재고財庫가 되고 亥水 용신이라 귀격이다. 水 용신이니 金이 희신이요, 土가 병신이며, 木이 약신이 된다.

초년 水 대운에 좋은 가정에서 자라고 중년에 寅卯 약운에 승승장구하다 巳 대운에는 庚金의 장생지로 작용하니 나쁘지 않으나 巳亥冲으로 용신을 冲하고 庚辰年에 용신 亥水를 辰土 수고水庫가 입묘入墓시키자 사망했다.

30 육갑추건격 | 六甲趨乾格

甲日生이 亥時를 보면 육갑추건격六甲趨乾格이니 바탕이 고귀한 명조命造가 된다. 그러나 세운世運에서 재관財官을 왕성하게 만나는 곳에서 관재官災가 생기고 화환禍患이 함께 일어나게 된다.

보충설명

甲木 일주가 亥時가 되면 육갑추건격六甲趨乾格이다. 乾이란 戌亥方位를 말하는 것인데 천문天門에 임한다. 육갑추건격은 甲木의 장생지長生支가 되는 亥時만을 취택하는 것이다. 참고로 戌亥는 천문성天門星이 되는데 일지·시지에 있으면 승려나 역술인이 많은데, 甲乙 일주나 戊己 일주가 戌亥日時로 출생하여도 육갑추건격으로 종교·역술·한의사가 많다.
이와 같은 日時가 특별한 운명적 암시가 있다는 것을 발견할 수 있는 것이니, 검증할 수 없다고 생각하지 말고 연구하기 바란다.

육갑추건격 파격·인수용재격 | 수기신·토용신·화희신·목병신·금약신

乙亥		甲子		癸亥		戊辰		乾命
76	66	56	46	36	26	16	6	
辛未	庚午	己巳	戊辰	丁卯	丙寅	乙丑	甲子	大運

亥月 甲木 일주가 수왕당절에 출생, 壬水사령인데 수가 중중하고 해중 갑목에 착근하므로 신왕하다.
甲木 일주가 亥時에 출생하니 육갑추건격六甲趨乾格으로 성격이 된 것 같으나 日時 외에 제일 꺼리는 亥자와 戊土가 있으니 파격이다.
그리고 인수가 투간하고 인수국印綬局을 이뤄 태왕하여 수다목부水多木浮가 되니 年上戊土 재성財星으로 제습除濕해야 길하다. 인수용재격印綬用財格이 되었다. 土가 용신이고 火가 희신이며, 木이 병신病神이고 金이 약신이며, 水가 구신이다. 중년 火土 대운부터 크게 발달하는 사주다.

육갑추건격 | 화용신·목희신·수병신·토약신

乙亥		甲午		癸丑		壬申		乾命
73	63	53	43	33	23	13	3	
辛酉	庚申	己未	戊午	丁巳	丙辰	乙卯	甲寅	大運

丑月 甲木 일주가 수왕당절에 출생해 己土사령인데 壬癸水와 乙木이 방조하고 亥中甲木에 뿌리가 되니 신왕하다.
甲木 日主가 亥時에 출생하니 육갑추건격이 성격되었다. 丑月

에 甲木 일주가 신약으로 출발하였으나 丑中癸水 인수가 투출하여 한습寒濕하여 얼었으니 조후와 제습이 필요하다.

午火와 조토를 쓸 만하므로 火가 용신에 木이 희신이고, 水가 병신病神에 金이 구신이고, 土가 약신이 된다. 식상용신에 현침성이 있으니 직업으로 의사가 잘 맞는다. 木火土 대운에 성공하여 잘사는 사주다.

31 육임추간격 | 六壬趨艮格

壬일주가 寅時에 출생하면 귀격이 되는데, 이 格名은 육임추간격六壬趨艮格이라 하며 복이 평범하지 않다. 크게 두려워하는 것은 형충刑沖과 극파剋破하는 것인데 세운에서 상봉하면 화액이 평범하지 않을 것이다.

壬水는 寅을 만나는 것을 기뻐하며 육임추간격에는 辰土를 기뻐하는데, 구름을 타는 용과 같고 바람을 타는 호랑이처럼 정신력이 뛰어나며, 辰寅자가 중견에 충극이 없으면 반드시 청귀해 조정에서 록을 먹는 사람이다.

보충설명

壬일주가 寅時에 출생하면 육임추간격으로 구성된다. 추간趨艮이란 艮을 달린다는 뜻인데 丑寅方을 말하나 이 格에서는 寅자만 취용한 것이다.

壬일주의 寅木은 식신인 甲木의 정록이 되고, 寅木이 壬일주의 건록이 되는 亥자를 암합으로 불러들여 취용하는 합록격合祿格을 말한다.

육임추간격이 성격되어 寅을 沖하는 申을 만나지 않으면 대권을 잡는다. 만약에 운에서 申을 만나면 강등이나 실직하게 되고 재난과 손재가 생긴다. 또한 亥자를 만나면 다 잃게 되는데, 만약 월령에 있으면 가난하게 된다.

이는 대운에서 만나도 같은 작용을 한다. 壬辰日 壬寅時에 출생하여 申자와 亥자를 만나지 않고 중견重見하여 운룡풍호雲龍風虎하면 용龍은 辰, 호虎는 寅이라 고관대작高官大爵이 된다.

육임추간격·가종재격 | 토용신·화희신·목병신·금약신

壬寅		壬戌		丁巳		戊午		乾命
78	68	58	48	38	28	18	8	
乙丑	甲子	癸亥	壬戌	辛酉	庚申	己未	戊午	大運

巳月 壬水 일주가 화왕당절에 출생하여 戊土사령으로 戊土가 투출하고 寅午戌 火局에 丁火가 투출하여 신약하다.

寅時에 출생하니 육임추간격이 되었다. 사주에 寅木을 冲하는 申金과 寅木을 합을 하는 亥水가 없으니 성격成格되어 귀격이 되었다.

壬水 일주가 巳月 화왕당절에 출생하고 寅午戌 火局을 이루어 丁火가 투간하니 火氣가 가득한데, 일주를 돕는 壬水를 戊土가 제압하니 종재從財이다. 旺火를 설기시키는 戊土 편관이 연상에 투간하니 더욱 아름답다.

土운이 제일 길하고 다음이 火運인데, 戊土를 극하는 寅木이 병病이요, 金이 약신이 되는바 火土金 운이 모두 길하다. 중년까지 대운이 길하여 크게 치부하는 사주다.

육임추간격·양기성상격 | 화용신·목희신·수병신·토약신

壬寅		壬寅		壬寅		壬寅		乾命
71	61	51	41	31	21	11	1	
庚戌	己酉	戊申	丁未	丙午	乙巳	甲辰	癸卯	大運

寅月 壬水 일주가 목왕당절에 출생하여 寅時에 生하니 육임추간격이다. 육임추간격에 꺼리는 申자와 亥자가 없고 기뻐하는 寅자가 많으니 귀격이다.

천간일기天干一氣와 지지일기地支一氣로 水木 양기성상격兩氣成象格으로 기귀奇貴한 사주다. 甲木사령에 木이 왕하다. 寅月 壬水가 투간하니 사주가 얼어 한기가 미진하니 조후가 필요하다. 火 용신이고 木 희신이며, 水 병신으로 金이 구신이며, 土가 약신이다. 중년 戊 대운까지 운로가 길하여 편안하게 살게 되는 사주다.

32 육음조양격 | 六陰朝陽格

辛金 일주 하나에 戊子를 하나만 만나면 육음조양격六陰朝陽格으로 귀격으로 기뻐하며, 丙丁巳午 관성官星이 전실塡實되지 말아야 되고 운로에서 다시 만나도 그와 같으니 잘 살펴야 한다.

지지대운에서 火運에 평범하고, 水運을 최고 꺼리며, 金運은 제일 좋고, 木運은 차길次吉하다. 만약 子자가 들어오지 않고 서로 만나지 않으면 귀한 곳이니 조정朝廷에 이름을 남기게 될 좋은 명이다.

辛일주가 戊子時를 만나면 육음조양격으로 군중이 모여드는 귀한 직위가 되는데, 관성과 칠살은 서로 만나지 말아야 되고 巳午 南方火局을 이루면 속으로 성내게 되니 파격이다.

세운에 재가 있으면 별격으로 생각하는데 辛金이 丑中에 있고 六合으로 기반羈絆되면 비진격非眞格이 아니니, 단연 이 格은 귀격이 당연한데 서방西方운이 들어오면 대신 직위에 오를 것이다.

辛일주가 戊子時를 만남은 가장 좋은 것이니 계수나무 가지를 꺾어 등과登科하니 이름과 이득이 높이 오른다. 辰戌丑未月이나 추월秋月에 생하고 사주에 亥자가 없으면 부귀영화를 누리고 귀하다.

육음조양격六陰朝陽格은 西方 대운으로 흘러감을 기뻐하고 東方 대운으로 흘러가도 길해 융창하며 만약 北方 대운으로 도래하면 흉한데 장차 두려운 것은 午火가 충파沖破하면 주로 재앙이 따른다.

보충설명

육음조양격이란 辛金 일주가 戊子時를 만나면 구성되는데 時支에 子中 癸水가 巳中戊土를 합해 오면 巳中戊土는 時干에 있으니 버리게 되고 巳中丙火로 정관을 쓰고 時干 戊土로 인수를 득하게 되는 것이다.

辛卯 일주의 卯木은 時支와 子卯刑하므로 巳中戊土를 合으로 불러오지 못하고, 辛巳 일주는 巳中丙火 관성이 있어 전실塡實(채워진 것)되어서 못 쓰고, 辛未日은 未中丁火 관성이 전실塡實되므로 不用하는 것이다.

辛丑 일주의 戊子時는 丑이 子와 合되어 기반羈絆이 되므로 巳中戊土와 合을 못하니 정관을 불러오지 못하므로 正格에 포함시키고 있다.

육음조양격이 주중에서 다시 子자를 만나지 않고 丙丁巳午 관성으로 전실이 안 되고 격을 이루면 궁궐을 드나들어 貴하게 된다는 귀격이다.

육음조양격이 辰戌丑未月이나 가을에 출생하여 亥자를 만나지 않으면 대업을 성취하여 부귀영화를 누리게 된다.

육음조양격은 寅卯木을 보면 귀하고 丙丁火를 보면 빈하며, 申酉金 운이 제일 길하고 다음으로 寅卯辰 東方木 운이 길하며, 未運과 亥運 그리고 丑 대운도 길하다. 子運과 巳午運을 만나면 주로 재앙으로 흉한 것이다.

육음조양격·종왕격·가식상격 | 수용신·금희신·토병신·화구신·목약신

戊子	辛酉	辛酉	戊辰	乾命

77	67	57	47	37	27	17	7	
己巳	戊辰	丁卯	丙寅	乙丑	甲子	癸亥	壬戌	大運

酉月 辛金 일주가 금왕당절에 출생하여 庚金사령으로 土金이 도우니 신왕하다.
子時에 출생하니 육음조양격이 되었다. 기뻐하는 금왕당절에 출생하였고 꺼리는 자가 없어 대귀격이다. 운로가 길하니 평생 부귀영화를 누린 사주다.
이 사주는 종왕격도 되고 가식상격도 된다. 寅卯 대운에 吉하고 丙丁火運에 나쁘며 未와 丑은 金이 있어 통관이 되니 평길하고 亥 대운도 吉하다.

육음조양격 파격·식상용인격 | 토용신·화희신·목병신·금약신

戊子	辛亥	壬子	丁未	乾命

72	62	52	42	32	22	12	2	
甲辰	乙巳	丙午	丁未	戊申	己酉	庚戌	辛亥	大運

子月 辛金 일주가 수왕당절에 출생하여 壬水사령이고 水가 중중하니 신약하고 냉습하다.
자시에 출생하여 육음조양격六陰朝陽格이 될 것 같으나 子水를 중봉하고 꺼리는 壬子 亥水가 있어 식신 식상이 혼잡混雜되어 있고 또한 丁火가 있어 전실塡實되니 완전 파격破格이 되었다. 그러면 정격正格으로 감정해야 하는데, 辛金 일주가 수왕당절水旺當節에 출생하여 水氣가 중중하여 戊土로 제습除濕하고 火로 조후를 하는 것이 급선무인데 戊土인성이 시상에 투간하고 未土와 丁火가 生하니 식상용인격食傷用印格이 되었다.
金水 진식상격眞食傷格은 조후로 관성인 火가 왕해야 길한데, 비록 丁火가 未土에 통근通根은 했으나 旺水에 극을 당하니 제살태과除殺太過로 몰관沒官이 되어 무자無子하다. 식상이 왕성하여 비록 수재이나 재성이 없어서 빈한하며, 金水 식상격이 일지 亥천문으로 역학이나 종교철학에 심취하는 사주이다.

원국이 부조화하고 초년 대운이 흉하면 불우한 가정에서 태어나 배우지 못하여, 길한 火運을 만나도 생활은 넉넉하나 뜻을 이루지 못하는 사주이다.

33 육을서귀격 | 六乙鼠貴格

육을서귀격六乙鼠貴格은 乙木 일주가 子時에 태어난 것인데, 관성과 칠살이 있으면 마땅히 冲破시켜야 귀함이 있다. 月令에서 통근通根되어서 득령한 진삼일眞三日인 乙亥, 乙未, 乙巳이고 바르게 록마(재관)가 생하면 뛰어나다. 乙木 일주가 子時를 얻으면 이름이 가장 귀기貴奇한데, 午火가 격을 冲하는 것을 싫어하는 것이고, 辛酉와 庚申을 만나게 되면 모두 마땅하지 않다.
乙木 일주가 丙子時에 태어났는데 午火의 冲破가 없으면 더욱 귀기하다. 사주에서 申酉丑을 만남을 꺼리는데 만약 관살이 없으면 궁궐 붉은 계단 위에서 절을 하게 될 것이다. 陰木이 양陽인 丙子를 만나고 亥子가 많으면 子가 서귀격이 되고 귀함이 산같이 우뚝 솟음과 같고, 다만 사주에 午火가 있으면 곤고하여 마음의 상처만 남게 된다.
六乙이 시에 丙子를 만나고, 관성이 있는데 또 다시 만나고 庚申辛酉午丑을 속이는 것이므로 한 개라도 만나게 되면 구걸하는 걸인에 비유된다.

보충설명

육을서귀격은 乙木 일주가 子時를 만남을 의미하는 것이고, 子中癸水가 巳火를 불러들여 巳中戊土와 庚金을 재와 정관으로 삼는 것을 말하는 것인데 정관은 관귀官貴를 의미한다. 그러므로 육을서귀격이란 乙일주가 子時에 출생하여 격이 구성된 것을 말한다. 진삼일眞三日이란 乙亥·乙未·乙巳 3일을 말하는데 귀기貴奇하다.
부진삼일不眞三日이란 乙丑·乙卯·乙酉日을 말하는데 乙丑日은 子를 合을 하고 丑中辛金 편관이 있어 전실이 되고, 乙卯日은 子를 刑하여 巳中戊土를 合으로 불러오지 못하므로 쓰지 않으며, 乙酉는 酉中辛金 편관이 있어 전실되므로 파격이 되니 쓰지 않는 것이다. 만약 사주에서 庚辛申酉를 만나 전실되고 丑土가 있어 合去가 되거나 午火를 만나 子가 冲되거나 卯를 만나서 子가 刑되면 일생에 곤고함이 따르고 근심걱정이 끊어지지 않는다.

육을서귀격은 亥子를 喜하고 庚辛申酉와 丑午를 忌한다. 육을서귀격이 亥子를 많이 만나면 貴함이 한층 더하게 된다.

육을서귀격 파격·인수격 | 수기신·금구신·병화용신·목희신·수병신·토약신

丙子		乙亥		丁亥		庚申		乾命
78	68	58	48	38	28	18	8	
乙未	甲午	癸巳	壬辰	辛卯	庚寅	己丑	戊子	大運

亥月 乙木 일주가 수왕당절에 출생하여 戊土사령이나 亥子水가 중중하니 신왕하다.

子時에 출생해 육을서귀격인데 꺼리는 庚申관성에 전실塡實되어 파격破格이 되었다.

이와 같으면 正格으로 다스려야 하는데 해월에 출생하여 인수가 태왕하니 인수격이요, 金水가 왕해 한랭하니 시상에 丙火식상을 용신으로 쓴다.

초년에 水運으로 운이 나빠서 고생하다가 중년부터 운로가 木火 대운으로 吉해지니 교육 공무원으로 잘살게 되는 사주다.

육을서귀격 | 화용신·목희신·수병신·토약신

丙子		乙亥		戊辰		甲寅		乾命
76	66	56	46	36	26	16	6	
丙子	乙亥	甲戌	癸酉	壬申	辛未	庚午	己巳	大運

辰月 乙木 일주가 목왕당절에 출생, 戊土사령이나 寅辰方局과 子辰水局에 水木이 중중해 신왕 사주다. 子時에 출생하니 육을서귀격의 진격眞格이다.

기뻐하는 亥水가 있고 꺼리는 관성과 丑午가 없으니 대귀격이 되었다. 목왕당절에 甲寅 亥子가 일주를 돕고 있어 신왕하고 시상에 丙火가 설기하니 아름답다. 丙火 용신이고 木이 희신이며, 水가 용신을 극해 병신이고 戊土가 약신이다. 초년 火運으로 좋은 가문에서 태어나 부모덕으로 윤택하게 잘살고 목화통명木火通明으로 총명하여 칭송을 받으며 자란다. 중년에 고생하고 말년에 길하다.

34 자요사격 | 子遙巳格

甲子 일주가 다시 甲子時를 만나고 관왕함을 살펴보면 마땅하지 않다고 말하지 않으나, 월령이 일주를 生하는 근원根源이 튼튼하고, 재운에서 金運

으로 가면 반대로 귀기貴奇함을 얻게 된다.

甲子日에 甲子時로 구전하면 계수桂樹를 꺾게 되니 등과登科하여 조정에서 일하게 되는데, 丑과 반합半合되거나 午火가 冲하거나 관살이 나타나면 반대로 막히게 되어 지체되니 화액禍厄이 계속 이어진다.

甲子 일주가 甲子時를 만나면 자요사격子遙巳格이라하여 마땅히 최고인데 丑字나 午字가 임하게 되면 가문을 파하게 되고 대운과 세운에서 관을 만나도 역시 귀기貴奇하지 못하다.

甲子 일주가 甲子時를 만나면 子水가 巳火를 요합遙合해 오고 巳中戊土와 丙火를 동요動搖시켜 허합虛合으로 이끌어 辛金을 甲日에 官星으로 써서 貴하게 되는 것을 가히 알 만하다.

기뻐하지 않는 것은 庚申·辛酉月이요, 丑土 역시 子水와 半合하는 것은 또한 마땅하지 않으며, 또한 싫어하는 것은 午자가 상충하여도 꺼리는 것이다. 운에서 관향官鄕으로 들어도 왕하면 귀기貴奇하다.

보충설명

자요사격子遙巳格은 甲子일이 甲子시에 출생하면 구성된다.

자요사격은 허관虛官을 요합하여 쓰는 격이다. 즉 子中癸水가 巳中戊土와 戊癸合하고 재성으로 쓰는 것이며, 또한 巳中丙火는 辛金을 요합하여 甲木 일주의 정관正官으로 쓰는 것이다.

자요사격은 子가 巳中戊土를 항상 바라보고 合하려는 뜻이 있다.

자요사격이 주 중에서 관왕官旺하고 신약身弱하면 좋지 못하다. 寅水월에 생하여 신왕하면 도리어 관운에 길함이 마땅하다.

자요사격이 입신출세하는 명命이지만 전실塡實되거나 반합半合되거나 충파冲破되면 재앙이 연속해서 발생한다.

자요사격 | 수용신·금희신·토병신·목약신

甲子	甲子	乙亥	己亥	乾命

75	65	55	45	35	25	15	5	
丁卯	戊辰	己巳	庚午	辛未	壬申	癸酉	甲戌	大運

亥月 甲子 일주가 수왕당절에 출생하여 壬水사령이고 水木이 중중하니 신왕하다.

子時에 출생하니 자요사격이 성격되었다. 기뻐하는 비겁과 인성으로 구성되어 있고 꺼리는 관살과 丑이나 午가 없으니 귀격이다.

甲子 일주가 동절冬節인 亥月에 출생하여 水가 만국滿局하니 종강격從强格이 된다. 水 용신에 金은 희신이며, 土는 병신病神이고 木은 약신이다. 운로가 金水 대운으로 길하여 고관이 되었으나 말년 火土 운에 고생한 사주다.

자요사격 파격 | 화용신·목희신·수병신·토약신

甲子	甲子	甲午	辛未	坤命

71	61	51	41	31	21	11	1	
壬寅	辛丑	庚子	己亥	戊戌	丁酉	丙申	乙未	大運

午月 甲子 일주가 화왕당절에 출생, 丁火사령해 신약사주로 출발하나 水木으로 중중하여 약변위강弱變爲强한 사주다.

甲子시에 생하니 자요사격으로 시작하나 辛金정관이 있어 전실塡實되고, 子를 冲하는 午가 있어 파격이다.

식상격에 충중봉합격冲中逢合格이 됐다. 辛金 정관正官이 남편이 되는데 午未 火局에 앉아 무근하니 부실하여 평생 결혼하지 않고 일생을 살았으나 의식은 넉넉하였다.

35 축요사격 | 丑遙巳格

辛金 일주나 癸水 일주가 丑자를 많이 만나면 이름이 축요사격丑遙巳格으로 관을 合으로 불러와 이루어지는 격이다. 축토丑土 관성이 왕하여 기쁘지 않다고 말하지 말라. 관성을 불러오면 도리어 성공하게 되는 것이다.

辛丑·癸丑 두 개 日辰의 천간은 丑자가 많을 때 丑자가 巳자를 合해 오고, 巳中 丙戊로써 辛 일주와 癸 일주의 관성을 삼는데 丑日에 丑土를 많이 만나면 기묘하고, 주 중에 子字가 있으면 마땅하지 않다. 만약 申酉를 다시 만나면 아름다운 것이나, 辛 일주에 巳午丙丁 干支를 싫어하며, 癸 일주는 戊己巳午를 싫어하는데, 이와 같은 사주는 반드시 자세히 살피지 않으면 안 된다.

辛 일주 癸 일주가 뜻밖에 丑자를 만나면 다시 관성이 암합暗合되어 오는 바, 申酉 중에서 한 자가 임하면 기쁘고, 꺼리는 것은 巳午나 子자를 만나는 것인데 흉이 담을 넘어오는 것이다.

보충설명

辛丑 일주와 癸丑 일주는 사주에 丑이 많으면 축요사격丑遙巳格으로 성격된다. 축요사격도 관성을 요합遙合하여 用하는 격이다.
辛丑 일주 축요사격은 丑中辛金이 巳中丙火를 요합하여 辛 일주의 정관으로 用하고, 癸丑 일주 축요사격은 丑中癸水가 巳中戊土를 요합하여 癸 일주의 정관이 되는 것이다.
사주에 巳火가 있으면 전실塡實되고, 子水가 있으면 반합半合되며, 未가 있으면 冲이 되니 파격破格이 된다.
연주와 시주에 子자와 巳자를 만나면 허명무실虛名無實하고 축요사격은 관을 꺼리는데, 신약하고 관왕할 때 관운을 만나면 흉하다. 축요사격이 전실과 반합으로 파격이 안 되고 신왕하면 부귀하며 관운에 발달한다.

축요사격 | 화용신·목희신·수병신·토약신

癸亥		癸丑		丁丑		甲辰		乾命
77	67	57	47	37	27	17	7	
乙酉	甲申	癸未	壬午	辛巳	庚辰	己卯	戊寅	大運

丑月 癸丑 일주가 수왕당절에 출생, 癸水사령이 亥子丑方局으로 이루어지니 신왕하다.
丑土가 중중하니 축요사격이다. 꺼리는 戊己巳午子자가 없으니 격이 순수하여 아름답다. 엄동설한嚴冬雪寒에 출생한 癸水 일주가 두 개의 丑土와 辰土에 통근하고, 시지 亥水에 근을 하여 두 개의 癸水가 투간하니 신왕하다.
土 용신으로 쓰려 하나 한습寒濕한 동토凍土가 되어 쓸 수 없다. 조후용신으로 丁火를 쓰려고 하니 너무 약한데 다행히 甲木이 옆에서 丁火를 도우니 아름답다. 火가 용신이고 木이 희신이며, 水가 병신이고 조토가 약신이 된

다. 火대운에 고관이 되었던 사주다.

축요사격·양기성상격 | 금용신·토희신

己		辛		辛		辛		乾
丑		丑		丑		丑		命
74	64	54	44	34	24	14	4	
癸	甲	乙	丙	丁	戊	己	庚	大
巳	午	未	申	酉	戌	亥	子	運

丑月 辛金 일주가 수왕당절에 출생, 己土사령이고 많이 만나 土金으로 신왕하다.

丑土가 많으므로 축요사격이 성격되었고, 싫어하는 관살과 子자가 없으며 기뻐하는 丑土를 거듭 보고 지지일기地支一氣하니 아름답다. 비견과 인성이 양신으로 구성되어 양기성상격도 성격되고 혼잡混雜되지 않아 격조가 청하다. 인성으로 신왕하니 종강격도 된다. 土金 대운에 길하고 木火 대운에는 흉한 사주다.

36 비천록마격 | 飛天祿馬格

壬日이나 庚日이 子를 거듭 만나면 이것이 록마祿馬(재관)를 도충倒冲해 오는 것이니 이름을 비천飛天이라 한다. 어찌 金水가 많다고 청귀淸貴하겠는가? 운이 南方으로 이르면 전실塡實될까 염려가 된다.

庚日 壬日이 子를 중봉重逢하면 도충倒冲으로 午(재관)를 불러오며, 辛日이나 癸日이 亥水를 중봉하면 도충으로 巳火를 불러와서 재관財官으로 쓴다.

丙日에 午火가 중봉되면 자록子祿(祿은 관)을 도충으로 불러오고 丁日이 巳자를 중봉하면 쌍어궁雙魚宮 亥자를 불러오는 것이다. 최고 꺼리는 것은 合으로 옭아매어 기반羈絆되는 것을 말하며 관성이 전실되면 화禍가 당도하는데, 대운은 무겁고 세운은 가벼우니 잘 판단하라. 용신이 손상되지 않으면 천상에서 사방으로 통한다.

辛 일주가 亥를 중봉하고 또 亥를 보면 격 가운데 오직 이것만 비천飛天이라 이름한다. 격을 이루고 酉자가 있으면 더욱 귀한 명조命造인데 巳火 대운에는 亥를 冲하니 수명壽命이 보존된다고 말하지 마라.

비천록마격은 명확히 아는 자가 드문데 庚壬 2일은 군자다움이 알려지게 되는데 年月日時에서 子를 거듭 만나는 것임을 알라. 破와 冲이 없으면 부귀가 기묘奇妙한 명조命造이다.

비천록마격은 귀함이 평범하지가 않은데, 辛癸 일주 두 자 모두 신강하게 다가오면 年·月·日·時에 거듭 亥자를 만나고, 무관(無塡實)하여 무반無絆(合)에 冲破가 없으면 현량한 인재이다.

辛癸 일주가 亥자를 만나거나 庚壬 일주가 子자를 만나는 것이 비천록마飛天祿馬이니 자세히 살펴야 하며, 세운이 관성의 절지 운을 만나는 때에 초심을 잃지 않으면 손바닥에 침 뱉듯이 공명을 이루는 사람이다.

庚子나 壬子일이 子가 많으면 비천록마격이 순화되고, 허충虛冲으로 관기官氣를 요합邀合해서 진실로 귀하게 되는 것인데, 관성이 전실塡實되면 그동안 연마한 것이 좌절되는 것이다. 칠살과 관성이 범하지 않고 丑이 와서 子자와 반합하거나 사정이 어찌하든지 천간 지지 암장으로 土관살이 와서 극하거나 丑土가 와서 子와 合하면 흉하지 못하고 파가 따르게 된다.

丁火 일간이 巳를 거듭 만나고 원국에 水가 없어야 귀기貴氣가 동일하게 되는 것이다. 식상으로 마땅히 관을 상진傷盡시켜야 하는데 亥가 巳亥冲을 하면 반드시 망한다.

丙午日이 午火를 거듭 보거나, 丁巳日이 巳火를 거듭 만나면 관성을 冲出하여 貴氣가 깊다. 사주가 만약 무관無官이고 살중殺重한데 다시 대운에서 관살官殺운으로 행하면 화禍를 막기가 어렵다.

丙丁日이 午巳位에 임하면 허충虛冲으로 강호江湖를 불러오는데 세운에서 관성이 없어야 사도仕途관직에 입신하고, 전록되어 영화와 명예를 뜻대로 이루고 작은 꾀로 合으로 불러들여 동하면 황도皇都에 들어간다.

丙午 丁巳는 반드시 허충虛冲을 해야 하는데, 午는 능히 子를 도충倒冲하여 상봉하므로 길한 冲이다. 반드시 合되지 말아야 하는데 未가 合으로 묶는 것을 싫어하며 子癸를 상봉하여 다시 보면 흉하다.

丁巳 일주가 巳가 많으면 亥水를 허충虛冲으로 불러오는데 사주에 壬癸가 없어야 하며, 혹시라도 지지에서 申자가 있으면 반드시 巳火를 얽어매어 귀가 잡스러운 것이다.

丁巳 일주가 중첩하여 巳火를 보면 合冲으로 壬자를 불러오므로 격이 아름답다. 만약 亥·申자와 아울러 壬癸가 없으면 合官을 하여 금상첨화錦上添花 격이다. 丁巳日에 亥字가 있으면 가문의 원수가 되는데, 申字가 가까이

서 合해 주면 잡아끄는 것이 차이가 있는 것이고, 봄과 가을은 반길半吉하고 겨울은 쓸모가 없게 되는 것이며 여름에 생하면 영화를 누리게 된다.

보충설명

비천飛天은 하늘에 있는 것을 말하는 것이고, 녹祿은 官이요 마馬는 財이니, 비천록마飛天祿馬는 허공虛空의 재관을 허충虛冲으로 불러와 쓰는 격을 말한다.

비천록마격飛天祿馬格에는 비천록마飛天祿馬와 도충록마倒冲祿馬 두 가지가 있는데 도충록마를 도충격倒冲格이라고도 한다. 비천록마와 도충록마는 얽어매지 않으면서 희신이 있으면 출세하여 영화롭게 되고, 전실塡實되거나 합거合去되면 대흉하며 관운官運을 만나면 위화백단爲禍百端이다.

庚壬이 子水가 거듭되면 허충虛冲으로 록마祿馬를 불러오게 되며, 辛癸 일주에 亥水가 중봉되면 巳火를 불러오게 되므로 재관을 얻는다.

丙 일주가 午가 많게 되면 자록子祿을 冲해 오고 丁 일주가 巳자를 거듭 보면 亥자를 불러오는 것이니 亥中壬水가 관록이 되는 것이다. 최고 꺼리는 것은 冲이 묶이게 되는 것과 관성이 전실塡實(관이 있는 것)되는 것인데 그렇게 되면 화액禍厄이 당도하게 되고, 대운에서는 무겁고 세운은 가벼워 소멸하니 판단을 잘해야 한다. 용신이 손상되지 않으면 천상에서 재관을 冲來하여 하늘의 통로가 열려 길해 출세한다.

庚子 일주나 壬子 일주가 子가 거듭됨을 기뻐함은 午자를 冲來하기 때문이요, 丑자는 子자와 묶이게 되므로 冲來를 못하게 되기 때문에 꺼리는 것이고, 午火관살은 전실塡實되므로 꺼리는 것이다.

辛亥 일주가 亥자를 거듭 보면 격 가운데 오직 이것만 비천飛天이라고 이름 하는바 격을 이룬 중에 酉字가 있으면 더욱 귀한 명조이다.

辛亥 일주가 亥자를 거듭 보면 비천록마격이 성격이 되고, 酉자가 있으면 장년에 영화롭고 귀하게 된다. 그러나 운에서 巳를 만나면 생명이 위태롭다. 비천록마격은 일지가 용신이 되는데, 일지를 冲去나 合去하거나 또는 관살운이 오면 화禍가 백 가지로 일어나는 것이다.

丙午 일주는 未자가 있으면 午未로 合하므로 꺼리고 子자는 전실되므

로 꺼린다.

丁巳 일주는 申자가 있으면 사신형巳申刑으로 꺼리고 亥자가 있으면 亥를 허충虛冲으로 冲來하지 못하기 때문이며 亥는 전실塡實되므로 파격破格이 되니 꺼리는 것이다.

비천록마격 | 화용신·목희신·수병신·토약신

己丑		丙午		甲午		辛酉		乾命
72	62	52	42	32	22	12	2	
丙戌	丁亥	戊子	己丑	庚寅	辛卯	壬辰	癸巳	大運

午月 丙火 일주가 화왕당절에 출생하여 丙火사령인데 午火가 거듭 있고 甲木으로 生해 주니 신왕하다. 午火를 많이 만나게 되니 비천록마격이다.

이 格에서 꺼리는 子나 未가 한 자도 없으므로 격이 순수하게 구성되어 비천록마격飛天祿馬格이 성격되어 대귀격大貴格이 되었다.

丙火 일주가 비천록마격이 순수하게 이루어지면 검찰에서 출세하게 되는데 초년부터 火木 대운으로 향해 좋으나 子水 대운에는 어려움이 있게 되어 목숨을 지키기 어렵게 된다.

비천록마격 | 수용신·금희신·토병신·화구신·목약신

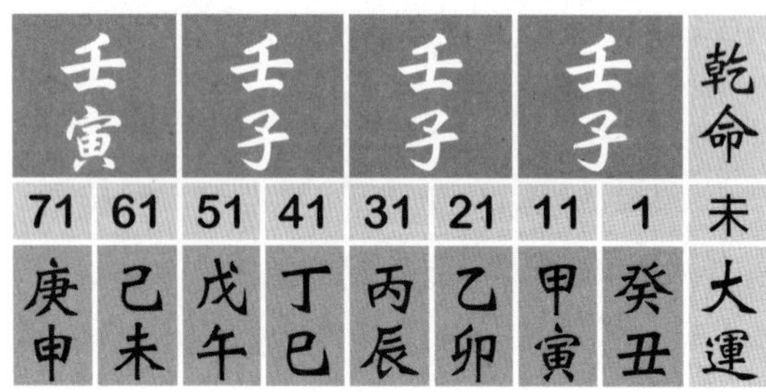

壬寅		壬子		壬子		壬子		乾命
71	61	51	41	31	21	11	1	未
庚申	己未	戊午	丁巳	丙辰	乙卯	甲寅	癸丑	大運

子月 壬水 일주가 수왕당절에 出生해 癸水사령인데 壬子水가 중중하여 신왕하다. 壬子 일주가 子를 거듭 만나 비천록마격이 성격되었다.

꺼리는 丑과, 午와, 戊己土가 한 자도 없고 천원일기天元一氣가 되어 더욱 아름답다. 또한 윤하격潤下格과 가식상격假食傷格도 되므로 木運에 대길한 사주다.

木運에 크게 출세하였으나, 戊午 대운에 전실되고 용신을 冲하여 화禍가 백 가지로 일어나니 목숨을 지키기 어려울 것이다.

37 공록공귀격 | 拱祿拱貴格

공록공귀拱祿拱貴는 격국 중에 드문데, 반드시 月令도 살펴야 한다. 공협控挾이 官과 천을귀인을 불러오면 공록공귀격拱祿拱貴格이 성격되는데 중중해도 월령에 무관無官이라야 기귀奇貴하게 이 격을 쓰는 것이다.

공록공귀는 드물고 기이奇異한 격으로, 이 격을 이루면 자주색 옷에 요대를 두르고 조정에 출입하게 되는데, 다만 두려운 것은 형충刑沖에 깨지는 것이요, 응당 칠살이 연월에 따르는 것을 싫어한다.

공록공귀가 원국에 전실되는 것을 두려워하는바, 또 두려운 것은 식상이 월지에 있는 것이며, 양인羊刃이 거듭되면 이 격은 파격인데 이와 같은 파破가 없어야 귀함에 의심이 없게 된다.

癸丑日이 癸亥時를 만나거나 癸亥日이 癸丑時를 만나면 이름이 공록격拱祿格으로 복이 많게 되는 것이다. 만약 관살이 충괴沖壞되어 않으면 안탑雁塔(고관)에 오르는 길이 열리게 되는 것이다.

亥字나 丑字가 반합하여 기반羈絆되면 공록拱祿인 子水를 불러오지 못하게 되니 공협控挾하는 암장 일위가 비어 있어야 좋다. 못마땅한 것은 관성을 보아 전실되는 것이고, 다시 꺼리는 것은 관성이 와서 극파剋破하는 것이다.

甲寅日 甲子時 사이에 丑中辛官을 공협하고 壬辰日 壬寅時 사이에 卯木 천을귀인을 불러오며, 日이 甲申이고 時가 庚午를 만나고, 戊申日이고 戊午時를 만나면 未土 천을귀인을 공협하므로 계수나무 향기가 생긴다.

辛丑 일주가 辛卯 시를 만나거나, 乙未 일주가 乙酉 시를 부르면 격이 고강高强함을 보며, 꺼리는 형충파해刑沖破害와 전실됨을 끊어 버리게 된다면, 고위직에 올라 청와대에 드나들면서 먹고살게 된다.

보충설명

공귀격拱貴格의 拱은 껴안는 뜻이고 貴는 官과 천을귀인인데, 일지와 時支 사이에 천을귀인과 正官을 공협控挾으로 불러오는 것을 말한다. 甲寅일은 甲子시와의 사이에 丑土 천을귀인과 丑中辛金 정관으로 귀를 삼는다.

공록격拱祿格이란 공협控挾으로 녹祿을 불러오는 것이다. 癸丑일이 癸亥시를 만나거나 癸亥일이 癸丑시를 만나면 癸水의 祿인 子水를 불러옴을 말한다.

관성官星을 취용하는 사주에 식상食傷을 꺼리게 되는 것이나, 재성財星과 인성印星이 있으면 기뻐하는 이유는 식상은 財를 생하고, 財는 官을 생하며 官은 다시 印을 생하면 印은 결국 일간日干을 생하는 까닭이다. 재성과 인성이 없을 때 식상을 꺼리게 되는 이유는 공협되어서 나온 관성을 극하는 까닭이다.

甲寅일 甲子시에 출생하면 공귀격拱貴格인데 丑이 있으면 전실이 되어 꺼리고, 申이 있으면 일지 寅을 冲하므로 꺼리고, 午는 時支 子를 冲하므로 꺼리며, 庚은 甲木의 칠살이 되므로 꺼리는 것이다.

모든 공귀격拱貴格도 희기喜忌가 같은 것이며 모두 천을귀인天乙貴人으로 구성되어 있다. 공귀격拱貴格은 年月에 칠살이 없고 형충파해刑冲破害가 없어 순수하게 귀격貴格을 이루면 크게 출세하게 된다. 공협控挾되어서 온 자가 전실塡實되거나 월지에 식상이 있으면 대흉하다.

공귀격 | 금기신·화용신·목희신·수병신·토약신

甲 戌		甲 申		甲 申		庚 寅		乾 命
78	68	58	48	38	28	18	8	
壬 辰	辛 卯	庚 寅	己 丑	戊 子	丁 亥	丙 戌	乙 酉	大 運

申月 甲木 일주가 금왕당절에 출생하여 戊土司令이고 庚金이 투출되어 신약하다.
甲申 일주가 甲戌時에 출생하니 일지와 시지 사이에 酉金정관을 공협拱挾으로 불러오게 되므로 공귀격拱貴格으로 구성된다. 공협한 酉金과 申酉戌 方局인데 庚金이 투간하여 살중신약殺重身弱하므로 인성으로 통관시켜야 하는데 인성이 없으므로 부득이 寅戌 火局으로 제살制殺해야 한다.

대운에서 木火 운으로 가야 성공하는데 초년에 丙戌·丁火 대운에 식상제살食傷制殺로 부귀하였으나 亥水 대운에는 화용신火用神이 절지絕地 대운으로 향하여 망한 사주다. 말년 寅木 대운에 인신형충운寅申刑冲運에 왕신충발旺神衝發하여 많이 나쁘다.

공귀격·천원일기격 | 목용신·수희신·금병신·화약신

辛 卯		辛 丑		辛 丑		辛 巳		乾 命
79	69	59	49	39	29	19	9	
癸 未	甲 申	乙 酉	丙 戌	丁 亥	戊 子	己 丑	庚 寅	大 運

丑月 辛金 일주가 수왕당절에 출생해 己土사령하고 巳丑金局으로 신왕하다.

신축일 신묘시에 출생했으므로 丑과 卯중간에 寅을 공협으로 寅木 천을귀인과 寅中丙火로 官을 삼으니 공귀격拱貴格이 성격되었다. 신왕재약身旺財弱 사주다.

巳丑이 공협으로 酉金을 불러오고 천간에 辛金으로 이루어져 천원일기격天元一氣格도 된다. 공귀격拱貴格에는 일지日地와 시지時地 사이에 공협拱挾으로 불러온 오행의 암장에 관성으로 성격되는 것을 말한다.

본 사주에서는 공협으로 寅中丙火 관성으로 구성이 되었다. 丑月에 출생하여 한습寒濕한데 비견으로 신왕하면 관성을 용신으로 써야 하고, 인성이 비견을 생하여 신강해지면 재성으로 인성을 억제해야 인성이 비겁을 생하여 신강해지는 것을 막는다.

木이 용신用神에 金이 병신病神이고, 火가 약신藥神이다. 西方인 金 대운에 용신用神의 절지絕地가 되고 군비쟁재群比爭財로 패가망신敗家亡身한 사주다.

공록격 | 금용신·토희신·화병신·수약신

丁 未		丁 巳		辛 酉		戊 寅		乾 命
76	66	56	46	36	26	16	6	
己 巳	戊 辰	丁 卯	丙 寅	乙 丑	甲 子	癸 亥	壬 戌	大 運

午酉月 丁火 일주가 금왕당절에 출생, 辛金사령에 辛金 투출하니 신약으로 출발하였으나 일주를 돕는 오행이 많아 신왕하다.

丁巳 일주가 丁未시 사이에서 午火 녹을 공협이 되니 공록격拱祿格이 구성됐다. 丁火 일주가 득지得地 득세得勢하여 신왕한데, 월령에서 편재가 투간透干하니 편재용재격偏財用財格도 된다. 金이 용신用神이고, 土가 희신喜神이며, 火가 기신忌神이고 병신病神이 되니, 水가 약신藥神이 된다.

丁巳 일주에 丁未시라 공협拱挾으로 午火가 공록격되고 재성과 인성이 있고 신왕身旺한 사주에 식상이 있어 기쁘고, 꺼리는 癸丑亥水가 없으므로 더욱 아름답다. 亥子丑水 대운에 유병有病한데 유약有藥하니 크게 성공하였

으나 丙寅 대운부터 되는 일이 없어 허송세월하였다.

공록격 | 금용신·화병신·수약신

戊午	戊辰	辛酉	戊午	乾命

77	67	57	47	37	27	17	7	
己巳	戊辰	丁卯	丙寅	乙丑	甲子	癸亥	壬戌	大運

酉月 戊土 일주가 금왕당절에 출생하여 庚金사령에 辛金이 투출하여 신약으로 출발했으나 일주를 돕는 오행이 많아 신왕하다.

戊辰日과 午時 사이에 巳祿을 공협하니 공록격이다. 土金식상격도 되고 신왕하므로 辛金식상 용신이고 火가 병신病神이요, 水가 약신이다. 비겁이 많아 신왕한데 기뻐하는 식상은 있고 꺼리는 戌·子·甲이 없으니 귀격이다.

戊土 대운에 일지 辰이 冲되자 공협한 巳祿이 탈출하여 곤액이 많았고, 癸亥 대운에 병신病神을 제거하여 부귀하였고, 丙寅 대운은 파란만장하다.

38 일귀격 | 日貴格

일귀격日貴格은 干支 한 기둥 안에 천을귀인이 있어야 되고, 크게 싫어하는 것은 공망이나 官冲하는 것이다. 인자하고 덕망이 많아 자색이 감도는데 재향財鄕으로 운을 만나면 스스로 숭고하게 될 것이다.

丁日은 丁亥·丁酉가 귀인이며, 癸日은 癸巳·癸卯가 일귀격인데, 형충파해刑冲破害가 되면 격이 더럽혀져 탄식歎息하게 되나, 겨우 合되어 해소되면 이때에 일귀격이 성격된다. 이것이 음양귀인으로 아름답다고 한다.

癸巳·癸卯·丁亥·丁酉 일주가 일귀격日貴格의 전부이다. 官이 파하고 刑冲되면 반드시 화禍가 따른다. 격이 순수하면 인덕이 있으니 부귀하여 존경받고 높게 우러러보는데 아주 드물게 귀한 인물이 된다.

癸水 일주가 巳나 卯가 올 때 잘 봐야 한다. 日貴格 일주 丁이 亥酉가 있다고 자랑하기에 아직 이르다. 刑冲과 공망을 만나지 아니하면 제왕帝王을 보좌하여 공훈을 세우게 되는 명이 된다.

보충설명

일귀격日貴格이란 천을귀인이 일지에 있으므로 격이 구성되는 것을 말한다. 일귀격에는 두 가지가 있는데 양귀陽貴와 음귀陰貴가 그것이다. 丁火 일주 亥는 양귀요, 酉는 음귀이다. 癸일주는 巳가 양귀요, 卯를 음귀라고 한다. 양귀는 낮에 출생해야 귀명이고, 음귀는 밤에 출생해야 귀명이 되는 것이다.

일귀격은 성품이 인자하고 덕망이 있으며 刑冲과 공망을 만나지 않으면 크게 발달한다. 신왕사주에 일귀격은 식신과 재운이 길하고 刑冲運과 합운에는 흉하다. 신약사주에는 합운에 길하다.

【천을귀인과 일귀격 음양 조견표】

일간 / 음양귀	甲	乙	丙	丁	戊	己	庚	辛	壬	癸
양 귀	未	申	酉	亥	丑	子	丑	寅	卯	巳
음 귀	丑	子	亥	酉	未	申	未	午	巳	卯

일귀격·재격 | 화기신·수용신·금희신·토병신·목약신

癸卯		丁亥		辛巳		庚午		乾命
71	61	51	41	31	21	11	1	
己丑	戊子	丁亥	丙戌	乙酉	甲申	癸未	壬午	大運

巳月 丁火 일주가 화왕당절에 출생해 丙火사령으로 신왕하다. 丁火 일주는 일지 亥水가 천을귀인으로 일귀격인데 여름에 卯時는 양귀로 귀격이다.

신왕한 사주에 亥水가 卯木과 合되어 官印相生하므로 일주를 도와 더욱 신왕해지니 관용신이다.

연주 기준으로 보면 일지 천을귀인 亥水가 공망이 되어 마땅치 않고 월지와 冲되니 대흉大凶할 것 같으나 亥卯合으로 충중봉합冲中逢合하니 탈공脫空도 되는바 회합會合으로 도리어 흉함이 변하여 길하게 된 사주로 대학교수가 되었다.

일귀격 | 수기신·금구신·목용신·수병신·토약신

癸亥	癸卯	辛亥	壬戌	乾命

77	67	57	47	37	27	17	7	
辛未	庚午	己巳	戊辰	丁卯	丙寅	乙丑	甲子	大運

亥月 癸水 일주가 수왕당절에 출생하여 甲木사령인데 水가 중중하니 신왕하다.

癸 일주가 일지에 卯木이 있어 일귀격日貴格 음귀인데 亥時에 출생해 귀기貴奇하고 천을귀인 卯가 亥卯로 회합會合하여 더욱 아름답다.

亥月의 癸卯 일주가 亥時에 출생하여 亥卯木局으로 설기가 잘되니, 木이 용신用神이고 사주가 한습寒濕하니 제습制濕하는 戌土가 약신으로 법관이나 교수가 될 수 있는 사주이다.

39 일덕격 | 日德格

壬戌·庚辰 일이 일덕궁日德宮이고 甲寅日과 戊丙이 용龍을 걸터앉으면, 즉 戊辰·丙辰 日柱로 일덕궁日德宮인데, 운에서 신왕운으로 만나면 반드시 자선심慈善心이 있게 되고, 일덕日德이 있으면 복록이 스스로 풍족할 것이다.

형충파해刑冲破害와 재성과 관성이 왕하고 공망과 괴강이 會合이 되면 흉포하게 된다. 형충刑冲이 있거나 극되면 고독하고 빈한貧寒하며 많이 가르치면 발자취를 남기더라도 마침내 종명終命하게 된다.

丙辰 일덕은 壬辰을 절대 꺼리며, 壬戌 일덕은 戊戌이 임하면 제방하는데, 일좌에 庚辰 일덕이면 庚戌이 임하는 것을 좋아하고, 甲寅 일덕은 庚辰이 또 돌아옴을 장차 염려한다.

일덕격은 괴강살魁罡殺을 기뻐하지 않는데, 殺星이 合化하여 무성함은 더욱 마땅하지 않고, 국局 가운데 중중하면 반드시 질병이 먼저 오고, 거듭 한계를 만나면 반드시 사망하게 된다.

일덕격이 일덕을 거듭 만나면 모든 재앙을 면하는데, 관성이 財運을 보면 꺼리며, 다시 충파冲破나 공망空亡 또는 형刑되는 일이 없으면 한 나라 조정의 뛰어난 동량이 된다. 甲寅·丙辰일, 더불어 庚辰일과 丙戊 일주가 辰을 만나면 일덕격 진격眞格이다. 공망됨을 싫어하고, 록이 파破되고, 다시 파해破害와 더불어 형충刑冲을 만남을 싫어한다.

보충설명

일주가 일덕격인데 일덕을 거듭 만나면 재앙을 면하며, 신왕身旺운을 만나면 자선심이 많고 복록이 풍부하다. 일덕격이 형충파해가 되거나 공망 또는 괴강과 회합하거나 재관財官운을 만남을 절대로 꺼린다.
일덕격이 형충刑沖이 있어 극剋하게 되면 발달이 어렵고 고독하고 빈한하게 된다. 만약에 발달하더라도 단명短命하게 된다. 일덕격은 성정이 온유하고 자선심이 있으며 많은 사람의 존경을 받고 수복이 따르게 된다. 일덕격이 왕旺운을 지나서 쇠衰한 대운에 들거나 괴강운을 만나면 반드시 죽는다. 일덕격에 재관이 있으면 파격이 되어서 다른 격으로 본다.

일덕격·화기격 | 금용신·토희신·화병신·수약신

庚		庚		乙		乙		乾
辰		辰		酉		未		命
73	63	53	43	33	23	13	3	
丁	戊	己	庚	辛	壬	癸	甲	大
丑	寅	卯	辰	巳	午	未	申	運

酉月 庚金 일주가 금왕당절에 출생하여 庚金사령이고 土金이 중중하여 신왕하다.
庚辰 일주로 일덕격인데 꺼리는 자는 한 자도 없고, 시에 일덕이 거듭 있고 신왕하니 귀격이다. 또한 乙庚雙合에 辰酉合金하고 土金이 왕하여 화기격을 이루었다. 土金水운이 길하고 木火운이 흉하다. 초년에는 길한데 중년 火木 대운에 흉한 운이다.

일덕격 파격·재용재격 | 금용신·토희신·화병신·목구신·수약신

甲		丙		乙		乙		乾
午		辰		酉		卯		命
74	64	54	44	34	24	14	4	
丁	戊	己	庚	辛	壬	癸	甲	大
丑	寅	卯	辰	巳	午	未	申	運

酉月 丙火 일주가 금왕당절에 출생, 辛金사령하여 신약으로 출발하였으나 木火가 생조하여 신왕하다.
丙辰 일주가 일덕격이 성격되나 꺼리는 재성이 있어 파격이다. 그러므로 正格으로 보아야 한다. 丙火 일주가 酉月에 出生하니 정재격

이요, 인성이 많아 신왕하니 재용재격財用財格이 된다.
金이 용신이고, 土가 희신이며, 火가 병신病神이고, 木이 구신仇神에 水가 약신이 된다. 火운이 나쁘나 壬癸水가 식혀 주므로 극한상황까지는 가지 않는다. 癸未·壬午 대운에 고생했으나 辛巳·庚辰 대운에 성공하는 사주다.

40 괴강격 | 魁罡格

괴강魁罡은 戊戌·庚戌·庚辰·壬戌 4일이 우선인데 거듭하여 겹쳐지면 대권을 장악할 명조이다.

庚辰·庚戌 괴강격魁罡格은 관성이 나타남을 두려워하며 戊戌·壬辰 괴강격은 재성財星을 보면 극빈極貧하게 되는 것이니 두려워한다.

괴강격 주인의 성격은 총명하고 지혜가 많으며, 편관을 좋아하고 마음에 결단력이 치우치지 않으며, 사주에 刑冲과 동시에 파해破害가 있으면 일생동안 빈한貧寒하고 형벌을 받아 뼈에 사무친 사람이다.

戊戌·庚辰이 괴강격魁罡格의 최강이며 壬辰·庚戌도 괴강격이라고 부른다. 日에 있고 사방에 가중된 것은 복이 있는 것이니, 신왕하고 괴강을 만나면 귀함이 평범하지 않을 것이다.

괴강을 지닌 사람의 성품은 반드시 강하다. 자신이 의지하는 것에 귀신鬼神의 근심이 일어나는 것은, 만일 일위一位의 괴강을 만났는데 형충이 가중되면 빈궁함이 뼈에 사무쳐 대적하기 어렵다.

괴강격인 사주에 일주와 같은 괴강이 많으면 貴氣가 그 가운데 오는 것이지만, 일주가 홀로 괴강이고 충극冲剋이 중중하고 재관이 나타나면 화禍가 끝날 날이 없다.

보충설명

괴강魁罡에서 괴魁는 하괴河魁로서 戌月 신장神將을 말하고, 강罡은 천강天罡으로 辰月 신장을 말한다. 즉, 辰戌을 괴강이라고 이름 하는 것이다.
괴강일에 출생하고 괴강이 중첩되어 있으면 대권을 장악한다.
괴강격에 괴강이 거듭되고 신왕하면 총명하고 결단성이 있으며 크게 출세한다. 일주 괴강이 한 개만 있고 신약하고 刑冲이 있으면 소인배요 형벌이나 재화가 연달아 일어난다.

괴강격이 신약한데 재를 만나면 극빈하고 관을 만나면 재앙이 따른다. 戊亥·辰巳가 천라지망인데 주 중에 중복하여 인성이면 교도관이나 특수기관이나 수사기관에 근무하나, 인수가 없으면 못 배워 범죄인이 된다.

여자는 독수공방한다. 庚辰日 庚辰時에 출생하면 자녀나 형제 중에 익사자가 있다.

괴강격·화기격 | 금용신·토희신·목기신·화병신·수약신

庚辰		庚辰		庚辰		乙巳		乾命
72	62	52	42	32	22	12	2	
壬申	癸酉	甲戌	乙亥	丙子	丁丑	戊寅	己卯	大運

辰月 庚金 일주가 목왕당절에 출생하여, 乙木사령에 투간되어 잡기정재격이나 주중에 괴강이 중중하고 신왕하다.

乙木은 을경합화금乙庚合化金하여 金으로 변화하니 을경합화금격乙庚合化金格도 된다. 총명하고 문장력이 출중하며 업무처리 능력과 결단성이 강하다. 봄철에 土氣가 왕하니 농대 학장을 지낸 학자의 사주다.

괴강격·종왕격 | 금용신·토희신·수약신

庚辰		庚辰		戊辰		己酉		坤命
71	61	51	41	31	21	11	1	
丙子	乙亥	甲戌	癸酉	壬申	辛未	庚午	己巳	大運

辰月 庚金 일주가 목왕당절에 출생하였으나 투출된 木氣가 없고 戊土는 투출하고 己酉가 있어 혼잡되어 양신성상격兩神成象格은 파격이다.

괴강 일주로 괴강격이 성격이 되었다. 여자에 괴강격은 나쁘게 작용하나 사회활동으로 군·경·외교·정치인이 되면 좋은 작용을 한다. 庚辰日이 庚辰時를 만나서 괴강격을 이루어 괴강이 중첩되고 신왕하니 고관대작의 명조이다.

초년 午火 대운에 金의 뿌리를 치니 나쁠 것 같으나 辰土가 열기를 흡수하므로 무난히 넘어가고 중년 이후부터 金水 대운으로 흘러가니 성공하는 사주다.

41 임기용배격 | 壬騎龍背格

임기용배격壬騎龍背格은 寅이나 辰이 많으면 양명의 길격이다. 크게 꺼리는 것은 관성官星이 내임來臨하여 파격破格이면 재액災厄과 형액刑厄이 있고 수명壽命 또한 상해傷害됨을 보게 된다.

임기용배壬騎龍背는 官이 있음을 두려워하는데, 거듭 辰土를 보면 귀함이 넉넉한 것이고, 만약 寅字가 많고 辰字가 적으면 반드시 도주陶朱와 견줄 만한 부호富豪가 된다. 壬辰日이 또 辰時를 보고 연월에 辰字가 중중하면 최고로 기귀奇貴한데 사주원국에서 壬이 寅字 위에 있게 되면 발재發財와 발복發福이 되므로 두 가지 다 좋다.

壬寅일은 壬辰일에 비교하여 미흡한 것이니, 사주에 壬辰이 있고 辰이 많음을 요하고, 辰자가 많거나 관살이 중하면 권귀權貴할 사람이요, 寅자가 많으면 가히 석숭石崇을 앞서는 부자가 될 것이다. 일주가 壬辰으로 격을 이루고, 격중에 辰자를 많이 만나면 임기용배격이라 호칭한다. 만약 寅자가 거듭하여 출현하였다면, 부귀겸전하여 석숭에 비교가 되게 된다.

午戌 財局을 이루는데 寅이 있으면 合局이 되고, 술중정무록마戌中丁戊祿馬는 辰이 冲來하여 작용하는 것이니, 만약 홀연히 壬寅이 있게 되면, 사주원국에 辰이 있어도 또 그와 같다.

보충설명

임기용배壬騎龍背란 壬이 辰을 타고 앉았다는 뜻이다. 임기용배격도 비천록마격과 마찬가지로 辰土가 戌土를 허충虛冲으로, 戌中丁戊로 재관을 삼는 격이다.

이 格도 허충虛冲으로 끌어올 戌이 사주원국에 있거나 관성이 전실塡實되면 파격破格이 되어 타격으로 보아야 한다.

임기용배격壬騎龍背格은 壬辰日生이 辰이 많거나 寅이 많으면 성격한다. 辰이 많으면 귀하고 寅이 많으면 富하다.

寅은 戌과 합하여 역시 戌中丁戊로 재관을 삼는 것이다. 壬寅日生이 寅木이 많아도 午戌을 合來하여 성격하니, 임기용배격壬騎龍背格과 같은 작용을 하나 壬辰日만 못하다.

임기용배격壬騎龍背格이 관살官殺이 있으면 파격破格인데 그와 같으면 형벌을 받거나 재앙이 속출하며 단명하다.

임기용배격 | 수기신·목용신·화희신

壬寅		壬辰		甲辰		壬辰		乾命
76	66	56	46	36	26	16	6	
壬子	辛亥	庚戌	己酉	戊申	丁未	丙午	乙巳	大運

辰月 壬水 일주가 목왕당절에 출생하여 辰中癸水와 壬水가 도우니 신약하지 않다.

壬辰 일주가 여러 개의 辰土를 보니 임기용배격壬騎龍背格으로 성격되고 전실塡實이 안 되므로 격이 순수하니 귀격이다.

辰土가 관이 되므로 丙火로 건조시키지 않으면 관살로 작용하지 않고 壬일주가 三辰土에 통근되어 신왕하므로 甲木식신으로 泄하니 아름다운 사주다. 초년만 좋았고 운로가 불리하여 크게 발복하지 못한다.

임기용배격 | 화용신·목희신·수병신·금구신·토약신

己酉		壬辰		庚子		丙辰		乾命
75	65	55	45	35	25	15	5	
戊申	丁未	丙午	乙巳	甲辰	癸卯	壬寅	辛丑	大運

子月 壬水 일주가 수왕당절에 출생하여 金水가 부조扶助를 하니 신왕하다.

壬辰일생이 辰자를 중봉하니 임기용배격이다.

辰土가 冲來할 戌土와 꺼리는 戊土 칠살이 없으니 귀격貴格이다. 동절冬節의 壬水 일주가 金水가 많아 한습한데 年上 丙火가 조후하니 길하다. 관계에 진출하여 木火 대운으로 흐르니 고관이 되었던 사주다.

용신오행과 십신의 직업 | 用神五行과 十神의 職業

격格이 성격成格되면 격格의 직업은 운에 관계없이 한 가지 직업으로 간다. 격용신格用神과 희신 오행과 십신十神의 직업에서 두각을 나타내며 직업이 흔들림이 없다. 또한 운이 길하면 사회적인 출세를 하게 된다. 격용신格用神으로 사는 사람이 조후용신 대운으로 들어가면 백수가 되는 경우가 있다.

격格이 파격破格이면 운에 따라서 직업 변동이 생긴다. 억부용신抑扶用神으로 살면 사회적인 출세보다 가정의 안정을 추구한다. 용신이 왕하면 용신의 오행과 십신의 직업을 가지게 되고, 용신이 약하면 희신의 오행과 십신 직업을 가지게 된다. 또 대운이 나쁘면 기신의 오행이나 십신에 해당하는 직업을 가지게 되고 고생을 하게 된다.

1 용신·희신 오행의 직업 | 用神·喜神 五行의 職業

격이 성격이 되면 직업에 변동이 없어 한 우물만 파는데, 격이 파격되면 직업의 변동이 많게 된다. 격이 성격되었을 때의 직업과, 파격인데 용신운이 왔을 때의 직업 부류는 다음과 같다.

가. 木 용신·희신 직업

문교부, 체신부, 보사부, 산림청, 의학, 한의학, 정신과, 유전자, 육종, 교육계, 출판업종, 편집, 학원, 서점, 종이류, 독서실, 의상, 패션모델, 섬유, 방직, 포목, 가구, 목재, 원예, 조림, 실내인테리어, 토목건축 등이 잘 맞는다.

나. 火 용신·희신 직업

문공부, 동자부, 과기부, 상공부, 안과, 흉부외과, 방사선, 교육계, 언론,

방송, 광고, 통신, 정보, 영화, 조명, 컴퓨터, 가전제품, 석유제품, 예능, 웅변, 문화, 의약품, 화장품, 미용, 메이크업, 화공, 화약 등이 잘 맞는다.

다. 土 용신·희신 직업

농림부, 건설부, 내무부, 통일부, 내과, 산부인과, 소아과, 한의원, 토목건설, 부동산, 토산품, 농산물, 예술, 종교, 골동품, 중개업, 전답, 도예, 민속, 지질학, 지리, 고고, 조경, 민속신앙, 육상운동 등에 잘 맞는다.

라. 金 용신·희신 직업

국방부, 교통부, 재정부, 지하자원, 정치, 군인, 경찰, 검찰, 금융, 의사, 성형외과, 피부과, 치과, 정형외과, 이비인후과, 금은보석 세공, 철강, 자동차, 운수, 기계, 제철, 철광석, 공업, 공구, 정비, 철물, 중장비 등에 잘 맞는다.

마. 水 용신·희신 직업

법무부, 외무부, 해양수산부, 수자원공사, 산부인과, 임상병리, 생명공학, 호텔, 목욕, 수영장, 해운업, 무역, 양식업, 해양, 해산물, 식품영양, 냉동업, 수도, 빙과, 유흥, 빙상, 주류, 보험, 유전공학 등에 잘 맞는다.

2 용신·희신 십신의 직업과 적성 | 用神·喜神 十神의 職業과 適性

십신의 용신이 오행과 십신의 구조에 따라서 직업으로 연결하면 그 사람의 적성과 능력이 드러난다. 대학의 학과 선택이나 진로에 도움이 될 수 있으니 연구하여 상담할 때 손님에게 바른 길을 제시하기 바란다.

가. 정인의 용신과 희신 직업과 적성

교육자나 선비로서 적성이 맞다. 학습능력이 뛰어나서 효과적으로 기록하고 정리하는 수용능력이 뛰어나고, 암기력과 사고지능지수가 좋아 학습효과가 다른 십신에 비해 월등히 앞서간다.

나. 편인의 용신과 희신 직업과 적성

문학가나 전문 기술자 적성이 맞다. 순발력이 뛰어나고, 추리와 직관

능력이 뛰어나며, 학습을 통한 이해력이 좋고 인식하는 지능지수가 다른 십신에 비해서 뛰어나다.

다. 비견의 용신과 희신 직업과 적성

조직단체나 공동체의식이 강하여 사회활동가로서 적성이 맞다. 조직협동 지능지수와 신체단련 및 체육기술이 발달하여 운동선수로 진출하거나 사회단체 활동으로 만인에게 도움을 줄 수 있는 직업이 잘 맞는다.

라. 겁재의 용신과 희신 직업과 적성

조직단체나 조직을 활용하여 명예를 얻는 지능이 발달하니 단체장이나 군과 경찰조직의 고위직에 적성이 잘 맞는다. 지연과 학연을 활용하는 향우회 회장이나 동창회장, 또는 민족성을 앞세우는 지능이 발달하여 민족사상가나 단체와 조직의 장을 수호하는 경호원, 경쟁을 하는 운동선수나 체육부 공무원이면 최적이다.

마. 식신의 용신과 희신 직업과 적성

과학자나 연구기관의 연구원으로 적성이 맞다. 연구성과를 전달하는 지능이 발달하였으므로 교육자나 교육과학부 공무원, 재성이 있으면 연구성과 기술력을 특허를 받아 생산하는 사업가, 전문기술을 활용하는 지능으로 예술이 되며 식신제살하면 의술이 된다. 표현능력이 발달하여 가수나 아나운서 직업이 적성에 맞는다.

바. 식상의 용신과 희신 직업과 적성

창의성이 발달하여 과학자, 언어 발달로 설득력과 비판 능력이 뛰어나 변호사나 언론사 직업에 적성이 맞으며, 전문적 표현기술이 뛰어나 극작가나 수필작가로 적성이 잘 맞는다. 미적 감각이 뛰어나서 미술이나 디자인 계통으로 적성이 잘 맞는다. 영화배우, 연극배우, 탤런트 직업으로 적성이 맞는다.

사. 정재의 용신과 희신 직업과 적성

섬세한 계산능력이 발달하여 금융회사 설계담당, 치밀한 사업계획과 업무설계 담당 기획실이나, 설계도를 그리는 설계사로 적성이 맞으며,

논리적인 두뇌회전과 실리적인 사업에 적성이 맞다. 재정을 관리하는 직장이 길하고 월급생활이 적합하다.

아. 편재의 용신과 희신 직업과 적성

수리능력이 발달하여 이재에 밝고 통계를 바탕으로 사업하는 지능이 발달하니 전문 경영인 적성이 맞는다. 회계사, 세무사, 통계청, 평가사 등에 적성이 맞으며, 결과를 중요하게 생각하고 이익을 추구하니 금융계통으로 은행이나 증권회사에 적성이 맞는다.

자. 정관의 용신과 희신 직업과 적성

준법정신이 강하여 타인에게 모범적인 공정성이 확립된 사회인이다. 체면과 명분을 따르므로 공직자가 적성이 맞으며 보수적이라 청렴한 직업에 맞는다. 공정한 판단능력을 갖추어 법관이나 감사 기관에 적성이 잘 맞는다. 성실한 직장인으로 칭송을 받는 사람이다.

차. 편관의 용신과 희신 직업과 적성

예리한 판단과 과감한 결정으로 실행능력이 있으므로 정치인이나 전문 경영인으로 적성이 잘 맞는다. 신속한 업무능력 보유자로 조직사회에 적합한 인물이다. 경찰이나 군과 검찰이나 정치에서 조직을 움직이는 능력이 뛰어나다.

용신·희신에 따른 오행과 십신의 직업에 신살神殺 특성을 적용하면 더욱 더 세밀하게 추리할 수 있으니 각자 열심히 연구하기 바란다.

| 후기 | 집필을 마치며…

한문법漢文法을 지도해 주신 이연而然 심재동沈載東 법사, 고려杲欐 손기성孫基星 법사께 깊이 감사를 드리며, 사주학 스승 고 권영일權榮一 선생, 고 단원壇園 이병렬李炳烈 선생, 용신법을 지도해 주신 진일眞一 김정호金正浩 선생, 궁통窮通의 조후용신법을 깨우쳐 주신 청관淸觀 김원희金元熙 선생, 자평진전子平眞詮 격용신법格用神法을 지도해 주신 금란金蘭 박영창朴永昌 선생, 창광猖狂 김성태金聖泰 선생, 신살神殺 응용법을 지도해 주신 금오錦悟 이환기李驩基 선생, 기초를 튼튼히 지도해 주신 백민白民 양원석梁元碩 선생, 오행五行의 이치를 탁마해 주신 윤상흠 선생께 깊은 감사를 드린다.

아울러 이 책을 출판해 주신 도서출판 너울북 김시열 대표, 편집 전반에 수고를 아끼지 않은 손기성 법사, 홍보에 도움을 준 이한규 법사, 윤문을 도와주신 권도희 선생께 지면을 통해서나마 깊은 감사의 마음을 전한다.

또한 어려운 시기에 묵묵히 뒷바라지해 준 아내와 열악한 환경에서도 불평 없이 공부해 준 딸에게 미안함과 고마운 마음을 표한다.

이 책은 필자가 우주 섭리를 깨우쳐 저술한 것이 아니다. 세간의 여러 자료를 간추려 진수를 뽑아 강의하면서 『연해자평』, 『명리정종』, 『궁통보감』, 『적천수』, 『자평진전』을 종합한 참고서의 필요성을 느껴 필자가 신묘년(2011년)에 펴낸 『주자정해』 상·중·하권 가운데 상권을 쉽게 풀이하고 내용을 증보하여 다시 펴내는 것이다.

비재천학을 무릅쓰고 여러 차례 보충하고 교정하며 초보자를 위해 재편집했지만, 역학 분야에 종사하려고 학업에 매진하고 있는 사람들에게 조금이나마 도움 되었으면 하는 마음도 함께 실었다.

참고문헌

김동규 역, 적천수천미, 명문당.

김백만 저, 팔자비법, 대지문화사.

김성진 저, 신 한국인의 사주팔자, 관음출판사.

김성태 저, 격국과 용신, 새움.

김성태 저, 세상은 누구의 것인가 육신, 텍스트북스.

김원중 편저, 허사대사전, 현암사.

김원희 저, 명리요론, 도서출판 청관.

박영창 역, 자평진전 평주, 신지평.

박일우 편저, 삼명통회, 명문당.

박재완 저, 명리사전, 신지평.

박재완 저, 명리요강, 신지평.

박평원 저, 명리대전, 도서출판 창해.

서락오 편주, 적천수징의, 무릉출판유한공사.

서락오 평주, 자평진전 평주, 무릉출판유한공사.

서 승 편, 연해자평, 서성서국인행.

서 승 편, 자평진전, 서성서국인행.

소강절 저, 윤상철 역, 황극경세, 대유학당.

신성수 저, 주역통해, 도서출판 대학서림.

신육천 편저, 천고비전 사주감정법 총정리, 갑을당.

심재동 논저, 한문문법 신 금강경언해, 도서출판 고려얼.

심재동 저, 명심보감으로 배우는 한문정석, 도서출판 고려얼.

심재동 저, 알기 쉬운 한문해석법, 운주사.

심재열 강술, 연해자평정해, 명문당.

심재열 편저, 명리정종정해, 명문당.

양원석 저, 백민의 명리학 개론, 대유학당.

이병렬 저, 실증철학, 동양서적.

이석영 저, 사주첩경, 한국역학교육원.

정감록·백운산 공저, 사주학전서, 책만드는집.

최봉수·권백철 강술, 궁통보감정해, 명문당.

추일호 저, 운정특비, 도서출판 나라.

추일호 저, 합충의 특비, 도서출판 나라.

한동석 저, 우주변화의 원리, 대원출판사.

한중수 저, 운명학 사전, 도서출판 동반인.

허 신 찬, 은옥재 주, 설문해자주, 천공서국인행.